U0587849

本册书目

黄珅　張祝平　校點

論孟精義

校點説明

宋孝宗乾道八年（一一七二年）正月，朱熹成論孟精義一書。該書以二程論述論語、孟子之説爲主，附以張載、范祖禹、吕希哲、吕大臨、謝良佐、游酢、楊時、侯仲良、尹焞九家之説，蒐輯條疏，薈萃衆長，并親爲之序。此書後更名「要義」，又改名「集義」。淳熙七年（一一八〇年），朱熹跋此書，談及其間刻印變動的情況：「熹頃年編次此書，鋟版建陽，學者傳之久矣。後細考之，程、張諸先生説尚或時有遺脱，既加補塞，又得毘陵周氏（按：即周孚先）説四篇有半於建陽陳焞明仲，復以附於本章。豫章郡文學南康黄某商伯見而悦之，既以刻於其學，又慮夫讀者疑於詳略之不同也，屬熹書於前序之左，且更定其故號『精義』者曰『要義』云。淳熙庚子冬十有一月己丑朔旦，江東道院拙齋記〔一〕。」皕宋樓藏書志卷十載舊鈔本論語集義有此跋。

雖然朱熹後來又完成了精益求精的論語集注和孟子集注，但他始終不廢精義，而是一再强調：「集注乃集義之精髓。」「須借它（按：指集義）做階梯尋求，將來自見道理〔二〕。」四庫全書總目提要已經指出：「朱子初集是書，蓋本程氏之學以發揮經旨，其後採擷菁華，撰成集注；中間異同疑似，當加剖析者，又别著於或問，似此書乃已棄之糟粕。然考諸語録，乃謂讀論語須將精義看，又謂語孟集義中所載諸先生語，須是熟讀，一一記於心下，時時將來玩味，久久自然理會得。又似不以集注廢此書者[三]。」提出此書可與或問、集注參看。論孟精義集中了北宋理學家有關論語、孟子的研究成果，保存了極爲豐富的思想資料，從中可以了解當時學術傳承及諸説之所出，還可了解朱熹對前人學説的繼承和揚棄，及其論、孟研究的演變過程，由此具有其他書無法替代的資料價值。

論孟精義的最初版本現已亡佚。據直齋書録解題，宋時已有三十四卷的版本。現存版本按卷數可分爲兩類：一是三十四卷的鈔本系列，一是二十四卷的刻本系列。兩類書其實相同，分卷的差别僅在一類將論語精義分爲二十卷，另一類分爲十卷，每卷再分上下卷，都以論語二十章的編次爲據。按年代先後，三十四卷鈔本依次爲：（一）明抄本國朝諸老先生論語精義二十卷、綱領一卷、孟子精義十四卷、綱領一卷。内有清丁丙跋，言其版本特征爲「白紙朱絲闌，十行寫本，字畫精工[四]」。該本體制完備，除正文外，尚有如下内容：

論孟精義目録、乾道壬辰月正元日朱熹序、國朝諸老先生論孟精義綱領、國朝諸老先生論語精義綱領、國朝諸老先生孟子精義綱領。（二）四庫全書文淵閣鈔本論孟精義三十四卷，四庫全書總目自稱得自江蘇巡撫採進本。四庫採進書目、浙江省第九次呈送書目尚有「論語集義十卷、共五本」的記載。據沈初浙江採集遺書總録，另有論語集義十卷的鈔本。與明鈔本相比，四庫本少了兩卷綱領，兩書來源似乎并不相同。二十四卷的刻本依年代先後爲：（一）御兒吕氏寶誥堂本國朝諸老先生論語精義十卷、孟子精義十四卷，係清嘉慶間吕氏寶誥堂朱子遺書二刻本，并非某些書目所説的那樣收入清康熙間所刻朱子遺書中。該本體制與明鈔本接近，但孟子精義不引孟子原文，只記某章，與明鈔本不同。（二）日本享保十四年（一七二九）刊本，日本國立公文書館所藏。（三）洪氏公善堂刻本國朝諸老先生論孟精義二十四卷，刊於同治十二年（一八七三年），係仿吕氏寶誥堂刊本，收入洪汝奎所輯唐石經館叢書中。（四）清光緒十二年（一八八六年）刻本國朝諸老先生論孟精義二十四卷，係仿吕氏寶誥堂刊本，收入清賀瑞麟所輯西京清麓叢書正編朱子遺書重刻合編中。

這次點校，以清嘉慶間吕氏寶誥堂刊朱子遺書二刻本爲底本，對校以南京圖書館所藏明鈔本，參校以日本享保十四年刊本，北大儒藏精華編本，四庫全書文淵閣本。

本書由張祝平校勘并摘編歷代著録，黄珅標點并作校記。

二〇二〇年五月　點校者

〔注〕

〔一〕文集卷八十一書語孟要義序後。

〔二〕語類卷十九。

〔三〕四庫全書總目卷三十五四書類一。

〔四〕善本書室藏書志卷四。

目録

自序

論孟之書，學者所以求道之至要，古今爲之説者，蓋已百有餘家。然自秦漢以來，儒者類皆不足以與聞斯道之傳：其溺於卑近者，既得其言而不得其意；其騖於高遠者，則又支離踳駁，或乃并其言而失之，學者益以病焉。宋興百年，河洛之間有二程先生者出，然後斯道之傳有繼。其於孔子、孟氏之心，蓋異世而同符也。故其所以發明二書之説，言雖近而索之無窮，指雖遠而操之有要，使夫讀者非徒可以得其言，而又可以得其意；非徒可以得其意，而又可以并其所以進於此者而得之。其所以興起斯文，開悟後學，可謂至矣。間嘗蒐輯條疏，以附本章之次，既又取夫學之有同於先生者與其有得於先生者，若横渠張公〔一〕，若范氏、二吕氏、謝氏、游氏、楊氏、侯氏、尹氏，凡九家之説以附益之，名曰論孟精義，以備觀省，而同志之士有欲從事於此者，亦不隱焉。抑嘗論之，論語之言無所不包，而其所以示人者，莫非操存涵養之要；七篇之指無所不究，而其所以示人者，類多體驗充擴之功〔二〕。夫聖賢之分，其不同固如此，然而體用一源也，顯微無間也，是則非夫先生之學之至，其孰能知之？嗚呼！兹其所以奮乎百世絶學之後，而獨得夫千載不傳之緒也與！若張公之於先生，論其所至，竊意其猶伯夷、伊尹之於孔子；而一時及門之士，考其言行，則又未知其孰可以爲孔氏之顔、曾也。今録其言，非敢以爲無少異於先生，而悉合乎聖賢之意，亦曰大者既同，則其淺深疏密毫釐之間，正學者所宜盡心耳。至於近歲以來學於先生之門人者，又或出其書焉，則意其源遠末分[三]，醇醨異味而不敢載矣。或曰：然則凡説之行於世而不列於此者，皆無取已乎？曰：不然也。漢魏諸儒正音讀，通訓詁，考制度，辯名物，其功博矣。學者苟不先涉其流，則亦何以用力於此？而近世二三名家與夫所謂學於先生之門人者，其考證推説亦或時有補於文義之間。學者有得於此而後觀焉，則亦何適而無得哉？特所以求夫聖賢之意者，則在此而不在彼爾。若夫外自託於程氏，而竊其近似之言以文異端之説者，則誠不可以入於學者之心。然以其荒幻浮夸足以欺世也，而流俗頗已鄉之矣，其爲害豈淺淺哉？顧其語言氣象之間，則實有不難辯者。學者誠用力於此書而有得焉，則於其言雖欲讀之，亦且有所不暇矣。然則是書之作，其率爾之誚，雖不敢辭，至於明聖傳之統，成衆説之長，折流俗之謬，則竊亦妄意其庶幾焉。乾道壬辰月正元日新安朱熹謹書。

校勘記

〔一〕若横渠張公　明抄本「張公」下多「者」字。

〔二〕類多體驗充擴之功　明抄本「功」作「端」。

〔三〕末　四庫本作「未」。

論孟精義引語作者

明道先生程氏名顥，字伯淳。
伊川先生程氏名頤，字正叔。
橫渠先生張氏名載，字子厚。
成都范氏祖禹，淳夫。
滎陽吕氏希哲，原明。解見孟子
藍田吕氏大臨，與叔。
上蔡謝氏良佐，顯道。
建安游氏酢，定夫。
延平楊氏時，中立。
河東侯氏仲良，師聖。
河南尹氏焞，彦明。

論孟精義綱領

明道先生曰：「仲尼，元氣也。顔子，春生也。孟子，并秋殺盡見。仲尼無所不包。顔子示不違如愚之學於後世，有自然之和氣，不言而化者也。孟子則露其才，蓋亦時焉而已矣。」又曰：「仲尼，天地也。顔子，和風慶雲也。孟子，泰山巖巖之氣象也。仲尼無迹。顔子微有迹。孟子其迹著。」又曰：「孔子儘是明快人。顔子儘豈弟。孟子儘雄辯。」又曰：「孟子有功於道，爲萬世之師。其才雄，只見才雄，便是不及孔子處。人須學顔子，便入聖人氣象。」又曰：「孔孟只要分别聖賢之分。如孟子若爲孔子事業，則儘做得，只是難得似聖人。譬如剪綵爲花，花則無不似處，只是無他造化功。『綏斯來，動斯和』，此是不可及處。」又曰：「孔子爲宰則爲宰，爲陪臣則爲陪臣，皆能發明大道。孟子必得賓師之位，然後能明其道。譬如有許大形象，然後爲泰山；有許多水，然後爲海；以此未及孔子。」又曰：「孔子教人常俯就，不俯就則門人不親。孟子教人常高致，不高致則門人不尊。」又曰：「孟子嘗自尊其道，而人不尊；孔子益自卑，而人益尊之。聖賢固有間矣。」

又曰：「孔子言語句句是自然，孟子言語句句是事實。」　或問：「使孟子與孔子同時，將與孔子並駕其說於天下耶？將學於孔子耶？」先生曰：「安能並駕，雖顏子亦未達一間。顏、孟雖無大優劣，觀其立言，孟子終未及顏子。　讀其言便可以知其人〔一〕，不知其人，是不知言也。」　或問：「横渠之書有迫切處否？」先生曰：「子厚謹嚴，纔謹嚴便有迫切氣象，無寬舒之氣。　孟子却寬舒，只是中間有英氣，纔有英氣，便有圭角。　英氣甚害事。　如顏子便渾厚不同，顏子去聖人只毫髮間。　孟子大賢，亞聖之次也。」或曰：「氣象見於甚處？」曰：「但以孔子之言比之便可見。　且如冰與水精，非不光，比之玉，自是有温潤含蓄氣象，無許多光耀也。」

右論孔孟氣象

伊川先生曰：「學者當以論語孟子爲本，論語孟子既治，則六經可不治而明矣。　讀書者當觀聖人所以作經之意，與聖人所以用心，與聖人所以至聖人，而吾之所以未至者，所以未得者，句句而求之，晝誦而味之，中夜而思之，平其心，易其氣，闕其疑，則聖人之意可見矣。」　或問：「聖人之經旨如何能窮得？」曰：「以義理去推索可也。　學者先讀論孟，如尺寸權衡相似，以此去量度事物，自然見得長短輕重。　某常語學者，必先看語孟。　今人雖善問，未必如當時人，借使如當時人，聖人所答不過如此，今看語孟之書，亦與見孔孟何異？」或問：「學者如何可以有得？」曰：「但將聖人語言玩味，久則自有所得。將論語中諸弟子問處便作自己問，聖人答處便作今日耳聞，自然有得。雖孔孟復生，不過以此教人。若能於語孟中深求玩味，將來涵養成甚生氣質。」又曰：「凡看文字，須先曉其文義，然後可以求其意，未有文義不曉而見意者也。學者一部論孟，見聖人所以與弟子許多議論，而無所得，是不易得也，讀書雖多，亦奚以爲？」又曰：「讀論孟而不知道，所謂雖多亦奚以爲。」又曰：「凡看論孟且須熟讀玩味，須將聖人語言切己，不可只作一場話說。人只看得此二書切己，終身儘多也。」又曰：「論語孟子只剩讀著便自意足，學者須是玩味，若以語言解著，意便不足。某始作此二書文字，既而思之，又似剩只有些先儒錯會處，却待與整理過。」又曰：「傳録言語，得其言未得其心，必有害。雖孔門亦有是患〔二〕。如言昭公知禮，巫馬期告時，孔子正可不答，其間必更有語言，具巫馬期欲反命之意，孔子方言『苟有過，人必知之』。孔子答，巫馬期亦知之，陳司敗亦知之。又如言伯夷、柳下惠皆古聖人也，若不言『清』、『和』，便以夷、惠爲聖人，豈不有害？又如孟子言『放勳曰』，只當言『堯曰』，傳者乘放勳爲堯號，乃稱『放勳曰』。又如言『聞斯行之』，若不因公西赤有問，及仲由爲比，便信此一句，豈不有害？又如孟子，齊王欲『養弟子以萬鍾』，此事欲國人矜式。孟子何不可處？但時子以利誘孟子，孟子故曰：『如使予欲富，辭十萬而受萬，是爲欲富乎?』若觀其文,只似孟子不肯爲國人矜式,須知不可以利誘之意。『舜不告而娶』,須識得舜意。若使舜便不告而娶,固不可。以其父頑,過時不爲娶,堯去治之,堯命瞽使舜娶,舜雖不告,堯固告之矣。堯之告之也,以君治之而已。今之官府治人之私者亦多。然而象欲以殺舜爲事,堯奚爲不治?蓋象之殺舜無可見之迹,發人隱慝而治之,非堯也。」尹焞嘗言:「近日看論孟,似有所見。」先生曰:「所見如何?」焞曰:「只見句句皆是實語。」先生首肯之,曰:「善自涵養。」

校勘記

〔一〕讀四庫本作「觀」。

〔二〕雖孔門亦有是患 「門」原作「孟」,據明抄本改。

論語精義綱領

伊川先生曰：「讀論語，有讀了全然無事者，有讀了後其中得一兩句喜者，有讀了後知好之者，有讀了後直有不知手之舞之足之蹈之者。」又曰：「今人不會讀書。如『誦詩三百，授之以政，不達；使於四方，不能專對：雖多，亦奚以爲？』是未讀詩時，授之政，不達；使於四方，不能專對。既讀詩後，便達於政，能專對四方，始是讀詩。『人而不爲周南、召南，猶正墻面而立。』須是未讀周南、召南，一似面墻，到讀了後，便不面墻，方始有驗。大抵讀書只此便是法。如讀論語，舊未讀，是這箇人，及讀了後，又只是這箇人，便是不曾讀。」又曰：「論語問同而答異者至多。或因人才性，或觀人所問意思，或所到地位及所居之位而言。」又曰：「論語爲書，傳道立言，深得聖人之學者矣。如鄉黨形容聖人，不知此者，豈能及此。」又曰：「孔門弟子善問，直窮到底。如問：『鄉人皆好之，何如？』曰：『未可也。』便問：『鄉人皆惡之，何如？』又如說：『足食，足兵，民信之矣。』便問：『必不得已而去，於斯三者何先？』才說：『去兵。』便又問：『不得已而去，於斯二者何先？』自非聖人不能答，便云：『去食。自古皆有死，民無信不立。』不是孔子弟子不能如是問，不是聖人不能如是答。」又曰：「凡看論語，非是只要理會語言，要識得聖人氣象。如孔子曰：『盍各言爾志？』子路曰：『願車馬衣輕裘與朋友共，敝之而無憾。』顔淵曰：『願無伐善，無施勞。』孔子曰：『老者安之，朋友信之，少者懷之。』觀此數句，便見得聖賢氣象大段不同。若讀此不見聖賢氣象，他處也難見。學者須要理會得聖賢氣象。」又曰：「某自十七八讀論語，當時已曉文義，讀之愈久，但覺意味深長。」

謝氏曰：「天下同知尊孔氏，同知賢於堯舜，同知論語書弟子記當年言行不誣也。然自秦漢以來，開門授徒者不過分章析句耳。晉魏而降，談者益稀。既不知讀其書，謂足以識聖人心，萬無是理；既不足以知聖人心，謂言能中倫，行能中慮，亦萬無是理；言行不類，謂爲天下國家有道，亦萬無是理。君子於此盍闕乎？蓋溺心於淺近無用之地，聰明日就彫衰，雖欲讀之，固不得其門而入也。蓋其辭近，其指遠。辭有盡，指無窮。有盡者可索之於訓詁，無窮者要當會之以神。譬諸觀人，昔日識其面，今日識其心，在我則改容更貌矣，人則猶故也。坐是故難讀。蓋不學操縵，不能安弦；不學博依，不能安詩；不學雜服，不能安禮，惟近似者易入也。彼其道高深博厚不可涯涘也如此，儻以童心淺智窺之，豈不大有逕庭乎！方其物我太深胸中矛戟者讀之，謂終身可行之恕誠何味？方其脇肩諂笑以言餂之者讀之，謂巧言令色寧病仁？未能素貧賤而恥惡衣惡食者讀之，豈知飯蔬食飲水，曲肱而枕之，未妨吾樂？注心於利未得已不已而有顛躓之患者讀之，孰信不義之富貴真如浮雲？誨爾諄諄聽我藐藐者讀之，孰謂回不惰師書紳爲至誠服膺？過此而往，益高益深，可勝數哉！是皆越人視秦人之肥瘠也。惟同聲然後相應，同氣然後相求。是心與是書聲氣同乎不同乎？宜其卒無見也。是書遠於人乎？人遠於書乎？蓋亦勿思爾。能返是心者，可以讀是書矣。孰能脱去凡近，以遊高明；莫爲嬰兒之態，而有大人之器；莫爲一身之謀，而有天下之志；莫爲終身之計，而有後世之慮；不求人知，而求天知；不求同俗，而求同理者乎？是人也，雖未必中道，然其心當廣矣，明矣，不雜矣，其於讀是書也，能無得乎？當不惟念之於心，必能體之於身矣。油然内得，難以語人，謂聖人之言真不我欺者，其亦自知而已。豈特思慮之効，乃力行之功。至此，蓋人與書互相發也。及其久也，習益察，行益著，知視聽言動，蓋皆至理；聲氣容色，無非妙用；父子君臣，豈人能秩叙；仁義禮樂，豈人能强名。心與天地同流，體與神明爲一，若動若植，何物非我，有形無形，誰其間之？至此，蓋人與書相忘也，則向所謂辭近而指遠者，可不信乎？宜乎賢者識其大，不賢者識其小，好惡取捨之相遼也。學者儻以此書爲可信，則亦何遠之有？以謂無隱乎爾，則天何言哉，夫子之言性與天道不可得而聞也；以謂有隱乎爾，則四時行焉，百物生焉，夫子之文章可得而聞也。豈真不可得而聞哉？詩云：『鳶飛戾天，魚躍于淵。』此天下之至顯，聖人惡得而隱哉？所謂『吾無行不與二三子者』也。上天之載，無聲無臭，此天下之至賾，聖人亦惡得而顯哉？宜其二三子以爲有隱乎我者也。知有隱無隱之不二者，捨此書其何以見之哉？知有隱無隱之不二者，豈非閎博明允君子哉？」

楊氏曰：「學之視聖人，其猶射之於正鵠乎？雖巧力所及，有遠近中否之不齊，未有不止於正鵠而可以言射也。士之去聖人，或相倍蓰，或相什伯，所造固不同，未有不志於聖人而可以言學也。夫論語之書，孔子所以告其門人，群弟子所以學於孔子者，士之有志乎聖人者，所宜盡心也。然而其言近，其指遠。世儒以其近也易之，以爲童子之習而莫之究，入德之途背而去之，如在荒墟之中，曾無蘧廬以托宿焉，況能宅天下之廣居乎！嗚呼！道廢千有餘年，士不知所止，而繆悠荒唐之辭盈天下，窮高極微，而卒不可與入堯舜之道；間有英才異禀，不過鶩爲辭章，以夸多鬭靡而已。善夫伯樂之論馬也，以爲天下馬不可以形容筋骨相，視其所視，而遺其所不視，則馬之絶塵弭轍者無遺矣。余於是得爲學之方焉。夫道之不可以言傳也審矣。士欲窺聖學淵源，而區區於章句之末，是猶以形容筋骨而求天下馬，其可得乎？余於是書，物色牝牡，有不能知者蓋多矣。學者能視其所視，而遺其所不視，則於余言其庶矣乎！」

范濟美問：「讀論語以何爲要？」答曰：「要在知『仁』。孔子說『仁』處最宜玩味。」又問：「孔子說『仁』處甚多，尤的當者是何語？」曰：「皆的當。但其門人所至有不同，故其答之亦異。只如言『剛毅木訥近仁』，自此而求之，仁之道亦自可知。蓋嘗謂曾子在孔門，當時以爲魯，學道宜難於他人。然子思之中庸，聖學所賴以傳者也，考其淵源，乃自曾子，則傳孔子之道者曾子而已矣，豈非以魯得之乎？由此觀之，聰明才智未必不害道，而剛毅木訥信乎於仁爲近矣。」與鄭季常言：「學者當有所疑，乃能進德。然亦須是著力深，方能有疑。今之士讀書爲學，蓋自以爲無可疑者，故其學莫能相尚。如孔子門人所疑，皆後世所謂不必疑者也。子貢問政，子曰：『足食，足兵，民信之矣。』子貢疑所可去，答之以『去兵』。於食與信猶有疑焉，故能發孔子『民無信不立』之說。若今之人問政，使之足食與兵，何疑之有？樊遲問仁，子曰：『愛人。』問知，子曰：『知人。』是甚明白，而遲猶曰未達，故孔子以『舉直錯諸枉，能使枉者直』教之。由是而行之，於仁、知之道，不其幾矣乎！然樊遲退而見子夏，猶申問『舉直錯諸枉』之義，於是又得舜舉皋陶，湯舉伊尹爲證，故仁、知兼盡其說。子夏問『巧笑倩兮，美目盼兮』，直推至於『禮後乎』然後已。如使今之學者，方得其初問之答，便不復疑。蓋嘗謂古人以爲疑者，今人不知疑也，學何以進？」季常曰：「某平生爲學，亦嘗自謂無疑，今觀所言，方知古之學者善學。」

尹氏進解序曰：「臣自布衣，入侍經筵，被旨解論語以進。臣備職勸講，不敢以寡陋辭。竊惟是書乃集記孔子嘉言善行，苟能即其問答，如己親炙于聖人之門，默識心受，而躬行之，則可謂善學矣。後之解其文義者數十百家，俾臣復措説其下，亦不過稱贊之而已。恭惟陛下聖學高明，出乎天縱，如舜好問，如湯日新，舉賢而遠不仁，修己以安百姓，固已合符乎夫子之道，施之於事業矣，復有何待於臣之説？然而學貴力行，不貴空言，若欲意義新奇，文辭華贍，則非臣所知也。姑摭所聞以稱明詔。臣謹上。」又奏曰：「孔子以來，道學屢絶，言語文字，去本益賒。是故先王遺書，雖以講誦而傳，或以解説而陋，況其所論所趨，不無差謬，豈惟無益，害有甚焉。脱使窮其根源，謹其辭説，苟不踐形，等爲虚語，此先賢所以重講解，慎言辭也。況如臣者，材質甚愚，修爲無取，施之於己，未見其功，挾以事君，亦將何有？其於聖賢言行，何足以窺測奥妙，發明指歸。彊顔爲之，第塞詔旨。臣無任慚羞恐懼之至。」

論語精義卷第一上

學而第一

子曰：「學而時習之，不亦説乎？有朋自遠方來，不亦樂乎？人不知而不愠，不亦君子乎？」

伊川解曰：「習，重習也。時復思繹，浹洽於中，則説也。以善及人，而信從者衆，故可樂。雖樂於及人，不見是而無悶，乃所謂君子。」又語録曰：「所以學者，將以行之也。時習之，則所學者在我，故説。習，如禽之習飛。」又曰：「鷹乃學習之義。子路有聞，未之能行，唯恐有聞。説在心，樂主發散在外。」又曰：「説先於樂者，樂由説而後得，然非樂不足以語君子。」

范曰：「學先王之道，將以行之也。學而習之，知所以修身，知所以治人，則説矣。

習之言試也。易重險之卦曰習坎。水之於險也，必洊至而不已，然後能乘險而流焉，君子於難事也亦然。故其象曰：『常德行，習教事。』夫必有常也，而後能立。孔子習周公者也，顔淵習孔子者也，人君習堯舜，是亦堯舜而已矣。子曰：『性相近也，習相遠也。』伊尹曰：『習與性成。』學者之習，所以反其性也〔一〕。習之而串，則與性一矣。易曰：『兑，説也。』而兑之象『以朋友講習』。朋友講習，所以求道，故可説之。善莫善於講習，不亦説者，比於説矣，猶未正夫説也。學而知之者，次也，所以求爲聖人，及其成功，則無習，無習，則亦無説矣。孟子曰：『一鄉之善士，斯友一鄉之善士；一國之善士，斯友一國之善士；天下之善士，斯友天下之善士。』才小者所友近，才大者所友遠。君子之學，有同道者自遠而來，則亦可以樂矣。夫説自外至，樂由中出，故好之者不如樂之者。習在己，而有得於外；朋友在人，而有得於内。君子之道求爲可充也，能如此者，其惟好學者乎？在孔子則弟子自遠而至是也。君子不病人之不己知，小人唯恐人之不知也。潛龍之德，『不見是而無悶』，『君子依乎中庸，不見知而不悔，惟聖者能之』，此皆藏其德而修身者也。人莫得而知之，是以道不行，時不遇，獨立乎世，未嘗有悶，斃而後已，亦無悔焉。下焉者，爲善而必蘄乎人知，有諸内必形諸外，未有不知者也。不知而愠，則不知於命，無以爲君子。故人不知而不愠，斯可以爲君子矣。」

呂曰：「信於始而不疑，故時習而不捨；信於中而有孚，故朋來乎遠方；信於終而不悔，故人不知而不愠。」

謝曰：「學而時習者，無時而不習。『坐如尸』，則坐時習也；『立如齊』，則立時習也；『造次必於是』，則造次時習也；『顛沛必於是』，則顛沛時習也。如此，則德聚矣，能無説乎？有朋自遠方來，非必同堂合席，專門同師然後謂之朋也。考諸古人，先得我心之所同然；求諸今人〔二〕，信其與己之不異，皆朋也，能無樂乎？夫道同則相知，不同則不相知，師弟子之間，猶有不相知者，况它人乎？是以一鄉之善士，斯得一鄉之善士；一國之善士，斯得一國之善士；天下之善士，斯得天下之善士。知我者希，則我貴矣。人不知而不愠，則其自待者厚，斯不亦君子乎？學而時習之，所以自處也；有朋自遠方來，同乎己者也；人不知，異乎己者也，而不愠焉，則幾於樂矣。論語一經，大抵不出此三者。飯疏食飲水，曲肱而枕之，樂亦在其中矣。顔子一簞食，一瓢飲，不改其樂，皆不愠之謂也。」

游曰：「理也，義也，人心之所同然也。學問之道無他，求其心所同然者而已。學而時習之，則心之所同然者得矣，此其所以説也。故曰：『理義之説我心，猶芻豢之説我口。』今試以吾平居之學驗之，若時習於禮，則外貌無斯須不莊不敬；時習於樂，則中心無斯須不和不樂。無斯須不莊不敬，則慢易之心無自而入，而本心之敬得矣；無斯須不和不樂，則鄙詐之心無自而入，而本心之和得矣。時習之，則時有得矣；時有得矣，其爲樂可勝計哉！流水之爲物也，不盈科不行；君子之志於道也，不成章不達。故積於中者厚，然後發於外者廣；得於己者全，然後信於人者周。有朋自遠方來，則發於外者既已廣，信於人者既已周矣。非夫積厚於中、得全於己者，曷至是哉！此其所以樂也。孟子曰：『令聞廣譽施於身，所以不願人之文繡也。』夫聞譽施諸身，則美在其中，而暢於四支，夫豈借美於外哉！惟不借美於外，則志願在我，而世之所可願者屏焉，其爲樂也，烏可已耶？蓋君子非樂於朋來也，樂其聞譽有以致之也；非樂其聞譽也，樂其美在其中，而暢於四支，有以致聞譽也。然求爲可樂者，亦反諸身而已矣。『不知命，無以爲君子也。』蓋不知命，則行險以徼倖，將無所不至，其趨於小人也孰禦焉，尚何以爲君子乎？若夫尊德樂義之士，囂囂自得，『不怨天，不尤人』，『遯世無悶，不見是而無悶』，非君子成德，孰能至於是哉！故曰『人不知而不愠，不亦君子乎』，語成德也。不然，『不念舊惡，怨是用希』，與夫『遺佚而不怨，阨窮而不憫』者，何以稱夷、惠？說也，樂也，君子也，言其義則然。若夫所以說、樂，所以爲君子，則在於學者之心得。譬之飲食之美也，借使易牙日嚳於前，而已不預饗焉，終不足以知味。」又曰：「時習於禮，則外貌無斯須不莊不敬；時習於樂，則中心無斯須不和不樂，且將日進於理義之地矣，故說。内足以成己，外足以成物，君子所謂三樂者，内外兩得矣，故樂。學而至於樂，則在我者無憾矣，宜其令聞廣譽四馳也。而人有不知焉，是有命也，『不知命，無以爲君子也』。今也『人不知而不愠』，則非成德之士安於義命者不能爾也，謂之君子。」

楊曰：「顏淵『請問其目』，學也；『請事斯語』，則習矣。學而不習，徒學也。譬之學射而志於彀，則知所學矣。若夫承挺而目不瞬，貫蝨而懸不絶，由是而求盡其妙，非習不能也。習而察，故說。久而性成之，則說不足道也。有朋自遠方來，學者以其類至也。合志同方，相與講學，故樂。夫孔子以學不講爲憂，則講學之樂可知矣。朋來，人知之也，以人知而樂。不知而或愠，亦非君子矣。」

尹曰：「學而時習之，無時而不習也，能有所自得，故說。有朋自遠方來，其道同而信之也，故樂。學在己，不知在人，何愠之有，故曰君子。」

有子曰：「其爲人也孝弟，而好犯上者，鮮矣；不好犯上，而好作亂者，未之有也。君子務本，本立而道生。孝弟也者，其爲仁之本與！」

明道曰：「孝弟本其所以生，乃爲人之本。孝弟有不中理，或至於犯上，然亦鮮矣。孟子曰：『孰不爲事？事親，事之本也。孰不爲守？守身，守之本也。』不失其身而能事其親，乃誠孝也。推此可以知爲仁之本。」

伊川解曰：「孝弟，順德也，故不犯上，豈復有逆理亂常之事？德有本，本立則其道充大。孝弟行於家，而後仁愛及於物，所謂親親而仁民也。故爲仁以孝弟爲本，論性則以仁爲孝弟之本。」或問：「孝弟爲仁之本，此是由孝弟可以至仁否？」曰：「非也。謂行仁自孝弟始，孝弟者是仁之一事，謂之行仁之本則可，謂是仁之本則不可。蓋仁是性也，孝弟是用也。性中只有箇仁、義、禮、智四者而已，曷嘗有孝弟來？然仁主於愛，愛莫大於愛親，故曰：『孝弟也者，其爲仁之本與！』」又曰：「敬親者不敢慢於人，愛親者不敢惡於人，便是孝弟。盡得仁斯盡得孝弟，盡得孝弟便是仁。」又問：「爲仁先從愛物推如何？」曰：「不愛其親而愛他人者，謂之悖德；不敬其親而敬他人者，謂之悖禮。故君子親親而仁民，仁民而愛物。能親親，豈不能仁民？能仁民，豈不能愛物？仁民而推親親，墨子也。」

范曰：「孝弟則宜無犯上，然而曰鮮者，有至焉，有不至焉者也，至於好作亂，則未之有決矣。子曰：『教民親愛，莫善於孝；教民禮順，莫善於弟。』民知親愛禮順，則犯上宜鮮矣。道之有本，如木之有根，水之有源也，無本則無自而生焉。故君子爲仁有道，在修其身；修身有道，在正其心；正心有道，在誠其意；誠意莫如孝弟。未有事父孝，事兄弟，而不忠於君，不順於長，不愛於人者也。」

謝曰：「上章論爲學之大體，此一節論求仁之方也。夫仁之爲道，非惟舉之莫能勝，而行之莫能至，而語之亦難。其語愈博，其去仁愈遠。古人語此者多矣，然而終非仁也。如『恭寬信敏惠爲仁』，若不知仁，則止知恭寬信敏惠而已。『克己復禮爲仁』，若不知仁，則止知克己復禮而已。『出門如見大賓，使民如承大祭』，此特飭身而已，何以見其爲仁？『仁者，其言也訒』，此特愼言而已，何以見其爲仁？有子之論仁，蓋亦如此爾。爲孝弟者近仁，然而孝弟非仁也。可以論仁者莫如人心，人心之不僞者莫如事親從兄。莊子曰：『子之事親，命也，不可解於心。』此可見其良心矣。至於從兄，則自有生以來良心之所未遠者。以事親從兄而充之，則何往而非仁也。夫事親從兄之心，行之而不著，習矣而不察，終身由之而不知者，尚能不好犯上作亂，況於真積力久，擴而充之者乎？今夫出必告，反必面，冬温夏凊，昏定晨省，亦可以爲孝矣，閭巷之人亦能之；長幼有序，徐行後長，亦可以爲弟矣，閭巷之人亦能之。然而以閭巷之人爲有道，不可也；以爲終不可以入道，亦不可也。但孝弟可以爲仁，可以入道，在念不念之間。蓋仁之道，古人猶難言之，其可言者止此而已。若實欲知仁，則在力行、自省，察吾事親從兄時此心如之何，知此心，則知仁矣。」

游曰：「事親孝，故忠可移於君；事兄弟，故順可移於長。孝弟者，忠順之資也，其不足於忠順者寡矣，故孝弟之人鮮好犯上。至於不好犯上，則忠順足於己，而悖逆之氣不萌於中矣。若是者，其事君必如其親，憂國必如其家，愛民必如其子，固足以禦亂矣，曾何作亂之有？故曰：『不好犯上，而好作亂者，未之有也。』木漸於上，水漸於下，有本者如是。故君子之道，亦務本而已矣。孝弟也者，置之而塞乎天地，溥之而横乎四海[三]，入此者爲仁，履此者爲禮，宜此者爲義，信此者爲信，順此者爲樂，兹非仁之本與？知孝弟爲仁之本，則『本立而道生』之説見矣。」

楊曰：「入以事其父兄，出以事其長上，舉斯心加諸彼而已，無二道也。事親有隱而無犯，則孝弟之人宜無犯上者；移之事君，有犯而無隱，則犯上蓋有不得已而然者，謂之好則鮮矣。孝弟非仁之本，蓋爲仁之本也。欲爲仁當務孝弟，此務本之一事耳。若師氏至德以爲道本之類，皆是。論語之書，竊意有子、曾子之門人共成之也。孔子没，子夏以有若似聖人，欲以所事孔子事之；羣弟子惟曾子爲最少，而是書記其死。又惟二子獨稱子，餘無稱子者，則其尊之與夫子等，故首述二子之言繼夫子之後，爲是故也。」

尹曰：「孝弟，順德也。順則宜無犯上，不好犯上矣，其好作亂者，未之有也。仁，性也。爲仁之道由孝弟而生，故爲仁者必本乎孝弟。」

子曰：「巧言令色，鮮矣仁！」

伊川解曰：「巧言令色，鮮矣仁，謂非仁也。知巧言令色之非仁，則知仁矣。」

范曰：「巧言令色孔壬，堯舜畏之，以比驩兜、有苗，則宜曰不仁而已，然而曰鮮者，則有時而仁也。夫巧言令色之人，亦爲利而已，其心未必不仁也。人君邇之，必敗亂天下，其無以鮮而易之也。」

吕曰：「君子言非不欲巧，色非不欲令，蓋修於外者，本有所不立，修於内者，末足以兼之。」

謝曰：「仁雖難言，知其所以爲仁者，亦可以知仁矣，若孝弟爲仁之本是也。知其遠於仁者，亦可以知仁矣，若巧言令色鮮矣仁是也。然巧言令色，知之亦難。禮曰：『情欲信，辭欲巧。』詩稱仲山甫之德曰：『令儀令色。』然禮所謂『辭欲巧』，亦鮮仁乎？仲山甫之德，亦鮮仁乎？至於聖人所謂『孫以出之』，辭亦巧矣，『逞顔色，怡怡如也』，色亦令矣，豈以好其言語，善其顔色，直以爲鮮仁也哉！至於小人，蓋嘗許以爲直矣，言何嘗巧；雖内荏而色厲，色何嘗令！然則何者爲巧言？何者爲令色？若能知出辭氣可遠鄙倍，則知之矣。此宜學深思而力索，不可以言語道也。」

游曰：「仁者，誠而已矣，無僞也，何有於巧言？仁者敬而已矣，無諂也，何有於令色？巧言入於僞，令色歸於諂，其資與木訥反矣，宜其鮮於仁也。使斯人之志在於巧言令色而已，則孔子所謂『朽木糞墻』，孟子所謂『鄉原終不可以入德』；使其人之志在於善，而失其所習，則猶可以自反，此聖人所以不絶其爲仁，而止言其鮮也。然則仲尼之惡令色也如此，而詩人以美仲山甫何也？蓋詩人之所謂『令色』者，與仲尼之意異。善觀詩者，以意逆志可也。」

楊曰：「君子服其服，則文之以君子之容；有其容，則文之以君子之辭；容辭以文之，而實之以君子之德，雖或巧令，未爲過也。故記曰『辭欲巧』，詩美仲山甫，而以『令儀令色』稱之，則巧令非盡不仁也。然是之人務爲容辭之文而不實之以其德者多矣，故鮮矣仁。」又曰：「便儇皎厲，其去道遠矣，焉得仁？」

尹曰：「巧言令色，而仁者鮮矣。知巧言令色之非仁，則知仁矣。」

曾子曰：「吾日三省吾身：爲人謀而不忠乎？與朋友交而不信乎？傳不習乎？」

明道曰：「發己自盡謂忠，循物無違謂信，表裏之謂也。」又曰：「傳不習乎，言不習而傳與人。」

伊川解曰：「曾子之三省，忠信而已。」又語録曰：「盡己之謂忠，以實之謂信。忠信，内外也。」

范曰：「曾子守約，動必反諸身。爲人謀而不忠者，有我與人故也。與朋友交而不信者，誠意不至也。傳不習者，講學不明也。夫治己者未至，則教人者不足，故曾子懼夫傳不習也。」

謝曰：「九流皆出於聖人，其後愈傳而愈失其真。如子夏之後流爲莊周，則去聖人遠矣。獨曾子之學用心於内，故傳之無弊。其親炙而得之者，有子思，子思之學，中庸可見也，考中庸，則知曾子矣。聞而得之者，有孟子，考孟子之書，亦可以見子思矣。蓋其所學至真至正如此。惜乎其嘉言善行不盡傳於世，如孟子所稱曾子之事，不載於論語者甚多，則其泯滅者有矣。今其幸存者，可不盡心乎？如此三者，未可以淺近論也。爲人謀而忠，與人交而信，傳而習，非真知道無二致，人與己爲一，其能如此乎？爲人謀而忠，非特臨事而謀，至於平居靜慮，思所以處人者，一有不盡，則非忠矣。與朋友交而信，非特踐言而後信也，驩然有恩以相愛，粲然有文以相接，一有不盡，則非信矣。傳者得之於人，習者得之於我，傳而不習，則道自道，我自我，終不能相合而一矣。執柯伐柯，睨而視之，猶以爲遠者，以其二物故也。傳而不習，他人之道，我何與焉？何以異於執柯伐柯也？惟習而熟，則道與我爲一矣。凡此三者，幾於無我則能之，是學之至也。」

游曰：「考曾子之學，主於誠身，則其操心宜無不忠，其立行宜無不信，而處己者無憾矣。慮其所以接人者，或入於不忠不信而不自悟也，故日三省其身焉。省之如此其固，則有不善未嘗不知，知之未嘗復行者，庶乎可以跂及矣。然此特曾子之省身者而已，若夫學者之所省，又不止此。事親有不足於孝，事長有不足於敬歟？行或愧於心，而言或浮於行歟？慾有所未窒，而忿有所未懲歟？推是類而日省之，則曾子之誠身，庶乎可以跂及矣。古之人所謂夜以計過無憾而後即安者，亦曾子之意。曾子於正心誠意之道，宜無須臾忘也，惟於應物之際，恐或失念而違仁，故日所省者三事而已。」楊曰：「仁之於人，無彼己之異。謀之在人，猶在己也，謀之不忠，違仁遠矣。朋友之交，與君臣、父子同謂之達道，蓋人之大倫也。交而不信，違道遠矣。傳而不習，口耳之學也。君子之修身，其患孰大於是？故曾子之日省者如此。」尹曰：「曾子之三省，誠而已。爲人謀而不忠，與人交而不信，不習而傳於人，皆誠所未至也。曾子守約，故動必求諸身。」

子曰：「道千乘之國，敬事而信，節用而愛人，使民以時。」

伊川解曰：「今之諸侯能如是，足以保其國矣。」又語録曰：「有愛民之心，然而使民亦有不時處。此則至淺，言當時治千乘之國，果能此道，則亦可治矣。聖人之言雖至近，上下皆通。此三句若推其極，堯舜之治亦不過此。若常人之言近時，便只是淺近去。」又曰：「『敬事而信』以下事，論其所存，未及治具，故不及禮樂刑政。」

横渠曰：「道千乘之國，不及禮樂刑政，而言『節用而愛人，使民以時』，言能如是則法行，不能如是則法不徒行。禮樂刑政，亦制數而已耳。」

范曰：「子曰：『齊一變，至於魯；魯一變，至於道。』道千乘之國，變而至道也。敬事所以修己，敬則事無不立，信則民可使，節用則不乏，愛人則本固，使民以時，則穀不可勝食，材不可勝用。五者，治國之常法也，故曰道。此足以富之而已，教之則未也。禮記曰『國家未道』，然則魯變至道，亦未至夫教也。」

謝曰：「學之爲王者事久矣。子路曰：『有民人焉，有社稷焉，何必讀書，然後爲學？』此言是也。然夫子不與之者，特非所以待子羔也。子貢謂『夫子之得邦家者，所謂立之斯立，道之斯行，綏之斯來，動之斯和』。夫子未嘗得邦家也，知其爲邦家之道，則可以爲天下國家矣。得志行乎中國，不得志行乎家人，其爲道一也，況千乘乎？古人得百里之地而君之，皆可以一天下，朝諸侯，則千乘之國亦可以用心矣。敬事而信，節用而愛人，使民以時，雖爲天下，亦何獨不然。敬事而信，敬而信也；節用則能愛人；使民以時，民事不可緩也。」

游曰：「道之爲言，未及治也，猶書所謂『引養』、『引恬』而已，馬融謂『爲之政教』者，近之矣。敬事而信，德教以道之也。節用而愛人，使民以時，政事以道之也。有德教以道之，則尊君親上之心篤；有政事以道之，則勸功樂事之意純。有國之道，何以加此？蓋敬朝覲之事，則君臣嚴；敬冠昏之事，則男女別；敬喪紀之事，則民知哀死而慎終；敬祭祀之事，則民知報本而追遠。事之所在，無所不用其敬焉，則民孰有不敬者哉！一號令之出也，一期會之時也，一賞罰之用也，一嚬笑之形也，無所不用其信焉，則民其有不信者哉！由是道而誠於心，則有虞氏未施信於民，而民信之，夏后氏未施敬於民，而民敬之者，亦久於斯道而已。雖然，知敬事而已，未及乎信，則游移而無主，非所以服民〔四〕；知信而已，未及乎節用，則侈費而傷財，非所以裕國；知節用而已，未及於愛人，則將吝細而少恩，非所以厚下；知愛人而已，不知使民以時，則將輕用其力，輕奪其務，非所以養民。知是五者，而法度加焉，則治人之道足矣。當孔子時，斯道也將亡矣，故亟言之，使道之以道，則於法度乎何有〔五〕？」

楊曰：「滕文公問爲國，孟子曰：『民事不可緩也。』蓋有土有民，無非事者。然而事不敬則下慢，敬而不信則下疑，下慢而疑，則事不立矣。敬而信，以身先之也。易曰：『節以制度，不傷財，不害民。』蓋侈用則傷財，傷財必至於害民，故愛人必先於節用。然使之不以其時，則力本者不獲自盡，雖有愛人之心，而人不被其澤矣。若春祈夏因，既蜡而不興功之類，所謂時也。然此特道之而已，未及爲政也，苟無是心，雖有政不行焉，與孟子論王道之始同。」

尹曰：「敬其事，信於民，節用，愛人，不奪其時，以是五者道其國，可謂言近而易行矣。然推其極，雖堯舜之道亦不過如是而已。後世不能先此，徒欲以刑政而爲治者，其亦不知本矣。有志於南面者，其可以言近易行而忽諸？」

子曰：「弟子入則孝，出則弟，謹而信，汎愛衆而親仁。行有餘力，則以學文。」

明道曰：「行有餘力者，當先立其本也。有所本而後學文，然則有本則文自至矣。」

伊川解曰：「爲弟子之職，力有餘則學文。不修其職而先文，非爲己之學也。」又語録曰：「學文便是讀書。人生便知有父子、兄弟，須先盡得孝弟，然後讀書，非謂以前不可讀書。」

范曰：「此修身之大略也。入孝出弟，立身之本也。『庸行之謹，庸言之信』，以其所愛及其所不愛，衆則汎愛之，仁者則親之，以善爲主也。夫子之教人以德行爲先，文學爲後，學文者，行之餘事也。」

吕曰：「行謹而言信。」

謝曰：「此言學者當知所先後也。天下之人，愛親爲易，盡孝爲難；事長爲易，盡弟爲難。能盡孝弟，則能明人之大倫，又能『庸言之信，庸行之謹』，充其無欲害人之心，而親仁以成己，則在我者立矣。至於行有餘力則以學文者，其游於藝之謂乎？」

游曰：「入孝而出弟，身謹而言信，處衆而泛愛，則友而親仁〔六〕，君子之務，此其本也。有所未能，則勉爲之；有所未至，則力致之；待其有餘也，然後從事於文，則其文足以增美質矣。猶木之有本根也，然後枝葉爲之芘覆，苟其無本，則枝葉安所附哉？夫文者，詩書禮樂之謂也。詩者，言此情而已。書者，述此事而已。禮者，體此而已。樂者，樂此而已。使其孝不稱於宗族，其弟不稱於鄉黨，交遊不稱其信，醜夷不稱其和，仁賢不稱其智，則其文適足以滅質，其博適足以溺心，以爲禽犢者有之，以資發塚者有之。託真以酬僞，飾姦言以濟利心者，往往而是也。然則無本而學文，蓋不若無文之愈也。是以聖人必待行有餘力，然後許之以學文，不然，固有所未暇也。後之君子，稍涉文義，則沾沾自喜，謂天下之美盡在於是。或呰其無行，則驁然不顧；或詆其不足，則忿疾如深讎，亦可謂失羞惡之心矣，烏知聖人之本末哉！」

楊曰：「自孝弟而達之於泛愛親仁，蓋推其所爲也。君子之所務者本而已，學文乃其餘事。」

尹曰：「爲弟爲子之職，孝於親，弟於長，謹於行，信於言，泛愛乎衆而親仁人，此德行也。行之有餘力，則以學文。德行，本也。文藝，末也。故窮其本末，知所先後，可以入德矣。」

子夏曰：「賢賢易色；事父母，能竭其力；事君，能致其身；與朋友交，言而有信。雖曰未學，吾必謂之學矣。」

明道曰：「致身，猶言致力，乃委質也。」

伊川解曰：「見賢改色，有敬賢之誠也。事君、事親、與朋友，皆盡其誠，學求如是而已。」又語録曰：「言見賢即變易顔色，愈加恭敬，好善有誠也。」

范曰：「惡惡臭而好好色者，人之誠也。以好賢而易其好色之心，則善無以加矣。然而好賢者，未必誠好之也。賢賢者，誠心以爲賢，此好之篤者也。事父母竭其力之所至，事君不敢有其身，故危難不避，而終之以信。此可學之資也，雖曰未學，必謂之學也，本立而質美故也。」

吕曰：「質具矣，而文有不足，非所謂患也。所謂質者，誠而已矣。賢賢至于改色，好善有誠矣；事親不愛其力，孝有誠矣；事君不有其身，忠有誠矣；待朋友而不欺，交際有誠矣。四者先立乎誠，所未學者文耳。」

謝曰：「賢賢易色，如惡惡臭，如好好色，天下之誠意無易於此。此好德如好色，亦可謂好德之至也。事父母能竭其力，共爲子職而已；事君能致其身，不敢有己而已；與朋友交言而有信，在我者不欺矣。父子有親，君臣有義，朋友有信，能如此，則其長幼必能有序，夫婦必能有別矣。則舜所以爲舜，其法可傳於天下者，其能外是乎？聖人人倫之至也，此而曰未學，不得謂之不學也，其亦幾於生而知之者乎？」

游曰：「天下之達道五：君臣也，父子也，夫婦也，昆弟也，朋友之交也。先王之時，在上者舍是無以教，在下者舍是無以學，故孟子曰：『學則三代共之，皆所以明人倫也。』今能賢賢易色，事父母能竭其力，事君能致其身，與朋友交言而有信，則其於人倫厚矣。學之爲道，何以加此？雖曰未學，吾必謂之學矣。仲尼之門，子夏以文學名，而其言如此，則知古之所謂學者在本而不在末，故學而篇大抵皆在於務本。」

楊曰：「事君親，交朋友，人倫之大者。學者，明此而已。苟能是，雖曰未學，斯謂之學可也。然先之以『賢賢易色』者，蓋學本於致知，親賢所以致知也。故爲天下有九經，而尊賢在親親之先，亦此意也。」

尹曰：「賢其賢，則敬賢之誠見於色，故曰易色。於其事君、事親、與朋友交，皆盡其誠，無所不用其極也。學者，學此者也。故雖未學，必謂之學矣。」

子曰：「君子不重則不威，學則不固。主忠信。無友不如己者。過則勿憚改。」

明道曰：「聖人言忠信多矣。人道唯在忠信，不誠則無物。且出入無時，莫知其鄉者，人心也。若無忠信，豈復有物乎！」

伊川解曰：「不厚重則無威儀，所學不能安固。所主在於忠信，所親者必忠信。遷善不可不速。君子自修之道當如是也。」又語録曰：「君子不重則不威嚴，而學則亦不能堅固也。」

横渠曰：「將修己，必先厚重以自持。厚重知學，德乃進而不固矣。忠信進德，惟尚友而急賢。欲勝己者親，無如改過之不吝。」

范曰：「言重則有法，行重則有德，貌重則有威，好重則有觀〔七〕。動容周旋中禮者，盛德之至。君子所貴乎道者，正己而已。故不重則不威。輕乎外者必不能堅乎内，故學則不固。爲人而不重〔八〕，未有不易其守也。忠者，誠也。信者，不欺也。君子之守，誠爲大；其與人也，不欺爲大。故心必以忠信爲主，言必以忠信爲主，行必以忠信爲主。忠信，所以立本也。『無友不如己者』，所以進德也。夫與賢於己者處，則自以爲不足；與不如己者處，則自以爲有餘。自以爲不足，則日益；自以爲有餘，則日損。過而憚改者，不能强爲善也。湯改過不吝，則又賢於勿憚改者矣。此三者，修身之要也，自天子至於士，皆不可不務也。」

吕曰：「學則知類通達，故不至於蔽固。主，讀如『於衛主顔讎由』之『主』。主，所託也。友，所輔也。改過，所以自治。所託失人，則勢窮；所輔不如己，則德不進；所以自治不勇，則惡日長。」

謝曰：「此一段當分爲四事：自重，忠信，友如己，改過。學者闕一不可也。人孰有生而知之者乎？能學而知之，困而知之亦善矣。孰有安而行之者乎？能利而行之，勉强而行之亦善矣。此非論生知安行者也。自重、忠信、友如己者，學之事也。過而改，困之事也。君子不重則不威，學則不固。中庸曰：『齊明盛服，非禮不動，所以修身也。』齊明盛服，特威儀耳〔九〕，何以見其修身乎？蓋爲冠所以莊其首，爲履所以重其足，所以防其躁也。古之君子必佩玉，進則揖，退則揚，周旋中規，折旋中矩，所以使非僻之心無自入也。夫容貌衣服之間，尚能移養如此，而况視聽言動能自重哉！學如之何而不固也？則其儼然人望而畏之，亦餘事耳。忠信，進德之本也。所謂『默而成之，不言而信，存乎德行』者也。儻不知此而欲進德，何異『絺兮綌兮而欲温，吸風飲露而欲飽』，無是理矣。夫人自非上智下愚，皆可以爲善，可以爲不善，則其薰蒸陶冶，能無待於朋習乎？以子貢之賢，孔子猶戒以事其大夫之賢者，友其士之仁者。蓋事衰世之大夫，友薄俗之士，難與並爲仁矣。自非聖人，孰能無過？惟其改之爲貴。『師也過』，過也。蘧伯玉行年五十而知四十九之非，亦過也。但小人過於行事，君子過於情性耳。夫仁義何常之有，蹈之則爲君子，捨之則爲小人。不仁不義亦何常之有，循之則爲小人，捨之則爲君子。君子所以勿憚改者，蓋知其無常也；小人所以憚改者，蓋安於故常也。顏回百世師也，而曰不貳過；季路亦百世師也，人告之以有過則喜；荀卿嘗謂之鄙人，蓋亦有過矣，豈以嘗有過而害其爲百世之師乎？知此，則知君子之過，如日月之食焉，無損於明也。今人以嘗有過而自棄自暴，以爲終不可以爲善，遂至於文且飾者，亦愚矣。」又曰：「申顏自謂不可一日無侯無可。或問其故，曰：『無可能攻人之過，一日不見，則不得聞吾過矣。』人不可與不勝己者處，鈍滯了人。」

游曰：「正其衣冠，尊其瞻視，儼然人望而畏之，此君子之重而威也。重而威，則德性尊矣，故君子日就，小人日遠。由是而學，其思之必精，其行之必篤，其問之必切，其聽之必專，入乎耳，著乎心，此德全而學固矣。反是，則言招憂，行招辱，貌招淫，好招辜，何威之有？道聽而途説者有之，一心以爲有鴻鵠將至者有之，何固之有？忠信，所以進德也，如甘之受和，白之受采，故善學者其心以忠信爲主。不言則已，言而必忠信矣，故其言爲德言；不行則已，行而必忠信也，故其行爲德行。止而思，動而爲，無時而不在是焉，則安往而非進德哉？故爲仁不主於忠信，則仁必出於姑息；爲義不主於忠信，則義必出於矯抗。操是心以往，則禮必出於足恭，智必出於行險，安往而非敗德哉，而何進德之有焉？譬之欲立數仞之墻，而浮埃聚沫以爲基，亦没世不能立矣。故主忠信者，學者之要言也。孟子之論尚友也，以一鄉之善士爲未足，而求之一國；以一國之善士爲未足，而求之天下；以天下之善士爲未足，而求之古人。『無友不如己者』，尚友之道也。求得賢者尚而友之，則聞其所不聞，見其所不見，而德日起矣。此仲尼所以期子夏之日進也。孔子曰：『過而能改，善莫大焉。』蓋能改一言之過，則一言善矣；能改一行之過，則一行善矣。若過而每不憚改者，其爲善可勝計哉！然則君子之道以威重爲質，而以學成之。學之道必以忠信爲主，而以勝己者輔之。雖然，使其或吝於改過，則賢者未必樂告以善道，故以『過則勿憚改』爲終焉。」

楊曰：「正其衣冠，尊其瞻視，自重之道也。儼然人望而畏之，則有威矣。學然後可以與權，故不固。主忠信，所以進德也。無友不如己者，資以輔仁也。然過而憚改，雖有輔仁之友，無益矣。」或問：「無友不如己者。商也日進，以其好與勝己者處也。然我之不賢，人將拒我，如之何其拒友也〔十〕？」曰：「所謂如己者，合志同方而已，不必勝己也。」

尹曰：「不厚重則無威儀，無威儀則志不篤，志不篤則所學不能堅固。主於忠信，其忠信不如己者，則勿友也。遷善貴速，故過則勿憚改。君子自修當如是也。」

曾子曰：「慎終追遠，民德歸厚矣。」

伊川解曰：「居喪盡禮，祭祀致誠，慎終追遠之大者也。凡事能慎於終〔十一〕，不忘於遠，足以化民歸於厚德也。」　又語録曰：「慎終追遠，不止爲喪祭。」

范曰：「慎者，誠也。於終者誠之如始，使民勿倍也；於遠者追之如近，使民勿忘也。先王重喪祭，所以厚民德也。曾子之行，一於孝。慎終追遠者，孝之終。」

呂曰：「喪祭者，慎終追遠之一端耳。」

謝曰：「養生不足以當大事，惟送死可以當大事，蓋人情之至極而不可以僞也。爲之棺槨衣衾，爲之春秋祭祀，聖人豈以强民哉！彼有感於狐狸之食，霜露之降，非爲人而然也。以此處己，則己德歸厚矣；以此教民，則民德歸厚矣。」

游曰：「終者，人所易忽也，而慎之；遠者，人所易忘也，而追之。厚之道也。」

楊曰：「人少則慕父母，其生厚矣。有妻子則慕妻子，知好色則慕少艾，仕則慕君，因物有遷也。至於終遠，猶且慎之而不忘，則民德歸厚矣。歸者，反其生之謂也。」

尹曰：「居喪盡禮，祭祀盡誠，慎終追遠之事也。推而至於天下之事，皆能慎其終，不忘於遠，非惟己之德厚，化民亦歸於厚德。」

子禽問於子貢曰：「夫子至於是邦也，必聞其政。求之與？抑與之與？」子貢曰：「夫子温良恭儉讓以得之。夫子之求之也，其諸異乎人之求之與？」

伊川解曰：「温良恭儉讓，盛德之光輝接於人者也。温，和厚也。良，易直也。恭，莊敬也。儉，節制也。讓，謙遜也。德容如是，是以諸侯敬而信之。」又語録曰：「子貢善形容孔子德美，温以接物，良乃善心，恭則不侮，儉則無欲，讓則不好勝。至於是邦，必聞其政。」

范曰：「温良，仁也。恭儉讓，禮也。仁者愛人，有禮者敬人。愛人者人恒愛之，敬人者人恒敬之，是以所居之國必聞其政也。詩曰『干禄豈弟』，又曰『求福不回』。豈弟非以干禄，不回非以求福，然豈弟則干禄之道也，不回則求福之道也。夫子之求之也，其亦此之類也與？子貢之徒，各以其識知之淺深而觀夫子之德，其所以得政，則由五者。雖堯舜之聖，見於外者，亦不過乎此。若子貢則可謂善觀夫子矣。」

吕曰：「温良恭儉讓，皆謙德也。人道惡盈而好謙，況聖人之謙乎？此所以求而人與之也。」

謝曰：「此一節論學之既成，德性内充，必有光輝著見乎外者，蓋誠之不可揜也，故以聖人儀形明之。蓋粗厲感慨，則必髮上衝冠；剛暴狠愎，則其容悻悻然；將有求者，必以喜隨人。如此者不可勝計也。然則德至於聖人之地者，其必有聖人之容。如『天子穆穆，諸侯皇皇』是也。聖人之容，非誾誾，非侃侃，非提提，非總總，柔不爲物侮，剛不爲物懼，其惟温良恭儉讓足以名之乎？蓋清可爲也，而難於温，温者清和之發也；和可爲也，而難於良，良者易直之發也。本無侮人之心，貌如之何而不恭；本無侈泰之心，用如之何而不儉；本無競强之心，行如之何而不讓。至於此，則泰然矣，儼然矣。其泰然也，豈不如春；其儼然也，豈不如秋。豈不容止可觀，豈不威儀可象，豈不和樂，豈不莊敬。遠暴慢不足道也，遠鄙倍不足道也。夫容貌如此，諸弟子豈不能學以致之乎？蓋有忿懥之心者必不温，有忮剋之心者必不良，有欲上之心者必不恭，有驕人之意者必不儉，有物我之心者必不讓。則温良恭儉讓，其惟聖人能之乎？今去聖人久矣，以此五者想見其形容，猶能使人興起，而况於親炙之者乎！借令魯衛之君，雖甚庸且鄙，覩如此人也，獨能不驚且疑乎，獨能不親且敬乎！欲有爲於一國者，其能不就而謀之乎？雖不爲當時所用，猶爲當時所敬；雖不吾以，吾其與聞之也。學者儻有心於聖人威儀之間，亦知所以進德矣。然則爲子貢者，亦可謂善觀聖人矣，亦可謂善言德行矣。於此，豈獨知聖人哉，又將以知子貢矣。」

楊曰：「夫子以是五者得之，則求之在我耳，所以異乎人之求之者也。若夫暴慢侈泰，則人所忌嫉，雖欲求之，其可得乎！」

尹曰：「温良恭儉讓，聖德之光輝接於人者也。温，和厚也。良，易直也。恭則不侮也。儉則無欲也。讓，謙順也。德容如是，是以諸侯欽而信之，至於是邦，必聞其政也。」

子曰：「父在，觀其志；父没，觀其行；三年無改於父之道，可謂孝矣。」

伊川解曰：「孝子居喪，志存守父在之道，不必主事而言也。」

范曰：「父在，觀其志，則能先意承志，諭之以道。父没，觀其行，則能繼志述事，顯揚其美。三年無改於父之道，事死如事生，事亡如事存也。若其有過，父在則當爭，父死則當改，不可以待三年也。」

謝曰：「有父兄在，如之何其聞斯行之？觀其志可也。立身行道，揚名於後世，孝之終也，觀其行可也。三年無改於父之道，豈以爲父之道不忍改與？蓋三年之間，賢者處之，則如白駒之過隙。當是時，皇皇然如有求而弗得，望望然如有從而弗及〔十二〕，坐則見親於墻，食則見親於羹，於父之道可改也不可改也，亦遑恤乎？」

游曰：「三年無改於父之道。若堯舜文武之道，雖行萬世，不可改也，何止三年？若武帝榷利之政，德宗宫市之事，昭帝、順宗不踰年而改之，天下後世不以爲非者，何待三年？今言無改於父之道，則在所當改而可以未改也。人君士大夫皆當如此。居喪之制，有不言而事行者，有言而後事行者，有身自執事而後行者，此尊卑之等也。如以爲『聽於冢宰』，爲嫌於改父之道，則孔子所謂『古之人皆然』者，豈爲其父皆有可改之道乎？蓋哀恤之道當然〔十三〕。」楊曰：「父在，人子有不得行其志者，故父没然後可以觀其行。出必告，反必面，不遠遊，遊必有方，若此類，皆於父之道也。君子不忍死其親，故三年猶不改是焉，可謂孝矣。」

尹曰：「父在觀其所志，父没觀其所行，三年無改於父之道。説者謂如其道，雖終身無改可也；如其非道，何待三年。然則三年無改於父之道，孝子之心所不忍故也。」

有子曰：「禮之用，和爲貴，先王之道，斯爲美，小大由之。有所不行，知和而和，不以禮節之，亦不可行也。」

伊川解曰：「禮之用，和爲貴。恭而安，别而和，爲可貴也。」又語録曰：「禮勝則離，故『禮之用，和爲貴，先王之道，斯爲美，小大由之』。樂勝則流，故『有所不行，知和而和，不以禮節之，亦不可行也』。禮以和爲貴，故先王之道以此爲美，而小大由之。然却有所不行者，以知和而和，不以禮節之，故亦不可行也。」又曰：「禮之用，和爲貴。有不可行者，偏也。」又曰：「知和而和，執辭不完。」

范曰：「凡禮之體，主於敬；及其用，則以和爲貴。先王爲禮，非以强世，蓋欲天下皆可行，人情莫不安，此所以爲美也。敬者，禮之所以立也；和者，樂之所由生也。有敬而無和，則禮勝；有和而無禮，則樂勝。樂勝則流，禮勝則離矣。知和之爲美，而不以禮節之，則至於流，此其所以不可行也。故君子禮樂不可斯須去身。動而有節則禮也，行而有和則樂也。有子可謂達禮樂之本。」

謝曰：「禮樂之道，異用而同體，相反以相成。陰陽也，剛柔也，動静也，仁義也，文武也，莫不如是，何獨禮樂不然乎？有子知以和爲貴，蓋有見於此也。知此，則知酒清而不敢飲，肉乾而不敢食，豈强勉以害飲食之性哉？一獻而百拜，八設不倚，豈强勉以害安逸之性哉？天下宜之，後世安之。自唐虞至周，數千載間，無苦心刻意不與民共由離所不安之患，父子益親，君臣益序，情性益厚，風俗益敦，得非以和爲貴而致然也？先王之澤既衰，禮文不出於誠意，而出於勉强，不出於循理，而止於飾貌，從事於斯也，往往如季氏之祭，雖有强力之容，肅欽之心，跛倚以臨祭者多矣。禮家使人如此之難從，殆不若夷俟倨肆之愈也。至此，則和之禮喪矣。真儒既不得位，無制作之時，曲士又牽於世俗之習，而莫能察其源也。或以爲僞者有矣，或以爲難以强世者有矣，或以爲忠信之薄者有矣，要之語末流而不及先王也，豈非過我門而不入我室者歟？小大由之，有所不行，恐其無辨也。聖人於一拜一揖升降之間，猶有隆殺焉，又況小大乎？則其用和於下大夫者，必有異於上大夫矣。『知和而和，不以禮節之』，蓋惡其瀆也。事君之辱，朋友之疏，豈不以數乎？家人之失節，豈不以婦子嘻嘻乎？知此，則知所節矣。聖人之和所以異於人之和者，知其有反而已。小大由之，不以禮節之，故均於不可行也。」

楊曰：「禮以敬爲本，進爲文，進而不已則離，故以用和爲貴。易曰：『履和而至。』至則不可以有加矣，故先王之道斯爲美也。然小大皆由之，則有所不行焉。孔子與上大夫言，誾誾如也，與下大夫言，侃侃如也。侃侃，和也。上下異施，則非小大由之也。此之謂『知和而和』，然和而不以禮節之，則流矣，亦不可行也。」

尹曰：「禮之弊則至於離，和之弊則至於流。禮之用以和爲貴，先王之道以斯爲美，小大由之。然復有所不行者，蓋知和而和，不以禮節之，則失於流故也。」

有子曰：「信近於義，言可復也。恭近於禮，遠恥辱也。因不失其親，亦可宗也。」

明道曰：「信本不及義，恭本不及禮，然信近於義，恭近於禮也。信近於義，以言可復也。恭近於禮，以遠恥辱也。因恭信而不失其所以親，近於禮義，故亦可宗也。如言禮義雖不可得見，得見恭信者斯可矣。」

伊川解曰：「信能守約，恭能遠恥，近於禮義也。因不失於相近，亦可尚也。」又語録曰：「信非義，近於義者，以其言可復爾。恭非禮，近於禮者，以其遠恥辱爾。信恭因不失近於禮義，亦可宗敬也。親亦訓近。」又曰：「因其近禮義而不失其親，亦可宗也，況於盡禮義者乎！」

横渠曰：「君子寧言之不顧，不規規於非義之信；寧身被困辱，不徇人以失禮之恭；寧孤立無助，不失親於可賤之人。三者，知和而能以禮節之也。上有子之言，文相屬而不蒙者。凡論語孟子發明前文，義有未盡者，皆挈之。它皆放此。」

范曰：「信而無義則賊，故復言非信也。恭而無禮則勞，故不能遠恥辱也。信必近於義，故能成其信，故言不必信，皆可復也。恭必近禮，則能成其恭，故其恭不入於諂，而恥辱可遠也。君子所因者本，而立愛必自親始，親親必及人，故曰『因不失其親』。聖人本末先後有序，君子必自修如此，而後能至焉。德有本，道有源，其學出於聖人，故可宗也。」

吕曰：「信主復言，然非義之信，有不必復其言。恭主遠恥，然非禮之恭，有不足遠其恥。親親主於有宗，然親失其等，有不足正其宗。義理之差，必至於此，不可不察。尾生復言，非義之信也；夷王下堂，非禮之恭也；墨子兼愛，不可宗之義也。」

謝曰：「復當如復白圭之復，言至於使人可復，亦可謂善言矣。言而信，固已善也，而況於近義乎！信則言之必可行者是也，義則言之中倫者是也，信且近義，則可以世爲天下道矣，使後世多識者，亦可以畜德矣，言至於如此，其有不可復者乎？不侮之謂恭，中節之謂禮。畏人而不敢侮人者有矣，未必中節；自愛而不敢侮人者有矣，未必中節也。何謂中節？擎跪曲拳，過位必趨，禮也，臣道矣，何恥辱之有？見父之執猶事父，年長以倍猶事父，禮也，子道也，何恥辱之有？勞則爭先，行則必後，禮也，弟道也，何恥辱之有？何謂不中節？非所當致恭而致恭也。非所當致恭而致恭，施於在我之上者，猶妾婦之道也；施於在我之下者，是啓寵納侮之道也，其招恥辱必矣。因，親也。故姻睦之姻、婚姻之姻皆從因。推吾一視同仁之心，雖四海之内皆兄弟也，此特可以謂之泛愛，不可以謂之親。何謂親？繫之以姓，綴之以食，内親也；甥舅姻媾之聯，外親也。若是者，生當有燕食之歡，死當有功衰之戚，所謂親者，豈它人可以擬倫也？推此而達之，亦有可親者乎？有之，其惟君乎，治我也；其惟師乎，教我也；其惟友乎，成我也。三者雖非天屬，亦可以親矣。捨此三者之外，亦有可親者乎？吾恐不免於諂賤也。既諂賤矣，豈謂所尊身之道也。惟親不失其所親，然後爲可宗也。信不食其言，恭以飭其身，親以與人同，自衆人觀之，亦可謂美行矣，然一入於非禮非義之地，適足以招恥辱取不敬也。信乎求道非難，欲免斯者其惟學乎！蓋惟學可以明善。」

楊曰：「信不近義，而復其言，是小人而已。以其近義，故可復。恭不近禮，則有恥辱之道焉。以其近禮，故能遠恥辱。若夫惟義所在，則言有不必復也。恭而安，則遠恥辱不足道也。信不失義，恭不悖禮，則交物之道至矣。又因不失其親焉，是亦可宗也。」

尹曰：「信非義也，以其言可復，則近於義。恭非禮也，以其遠恥辱，則近於禮。然則恭信於禮義爲近者也。因其近，雖未足以盡禮義之本，亦不失其所宗尚也。」

子曰：「君子食無求飽，居無求安，敏於事而慎於言，就有道而正焉，可謂好學也已。」

伊川解曰：「敏於事，勇於行也。」

范曰：「君子志於道，而不願乎其外，故食不求飽，居不求安。敏於事，行之如恐不及也。慎於言者，恥躬之不逮也。苟有道者，則就而正焉，故無常師。若此，可以爲好學矣。學者，所以學爲聖人也。論語記夫子之言好學如此。又曰：『十室之邑，必有忠信如丘者焉，不如丘之好學。』此其自言也。其於門人，獨稱顏子好學，而孔文子不恥下問，亦謂之好學，則知學者鮮矣。」

呂曰：「不志於私養，學所以事；不事於徒言，必見於行事，學所以實；所趨不謬於道，學所以正。學至於此，可謂好矣。」

謝曰：「此一節不可以事求，當以情性推之。蓋上世嘗有茹毛食腥者矣，及至聖人易之以烹飪，則食正欲其飽者也。嘗有陶復陶穴者矣，及至聖人易之以宫室，則居正欲其安也。此豈人之私智爲哉？蓋聖人神而化之，使民宜之者也。何獨好學者無求飽無求安，口之於味，四肢之於安逸，獨與人異乎？是不然。孔孟曾顔，學者之師也，其事有可考者。如疏食飲水曲肱而枕之，與瓢飲簞食在陋巷，可謂不求飽且安乎？是不然。此此無財不可以爲悦者也，有財則爲之矣。前以三鼎，死且易簀，可謂不求飽且安乎？此不得不可以爲悦者也，使其從大夫之後，斯爲之矣。然則聖賢所以過人者安在，謂聖賢有求安求飽之心則不可也。敏非欲速之謂，聖人非欲速者也；敏非進取之謂，進取乃狂者之所爲。夫欲速與進取，聖人既不爲，及至衆人，無欲速則有遲鈍不及事之累，不入於狂則有不忘其初之患，於斯兩者之間，其惟敏乎！慎非簡默之謂，言及之而言，豈可簡邪？豈可默邪？慎非囁嚅之謂，與上大夫言而誾誾，在朝廷而便便，正欲其厲也。言及之而言，言而且厲，可謂慎乎？既一出於口，何慎之有？捨是數者之外，可以求慎言之理矣。然而難言也，就有道而正焉，非篤意於美身，爲切問近思之學者，不能如此也。蓋倚聖人之門墻，説巽言從法言者豈少哉！此未可謂就有道而正焉者。未得之，欲罷不能，及聞之，語而不惰，既得之，拳拳服膺而勿失，其惟顔氏之子乎！有能從事於兹數者，蓋亦考其用心，考其行事，果何求哉？非好學而何當之？捨顔氏之子，不可以語此矣。當知自孟子以後，無復髣髴於此矣。」又曰：「敏是得理之速，明理而行，不期而速，非是手忙脚亂。」

楊曰：「『君子無終食之間違仁，造次必於是，顛沛必於是。』則是心不可須臾離也。夫食而求飽，居而求安，亦常人之情也，雖賢者蓋有不敢不飽者，如亥唐是也。君子何容心哉？隨所遇而已。而志在於求飽與安，則違是遠矣。孟子曰：『仁，人心也。學問之道無他，求其放心而已矣。』則學者學此者也。又能敏事而慎言，則内外進矣，然不知就有道而正焉，則敏慎或失於狂簡不知所裁，亦未足爲好學也。」

侯曰：「食欲飽也，求飽則志於飽。居欲安也，求安則志於安。志於飽，志於安，非學者也。『學如不及，猶恐失之』，事不可不敏也。『禦人以口給，屢憎於人，不知其仁，焉用佞』，言不可不慎也。學欲詣理，就有道而正焉，求所以詣理而自信也，苟如是，非好學而何？無字非禁止之辭，與不字不同。」

尹曰：「君子之學如此，可謂篤志力行者矣。然不取正於有道者，未免有差。如楊墨者，學仁義而差者也，其流至於無父無君，謂之好學可乎？」

子貢曰：「貧而無諂，富而無驕，何如？」子曰：「可也，未若貧而樂、富而好禮者也。」子貢曰：「詩云：『如切如磋，如琢如磨。』其斯之謂與？」子曰：「賜也始可與言詩已矣，告諸往而知來者。」

明道曰：「貧而能樂，富而能好禮，隨貧富所治當如此。子貢引切磋琢磨，蓋治之之謂也。若貧而言好禮，則至於卑，富而言樂，則至於驕。然貧而樂，非好禮不能，富而好禮，非樂不能。」又曰：「貧不怨則諂，諂尤甚於怨，蓋守不固而有所爲也。」

伊川解曰：「貧而無諂，富而無驕，能處其分也。樂與好禮，能自修也。切磋琢磨，自修各以其道也。告之以樂與好禮，而知自修之道，知來者也。」

范曰：「切磋者，道學也。琢磨者，自修也。貧而樂，非志學者不能也。富而好禮者，非自修者不能也。子貢外有餘而内不足，故以貧無諂、富無驕爲問，蓋心所謂善矣。夫子進之，而其知又足以知來者，所謂聞一以知二，其自知亦明矣。」

吕曰：「孟子曰：『無常産而有常心者，惟士爲能。』夫士苟能守其恒心，雖死生之際可以無變，況貧富之間哉！有玉於斯，使之成器，必切磋琢磨之，工不同，而玉質未嘗變也。士之處於貧富，亦猶是也。貧則以道自樂，富則以禮自好，皆欲吾身之入於善，雖貧富之異，而吾心未嘗動也。若夫無諂無驕，則其心亦有動矣。此孔子所以謂未若貧而樂、富而好禮之爲美也。」

謝曰：「此一節，論質美者當學以成之也。貧而無諂者，無諂於人也，富而無驕者，無驕於人也，此物我相對之稱也。貧而樂，貧而自樂也，富而好禮，富而自好禮者也，人亦何與於我哉？蓋一簞食，一豆羹，得之則生，弗得則死，至於蹴爾而與之，乞人之不屑，及其嗟來，雖謝也有所弗食，若斯人也，何嘗諂於人哉！觀其狷介之志，何時而能樂邪？此貧而無諂直異於貧而樂也。富者怨之府，儻知所以損怨之術，亦何敢驕於人。然其自愛之心，未免乎吝也，若斯人者，亦何時而中禮邪？此富而無驕與富而好禮直不同也。子貢聞一以知二者也，舉一隅而能以三隅反者也，故知有如切如磋、如琢如磨之義。如切如磋，問學也。如琢如磨，成德也。語以貧而樂富而好禮，而知問學成德之事，善乎子貢之達也。嗚呼，其亦異高叟之爲詩矣！」

楊曰：「貧而樂，非有道學不能也。富而好禮，非知自修不能也。故子貢以切磋琢磨言之，其知來矣。所謂聞一知二者，有見於斯歟？」

尹曰：「貧能無諂，富能無驕，安分而已。至於貧而樂，富而好禮，非自修者不能也。切磋琢磨，自修之謂也。告以樂與好禮，而能知自修之道，告往知來者也。賜也能以意逆志而得之，故曰可與言詩也。」

子曰：「不患人之不己知，患不知人也。」

范曰：「學以爲己，非求人知也，故不患人不己知。然道積於中，則德見乎外，未有不知者也。若己不知人，則賢者不得以爲師，善者不得以爲友，何以進其德矣。故人有能而己不知，君子之所患也。」

呂曰：「不患人之不己知。知，人知也。君子之學自充其知爾，若人之不知，則亦有命而已矣。孟子曰『修身以俟之』，所以立命也。」

謝曰：「天下之理，自下視高則難，自高視下則易，如七十子知夫子則難，夫子知七十子則易。人之所以相知，何有不然者。大人之視小人，如見肺肝，小人而窺君子，莫見畛域。以是觀之，知人者爲大乎？人知者爲大乎？盍亦急於知人乎！急於人知乎，此學者之患也。」

楊曰：「君子求爲可知而已，人知不知，無以加損焉，何患之有？不知人，則詖邪淫遁之辭，足以妨道而亂德，其爲患也孰甚。」

侯曰：「知人明哲之事，非學造精微者不能。故君子所患者，患學不造理，識不明達爾，人之不己知，非所患也。雖然，己既明哲而知人矣，豈有人不知哉！」

尹曰：「君子求在我者也，故不患人之不己知。其不知人者，則是非邪正或不能辨，故以爲患也。」

校勘記

〔一〕所以反其性也　四庫本「所以」作「將以」。

〔二〕求諸今人　「諸」原作「之」，據明抄本改。

〔三〕溥之而横乎四海　四庫本「横」作「擴」。

〔四〕則游移而無主非所以服民　原本缺「游移而無主」「服民」七字，據四庫本補。「游移而無主」，亨保本作「上慢而多欺」。

〔五〕則於法度乎何有　明抄本於此句下有「内闕八字今傳疑」七字。

〔六〕則友而親仁　賀瑞麟朱子遺書重刻記疑云：「『則友』誤。」

〔七〕好重則有觀　原本缺「好」字，據明抄本補。

〔八〕爲人而不重　明抄本「而」作「也」。

〔九〕特威儀耳　明抄本「特」作「持」。

〔十〕如之何其拒友也　四庫本「友」作「人」。

〔十一〕凡事能慎於終　明抄本「於」作「其」。

〔十二〕望望然如有從而弗及　明抄本「從」作「見」。

〔十三〕蓋哀恤之道當然　原本無「哀」字，據亨保本、四庫本補。

論語精義卷第一下

爲政第二

子曰：「爲政以德，譬如北辰，居其所而衆星共之。」

伊川曰：「爲政以德，然後無爲。」

横渠曰：「爲政不以德，人不附，且勞。」

范曰：「人君欲天下之歸己，則莫若務德而已。爲政以德，則不動而化，不言而信，無爲而成，如北辰之居其所而衆星拱之。是故所守者至簡，而能御煩；所處者至靜，而能制動；所務者至寡，而能服衆也。」

吕曰：「爲政以德，自治之道備，則不求於民，而民歸之。故大人之政，正己而已。」

謝曰：「北辰，天之機也。以其居中，故謂之北極。以其所建周於十二辰之舍，故謂之北辰。於此見無爲而爲矣，故爲政以德者如之。學以成己，政以成物，雖有内外之殊，及其時措之宜則一也。以德爲政者，特推吾所有，與民由之而已。故在我則不勞，在人則易從。苟爲不爾，將弊弊然以物爲事，而後能使民從己者，則是居陋巷積仁義之君子，一旦中天下而立，未必能爲禹、稷之事也。親其親，長其長，未必能平天下也。不出家而成教於國，此語未必信也。」

楊曰：「政者，正也。王中心無爲，以守至正，而天下從之，故譬如北辰。辰，極星也。居中故謂之極，中而不遷故謂之辰。」

尹曰：「爲政以德，則不動而化，無爲而治。人之歸之，如衆星之共北辰。爲政苟不以德，則人不附且勞矣。」

子曰：「詩三百，一言以蔽之，曰：思無邪。」

伊川曰：「思無邪，誠也。」又曰：「蔽，當也。詩三百篇，惟『思無邪』一言以當之。」

范曰：「詩之義，主於正己而已。故一言可以蔽之，思無邪是也。學者必務知要，知要則能守約，守約則足以盡博矣。經禮三百，曲禮三千，亦可以一言蔽之，曰：毋不敬。」又曰：「王中心無爲也，以守至正。」

謝曰：「詩者，民之情性之正，出於先王之澤。先王之澤既熄，而詩遂亡。其流出於楚漢，猶有屈宋蘇李；魏晉齊梁之間，猶有鮑謝曹劉。孰謂當春秋之時而遽亡邪？蓋求其止乎禮義則無也。止乎禮義，非易其心而後語者不能，則『思無邪』，可謂一言以蔽之矣。君子之於詩，非徒誦其言，亦將以考其情性；非特以考其情性，又將以考先王之澤。蓋法度禮樂雖亡，於此猶能並與其深微之意而傳之。故其爲言率皆樂而不淫，憂而不困，怨而不怒，哀而不愁。如緑衣，傷己之詩也，其言不過曰：『我思古人，俾無訧兮。』擊鼓，怨上之詩也，其言不過曰：『土國城漕，我獨南行。』至軍旅數起，大夫久役，止曰：『自眙伊阻。』役行無期度，思其危難以風焉，不過曰『苟無飢渴』而已。若夫言天下之事，美聖德之形容，固不待言而可知也。其與愁憂思慮之作，孰能優游不迫也？孔子所以有取焉。作詩者如此，讀詩者可以邪心讀之乎？」

楊曰：「詩發於人情，止乎禮義，固惟『思無邪』一言足以蔽之。」或問：「蘇子瞻曰：『有思皆邪也，無思則土木也，思無邪者，惟有思而無所思乎？』如何？」曰：「書曰：『思曰睿，睿作聖。』孔子曰：『君子有九思。』思可以作聖，而君子於貌言視聽必有思焉，而謂有思皆邪可乎？繫辭曰：『易，無思也，無爲也，寂然不動，感而遂通天下之故，非天下之至神，其孰能與於此？』夫自至神而下，蓋未能無思也，惟無思爲足以感通天下之故，而謂無思土木可乎？此非窮神知化，未足與議也。詩三百出於國史，固未能不思而得，然而皆止於禮義也，其所思無邪而已。」

尹曰：「詩三百篇，雖美惡怨刺之不同，其旨則可一言以蔽之，曰『思無邪』而已〔一〕。夫子既删之，止乎禮義，動天地，感鬼神，莫近於詩，非正奚可哉？」

子曰：「道之以政，齊之以刑，民免而無恥。道之以德，齊之以禮，有恥且格。」

伊川曰：「格，至也，至於善。」又曰：「有恥且格，此謂庶民。士則行己有恥，不待上之命而然。」

范曰：「政者，法度之事也。以法度率人，而齊之以刑，則苟免而無恥。無恥，則無所不至，犯上作亂者有之矣，刑政之不足恃也如此。若夫先之以博愛，陳之以德義，道之以禮樂，示之以好惡，皆道德齊禮之事也。」

吕曰：「知本末先後，然後可以言治矣。德禮者，所以治内；刑政者，所以治外。治内者，先格人之非心，使之可以爲君子，則政足以不煩，刑足以不用也。乃若一切任治外之法，則民將失其本心，不知有德禮之美，冒犯不義，無所不作，雖有格者，畏罪而已。」又曰：「德禮者，先王之所以治内，而刑政所以治外。治内之教行，則人皆可以爲君子，雖有政刑，非先務也；治外之法行，則不知爲善之美，雖有本心，無從發也。故政刑之用，能使懦者畏，不能使强者革，此之謂失其本心。」

謝曰：「道，所以勸之。齊，所以率之。政與德爲先後，刑與禮爲表裏。欲以善其心，故有德禮；欲以正其身，故有刑政。道之以德，齊之以禮，雖刑措可也。雖無德與禮，而刑政猶存焉，故傷人倫之廢；至於并與刑政而亡，故哀刑政之苛。人倫廢，則君子至於犯義；刑政苛，則小人至於犯刑。君子犯義，是以無恥而苟免者多，況於小人乎？」

楊曰：「道之以政，齊之以刑，則民知遠罪而已，故免而無恥。道之以德，齊之以禮，則民日遷善而不自知，故有恥且格。夫禮樂刑政，四達而不悖，則王道成矣。先王非不用刑政也，書曰『德爲善政』，則以德爲政也；伯夷降典，折民爲刑，則以禮用刑也。有德禮，則刑政在其中矣，兹其所以不悖歟！」

侯曰：「道，治也。以政治之，以刑齊之，霸者之事，非有以教之也。道之以德，齊之以禮，則教之也。教之，則民日遷善而化矣，王者之政也。故有恥且格。」

尹曰：「道之以政，齊之以刑，則無教化矣，民雖苟免而無恥。道之以德，齊之以禮，則教化存焉，所以有恥且格。」

子曰：「吾十有五而志於學，三十而立，四十而不惑，五十而知天命，六十而耳順，七十而從心所欲不踰矩。」

伊川解曰：「吾十有五而志於學，聖人言己亦由學而至，所以勉進後人也。立，能自立於斯道也。不惑，則無所疑矣。知天命，窮理盡性也。耳順，所聞皆通也。縱心，則不勉而中矣。」又語録曰：「孔子生而知之者也。自十五以往事，皆學而知之者，所以教人也。三十有所立，四十能不惑，五十知天命而未至命，六十聞一知百，耳順心通也。凡人聞一言則滯於一言，一事則滯於一事，不能貫通。耳順者，聞言而喻，無所不通。七十縱心，然後至於命。」又曰：「孔子之學，自十五至七十，進德直有許多節次者。聖人未必然，亦直且爲學者立下一法，盈科而後進，不可差次，須是成章乃達。」又曰：「十五而志於學，三十而立，四十而不惑，明善之徹矣。聖人不言誠之一節者，言不惑，則自誠矣。五十而知天命，思而知之也。六十而耳順，耳者，在人之最末者也，至耳而順，則是不思而得也。然猶滯於迹焉，至於七十從心所欲不踰矩，則聖人之道終矣。此教之序也。」

横渠曰：「三十器於禮，非强立之謂也。四十精義致用，時措而不疑。五十窮理盡性，至天之命，然不可自謂之至，故曰知。六十盡人物之性，聲入心通。七十與天同德，不思不勉，從容中道。」又曰：「常人之學，日益而莫自知也。仲尼行著習察，異於它人，故自十五至七十，化而知裁，其進德之盛者歟！」又曰：「窮理盡性，然後至於命。

盡人物之性，然後耳順。與天地參，無意我固必，然後範圍天地之化。縱心而不踰矩，老而安死，然後不夢周公。」又曰：「縱心莫如夢，夢見周公志也〔二〕。不夢，欲不踰矩也。不願乎外也，順之至也。老而安死，故曰吾衰也久矣！」

范曰：「聖人生而知之，不勉而中，不思而得，此所異於人也。自十五始志於學，至七十而縱心所欲，此與人同者也。三十而立者，既壯矣，非禮無以立，立於禮者，三十之事也。四十而天下之理得矣，不惑者，孟子所謂不動心者也。五十而學易，窮理盡性，故知天命。六十而耳順者，耳之所聽無非道也。七十而縱心所欲，惟不踰矩也，是以能縱之。夫血氣有衰，而志氣無衰。舜耄期倦於勤者，其血氣衰也，志氣塞於天地者也，無時而衰。七十而從心所欲，所以養血氣也。君子困以致命遂志，而老則縱心所欲，皆所以一其德也。舜曰：『俾予從欲以治。』又曰：『予欲左右有民，汝翼；予欲宣力四方，汝爲。』此舜之所欲也。『老者安之，朋友信之，少者懷之』，孔子之所欲也。及夫時不用，道不行，則定禮樂，修春秋，此縱心所欲之大者也。蓋自七十以下，未與於此，若其踰矩，則何以爲法乎？」

吕曰：「信有諸己，故志於學。富貴不能淫，貧賤不能移，威武不能屈，故立。酬酢萬變，用無不利，故不惑。六十，心知之虛，通貫乎全體。至七十，然後化。」

謝曰：「此一節論道之精粗無二，特熟與不熟有差別耳〔三〕。雖始於學，亦可以見聖人生而知之也。生而知之，特聖人之不居也。譬如飲食焉，始則知其可嗜，已而加烹飪焉，已而設七箸焉，已而可於口，已而飽飫厭足，已而知嗜好與滋味，兩相忘矣。雖始終不同，何嘗有二物哉！志於學，志於是也，不踰矩，不踰於是也，亦豈有二理哉！於其間有所謂立，則物莫能摇奪而正固矣；有所謂不惑，則規盡物理而無疑矣；有所謂知天命，則知理之所自來，性之所自出，與之無間矣；有所謂耳順，則内外兩忘矣。至於此，則酬酢事物之變，雖欲加意焉，不可得而益；雖欲不加意焉，不可得而損。心雖未嘗放，而非出於收；心雖未嘗思，然亦未嘗無思也。未嘗無思，故有所欲；未嘗放，故不踰矩。聖人於成童時，已知有此理，有志焉者，知其學，而後可以安且樂也。若見道不明，決無志學之理；未知以學爲事，決無可立之理；未能立，決無不惑之理。心且不盡，性且不知，豈有知天命者乎？不知天命，則與道爲二，決無耳順之理。然則不志於學者，舉廢之矣。或乃以謂聖人縱心之妙，不學而能，益見其狂且妄也。今去聖人既遠，所以知道入德爲尤難，蓋非知高明之難，而志乎學爲難也。今天下之士，視聖人志學之事，特以爲淺近，又豈知何害其爲生知乎？何害其爲安行乎？聖人之於生知，豈物物而知之；聖人之於安行，豈物物而安之。有所未知，亦當學而知之；有所未安，亦當學而安之。下學而上達，正如是爾。學者儻能離經辨志，親師擇友，決知中道而不反，決知不爲外物摇奪，決知不爲異端誘怵，始可以當志學之名，始可以知聖人爲童子時也。是可不謂難矣乎？未能如此，雖曰志乎學，吾必謂之未也。」

楊曰：「學始乎爲士，終乎爲聖人。自十五志學，積至於七十，則終乎爲聖人矣。縱心而所欲不踰矩，則從容中道無事乎操也。揚子曰：『能常操而存者，其惟聖人乎？』非知聖人者也。夫以孔子之聖，其學不待十年而一進，而其言若此者，所謂以身教也，不以聖哲自居，庶乎學者知此則可勉而漸進也。」又曰：「孔子固天縱之將聖也。其學宜不俟十年乃一進，蓋聖人以其身爲天下法，故言之序如此。顔淵未至乎縱心，故未達一間者也。」又曰：「世之學者，皆言窮達有命，特信之未篤，某竊謂其知之未至也。知之，斯信之矣。今告人曰『水火不可蹈』，人必信之，以其知之也。告人曰『富貴在天，不可求人』，亦必曰然，而未有信而不求者，以其知之不若蹈水火之著明也。孟子曰：『莫之爲而爲者天也，莫之致而至者命也。』又曰：『得之不得爲有命。』世之後生晚學，讀孟子者，皆知之矣。孔子曰：『五十而知天命。』豈今之後學皆能知，孔子必至五十而後知邪？蓋孔子之所知，殆不止此也。」

尹曰：「立，能自立於斯道也。不惑，則無所疑也。知命，窮理盡性也。耳順，所聞皆通也。縱心，則不勉而中也。孔子生而知之者，而言十五至於七十，成德之序如此，其亦勉進學者不躐等之意[四]。孟子曰：『盈科而後進，不成章不達。』亦此意也。」

孟懿子問孝。子曰：「無違。」樊遲御，子告之曰：「孟孫問孝於我，我對曰無違。」樊遲曰：「何謂也？」子曰：「生事之以禮，死葬之以禮，祭之以禮。」

范曰：「學記曰：『力不能問，然後語之。』孔子告以無違，而孟懿子不能復問，則將以不違君父之命爲孝，此不可不告也，故因樊遲御以告之。孟氏，魯之世臣，其事君不以禮多矣，其孝宜盡此三者而已，故告之如此。」

呂曰：「孝者仁之出也。不以仁之道事親，謂之孝可乎？孟懿子於魯列於三家，而與逐昭公，其不仁甚矣。親之生也，以卿之祿不足養，而竊君之祿；其没也，以卿之禮不足以奉喪祭，而僭君之禮；雖曰厚其親，而非孝也。故孔子因其問孝而對以無違。夫能無違於禮，豈特孝而已哉！所謂『我欲仁，斯仁至矣』。」

尹曰：「孟懿子問孝，答以無違，懿子不能復問，故因樊遲御而告之。孟氏之於魯，事君不以禮者多矣，則其於事親可知矣，故戒之以禮。苟能盡此三者以事其親，足以爲孝矣。」

孟武伯問孝。子曰：「父母唯其疾之憂。」

范曰：「孟武伯弱公室而强私家，所以得免其身而保其族者，幸也，故告之如此。父母唯其疾之憂，不憂其爲不義也。不孝則災及其親，子能不爲父母之憂，則可謂孝矣。」

尹曰：「父母唯其疾之憂者，疾病人所不免，其遺父母憂者，不得已也。如此非義而遺其父母之憂〔五〕，則不孝之大者也。」

子游問孝，子曰：「今之孝者，是謂能養。至於犬馬，皆能有養，不敬，何以别乎？」

范曰：「此教弟子以孝也，故其言明而切。犬馬皆能有養，於人，若不敬，無以異於犬馬，故養親以敬爲大。孝經曰『居則致其敬』，則孝以敬爲先也。」

尹曰：「犬馬能養，而不能敬。人之養親，苟不能敬，無以異乎犬馬。」

子夏問孝，子曰：「色難。有事，弟子服其勞，有酒食，先生饌，曾是以爲孝乎？」

伊川曰：「對孟懿子，告衆人者也；對孟武伯者，以武伯多可憂之事；子游能養，而或失於敬；子夏能直義，而或少温潤之色。各因其人材高下與其所失而教之也。」又曰：「色難，形下面有事服其勞而言。服勞更淺。若謂諭父母於道，能養志，使父母説，却與此辭不相合。然推其極時，養志如曾子、大舜可也。曾元是曾子之子，尚不能，況餘人乎？」

范曰：「色難者，養親之志爲難也。能養其志，則能承其色矣。勞事則代長者，酒食則先長者，此所謂養口體也，不足以爲孝。」又吕曰：「色難，養志者也。有事，弟子服其勞，有酒食，先生饌，養口體者也。」又曰：「色難，先意承志之謂。」

謝曰：「四人問孝不同，聖人語之各異，要之非不同也。蓋親，天也，不以事天之道事其親者，不足以爲孝子。聖人之言天也，一言不足以該徧天理，不足以爲聖言。既謂之天理矣，何淺深之有哉？樊遲游夏雖不在寢，三桓子孫非志於聖學者，然其言有及於孝，亦不可不謂之切問也。聖人對之，舍性與天道，又烏得而言哉？何謂性與天道？則愛敬是也。生事之以禮，舍愛敬則不能也。父母唯其疾之憂，有事弟子服其勞，有酒食先生饌，愛也；不如犬馬皆能有養而不敬，敬也。然則愛敬非生事之以禮乎？生事之以禮，聖賢語之詳矣，今不復道。死葬之以禮，非謂棺槨衣衾之美也，必誠信可矣。祭之以禮，非謂備九州之美味也，知不以仁者之粟祀其親，必不享也。則以仁者之粟祀其親，豈非以禮乎？何謂禮？順理之謂也。順理，則無違矣。樊遲非茫然不知此，有問於聖人者，特欲質其目而已。父母唯其疾之憂，父母之愛其子，無所不至，惟其愛之，是以憂之也。以苟訾取危，是所憂也；以苟笑取辱，是所憂也；而況於好勇鬬狠乎？苟不念此，則親之不忘我者有矣，我之所以不忘親者未之有也。豈非不孝？豈非不順理？不順理，豈非違也？違則豈知生事之以禮哉！『今之孝者，是謂能養。至於犬馬，皆能有養，不敬，何以別乎？』此言愛而不敬也。禽荒者愛犬，乘肥者愛馬，與好好色同，亦愛之之至也。故特以犬馬語之。愛其親而不敬，猶不足以爲孝，信乎事親之猶事天也。色難，此非苟於從父之令，悦其顔色而已。至於有過，則下氣怡色以諫之，諫而不聽，則號泣以隨之，至於先意承志，喻父母於道，皆恐傷其色。有事弟子服其勞，必欲躬致其勞也；有酒食先生饌，欲將徹必請所與也。」

楊曰：「不得不可以爲悦，無財不可以爲悦。得之爲有財，孟懿子蓋得之而有財者，故告之如此。夫無財不可以爲悦，則人子之於其親，生事葬祭，蓋有不得盡其禮者。然以其所以養，養之至也，雖啜菽飲水，足以盡歡矣；以其所以葬，葬之至也，雖斂手足形，爲不薄矣；以其所以祭，祭之至也，雖澗溪沼沚之毛，足以盡誠敬矣。反是，皆違也。仲孫謚武，非有柔嘉之德也，故以父母唯其疾之憂告之，使無陵犯取禍，以貽親憂也。子游子夏皆在文學之科，蓋多文之士也，至敬無文，故以敬養色難告之，欲其知本之爲貴也。故孝子之有深愛者，必有和氣；有和氣者，必有愉色；有愉色者，必有婉容。嚴威儼恪，非所以事親也。所謂色難者，如是。」

尹曰：「色難，謂承順顔色爲難，若曾子養志是也。先生，父兄也。服勞具食，若曾元養口體是也。曾是以爲孝乎？言養口體未得爲孝也，故孟子曰：『事親若曾子可也。』」

子曰：「吾與回言終日，不違，如愚。退而省其私，亦足以發。回也不愚。」

伊川曰：「回於孔子之道，無所不悦，故如愚。退而省其私，所自得亦足以開發矣，故曰不愚。」或問：「退而省其私，亦足以發，如何？」曰：「孔子退省其中心，亦足以開發也。蓋顔子見聖人之道無疑也。如『參乎！吾道一以貫之』，便理會得，曰『唯』。若其他門人，便須辯問也。」又曰：「孔子門人少有會問者，只有顔子能問，又却終日如愚。」

范曰：「顔子之性幾於聖人，於夫子之言無所不悦，默識而心通，不疑故不問，不問故無辨，終日不違，如愚而已。及其退而與門人言，則門人之於回，不能如回之於夫子也。故有問而回之所應亦足以發，此所以知其不愚。於夫子則如愚，於其私則不愚，此顔子所以爲不可及也。」

謝曰：「聖人之教雖多術，然莫善於答問。孟子嘗曰：『而況於親炙之者乎？』蓋言人心通，最爲親且切也。然苟不至於不違之地，則與亡則書無以異也，疑此顔子所以獨爲好學。所謂不違者，蓋聲聞相通，雖以耳聽，而實以神受也。顔子於聖學之外，無一毫私意留於視聽言動之間，拳拳焉，孜孜焉，其好篤，其心虚，想其觀聖人之形容〔六〕，猶將有得，況於聞聖人之言乎？則其不違也必矣。所謂退而省其私，然後知回也不愚，聖人之意蓋不如此。聖人於眉睫之間，察顏子之形容，已知其不愚矣。爲此言者，特以是證聖人察顏子之詳，非真實之言也。」

楊曰：「默而識之，故如愚。然孔子謂吾與回言終日，則非止一二也。是書所載顏淵之言無幾，則孔子所與回言，羣弟子有不得而聞者矣，非聖人之教人凌節而施也蓋如此。」

侯曰：「顏子具體而微，去聖人特未化耳。故聞聖人之言，默識而心通，無所不悦，所以終日不違如愚，頹然其順也。夫子退而省其私，亦足以發，回也不愚，聖人固已知其不愚矣。云爾者，有以發門人之進也。」

尹曰：「回之學默識心通，何事於問辨。其於孔子之言無所不悦，故曰『不違，如愚』。退而省其私，亦足以發明其道，所以爲不愚也。」

子曰：「視其所以，觀其所由，察其所安，人焉廋哉？人焉廋哉？」

明道曰：「所以，所爲也。所由，所從也。所安，所處也。察其所處，則見其心之所存。在己者能知言窮理，則能以此察人，如聖人也。」

伊川曰：「以，用也，所爲也。由，所從之道也。所安，志意之所安所存也。」又曰：「視其所以，觀人之大概；察其所安，心之所安也。」

范曰：「視其所以者，知其用心之邪正也。觀其所由者，考其所行之歸趣也。察其所安者，究其所處之是非也。以此三者取人，無所匿其情矣。夫達視之謂觀，詳視之謂察。夫在己者未至，則在人者亦難知；君子知己，然後知人。三者，知人之常道也。若夫大佞之似大賢，大姦之似大忠，則雖帝堯亦以知之爲難。苟以爲難，則易將至矣，豈可不以堯難之爲法乎？」

吕曰：「所以，今所自始〔七〕。所由，昔所經由。所安，卒所歸宿。」

謝曰：「視其所以，視其行事也。觀其所由，觀其動作也。察其所安，察其情性也。君子小人雖行事不同，然豈有無因而然者？必有以也，視其所以，則可以觀其識。君子小人動作雖不同，然誰能出不由户？何莫由斯道也，故道有君子小人，其所由則一也，於此則可以見人之德。君子而不仁者有矣，然而所安者仁；小人何嘗一日不在於善，然而所安者利；要其久，則可以知其所安矣，於此可以察人之誠。視其所以，視其變事也〔八〕。觀其所由，觀其常事也。察其所安，要之以久也。所以，在小人猶可以思慮爲，亦可以勉强至。至於所由，則動作態度之間難乎勉强也。至其所安，則顔色之間必有發見者，尤所難勉强也。曾子曰：『十目所視，十手所指，其嚴乎！』言必見於外也。然非有德者，不能以此道觀人，故惟君子視小人如見其肺肝也。後世爲九證十二流之别，其源亦出於此。然豈如聖人爲簡且易也。」

楊曰：「春秋傳曰：『師能左右之曰以。』苟無濟用之才，則不能以也。人之所由有邪正，所至有遠近。視其所以，則知其才；觀其所由，則知其行；察其所安，則知其至。夫如是，尚能廋乎哉？」

尹曰：「視其所以者，知其用心之邪正；觀其所由者，考其所由之嚮背；察其所安者，究其所處之是非。則人之情何所匿哉？重言之者，深明其不可匿也。」

子曰：「温故而知新，可以爲師矣。」

伊川解曰：「温故則不廢，知新則日益，斯言可師也。所謂日知其所亡，月無忘其所能也。」又語録曰：「温故而知新，可以爲師。只此一事可師矣。如此等處，學者極要理會。若只指認温故知新，便可爲人師，則窄狹却氣象也。」

横渠曰：「温故知新，多識前言往行以蓄其德，繹舊業而知新益，思昔未至而今至之，緣舊所聞見而察來，皆其義也。」

范曰：「温故而知新者，進德修業而不已也。師者，人之所取以爲益也。未有不自益而能益人者也。温故者，月無忘其所能；知新者，日知其所亡也。揚雄曰：『其動也，日造其所無，而好其所新。』若此，則可以爲師矣。」

呂曰：「師尚多聞，故温故知新，可以爲師矣。」

謝曰：「新故之相因，特事變之不同，然自一德者觀之，莫知其異也。温故而知新，猶言極高明而道中庸，致廣大而盡精微，則故與新非二致也。在温故不害其爲知新，則知新非進取之謂；在知新不害其爲温故，則温故非不忘其初之謂。能温故知新，豈徇物踐迹者之所爲乎！故可以爲師矣。與記問之學，豈可同日而語哉！」

楊曰：「温故，則月無忘其所能；知新，則日知其所亡。子夏以爲好學，而夫子以爲可以爲師矣。此書所謂『惟斆學半』也。」

尹曰：「温故則不廢，知新則日益，斯言可師也。」

子曰：「君子不器。」

伊川曰：「君子不器，無所不施也。若一才一藝，則器也。」

范曰：「形而上者道也，形而下者器也。君子以道爲本，故不入於形。器者，各適其用，而不能通其變者也。故舟不可以行陸，車不可以行水。大德則工，小德則器。工者，所以制器也。夫子之門人，唯顔淵、冉伯牛、仲弓不可以器名之，自子貢以下皆器也。夫子之教人，志其大者遠者，而忘其小者近者，故曰『君子不器』。」

游曰：「形而上者謂之道，形而下者謂之器。君子，體夫道者也，故不器。不器，則能圓能方，能柔能剛，非執方者所與也。」

楊曰：「君子其猶規矩準繩乎！方圓平直之所自出，非一器可名也。」

侯曰：「君子不可小知而可大受，故不器。」

尹曰：「車不可以行水，舟不可以行陸，器之於用也如此。君子無施而不可，安得而器之？」

子貢問君子。子曰：「先行其言而後從之。」

伊川解曰：「踐言則可信。」又語録曰：「子貢問君子，孔子告以『先行其言而後從之』，而後可以爲君子。因子貢多言而發之。」又曰：「先行其言而後從之，謂觀人者，彼能先行其言，吾然後信之。」

范曰：「君子言之必可行，行之必可言，故必先行之而後從之以言，則言不浮行，而皆有實矣。子路有聞，未之能行，惟恐有聞，此君子之事也。子貢之患，非言之艱，而行之艱，故夫子以此告之。」

楊曰：「言將行其言也則從之，不行其言則去之，茲其爲君子與！子貢在言語之科，故告之以此。」

尹曰：「先行其言而後從之，言顧行者也。」

子曰：「君子周而不比，小人比而不周。」

伊川解曰：「周爲徧及之義。君子道弘，周及於物而不偏比。小人偏比，故不能周。」又語録曰：「周謂周旋，不比謂不相私比也。」

范曰：「忠信爲周，言其道之可以周徧也。阿黨爲比，言相比附而已。君子唯忠信是與，周焉者，皆忠信也。不患無黨於天下，故周而不比。小人唯己之私，唯利之從，故比而不周。然君子於義亦比，子曰：『無適也，無莫也，義之與比也。』小人於不善亦周，傳曰：『頑嚚不友，是與比周。』君子與小人，晝夜陰陽，相反而已。」

吕曰：「周者以至公交物，比者以私意交物。故周訓爲徧，又爲忠信，至公之交以忠信也。」

謝曰：「天下之善，如仁智聖賢，皆有主名，特君子不可以一端論也。君子之道四，夫子所不居，則謂之聖人亦可。」又曰：「君子而不仁者有矣，則謂之賢人亦可。要其所存所養，蓋喻於義而不懷惠，上達而非小知者也。其所存養者如此，試一想其爲人，將何以目之乎？其必謂之君子可也。此等豈可以器名之乎？其所有雖不言而可喻，其所存固無係吝之私〔九〕，以其不可以器名，故曰『不器』。顔閔於聖人之一體，未必優於子夏子游子張，然而具體也。孟子於清和，未必過於伯夷伊尹柳下惠，然而不學三子也。知此者，可以識不器之理矣。以其不言而可喻，故曰『先行其言而後從之』。先行其言，行其所言也；而後從之，言其所行也。能至於德諧頑嚚，雖不言而人皆知其爲孝；能讓千乘之國，雖不言而人皆知其爲廉。則行至而言不至，何害其爲君子？如不言而四時行，亦何害其爲天乎？以其無係吝之私也，故曰『周而不比』。君子無私好也，無私惡也。無私惡，則何所親？無私好，則無所不親。如日月之光，豈擇地而後照乎？故爲周而後可以不比也。彼係情於濡沫之間，謂惟予與汝者，乃兒女之事，壯士且不可爲也，而謂君子爲之乎？知此者，可以知君子不比而周也。」

楊曰：「忠信則無往而不周，故不比。比則暱於私矣，故不周。」

尹曰：「君子道大，周及於物而不偏比。小人偏比，故不能周。」

子曰：「學而不思則罔，思而不學則殆。」

伊川解曰：「學而不思則無得。力索而不問學則勞殆。」又語録曰：「學而不思則無得，故罔。思而不學則無進，故殆。博學之，審問之，慎思之，明辨之，篤行之，五者廢其一，非學也。」又曰：「學原於思。」

范曰：「學以治之，思以精之。學而不思，則無得於内，故罔。罔之言亡也。思而不學，則無得於外，故殆。殆之言危也。博學而多識，非不美也，然不能思以索之，則無以致其精，故罔而無得也。殫思研精，以求微妙，非不善也，然不能學以聚之，則殆而不安。或過乎中，無以致其道，故博學而篤志，切問而近思。學而思，則有得於内也。學則有治，思則有得，則無罔殆之過也。」

吕曰：「學而不思，如罔之無綱。思而不學，則不得其所安。罔，罔羅也。殆，危也，不安也。」

謝曰：「知崇則德益崇，下學則業益廣，崇德而廣業，雖非一體，然自其内外不合者觀之，不可以不兩進也。思，知之事也，欲其崇；學，習之事也，欲其卑。能習矣，而不能思以精之，則有習矣而不察之病。民不可使知之，正謂是也。知及之，而不能學以聚之，則有窮大而失其所居之蔽。夫子語季路以六言六蔽，正謂此矣。」

游曰：「多識前言往行，而考古以驗今者，學也。耳目不交於物，而悉心以自求者，思也。思則知敬以直内，而中有主。學則知義以方外，而外有正。學而不思，則所學者不能以爲己，故罔。罔者，反求諸己而無實也。思而不學，則所思者不足以涉事，故殆。殆者，應於事而不安也。」

楊曰：「不思則無以自得，故罔。不學則居之不安，故殆。」

尹曰：「學而不思，則罔然無所得。力索而不學，則勞而無所安。」

子曰：「攻乎異端，斯害也已。」

伊川解曰：「攻乎異端，則害於正。」

范曰：「攻者，專治之也。故木石金玉之工皆曰攻。揚雄曰：『事雖曲而通諸聖，則由之。』異端則曲而不通諸聖者也，若楊朱、墨翟是已。其率天下至於無父無君，豈不害哉！人君之學，苟不由堯舜文武周孔之道，皆異端也。」

呂曰：「君子反經而已矣，經正斯無邪慝。今惡乎異端，而以力攻之，適足以自敝而已。」

謝曰：「隱於小成，暗於大理，皆所謂異端。然當定哀之時，去先王猶近，故其失亦未遠，姑存之，則未甚害也。欲攻之則無徵，無徵則弗信，弗信則民弗從，其爲害也莫大焉，恐其不免推波助瀾，縱風止燎也。故夫子於怪力亂神，特不語而已，無事於攻也。彼有一識吾之門墻，能以善意從我，則其於異端，豈待吾言而判哉！若孟子之於楊墨，不得不辨，則異乎此。」

楊曰：「異端之學，歸斯受之可也，如追放豚則害矣。」

尹曰：「適堯舜文王爲正道，非堯舜文王爲他道，君子正而不它。苟攻乎異端，則害於政。」

子曰：「由，誨女知之乎！知之爲知之，不知爲不知，是知也。」

伊川解曰：「人苟恥其不知，而不求問，是終不知也。以爲不知而求之，則當知矣，故云是知也。」

范曰：「仲由好勇，勇於學，則將强其所不知以爲知，小其所知以爲不知，故莫若必由其誠，則是知也。若禹之行水，行其所無事而已。凡人莫不有此患，有諸己而必信者鮮矣，豈獨由也哉！」

謝曰：「子路勇於學者也，彼其閑於死生之際，蓋有大過人者。然舍故態而遊夫子之門，其爲功不過數年之間，若是其速，則於道豈無强探力取之蔽乎？故特語之以此。知之爲知之，可以知，不可以不知者也。不知爲不知，不可知，不必知者也。如死生之說，鬼神之情狀，在衆人則以爲不可知者矣，然而在學者，苟不知此，豈非闕歟？千歲之遠，六合之外，則衆人有以不知爲愧者矣，在學者，儻不知此，則亦何害於道？如此者，蓋非可以一言盡也，儻能别識於此，亦可謂知所存心矣，亦可謂能充是非之心矣，故曰『是知也』。」

楊曰：「以不知爲知，豈知也哉！子路以正名爲迂，是以不知爲知也，故語之如此。」

尹曰：「仲由好勇，蓋有强其所不知以爲知者，故孔子誨之以此。」

子張學干禄。子曰：「多聞闕疑，愼言其餘，則寡尤。多見闕殆，愼行其餘，則寡悔。言寡尤，行寡悔，禄在其中矣。」

伊川解曰：「多見而闕其不安者，寡悔之道也。君子行己能愼，得禄之道也。」又語録曰：「尤，罪自外至者也。悔，理自内出者也。修天爵則人爵至，禄在其中矣。子張學干禄，故告之以此，使定其心而不爲利禄動。若顔淵則不然矣。君子謀道不謀食，學也禄在其中矣。然學不必得禄，猶耕之不必得食，亦有餒在其中矣。君子知其如此，故憂道不憂貧，此所以告干禄者也。」又曰：「言寡尤，行寡悔，禄在其中矣，此所以告子張也。若顔閔則無此問，孔子告之亦不然。或疑如此亦有不得禄者，孔子蓋曰耕也餒在其中矣，唯理可爲者，爲之而已矣。」

横渠曰：「歸罪爲尤，罪己爲悔。言寡尤者，不以言得罪於人也。行寡悔者，行有不慊於心，則餒矣。」又曰：「聞而不疑，則傳言之，見而不殆，則學行之，中人之德也。聞斯行，好學之徒也。見而識其善，而未果於行，愈於不知者耳。」

范曰：「夫子之門人，顔淵閔子騫皆不仕於大夫，漆雕開亦不欲仕也。子張以仕爲急，故學干禄，而夫子告以慎其言行，修天爵而人爵從之矣。夫子循循然善誘人，故曰『禄在其中矣』。苟能修身，亦不廢其干禄也。」

吕曰：「疑者所未達，殆者所未安。」

謝曰：「此子張以干禄之學問於夫子，而夫子語之以干禄之道也。或得之於往訓，或得之於益友，皆所謂聞也，彼豈欺我哉！然未能安於吾心，皆所謂疑，疑則勿言可也。聞見非目見之見，乃識見之見。見之不疑，然後行之不疑，於見有所未安者，不行可也。聞疑而言，見殆而行，人雖不我罪，我獨於心無慊乎？尤非人尤之，乃自尤也。多聞闕疑，可以無慎。」又曰：「慎言其餘，多見闕殆，可以無慎。」又曰：「慎行其餘，此皆有深意，其惟近思者可以得之乎！能至於此，非特言滿天下無口過，行滿天下無怨惡也。若汝如此，天下不用善則已，用善，則人其舍汝乎？無天理則已，有天理，則神之聽之其舍汝乎？此所以有必得禄之道也。」

游曰：「行於己而爲行，故慎行則寡悔，悔在心也。應於物而有言，故慎言則寡尤，尤在事也。易之言無悔者，本諸心也，故於行己者言寡悔。言無尤者，涉於事也，故於應物者言寡尤。咸同人復大壯無悔，賁鼎蹇旅大畜無尤，非謂言可以有悔也。」

楊曰：「聞見之多，則知之未必盡也，不能無疑殆。疑而言之，殆而行之，不知闕其疑殆，而慎其餘，則不無尤悔矣。積尤悔之多，則身之不能保，何禄之干乎？然學於聖人之門而問干禄，宜非所學也，故孔子以言行寡尤悔告之，所以長善而救其失，使知其求焉耳。詩曰『干禄豈弟』，蓋是義也。然子張，孔子以爲狂士，則多聞見而不能闕其疑殆，蓋有之矣，故其告之如此。」

尹曰：「臣聞歸罪爲尤，罪己爲悔。多聞而闕其所疑者，寡尤之道也。多見而闕其不安者，寡悔之道也。子張以仕爲急，故夫子告以慎乎言行，修天爵而人爵從之故也。能慎言行，則禄在其中矣。」

哀公問曰：「何爲則民服？」孔子對曰：「舉直錯諸枉，則民服；舉枉錯諸直，則民不服。」

伊川解曰：「舉錯得義，則民心服。」

范曰：「爲國之道，唯患乎枉直之不察，是非之不辨也。舉君子而錯小人，則民服矣。舉小人而錯君子，則民不服矣。」

謝曰：「天下之道二，枉、直而已。天下之情二，好、惡而已。好直而惡枉，天下之至情。順其所好，人之所以服也；逆其所好，人之所以去也。然則爲天下國家之道，特在於舉錯之間而已。故舉錯則同，治亂則異。然自古治日少而亂日多，彼其心豈固欲舉枉錯直，以拂天下之心哉？蓋無道以照之，則自以爲直、自以爲枉者亦多矣。」

則勸。」

楊曰：「舉錯當，人心則服矣。」

尹曰：「舉錯得義，則民心服也必矣。」

季康子問：「使民敬忠以勸，如之何？」子曰：「臨之以莊則敬，孝慈則忠，舉善而教不能

范曰：「季康子不能正身，而欲民敬；不能孝慈，而欲民忠；不舉善而教不能，而欲民勸，不可得也。夫子於君大夫之問，未嘗不以正對者，急於民也。」

吕曰：「既孝且慈，上下交盡，此所以使民忠也。」又曰：「孝以盡乎内，慈以盡乎外，交盡，忠之本也，故可使民忠。」

謝曰：「敬忠以勸，雖三代之民，何以加此？如季氏者，亦豈知此道真可以爲天下國家也，彼其所問，蓋故家遺俗之所傳耳。三者皆情性所有，豈可以强爲乎？敬無體也，惟莊可以聚之。忠固有也，惟孝慈可以居之。勸非强勉也，使知善之爲善，蓋有不待詔而從之輕矣。此三者，皆不可以僞爲，善學者雖以此自養可也。民雖不可使知之，其能使不出於此道乎？然則所謂成己成物，有二致不可矣。後世徒以法度繩墨糾持人心者，亦多見其術之疏矣。」

楊曰：「有戲慢之色，則人易之，故臨之以莊則敬。孝以身先之，慈以子畜之，則人

知親上矣。善者舉之，不能者教之，則人樂於爲善矣，故勸。」

侯曰：「莊非敬也，臨之以莊，孰不敬哉？孝慈非忠也，孝於親而慈於下，孰不爲忠哉？善者舉而用之，不能者矜而教之，孰不勸哉？雖堯舜之政，不出於斯而已。」

尹曰：「欲使民敬，當臨之以莊；欲使民忠，當先孝慈；欲使民勸，當舉善而教不能。未有不自己出而能化人者也。」

或謂孔子曰：「子奚不爲政？」子曰：「書云：『孝乎！惟孝友于兄弟，施於有政。』是亦爲政，奚其爲爲政？」

伊川解曰：「書之言孝，則曰惟孝友于兄弟，則能施於有政。」

范曰：「政者正也，正身而已。未有不正身而可以正家，不正家而可以正國者也。故孝于父母，友于兄弟，施之於家而有政，是亦爲政矣，豈必在位乃爲政哉？」

謝曰：「孝乎！惟孝友于兄弟。猶言父父、子子、兄兄、弟弟，此一家之政也。一國能如此，一國之政也。天下能如此，天下之政也。豈有二道哉？同是道也。一人用之，不見其聚而多，天下皆用之，不見其分而少。天下皆亂，而已獨治，在獨善者處之，不害爲太平。天下皆治，而已未治，在任重者處之，猶以爲不足。然則論政者，果有物我之限哉？謂『孝乎！惟孝友于兄弟』未足爲政，豈知道者之言乎？」

楊曰：「爲政者，自家推之國而已，此爲政之本也。夫子之於是邦也，必聞其政，至於爲政，則有不得而與焉，以行示之而已，是亦爲政也，故其言如此。」

侯曰：「爲仁自孝弟始，推孝弟之順，施於有政，則天下可以平，何必民人社稷而後爲政哉？聖人言而世爲天下法，動而世爲天下則，行而世爲天下道，其爲政孰禦焉？」

尹曰：「政者正也，正身而已。所以施於天下國家者，其爲道一也。故孝友之施于家，是亦爲政，奚必在位乃爲政哉？」

子曰：「人而無信，不知其可也。大車無輗，小車無軏，其何以行之哉？」

范曰：「車無輗軏，則跬步不能進也。無信，則不可行於州閭鄉黨，而況其遠乎？故兵食可去，信不可去。匹夫不信，猶不知其可，而況於爲天下國家，無信其可行乎？」

謝曰：「有諸己之謂信，人而無信，則無諸己矣，孔孟論信如此。然自不學者觀之，亦莫知所謂有者有何物也，亦莫知所謂無者無何物也。今且以形性之近論之，聖人人倫之至，雖不可以信言，然自其因性言之，亦可謂有是性；自其踐形言之，自可謂有是形。聖人固如此，然衆亦豈能舍是性，亦何嘗離是形。何以謂之無也？曰：視之不見，與無目同；聽之不聞，與無耳同，則雖謂之無是形，何不可之有？當其操欲害人之心，則幾於無惻隱；當其懷穿窬之心，則幾於無羞惡，則雖謂之無是性，亦何不可之有？天與之，而已不能有之，以至於此，求其有以異於遊魂爲變者已希，尚可以謂之人乎？世蓋有魍魎之論，惟斯人者可以當之，以言其非有非無也。大車無輗，小車無軏，取譬實不遠矣。」

游曰：「人而無信，以輗軏爲喻，何也？曰：忠信所以進德，而義也禮也，以信成之。人而無信，則中無所主矣，以之爲仁，則蹩躠而已；以之爲義，則踶跂而已；爲智則誣；爲禮則僞，無所施而可也。輗軏，大車小車所恃以行者也，而有信，則大德小德所資以進也。故輪輿雖備，而無輗軏，則有車之名，而無運行之實；人而無信，則雖居之似忠信，行之似廉潔，終不可入堯舜之道，故其喻如此。」

楊曰：「車無輗軏，則無以引重而致遠，人之於信猶是也。故立則見其參於前也，在輿則見其倚於衡也，夫然後行。舍是則不行於州里，況天下乎？」

侯曰：「信者，有諸己也。信於仁則爲仁，信於義則爲義，信於禮則爲禮，信於智則不鑿。不信，則無此四者，罔人而已，猶大車之無輗，小車之無軏，可行之哉？輗軏，車待以行者也。」

尹曰：「大車，謂平地任載之車。輗者，轅端横木〔十〕，縛軛以駕牛者也。小車，謂田車兵車乘車。軏者，謂轅端上曲鉤衡，以駕馬者也。人而無信，如大車無輗，小車無軏，言不可行也如是。」

子張問：「十世可知也？」子曰：「殷因於夏禮，所損益可知也。周因於殷禮，所損益可知也。其或繼周者，雖百世可知也。」

伊川曰：「殷因於夏禮，周因於殷禮，損益可知，默觀得者。須知三王之禮與物不必同，自畫卦垂衣裳，至周文方備，只爲時也。若不是隨時，則一聖人出，百事皆做了，後來者没事，又非聖人知慮所不及，只有時不可也。」又曰：「禮時爲大，須當有損益。夏商所因，損益可知，則能繼周者，亦必有所損益，如云行夏之時之類，可從則從之。」又曰：「秦以暴虐，焚詩書而亡。漢興鑒其弊，必尚寬德，崇經術之士，故儒者多。儒者多，雖未知聖人之學，然宗經師古識義理者衆，故王莽之亂，多守節之士。世祖繼起，不得不褒尚名節，故東漢之士多名節。知名節而不知節之以禮，遂至於苦節，故當時苦節之士有視死如歸者。苦節既極，故魏晉之士變爲曠蕩，尚浮虚而無禮法。禮法既亡，與夷狄無異，故五胡亂華。夷狄之亂已甚，必有英雄出而平之，故隋唐混一天下。隋不可謂一天下，第能驅除爾。唐有天下，如貞觀、開元〔十一〕，雖號治平，然亦有夷狄之風，三綱不正，無父子君臣夫婦，其原始於太宗也。故其後世子弟皆不可使，玄宗纔使肅宗便篡，肅宗纔使永王璘便反。君不君，臣不臣，故藩鎮不賓，權臣跋扈，陵夷有五代之亂。漢之治過於唐，漢大綱正，唐萬目舉，本朝大綱甚正，萬目亦未甚舉。」因問十世可知，遂推此數端。

范曰：「夏商之禮，皆聖人之所作也，然而商周繼之，必有所損益焉，所以適時之宜也。其或繼周者，亦必有所損益可知也。三代之禮，至周而備，後世雖有作者，亦無以加矣，故孔子曰『吾從周』。雖有損益，亦不出乎三代而已。揚雄曰：『繼周者未欲太平，如欲太平，舍之而用他道，亦無由至矣。』」

吕曰：「按殷周已見之迹，知理勢之必然，故可以推知百世。」

謝曰：「子張之意，以謂遠必有以驗乎近，亦可謂窮理之言也。然意則有盡，故聖人不以爲然，亦不以爲不然，直暢之以己意而已。聖人之意如何？以謂在我之前者，既以考諸三王而不謬，在我之後者，又當百世以俟聖人而不惑也。因革損益之理，出於窮則變而與民宜之，不謂纂紂之餘一無可因革，紹堯之後一無可損益，視其理之所在何如耳。於此可以見三王之用心矣，此聖人於因革損益之理可知也。繼周者，或有以聖繼聖者乎？不可得而知也；或有以暴易暴者乎？不可得而知也；其知所以損益乎？不可得而知也；不知所以損益乎？不可得而知也。其唯可以證諸庶民，可以驗諸鬼神者，雖百世之遠，有聖人作，其必同乎？此其可知也。」

楊曰：「三代之禮，相因而已，非盡革也，因時損益，救其偏弊而已。後之繼周者無以易此，故雖百世可知也。觀孔子對顔淵爲邦之問，其損益之理可知也。」

侯曰：「損過益不及，雖百世可知也，奚止十世哉？三代之損益，不越斯而已。」

尹曰：「臣聞三王之禮不同，自畫卦垂衣裳，至周方備，皆因時損益而然也。推之則商因於夏，周因於商，從可知矣。後世若能知損益之道，雖百世亦由是也。」

子曰：「非其鬼而祭之，諂也。見義不爲，無勇也。」

伊川解曰：「不當祭而祭之，諂乎鬼神也。時多非禮之祀，人情狃於習俗。知義之不可，而不能止，蓋無勇耳。」

范曰：「非其鬼而祭之，則是非所事而事之也。見義不爲者，所當爲而不爲也。夫可爲而不爲，與不可爲而爲，其失則均。故祭非其鬼者爲諂，見義而不爲是無勇也。」

吕曰：「諂生於過，無勇生於不及也。推是二端，以明過與不及之害。」

謝曰：「此一段立義雖異，而意則相循。陰陽交而有神，形氣離而有鬼，知此者爲智，事此者爲仁，惟仁智之合者，可以制祀典。祀典之意，可者使人格之，不使人致死之；不可者使人遠之，不使人致生之。致生之，故其鬼神，致死之，故其鬼不神，則鬼神之情狀豈不昭昭乎！若夫不知不仁者，不足以與此，亦豈知鬼有不神者乎！而又當政教失禮義廢之時，則非所祭而祭之者，宜其紛如也。聖人於此時，欲驟而語之則無證，欲秩之以禮則無位，其憂深思遠之所爲，以謂儻能知所祭而祭之，則鬼神之禮未爲不明於天下也，祀典猶不喪也。蓋鬼神之理不明於天下，原於非所祭而祭之，此其所以祈於不諂焉。知諂爲可恥，而又能勇於不爲，庶乎經正矣，故繼之以見義不爲無勇也。仁且不武，蓋有如公子家者，則知及之而勇不能行者蓋有矣。然此之所謂見，亦豈真所謂見哉！使其如見所好，則豈不能如父母之愛赤子；使其如見所讎，則豈不能如鷹鸇之逐鳥雀。謂不能爲，吾不信也。恂恂仁者有如吳祐，而能抗跋扈之威，此可見矣，又況於自反而縮者乎？」

楊曰：「非享親報本，皆祭非其鬼也。徼福於非其鬼，非諂而何？夫氣集義所生也，見義不爲，其氣餒矣，焉得勇？」

尹曰：「臣聞師程頤曰：『不當祭而祭之，諂於鬼神也。時多非禮之祀，人情狃於習俗。知義之不可，而不能止，蓋無勇耳。』」

校勘記

〔一〕曰思無邪而已　「思」原作「詩」，據明抄本改。

〔二〕夢見周公志也　明抄本無「見」字。

〔三〕特熟與不熟有差别耳　「特」原作「時」，據享保本改。

〔四〕其亦勉進學者不躐等之意　原本缺「意」字，據文意補。

〔五〕如此非義而遺其父母之憂　「此」字疑衍。儒藏本：「按晦庵集卷五十二答都昌縣學諸生引尹氏此語作『如以非義而遺父母之憂』，『此』作『以』。」

〔六〕想其觀聖人之形容　「其」原作「起」，據明抄本改。

〔七〕所以今所自始　原本缺「始」字，據四庫本補。

〔八〕視其變事也　原本「視」上衍「以」字，據文意删。

〔九〕其所存固無係吝之私　「存」原作「行」，據明抄本改。

〔十〕轅端横木　「木」原作「水」，據四庫本改。

〔十一〕貞觀開元　「貞」原作「正」，據四庫本改。

論語精義卷第二上

八佾第三

孔子謂：「季氏八佾舞於庭，是可忍也，孰不可忍也？」

伊川解曰：「忍爲是，則何所不能爲也。」

范曰：「天子用八，諸侯用六，大夫四，士二。自上以下，降殺以兩而已。然兩之間不可毫髮僭差，君臣上下非禮不定故也。陪臣而僭天子，亂莫大焉，孔子爲政，先正禮樂，則季氏之罪不容於誅矣。」

呂曰：「陪臣忍僭天子，則降自天子，無所不可忍爲。」

游曰：「人臣僭國君之禮，是無君也；陪臣僭天子之禮，是無王也。季氏以八佾舞，其心遂無王矣，是將拔本塞源，冠履倒施，滅天理而壞人倫矣，此而可忍，孰不可忍也？」

尹曰：「舞於禮有數：天子用八，諸侯用六，大夫用四，士二。陪臣而僭天子，亂莫甚焉，忍爲是，則何所不能爲也？孔子爲政，禮樂在所先，季氏之罪，不容於誅矣。」

三家者以雍徹。子曰：「『相維辟公，天子穆穆』，奚取於三家之堂？」

伊川曰：「周公之功固大矣，然皆臣子之分所當爲，魯安得獨用天子禮樂？成王之賜，伯禽之受，皆非也。其因襲之弊，遂使季氏僭八佾，三家僭雍徹，故仲尼於此著之。」

范曰：「成王賜魯以天子禮樂，惟用以祀周公於大廟，非使魯君亦得而用之也。周衰魯僭，竊取而用之，習以爲常。三家僭其君，故至於用天子之禮，其所由來蓋有漸矣。夫子力未能誅也，則正言之而已。」

謝曰：「此一節，聖人所傷，意不在於僭禮樂，特論小人無忌憚也。無忌憚，則不仁不知，何所不至。八佾舞於庭，不仁者之所爲；以雍徹，不知者之所爲。雍徹義也，容有不知，八佾數也，豈有不察，於汝安乎，亦可謂忍矣。君子於其所不當爲，不敢須臾處，如負芒刺，不忍故也。而季氏則忍矣，推此心以往，則弑父與君，何所憚而不爲？故曰：『孰不可忍也？』豈非不仁者之所爲？樂之歌非取其聲，取其義也。義與事稱，則名辨而實喻，義不稱事，則亦何以歌爲哉？三家者盍自省其亦有穆穆之容乎？其亦有相予祀事之辟公乎？有此，則可以雍徹矣。無是事而雍徹，辟如猿狙衣以周公之服，人不謂之周公；嗚鳩傅以沖天之翼，人不謂之焦明也。故曰：『奚取於三家之堂？』三家儻知此理，則奚肯以雍徹乎？豈非不知者之所爲邪？」

楊曰：「舞用八佾，祭以雍徹，天子之禮也。而禮之於上下，猶冠履之不可易也，納冠於足，其可乎？舞八佾於季氏之庭，『相維辟公，天子穆穆，』歌於三家之堂，則甚夫納冠於足也，雖庸人孺子，亦知其不可。而季氏三家忍爲之，則肆爲逆亂，無不可忍者，其爲不仁甚矣。所謂人而不仁如禮樂何者，斯之謂歟！」

尹曰：「三家之僭，以雍徹祭。雍之詩曰：『相維辟公，天子穆穆。』三家之堂，何有於此，其無忌憚也如是，故并其辭而記之。」

子曰：「人而不仁，如禮何？人而不仁，如樂何？」

伊川解曰：「仁者天下之正理，失正理，則無序而不和。」

范曰：「仁者愛人，必能自愛其身。事得其序，謂之有禮。得其和，謂之有樂。惟仁者外有其序，内有其和，則無不慊乎吾心矣。不仁之人，不愛其身，而由於不正，則無禮樂，故曰如禮樂何。若季氏之八佾，三家之雍徹，謂之有序有和可乎？八佾，天子之舞也，雍，天子之詩也，雖僭之，而禮樂明甚，人末如之何。然則禮樂不可僭，而人自僭也。」

吕曰：「禮樂之情，皆出於仁，不用禮樂則已，如用之，則不仁之人，何所措手足乎？」

謝曰：「禮者，履此者也，知此，則知禮矣。樂者，樂此者也，知此，則知樂矣。未能造次顛沛由於是，以何爲此，故曰『如禮何』。未能不憂，以何爲此，故曰『如樂何』。造次顛沛由於是，非仁不能也，則仁亦足以備禮矣。不憂，非仁不能也，則仁亦足以敦樂矣。捨表不可求影，捨源不可求委，則禮樂決非不仁而能也。」

游曰：「人而不仁，則人心亡矣，以事父必不孝，其如父子之禮何？以事君必不忠，其如君臣之禮何？在宗廟之中，上下同聽之而和敬，彼且不敬，其如宗廟之樂何？在族黨之中，長幼同聽之而和順，彼且不順，其如族黨之樂何？是其爲禮也必僞，而慢易之心入之矣，豈足以治躬。其爲樂必淫，而鄙詐之心入之矣，豈足以治心。」

楊曰：「先王以禮樂合天地之化，故大人舉禮樂，天地將爲昭焉，不仁之人，其如禮樂何？」

尹曰：「樂由天作，禮以地制，皆正理也。仁者天下之正理，夫人而不仁，其如禮樂何？失正理，則無序而不和矣。」

林放問禮之本。子曰：「大哉問！禮與其奢也，寧儉；喪與其易也，寧戚。」

伊川解曰：「飾過則失實，故寧儉。喪主於哀，故寧戚。」又語録曰：「禮者，理也，文也。理者，實也，本也。文者，華也，末也。理是一物，文是一物，文過則奢，實過則儉，奢自文所生，儉自實所出。故林放問禮之本，子曰：『禮與其奢也，寧儉。』言儉近本也。」文者稱實而爲飾，文對實已爲兩物。奢又文之過，則去本遠矣。儉乃文不足，此所以爲禮之本。」又曰：「奢自文生，文之過則爲奢，不足則爲儉。此與形影類矣，推此理，則甚有事也。」又曰：「華多者少實，故禮與其奢也，寧儉。」

范曰：「夫祭，與其敬不足而禮有餘也，不若禮不足而敬有餘也。喪，與其哀不足而禮有餘也，不若禮不足而哀有餘也。禮失之奢，喪失之易，皆不能反本而隨其末，故曰禮奢而備，不若儉而不足之愈也；喪易而文，不若戚而不文之愈也。儉者物之質，戚者心之誠，故爲禮之本。知本則能隆禮，故大其問。」

謝曰：「當定哀時，文武之道未墜於地，人之目見耳聞，朝夕從事於禮者，猶不異於先王之文也，所以異者，特文至而實不至耳。文至而實不至，斯有勉强不誠之弊。林放獨能於頹波之中，習矣而察也，問禮之本，豈不曰先王之意至於如是而已乎？蓋不如此。聖人之於禮，不求之人，而求之天，不稽之度數，而稽之性情；又不如老莊之徒，徒識其末節，遂以爲忠信之薄，厭棄而絶滅之。故嘉其問而語其故：禮，與其奢也，寧儉；喪，與其易也，寧戚。論至理，則過猶不及；論品節，則質爲近道。儉與戚去性爲未遠，奢與易流於情矣，此洪荒之世，所以猶愈於文滅質之時也。晏子於禮，嘗過儉矣，與難於爲上之大夫所得孰多？曾子之執喪，嘗過戚矣，與朝祥而暮歌所得孰多？知此，則三千三百之儀，其致一也。」

楊曰：「禮始諸飲食，故汙樽而抔飲，爲簠簋籩豆罍爵之飾，所以文之也，則其本儉而已。喪不可徑情而直行，爲之衰麻哭踊之數，所以節之也，則其本戚而已。周衰，世方以文滅質，而林放能問禮之本，故夫子大而告之以此。」

尹曰：「文勝則奢，質勝則儉。當是時也，禮有文勝之弊，林放問其本，孔子所以大之，故曰『與其奢也寧儉』，儉非中，然近於本也。喪以哀爲實，故『與其易也寧戚』，亦近本之意。」

子曰：「夷狄之有君，不如諸夏之亡也。」

伊川解曰：「夷狄且有君長，不如諸夏之僭亂無上下之分也。」又語録曰：「歎夷狄且有君，不如諸夏之亡也。」又曰：「此孔子言當世大亂，無君之甚。若曰：夷狄猶有君，不如諸夏之亡也。」

范曰：「天地定位，而有君臣，所貴乎君臣者，有上下而禮義有所措也。夷狄雖有君，而無禮無義，故不如諸夏之亡。夫非禮無以爲國，有國而無禮，則亡爲愈。若諸夏而無禮，則又夷狄之不如也。」

呂曰：「所貴於諸夏者，禮義存焉耳。植遺腹，朝委裘，而天下不亂者，蓋有禮義以維之，此夷狄所以不可□也[一]。」

謝曰：「天下豈有無君之國哉！夷狄與中國一也。至於論禮樂法度，□政之所加，□賦之所□[二]，此特其俗耳。中國定哀之時，陪臣執國命，政在大夫，禮樂法度，誰其尸之，安在其爲君臣之義也。若夷狄之有君，令之必聽，敺之必從，其有如是乎！以是度之，不如夷狄之有君也。」

楊曰：「陪臣用天子禮樂，無君甚矣，故言夷狄不如，傷之也。」

尹曰：「孔子傷時之亂，曰：『夷狄猶有君，不如諸夏之亡也。』亡非實亡，有而不能盡其道爾。」

季氏旅於泰山。子謂冉有曰：「汝弗能救與？」對曰：「不能。」子曰：「嗚呼！曾謂泰山不如林放乎？」

范曰：「冉有從季氏，夫子豈不知其不可告也。然而聖人不絶於人，盡己之心，安知冉有之不能救、季氏之不可諫也？既弗能正，則美林放以明泰山之不可誣，是亦教誨之道也。」

謝曰：「天子祭天地，諸侯祭山川，大夫祭五祀，士庶人祭祖考，此其禮之文，非故爲等殺以别尊卑〔三〕，蓋有至理存焉。諸侯不得祭天地，大夫不得祭山川，亦猶士庶人不敢以他人之祖禰而祭於己之宗廟也。而況祭則受福，非神福也，乃自福也。季氏之旅於泰山，不過求福而已。曾不知祭所當祭，福猶不自外至，況以陪臣旅於泰山乎？泰山雖欲福之，亦安得而福之？此祭祀之本意也。故曰：『曾謂泰山不如林放乎？』」

楊曰：「諸侯祭名山之在境内者，則泰山魯所祭也。季氏忍僭天子之禮樂矣，況其國君乎？旅泰山亦無足道者，而孔子欲救之。蓋當是時，政之在季氏久矣，非魯之君臣所能正也，故欲正其小者，爲之兆而已。易曰：『屯其膏，小貞吉，大貞凶。』方屯難之時，膏澤不敷，權移於下，政非己出，人君之屯也，權移於下，而欲驟正之，取凶之道也。故大貞凶，小貞吉，漸而正之也。孔子欲救旅泰山者，姑小貞之而已。其後昭公卒至敗亡，失此故也。然祭其非所當祭，則鬼神弗享矣。林放猶能問禮之本，況泰山乎？言此又以大林放之問也。然不以罪冉有，蓋孔子以爲具臣矣，故不以是望之也。」

侯曰：「泰山非季氏所當祭也，僭侈爲甚，故歎曰：『曾謂泰山不如林放乎？』林放猶能問禮之本，泰山豈受非禮之祭乎？」

尹曰：「天子祭天地，諸侯祭山川。季氏陪臣，旅於泰山可謂僭矣。冉有仕於季氏而不能救，故孔子歎之，謂林放猶能問禮之本，泰山豈復受非禮之祭也。」

子曰：「君子無所爭，必也射乎！揖讓而升，下而飲，其爭也君子。」

伊川解曰：「射者，正己而已，非有爭也。其爭也君子，言君子其爭乎！」又語録曰：「仁者如射，射而不中，不怨勝己者，反求諸己，豈有爭者也。故曰：『其爭也君子。』」又曰：「下而飲，非下堂而飲，離去射位而飲也。若下堂而飲，則辱之甚無此。」又曰：「君子無所爭，必也射乎？故曰：『揖讓而升，下而飲，其爭也君子。』言不爭也。若曰其爭也是君子乎？」

横渠曰：「君子無所爭，彼伸則我屈，知也。彼屈，則吾不伸而伸矣，又何爭？」又曰：「下而飲者，不勝者自下堂而受飲也。其爭也，爭爲謙讓而已。」

范曰：「君子謙以自牧，於人無所爭。其於射則勇於正己，故必求中。强于正人，故欲辭讓。揖遜而升者，先人後己也。下而飲，正己以率不正也。正己以禮，正人以義，此君子所爭也。」

吕曰：「古之射禮，勝飲不勝。勝者之爭，爭於辭爵，不勝者之爭，爭於自下，故揖讓而升，相爲讓而已。下而飲，非謂下堂，止謂自貶下而自飲。執弛弓，説決拾，皆自貶下之義。」

謝曰：「惟君子爲能通天下之志，惟無所爭然後可以見君子，惟射可以似君子。己有善，思與人同，人有善，若出諸己，每相忘於至足之地，何所事於爭乎？方射之時，揖遜而升，揖遜而下，揖遜而飲，果何事於爭乎？惟不爭，故天下莫能與之爭，至此，則所謂君子，其必我得之矣。故曰：『其爭也君子。』」

楊曰：「君子無所爭，必於射而後見，蓋射者人所爭故也。揖讓而升，下而飲，其爭也君子乎？蓋言其不爭也。於射而不爭，則無所爭可知矣。」

尹曰：「射者正己而已，非爭也。觀其揖遜而升，下而飲，君子其有爭乎？」

子夏問曰：「『巧笑倩兮，美目盼兮，素以爲絢兮』，何謂也？」子曰：「繪事後素。」曰：「禮後乎？」子曰：「起予者商也，始可與言詩已矣。」

伊川解曰：「美質待禮以成德，猶素待繪以成絢。子夏能喻，故曰起予。」又語録曰：「素喻質，繪喻禮，凡繪先施素地，而後加采，如有美質而更文之以禮。」

范曰：「『巧笑倩兮，美目盼兮』，外有其容，内有其質也。素爲之質，譬則德也。絢爲之采，譬則容也。繪事後素者，采爲素之後也。記曰：『忠信之人，可以學禮。』故質爲之先，禮爲之後，凡學禮者必先誠信而後可也。夫子之美卜商，以其知所先後，可與入德矣。君子有本有文，有實有華，則可謂備矣。」

謝曰：「倩盼，容也。素，質也。絢，飾也。容可以爲飾，必曰『素以爲絢兮』，則碩人之容其必有本矣，故繪畫之事如之。君子之於禮，亦何以異此。有不忠不信之人，而欲以禹行舜趨爲禮，亦悞矣。起予者商也，始可與言詩已矣。聖人於目見耳聞，無非妙道，而況論學之際，必有感於理而深發於性情者。若以子夏禮後之問，謂聖人之知所未及，足以起予，則非也。子夏之爲詩，與子貢之告往知來之意則一。然賜也因論學而知詩，商也因論詩而知學，故皆可與言詩矣。」

楊曰：「甘受和，白受采，忠信之人可以學禮。苟無其質，禮不虚行，此繪事後素之説也。夫善教者使人繼其志。孔子曰：『繪事後素。』而子夏曰：『禮後乎？』可謂能繼其志也。非得之於意言之表者能之乎？商賜皆可與言詩者以此。若夫玩心於章句之末，則其爲詩也亦固而已矣。然繪事後素，自子夏發之，故有起予之言，亦教學相長之義也。」

尹曰：「美質待禮以成德，猶素待繪以成絢。子夏能喻，故曰起予。」

子曰：「夏禮吾能言之，杞不足徵也。殷禮吾能言之，宋不足徵也。文獻不足故也，足則吾能徵之矣。」

伊川解曰：「夏商之禮，未盡亡也，而杞宋之文籍法度，不足稽矣，故夫子不能成之。」

横渠曰：「無證而言，取不信啓詐妄之道也。杞宋不足證吾言，則不言。周足徵，則從之。故無徵不信，君子不言。」

范曰：「夏商之禮，孔子嘗學之矣。杞宋聖人之後，而文獻不足以成焉。易曰：『神而明之，存乎其人。』苟無其人，雖聖人無與成之。夫以禹湯之典法，孔子豈不欲用之哉？求之杞宋，不可得矣，此所以從周也。然則周有其人乎？曰：周之禮也近，舉而措之天下無難矣，非若夏商之遠故也。」

吕曰：「徵，考據也。二代之禮，以孔子之學，亦止能言其制作之意爾。若求實跡以考據，必在杞宋二國，有史書可考，有賢者可訪，然後得之。由二者之不足，故無所考據。」

楊曰：「三代之禮相因，不能相無也，故周之文監乎二代而已。古之王者，必立二王之後，非徒興滅繼絶而已，蓋使之承統先王，修其禮物，庶乎後世有考焉，則文獻足徵矣。周衰，杞宋之君不能踐修厥猶，則文獻皆不足也，孔子雖能言之，而不能徵之矣。無徵不信，不信民不從，則禮其可興乎？」

尹曰：「夏商之禮，未盡亡也，而杞宋之文籍法度不足考證，故夫子不能正也。」

子曰：「禘自既灌而往者，吾不欲觀之矣。」

呂曰：「荀卿言喪之未小斂也，大昏之未發齊也，祭祀之未納尸也，正與此意合。禮既灌然後迎牲迎尸，則未灌之前，其誠意交於神明者至矣；既灌而後，特人事耳，故有不必觀也。」

謝曰：「自『夏禮吾能言之』，至『吾不欲觀之』，此孔子論三代之禮。蓋夏之禮在杞，商之禮在宋，周之禮在魯。聖人嘗曰：『我欲觀夏道，是故之杞，而不足徵也，吾得夏時焉。我欲觀殷道，是故之宋，而不足徵也，吾得坤乾焉。』又曰：『我觀周道，幽厲傷之，吾舍魯何適矣？』聖人考諸三王而不謬，於其禮何所疑，然而無徵則不信，不信則民弗從也。考之杞宋已如彼，考之當今又如此。前世之禮，則文獻不足，魯之禮，則既灌而往吾不欲觀之也。魯之郊禘非禮也，周公其衰矣，其意與此同。蓋祭之禮或先求諸陽，或先求諸陰。若商人尚聲，臭味未成，樂三闋，然後出迎牲，此求諸陽也。周人尚臭，故灌以圭璋，用玉器，然後迎牲，此求諸陰也。然則灌者，其祭之始乎？既灌而往不欲觀，則一祭之間，舉可知矣。魯之郊禘如此，則周之禮又可見矣。」

楊曰：「祭以精意爲主。灌用鬱鬯，貴氣臭而已。故祭有三重〔四〕，而獻之屬莫重于灌，以精意尤在于是故也。灌而有不至，則其餘不足觀也已。」又曰：「禮莫重於祭，祭莫重於灌。蓋求鬼神於幽陰之時，未致其文，於此而能致誠以格鬼神，則自灌而往，其威儀度數足觀矣。若不既其實，而徒以繁文從事，何足觀乎？故孔子嘗曰：『禘自既灌而往者，吾不欲觀之矣。』蓋歎時也。易曰：『東鄰殺牛，不如西鄰之禴祭。』又曰：『二簋可以用享。』其不貴物而貴誠如此。」

或問禘之說。子曰：「不知也。知其說者之於天下也，其如示諸斯乎？」指其掌。

伊川解曰：「灌者祭之始也，自灌以往，皆不欲觀，蓋非一事之失也。先儒皆謂以魯逆祀而云，是固失禮之大者，其節文皆失也。天下之事，苟能使之中禮，則致治如示諸掌也。其曰不知者，不欲顯言之也，非止禘也，因禘失禮之甚而言爾。」又語録曰：「禘自既灌而往不足觀，從首至末皆非也。知孔子不欲觀之說，則於天下知其萬事各正其名，則其治如示諸掌。」又曰：「灌以降神，禘之始也。既灌而往者，自始至終，皆無足觀，言魯祭之非禮也。不知者，蓋爲魯諱。如自此事而正之，其於天下如指掌之易。」又曰：「孔子曰：『其如示諸斯乎？』指其掌。中庸便曰：『明乎郊社之禮，禘嘗之義，治國其如示諸掌乎？』蓋有疑孔子之語，中庸又指郊禘之義以發之。」又曰：「禘者，魯僭天子之大祭也。灌者，祭之始也。以其僭上之祭，故聖人自始灌以往，不欲觀之矣。或問禘之說，子曰『不知也』者，不欲斥言也。『知其說者之於天下也，其如示諸斯乎？』指其掌。此聖人言知此理者，其於治天下，如指其掌，甚易明也。蓋名分正，則天下定矣。」

范曰：「魯逆祭宗廟，亂禮之大者也，故不欲觀之。不以告人，而曰不知者，諱國惡也。苟知其説而正之，則由此以正天下之事，如指掌而已。孔子於魯先簿正祭器，祭器且正之，而況於昭穆乎？正昭穆以正父子君臣，則人倫明，而王道從此始矣。聖人先正其本，後治其末也。」

吕曰：「禘者，禘其祖之所自出，其所以尊祖之意，莫重乎此。人本乎祖，天下之本皆從此出，雖聖人亦未易言之，故曰『不知也』。不知者，不可盡知也。」

謝曰：「此皆因論禘而立文。其問於夫子者，蓋求所謂交鬼神之道。交鬼神之道，豈止禘而已，知之，或人亦知之也。禘嘗之義大矣，其昭穆之序，籩豆簠簋之列，非唯孔子郊社之義，從可知也。鬼神之情狀，聖人以爲知不可也，以爲不知亦不可也。謂之不知，其猶孟子養浩然之氣，而曰難言也。『知其説者之於天下，其如示諸斯乎？』指其掌。此告之以交鬼神之道也。知其説，則知鬼神之情狀矣。知鬼神之情狀，則能以神道設教，而天下服矣。故曰『之於天下也，其如示諸斯乎』，指其掌。」

游曰：「祭祀之義，非精義不足以究其説，非體道不足以致其義。蓋惟聖人爲能饗帝，爲其盡人道而與帝同德；惟孝子爲能饗親，爲其盡子道而與親同心也。仁孝之至，通乎神明，而神祇祖考安樂之，則於郊社之禮，禘嘗之義，始可以言明矣。夫如是，則於爲天下國家也何有？宜乎衆人所不得聞也。故或問禘之説，孔子答之曰『不知也』。其曰『知其説者之於天下，其如示諸斯乎』，指其掌，則又以明其不可不知也。是禮也，中庸兼郊社禘嘗言之，其説亦當如此。古人之所謂通乎一萬事畢也，論語特因或人之問而發之，故止及禘之説耳。成王自謂『予冲子夙夜毖祀』，蓋『雝雝在宫，肅肅在廟』者，文王純德之容，而曾孫篤之，所以致太平也。若言禘大禮，其義衆，恐非其質也，恐與中庸意異。」

楊曰：「『禘嘗之義大矣，治國之本也，不可不知也。明其義者君也，能其事者臣也。不明其義，君道不全；不能其事，爲臣不全。』非或人可得而問也，故告之以不知而已。其爲義大，豈度數云乎哉！蓋有至賾存焉。知其説者，其於天下乎何有？」

尹曰：「魯用天子禮樂，蓋成王之賜，伯禽之受，皆非也。則魯之郊禘，非禮也可知。是以自始及末，皆不欲觀之。知其説，則治天下其如示諸掌也。」

祭如在，祭神如神在。子曰：「吾不與祭，如不祭。」

伊川曰：「祭如在，祖宗也。祭神如神在，祭在外神也。祭先主於孝，祭神主於恭敬。」又問：「祭起於聖人制作以教人否？」曰：「非也。祭祀本天性，如豺獺鷹皆有祭，皆是天性，豈人而不如物乎？聖人因其性，裁成禮法，以教人耳。」

范曰：「祭如在者，祭先也。神非其鬼，嫌於不同，故曰如在，皆不可欺也。君子七日戒，三日齋，必見其所祭者，誠之至也。是故郊則天神降，廟則人鬼享，皆由己以致之也。有其誠則有其神，無其誠則無其神，可不慎乎！吾不與祭如不祭者，誠爲實，禮爲虚也。」

謝曰：「祭如在，謂無一作爲尸者言。祭神如神在，謂見其所祭者而言。子曰：『吾不與祭，如不祭。』昔伯高之喪，孔子之使者未至，冉有攝束帛乘馬而將之，聖人於賻贈之禮，猶曰『徒使我不誠于伯高』，而況於祭乎？故曰：『吾不與祭，如不祭。』」

楊曰：「祭如在，事死如事生也。祭法曰：『山林川谷丘陵，能出雲，爲風雨，見怪物，皆曰神。』天子祭百神，諸侯在其地則祭之，所謂祭神也。夫齋必見其所祭者，故皆曰如在，非盡其誠敬不能也。故孔子曰：『吾不與祭，如不祭。』以是故也。」

尹曰：「事死如事生，事神亦然。吾不與祭，如不祭，誠有所不至也。」

王孫賈問曰：「與其媚於奥，寧媚於竈，何謂也？」子曰：「不然，獲罪於天，無所禱也。」

伊川解曰：「奥喻貴臣，竈喻用事者。夫子知其意，故抑之云：若獲罪於天，求媚何益也。」又語録曰：「獲罪於天，無所禱，何爲媚奥？何爲媚竈？」又曰：「奥，尊者所居，喻富貴。竈，一家所切，喻當權。」

范曰：「奥者，室神之主，祭之尊者也。庶士庶人，或立户，或立竈，祭之小者也。媚於竈者，小以至大也。夫人一不正其心，則獲罪於天，雖禱於神，無益也，何媚竈可以致其福乎？」

吕曰：「室西南隅謂之奥，尊者所居也。竈主飲食，家之所有事也。故以奥況人君，竈況執事。當孔子之時，天下之國，皆執政用事，王孫賈所以勸孔子者，猶彌子云『夫子主我，衛卿可得』之意也。孔子以爲有命自天，若無義無命，是所謂獲罪於天也。」

謝曰：「知獲罪於天爲無所禱，則知獲罪於人無所媚矣。王孫賈之意，不過使孔子媚己耳。在聖人之意，則曰『我寧媚於奥，直求福於天也』。其言則遜而不逼，止曰『不然，獲罪於天，無所禱也』。使王孫賈知此意，則不爲無補；使王孫賈不知此意，則非以取禍。」

楊曰：「媚竈非理也，逆天而動，則得罪於天矣。天者，理之所自出也，得罪於天，尚安所禱乎？王孫賈欲孔子之媚己也，而以斯言問之，故子告之如此，使知君子之所爲有義有命也。」

尹曰：「王孫賈欲夫子媚于己，夫子知其意，故抑之曰：若獲罪於天，求媚何益？」

子曰：「周監於二代，郁郁乎文哉！吾從周。」

范曰：「唐虞官百，夏商官倍，周三百焉。事之多少不同，夏商如是而足矣，而周之禮則其文大備，時使之然也。聖人不能先時，亦不能違時，故記曰：『禮時爲大。』夫子從周禮者，以時措之宜也。」

謝曰：「禮之文出於與時宜之。燔黍捭豚與以燔以炙陳其犧牲備其鼎俎，汙樽抔飲與玄酒在室醴醆在户粢醍在堂澄酒在下，蕢桴土鼓與列其琴瑟管磬鐘鼓，文質雖不同，然有自來矣。故周監於二代，其文爲備也。聖人有其德，無其位，特學之而已，於時王之禮，不敢不從也。故中庸曰：『吾説夏禮，杞不足徵也；吾學殷禮，有宋存焉；吾學周禮，今用之，吾從周。王天下有三重焉，其寡過矣乎！』使孔子有其位而制作禮樂，蓋將考三代之禮而損益焉。如乘殷之輅，豈必從周也；如以作俑者爲不仁，爲芻靈者爲善，豈必從周也。蓋非天子不制度、不議禮、不考文也。」

楊曰：「周監於二代，而損益之，其文備矣。故曰『郁郁乎文哉！吾從周』者，從其監二代也。夫周立夏商之後，使之統承先王，修其禮物，因時制宜，有可考者。然後□聖人復起〔五〕，無以易此也。」

侯曰：「周之禮樂，比二代爲備，郁郁乎文哉，言其盛也。吾從周，不敢反古之道也。

其損益，固嘗告顔淵矣。」

尹曰：「三代禮文，至周大備，美其文而從之。」

子入太廟，每事問。或曰：「孰謂鄹人之子知禮乎？入太廟，每事問。」子聞之曰：「是禮也。」

伊川曰：「雖知亦問，欽慎之至也。」

范曰：「國以宗廟爲本，所以教民孝也。鬼神視之而不見，聽之而不聞，聖人尤盡其敬焉。故入太廟，每事問，慎重之至，則是禮也。」

吕曰：「禮雖有經，不能無變。所以問者，慮有所變，不可不知，問而知之，然後可以議禮之得失。禮所當問，非獨慎也。」

謝曰：「孔子考三代之禮，議時王之得失，於蜡則喟然而歎，禘則不欲觀，其於禮亦自任矣，豈其入太廟而疑之也？蓋雖從大夫之後，於禮之闕失有不得而正，欲有謀焉，其將誰可，於入太廟，姑與祝史語之也。每事問，祝史有知其失者，其能無動乎？使其無所知，其能無疑乎？由此將以問而辯之，或以告而改之，冀有補也。或人豈知我者，子寧與之辯哉！曰『是禮也』，其意猶曰慎之至也。」

楊曰：「每事問，敬其事也，夫是之謂禮。蓋籩豆之事，則有司存，君子有不與知焉者。不知爲不知，是乃所以爲知也。」侯曰：「子入太廟，每事問，慎也。禮之得失，聖人亦欲知之，故每事問。」尹曰：「禮者，敬而已矣。雖知亦問，慎之至也，其爲敬莫大於是。謂之不知禮者，豈足以知孔子哉！」

子曰：「射不主皮，爲力不同科，古之道也。」明道曰：「射求正諸己，主于容體，不專以中爲善也，與爲力而射者不同科，此古之道也。」

伊川解曰：「射有五善，不必專以主皮爲功也。功力非一端，苟有可取，不必同科也。古者取善之周也。」又語録曰：「爲力猶言爲功，射有五善，爲功不一，故曰不同科。所謂五善者，觀德行，别邪正，辨威儀云云。」横渠曰：「君子之射，以中爲勝，不必以貫革爲勝。侯以布，鵠以革，其不貫革而墜於地者，中鵠爲可知矣，此爲力不同科之一也。」范曰：「射求正諸己，故以觀德，不必以主皮爲善，與爲力而射者不同科也。若專取於中，而無其德行，則是尚力而已，君子不貴也。詩云：『不失其馳，舍矢如破。』若王良之御，爲之範者，不主皮之謂也；爲之詭遇者，爲力之類也。」

謝曰：「容體比於禮，其節比於樂，中多者，得與於祭。容體不比於禮，其節不比於樂，中少者，不得與於祭。射而貫革，主皮也。射而不貫革，不主皮也。雖不主皮，然無害於中，則比於禮樂，亦可見矣。主皮不主皮，以其力之不同也。」

楊曰：「容節可以習而能，力不可以强而至，故射不主皮，爲力不同科，古之道也。言古之道，以正今之失。」

尹曰：「射有五善，不必專以主皮爲功也。功力非一端，苟有可取，不必同科也。古者取善之周也。」

子貢欲去告朔之餼羊。子曰：「賜也，爾愛其羊，我愛其禮。」

范曰：「事若無益而不可損，若無有而不可亡，存其名而實不去，覩其物而禮不廢者，告朔之餼羊是也。子貢知愛羊，而不知愛禮，是養其小體而亡其大體也。故夫子誨之，使知禮之爲重，而費不可以苟省也。」

謝曰：「當是時，告朔之禮已亡，是以子貢欲去餼羊。禮之存亡，何與於一羊，聖人以爲羊存則政舉，將有所考，譬猶以薪傳火也。是以夏之政雖衰，禹之禮未亡，故湯得而用之；商之政雖衰，湯之禮未亡，故文武得而用之。夫子又安知不有王者作，將舉而措之天下乎？是以愛之。然而惜乎其終廢也。三代之後，雖有志之士，以興斯道爲己任者，終不可得，以其文不足故也。」

楊曰：「告朔，諸侯所以禀命於君親，禮之大者。魯不視朔，自文公始，故子貢欲去其餼羊也。夫餼羊存，則告朔之名未泯也，雖無禀命之實，不猶愈於其已乎？餼羊去，則禮隨而亡矣，孔子所以愛其禮也。」

侯曰：「羊存則禮存，羊亡則禮亡，禮之存亡固不在羊，亦其物也。故曰：『爾愛其羊，我愛其禮。』羊存，則後之習禮者舉之易故也。」

尹曰：「禮廢矣，羊存猶得以識之。」

子曰：「事君盡禮，人以爲諂也。」

伊川解曰：「當時事上之禮簡也。」又語録曰：「事君盡禮，在它人言之，必曰『小人以爲諂』，聖人道洪，故止曰『人以爲諂』。」或問：「孔子盡禮，人以爲諂。禮與諂異矣，諂何疑於盡禮？」曰：「當時事君者，於禮不爲盡也，故以譏聖人。非孔子而言，必曰『小人以爲諂也』。孔子曰『人以爲諂』而已。聖人之道大德宏，故其言如此。」

范曰：「事君不盡禮者，君有過必不犯，是以常爲諂也。事君盡禮者，君有過必犯，是以不爲諂也。」

謝曰：「觀鄉黨之所記，與『拜下』之語，可以見夫子之盡禮於君也。魯衛之君，以德則事我者也，亦何可當斯禮，然聖人所以必盡禮者，以其畏天命畏大人故也。自其不知天命不畏大人者觀之，宜以爲諂矣。聖人且以我爲有義，不可也；且以人爲無義，不可也。曰『事君盡禮，人以爲諂』云者，其言非怨非怒，直以待知者知此道也，不期於自明也。孟子人嘗以爲不敬齊王矣，其言曰：『我非堯舜之道，不敢以陳於王前，故齊人莫如我敬王也。』道則直矣，與夫子所謂『事君盡禮人以爲諂』，其立言則異，聖賢之分固如此。」又曰：「孔子曰：『事君盡禮，人以爲諂。』當時諸國君相，怎生當得聖人恁地禮數？是他只管行禮，又不與你計較長短，與上大夫言，便誾誾如也，與下大夫言，便侃侃如也，冕者瞽者見之便作，過之便趨。蓋其德全盛，自然到此，不待勉强做出來氣象，與孟子渾別。孟子説大人則藐之，勿視其巍巍然，猶自參較彼我，未有合一底氣象。」

楊曰：「如拜下之類，則拜上者寧不以爲諂乎？」

尹曰：「歎當時事上之禮簡也。」

定公問：「君使臣，臣事君，如之何？」孔子對曰：「君使臣以禮，臣事君以忠。」

范曰：「聖人之言出於天理，而未嘗以私意鑿也。若天地之於萬物，大者與之大，小者與之小，此賢人所以不及也。」

呂曰：「使臣不患不忠，患禮之不至；事君不患無禮，患忠之不足。」

謝曰：「不能使臣以禮，謂之以貴治賤則可，非爲君之道。不能事君以忠，謂之以賤事貴則可，非爲臣之義。觀後世視之如土芥，畜之如犬馬，然後知三代之君以禮使其臣也。詩不云乎：『中心好之，曷飲食之？』此以禮使臣也。觀後世視之如國人，疾之如寇讎，然後知三代之臣以忠事其君矣。詩不云乎：『中心藏之，何日忘之？』此以忠事君也。」

楊曰：「鹿鳴既飲食之，又實幣帛筐篚以將其厚意，然後忠臣嘉賓得盡其心焉。君使臣不以禮，則臣雖欲盡忠，不可得也。」

侯曰：「君使臣以禮，盡君道也。臣事君以忠，盡臣道也。爲人君止於仁，爲人臣止於敬。知禮知忠，則誠敬之道立而仁矣。定公問君使臣、臣事君，孔子對曰以禮以忠，君臣之道盡矣。聖人之言無精粗遠近，顧知之者如何爾。以禮盡忠，雖堯舜不過如此。伊川先生曰『聖人之言，其遠如天，其近如地』者，此也。」

尹曰：「君臣以義合者也，故君使臣以禮，則臣事君以忠。」

子曰：「關雎樂而不淫，哀而不傷。」

明道曰：「樂得淑女，以配君子，不淫其色，是樂而不淫。哀窈窕，思賢才，求之不得，輾轉反側，是哀而不傷。」

伊川解曰：「樂得淑女，非淫其色也。哀思之切，無傷善之心也。切於色，乃傷善也。」又語録曰：「大凡樂必失之淫，哀必失之傷，淫傷則入於邪矣。唯關雎則止乎禮義。故如哀窈窕，思賢才，言哀則思之甚切，以常人言之，直入於邪始得。關雎則不然，故不至於傷，則其思也，亦異乎常人之思矣。」

范曰：「此言其聲之和也。求之詩，則琴瑟鐘鼓，樂也；寤寐輾轉，哀也。樂者□之事，哀者□之事〔六〕，淫者樂之過，傷者哀之深也。發而不中節則不和，不和則無以爲關雎矣。」

呂曰：「哀謂惻怛至誠而已，如禮傳所謂『無服之喪内恕孔悲』也。」

謝曰：「樂得淑女，不淫其色，哀窈窕，思賢才，而無傷善之心焉，是關雎之義也。孔子於此，非特論關雎之義，因示天下以性情之正，而淫傷非性情之正也。樂而不淫，無惡於樂也；哀而不傷，無惡於哀也。關雎之義，發乎情，止乎禮義，是以聖人有取焉。能知禮樂正反之節，而善養其性情者，不過如此，與樂而淫哀而傷，非特相近而不同也。惟深於道者，可以默而識之矣。」

游曰：「常情之哀樂，皆出於私意，故其樂必淫于己，其哀必傷于人。關雎之樂在於得淑女，則異乎人之樂也，故不淫其色；其哀在於思賢才，則異乎人之哀也，故無傷善之心。先王之用心憂樂，以天下而已，故太姒所以宜爲文王之配。」

楊曰：「樂得淑女而已，故不淫；哀窈窕，思賢才而已，故不傷。」

尹曰：「以詩考之，謂樂得淑女，以配君子，憂在進賢，不淫其色，是樂而不淫也；哀窈窕，思賢才，而無傷善之心焉，是哀而不傷也。鐘鼓琴瑟，樂也。寤寐輾轉，哀也。然則樂不失於淫，哀不失於傷，其聲之和，發而皆中節者也。」

哀公問社於宰我。宰我對曰：「夏后氏以松，殷人以柏，周人以栗，曰使民戰栗。」子聞之曰：「成事不説，遂事不諫，既往不咎。」

伊川曰：「成事不説，遂事不諫，既往不咎者，大概相似，重言者，所以深責之也。如今人嗟惜一事，未嘗不再三言之也。」又曰：「社本主字，文誤也。」

范曰：「明乎郊社之禮，禘嘗之義，治國其如指諸掌。君有問焉，則宜對以義，何取于木〔七〕，而又曰使民戰栗。孔子深非宰我，戒以言之出不可不慎，其以此故歟？」

吕曰：「使民戰栗者，哀公之言也。哀公爲政，將以刑威民，故緣周人以栗之説，而爲解以傅會其意。宰我知松柏栗皆以所宜木，而非所取義，不爲之辨，故孔子以三言責之。蓋哀公初有此意，尚在可救，不可便同成事遂事之比。」

謝曰：「各以其土之所宜木以爲主〔八〕，從古以然，故宰我因哀公之問，以三代所宜不同對之。哀公不知其意，而曰使民戰栗，失之矣。宰我阿其意而不能辨之也。子聞之曰：『成事不説，遂事不諫，既往不咎。』言哀公此語非成事，尚可説也；非遂事，尚可諫也；非既往，何不可咎也。」

楊曰：「已成不及改，故不説。春秋傳曰：『大夫無遂事。』遂言專也，遂事非己所當與，故不諫。既往而咎，則責人無已矣。皆君子不爲也。哀公問社，而宰予以所宜木對，哀公曰『使民戰栗』，則失其旨矣，由是而使民，必有非其道者。然哀公之言，非此三者之謂，宰予所宜救正也，而莫之救，孔子是以言之，以正宰予之失。」

侯曰：「社，三代各以其土之所宜木爲之，故不一也。哀公問社於宰我，而宰我以松柏栗爲對。哀公有意於刑威，故曰『使民戰栗』。宰我不能正言其事，哀公之言未爲成事遂事與夫既往，孔子所以責其不説不諫不咎也。」

尹曰：「古者各以所宜木名其社，非取義於木。宰我不知而妄對，故夫子責之。」

子曰：「管仲之器小哉！」或曰：「管仲儉乎？」曰：「管氏有三歸，官事不攝，焉得儉？」「然則管仲知禮乎？」曰：「邦君樹塞門，管氏亦樹塞門；邦君爲兩君之好有反坫，管氏亦有反坫。管氏而知禮，孰不知禮？」

伊川解曰：「謂管仲器小，非止謂不知禮也。或問其知禮乎？故答以不知。器大則自知禮矣。」

范曰：「揚雄曰：『大器其猶規矩準繩乎？先自治而後治人之謂大器。』大器則王者之事也。夫惟器小，是以有三歸反坫。禮者，理也。臣無君之事，而僭君之禮，豈理也哉！」

謝曰：「揚子云：『齊得夷吾而霸，仲尼曰器小，請問大器。曰：大器其猶規矩準繩歟？先自治而後治人之謂大器。』此説非是。孔子之意，直以管仲爲不可大受也。管仲相桓公，霸諸侯，一匡天下，民受其賜，其功大矣。然君淫亦淫，君奢亦奢，則其得君而專國政，豈以天下爲心哉，不過濟耳目之欲而已。曾不知有三歸、官事不攝、樹塞門與反坫，於汝何加焉？甚可鄙賤，猶兒女子得意於衣服裯衾之間，謂之小器，不亦宜乎！夫子於管仲何誅焉，蓋欲指示學者，使知先立乎大者，然後可以語道矣。」

楊曰：「夫子大管仲之功而小其器，蓋非王佐之才，雖能合諸侯匡天下，其器不足稱也已。正學不明〔九〕，而王霸之略，混爲一途，故聞管仲之器小，則疑以爲儉，以三歸具官告之，則又疑其知禮，而不知其所謂器小者有不在是也。蓋世方以詭遇爲功，而不知爲之範，則不悟其小宜矣。」

尹曰：「奢而犯禮，其器之小可知。揚子曰：『先自治而後治人之謂大器。』」

子語魯太師樂，曰：「樂其可知也：始作翕如也；從之純如也，皦如也，繹如也，以成。」

伊川解曰：「樂始翕如，純如皦如，至於繹如。非通于樂者，孰能知之？」

范曰：「瞽矇司聽，而所知者音也，故語之如此。然因聲以求其義，則樂亦可知矣。聖人守其義而闡其文，究其始而要其終，故其本末皆不廢也。」

謝曰：「五音六律不具，不足以爲樂。翕如，言其合也。五音合矣，清濁高下，如五味之相濟，然後和，故曰『從之純如也』。合而和矣，欲其無相奪倫，故曰『皦如也』。所謂無相奪倫者，豈宫自宫而商自商乎，不相反而相連，如貫珠可也，故曰『繹如也，以成』。樂之聲音，盡於此而已。」

楊曰：「衆樂並作，故翕如也；無相奪倫，從之純如也；可觀其深，故皦如也；終始之緒不可亂，故繹如也以成。夫魯太師，魯之司樂者，宜知樂矣，而孔子告之者，蓋周衰禮壞樂亡，樂之不得其所久矣，夫子自衛反魯正之，至是始得其所焉，故語之。」

侯曰：「五音六律具而爲樂。始作翕如，合也；從之純如，合而和也；合而和，則皦如明白，無相奪倫，故繹如而成也。樂至此，則盡美矣。」

尹曰：「樂始則翕然而盛，其從也純然而和，皦然而明，及其成也，繹然而不絶。非通於樂者，孰能知之？」

儀封人請見，曰：「君子之至於斯也，吾未嘗不得見也。」從者見之。出曰：「二三子何患於喪乎？天下之無道也久矣，天將以夫子爲木鐸。」

范曰：「封人之於夫子，見而知之，其言如此，亦可謂善觀聖人矣。夫子所以語封人者不傳也，獨記封人之言，而其才之高下可知，亦可謂善論賢人矣。」

謝曰：「天下有道，聖人達而行有枝葉；天下無道，聖人窮而辭有枝葉。此孔子所以鳴道於衰周之時也。以木鐸振文教況之，不亦宜乎！封人之意，以爲斯文微夫子，則後世其如折衷何？顧以道未喪於天下也，何必進而撫世哉！如封人可謂知夫子矣，故弟子特記之。」

楊曰：「斯文之興喪，天也。天下雖無道，而文實在兹，是天將以夫子爲木鐸也。何患於喪乎？木鐸振文事故也。」

侯曰：「聖人不作，處士橫議，道之不明不行也，天下疑其喪矣。封人見孔子，則知其道在是矣，故曰：『二三子何患於喪乎？天將以夫子爲木鐸。』言興斯文者在夫子也。」

尹曰：「木鐸，施政教所振也，以況夫子，復何患於道喪乎？當是時也，儀封人尚能識之，而人君莫有用之者，則時之不幸也可知已矣。」

子謂韶：「盡美矣，又盡善也。」謂武：「盡美矣，未盡善也。」

伊川解曰：「一有傳之失者，故未盡善。」又語録曰：「成湯放桀，惟有慚德，武王亦然，故未盡善。堯舜湯武，其揆一也。征伐非其所欲，所遇之時然耳。」又曰：「武未盡善，非是武王之樂未盡善，言當時傳舜之樂則盡善盡美，傳武王之樂則未盡善爾。」又曰：「説者以征誅不及揖讓，曰：迹故不及，然其聲音節奏亦有未盡善者。樂記曰：『有司失其傳也。』若非有司失其傳，則武王之志荒矣。孔子自衛反魯，然後樂正，雅頌各得其所。是知未正之前，不能無錯亂者。」

范曰：「韶與武，其德不同，其聲亦異也。樂所以象其德，德之所至，聖人不加損，亦不加益焉。湯有慚德，其自知明也。武雖欲爲韶，亦不可得矣，其未盡善，亦武王之□□也〔十〕。」

謝曰：「揖遜之事，天與之，人與之。征誅之義，順乎天而應乎人也，聖人豈有二心哉！如冬日則飲湯，夏日則飲水，事故如此。征誅之義，固不如儀鳳之容，然聖人豈以我所遇之時不如舜而私自己哉！盡美與盡善，聖人之意，豈不曰舜與武王同道。」

游曰：「王者功成作樂，韶武之盡美，以其功言之也。如觀其成功，則二聖人之樂皆無餘美。乃若所遇之事，所以致功者，舜以紹堯而爲韶，武以滅商而爲武，豈可同日而語哉！觀成湯之有慚德，則武之用心可知矣。故盡美者其功也，未盡善者其事也。猶之周公東征，四國是皇，是時周室幾再造矣，其功顧不大哉！至於致辟管叔於商，豈其所欲乎？武之未盡善，其事類如此矣。」

楊曰：「在齊聞韶，三月不知肉味。顏淵問爲邦，則告以樂則韶舞，則韶之盡美盡善可知矣。武之武非聖人之所欲，故未盡善也。樂以象成，故形於聲容者如此。」又曰：「孟子曰：『天與賢則與賢，天與子則與子。』唐虞禪，夏商周繼，皆天也，聖人何容心哉？奉天而已。横渠曰：『舜之孝，武王之武，聖人之不幸也。』征伐豈其所欲哉？不得已焉耳，故曰『未盡善也』。帝王之號，亦因時而已，非有心迹之異也。」

尹曰：「樂所以象德，故有其德者，則有其聲，蓋不可以僞爲故也。」

子曰：「居上不寬，爲禮不敬，臨喪不哀，吾何以觀之哉？」

伊川解曰：「居上以愛人爲本，主於寬厚。禮主於敬，喪主於哀。不然，是無本也，何以觀乎？」

范曰：「居上則所治者大，所御者衆，故不可不寬，寬者爲上之本也。爲禮則敬，臨喪則哀者，理當然也。聖人之言，惟理而已矣〔十一〕。」

楊曰：「居上不寬，則無以容衆，爲禮慢而不敬，臨喪易而不戚，皆失其本矣，尚何足觀之哉！」

尹曰：「居上主於寬，爲禮主於敬，臨喪主於哀。不然，則無本矣，何所觀乎？」

校勘記

〔一〕此夷狄所以不可□也　空格内明抄本作「偕」字，四庫本作「棄」字。

〔二〕□政之所加□賦之所□　三空格内明抄本依次作「五」、「七」、「養」字，四庫本作「刑」、「財」、「出」字。

〔三〕非故爲等殺以别尊卑　「殺」，明抄本作「衰」。

〔四〕祭有三重　「重」，四庫本作「事」。

〔五〕然後□聖人復起　空格處明抄本作「雖」字，四庫本作「能」字。

〔六〕樂者□之事哀者□之事　兩空格内明抄本均作「知」字。享保本并作「淫」。

〔七〕何取于木　「木」原作「水」，據四庫本改。

〔八〕各以其土之所宜木以爲主　明抄本作「各以其野之所宜木名社」。

〔九〕正學不明　明抄本「正」作「道」。

〔十〕武王之□□也　空格内明抄本作「至」字，四庫本作「所知」兩字。享保本作「德異」。

〔十一〕惟理而已矣　明抄本於「范曰」一段後、「楊曰」一段前，尚有「謝曰」一段文字，云：「居上以寬爲本，爲禮以敬爲本，臨喪以哀爲本。居上不寬，爲禮不敬，臨喪不哀，則本不立矣，其如末何？故曰：『吾何以觀之哉？』」

論語精義卷第二下

里仁第四

子曰：「里仁爲美。擇不處仁，焉得知？」

明道曰：「里，居也。擇仁而處之爲美。」又曰：「里，仁之所止。」

伊川解曰：「居以親仁爲美。擇不處仁〔一〕，焉得爲知？」

范曰：「孟子曰：『仁，人之安宅也。』亦若里而已矣。知仁之美，擇而處之，則是知矣。故仁則知在其中矣，身不處于仁，而謂之知，可乎？故不仁未有能知者也。」

呂曰：「所居之里，有仁人焉，猶以爲美。擇術以自處，而不居於仁，則居仁之里者不如也。」

謝曰：「孟子因擇術之論，嘗引此矣，故繼之曰：『夫仁，天之尊爵也，人之安宅也。

莫之禦而不仁，是不知也。』今當以此論爲證。」

楊曰：「不能知仁而弗去，焉得知？」

尹曰：「里居之間有仁者，猶以爲美。處而不擇乎仁焉，焉得爲知乎？」

子曰：「不仁者不可以久處約，不可以長處樂。仁者安仁，知者利仁。」

伊川曰：「知者利仁，知者以仁爲利而行之。至若欲有名而爲之之類，皆是以爲利也。」又曰：「知者知仁爲美，擇而行之，是利仁也。心有其仁，故曰利。」

范曰：「久處樂而不淫，久處約而不移，惟仁者能之。不仁之人，樂則思驕，約則思濫，是以不可久處也。夫不虐惸獨，不畏高明，居逸樂而自久，處憂患而不困，二者未有能獨行者也。」又曰：「仁者，人也，故安仁。知者，知也，故利仁。有諸己而體之曰安，知其善而爲之曰利。安仁者，樂天者也；利仁者，畏天者也。」

呂曰：「仁者仁在己，其仁乃吾分之所安。知者仁猶在外，其知爲己利，嚮慕勉强以行之。」

謝曰：「約對利達，樂對憂愁。利達窮約存乎事，憂樂發乎情，所性不存焉。彼體仁而盡性者，於此豈有二心哉！約何與我事，久處約可也；樂何與我事，長處樂可也。然則不仁者，蓋未知我之爲我矣。我既喪矣，則以物爲我，以物爲我，能無欣厭乎哉？有所欣，故不可以久處約；有所厭，故不可以長處樂。」又曰：「仁者心無内外遠近精粗之間，非有所存而自不亡，非有所理而自不亂，如目視而耳聽，手持而足行也。知者謂之有所見則可，謂之有所得則未可，有所存斯不亡，有所理斯不亂，未能無意也。安仁則一，利仁則二。安仁者，非顔閔以上去聖人爲不遠，不知此味也。諸子雖有卓越之才，謂之見道不惑則可，然未免於利之也。」

楊曰：「安土敦乎仁，則無入而不自得。未能敦乎仁，蓋有刻意厲行者，其處約也未必盡濫，其處樂也未必盡淫，然而何可長也。」又曰：「由仁而行，安之也；行仁，利之也。」

侯曰：「不仁者久處約則不能安貧，不能安貧，則諂怨無所不至；長處樂則驕僭，驕僭則犯禮，而亦無所不至，皆亂之道也。貧而樂，富而好禮者，唯仁能之。」又曰：「安仁，生而知之者也；利仁，學而知之者也。」

尹曰：「泰而不驕，窮而不濫，惟仁者能之。」又曰：「知仁之爲美，擇而行之，利其仁也。心有其仁，是利之者，乃知者之事也。若仁者，則安於仁而已矣。」

子曰：「唯仁者能好人，能惡人。」

伊川解曰：「得其公正也。」

范曰：「仁人之所好者必仁也，所惡者必不仁也，唯仁者能公天下之好惡。書曰『敬修其可願』，仁者所好也；『庶頑讒説』，仁者所惡也。」

謝曰：「仁者本無好惡人之心，不因人之順己而好之，好人之順理也；不因人之逆己而惡之，惡人之逆理也。故唯仁者爲能好惡人。」

游曰：「好善而惡惡，天下之同情也。然好惡每失其實者，心有所繫，而不能克己也。惟仁者宅心于大中至正之地而無私焉，故好惡非我，遵王之道路而已。知及之，仁或未足以守之，則不足以與此，故言唯仁者爲能。」

楊曰：「會物於一己，而後能公天下之好惡，而不爲私焉。」

尹曰：「仁之道公而已，所以好惡皆當於理。」

子曰：「苟志於仁矣，無惡也。」

伊川解曰：「苟志於仁，則無不善也。」

范曰：「志於仁者，心以仁爲主，以爲君則愛人，以爲臣則盡忠，以爲父則慈，以爲子則孝，無所往而不爲善，何惡之有？」

謝曰：「苟志於仁矣，雖未能安仁，然不可不謂之知仁也。惟知仁，故能通天下之志，則於人何所惡也，容衆而矜不能可矣。世人見君子亦有惡，於此論不能無疑也，蓋亦末之思耳。盍亦察惡己之惡與惡人之惡不同，斯知之矣。使其惡人之惡如惡己之惡，則謂之無惡亦可也。」

楊曰：「苟志於仁，未必無過舉也，然而爲惡則無矣。」

尹曰：「志於仁者，何不善之有？」

子曰：「富與貴，是人之所欲也，不以其道得之，不處也。貧與賤，是人之所惡也，不以其道得之，不去也。君子去仁，惡乎成名？君子無終食之間違仁，造次必於是，顛沛必於是。」

明道曰：「不以其道得去貧賤，如患得之。」又曰：「須是無終食之間違仁，則道日益明矣。」

伊川解曰：「去仁，則不得名君子矣。」又曰：「終食間不違仁，得善勿失也。道不可須臾離，可離非道，言道也。造次必於是，顛沛必於是，言守道也。」又曰：「無道而得富貴，其爲可恥，人皆知之；而不處焉，惟特立者能之。」又曰：「純亦不已，天德也。造次必於是，顛沛必於是，三月不違仁之氣象也。又其次，則日月至焉。」又曰：「自下而達上，惟造次顛沛必於是。」

范曰：「富貴，君子之所當得也；貧賤，小人之所當得也。爲小人之所爲，而富且貴焉；爲君子之所爲，而貧且賤焉，皆不以其道也。君子正其在己，而聽其在天者，故非道而得富貴，則不處；爲仁而得貧賤，亦不去也。」又曰：「君子爲善，不蘄乎名也，然而有其實則其名從之。存乎仁，則成仁之名，存乎不仁，則成不仁之名，有諸内必形諸外，故去仁則無所成名。」又曰：「中庸曰：『道不可須臾離，可離非道也。』仁不可造次顛沛違，可違非仁也。夫如是，則可以謂之學矣。」

吕曰：「造次者，苟且之時。顛沛者，急遽涉難之時也。造次，謂所之所舍苟且而已，非常居。顛沛者，顛覆陷溺，廹遽涉難可知矣。」

謝曰：「有得富貴之道，有得貧賤之道。樂富貴而悲貧賤者，君子與小人同，至於不處不去，則小人與君子異。樂富貴而悲貧賤，欲也，所性不存焉。所欲不處，所惡不去，不以富貴貧賤異其心，惟仁者能之。」又曰：「惟盡仁然後有仁之名。君子者，仁之成名也。聖人特體仁之盡而得名之至。故非體仁不足以盡人道，去仁則實亡矣，故曰『惡乎成名』。」又曰：「君子於仁，非有意於不違，特身之所在，仁斯從之，如形之與影，聲之於響也。觀終日之間無放飯無流歠，則不違可知矣。豈特如此，至於造次非常處，顛沛非所安，猶且必於是，蓋欲離於是，亦不可得也。」

游曰：「富與貴，非其道得之，則君子不處，以有義也。君子宜富貴者也，今至於貧賤，是不以其道得之也，然而不去者，以有命也。此皆爲君子言之，故主彌子瑕而得卿，孔子不爲也。」又曰：「君子去仁，則君非君，子非子矣，安所成其名。」又曰：「無終食之間違仁，言造次顛沛必依於仁，雖終食之頃不違也。如以飲食必有祭，則僧家出生，皆可以爲不違仁矣，此可驗其學不在己。」

楊曰：「君子而得富貴，小人而得貧賤，此以其道而得之者也。得之不以其道，則趙孟之所貴，趙孟能賤之，故君子不處焉。然富貴貧賤，皆天也，不以其道而得貧賤，君子不去焉，則以其道而得之者，固將去之矣。然則其去也可必乎？曰：君子之去貧賤，亦去其得之之道而已。得之之道去，而猶不免焉，天也，君子何容心哉？」又曰：「道二，仁與不仁而已，去仁何以成名。」又曰：「道不可須臾離也，故無終食之間違仁，雖造次顛沛，亦必於是焉。然所謂是者，果安在乎？曰仁而已矣。世儒謂飲食必有祭爲無終食之間違仁，此雖閭巷之人皆能之，何俟君子乎？所謂造次顛沛必於是，又何事也？其爲説陋甚矣。孔子告顔淵曰：『克己復禮爲仁。』告仲弓曰：『出門如見大賓，使民如承大祭。』知此，則可與言仁矣。夫如是，則所謂無終食之間違仁者，可勉而至也。」

侯曰：「富貴貧賤，其欲其惡，君子與小人同；其得之不以其道，則不處不去，君子與小人異。處之不以其道，雖禄以天下，弗顧也；去之不以其道，則簞食瓢飲，不改其樂矣。」又曰：「仁不可離也，在知不知爾。若曰知也，何必終食之間哉？無間可違也。」

尹曰：「富貴人之所欲，所欲有甚於富貴者，仁是也。不以富貴而害仁，故曰『不以其道得之，不處也』。貧賤人之所惡，所惡有甚於貧賤者，不仁是也。不以貧賤而樂不仁，故曰『不以其道得之，不去也』。」又曰：「去仁，則不得名君子矣。」又曰：「君子之於仁，純亦不已。」

子曰：「我未見好仁者，惡不仁者。好仁者，無以尚之；惡不仁者，其爲仁矣，不使不仁者加乎其身。有能一日用其力於仁矣乎？我未見力不足者。蓋有之矣，我未之見也。」

伊川解曰：「欲仁則仁斯至矣，不係乎力也。用力于仁者，固當有之，已未嘗見爾，豈敢謂天下無仁者也。」

橫渠曰：「惡不仁，故不善未嘗不知。徒好仁而不惡不仁，則習不察行不著。是故徒善未必盡義，徒是未必盡仁。好仁而惡不仁，然後盡仁義之道。」又曰：「好德如好色，好仁爲甚矣。見過而内自訟，惡不仁而不使加乎其身，惡不仁爲甚矣。學者不如是，不足以成其身。故孔子未見其人，必歎曰已矣夫，思之甚也。」

范曰：「人莫不有仁，其爲不仁者，由不能審其好惡故也。是以仁者常少，豈其性然哉？蓋不爲也，非不能也。好仁者，是志於仁者也；惡不仁者，不以不仁加乎其身，是亦爲仁矣。夫有好必有惡，然所惡必自外入而後見焉，好則仁在其心而已，故惡不仁者不若好仁者之爲美也。力不足者，中道而廢，不爲仁者，自畫而已，故鮮有能一日用其力者也。以天下之大，不可謂無人，故聖人以爲有之而未見也。」

吕曰：「尚，讀如君子不欲多上人之上，謂加陵之也。好仁者天下無敵，故曰『無以尚之』。惡不仁者劣於好仁者，不能天下無敵，故其效止可使不仁之不敢加陵其身而已。用力於仁，雖有差等，皆有如是功效，人莫之敢抗，豈患力不足哉！」

謝曰：「如好好色，好仁者也；如惡惡臭，惡不仁者也。好惡如此，始可謂眞好惡矣。使其出於天資，可不謂生而知之者乎！使其出於學問，可不謂行著習察之至乎！故未見其人也。好仁者，不出于所欲，而無所待於惡不仁也，則其於不仁，不待惡而不加諸其身矣，故曰『無以尚之』。惡不仁者，愛身之人也，愛身之人，出於愧恥，不仁惟恐其浼我也，恐不仁之浼我，則其於仁猶待於擇，固與好仁者有間矣，故止於不使不仁者加乎其身也。志至焉，氣次焉，使其操此心以往，則將天下之仁皆歸焉，故曰『我未見力不足者』。此道甚易行，聖人不敢以難待天下之人也，故曰『蓋有之矣』。然天下莫能行，聖人不敢以易待天下之人也，故曰『我未之見也』。」

楊曰：「好仁，則天下歸仁焉，其孰能尚之？惡不仁，則不仁者遠矣，故不使加乎其身。爲仁由己，我欲仁，斯仁至矣，何力不足之有？然人嘗用力于此矣，然後力有足有不足。世無用力者，則有力不足無以見，故曰『蓋有之矣，我未之見也』。」

尹曰：「人能好仁，則何以尚之。苟能惡不仁，不使不仁加其身，是亦爲仁矣。『有能一日用其力於仁矣乎？我未見力不足者。』言未見用力于仁者也。一日克己復禮，天下歸仁焉。我欲仁，斯仁至矣，不仁者豈力所不足乎，蓋不爲耳。孔子不欲謂無其人，故曰『未之見也』。」

子曰：「人之過也，各於其黨。觀過斯知仁矣。」

伊川解曰：「人之過也，各於其類：君子常失於厚，小人常失於薄；君子過於愛，小人過於忍。」

范曰：「君子之過也以君子責，小人之過也以小人責。求備於君子，而不大望小人，此爲仁之道也。故責君子以厚，責小人以薄。君子可上，而責之薄，則爲不恭；小人可下，而責之厚，則爲不恕，非爲仁之道也。」

吕曰：「仁道之大，貴於類族辨物，以通天下之志。如不分其黨，持一法以平物，則物必有窮，仁術狹矣。君子有君子之過，小人有小人之過，各於其黨以觀其過，則物物得其所，而仁術弘矣。惟弘所以爲仁，故因觀過然後知仁之所以然。功者人之所勉，過者非人之所欲爲，故求其誠心，視功不若視過也。」

謝曰：「仁之道不易知，聖人於此，語以知仁之方。黨，偏蔽也，君子小人之注心處也。君子注心於義，小人注心于利，自其過中，皆可謂之過。既曰過，安可謂之仁，然於此特可以見仁矣。」又曰：「孟子論性善，論之至也。性非不可爲不善，但非性之至。如水之就下，搏擊之非不可上，但非水之性。人雖可以爲不善，然善者依舊在。如觀過斯知仁，既是過，那得仁，然仁亦自在。」

楊曰：「記曰：『仁有三，與仁同功而異情。與仁同功，其仁未可知也；與仁同過，然後其仁可知也。夫仁者安仁，知者利仁，畏罪者强仁。』所謂仁有三，或安之，或利之，或强之，此之謂異情。及其成功一也，此之謂同功。與仁同功，則功一而已，故其仁未可知也。與仁同過，各於其黨觀之，則情異者見焉，則所謂三仁者從可知矣。」

尹曰：「君子失於厚，小人失於薄；君子過于愛，小人過於忍。各於其類觀之，仁不仁可知矣。」

子曰：「朝聞道，夕死可矣。」

明道曰：「皆實理也。人知而信者爲難。子曰：『朝聞道，夕死可矣。』死生亦大矣，非知道者，豈以夕死爲可乎〔二〕？」

伊川解曰：「人不可以不知道，苟得聞道，雖死可也。」又語録曰：「聞道，知所以爲人也。夕死可矣，是不虚生也。」又曰：「朝聞道，夕死可矣，死得是也。」又曰：「苟有朝聞道夕死可矣之志，則不肯一日安於所不安，何止一日，須臾不能，如曾子易簀，須要如此乃安。人不能若此者，只爲不見實理。實理者，實見得是，實見得非。凡實理，得之於心自别。若耳聞口道者，心實不見，若見得，必不肯安於此。人之一身，儘有所不肯爲，及至他事又不然。若士者，雖殺之，使爲穿窬，必不肯爲，其它未必然。至若執卷者，莫不知説禮義，又如王公大人，皆能言軒冕外物，及其臨利害，則不知就義理，却就富貴，如此者，只是説得，不實見得。及蹈水火，則人皆避之，是實見得。須是有見不善如探湯之心，則自然别。昔曾傷於虎者，它人語虎，則雖三尺童子，皆知虎之可畏，終不如曾經傷者神色懾懼，至誠畏之，是實見得也。得之於心，是謂有得，不待勉强，學者則須勉强。古人有捐軀殞命者，若不實見得，則烏能如此？須是實見得生不重於義，生不安於死也。故有殺身成仁者，只是成就一箇是而已。」又曰：「老喜學者尤可愛。人少壯則自當勉强，至於老矣，志力須倦，又慮學之不能及，年數之不多。不曰朝聞道夕死可乎？學不多，年數之不足，不猶愈於終不聞乎？」

范曰：「君子之學，惟患乎不聞道也，朝聞道，則夕死可矣。中庸曰：『率性之謂道。』君子之欲聞之也，必自慎獨始，舍是而曰道，未之或知也。」

吕曰：「聞道而死，死而不亡。」

謝曰：「死生命也，何可不可之有？ 然不聞道，則以死生爲在我；聞道，則以死生爲在道。與其不聞道而生，孰若聞道而死。」

楊曰：「曾子曰：『吾何求哉！ 吾得正而斃焉斯已矣。』言已矣，則人之爲人，至是無餘事也。故苟聞道而得正焉，雖夕死可矣，斯言於曾子見之。」

尹曰：「死生亦大矣，非誠有所得，寧以夕死爲可乎？」

子曰：「士志於道，而恥惡衣惡食者，未足與議也。」

伊川解曰：「志於道而心役乎外，何足與議也。」

范曰：「志於道者重内而忘外。恥惡衣惡食者，未能忘外也。徇其外，則無得於内矣，夫豈足與議哉！ 夫子於門人，獨稱子路能之，若子貢猶不免於外重而内輕也。」

謝曰：「道至大至變，不可以有窮量之心取也。恥惡衣惡食，未可以言大過，獨不可以入道，蓋其心與道直不相似耳。」

楊曰：「恥惡衣惡食，此務養小體者耳，烏足與議道？ 苟志於道而養其大者，則雖簞食瓢飲，衣敝緼袍，捉衿而肘見，樂亦在其中矣，何恥之有？」

尹曰：「役於外者，未足與議道也。」

子曰：「君子之於天下也，無適也，無莫也，義之與比。」

伊川解曰：「君子之於天下，無必往也，無莫往也，惟義是親。」又曰：「義之與比，親於其身爲不善者，直是不入。」

范曰：「君子之於天下，無心而已。無適故無所就，無莫故無所去，惟是之從，故不患無當於天下，凡爲善者，皆其類也。」

呂曰：「適，主也。莫，無所主。君子之於天下，無所主，亦無所不主，所與親者，惟義而已。」

謝曰：「適，可也。莫，不可也。無可無不可，苟無道以主之，不幾于猖狂自恣乎？此佛老之學，所以自謂心無所住而能應變，卒得罪於聖人者，此也。聖人之學不然，於無可無不可之間，有義存焉，則君子之心，果有所倚乎！」

楊曰：「君子無適莫，由天下之正路而已。小人由徑路，則有適莫矣，尚何義之與比哉？」

尹曰：「君子之於天下，惟義是親也。」

子曰：「君子懷德，小人懷土；君子懷刑，小人懷惠。」

伊川解曰：「在上者志存於德，則民安其土；在上者志存於嚴刑，則民思仁厚者而歸之。」又語録曰：「君子懷德，惟善之所在；小人懷土，惟事之所在。君子懷刑，惟法之所在；小人懷惠，惟利之所在。」

横渠曰：「安土，不懷居也。有爲而重遷，無爲而輕遷，皆懷居也。」

謝曰：「德與土，刑與惠，皆上所以得民心之道也。懷德懷土，懷刑懷惠，此親其上之心不同也。樂善故懷德，惡不善故懷刑，懷安故懷土，務苟得故懷惠。君子小人，所向於此分矣，學者不可不察也。」

楊曰：「君子安安而能遷，小人則懷居矣。君子以刑爲體，小人則惟利之從矣。」

尹曰：「樂善惡不善，所以爲君子。苟安務得，所以爲小人。」

子曰：「放於利而行，多怨。」

伊川解曰：「心存乎利，取怨之道也。蓋欲利於己，必損於人。」

范曰：「易『乾始能以美利利天下』，又曰『利物足以和義』，此利之大也；『放於利而行』，此利之小者也。君子唯欲利於人，小人惟欲利於己。利人不利己者，人亦利之；利己不利人者，人亦不利之。故君子常多助，小人常多怨。是以損上益下謂之益，損下益上謂之損，君子惟利天下乃所以自利也。」

謝曰：「此一節非教人以遠利之道，蓋教人以遠怨之道也。怨之道，惟女子與小人則有之，至於君子，捨君親之外，則無怨也。其所以待小人者，或惡怒之，或誅絶之，則可無所怨也；或待之以妄人，或談笑而道之，則可無所怨也。然則有怨心者，果何小哉！聖人於此特矜之，故教之以起怨之端出於放於利而行也。求仁而得仁，又何怨？不念舊惡，怨是用希；躬自厚而薄責於人，則遠怨矣。皆教之以遠怨之道也。」

楊曰：「正己而不求於人，則無怨。放於利而行，能不求乎哉？故多怨。」

尹曰：「心存於利，取怨之道也。蓋利於己必害於人。」

子曰：「能以禮讓爲國乎，何有？不能以禮讓爲國，如禮何？」

伊川解曰：「禮者爲國之本，能以禮讓，復何加焉？不能以禮讓，將如禮何？無禮讓，則不可以爲國也。」

范曰：「讓者不爭之道也。爲國以禮讓，則民莫敢不敬，民莫敢不敬，何難治之有？不能以禮讓，則無以先民，故如禮何？爲國而無禮，未有能立者也。」

謝曰：「在畎畝之中，事之可以與民共由者，以其成己成物無二道也。能成己必能成物，不能成物，其不能成己可知矣。言能以禮讓治身，推此以往，則爲國可知也。不能以禮讓爲國，則一身之禮可知矣，故曰『如禮何』？」

楊曰：「禮讓，謂以禮而讓也。先之以敬讓，而民不爭，民至於不爭，則於爲國乎何有？『虞芮質厥成』，讓之道行故也。不以禮而讓，則諂瀆而民不敬，民不敬，則禮從而廢焉，尚如禮何哉？子路率爾而對，夫子哂之，爲是故也。」

尹曰：「禮者爲國之本。能以禮讓，復何加焉？不能以禮，將如禮何？」

子曰：「不患無位，患所以立；不患莫己知，求爲可知也。」

伊川解曰：「君子求其在己者，故患身無所立，不患無位以行之；求爲可知之行，不患人之不己知也。」

范曰：「位者，所處而行道也。人之所患，惟不能有立，有立，則不患無位以行之。知之在外，爲可知在内。君子所患，内不足也，修其在内者，求可知之道也。夫有形必有影，有聲必有響，未有身立而無位、行修而不知者也。」

謝曰：「有才而位不稱，不害其爲有實；有位而才不稱，適足以招羞，又況於難得之必失之者乎？故君子患所以立，而不患無位也。名不難得也，有實者必畏；名不易得也，無實者必喜。然而畏名者無逃名之理，喜名者無得名之理，故君子求爲可知，不患莫己知也。雖然，此論猶有求位求可知之道在，至論則不然矣。才愈大而世愈難用，宜其無位也；道愈高而世愈難知，宜其莫我知也。難用而莫我知，斯我貴矣，夫復何求？至於此，不惟求位，實不患乎無位；不惟求可知，實不患乎莫己知也。」

楊曰：「有所立，則位之儻來寄也，何足患哉？患所以立而已。苟有可知之實，則人知之亦囂囂，人不知亦囂囂，又何患焉？求爲可知而已。」

尹曰：「君子求其在己者，故患身無所立，不患無位以行之；求爲可知之行，不患人之不己知也。」

子曰：「參乎！吾道一以貫之。」曾子曰：「唯。」子出，門人問曰：「何謂也？」曾子曰：「夫子之道，忠恕而已矣。」

明道曰：「『維天之命，於穆不已。』不其忠乎？『天地變化，草木蕃。』不其恕乎？」又曰：「以己及物，仁也。推己及物，恕也。違道不遠是也。忠恕一以貫之，忠者天道，恕者人道，忠者無妄，恕者所以行乎忠也。忠者體，恕者用，大本達道也，此與違道不遠異者，動以天耳。」一本作：「以己及物謂之仁，推己及物謂之恕。忠者，无妄之謂也。忠，天道也；恕，人事也。忠爲體，恕爲用。忠恕違道不遠，非一以貫之忠恕也。」一作：「忠恕一貫，忠者天下大公之道，恕所以行之也。忠言其體，天道也；恕言其用，人道也。」又曰：「忠恕兩字，要除一箇除不得。」

伊川解曰：「盡己之謂忠，推己之謂恕。忠，體也；恕，用也。孟子曰：『盡其心者，知其性也。』」一本此下云：「知性則知天矣。知天一貫則道矣。」又語録曰：「『維天之命，於穆不已。』忠也。『乾道變化，各正性命。』恕也。」又曰：「沖漠無朕，而萬象森然已具。

未應不是先，已應不是後，如百尋之木，自本根至枝葉，皆是一貫，不可道上面一段事無形無兆，却待人旋安排引入來教人塗轍，既是塗轍，却只是一箇塗轍。」又曰：「聖人之教人，各因其才，故孔子曰：『參乎！吾道一以貫之。』曾子曰：『唯。』蓋惟曾子爲能達此，孔子所以告之也。子出，門人問曰：『何謂也？』曾子曰：『夫子之道，忠恕而已矣。』曾子之告門人，猶夫子之告曾子也。忠恕違道不遠，斯下學上達之義，與『堯舜之道，孝弟而已矣』同。世儒以爲夫子之道高遠，而曾子未足以見之，所見者止於忠恕而已，則是堯舜之道，孟子知之亦有所不盡而止於孝弟也，夫豈知其旨哉！」又曰：「曾子言夫子之道，忠恕而已矣，忠恕果可以一貫之乎？若使它人言之，便未足信，或未盡忠恕之道，曾子言之，必是盡也。中庸又言『忠恕違道不遠』，蓋恐人不喻，乃指而示之近，欲以喻人。」又曰：「夫子之道，忠恕而已。盡己爲忠，如心爲恕，是乃所以爲一也。言仁義亦可也。」或問：「忠恕可以貫道否？」曰：「忠恕固可以貫道，子思恐人難曉，故復於中庸降一等言之，曰『忠恕違道不遠』。忠恕只是體用，須要理會得。」又曰：「中庸以曾子之言雖是如此，又恐人尚疑忠恕未可便爲道，故曰：『忠恕違道不遠，施諸己而不願，亦勿施於人。』此又掠下教人。」又問：「恕字學者可用功否？」曰：「恕字甚大，然恕不可獨用，須得忠以爲體，不忠何以能恕？看忠恕兩字，自見相爲用處。孔子曰：『君子又曰：「忠恕可以公平。造德則自忠恕，其致則公平。」又曰：「忠恕猶曰中庸，不可偏舉。」

問：「吾道一以貫之，而曰忠恕而已矣。則所謂一者，便是仁否？」曰：「固是。只這一字，須是仔細體認，一還多在忠上，多在恕上？」曰：「多在恕上。」曰：「不然，多在忠上。纔忠便是一，恕即忠之用也。」又曰：「人謂盡己之謂忠，盡物之謂恕。盡己之謂忠固是，盡物之謂恕則未盡。推己之謂恕，盡物之謂信。」

范曰：「曾子守約，有受道之質，故夫子不待問而語之以道。曾子唯而已，亦弗疑矣，故無問辨。一以貫之者，無二也。忠則無不誠也，恕則無不如己之心也。在己如在人曰忠，恕於人如在己曰恕。堯舜三王之治天下，惟忠恕而已矣。」

呂曰：「本末貫徹，而不可不然者，忠恕而已。忠則待天下以誠，恕則與天下共利。道之所以行於天下者，非此不可。」

謝曰：「夫子明於庶物，察於人倫，無所成名。仁者見之，知其無不愛也；智者見之，知其無不知也。雖乘田委吏之賤，會計當，牛羊茁壯長，非特克勤小物，抑亦見聖人多才多藝，蓋其道出於生而知之，亦能敏以求之也。羣弟子既不能偏觀而博識，雖竭其聰明才力，僅得其一體，有志於學，將以此入道，不亦難乎？宜其聖人語一以貫之之理與參與賜也。蓋曾子之學，其本出於守約，夫子之意，謂惟斯人可以語此，故曾子聞之，不復致疑於其間。何以見曾子得之而不疑，於忠恕之論可見也。忠恕之論，不難以訓詁解，特恐學者愈不識也。且當以天地之理觀之，忠譬則流而不息，恕譬則萬物散殊，知此，則可以知一貫之理矣。」或問曰：「孟子言『盡其心者知其性』，如何是盡其心？」謝子曰：「昔有人問明道先生曰：『如何斯可謂之恕心？』明道曰：『擴充得去，則爲恕心。』『如何是充擴得去底氣象？』曰：『天地變化，草木蕃。』『充擴不去時如何？』曰：『天地閉，賢人隱。』察此，可以見盡不盡矣。」又問忠恕之别。曰：「猶形影也，無忠做恕不出來。恕，如心而已。」

游曰：「夫道一而已矣。天地一指也，萬物一馬也，無往而非一，此至人所以無已也，豈參彼己所能預哉！此忠恕所以違道，爲其未能一以貫之也。雖然，忠所以盡己，恕所以盡物，則欲求入道者，宜莫近於此，此忠恕所以違道不遠也。子曰：『參乎！吾道一以貫之。』曾子曰：『唯。』使曾子之知不足以及此，則仲尼不以告，而曾子不自誣。今曰忠恕而已者，所以告門人也。孟子曰：『萬物皆備於我矣，反身而誠，樂莫大焉。』此仲尼告曾子之道也。『强恕而行，求仁莫近焉。』此曾子告門人之道也。然則曾子豈有隱于是耶？蓋門人智不足以及此，而强告之，適足以滋其惑，使門人誠于忠恕，則于一道亦何遠之有？子曰：『吾與回言終日，不違如愚。』又曰：『語之而不惰。』又曰：『於吾言無所不說。』則其師資之際，朝夕相與言，而默契於道者，宜不少矣，而論語所載，止於問爲仁問爲邦而已，則其所不載者，皆二三子所不得聞也。由此觀之，則仲尼、曾子所以授受者，門人所不得聞，而所以告門人者，不過忠恕而已。此曾子所以爲善學而善教者也。」

楊曰：「曾子未嘗問，而夫子以是告之，蓋當其可也。故曾子曰唯，則默而識之矣。子出，門人問，蓋曾子之門人也，未足以語此，故告之曰：『夫子之道，忠恕而已矣。』忠恕固未足以盡道，然而違道不遠矣，由是而求之，則於一以貫之，其庶矣乎！」

或問侯子忠恕之義。侯子曰：「『老者安之，朋友信之，少者懷之』，孔子之忠恕。『無伐善，無施勞』，顏子之忠恕。『施諸己而不願，亦勿施人』，子思之忠恕。『老吾老，以及人之老，幼吾幼，以及人之幼』，孟子之忠恕。其地位至此，則說出如此話，仲尼與天地造化合，故別。」曰：「明道曰：『維天之命，於穆不已，不其忠乎？天地變化，草木蕃，不其恕乎？』伊川曰：『維天之命，於穆不已，忠也。乾道變化，各正性命，恕也。』何以言恕字不同？」侯子曰：「伊川說得尤有功。天授萬物之謂命，春生之，冬藏之，歲歲如是，天未嘗一歲誤萬物也，可謂忠矣。萬物洪纖高下長短，各得其所欲，可謂恕矣。聖人這箇道理，直是坦易明白，後人只管去求玄求妙，愈高愈遠。」曰：「子思言忠恕違道不遠，如何？」侯子曰：「此是子思地位。子思之忠恕，施諸己而不願，亦勿施諸人，此已是違道。若聖人，則不待施諸己而不願，然後勿施諸人也。」曰：「曾子言忠恕，而子思只發明恕字，何也？」侯子曰：「無恕不見得忠，無忠做恕不出來。誠有是心之謂忠，見於功用之謂恕。」曰：「明道有言，忠恕二字，要除一箇除不得，正謂此與？」曰：「然。」

尹曰：「道無二也，一以貫之，天地萬物之理畢矣。曾子於聖人之門造道最深，夫子不待問而告，曾子聞之亦弗疑也，故唯而已。其答門人則曰『忠恕』者，盡己之謂忠，推己之謂恕。然則忠恕果可以一貫乎？忠恕違道不遠者也。若夫子貢，以夫子多學而識之爲然，始謂之曰：『吾一以貫之。』則二子之學，淺深可見也。」又曰：「忠恕一事也，主於内爲忠，見於外爲恕。」

子曰：「君子喻於義，小人喻於利。」

伊川解曰：「君子之於義，小人之於利，惟其深喻，是以篤好。」

范曰：「君子存心於義，小人存心於利。義者，宜也，事得其宜，則利在其中矣。故君子惟曰義，不曰利，小人惟曰利，而不顧其宜與不宜也。君子之所見者大，小人之所見者小，故君子義足以兼利，小人專利而忘義也。」

吕曰：「喻者，聞見而心解通達者也。」

謝曰：「以天下爲心者，雖有不善，亦義心也。求濟一身之欲者，雖有善，亦利心也。蓋其平日處心積慮如此。然喻於義則大，喻於利則小，此君子小人所以分也。」

楊曰：「君子有舍生而取義者。以利言之，則人之所欲無甚于生，所惡無甚于死，孰肯舍生而取義乎？蓋其所喻者義而已，不知利之爲利故也。小人反是。」

尹曰：「惟其深喻，是以篤好。」

子曰：「見賢思齊焉，見不賢而内自省也。」

伊川解曰：「見賢思齊，有爲者亦若是。見不賢而内自省，蓋莫不在己。」

謝曰：「以明善之心觀道則難，以好惡之心觀賢不賢則易。審於知人，昧於自知，於賢不賢雖審，於我何加焉，故必當思齊而内自省也。好善之心切，故能思齊；惡不善之心切，故能内自省，亦可謂能近思矣。」

楊曰：「見賢思齊焉，則知所以道問學矣。見不賢而内自省，則知所以琢磨自修矣。夫如是，乃可以進德。」

尹曰：「見賢思齊之，見不賢而自省之，自修之道如此。」

子曰：「事父母幾諫，見志不從，又敬不違，勞而不怨。」

范曰：「幾諫者，見微而諫也。諫之於微，不待于著也。見志不從，又敬不違者，悦則復諫也。古之忠臣孝子，將處君父於無過，則必諫其漸，至於有大過而諍，蓋不得已也。曾子曰：『微諫不倦，勞而不怨。』與此一也。」

吕曰：「見幾而諫，不至於犯，如先意承志，喻父母於道之謂。」

謝曰：「以敬孝易，以愛孝難，以養口體易，以養志難。『事父母幾諫，見志不從，又敬不違，勞而不怨』，以愛孝而養志之謂。幾諫，諫於其微也，則志不拂而易從。又敬不違，此非從父之令，蓋必非得罪於鄉黨州閭者也。勞而不怨，竭其力而無以有已之謂。」

楊曰：「先意承志，喻父母以道，所謂幾諫也。幾而諫，則父母之過未形焉。見志不從，不敬而違之，則必至於責善而相夷矣，故又敬不違。勞而不怨，若親之過大，蓋有諫而不從，則號泣而隨之者，雖欲不違，其可得乎？故曰：『父有争子則身不陷於不義。』」

侯曰：「事君有顯諫者，有幾諫者。然而温柔忠厚者其説多行，訐直强勁者其説多忤，事君猶是，況事父乎？子之諫父，當先意承志，諫於幾微之先，則事濟説行，不傷父子之仁；至於事形而諫，雖號泣而隨之，亦末矣。易蠱之九三曰：「幹父之蠱，小有悔，無大咎。」雖無大咎，非善事親者也。幾諫之時，若父母之志未從，則加誠加敬，以感格之。故『烝烝乂，不格姦』，舜之所以爲功也。所謂又敬不違者，加誠敬而不違，幾諫之初心也。」

子曰：「父母在，不遠遊，遊必有方。」

范曰：「夫子之教人，其於出入起居，莫不有法焉，所言者常道也，匹夫匹婦之所能知能行，而聖人亦無以加焉，本於人心故也。子能以父母之心爲心，則孝也。」

謝曰：「遠遊與遊無方，雖其未足以貽親之憂〔三〕，然親之思念不忘也。蓋不以親之心爲心，非孝子也。」

侯曰：「夫爲人子者，昏定晨省，承顏養志，朝夕不敢忘也。遠遊與無方之遊，豈孝子之心哉！」

尹曰：「見幾而諫，又敬而順，無犯無隱者也。勞而不怨，遊必有方，皆孝子之事也。」

子曰：「三年無改於父之道，可謂孝矣。」

范曰：「此夫子之所常言也，弟子各以所聞而記之，故又見於此。」

楊曰：「一跬步不敢忘父母，況敢爲無方之遊乎？若此類皆於父之道，故又記三年無改，以見其義。」

子曰：「父母之年，不可不知也，一則以喜，一則以懼。」

謝曰：「孝子之事親，雖於衣服飲食寢處，一日之間，猶在視其早晏寒煖之節，而況於年乎？則視年而爲供養之齊量者，不可不知也。於此因以察其氣之强弱焉，使其年已老而氣則彊，安得不喜？使其年未老而氣先衰，安得不懼？」

楊曰：「人子愛日之義也。」

侯曰：「喜其壽而懼其衰，人子之心也。」

尹曰：「知親之年，喜其壽，懼其衰也。」

子曰：「古者言之不出，恥躬之不逮也。」

范曰：「君子之於言也，不得已而後出之，非言之難而行之難。人唯其不行也，是以輕言之。言之如其所行，行之如其所言，則出諸其口，必不易也。」

謝曰：「此非言顧行之意。善言不出，必爲善行，惡言不出，必爲惡行。蓋積於中者既深，則發於外者不掩，言之不出，躬必逮矣。」

楊曰：「言出而行不掩焉，宜學者之所恥也。」

侯曰：「古之學者，非獨言之，皆是實能踐履。未能踐履而言之，所以恥也。」

尹曰：「行不逮言，爲可恥也。」

子曰：「以約失之者鮮矣。」

范曰：「奢則過禮，儉則不及於禮。唯奢儉則然，故約近於禮之本。以約失之也鮮，則是以奢失之者多矣。」

謝曰：「不侈然以自放之謂約，故無外馳之意。此雖未必中道，然於道不遠也。」

楊曰：「約言爲之節，出入不踰大閑，則其失鮮矣。」

侯曰：「約近於禮，故失之鮮〔四〕。」又曰：「不必只儉約，凡事皆要約之以禮，然又要得中。」

子曰：「君子欲訥於言而敏於行。」

范曰：「訥與辯，皆人性固所有也，惟自修者，則欲訥於言而敏於行。行之而不能言，君子所貴也；言之而不能行，君子所賤也。」

謝曰：「禮主於減，養德者常以進爲文。樂主於盈，養德者常以反爲文。考於性情，亦可謂在道不在物矣。放言易，故言欲訥；力行難，故行欲敏。果能從事於斯，心亦可謂之不放矣。」

楊曰：「言欲訥，惡其以口給取憎也。行欲敏，敏則有功也。」

侯曰：「忠信徙義，求仁之方也。」

尹曰：「言欲訥而行欲敏，君子之志也。」

子曰：「德不孤，必有鄰。」

伊川解曰：「事物莫不各以類聚，故德必有鄰。」又語録曰：「敬義立而德不孤，與物同，故不孤也。」又曰：『敬以直内，義以方外，敬義立而德不孤』，與此『德不孤』一也。爲善者以類應，自有朋自遠方來，充之至於塞乎天地，皆不孤也。」又曰：「一德立，則百善從之。」又曰：「今志於義理而心不安樂者何也？此則正是剩一箇助之長。雖則心操之則存，舍之則亡，然而持之太甚，便是必有事焉而正之也。亦須且恁去，如此者只是德孤。德不孤，必有鄰，到德盛後，自無窒礙，左右逢其原也。」

范曰：「易曰：『敬以直内，義以方外，敬義立而德不孤。』爲善者，各以其類聚。故君子務學，則有朋自遠方來，充其道至於塞乎天地，其可謂不孤矣。」

謝曰：「敬義立，則易簡而天下之理得，故能成己，又能成物。成己德也，成物業也。君子之德，以其簡易，故不孤。君子之業，以其易知易從，故必有鄰。有鄰，有親之謂。」

楊曰：「易知而有親，則不孤而有鄰矣。」

尹曰：「事物莫不各以其類應，故德必有鄰。」

子游曰：「事君數，斯辱矣；朋友數，斯疏矣。」

伊川解曰：「數，煩數也。」

范曰：「數者，煩促以求合也。事君道合則服從，不可則去，難進而易退，則不辱矣。

朋友忠告而善道之，不可則止，則不疏矣。君臣朋友，皆以義相與，故其事同也。」

呂曰：「數，亟改也。事是君而不終〔五〕，又改事一君，至於數，則君不信，所以取辱。朋友亦然，至於數，亦不信，所以取疏也。」

謝曰：「君子之處世接物，豈特直情徑行而已，而況君臣朋友之際乎？故事君者必量而後入，全交者不盡人之歡，蓋恐其數也。諫行言聽，無不可也，而期於功之必成。事君數也，此不幾於馮婦之所爲乎？忠告善道，無不可也，而惟予與汝以求助。朋友數也，此不幾於竇灌之所爲乎？兩者其理則一也，故相制也必取辱，相逼也必取疏。」

楊曰：「大臣以道事君，朋友忠告而善道之，宜皆不可則止也。苟至於數，斯辱疏矣。」

尹曰：「數，煩數也。」

校勘記

〔一〕擇不處仁　原作「處不擇仁」，據四庫本改。

〔二〕豈以夕死爲可乎　明抄本於此句下尚有一段：「又曰：動容周旋中禮，盛德之至。君子行法，俟命而已。『朝聞道，夕死可矣』之意也。」

〔三〕雖其未足以貽親之憂　明抄本「其」下有「行」字。

〔四〕故失之鮮　明抄本於此句下尚有一段：「尹曰：『凡事約則鮮矣。』」儒藏本：則以下「又曰」一條當係尹氏解，又按論語集注引尹氏語曰：「凡事約則鮮失，非止謂儉約也。」

〔五〕事是君而不終　「終」原作「忠」，據明抄本改。

論語精義卷第三上

公冶長第五

謝曰：「此一篇大概多語當時之善士，及尚論古之人。然爲君子者，當求諸己而已，何汲汲於斯乎？蓋知不足以知人，言不足以命物，則在我者可知矣。是故識此者爲識道，語此者爲語道，則於師弟子之間，其可以已乎？」

子謂公冶長：「可妻也。雖在縲絏之中，非其罪也。」以其子妻之。子謂南容：「邦有道不廢，邦無道免於刑戮。」以其兄之子妻之。

或問：「孔子以公冶長不及南容，故以兄之子妻南容，而以己之子妻公冶長，何也？」伊川曰：「此亦是以己之私心看聖人也。凡人避嫌者，皆内不足也，聖人自至公，何更避嫌？凡嫁女必量其材而求配，或兄之子不甚美，必擇其相稱者妻之，己之女美，必擇其材者妻之，理自如此，何更避嫌也。若孔子事，或是年相若，或時前後，皆不可知也。以孔子爲避嫌，則大不是。如避嫌事，賢者且不爲，況聖人乎？」

横渠曰：「雖在縲絏之中，非其罪也。縱或不幸，不免困辱，必非其罪。雖不若南容之慎，知其不爲非義也。」

范曰：「公冶長繫於縲紲，時人或疑之，孔子欲妻以子，故辨其非罪。聖人之言，無所苟也。有罪無罪，在我而已，自外至者，我何與焉？若非罪而得縲絏，以爲辱，則是有罪而得軒冕者，亦可以爲榮矣。」

謝曰：「以智帥人之謂夫，公冶長南容智矣，聖人非私其子以爲可托也，特以其人之行可以行道於家人矣。然則公冶長在縲絏之中，而可謂之智乎？非其罪而陷於刑戮，雖聖人有所不免，至於不爲桎梏而死，可以知長之賢矣。南容其言足以興，所以不廢，其默足以容，故免於刑戮，與知不如葵者異矣。」

楊曰：「聖人所以求於人者薄，可免於刑戮，而不累其室家，皆可妻也。公冶長之賢，宜貶於南容矣，而以其子妻之，南容以其兄之子妻之，蓋或以其齒，或以其時先後，適當其可而已。世儒謂有處人處己之異，非知聖人者也。夫兄弟之子猶子也，處之有異焉，君子不爲也，況於聖人乎？」又曰：「孔子以其子妻公冶長，以其兄之子妻南容。

王元澤曰：『君子之處其子，與處其兄之子，固不同也。』曰：兄弟之子猶子也，何擇乎？誠如所言，是聖人猶有私意也。聖人不容有私意，若二女之少長美惡，必求其對，所妻先後，未必同時，安在其厚於兄而薄於己耶？記此者，特言如是二人可託以女子之終身。且聖人爲子擇配不求其他，故可法也。」

尹曰：「雖縲絏而非其罪，邦無道免於刑戮，皆能不陷於不義，非慎行者不能也。聖人至公而已，於事各有所當，視其子及兄之子，何所容心哉！」

子謂子賤：「君子哉若人！魯無君子者，斯焉取斯？」

伊川解曰：「斯，助語。詩云：『恩斯勤斯。』」

范曰：「子曰：『十室之邑，必有忠信如丘者焉。』十室且不無人，況於魯國乎？夫子賢子賤，而知一國之有人。使魯無君子，則子賤何所取而學之？然則魯非無君子也，蓋有之而不用也。易曰：『天地閉，賢人隱，小人道長，則君子道消。』世豈嘗無人乎？亂則隱，否則消也。」

謝曰：「語君子之名雖不一，然論其大體，皆具體而小成者也。當世衰道微之時，區區小國，乃有此人，豈非見聞熏陶漸漬之使然也？又豈天之降才獨多於此地耶？故曰：『魯無君子者，斯焉取斯？』以言其多助也。當是時，使天下皆如魯，雖王者不作，文武之道其墜乎？此夫子之力也。使其得邦家者，其作人才當如何哉？」

楊曰：「君子取諸人以爲善。魯多君子，故子賤有取而成德也。」

侯曰：「子賤之爲君子也，魯人未嘗知之，故孔子曰：『魯無君子者，斯焉取斯？』」

尹曰：「因子賤之賢，知魯國之多君子。若魯無君子，則子賤何所取法能若是耶？」

子貢問曰：「賜也何如？」子曰：「女器也。」曰：「何器也？」曰：「瑚璉也。」

伊川解曰：「器者，尚飾之物，子貢文勝，故云器也。復問『何器也』？曰『瑚璉也』。瑚璉貴器，飾之盛者。字皆從玉，見其飾之美。」又語録曰：「子貢問『賜也何如』，自矜其長。而孔子以瑚璉之器答之者，瑚璉可施於宗廟，如子貢之才，可使於四方，可使與賓客言也。」又曰：「子貢之器，如宗廟之中可觀之貴器，故曰瑚璉也。」

范曰：「子貢自賢其才，不能知己之所至，故問曰：『賜也何如？』器者，各適其用而不能通乎變者也，子貢小之，又問。瑚璉則貴矣，未若君子之不器也。」

謝曰：「器者成材之謂，學者充實時也。使其能輝光，何害其爲不器，何害其爲形而上者。子貢，聖門之達者，於道體無不窺見，設未能從容而安之，亦可不謂之小成乎？孔子以器許之，猶後世以通達事體者謂之國器〔一〕，未可執方論也。」

楊曰：「子謂子賤『君子哉』，故子貢問『賜也何如』？曰『汝器也』，則與君子之不器異矣，蓋抑其方人也。然瑚璉者，宗廟之器也，其器足爲宗廟之用，則進乎君子不遠矣。聖人抑揚其詞如此，所以長善而救其失也。」

尹曰：「器，有用者也。瑚璉，宗廟之器。子貢雖未至於不器，然其器之貴者與！」

或曰：「雍也仁而不佞。」子曰：「焉用佞？禦人以口給，屢憎於人。不知其仁，焉用佞？」

伊川解曰：「佞，辯才也，人有則多入於不善，故夫子言焉用佞？」又語録曰：「苟仁矣，則口無擇言，言滿天下無口過，佞何害哉？若不知其仁，焉用佞也？」

范曰：「佞，口才也，時人以爲賢，故謂雍也仁而不佞。夫子亦惟好仁而惡佞。佞者不必能行也，仁者不必能言也，故佞則不仁，仁則不佞。多言而尚口者，取憎之道也。」

呂曰：「口給，無其實而取足於口也。仁而不佞則可，不仁而佞，不若仁而不佞。」

謝曰：「夫子嘗謂仲弓可使南面，想見其爲人，宜簡重矣。簡重則多默，故或人以爲仁而不佞，疑其不足也。然不知默而識之，不言而信，存乎德行，則焉用佞？」

楊曰：「不有祝鮀之佞，難免於世，則世方以佞爲悦矣，故或人以雍也仁而不佞爲問。然佞足以悦流俗而已，君子而求諸非道，則爲佞者乃所以取憎也。」

尹曰：「佞，口才也。雍也仁矣，或疑其不佞，故問焉。子謂既仁矣，惡所用佞？因言佞者禦人以口給，屢爲人所憎，仁者安所用之乎？」

子使漆雕開仕。對曰：「吾斯之未能信。」子説。

明道曰：「即目所學便持，吾斯之未能信，道著信，便是止也。」又曰：「子説者，漆雕開已見大意，故説。」又曰：「未能自信，不可以治人，孔子所以説漆雕開之對。」又曰：「只是這箇理，已上却難言也。如言吾斯之未能信，皆是古人此理已明故也。」

伊川解曰：「子使漆雕開仕，使求禄也。對以己學且未能信。信謂自得，故夫子説其篤志。」又語録曰：「或問：漆雕開未可仕，而孔子使之仕，何也？以其言觀之，其仕有餘矣，兼孔子道可以仕，必有實也。如子路志欲爲千乘之國〔二〕，孔子止曰『可使治其賦』；冉有志欲爲邦，孔子止曰『可使爲宰』。由求之徒，豈止如此，孔子如此言之，便是優爲之也。」

范曰：「漆雕開學可以仕，故夫子使之仕。而開自以道未能信，則其於學也有進而無止，於仕也有難而無易，求諸内而不願乎其外，此夫子所以説之也。」

謝曰：「漆雕開之學，它無可考，然聖人許其可以仕，必其材之已成者也。材或出於天資，聖人不敢以未信疑也；至於心術之微，則一毫不自得，不害其爲未信，此聖人之所不能知，而漆雕開其自知之矣。其曰此之未信，其用心豈博而無統乎？其材可以仕，其器不安於小成，則它日所就，雖聖人其可量乎？不得不悦也。」

楊曰：「漆雕開未能信，而不自欺，蓋進乎信矣，亦可以仕也，故孔子使之仕。然彼方自謂未能，則其充之必有未至者，學之爲己如是，其孰能禦之？子之所以説也。」

尹曰：「以己學且未能信，奚可以仕？夫子説其篤志也。」

子曰：「道不行，乘桴浮於海。從我者其由與？」子路聞之喜。子曰：「由也好勇過我，無所取材。」

伊川解曰：「浮海居夷，譏天下無賢君也。子路勇於義，故謂其能從己。子路以爲實欲浮海也，故喜夫子與己。夫子許其勇〔三〕，而謂其不能度量事理取材。裁，度也。材、裁通用。」又語録曰：「材與裁同。言由但好勇過孔子，而不能裁度適於義也。」又曰：「孔子欲乘桴浮海，居九夷，皆以天下無一賢君，道不行，故言及此爾。子路不知，便謂聖人行矣，故曰『無所取裁』，言其不能斟酌也。」

范曰：「道無乎不在，無往而不可也。故曰『雖蠻貊之邦行矣』，又曰『欲居九夷』。然而孔子未必行未必居焉，有可行可居之理，則必明之。公山弗擾佛肸之召，欲往而卒不往者，明其可往而已。仲由好勇，故可以受此言，它人則不能不惑，無勇必多疑故也。由知夫子之可從，知海之可往，而不知不必往焉，此知進而不知退，能勇而不能怯也，故勇則誠過於夫子，而無所取材。材之言裁也。無所取裁，故不能折中，此所以受教而不去也。」

呂曰：「浮海居夷，歎道不行，而有是言，然卒不行者，不忍絶中國也。道不行而去，子路之所知，不忍絶中國，子路之所不知。孔子以子路勇於進退，故許同其行；然子路往而不返，不及知變，故不許其喜。無所取材者，不適用也。」

謝曰：「子路在聖門，最爲可與共患難者，故孔子稱之，謂我若爲憤世過中之行，若人猶將從我而游也〔四〕。然聖人豈終乘桴浮於海者，子路不知其意，直以爲然，此其好勇寧不過也。」

楊曰：「乘桴浮於海，非果者不能從。子路聞之喜，與率爾而對一也，故退之。夫聖人之勇不可過，過則無所取裁矣。」

尹曰：「浮海居夷，譏天下無賢君以行其道。子路勇於從命，無所裁度也。臣聞師程頤曰：『古者材與裁通用。』」

孟武伯問：「子路仁乎？」子曰：「不知也。」又問。子曰：「由也，千乘之國，可使治其賦也，不知其仁也。」「求也何如？」子曰：「求也千室之邑，百乘之家，可使爲之宰也，不知其仁也。」「赤也何如？」子曰：「赤也，束帶立於朝，可使與賓客言也，不知其仁也。」

范曰：「三子學於孔子，而其材止於如此，是習衰世仕於諸侯大夫之事，而不能有以自樂者也，故不知其仁。夫仁唯克己復禮無欲者能之，苟有願乎其外，則不足以爲仁，故非三子所及。」

謝曰：「仁之爲道，自其一體論之，三子不容無也；由全體觀之，三子不能當也。夫子既稱其材，而又曰不知其仁，非以三子爲不仁，特於此未可以觀仁也。使孟武伯能如子貢問管仲伯諸侯之事，則於仁不仁可易以斷矣。然千乘之國，百乘之家，可使治賦與爲宰，與束帶立於朝與賓客言，非仁者不能也。然而不以仁許之者，聖人之語道，非若諸子之漫無統約也。」

楊曰：「道二，仁與不仁而已，此君子小人之分也。然君子而不仁者有矣，未有小人而仁者也。由求赤之賢，雖曰未仁，未害爲君子，故對孟武伯之問，曰不知而已，不正言其不仁也。正言其不仁，是則小人而已矣。然觀三子自言其志，其力分亦止於是，故夫子所以處之者如此。」侯曰：「武伯問三子之仁，而孔子答以治賦與爲宰，固非仁者不能，然而束帶立於朝，與賓客言，若能觀其進退周旋，則其仁亦可知矣。而夫子言不知其仁者，以孟武伯問子路仁乎，若夫子答以仁，則不唯使武伯不識仁，又以子路盡仁而仁止於是也。使武伯知仁者通上下而言，則知三子之仁，而可以知爲仁之方也已。」

尹曰：「三子之才，則可知也。必也盡仁之道，斯可謂之仁，是以對曰不知其仁也。」

子謂子貢曰：「女與回也孰愈？」對曰：「賜也何敢望回？回也聞一以知十，賜也聞一以知二。」子曰：「弗如也。吾與女弗如也。」

伊川解曰：「子貢喜方人，故問其與回孰愈？子貢既能自謂何敢望回，故云吾與女弗如也，所以勉其進也。」又語録曰：「子貢常方人，故孔子答以不暇，而又問與回也孰愈，所以抑其方人也。」又曰：「聞一知十，聞一知二，舉多少而言也。曰『吾與女弗如也』，使子貢喻其言，知其勉己，不喻，亦可使慕之，皆有教也。」或問：「吾與女弗如也，與吾與點也之與，如何？」曰：「與字則一，用處不同。孔子以爲吾與女弗如也，勉進學者之言。使子貢喻聖人之言，則知勉進己也；不喻其言，則以爲雖聖人尚不可及，不能勉進，則謬矣。」又曰：「顔子亦只能聞一知十，若到後來達理了，雖億萬亦可通。」又曰：「子貢之知，亞於顔子，知至而未至之也。」

范曰：「夫子之教人亦多術矣，使子貢知己之不如顔子，是亦教誨之也。夫顔子聞一以知十，子貢之知足以知之，而仁不能及也。顔子之於道也，進而不已，學而唯恐不及，是以幾於聖人。自子貢以下，則畫焉，故其才有限也。」

呂曰：「知類通達，至極其數者，顔子也。凡物有對，舉其偏而知其對者，子貢也。」

謝曰：「聞一以知十，知明而好篤者能之，此顔子之才也，非語其造道成德之謂。在夫子之門，惟賜於此爲近。然如柴之愚，參之魯，蓋不害於入德；如賜之達，未爲優於入德。回雖聞一知十，而亦未肯以此自多於其間也。然則聖人之於此以謂不如回，何疑之有？若以此較有餘不足，則悮矣。」

楊曰：「回賜之賢孰愈，孔子宜知之審矣，反以問子貢。蓋子貢之達，其徒鮮儷，而好方人，故以顔子爲問，蓋將以抑之，使望洋向若而知自勵也。至其自謂不敢望回，則曰『吾與女弗如也』以悦之，皆聖人抑揚其詞而磨切之也。」

尹曰：「臣聞師程頤曰：『子貢喜方人，故問其與回也孰愈。既曰何敢望回，而云吾與女弗如者，豈聖人真所不及哉，所以勉子貢進學也。』」

宰予晝寢。子曰：「朽木不可雕也，糞土之墻不可杇也，於予與何誅？」子曰：「始吾於人也，聽其言而信其行；今吾於人也，聽其言而觀其行，於予與改是。」

伊川解曰：「人既耽惑，難以語學矣，因責其不踐平日之言。」又語録曰：「宰予晝寢，孔子以其質惡，因是而言。又史記載宰予被殺，孔子羞之。常疑田常不敗，何緣被殺，若爲齊君而死，是乃忠義，孔子何羞之有？及觀左氏，乃闞止爲陳常所殺，亦字子我，謬誤如此。」又曰：「彊者易抑，子路是也。弱者難彊，宰我是也。」

范曰：「君子之於學，惟日孳孳，斃而後已，惟恐其不及也。宰予晝寢，自棄孰甚焉？故夫子深責之，朽木糞墻，言其質不美，不足以有成也。宰予以言見取於聖人，自其晝寢，而夫子始不信其言，以其華而無實，不足以有行也。雖聖人不以一人而待天下以不勤，蓋因宰我以誨人也。」

謝曰：「剛爲近仁，養心莫善於寡欲。予也聖門之高弟，則聰明過人者，語其淫溺，蓋以志昏而氣喪，尚可與入道乎？與成湯不邇聲色異矣。聖人始信之，終疑之。蓋聖人之道，雖得於生知，至材全而知益明，猶有待於更事之多也，而況於學者？」

楊曰：「朽木糞墻，謂無質也，學者非自彊不息，不足與語道，故責宰予以是。然謂『於予與何誅』者，豈以予爲真不足誅邪？是亦不屑之教誨也。『於予與何誅』，是乃深誅之也。」又曰：「有言不必有德，則聽言而信行，容有未盡者。然必待於予而後改是，蓋聖人於人之情僞，有因是而後見者。豈特是而已哉！其應之也，能不憚改而已。」

尹曰：「宰予以言語稱於聖門，孟子亦曰善言德行。於其對哀公問社，及問三年之喪，復於此，皆深責之，蓋能言而行不逮者矣。傳曰：『晝居於内，問其疾可也。』故以朽木糞墻，譬其質惡，難以語學也。」

子曰：「吾未見剛者。」或對曰：「申棖。」子曰：「棖也慾，焉得剛？」

伊川解曰：「人有慾則無剛，剛則不屈於慾也。」又語録曰：「甚矣慾之害人也！人之爲不善，慾誘之也，誘之而弗知，則至於滅天理而不反。故目欲色，耳欲聲，以至鼻之於香，口之於味，四肢之於安佚皆然，此皆有以使之也。然則何以窒其欲？曰思而已矣。學者莫貴於思，惟思爲能窒慾。」一本此下云：「曾子之三省，窒欲之道也。」又曰：「凡人慾則不剛。至大至剛之氣，在養之可以至焉。」

范曰：「剛者天德，惟無慾乃能之。神龍惟有慾，是以人得求其欲而制之，亦得而食之。聖人無慾，故天下萬物不能易也。無欲則能無心，無心則能至公，至公然後剛。孟子謂『浩然之氣至大至剛，以直養而無害』，亦以慾之害氣也。」

謝曰：「剛與慾正相反也，能勝物之謂剛，故常伸於萬物之上；爲物掩之謂慾，故常屈於萬物之下。自古有志者少，無志者多，不屈於名勢，則屈於貨色，不屈於威武，則屈於物我，要之有意則有慾，有慾則不剛，宜乎夫子之未見也。棖也其所慾不可知，其爲人得非悻悻自好者乎？故或以剛疑之，然不知兹所以爲慾乎！」

楊曰：「有慾必有徇於物，焉得剛？」

尹曰：「人有慾則無剛，剛則不屈於慾。」

子貢曰：「我不欲人之加諸我也，吾亦欲無加諸人。」子曰：「賜也，非爾所及也。」

伊川解曰：「我不欲人之加諸我，吾亦欲無加諸人，仁也。施諸己而不願，亦勿施於人，恕也。恕或能勉之，仁則非子貢所及。」又語録曰：「中庸所謂『施諸己而不願，亦勿施於人』，正解此兩句。然此兩句甚難行，故子曰『賜也，非爾所及也』。」又曰：「不欲人之加諸我者，施諸己而不願者也。無加諸人者，己所不欲勿施於人者也。此無伐善無施勞者能之，故非子貢所及。」又曰：「我不欲人之加諸我也，吾亦欲無加諸人，恕也，近於仁矣，故曰非爾所及。然未至於仁也，以其有欲字耳。」

范曰：「君子修其在己者，其在人者，不能必也。己欲無加於人易，使人無加於己難。己所不欲，勿施於人，則無加於人者矣。而欲人之無加於我，雖聖人不能也。顏子之行，犯而不校則已矣，豈能使人無犯乎？故非子貢所及也。」

謝曰：「孔氏注，言不能止人使不加非義於己也。」

楊曰：「惟仁者能之，非子貢所及也。」

尹曰：「無加諸人在己，欲人不加諸我在人。在己可必也，在人不可必也。」

子貢曰：「夫子之文章，可得而聞也。夫子之言性與天道，不可得而聞也。」

明道曰：「子貢曰：『夫子之文章，可得而聞也。夫子之言性與天道，不可得而聞也。』子貢蓋於是始有所得而歎之。以子貢之才，從夫子如此之久，方歎不可得而聞，亦可謂之鈍矣。觀其孔子没，築室於場，六年然後歸，則子貢之志亦可見矣。他人如子貢之才，六年中待作多少事，豈肯如此。」

伊川解曰：「此子貢聞夫子至論而歎美之言也。」又語録曰：「性與天道，非自得之則不知，故曰『不可得而聞』。」又曰：「性與天道不可得而聞，要在默而識之也。」又曰：「性與天道，子貢初未達此，後能達之，故發此歎辭。非謂孔子不言，其意又淵奧如此，人豈能易到？」又曰：「唯子貢親達是理，故能爲此歎美之辭，言衆人不得聞。」

横渠曰：「子貢謂夫子所言性與天道，不可得而聞。既云夫子之言，則是固常語之矣。聖門學者，以仁爲己任，不以苟知爲得，必以了悟爲聞，因有是説。」

范曰：「孔子稱堯曰『焕乎其有文章』。文章者，德之見乎外者也。子貢之智足以知聖人，故其文章可得而聞也。夫子之於門人，各因其材之大小高下而教之，性與天道，則未嘗以語子貢，自子貢以上，則庶乎可得而聞也。然知其不可得聞，是其智足以及之，而仁未足以與此也。」

吕曰：「吾無隱乎爾，與人爲善也。學不躐等，非隱也，未可也。竭兩端於鄙夫，非躐等也，言近而指遠也。以微罪去，非隱情也，衆人自有所不識。性與天道，非不言也，弟子亦自有所不聞。」

謝曰：「夫子之文章，異乎人之所謂文章；夫子之言性與天道，異乎人之言性與天道；子貢之聽言，異乎人之聽言也。他人聞夫子之文章，止於文章而已。子貢聞夫子之文章，於其間知所謂性與天道。性與天道，夫子雖欲言之，又安得而言之，所以不可得而聞也。性與天道，使子貢智不足以知之，則安能語此。則夫子可不謂善言乎！子貢可不謂善聽乎！後世諸子，言性與天道多矣，其言紛紛，使人彌不識者，亦異乎夫子之言矣。後世學者，觀書於章句之外，毫髮無所得也，亦異乎子貢之聞矣。

游曰：「孟子曰：『仁之於父子，義之於君臣，至聖之於天道，命也，有性焉，君子不謂命也。』論性之妙而與於天道，雖聖人有所不能知焉，況子貢乎？聞即是知，可得而聞者〔五〕，可以與知之謂也；不可得而聞者，亦有所不能知之謂也。」

楊曰：「夫子之文章，與言性與天道，無二致焉，學者非默而識之，則不可得而聞也。子貢至是始與知焉，則將進乎此矣。」又曰：「天命之謂性，率性之謂道，性命道三者，一體而異名，初無二致也。故在天曰命，在人曰性，率性而行曰道，特所從言之異耳。所謂天道者，率性是也，豈遠乎哉！夫子之文章，乃所以言性與天道，非有二也，聞者自異耳。子貢至是始與知焉，則將進乎此矣。」

尹曰：「子貢於此始有所得，知性與天道，非如文章可得而易聞。」

子路有聞，未之能行，唯恐有聞。

伊川解曰：「子路果於行者，故有聞而未能行，唯恐復有所聞也。」又語録曰：「人之所可畏者便做，要在燭理。子路有聞，未之能行，唯恐有聞，聞見如登九層之臺。」

范曰：「子路聞善，勇於必行，門人自以爲弗及也，故著之。若子路可謂能用其勇矣。」

謝曰：「未能行而恐有聞，蓋以聞爲餘事矣。夫勇於有行，豈必以遷善改過爲美歟〔六〕！蓋道不如是，不足以有知也。蓋唯力行，然後可以知道，譬如目之於色，必待見而後知，口之於味，必待食而後知。未之能行，而曰吾知之矣，此聞也，非知也。」

楊曰：「尊其所聞，恥躬之不逮也，非勇於爲善，其孰能之？」

尹曰：「子路勇於行者，故有聞而未能行，唯恐復有聞也。」

子貢問曰：「孔文子何以謂之『文』也？」子曰：「敏而好學，不恥下問，是以謂之『文』也。」

范曰：「敏則有功，而能好學，則有進而無已。不恥下問者，取於人以爲善也，雖舜亦由此以爲大。夫所謂文也者，必内有其質，外有其行，而後可以名之也。」

吕曰：「物相雜故曰文。凡事之交錯，不守一偏，乃所以成文。敏者多不好學，居上者多恥下問。今孔文子不守一偏而交錯，乃謂之文。」

謝曰：「謚法固非一端，知孔文子之得名，豈非勤學好問者乎？故與經天緯地之文異矣。」

楊曰：「敏而好學，不恥下問，故亦可謂之文，與文王之所以爲文則異矣。」

侯曰：「敏而好學，不恥下問，是以謂之文矣。」

尹曰：「勤學好問爲文。」

子謂子產：「有君子之道四焉：其行己也恭，其事上也敬，其養民也惠，其使民也義。」

横渠曰：「使民義，不害不能教，愛猶衆人之母，不害使之義。禮樂不興，僑之病歟！」

范曰：「夫子稱人之美，取其可以爲後世法也。恭則不侮，敬所以陳善閉邪也，惠則足以使人，而又使之以義，民其有不從者乎？子產有此四者，合於君子之道，爲政則未也。」

謝曰：「子產，古之成人也，其端已接物故有本末。行己恭，事上敬，養民惠，使民義，難以一事語之，要之至理當如此。以文王之至聖，不過於不敢侮鰥寡，有事君之小心，惠鮮鰥寡，不替義德。有是四者，蓋可以爲君子矣。」

楊曰：「以惠養民，而使之以義，雖不知爲政，不害其爲君子之道也。」

尹曰：「四者人有一焉，得以爲君子，子産兼之，故曰『有君子之道四焉』。」

子曰：「晏平仲善與人交，久而敬之。」

伊川解曰：「人之交久則敬衰，久而能敬，所以爲善與人交。」

范曰：「久而能敬，所以有常而不厭也。上交不諂，下交不瀆，君臣之相與亦當如是，有諂有瀆，則非敬也。若平仲足以爲法矣。」

謝曰：「晏平仲當周衰時，亦可謂賢大夫，其善固多矣，聖人於此，特論其與人交一節而已。所謂久而敬之，必德盛而有常者能之。蓋非有意於久交也，而德盛有常者，自不狎侮矣。」

楊曰：「交之道久而益親，則翫習而敬弛焉，人之常情也，故以久而敬之爲善。」

尹曰：「交久則敬衰，久而能敬，所以爲善也。」

子曰：「臧文仲居蔡，山節藻棁，何如其知也？」

伊川解曰：「世謂臧文仲知，僭上失禮，安得爲知？」又語録曰：「蔡與采同。大夫有采地，而爲山節藻棁之事，不知也。山節藻棁，諸侯之事也。」

横渠曰：「山節藻棁，爲藏龜之室，祀爰居之義，同歸於不知宜矣。」

范曰：「子曰『智者不惑』，以其明於是非而取舍無疑也。蔡非其所居，山節藻棁非其所宜，胡爲不明於是而處於非，不可以言知矣。夫僭禮者，非不知侈之爲惡，儉之爲美也。不能以義制欲，而犯義以從欲焉，故私心勝而明有所蔽也。」謝曰：「臧文仲當時必以智稱，然不知爲僭上害禮之事，於我何益焉。蓋夫子開當時之惑，以爲智者不如是也。」楊曰：「以山節藻梲居蔡，是猶以己養養鳥也，焉得知？」尹曰：「罪莫大於僭，智者爲之乎？左傳稱仲尼謂臧文仲不智者三，有曰作虚器是也。」

子張問曰：「令尹子文三仕爲令尹，無喜色；三已之，無愠色；舊令尹之政，必以告新令尹。何如？」子曰：「忠矣。」曰：「仁矣乎？」曰：「未知，焉得仁？」「崔子弑齊君，陳文子有馬十乘，棄而違之。至於他邦，則曰：『猶吾大夫崔子也。』違之。之一邦，則又曰：『猶吾大夫崔子也。』違之。何如？」子曰：「清矣。」曰：「仁矣乎？」曰：「未知，焉得仁？」

伊川解曰：「令尹子文三仕爲令尹，無喜色，三已之，無愠色，其然，豈其然乎？人不能見其色則可矣，謂其無喜愠則非也。苟無喜愠，何以知其未仁也？夫子獨稱其舊政告新爲忠，斯可見矣。」或問：「令尹子文之忠，陳文子之清，使聖人爲之，是仁否？」先生曰：「不然。聖人爲之，亦只是清忠也。」或問：「令尹子文忠矣，孔子不許其仁何也？」曰：「此只是忠，不可謂之仁。若比干之忠，見得時便是仁也。」

范曰：「令尹子文之忠，陳文子之清，皆未足爲仁。仁者必有及於天下，非自足於一己而已也。若比干之忠，伯夷之清，乃可謂之仁矣。」

呂曰〔七〕：「子文至於三仕三已，不知進退之義者也。陳文子至於崔子弒齊君而後去，是不知去就之義者也。不知進退去就之義，不免於有懷；行至於有懷，雖曰清忠，而仁不足道也。」

謝曰：「文武之澤入人也深，養人也久，故小子有造。人有士君子之行，則其遺風未熄之時，蓋有不待學問而入德者矣，況於令尹子文陳文子一時之善士也。三仕無喜色，三已無愠色，舊政告新令尹，與棄馬十乘違而之他邦，其立心高矣，故子張以仁疑之。然容有質厚者亦能之，是以夫子於仁不仁未可斷也。其曰『未知，焉得仁』，非以二子爲不仁，特恐子張識清忠而不識仁也。使子張知清忠之非仁，其於知仁也何有？」

楊曰：「三仕三已而無喜愠，舊令尹之政必以告新令尹，是事君人不爲容悦而私於己者也，故可以爲忠矣。不立於惡人之朝，棄十乘而違之，可以爲清矣。忠清疑若可以爲仁，故子張以是爲問。然仁若比干伯夷可也，降是寧足與此乎？蓋仁不可以迹論之故也。」

侯曰：「子張問令尹子文陳文子仁矣乎，孔子對以清與忠，而曰『未知，焉得仁』。蓋仁者理之得也，得於義得於禮得於智者也，其色有歉於心，則不可謂之仁矣。以全體言之，唯踐形者可以謂之仁。其餘或以一事而名仁者亦有之，或言仁之功，或言近乎仁，或爲仁之方，或爲仁之術，皆非所謂盡仁者也。令尹子文，相其僭號之君，而不知正其名；陳文子有馬十乘，亦齊之富大夫也，崔子弑齊君，而不能上告天子下請方伯而討其賊。令尹徒以區區之忠而告其新，文子以孑孑之義而避其地，是皆不知爲臣爲仁之道也，雖使聖人爲之，只可謂之清與忠而已，故夫子皆曰『未知，焉得仁』，謂未知仁道也。無喜愠之色，與棄馬而逃，皆末事也，何足爲仁之道哉！」

尹曰：「觀二子之事，謂之忠清則可矣，仁則未知也。」

季文子三思而後行。子聞之曰：「再，斯可矣。」

伊川解曰：「使晉時也，其再慮當矣，至於求遭喪之禮，則過矣。」又語録曰：「爲惡之人未嘗知有思，有思則爲善矣。至於再則已審，三則惑矣。」又曰：「再則定，三則私意起矣。」

范曰：「思所以求通也，多則惑，故再思可矣，不必於至三。中庸曰：『有弗思，思之，弗得弗措也。』聖人有不思而得者，有深思而得之者，不執一也。若周公仰而思之，夜以繼曰，則不止於三也。季文子事事必三思而後行，故孔子以爲過矣。」

謝曰：「天下之事，有是非利害，君子不能無擇也，是以再思。以爲可也，徐思之，有未可焉，則止；以爲不可也，徐思之，有可爲，則行，此之謂再思。再思之外，猶有思焉，恐不免於妄也，必無中倫之理。有人聞季文子之風，能不悦乎？夫子所以解其惑，而曰：『再，斯可矣。』」

楊曰：「事有可不可，兩者而已。故思止於再，可也，三則惑矣。」

尹曰：「思至於再，可也，至於三則惑。若文子使晉，而求遭喪之禮以行，思之過者也。」

子曰：「寧武子邦有道則知，邦無道則愚。其知可及也，其愚不可及也。」

伊川曰：「邦無道，則能沉晦以免患，故曰『不可及也』。亦有不當愚者，比干是也。」

范曰：「治則見，亂則隱，出處之迹也。知與愚，本於其心，而有道則明之，無道則晦之。道隱乎心，而迹著乎外，以免於亂邦之害，此所以爲不可及也。」

吕曰：「以聖人之行爲不可及，則過於知，過也。」

謝曰：「邦有道則知，知也。邦無道則愚，大知也。邦無道而不愚，以隕身失族者，不絕於春秋之時，優游卒歲，惟叔向而已。至於此，然後知武子之愚不可及也。原其初心，豈欲先公後私歟？蓋才有所長，知有所短也。如武子者，莊子所謂才全而德不形者乎！觀其無道而愚，則有道而知，亦不得已矣。」

楊曰：「有知愚之名，則非行其所無事者。言不可及，則過中道矣。」

尹曰：「邦無道而愚，蓋人之難能者也。」

子在陳曰：「歸與！歸與！吾黨之小子狂簡，斐然成章，不知所以裁之。」

伊川解曰：「夫子之删詩書，使羣弟子編緝之也。」又語録曰：「此言弟子狂簡，志大而行不揜，故率然能成章，不知所以裁之。是時，孔子將反魯之時也。仲尼删詩書，作春秋，定禮樂，已前簡策甚多，如詩書皆千餘篇，豈是仲尼一人獨力能爲之？蓋當時皆付諸弟子編集，然後删定。故仲尼周流四方，諸弟子編集已成章，但未知所以裁擇，故仲尼在陳，思歸魯而裁正成書也。故曰：『吾自衛反魯，然後樂正，雅頌各得其所。』」

范曰：「狂者進取，簡則未能居敬也。若琴張曾皙牧皮者，是狂而已。不知所以裁之，則不得其中，傳之於書，或誤天下後世，此夫子所以欲歸也。」

吕曰：「狂簡當爲狂狷。狂者進取，進取則過；狷者有所不爲，不爲則不及。自非聖人，立言舉不能悉合乎中。雖未合乎中，固已雜然成章矣，成章則達矣，其中者尚矣，其不中者，尚在裁以就中爾。道之不行也，既不得中行而取狂狷，又不得其行而卒歸乎立言，則聖人之不遇可知矣。」

謝曰：「夫子嘗曰：『如有用我者，吾其爲東周乎！』則其傳於門人，非夫子初心也。當是時，雖得天下英才而教育之，所樂不存焉，而況狂狷乎？及其鳳鳥不至，知其卒不用也，不復夢見周公也，將以其道傳之門人，豈不曰吾舍此其如來世何？此欲反魯時心也。當是時，雖不得中行，猶欲成就之，而況英才乎？此孟子所謂狂者又不可得，又思其次也。」

楊曰：「道不行，則私淑諸人而已。」

尹曰：「孔子在陳，不得中道而與之，故思其次也。狂簡小子，於詩書禮樂能成文章，而不能裁者也。是以自衛反魯，然後樂正，雅頌各得其所。」

子曰：「伯夷叔齊不念舊惡，怨是用希。」

伊川解曰：「伯夷叔齊之節，至高峻也，然其居之以寬，故怨希。不然，則不可以處世矣。」又語録曰：「伯夷之清，若推其所爲，須不容於世，必負石赴河乃已。然却爲它不念舊惡，氣象甚宏。」又曰：「不念舊惡，此清者之量。」或問：「伯夷叔齊叩馬而諫武王，義不食周粟，有之乎？」曰：「叩馬則不可知，非武王誠有之也。孟子曰『伯夷隘』，只此便見隘處。君臣尊卑，天下之常理也，伯夷知常禮而不知聖人之變，故隘。不食周粟，只是不食他禄，非餓而不食也。至如史記所載諫辭，皆非也。武王伐商，即位已十一年矣，安得父死不葬之語？韓退之頌伯夷甚好，然只説得伯夷介處。要知伯夷之心，須是聖人語『不念舊惡，怨是用希』，説得伯夷心也。」或曰：「伯夷叔齊不念舊惡，如何？」曰：「觀其清處，其冠不正，便望望去之，則可謂隘矣，疑若有惡矣，然却能不念舊惡，故孔子特發明其情。武王伐紂，伯夷叔齊知君臣之分，不知武王順天命誅獨夫。石曼卿有詩，言伯夷『恥居湯武干戈地，來死唐虞揖遜墟，』亦有是理。首陽乃在河中府虞鄉。」

范曰：「伯夷叔齊之美多矣，夫子稱此者，爲其樂天順理，可以爲法也。夫與人有惡而不忘，則志未平也；平之在己，己不念，則人亦不怨矣，是以怨之者希也。」

呂曰：「夷齊聖之清者，清則能遠乎怨。不念舊惡，乃遠怨之義。」

謝曰：「君子於所親，當怨也，然猶不宿怨焉，而況於疏者乎？越人彎弓而射，我則談笑而道之，其待我以横逆，曰此亦妄人也已矣。蓋於攻人之惡，有所不暇，而況於念舊惡乎？能不念舊惡，則怨何自而生？」

楊曰：「公天下之善惡，而不爲私焉，則好惡不在我矣，何念舊惡之有？若夷齊蓋亦所過者化也。」

尹曰：「伯夷叔齊之節，可謂高峻。觀其清而至於衣冠不正則望望然去之，不亦隘矣，宜若無所容者。惟不念舊惡，其中宏裕，怨是用希也。」

子曰：「孰謂微生高直？或乞醯焉，乞諸其鄰而與之。」

伊川解曰：「君子敬以直內，所枉雖小，而害則大。」

范曰：「是曰是，非曰非，有謂有，無謂無，曰直。微生以直聞，而夫子因乞醯知其不直。夫害其所以養心者，豈在大哉？聖人於人，觀其取予一介，而千駟之馬，萬鍾之祿，從可知也。故以微事斷之，所以教人不可不慎也。」

謝曰：「或乞醯焉，乞諸其鄰而與之，不害其與人交也，若以周濟急難，亦何害其爲直？然在當時之事，其設心恐不如是也。答問之間，親見其事，故語止於如此，而意已傳矣。今未可以乞醯認爲不直也。」

楊曰：「循理而行，無矯揉之私，則直矣。」

尹曰：「君子敬以直內。若微生高，其枉雖小，害直爲大。」

子曰：「巧言令色足恭，左丘明恥之，丘亦恥之。匿怨而友其人，左丘明恥之，丘亦恥之。」

伊川解曰：「足恭，過恭也。左丘明，古之聞人。」

范曰：「巧言令色足恭者，外爲諂也。匿怨而友其人者，內爲詐也。言己與丘明同，所以顯丘明而率其不能者也。夫惟外不爲諂，内不爲詐，則不愧於天，不怍於人矣。」呂曰：「二恥者，誠心之所不至，世不以爲恥，惟左丘明者與聖人同心，此孔子所以取之。巧言令色足恭，謂外事於言色貌者也。」謝曰：「巧言令色足恭，匿怨而友其人，推其類，其可恥有有甚於穿窬也。左丘明恥之〔八〕，則其所養可知矣。知恥在夫子何足言，欲使學者知立心以直而已。」楊曰：「恥是四者，於孔子爲不足道，而曰丘亦恥之者，蓋示人以行，使學者知是四者之不可爲，又以進丘明之善也。」尹曰：「足恭，過恭也。巧言令色，外諂者也。匿怨而友其人，内詐者也。左丘明，古之聞人。」

顔淵季路侍，子曰：「盍各言爾志？」子路曰：「願車馬衣輕裘，與朋友共，敝之而無憾。」顔淵曰：「願無伐善，無施勞。」子路曰：「願聞子之志。」子曰：「老者安之，朋友信之，少者懷之。」

伊川解曰：「顔淵季路與夫子之言志，夫子安仁也，顔淵不違仁也，季路求仁也。」又語録曰：「凡看論語，非只是要理會語言，要識得聖賢氣象。如夫子曰：『盍各言爾志？』子路曰：『願車馬衣輕裘，與朋友共，敝之而無憾。』顔淵曰：『願無伐善，無施勞。』

孔子曰：『老者安之，朋友信之，少者懷之。』觀此數句，便見得聖賢氣象大段不同。若讀此不見聖賢氣象，他處也難見。學者須要理會得聖賢氣象。」又曰：「願無伐善，則不私矣；無施勞，則仁矣。顏子之志，亦可謂大而無以加矣。然以孔子之言觀之，則顏子之言，出於有心也。至於老者安之，朋友信之，少者懷之，猶天地之化工，付與萬物，而己不勞焉，此聖人之所爲也。今夫羈靮以御馬，而不以制牛，人皆知羈靮之作在乎人，而不知羈靮之生由於馬。聖人之化，亦猶是也。」又曰：「顏子所言，不及孔子。『無伐善，無施勞』，是它顏子性分上事；孔子言『老者安之，朋友信之，少者懷之』，是天理上事。」又曰：「老者安之，朋友信之，少者懷之，乃天地之道也。」一作：「老者則安之，朋友則與他信，少者則當懷之，乃天道也。」又曰：「子路顏淵孔子皆一意，但有小大之差，皆與物共者也。顏子不自私己，故無伐善；知同於人，故無施勞。若聖人，則如天地。」或問：「老者安之，朋友信之，少者懷之。如何？」曰：「此數句最好。觀子路顏淵之言，後觀聖人之言，分明是天地氣象。」又曰：「聖人即天地也。天地中何物不有，天地何嘗著心揀擇善惡，一切涵養覆載，但處之有道爾。若善者親之，不善者遠之，則物不與者多矣，安得爲天地？故聖人之志，止欲老者安之，朋友信之，少者懷之。」又曰：「子路曰：『願車馬衣輕裘，與朋友共，敝之而無憾。』此勇於義者，觀其志，豈可以勢利拘之哉？蓋亞於浴沂者也。顏淵願無伐善，無施勞，此仁矣，然尚未免於有爲，蓋滯迹於此，不得不爾也。子曰：『老者安之，朋友信之，少者懷之。』此聖人之事。顏子大賢之事也。子路有志之事。」

橫渠曰：「仲由樂善，故車馬衣裘，喜與賢者共敝。顏子樂道，故願無伐善施勞。聖人樂天，故分內外而成其仁。」

范曰：「子路所願志末也。顏子則幾矣，無伐善，無施勞，仁者之事也，雖欲無之，而有我存焉。若夫子之言，則天地之功也，老者當安之，朋友當信之，少者當懷之，如萬物各正其性命，吾豈有心於其間哉！堯舜之治天下，禹之行水，行其所無事而已。程子曰：『羈靮以御馬，不以制牛，人皆知羈靮之生乎人，而不知羈靮之生乎馬。聖人之教，亦若是而已。』」

吕曰：「子路喜功，與人共利。顏子爲己，不倍於人。孔子體天，不言而信。」

謝曰：「門弟子所存，夫子蓋得於眉睫之間，不待問而可知。今於由與回而問之，非問之也，蓋教之也，欲省其切問近思者如何，又從而振德之也。志可以爲善，亦不害其未化，故在學者則爲切，論至道則爲病。由與回中人以上者也，夫子姑使之篤志乎？不可也；使之捐志乎？不可也。其曰『盍各言爾志』，則二人者於此可以省發矣，又安知兩人者不由是大有以啓迪其心與？『願車馬衣輕裘，與朋友共，敝之而無憾』，此篤志者也；『願無伐善，無施勞』，篤志不足以言之也；『老者安之，朋友信之，少者懷之』，此非志也，聊以答季路之問而已。使季路聞此言也，則『願車馬衣輕裘，與朋友共，敝之而無憾』之語，能無自小乎？使顏子聞此言也，則『願無伐善，無施勞』之語，能無樂其庶幾乎？」又曰：「子路願乘肥馬衣輕裘，與朋友共，敝之無憾，亦是要做好事底心；顏子早是參彼己。孔子便不然，老者合當養的，便安之；少者不能立者，便懷之。君君臣臣，父父子子，自然合做的道理，便是天之所爲，更不作用。」

游曰：「孔子之道，修於家，行於鄉，施於國，達於天下，亦不過使老者安之，朋友信之，少者懷之而已。蓋使天下之爲子者皆致其孝，然後老者莫不安之矣；使天下之爲父者皆致其慈，然後少者莫不懷之矣；使天下之爲朋友者皆先施之，然後朋友莫不信之矣。此所以爲孔子之志。其辭雖若自抑，而非盛德之善治於人心者，亦不足以與此。」

楊曰：「季路之志，推之及於朋友而已。顏淵願無伐善，無施勞，則裕乎此矣，皆志於仁者之事也，善推其所爲而已。子曰『老者安之，朋友信之，少者懷之』，是則仁矣，無事乎推也。」

尹曰：「夫子安仁，顏淵不違仁，季路求仁。臣聞師程頤曰：『欲見聖賢氣象，當於此致意焉。』」

子曰：「已矣乎！吾未見能見其過而内自訟者也。」

伊川解曰：「夫人能自知其過者鮮矣。然知過非難也，能自訟之爲難。自訟不置，能無改乎？」

范曰：「見其過而内自訟，則庶乎可以寡過矣，非好學者不能也。故曰已矣乎，恐終不得見之，所以警夫不能補過者也。」

謝曰：「推惡惡之心以自攻其惡，則過不可勝改也，其惟能推好己之心好人者能之乎！」

楊曰：「小人之過必文，則能見其過而内自訟者鮮矣。已矣乎者，蓋甚言其未見也。」

尹曰：「知過非難，自訟爲難。苟自訟不置，能無改乎？」

子曰：「十室之邑，必有忠信如丘者焉，不如丘之好學也。」

伊川解曰：「忠信，質也。語生質則不異於人，人不若己之好學耳，所以勉人學也。」

范曰：「十室之邑必有忠信者，不誣人也；不如丘之好學者，不自誣也。忠信則己與人同，所以與人異者，唯好學也。聖人必學先王之道，然後能成，故稱己以勉人。苟能好學，則亦已而已矣，是以自名好學而不爲矜也。」

呂曰：「所貴乎士，學而已矣。學之功可使愚者明，柔者剛。苟不志於學，雖聖人之質，不免爲鄉人而已。自盡不欺，苟質厚者皆能之，故十室之邑必有。」

謝曰：「父父、子子、兄兄、弟弟，夏葛而冬裘，渴飲而飢食，皆所謂忠信也，其敢厚誣十室乎？然不明乎善，不誠其身矣。欲誠其身者，其惟好學乎？」

楊曰：「人之於聖人，非天之降材爾殊也，未有無其質也。雖十室之邑，必有忠信如丘者焉，不如聖人好學以成之耳。蓋夫子不以聖賢自居，而勉人以學，若此類，皆以身教之也。」

尹曰：「忠信，質也，人誰無質乎？於學則不如己之好焉，所以勉人云爾。」

校勘記

〔一〕猶後世以通達事體者謂之國器　明抄本「事」作「治」。

〔二〕如子路志欲爲千乘之國　原本無「欲」字，據明抄本補。

〔三〕夫子許其勇　「許」原作「喜」，據明抄本改。

〔四〕若人猶將從我而游也　「游」原作「行」，據明抄本改。

〔五〕可得而聞者　「可」原作「不」，據明抄本改。

〔六〕豈必以遷善改過爲美□歟　明抄本空格内作「行」字。

〔七〕吕曰　明抄本作「尹曰」。

〔八〕左丘明恥之　原本無「之」字，據明抄本補。

論語精義卷第三下

雍也第六

子曰：「雍也可使南面。」

伊川解曰：「仲弓才德可使爲政也。」

范曰：「仲弓可以爲諸侯，故夫子與之言皆治國之事。論語可見矣。」

謝曰：「簡以臨之，莊以涖之，爲人上之道也。仁而不佞，其才宜如此，故曰『可使南面』。」

楊曰：「仁足以長人，然後能治其國家。雍也仁矣，故可使南面。」

尹曰：「南面，謂可以爲政也。」

仲弓問子桑伯子。子曰：「可也簡。」仲弓曰：「居敬而行簡，以臨其民，不亦可乎？居簡而行簡，無乃大簡乎？」子曰：「雍之言然。」

伊川解曰：「内主於敬而簡，則爲要直；内存乎簡，則爲疏略。仲弓可謂知旨者。子桑伯子之簡雖可取，而未盡善，故夫子云可也。」又語録曰：「居敬而行簡者，居敬則自然簡；居簡而行簡者，似乎簡矣，然乃所以不簡。蓋先有心於簡，則多却一簡也。居敬則心中無物，是乃簡也。」又曰「敬則自虚静，不可把虚静來唤做敬。居敬則自然簡。居簡而行簡，却是不簡，只是所居者已剩一簡字。」

范曰：「易者乾德也，簡者坤德也。敬以直内，簡以臨人，故堯舜修己以敬，而臨下以簡。子桑伯子其處己亦若待人，一之於簡而已。居敬而行簡，堯舜之道也。故曰『雍之言然』。」

吕曰：「此兩章相發明。子曰『雍也可使南面』，不見可使之迹，故以後章對子桑伯子之言爲證。」

謝曰：「此仲弓聞夫子可使南面之語，因以問子桑伯子可不可也，與夫子與曾點因問三子之言如之何之意同也。子曰『可也簡』，其所以可，以其簡故也。居敬而行簡，以臨其民，舉其大而略其細者也。居簡而行簡，不事事者也。仲弓所知如此，其不可以南面乎？」

游曰：「子桑伯子之可也，以其簡。若主之以敬而行之，則簡爲善。」

楊曰：「子桑伯子爲聖人之所可者，以其簡也。夫主一之謂敬，居敬，則其行自簡矣，故簡而廉。居簡而行簡，則大簡矣，非臨下之道也。」尹曰：「以其居簡，故曰可也。中主於敬而行簡，不亦可乎？若居簡而行簡，則大簡。」

哀公問：「弟子孰爲好學？」孔子對曰：「有顏回者好學，不遷怒，不貳過，不幸短命死矣。今也則亡，未聞好學者也。」

伊川解曰：「顏子之怒在物不在己，故不遷。有不善未嘗不知，知之未嘗復行，不貳過也。」又：「顏子所好何？學。論曰：『聖人之門，其徒三千，獨稱顏子好學。夫詩書六藝，三千子非不習而通也，然則顏子所獨好者何？學也。學以至聖人之道也。』『聖人可學而至歟？』曰：『然。』『學之道如何？』曰：『天地儲精，得五行之秀者爲人。其本也真而靜。其未發也，五性具焉，曰仁義禮智信。形既生矣，外物觸其形而動於中矣，其中動而七情出焉，曰喜怒哀樂愛惡欲。情既熾而益蕩，其性鑿矣，是故覺者約其情使合於中，正其心，養其性，故曰「性其情」。愚者則不知制之，縱其情而至於邪僻，梏其性而亡之，故曰「情其性」。凡學之道，正其心養其性而已，中正而誠，則聖矣。君子之學，必先明諸心，知所養，然後力行以求至，所謂自明而誠也。故學必盡其心，盡其心，則知其性，知其性，反而誠之，聖人也。故洪範曰：『思曰睿，睿作聖。』誠之之道，在乎信道篤，信道篤，則行之果，行之果，則守之固，仁義忠信，不離乎心，造次必於是，顛沛必於是，出處語默必於是，久而弗失，則居之安，動容周旋中禮，而邪僻之心無自生矣。故顏子所事，則曰『非禮勿視，非禮勿聽，非禮勿言，非禮勿動』。仲尼稱之，則曰『得一善則拳拳服膺而勿失之矣』。又曰『不遷怒，不貳過』。有不善未嘗不知，知之未嘗復行也，此其好之篤，學之之道也。視聽言動皆禮矣，所異於聖人者，蓋聖人則不思而得，不勉而中，從容中道；顏子則必思而後得，必勉而後中，故曰顏子之與聖人，相去一息。孟子曰：『充實而有光輝之謂大，大而化之之謂聖，聖而不可知之謂神。』顏子之德，可謂充實而有光輝矣〔一〕，所未至者，守之也，非化之也。以其好學之心，假之以年，則不日而化矣，故仲尼曰『不幸短命死矣』，蓋傷其不得至於聖人也。所謂化之者，入於神而自然，不思而得，不勉而中之謂也。孔子曰『七十而從心所欲，不踰矩』，是也。」或曰：「聖人生而知之者也，今謂可學而至，其有稽乎？」曰：「然。孟子曰：『堯舜性之也，湯武反之也。』性之者，生而知之者也；反之者，學而知之者也。」又曰：「孔子則生而知也，孟子則學而知也。後人不達，以謂聖本生知，非學可至，而爲學之道遂失。不求諸己而求諸外，以博聞强記巧文麗辭爲工，榮華其言，鮮有至於道者，則今之學與顏子所好異矣。」又語録曰：「喜怒在事，則理之當喜怒者也；不在血氣，則不遷。」又曰：「動乎血氣者，其怒必遷〔一〕，若鑑之照物，妍蚩在彼，隨物以應之。怒不在此，何遷之有？」又曰：「小人之怒在己，君子之怒在物。小人之怒出於心，作於氣，形於身，以及於物，以至無所不怒，是所謂遷也。君子之怒，如舜之去四凶。」

或問：「不遷怒何也？語録中有怒甲不遷乙之説，是否？」曰：「是。」曰：「若是則甚易，何須待顔氏而後能。」曰：「只被説得粗了。諸君便道易，此莫是最難，須是理會得因何不遷怒。如舜誅四凶，怒在四凶，舜何與焉？蓋因人有可怒之事則怒之，聖人之心本無怒也。猶之鏡焉，好物來便見是好物，惡物來便見是惡物，鏡何嘗有好惡也？世之人固有怒於室而色於市者，此遷怒者也。當其怒，能自反於義理之所歸，則雖或遷焉，蓋寡矣。顔子之好學，孔子所稱乃先乎此，學者可不勉乎！且怒一人，對那一人説話，能無怒色乎？有人能怒一人而不怒别人者，忍得如此，已是煞知義理，若聖人則因物而未嘗有怒，豈不是難？君子役物，小人役於物。今見人有可喜可怒之事，自家著一分陪奉他，此亦勞矣。聖人之心如止水。」

横渠曰：「顔子於天下，有不善未嘗不知，知之未嘗復行，故怒於人者不使遷乎其身，愧於己者不輒貳於後也。」又曰：「怒於人者不使遷於己，慊於己者不使萌於再。」

范曰：「不遷怒者，性不移於怒也。發而中節謂之和，故雖怒而不離於道，未嘗遷也。不貳過者，知幾也。學者所以學爲聖人，非治心養性不能至也。夫子獨稱顔淵，他門弟子皆不與焉，然則知好學者鮮矣。」

呂曰：「爲己之至，則好學不厭。人之有惡，己必怒之，不使可怒之惡反遷諸己而爲人之所怒，是謂不遷怒。有不善未嘗不知，知之未嘗復行，是謂不貳過。皆爲己之至者也。」

謝曰：「移此而之彼謂之遷，繼而副之謂之貳。古之人不貴不怒，蓋怒未必不中節，至於遷怒，則必不中矣；不患有過，蓋過不害其爲改，至於貳過，則必不改矣。顔子不遷怒，不貳過，則其所好乃克己之學也。聖人之所以爲聖，以其得天理而忘人欲；衆人之所以爲衆人，以其滅天理而窮人欲。顔子之克己，其於聖人孰禦焉？是以謂之好學。『今也則亡，未聞好學者也』，豈其所學止於見聞而已乎？」

游曰：「不遷怒者，怒適其可而止，無溢怒之氣也。傳所謂『室於怒而市於色』者，遷其怒之甚者也。不遷怒，則發而中節矣。喜怒哀樂，不可無也，每思要發皆中節之爲難耳。文武一怒而安天下之民，則何惡於怒哉？記曰：『心有所忿懥，則不得其正。』今至於不遷怒，則於正心之學，可謂自强矣。不貳過者，一念少差，而覺之早，不復見之行事也。蓋惟聖人能寂然不動，故無過，顏子能非禮勿動而已。故或有不善始萌於中，而不及復行，是其過在心，而行不貳焉，則於修身之學，可謂自强矣。正心以修身，彊而不息，此孔子所謂好學，而顏子所以三月不違仁也。若夫絶學者，則心無所於正，身無所於修，曖然似春，凄然似秋，天德而已矣，此聖賢之辨也。」

楊曰：「學問之道無他，求其放心而已矣。遷怒貳過者，皆放而不知求者也。顏淵克己復禮，則進斯道矣，玆其所以爲好學也歟！如子張之賢，猶以干禄爲問，彊識爲務，則其去聖學也遠矣。」

尹曰：「怒在物不在己，故不遷。有不善未嘗不知，知之未嘗復行，故不貳。」

子華使於齊，冉子爲其母請粟。子曰：「與之釜。」請益。曰：「與之庾。」冉子與之粟五秉。子曰：「赤之適齊也，乘肥馬，衣輕裘。吾聞之也，君子周急不繼富。」原思爲之宰，與之粟九百，辭。子曰：「毋！以與爾鄰里鄉黨乎！」

伊川解曰：「夫子之使子華，子華之爲夫子使，義也。而冉子乃欲資之而爲之請，夫子與之釜者，所以示不當與也。求不達而請益，則與之庾。求猶未達夫子之意，故自與之粟五秉，故夫子非其繼富。蓋赤苟至乏，則夫子必周之矣。原思爲之宰，則與之粟九百，辭其多，故謂之曰：苟有餘，則分諸鄰里鄉黨。蓋思之爲宰有常禄也。」又語録曰：「冉有爲子華請粟，則與之少，原思爲之宰，則與之多者，原思爲宰，宰必受禄，自有常數，故不得辭。子華出使於齊，師使弟子，不當有所請，冉子請之自不是，故聖人與之少，他理會不得，又請益，再與之亦少。聖人寬容，不欲直拒他，然冉子終不喻也。」

范曰：「夫子之道，循理而已，故周急不繼富，以爲天下之通義，使人可繼也。」又曰：「取予者，義之端也。君子無所苟焉，可以與則與，可以無與則無與也。在子華則不與，非爲吝也；在原思則當與，非妄施也。故雖多不得辭，義可以取，則鄰里鄉黨所當及也。推此以及天下，無不均之患矣。」

吕曰：「富而與人分之，則廉者無辭於富。」

謝曰：「此聖人示人以辭受取舍之道也。君子之於辭受取舍之際，豈欲悦人之耳目哉！文稱其情而已。故富有所不繼，豈以一己之私分害天下之公義哉！故禄有所不辭，與之釜，與之庾，意其禄秩所當得者如此，至於與之粟五秉，則繼富矣。繼富於肥馬輕裘之家，則其於所識窮乏者得我，當如何也？此可以爲侈觀，而不可以爲惠也。宰而受粟，義也，辭粟於爲宰，則舜禹之於天下，何敢受也？此可以爲自潔，而不可以爲義。要之二者皆未免乎有意，至於無意者，則非所當與而不與非嗇，非所當辭而不辭非貪。」

游曰：「餼廩稱事所以食功也，今原思爲之宰，而辭禄不受，則食功之義廢矣。蓋義所當得，則雖萬鍾不害其爲廉。借使有餘，猶可以及鄰里鄉黨，蓋鄰里鄉黨有相賙之義。」

楊曰：「君子之於辭受取予之際，苟非其義，一介不以與諸人；苟以其道，舜受堯之天下，不以爲泰。而士或以嗇與爲吝，寡取爲廉者，皆不知此也。以冉求原思之賢，猶不免是，況世之紛紛者乎？」

尹曰：「赤之適齊也，乘肥馬，衣輕裘，而冉求乃資之，與之釜者，所以示不當與也。求不達其意而請益，與之五秉，故夫子非之。」又曰：「原思之辭常禄，使其苟有餘，則分諸鄰里鄉黨者，凡取予一適於義而已。」

子謂仲弓，曰：「犁牛之子騂且角，雖欲勿用，山川其舍諸？」

伊川解曰：「疑多曰字。角，始角也，可用時也。」

横渠曰：「犁牛之子，雖無全純，使其色騂且角，縱不爲大祀所取，次祀小祀終必取之。言大者苟立，人所不棄也。」

范曰：「以瞽瞍爲父而有舜，以鯀爲父而有禹，古之聖賢不係世類尚矣。子能改父之過，變惡以爲美，則可謂孝矣。」

呂曰：「祭祀之牛角繭栗角握，則用牛之子可知。牛色雖不純，但騂且角，猶可以用山川。蓋大者立，小者未純，猶未害也。」

謝曰：「此言人不繫其類也。牛色繫於氣禀如何，幾有不可變者。然犁牛之子有騂且角，雖欲勿用，不可得者，可以人而不如乎？蓋人性異於是，聖與愚無定也，在念與不念耳。」

楊曰：「苟騂且角，雖犁牛之子，不廢也。人之有子猶是焉，故堯不以瞽瞍而廢舜，舜不以鯀而廢禹，聖人立賢無方如此。」

尹曰：「臣聞張載曰：『犁牛之子，雖非純全，然使其騂色且角，縱不爲大祀所取，次祀小祀亦必取之。』謂仲弓苟立其大者，人所不棄也。」

子曰：「回也，其心三月不違仁，其餘則日月至焉而已矣。」

伊川解曰：「回三月不違仁，得一善則服膺弗失。其餘則日月至焉，至謂心存於仁，非能至仁也。」又語録曰：「三月言其久，過此則聖人也。不違仁，是無纖毫私欲，少有私欲，便是不仁。」一本注云：「此段周恭先所録，乞改。先生曰：『如此是頤著書也。』恭先固請，先生遂親爲改定此説。」又曰：「日月至焉而已矣，與久而不息者，所見規模雖略相似，其意味氣象迥然別，須潛心默識，玩索久之，庶幾自得。」又曰：「三月言其久，天道小變之節。蓋言顏子經天道之變，而爲仁如此，其終久於仁也。」又曰：「三月不違仁，言其久也，然成德事。」一本然下有非字。

横渠曰：「始學之要，當知三月不違與日月至焉内外賓主之辨，使心意勉勉循循而不能已，過此幾非在我者。」

范曰：「回之於仁，一時而不變，則其久可知。其餘則有時而至焉，不若回愈久而弗失也。夫子之於仁，慎其所以取與人者至矣，有能一日用其力於仁矣乎，猶不得見焉，唯獨稱顏子三月不違，其可謂仁也已。」

吕曰：「仁之爲德，兼容徧體，舉者莫能勝，行者莫能至，唯聖人性之，然後能不息，賢者身之，可久而已，其下隨其力爲至之久近也。三月不違，可久也，以身之而未能性之，故久則不能不懈。」又曰：「君子之學，必致養其氣，養之功有緩有速，則氣之守有遠近，及其成性，則不繫所禀之盛衰。如顏子之所養，苟未成性，其於仁也至於三月，久之猶不能無違，非欲違之，氣有不能守也。則日月至焉者，從何如矣[三]。若夫從心所欲不踰矩，則其義將與天始終，無有歲月之限。故可久則賢人之德，如聖人則不可以久言。」又曰：「大而化之，則氣與天地一，故其爲德自彊不息，至於悠久博厚高明，莫之能已也。其次則未至於化，必繫所禀所養之盛衰，故其爲德或久或不久，勢使之然，非致養之功不能移也。如顏子所禀之厚，所養之勤，苟未至於化，雖與日月至焉者有間，然至於三月之久，其氣亦不能無衰，雖欲勉而不違仁，不可得也，非仁之有所不足守，蓋氣有不能任也。猶有力者，其力足以負百鈞而日行百里，力既竭矣，雖欲加以一鈞之重一里之遠，而力不勝矣。故君子之學，必致養其氣而成性，則不繫所禀之盛衰，所謂縱心所欲不踰矩，不勉而中不思而得者，安得違仁者哉！可久賢人之德，顏子其幾矣。」

謝曰：「回之爲人，語其所知，雖出於學，然鄰於生知矣；語其成功，雖未至於從容，亦不可爲勉强矣。三月不違仁，仁熟矣，特未足以語聖也，亦未達一間之稱爾。三月，特以其久故也。古人三月無君則弔，去國三月則復，詩人以一日不見如三月兮，夫子聞韶三月不知肉味，皆久之意。」

游曰：「仁，人心也，不可須臾離也，猶飢之於食，渴之於飲，一日闕之，則必顛仆餓踣而殞命矣。人心一日不依於仁，則不足以爲人焉。仲尼嘗歎曰：『有能一日用其力於仁矣乎？』當時之人，不能一日用其力於行仁，又安得以仁存心三月之久如顏子哉！違者，對依而言之，不違，則心常依於仁矣。」

楊曰：「三月不違，未能無違也，然而其復不遠，則與日月至焉者異矣。記曰：『中心安仁者，天下一人而已。』蓋非聖人不足以與此。」又曰：「有不善未嘗不知，知之未嘗復行，則其不違可知矣〔四〕。」

侯曰：「顔子三月不違仁，便是不遠而復也，過此，則通天通地，無有間斷，便是聖人。孔子許顔子者，常在欲化未化之間，顔子所以自處亦如是。」又曰：「如天地一元之氣，化育流行，無纖毫間息，斯可謂之仁矣。」

尹曰：「三月言其久，若聖人，則渾然無間斷矣，此顔子於聖人未達一間者也。日月至焉，心存於仁而不久故也。」

季康子問：「仲由可使從政也與？」子曰：「由也果，於從政乎何有？」曰：「賜也可使從政也與？」曰：「賜也達，於從政乎何有？」曰：「求也可使從政也與？」曰：「求也藝，於從政乎何有？」

伊川解曰：「季康子問仲由子貢冉有其才可以從政乎？夫子答以各有所長。非惟三子者，人各有所長，能取其長，皆可用也。」

范曰：「季康子問弟子可用之才，夫子各以其才而告之。子謂仲由可使治千乘之國賦，冉求可使爲百乘之宰。而由也自謂爲千乘之國可使有勇，求也自謂可使足民，蓋二子之志止於如此，故曰果曰藝。及其相季氏也，爲具臣而已矣。子貢之達，可以使四方，而貨殖爲之病。三子者及聖人之門猶如此，臣是以知天下之才難也。」

呂曰：「果則有斷，達則不滯，藝則善裁，皆可使從政也。」

謝曰：「夫子嘗謂：『誦詩三百，授之以政，不達，雖多，亦奚以爲？』學者豈徒誦説云乎！故將事事而見於民物之間也，此豈優游不斷無智不才者能之乎？果達藝，有一於此，然後足以從政也。三子聖門學者，其性行或侃侃，或行行，於克己獨善，雖季氏猶知其有餘也，而特以從政問於夫子，蓋陋儒之所短正在乎此。」

楊曰：「片言可以折獄，以其果也。質直而好義，察言而觀色，慮以下人，然後謂之達。知禮樂射御書數，然後謂之藝。三者有一焉，則於從政乎何有？」

尹曰：「人各有所長，能取其所長，皆可用也。」

季氏使閔子騫爲費宰。閔子騫曰：「善爲我辭焉。如有復我者，則吾必在汶上矣。」

伊川解曰：「仲尼之門，能不仕大夫之家者，閔子曾子數人而已。」

范曰：「閔子，顏淵之倫也，不仕於大夫，亦不仕於諸侯。以仲弓之賢，猶爲季氏宰。若顏閔者，夫子之得邦家斯仕矣。」

謝曰：「學者能少知内外之分，皆可以樂道而忘人之勢。況閔子騫得聖人爲之依歸，彼其視季氏不義之富貴，不啻如犬彘，又從而臣之，豈其心哉！在聖人有不然者，公山弗擾佛肸亂人也，召夫子，夫子欲應之。季氏雖不臣，夫豈不知我，而欲以爲宰也，閔子辭之何也？蓋居亂邦，見惡人，在聖人則可，在他人則不可。所謂磨而不磷，涅而不緇，蓋其變化莫測，人雖欲殺之，亦不可得也，況得而污之乎？自聖人而下，剛則必取禍，柔則必取辱，閔子豈不能早見而豫待之乎？如由也不得其死於衞，求也爲季氏附益，夫豈二子本心哉！蓋既無先見之智，又無克亂之才故也。則閔子其賢矣乎！」

楊曰：「孔子之門，惟顏淵閔子未嘗仕，蓋隱而未見也。樂則行之，憂則違之，確乎其不可拔，於二子見之矣。」

尹曰：「仲尼之門，不仕于大夫之家者，閔子曾子數人而已。」

伯牛有疾，子問之，自牖執其手，曰：「亡之，命矣夫！斯人也而有斯疾也！斯人也而有斯疾也！」

范曰：「夫子於顏淵之死，冉伯牛之死，皆曰命也，言天之命也，非人之所能爲也。易曰：『窮理盡性以至於命。』能盡人之道，則能窮理，窮理則能盡性，盡性則至於命。故孟子曰：『知命者不立乎巖墻之下。』盡其道而死者，天之所爲，非人之所取也。立巖墻之下而死者，人之所取，非天之所爲也。顏淵冉伯牛，皆盡其道而死者，故曰命。」

謝曰：「疾者卧於牖下，屬纊以候氣絶之時。故趙簡子誓其衆曰：『畢萬匹夫也，七戰皆獲，死於牖下。』自牖執其手，曰亡之，蓋夫子與之永訣之意。説者以爲惡疾不欲人見，恐不然。善人之死，不必夭折然後謂之不幸，故曰『亡之，命矣夫！斯人也而有斯疾也』！」

楊曰：「不知慎疾，則其疾有以致之而至者，伯牛無是也，故曰命矣夫！」

侯曰：「夫子嘗以德行稱伯牛矣，於其將亡也，宜其重惜之。故再歎曰：『亡之，命矣夫！斯人也而有斯疾也！斯人也而有斯疾也！』言非可愈之疾，亦不幸短命之意也。」

尹曰：「牖，牖下也。包氏謂有惡疾，不欲人見，恐其不然也。」

子曰：「賢哉回也！一簞食，一瓢飲，在陋巷，人不堪其憂，回也不改其樂。賢哉回也！」

明道曰：「簞瓢陋巷非可樂，蓋自有其樂耳。有，一作樂。其字當玩味，自有深意。」

又曰：「樂莫大焉，樂亦在其中，不改其樂，須知所樂者何事。」

伊川解曰：「顏子之樂，非樂簞瓢陋巷也，不以貧窶累其心而改其所樂也，故夫子稱其賢。」或問：「顏子在陋巷而不改其樂，與貧賤在陋巷，何以異？」先生曰：「貧賤而在陋巷者，處富貴則失其本心。顏子在陋巷猶是，處富貴猶是。」又曰：「仁者在己，何憂之有？凡不在己，逐物在外，皆憂也。樂天知命，故不憂，此之謂也。若顏子簞瓢，在他人則憂，而顏子獨樂者，仁而已。」

鮮于侁問：「顏子何以不改其樂？」曰：「知其所

樂，則知其不改，君謂其所樂者何也？」曰：「樂道而已。」曰：「使顏子以道爲可樂而樂之，則非顏子矣。」侁以語毘陵鄒公浩，公曰：「吾今始識伊川面。」又曰：「天下有至樂，惟反身者得之，而極天下之欲者不與存焉。」又曰：「顏子簞瓢，非樂也。忘也。」先生在講筵，嘗於文義之外，反復推明，歸之人主。及當講此章，門人皆疑將何以爲說，及講，既畢文義，乃復言曰：「陋巷之士，仁義在躬，忘其貧賤。人主崇高，奉養備極，苟不知學，安能不爲富貴所移？且顏子王佐之才也，而簞食瓢飲；季氏魯國之蠹也，而富於周公。魯君用捨如此，非後世之監乎？」聞者歎服。

范曰：「顏淵之樂，一簞瓢不損，雖得天下亦不加焉，其所學者道也。富與貴，是人之所欲也；貧與賤，是人之所惡也。顏子豈樂夫陋巷哉？處貧賤而不變，則富貴亦不能移矣。夫處貧賤而能樂，則處富貴而能憂。博施濟衆，修己以安百姓，堯舜猶以爲病，此富貴之憂也。」

呂曰：「禮義悦心之至，不知貧賤富貴可爲吾之憂樂〔五〕。」

謝曰：「有所欲，不得所欲則不樂。回也心不與物交，故無所欲，無不得其所欲，此所謂天下之至樂。於此將以求顏子之用心果何所在，且不可得，而況改其樂歟？」

游曰：「非樂簞瓢陋巷也，不以貧窶動其心，改其樂也。知其所樂，則知其不改。」

楊曰：「居天下之廣居，其樂孰加焉？豈陋巷簞瓢之貧能改之哉！故夫子賢之。學者知顏淵之所以樂，則可與入德矣。」

尹曰：「簞瓢陋巷非有可樂，能不以衆人之所憂改其樂，故曰賢哉！」

冉有曰：「非不説子之道，力不足也。」子曰：「力不足者，中道而廢。今女畫。」

伊川解曰：「冉有言非不説子之道，力不足也。夫子告以爲學爲己，未有力不足者，乃中道而自廢耳。所謂力不足者，今汝自止，非力不足也。」

范曰：「冉求學於夫子，不能有終，而患力之不足，此丘陵學山，不至於山者也。堯舜之道，行之則是，豈曰不可爲哉！」

吕曰：「力不足者，中道而廢，如不幸足廢，決不能行。冉有不行，非力不足也，自畫而已。」

謝曰：「欲爲而不能爲，是之謂力不足。能爲而不欲爲，是之謂畫。以畫爲力不足，其亦未知用力與？使其知所以用力，豈有不足者，其亦未知夫子之道與？使其知説夫子之道，豈肯畫也？」

楊曰：「今女畫，謂其非力不足也。蓋求也退，故孔子每進之如此。」

尹曰：「力不足者，必中道而廢。今求也非力不足也，自止之也。」

子謂子夏曰：「女爲君子儒，無爲小人儒。」

伊川解曰：「君子儒爲己，小人儒爲人。」

范曰：「君子儒學其内，小人儒徇其外。君子所治者本，小人所務者末。子夏聞夫子之道而樂，出見紛華盛麗而悦，夫子以其執德不堅〔六〕，信道不篤，故以此戒之。」

謝曰：「志於義則大，是以謂之君子。志於利則小，是以謂之小人。君子小人之分，義與利之間也。然所謂利者，豈必殖貨財之謂，以私滅公，適己自便，凡可以害天理者，皆利也。子夏文學雖有餘，而意其遠者大者或昧焉，是以夫子語之以此。」

楊曰：「君子小人之分，義利之間而已〔七〕。」

尹曰：「君子儒爲己，小人儒爲人。」

子游爲武城宰。子曰：「女得人焉爾乎？」曰：「有澹臺滅明者，行不由徑，非公事，未嘗至於偃之室也。」

伊川解曰：「行不由徑，動必從正道。」又語録或問：「徑是小路否？」曰：「只是不正當處，如履田疇之類，不必不由小路。昔一人因送葬回，被僕者引自一小路歸，已行數里，方覺不是，却須要回就大路。若此非中理。若使小路便於往來，由之何害？」

范曰：「武城之爲邑小，而未嘗無賢人焉。子游爲武城，得其人，則治道斯已矣，故夫子先以得人爲問。夫以武城猶不可以無人也，而况天下，豈無其人哉！其可以無人而治乎？故舉武城則天下可知矣。澹臺滅明以不至偃室爲賢。天下之大，必有不召之臣，則君尊而國重矣。」

謝曰：「觀善人者，於小事猶足以知之，如觀水之瀾，可以知其有源也。行不由徑，非公事未嘗至於偃之室，亦可以知滅明之賢矣。行不由徑，蓋其意無欲速；非公事未嘗至於偃之室，蓋其意不爲喣濡以媚悦人。觀此，則澹臺滅明簡易正大之情可見矣。」

楊曰：「爲政以人才爲先，故孔子以得人爲問。如澹臺滅明者，非直道而行，正己而不求於人，不能若是也。後世有不由徑者，人必以爲迂；不至其室，人必以爲簡。非孔氏之徒，其孰能知之以爲得人乎？」

尹曰：「行不由徑，動必從正道。」

子曰：「孟之反不伐，奔而殿，將入門，策其馬，曰：『非敢後也，馬不進也。』」

范曰：「有功而不伐，唯禹能之。戰勝者以先爲功，不勝者以後爲功。凡衆必有爭，故以讓爲美；功必有矜，故以謙爲美。夫子之於人，苟有善必稱焉，取其合於理者以教人。若孟之反，可以爲法矣。」

吕曰：「人之不伐，能不自言而已。孟之反不伐，則以言以事自揜，其功加於人一等矣。」

謝曰：「人能操無欲上人心，人欲自滅，天理自明，大道其必得之矣。然不知學者，欲上人之心無時而忘，蓋亦未知所以擇術也。擇術之要，莫大於不伐，久之，則凡可以矜己夸人者，皆爲餘事矣。奔而殿，將入門，策其馬，曰『非敢後也，馬不進也』，則其於不伐亦誠矣。後之學者，無志於學則已，有志於學，師孟之反可也。」

楊曰：「殿而後，而自謂馬不進，故夫子稱其不伐，則其功著矣。」

侯曰：「孟之反殿魯之師有功，而曰『非敢後，馬不進也』，可謂不伐矣。」

尹曰：「師奔而殿，是難能也，而又不有其功，故稱其不伐也。」

子曰：「不有祝鮀之佞，而有宋朝之美，難乎免於今之世矣！」

伊川解曰：『無祝鮀之巧言與宋朝之令色，難乎免今之世，必見憎疾也。』又語録曰：「佞，才辯也。不有祝鮀之佞與宋朝之美，難免今世之害矣。」又曰：「祝鮀佞，所謂巧言。宋朝美，所謂令色。當衰世，非此難免。」

范曰：「祝鮀口柔，宋朝面柔。有朝之令色，而無鮀之巧言，猶難免於當世，此疾時之好佞也。人君豈可不以佞爲戒而遠之哉！」

呂曰：「惟巧言令色，可以免今世之患。」

謝曰：「蓋惡直醜正，衰世之風，善觀世之治亂者如此。」

楊曰：「世衰道微，遊談之士〔八〕，方以辯給相傾，非巧言令色以取容説，難乎其免矣！言此蓋傷之也。」

侯曰：「而字疑爲不字。」

尹曰：「無鮀之巧言與朝之令色，難免乎今之世，必見憎疾矣。」

子曰：「誰能出不由户？何莫由斯道也？」

伊川解曰：「道不可須臾離也。事必由其道，猶出入之必由户也。」

范曰：「行必由道，如出入必由户。人皆知出必由户，而不知行必由道。蓋由之而不知者凡民也，知而由之者賢人也。知出必由户，則無穿窬由徑之行矣；知行必由道，則無非僻不正之心矣。」

吕曰：「出而不能不由户，則何行而非達道也哉！」

謝曰：「道之得名，以其人由之而不可離也。近在父子夫婦之間，視聽食息之際，果可以離人乎哉？自異端起，或搥提仁義，或絶滅倫類，然後人始疑道爲虚無寂寞矣。」

楊曰：「道無適而非也，孰不由斯乎？猶之出必由户也，百姓日用而不知耳。」

尹曰：「道不可離，可離非道，猶出入必由户也。」

子曰：「質勝文則野，文勝質則史，文質彬彬，然後君子。」

伊川解曰：「君子之道，文質得其宜也。」又語録曰：「史乃周官府史胥徒之史，管文籍之官也。故曰『史掌官書以贊治』。文雖多而不知其意，文勝正如此也。」

范曰：「凡史之事，皆文勝質者也。野人則曰質而已矣，何以文爲，故野於史〔九〕，文質之反也。庶人之而已，無取於質也。野人則曰質而已矣，何以文爲，故野於史，文質之反也。庶人之在官者亦曰史，則與野人異矣。不野不史，然後謂之君子。」

吕曰：「史者治書之稱，治官府之文書曰史，即府史之史。善爲辭説亦曰史。即國史之史。」

謝曰：「禮不下庶人，故其容多僬僬；君子攝以威儀，故其容多濟濟。如曰質猶文也，則其容僬僬可以爲君子矣；如曰文猶質也，則其容濟濟可以爲君子矣。然而皆不君子者，蓋德不足，必無文質相稱之理。欲直情則不免於野，欲修容則不免於史，其惟君子然後能文質彬彬乎！此發於自然，見於面，盎於背，施於四體者也。此觀人之大要。」

楊曰：「文猶質也，質猶文也，二者不可以相勝，故文質彬彬，然後君子。然質之勝文，則有其質矣，猶之甘可以受和，白可以受采也。文勝而至於滅質，則其本亡矣，雖有文，將安施乎？然則與其史也寧野。」

尹曰：「史，文勝而理不足也。唯君子文質得其宜。」

子曰：「人之生也直，罔之生也幸而免。」

明道曰：「生理本直。罔，不直也，而亦生者，幸而免。」

伊川解曰：「人類之生，以直道也，欺罔而免者，幸耳。」

横渠曰：「生直理順，則吉凶莫非正也。不直其生者，非幸福於回，則免難於苟也。」

范曰：「人之性善，故其生直。直，誠也。罔，無知也。生於鄙詐之心，非人道也。衣服在躬而不知其名爲罔，愚之至也，此豈其性哉，不能明於善也。直則生明，罔則生暗，故學而不思則罔，思而不學則殆。結繩以佃以漁亦曰罔，以禽魚無知而罔之也。罔則爲惡將無不至，其能免者幸。」

吕曰：「凡人之生，直道而行，足以免於世。無常之人，其免也幸而已。罔如網，無常者也。」

謝曰：「順理爲直，天地神人之所共好也。人無一不慊於理義，則仰不愧俯不怍，不見非於明，不見責於幽，其血氣亦將安佚恬愉，此其所以能生。罔則不直，不直者，不惟内焦勞於血氣，亦天地神人之所共惡也，此其不死亦幸矣。」

游曰：「直者，循理之謂也，惟其循理，故能盡生之經，與直養之直同。至於姦罔，則去直也遠矣。」

楊曰：「人者，盡人道者也，不益生，不助長，故其生也直。不誠無物則罔，有死之道焉，其生也，幸免而已。」又曰：「人之生也直，是以君子無所往而不用直。直則心得其正矣，以乞醯證父爲直，不得其正者也。古人於幼子嘗示無誑，所以養其直也有素矣。」

尹曰：「直，性也。罔，失性者也。幸而免，謂得免者幸也。」

子曰：「知之者不如好之者，好之者不如樂之者。」

明道曰：「篤信好學，未如自得之樂。造道者也。好之者如遊它人之園囿，樂之者則己物耳。然只能信道，亦是人之難能也。」

伊川解曰：「非有所得，安能樂之？」又語録曰：「知之必好之，好之必求之，求之必得之，古人此箇學是終身底事。果能造次顛沛必於是，豈有不得之理？」又曰：「知之者，在彼而我知之也。好之者，雖篤而未能有之。至於樂之，則爲己之所有。」

范曰：「知之者不如好之篤也，好之者不如樂之深也，學至於樂之，而後可以語成矣。孟子曰：『樂則生矣，生則惡可已也，故不知手之舞之，足之蹈之。』樂者，天下之至和也。」

呂曰：「知之則不惑，好之則勉，樂則不可已也。」

謝曰：「知有是理，未必爲，故不如好之者。好之者未必無所厭，故不如樂之者。至於樂，則無欣厭取捨，性於是矣。」

楊曰：「夫婦之愚，可以與知焉，則知之非難矣。知之而不能期月守者，好之不至也。好之矣，必心有得焉而後樂。此知好樂之辨也。」

尹曰：「知之者，知有是道也。好之者，好而未得也。樂之者，有所得而安之也。」

子曰：「中人以上，可以語上也；中人以下，不可以語上也。」

明道曰：「上知高遠之事，非中人以下所可告，蓋踰涯分也。」

伊川解曰：「才卑而語之高，安能入也。」又語録曰：「中人以上，中人以下，此謂才也。然則中人以下者終於此而已乎？曰：亦有可進之道也。」

范曰：「中人以上可入於上智，故可以語上；中人以下可入於下愚，故不可以語上。人之性善，有可以語上，有不可以語上，由學與不學故也。」

謝曰：「此論上下之分，非不移之品，特語其操術淺深。蓋未足以及之者，語之無益。」

楊曰：「有中人上下者，氣禀異也。不失人言，唯知者能之。」

尹曰：「才卑而語之高，未有能喻者也。」

樊遲問知。子曰：「務民之義，敬鬼神而遠之，可謂知矣。」問仁。曰：「仁者先難而後獲，可謂仁矣。」

明道曰：「民之所宜者務之，所欲與之聚之，所惡勿施爾也。人之所以近鬼神而褻之者，蓋惑也，故有非其鬼而祭之，淫祀以求福。知者則敬而遠之。」又曰：「先難，克己也。」又曰：「務民之義，如項梁立義帝，謂從民望者是也。敬鬼神而遠之，所以不瀆也，知之事也。先難後獲，先事後得之義也，仁之事也。」

伊川解曰：「能從百姓之所義者，知也。鬼神當敬也，親而求之，則非知也。以所難爲先，而不計所獲，仁也。」又語録曰：「民亦人也，務人之義，知也。鬼神不敬，則是不知；不遠，則至於瀆；敬而遠之，所以爲知。」又曰：「只此二句，説知亦盡。且人多敬鬼神者只是惑，遠者又不能敬，能敬能遠，可謂知矣。」曰：「知鬼神之道，然後能敬能遠否？」曰：「亦未説到如此深遠處。且大綱説當敬不惑也。」又問：「今人奉佛莫是惑否？」曰：「是也。敬佛者惑，不敬佛者只是孟浪不信。」「然則佛當敬乎？」曰：「佛是胡人之賢知者，安可慢也。至如陰陽卜筮擇日之事，今人信者必惑，不信者亦是孟浪不信，如行忌太白之類。如太白在西方不可西行，有人在東方居，不成都不得西向行。又却初行日忌，次日便不忌，次日不成不衝太白也。如使太白爲一人爲之，則鬼神亦勞矣。如行遇風雨之類。大抵人多記其偶中者耳。」又曰：「有爲而作者，皆先獲也，如利仁是也。古人惟知爲仁而已，今人皆先獲也。」

范曰：「君子之所有事，惟振民育德而已。務民之義，所以振民也；鬼神幽而難明，敬而遠之，所以明民也；仁者先難而後獲者，所以育德也。」

呂曰：「當務爲急，不求所難知；力行所知，不憚所難爲。此樊遲可進於知與仁之實。」

謝曰：「務民之義，知以義爲利者也。敬鬼神而遠之，知鬼神之情狀也。兩者皆非淺近者所可窺，是以謂之知。難如射之有志，若跣之視地，若臨深，若履薄，皆其心不易之謂。其心不易，其必有獲矣，於此時，可以見仁焉。」

楊曰：「知者，知仁義而不去是也。樊遲學稼圃，民務之事而已，非義也。記曰：『之死而致死之，知者不爲也。』」又曰：「禮之近人情者非其至，蓋惡其褻也。幽明異域，而致親焉，知者不爲也，故問知以是告之。仁者其言也訒，爲之難，言之得無訒乎？則不可易爲也，在熟之而已，故問仁以先難後獲告之。」

尹曰：「能從百姓之所義者，知也。鬼神當欽者，親而求之，則非知也。以所難爲先，而不計其所獲，仁也。」

子曰：「知者樂水，仁者樂山；知者動，仁者靜；知者樂，仁者壽。」

伊川解曰：「樂，喜好也。知者樂於運動，若水之流通。仁者樂於安靜，如山之定止。知者得其樂，仁者安其常也。」又語録曰：「樂水樂山，與夫動靜，皆言其體也。知者樂，凡運用處皆樂。仁者壽，以靜而壽。仁可以兼知，知不可以兼仁，如人之身，統而言之，則只謂之身，别而言之，則有四肢。」又曰：「知如水之流，仁如山之安。動靜，仁知之體也。動則自樂，靜則自壽。非體仁知之深者，不能如此形容之。」又曰：「樂山樂水，氣類相合。」

范曰：「知者運而不息，故樂水；仁者安於所止，故樂山。動則能和，故樂；靜則能久，故壽。非深於仁知者，不能形容其德也。」

吕曰：「山水言其體，動靜言其用，樂壽言其效。精義入神，庸非樂乎？澤及萬世，庸非壽乎？」

謝曰：「仁知合謂之聖，自非聖人，仁知必有所偏，故其趨向各異，則其成功亦不同也。内有所感，斯外有所樂，此樂山樂水所以不同也。以其動，是以周行而不殆；以其靜，是以獨立而不改。以其成物，是以動；以其成己，是以靜。以得其用，故樂；以盡其性，故壽。若夫無樂也，無所不樂也，動亦靜，靜亦動，仁知不足以名之，蓋其所樂有不存焉者矣，況壽乎？」

游曰：「仁者安仁，得於所性之妙，不逐末，不忘本，不逐僞以喪真，不殘生以傷性，可以保身，可以養生，可以盡年，故享年享國皆可長久，若堯舜文王，皆度越百歲是也。」

楊曰：「利之故樂水，安之故樂山。利，故動；安，故靜。批大郤，導大窾，物莫得而攖焉，故樂；靜則復，命則與天爲一，故壽。」

尹曰：「知，動也，猶水之通流。仁，靜也，猶山之安靜。得其樂者知也，得其常者仁也。」

子曰：「齊一變，至於魯。魯一變，至於道。」

伊川解曰：「夫子之時，齊彊魯弱，孰不以爲齊勝魯也。然魯猶存周公之法制。齊由桓公之霸，爲從簡尚功之治，太公之遺法變易盡矣，故一變乃能至魯。魯則修廢舉墜而已，一變則至於先王之道也。」又語録曰：「齊經管仲霸政之後，風俗尚權詐，急衣食，魯之風俗不如此，又仲尼居之，當時風俗亦甚美，至漢尚言魯之學天性。此只説風俗，若謂聖賢，則周公自不之魯，太公亦未嘗之齊。又謂齊經田常弑君，無君臣上下之分也。不然。」又曰：「言魯國雖衰，而君臣父子之大倫猶在，愈於齊國，故可一變而至於道。」

横渠曰：「魯政之弊，御法者非其人而已。齊因管仲，遂并壞其法，故必再變而後至於道。」

范曰：「齊魯有太公周公之餘化，故其變也易。齊一變，可使如魯之治時也。魯一變，可使如周公之有道也。子曰：『如有用我者，期月而已可也。』魯有周公之典法存焉，可舉而措之，一變而至道，非聖人之所難也。孟子以齊王猶反手也，況夫子之於魯乎？」

呂曰：「齊政雖修，未能用禮；魯秉周禮，故幾於道。」

謝曰：「齊魯之異，非周公太公遺化不同。齊自管仲之後，與晉楚爭霸，而不法先王隆禮義者多矣。至於魯，獨以弱守國，故其氣象有近於王道[十]，而況周公之典籍猶在，人存而政舉，一變可以至於道矣。」

游曰：「齊雖彊大，經桓公一變而爲霸，則王道不復存焉。魯雖削弱，而周公之法則猶在，有王者作，取法於魯，則文武之道，翕然丕變矣。」

楊曰：「魯雖失道，而周公之法猶存焉。齊更管仲，則其法併亡矣。故齊一變至於魯而已，魯一變則至道。」

尹曰：「齊自管仲用霸道，變亂太公之法盡矣。魯雖曰廢墜周公之法，而尚有存者，未嘗變亂。故齊一變至於魯，魯一變至於道也。」

子曰：「觚不觚，觚哉！觚哉！」

伊川解曰：「觚而失其形制，則非觚也。故君而失其君之道，則爲君不君；臣而失其臣之職，則爲虚位。」又語録曰：「觚之爲器，不得其法制，則非觚也。舉一器，而天下之物莫不皆然，天下之事亦猶是也。」

范曰：「觚之爲器，必有法焉，不合於法，則不觚，不觚則不足以爲器矣，故曰『觚哉』！舉一器，而天下莫不皆然。人而不德則不人，國而不治則不國矣。」

吕曰：「名失其實，非特在觚。」

謝曰：「觚之所以爲觚者，以其合度也，器不合度，尚何觚之可名哉！猶學者一不中節，雖賢者猶爲過之。則非禮之禮，非義之義，雖禮非禮也，雖義非義也。」

楊曰：「名者人治之大，故孔子爲衛，以正名爲先。觚而不觚，則何爲哉？」

尹曰：「觚之不觚，不得爲觚矣。猶爲君必盡君道，爲臣必盡臣道。推之事物，亦如是而已。」

宰我問曰：「仁者，雖告之曰『井有仁焉』，其從之也。」子曰：「何爲其然也？君子可逝也，不可陷也；可欺也，不可罔也。」

明道曰：「宰我言如井有仁者，當下而從之否？子曰：君子可使之往，不可陷以非其所履；可欺以其方，難罔以非其道。」又曰：「言可使之往，不可陷以罔。」

伊川解曰：「宰我問仁者好仁不避難，雖告之以赴井爲仁，亦從之乎？夫子謂不然，君子可使之有往，不可陷之於不知；可欺以其方，不可罔以非其道。」

范曰：「宰我以爲仁者唯善之從，或告之以井有仁焉，其將入井而從之與？夫子以爲不然，君子可見不善則去，可逝而去也，而不可使爲不義，入井則陷於非義也。可欺以其方，不可罔以非其道〔十一〕，如校人之欺子產是也。豈以井有仁而遂從之乎？宰我信道不篤，憂爲人陷害〔十二〕，而不知孝子仁人之於不義，雖君父之命，亦不從也，豈得而罔之乎？」

呂曰：「井有仁焉，猶言自投陷穽以施仁術也。己已自陷，仁將何施？當是時也，君子可往以思救，不能自陷以行救；可欺之以可救，不可罔之使必救。」

謝曰：「不可逝不可欺，則是逆詐億不信也；可陷可罔，則是不知也。仁者之所爲，正不如是。宰我親炙於聖人，尚疑仁者之用心，則信乎仁者之難知也。」

楊曰：「君子之於人，不逆詐，不億不信，則疑若可陷也，故宰我以是問之。」

尹曰：「宰我問仁者不避患難，雖告之以赴井爲仁，亦從之乎？夫子謂不然，君子可使有往，不可陷以不知；可欺以其方，不可罔以非其道。」

子曰：「君子博學於文，約之以禮，亦可以弗畔矣夫！」

明道曰：「博學於文，而不約之以禮，必至於汗漫。所謂約之以禮者，能守禮而由於規矩也，未及知之也，止可以不畔道而已。多聞擇其善者而從之，多見而識之，知之次也，與此相近。顔淵曰：『博我以文，約我以禮，欲罷不能。』是已知之而進不止者也。」

伊川解曰：「博學而守禮，雖未知道，亦可以弗違畔於道矣。」或問曰：「博我以文，約我以禮。」曰：「此是顔子稱聖人最切當處。聖人教人，只是如此，既博之以文，而後約之以禮，所謂博學而詳説之，將以反説約也。博與約相對，聖人教人，只此兩字，博是博學多識多聞多見之謂，約是使之知要也。」又問：「君子博學於文，約之以禮，與此同否？」曰：「這箇則是淺近説，言多見聞，而能約束以禮，雖未能知道，庶幾可以弗畔於道。此言善人君子多識前言往行而能不犯非禮者爾，非顔子所學於夫子之謂也。」又問：「此莫是小成否？」曰：「亦未是小成，去知道甚遠。如多聞擇其善者而從之，多見而識之，知之次也。聞見與知之甚異，此只是聞見者也。」又曰：「君子博學於文，約之以禮，亦可以弗畔矣夫！此非自得也，勉而能守也。多聞擇其善者而從之，多見而識之，知之次也，以勉中人之學也。」

横渠曰：「博文約禮，由至著入至簡，故可使不得畔而去。」范曰：「揚雄曰：『多聞則守之以約，寡聞則無約也。學文者莫不欲博，能約之以禮，則不至於流矣。』夫如是，僅可以不畔於道而已。博學於文，而不約之以禮，猶農夫之無疆埸也，其不入於異端邪説者鮮矣！」

呂曰：「學貴造約，愈約愈深，博文約禮，非其至者。然在人事莫非當務，故於道也雖未深造，亦可以弗畔於道。」

謝曰：「知博而不知約，則失於無統；知約而不知博，則失於無徵；由博而知約，猶知四旁而識中央也，故可以弗畔。蓋此道舉而措之天下，則有不可窮之事業；反而求之一身，則有不可二之理義。由事業故有文，由理義故有禮，其理雖一〔十三〕，然不由博而徑欲取約者，恐不免於邪遁也。」

楊曰：「博學於文，不知所以裁之，則或畔矣。約之以禮，所以裁之趨於中，而不出於大防，則弗畔矣。」

尹曰：「博學於文，約之以禮，亦可以弗違畔於道。」

子見南子，子路不說。夫子矢之曰：「予所否者，天厭之！天厭之！」

伊川解曰：「南子非正，衛君以爲夫人，使見夫子，夫子雖不願見，安能拒之乎？子路以夫子之被强也，故不悦。夫子爲陳不得已之故，而謂之曰：吾道之否塞如是，蓋天厭之，猶天喪予也。」又語録曰：「子見南子，子路不悦，以孔子本以見衛君行道，反以非禮見迫，歎曰『予所否者，天厭之！天厭之！』否，音乃，泰否之否。」又曰：「孔子之見南子，禮當見之也。南子之欲見孔子，亦其善心也，聖人豈得而拒之？子路不悦，故夫子矢之曰：『予所以否塞者，天厭之！天厭之！』言使我至此者，天命也。矢，陳也。」

又曰：「經是邦必見其寡小君，則孔子之見南子，禮也。然子路不悦，孔子何以不告之曰是禮也，而必曰天厭之乎？曰：道之將興也與？使孔子而得志，則斯人者何所容也。否則安得不歸之天厭之哉！」又曰：「見所不見。古者大饗，夫人有見賓之禮。靈公以妾爲夫人，既以夫人處之，使孔子見，於是時豈得不見？」

橫渠曰：「聖人於物無畔援，雖佛肸南子，苟以是心至，教之在我爾，不爲已甚也如是。」

范曰：「古者仕於其國，必見小君，禮也。南子以不正聞於諸侯，夫子以事衛君，則禮當見之，既以爲君，豈以略其禮哉？子路未達，故不悦。夫子以子路之野，不可以禮告也，直誓之而已，所以責之使深思也。予所否者，有不合於禮不由其道也。天厭之者，棄絶之也。」

吕曰：「道之不行，天實厭之，此聖人所以不遇。小君禮所當見，南子無德，子路所以不悦。孔子以爲使我不得賢小君而見之，天厭乎吾道也。矢，陳也。」

謝曰：「見南子，在當時君臣宣淫，豈以爲非禮。在子路之意獨不然，直以爲浼夫子，是以不説。孟子嘗謂夫子於衛靈公有際可之仕，至於此，則行道之意其亦已矣。故於子路不悦也，直其理而語之曰：我之所否者，非人也，天之所厭者，胡爲不悦哉？樂天而已矣。」

楊曰：「子見南子，包承者也，此大人處否而亨之道。衛人以爲過吾國者必見吾寡小君，則孔子安得而不見，不見則亂羣矣。使孔子而得位，則以妾爲妻者固將正之也，否而無可爲之時，則天實厭之，人如之何哉？子路不説，包羞者也，蓋過乎中，則失所謂包承者矣。」又曰：「南子，衛靈公之妾，以妾爲妻，五霸之所不容，況孔子而可以見之乎？子路所以不説也。然當是之時，窮爲旅人，不得而正之者，天實厭之也。孔子而得位，固將正之也。然衛之人皆以爲小君，而謂過吾國者必見吾寡小君，則孔子安得而不見之？否之時包承小人吉，此大人處否而亨之道也。」

尹曰：「臣聞師程頤曰：南子非正，而衛君以爲夫人，使見夫子，夫子雖不願見，安能拒之乎？子路以夫子爲被强也，故不悦。夫子爲陳不得已之故，而謂之曰：吾道之否塞如是，蓋天厭之，猶天喪予也。」

子曰：「中庸之爲德也，其至矣乎！民鮮久矣。」

伊川解曰：「中庸天下之至理，德合中庸，可謂至矣。自世教衰，民不興於行，鮮有中庸之德也。」又語録曰：「中庸之爲德，民不可須臾離，民鮮有久行其道者也。」

范曰：「中庸者，無過與不及，而可常也。君子之行，不爲過則爲不及。夫惟過與不及，是以不可常，此道之所以不明不行也。故中庸爲難，民言鮮能者，人皆有是德，而鮮能也。明乎中庸之道，則人皆可以爲堯舜矣。」

呂曰：「中庸者經德達道，人所共有，人所常行。不能至者，不能久而已。」

謝曰：「中不可過，是以謂之至德。過可爲也，中不可爲，是以民鮮能久矣。」

楊曰：「夫道止於中而已矣，過乎中則爲過，未至乎中則爲不及也，故以中庸爲至。人皆曰予知，擇乎中庸而不能期月守也，是鮮久矣。」或問：「孔子曰：『中庸之爲德也，其至矣乎！』何也？」曰：「至，所謂極也，極爲屋之極，所處則至矣。下是爲不及，上焉則爲過。」或者曰：「高明所以處己，中庸所以處人，如此，則是聖賢所以自待者常過，而以其所賤者事君親也，而可乎？然則如之何？」曰：「高明則中庸也。高明者中庸之體，中庸者高明之用耳。高明亦猶所謂至也。」又曰：「道止於中，而以出乎中則過，未至則不及，故唯中爲至。夫中也者，道之至極，故中又謂之極。屋極亦謂之極，以其中而高故也。極高明而不道中庸，則賢智之過也；道中庸而不及乎高明，則愚不肖之不及也。世儒以高明中庸析爲二致，非知中庸者也。以爲聖人以高明處己中庸待人，則聖人處己常失之過，道終不明不行，與愚不肖者無以異也。夫道若大路，行之則至，故孟子曰：『堯舜之道，孝悌而已矣。』其爲孝弟，乃在乎行止疾徐之間，非有甚高難能之事，皆夫婦之愚所與知者，雖舜顔不能離此而爲聖賢也，百姓特日用而不知耳。」

侯曰：「民不能識中，故鮮能久；若識得中，則手動足履無非中者，故能久矣。易之恒曰：『君子立不易方。』恒，久也。聖人得中，故能常久而不易。」

尹曰：「中庸天下之正理，德合乎中庸，可謂至矣。人知擇乎中庸，而不能期月守也，故曰：『民鮮能久矣。』」

子貢曰：「如有博施於民而能濟衆，何如？可謂仁乎？」子曰：「何事於仁，必也聖乎！堯舜其猶病諸！夫仁者，己欲立而立人，己欲達而達人。能近取譬，可謂仁之方也已。」

明道曰：「醫書以手足痿痺爲不仁，此言最善名狀。仁者以天地萬物爲一體，莫非己也，認得爲己，何所不至，若不屬己，自不與己相干，如手足不仁，氣已不貫，皆不屬己。故博施濟衆，乃聖人之功用。仁至難言，故止曰『己欲立而立人，己欲達而達人。能近取譬，可謂仁之方也已』。欲令如是觀仁，可以得仁之體。」又曰：「博施濟衆，云必也聖乎者，非謂仁不足以及此，博施濟衆乃功用也。」又曰：「能近取譬，反身之謂也。」又曰：「博施濟衆，非聖人不能，何干仁事，故特曰：夫仁者立人達人，能近取譬，可謂仁之方也已。使人求之自反，便見得也。雖然，聖人豈不盡仁，然教人不得如此指殺。」又曰：「以己及物，仁也；推己以及物，恕也，違道不遠是也。」伊川解曰：「博施，厚施也，博而及衆，堯舜猶病其難也。聖人濟物之心無窮已也，惟患力不能及耳。聖人者，人倫之至，惟聖人能盡仁道。然仁可通上下而言，故曰：『何事於仁，必也聖乎！』」又曰：「恕者，爲仁之方也。」又語録曰：「論語有二處説堯舜其猶病諸。夫博施者豈非聖人之所欲，然而五十乃衣帛，七十乃食肉者，聖人之心，非不欲少者亦衣帛食肉也，然所養有所不贍，此病施之不博也。濟衆者豈非聖人之所欲，然而治不過九州者，聖人之心，非不欲四海之外亦兼濟也，然所治有所不及，此病濟之不衆也。推此以求，修己以安百姓，則爲病可知。苟以吾治已足，則便不是聖人。」又曰：「博施濟衆，仁者無窮意。」又曰：「聖則無大小，至於仁，兼上下大小而言之，博施濟衆亦仁也，愛人亦仁也。堯舜其猶病諸者，猶難之也。博則廣而無極，衆則多而無窮，聖人必欲使天下無一人之惡，無一物不得其所，然亦不能，故曰病諸。修己以安百姓，亦猶是也。」或問：「博施濟衆，何故仁不足以盡之？」曰：「既謂之博施濟衆，則無盡也。堯舜之治，非不欲四海之外皆被其澤，遠近有間，勢或不能及也。以此觀之，能博施濟衆，則是聖矣。」或問：「堯舜其猶病諸。」曰：「聖人之心，何時而已。」又問：「仁與聖何以異？」曰：「人只見孔子言『何事於仁，必也聖乎』！便謂仁小而聖大。殊不知此言是孔子見子貢問博施濟衆問得來事大，故曰何止於仁，必也聖乎！蓋仁可以通上下言之也，聖則其極也。聖人人倫之至，倫，理也，至，極也。既通人理之極，更不可有加。若今人或一事是仁，亦可謂之仁，至於盡仁道，亦曰仁而已，此通上下言之也。如曰『若聖與仁，則吾豈敢』，此又却是仁與聖俱大也。大抵盡仁道即是聖人，非聖人則不能盡仁道。」又曰：「孔子語仁，而曰『可謂仁之方也已』，何也？」「蓋若便以爲仁，則反使不識仁，只以所言爲仁也，故但言仁之方，則使自得之以爲仁也。」又曰：「方，術也。」又曰：「方，道也。」又曰：「己欲立而立人，己欲達而達人。能近取譬，可謂仁之方也已。博施而能濟衆，固仁也，而仁不足以盡之，故曰『必也聖乎』。」又曰：「立人達人，爲仁之方，强恕求仁莫近，言得不濟事，亦須實見得近處。其理固不出乎公平，公平固在，用意更有淺深，只要自家各自體認得。」或問：「子貢曰：『博施於民而能濟衆，可謂仁乎？』子曰：『何事於仁，必也聖乎！』仁聖何別？」曰：「此子貢未識仁，故測度而設問也。惟聖人爲能盡仁，然仁在事，不可以爲聖。」又問：「堯舜其猶病諸，果乎？」曰：「誠然也。聖惟恐所及不遠不廣，四海之治也，孰若兼四海之外亦治乎？是嘗以爲病也。博施濟衆事大，故仁不足以名之。」又曰：「聖乃仁之成德，謂仁爲聖，譬由雕木爲龍，木乃仁也，龍乃聖也，指木爲龍可乎？故博施濟衆乃聖之事，舉仁而言之，則能近取譬是也。」又曰：「剛毅木訥，質之近乎仁也；力行，學之近乎仁也。若夫至仁，則天地爲一身，而天地之間，品物萬形爲四肢百體，夫人豈有視四肢百體而不愛者哉？聖人之至仁，獨能體是心而已，曷嘗支離多端而求之自外乎？故能近取譬者，仲尼所以示子貢爲仁之方也。醫書謂手足風頑謂之四體不仁，爲其疾痛足以累其心故也。夫手足在我，而疾痛不與知焉，非不仁而何？世之忍心無恩者，其自棄亦若是而已。」

横渠曰：「仁道有本，近譬諸身，推以及人，乃其方也。必欲博施濟衆，擴之天下，施之無窮。必有聖人之才，能弘其道。」

范曰：「博施者，德無所不施也；濟衆者，人無所不濟也。普天之下，無幽遠不及，乃可爲博施；億兆之衆，無一夫不獲，乃可爲濟衆。此雖堯舜亦病未能也。伊尹曰：『一夫不獲，時予之辜。』孟子以爲聖之任，言能以天下之民爲己任，而思濟之也。夫自以爲不足，則將有餘，伊尹任之，故以爲辜，堯舜性之，故以爲病，此所以參於天地也。子貢疑此未盡於仁，而不知乃聖之事。夫學者以大爲小，以小爲大，皆未識夫仁者也。」

吕曰：「博施於民，仁之事，能濟衆，聖之事也。苟非其人，道不虚行。博施濟衆，乃聖人之事，堯舜猶病，非子貢所及。子貢有志於仁，徒事高遠，未知其方，孔子教以於己取之，庶近而可入，是乃爲仁之方，雖博施濟衆，亦由此進。」

謝曰：「博施濟衆，亦仁之功用，然仁之名不於此得也。子貢直以聖爲仁，則非特不識仁，并於聖而不識也。故夫子語之曰：『必也聖乎！』又舉仁之方也。己欲立而立人，己欲達而達人，亦非仁也，仁之方所而已。知方所，斯可以知仁，猶觀天地變化草木蕃鮮，可以知天地之心矣。」

楊曰：「堯舜之仁不徧愛，急親賢而已。以天下之廣，人物之衆，而欲博施而濟之，雖堯舜不能不以爲病也。君子之仁，豈謂是哉？觀孔子所以告其門人，其義可知矣。故顔淵問仁，則曰『克己復禮爲仁』；仲弓問仁，則曰『出門如見大賓，使民如承大祭』。則所謂仁者，何事於博施濟衆乎？我欲仁，斯仁至矣。故又告之以爲仁之方，使知所趨也。由是而求之，斯得仁矣。」

尹曰：「五十者衣帛，七十者食肉，聖人非不欲少者衣帛食肉也，然於養有所不贍，若此之類，病其施之不能博也。聖人之治，非不欲四海之外皆被其澤，然其治不過九州，若此之類，病於濟之不能衆也。博施濟衆，堯舜猶病其難，故曰：『何事於仁，必也聖乎！』非仁小而聖大也，蓋仁可以通上下而言，聖則其極也。今有一事之仁，亦可謂之仁，至於盡仁之道，亦不過曰仁而已。盡仁之道，非聖不能，故曰：『必也聖乎！』推己之恕以及人，乃爲仁之方也。」

校勘記

〔一〕可謂充實而有光輝矣　「光輝」原作「輝光」，據四庫本改。
〔二〕其怒必遷　「必」原作「不」，據明抄本改。
〔三〕從何如矣　「何如」當爲「可知」之誤。
〔四〕則其不違可知矣　「違」原作「爲」，據明抄本、四庫本改。
〔五〕不知貧賤富貴可爲吾之憂樂　「可爲」原作「何以」，據明抄本改。
〔六〕執德不堅　「堅」原作「弘」，據明抄本改。
〔七〕義利之間而已　「義」原作「善」，據四庫本改。
〔八〕遊談之士　「士」原作「世」，據明抄本改。
〔九〕故野於史　「於」原作「拎」，據明抄本改。
〔十〕故其氣象有近於王道　「象」原作「骨」，據明抄本改。
〔十一〕不可罔以非其道　「罔」原作「陷」，據明抄本改。
〔十二〕憂爲人陷害　「人」原作「仁」，據明抄本改。
〔十三〕其理雖一　「理」原作「禮」，據明抄本改。

論語精義卷第四上

述而第七

子曰：「述而不作，信而好古，竊比於我老彭。」

伊川解曰：「傳述而不作，信古而好之，自比於老彭也。」又語録曰：「述而不作，聖人不得位，止能述而已。」

范曰：「夫子之於六經，未嘗有作焉，皆述也。信聖人不欺後世，故能好古，不信則不能好也。堯舜稽古，亦述而已矣，亦信而已矣。竊比於我老彭，所以尊古人，言不自我始也。人君豈可不以先王爲法哉！」

吕曰：「老聃彭祖，殷周之老成人。二者皆老彭之事，故孔子取之。」

謝曰：「事有述有作，至於道則無述作之殊。時有古有今，至於道則無古今之變。

夫子謂二三子之意，以爲我既聖矣，恐其矜己而造異也。其義若曰：我何以異於人哉？亦述而不作，信而好古，竊自比於老彭耳。彭之爲人，不可考其誰何，要之必其則古昔稱先王以名世者。」

楊曰：「孔子於我老彭不同道，而竊自比之者，述而不作，信而好古而已。然孟子曰：『王者之迹熄而詩亡，詩亡然後春秋作。』然則孔子亦有作與？曰：春秋之時，詩非盡亡也。黍離降而爲國風，則雅之詩亡矣。雅亡則無政，春秋所爲作也。故曰：春秋天子之事，前此未之有，謂之作者以是。然而其事則齊桓晉文，其文則史，其義則竊取之，於是三者加損焉，蓋亦述之而已矣。」

尹曰：「老彭不可考也，蓋信古而傳述者也。孔子亦然，信古而傳述之，不敢當作者云耳。」

子曰：「默而識之，學而不厭，誨人不倦，何有於我哉？」

伊川解曰：「默識而無厭倦者，有諸己者也。何有於我哉？勉人學當如是也。子貢曰：『學不厭，智也。教不倦，仁也。仁且智，夫子既聖矣。』以仁智而言也。」又語録曰：「默而識之，乃所謂學也，惟顏子能之。故孔子曰：『吾與回言終日，不違如愚，退而省其私。』言顏子退而省其在己者，亦足以發此，故仲尼知其不愚，可謂善學者也。」

范曰：「聖人之於言，皆不得已，默而識之者，不言而喻也。學不厭，智也。教不倦，仁也。三者皆進德而不已，故夫子自以爲有之。」

呂曰：「默識所以存諸心，學不厭所以成諸己，誨不倦所以成諸人，合内外物我之道也。我之道舍是三者，復何所有？」

謝曰：「識非知識之識，乃誌識之識。默而識之，猶曰默而不忘也。蓋人之於道，有所見所聞或終身誦之者，可謂好矣，非默而識之；有書諸紳者矣，非默而識之；蓋已與道未免爲二物也。至於默而識之，神與道契，譬猶以水投水，方且滿意自得，何暇發於言語之間哉！此道聽塗説，聖人不罪其掠美攘善，特哀其德之棄也。學不厭，誨不倦，子貢常論之矣。」

楊曰：「默而識之，蓋有言意之所不能及者。學而不厭，智也。誨人不倦，仁也。仁且智，則既聖矣，是乃所以爲夫子也。」

尹曰：「默識而心通，力學而日新，勤以教人，孰能若孔子者哉？則而效之，入德之序也，充而至之，則聖人矣。曰何有於我，是以勉學者云耳。」

子曰：「德之不修，學之不講，聞義不能徙，不善不能改，是吾憂也。」

伊川解曰：「憂如是，則德日新矣。」

范曰：「德必修而後進，學必講而後明，徙義以崇德，改過以修慝，憂此四者，所以爲人法也。」

謝曰：「見道易，惟修德然後可以得道。言道易，惟講學然後可以明道。聞義不能徙，與不聞同。不善不能改，則安於自棄矣。此四者，自衆人觀之，亦豈爲顯過哉！聖人則以爲終於此而已，此非聖人之憂也與？孟子所謂『飽食煖衣，佚居而無教，聖人有憂之』，其意同。」

楊曰：「德之不修，則無以誠身。學之不講，則無以明善。明乎善矣，而勇不足以行之，則難於進德矣。是宜憂也。」

尹曰：「德必修而後成，學必講而後明，見善能徙，改過不吝，此四者，日新之要也。苟未能至之，聖人猶憂之，況學者乎？」

子之燕居，申申如也，夭夭如也。

伊川解曰：「申申，和適之貌。夭夭，温裕之貌。」又語録曰：「申申是和樂中有中正氣象，夭夭是舒泰氣象，此皆弟子善形容聖人處也。爲申申字説不盡，故更著夭夭字。今人不怠惰放肆，必太嚴厲，嚴厲時著此四字不得，怠惰放肆時亦著此四字不得，除非聖人便自有中和之氣。」或問：「人之燕居，形氣怠惰，而心不慢，可否？」曰：「安有箕踞而心不慢者？昔吕與叔來緱氏，閒居中〔一〕，某嘗窺之，必見其儼然危坐，可謂敦篤矣。學者須恭敬，不可令拘迫，拘迫則難久矣。」

尹和靖言：「親見先生稱道劉質夫如此，非吕與叔也。」

范曰：「申申，舒遲也。夭夭，和樂也。申以言其體，夭以言其心。君子之行，惟敬與和而已。在外則敬，在内則和，此以進德而不已也。」

吕曰：「申申，舒而不至於倨。夭夭，屈而不失其和。皆温舒之貌。」

謝曰：「善觀聖人者，可以得之於儀形。蓋周旋中禮者，必其盛德之至，是以二三子無時不觀省於斯焉。燕居非鞠躬如不容之時，是以其容申申；非踧踖屏氣之時，是以其色夭夭。此之謂中節。」

楊曰：「申申，其容舒也。夭夭，其色愉也。燕居不爲容色，故如是。蓋其心廣體胖，而形諸外者自爾也。」

尹曰：「申申，和適之貌。夭夭，温裕之貌。」

子曰：「甚矣吾衰也！久矣吾不復夢見周公。」

伊川解曰：「夫子盛時，寤寐常存行周公之道，及其老也，志慮衰矣。存道者心，無老少之異，行道者身，老則衰矣，故孔子曰：『吾衰也久矣。』」又語録曰：「孔子初欲行周公之道，至夢寐不忘，及晚年不遇，哲人將萎之時，故自謂不復夢見周公。因此說夢便可致思，思聖人與衆人夢如何？夢是何物？高宗夢傅說如何？曰：此誠意所感，故形於夢。」或曰：「人心所繫著之事，則夜見於夢，所著事善，夜夢見之無害乎？」曰：「雖是善事，心亦動也。凡事有兆朕，入夢者無害，捨此皆妄動。」曰：「孔子夢見周公如何？」曰：「此聖人存誠處也。聖人欲行周公之道，故雖一夢寐不忘周公，及既衰，知周道之不可行，不復夢見也。」或問：「聖人固嘗夢見周公乎？」曰：「否。孔子昔嘗夢寐間思周公，後不復思耳。若謂夢見周公，大段害事，即非聖人。」曰：「聖人無夢乎？」曰：「有。夫衆人日有所思，夜則成夢，或不思而夢，亦是舊習氣類相應。聖人夢異於此，高宗夢傅說，真有傅說在傅巖也。」

橫渠曰：「無意我固必，然後範圍天地之化，縱心而不踰矩。老而安死，然後不夢周公。縱心莫如夢，見周公，志也。不夢，欲不踰矩也，不願乎外也，順之至也，老而安死也，故曰：『吾衰也久矣。』」

范曰：「吾衰者，老將至而道不行也。」又曰：「孔子習周公，蓋常欲天下如周公之復盛，夢見猶不可得，而況於目覩之乎？閔時之不復興也。」

謝曰：「聖人開物成務，誠不厭，健不息，不以愛身而自佚也。故孔子於東周之事，夢寐以之。及鳳鳥不至，河不出圖，然後無意於經世，則其不復夢見周公，不亦宜乎！然非聖人之私意，蓋天之無意於斯文也。何以知天之無意於斯文，觀聖人可也。豈惟以此知天心，聖人亦自考也。故於吾道之衰，不必言明王不興，特曰『吾不復夢見周公』。」

楊曰：「方其盛時，思欲爲周公之事，或形於夢寐。道不行，天下無可爲者，夢見不可復，況欲以其身親爲之乎？故曰：『甚矣吾衰也久矣！吾不復夢見周公。』則與盛時異矣。」

尹曰：「夫子有意於當世，常欲興周公之治，及其志不能就，以至於衰老，故歎曰：『不復夢見周公也。』」

子曰：「志於道，據於德，依於仁，游於藝。」

伊川解曰：「學者當如是游泳於其中。」又語録曰：「志於道，凡物皆有理，精微要妙無窮，當志之耳。德者得也，在己者可以據。依於仁者，凡所行必依著於仁，兼内外而言之也。」

横渠曰：「志道則進，據者不止矣，依仁，則小者可游而不失和矣。」又曰：「藝者日爲之分義也。涉而不有，過而不存，故曰游。」

范曰：「道不可須臾離也，故志之。德者得於身也，故據之。仁者無不愛也，故依之。藝者可以廣業也，故游之。明於此四者，則可謂善學矣。」

呂曰：「志所存，據所執，依所行，游所養。」

謝曰：「志於道，志猶言趨向。趨，向也。君子有時不善，然趨向在道；小人非盡不善，然趨向〔二〕非道。志道譬則戴天，舉目無不在。據德譬履地，有方所矣。依於仁，猶魚之依水，顛沛造次不離也。藝，無之不害爲君子，有之不害爲小人，故時出而習之。游如羈遊之遊。」

游曰：「志於道者，念念不忘於道也；念念不忘，則將有以宅心矣；宅心於道者，無思也，惟精也，無爲也，惟一也。惟精則無偏，此道之大中；惟一則無變，此道之大常。堯授舜，舜授禹，至於允執厥中，則志於道之效也。據於德者，止其所而自得也；自得於己，無待於外，則有以勝物，而其固萬物莫足以傾之；獨立不懼，而其守舉世莫得以易之，則所據之地可謂之□且久矣〔三〕。孟子所謂『富貴不能淫，貧賤不能移，威武不能屈』，則據於德之效也。據於德，所以體道也。依於仁，出入起居，視聽食息，無時而違仁也。仁者人也，人之成位乎天地之間，以其仁而已，不然，則皇皇然無所依矣。猶之父者子之天也，而子依之，夫者妻之天也，而妻依之，不得而違也。君子依乎中庸，亦若是而已，爲中庸之不可須臾離也。依者，違之反也，顏子三月不違仁，則依於仁之效也。依於仁，所以成德也。義，宜此者也；禮，體此者也；智，知此者也。故曰『人而不仁，如禮何？人而不仁，如樂何？』是故君子依於仁而足矣，非謂倚一偏也。孰謂三月不違仁而又不足於義乎？道者天也，故言志；德者地也，故言據；仁者人也，故言依；至於遊於藝，則所以閑邪也。蓋士志於道，苟未至於縱心，則必有息遊之學焉。傳曰：『張而不弛，文武不能也。』『不有博奕者乎？爲之猶賢乎已。』夫博奕固惡矣，而其惡止於博奕；若飽食終日，無所用心，則心之放逸，熱焦火而寒凝冰，何所不至哉！是以聖人寧取於博奕也，況六藝之正乎？故游於禮，所以防其躁也；游於樂，所以遵其和也；游於射，所以正內志而直外體也。御也，書也，數也，亦若是而已，是皆操心之術也。先王之時，自幼子常示無誑，六歲學方名，十年學幼儀，十三舞勺，成童舞象，以至於灑埽應對進退，無非學者，庸詎知大人不失赤子之心，不緣是而得乎？故游於藝，所以守仁也。本末內外，交進而不遺，則於宅心而執厥中，亦何患於弗克哉？」

楊曰：「志於道，則心之所之無非道也。據於德，則所居而安者無非德也。依者，對違之稱，依於仁，則無違仁也。人之於游，則縱而至於放者有矣，故君子之游必於藝焉，所以閑其內也。夫道之不可須臾離也蓋如是。」

尹曰：「志道以致之，據德以行之，依仁以居之，若夫藝則游之而已。游者，涉而不有，過而不存。」

子曰：「自行束脩以上，吾未嘗無誨焉。」

范曰：「夫子誨人不倦，苟能以禮見者，未嘗無誨焉。老子曰：『聖人不積。』既以與人己愈有，既以分人己愈多，成人所以成己也。」

謝曰：「束脩不必用於見師，古人相見之禮皆然。言及我門者苟以是心至，未嘗不教之。」

楊曰：「苟以是心至，斯受之而已，故不倦也。」

尹曰：「苟以禮來者，無不教也。」

子曰：「不憤不啓，不悱不發，舉一隅不以三隅反，則不復也。」

明道曰：「孔子教人，不憤不啓，不悱不發。蓋不待憤悱而發，則知之不能堅固，待憤悱而後發，則沛然矣。學者深思之，思而不得，然後爲它説便好。若初學，却須且爲他説，不然，非獨他不曉，恐止人好問之心。」又曰：「學要自得，古人教人，惟指其非，故曰：『舉一隅，不以三隅反，則不復也。』言三隅，舉其近，若夫告諸往而知來者，則其知已深遠矣。」又曰：「語學者以所見未到之理，不惟所得不深徹，久將理來低看了。」

伊川解曰：「不憤不啓，不悱不發，待其誠至而後告也。舉一隅不以三隅反，則不復也，既告之，必待其自得也。憤悱，誠意見於辭色也。」

范曰：「夫子之學，猶發憤忘食，憤則進也勇〔四〕，悱則其慮也深，因而啓發之，則其人必自得矣。孟子曰，君子之所以教者五：『有如時雨化之者』，顏子是也；『有成德者，有達才者，有答問者』，憤悱之類是也；『有私淑艾者』，舉一隅之類是也。」

呂曰：「憤者不得於心，悱者不得於言。」

謝曰：「非不欲啓也，要之不憤則不能啓；非不欲發也，要之不悱則不能發，以其心不在焉故也。識一隅，必無不識三隅之理，不以三隅反，豈惟不能推類，蓋雖一隅亦不識矣，語之無益。復如有復於王之復。」

楊曰：「善教人者，使人繼其志，欲其自得之，故如是。」

尹曰：「憤悱，誠意見於辭色者，待其誠至而後告之，告之，必待其自得，乃復告耳。以三隅反者，通類之謂也。」

子食於有喪者之側，未嘗飽也。子於是日哭，則不歌。

伊川解曰：「食甘美則飫飽，有喪者在側，豈能甘也。」

范曰：「此所依於仁也。凡人之類所以異於禽獸而不相害者，以其有仁心也〔五〕。故聖人推其心以教人，所以使民相愛也。子於是日哭，則不歌，哀樂不可以無常，無常，非所以養心也。哭與歌不同，不惟恤人，亦所以自養也。」

謝曰：「於此可以見聖人情性之正也。能識聖人之情性，然後可以學道。未嘗飽，臨喪哀也。是日哭則不歌，哭非爲生者故也。聖人哀樂中節，未有終日之間其哀不變者，使其終日之間其哀不變，亦過而不化矣，蓋其他感物而樂亦有之，特不歌耳。」楊曰：「方匍匐救之，而飽食於其側，仁人不忍也。哭則不歌，哀樂不相襲也。」尹曰：「臨喪哀也，故食未嘗飽。異哀樂也，故哭則不歌。於此見聖人忠厚之心也。」

子謂顏淵曰：「用之則行，舍之則藏，唯我與爾有是夫！」

明道曰：「中庸之言，放之則彌六合，卷之則退藏於密。孔子謂顏淵曰：『用之則行，舍之則藏。』君子所性，雖大行不加焉，雖窮居不損焉，不爲堯存，不爲桀亡者也。行藏何累於己。」伊川解曰：「用舍無所預於己，安於所遇者也。或曰：然則知命矣夫。曰：安於遇者，命不足道也。君子知有命，故言必曰命，然而安之不以命。知求無益於得而不求者，非能不求者也。」橫渠曰：「用則行，舍則藏，惟我與爾有是夫。顏子龍德而隱，遯世不見知而不悔，與聖者同能。」又曰：「天下有道則見，無道則隱，君子疾没世而名不稱。蓋士而懷居不可以爲士，必也去無道就有道。遇有道而貧且賤，君子恥之。擧天下無道〔六〕，然後窮居獨善，不見知而不悔，中庸所謂惟聖者能之。仲尼所以獨許顔淵惟我與爾有是夫！」

楊曰：「樂則行之，憂則違之，孔顔之所同。天下文明，則孔子而已矣。」

子路曰：「子行三軍則誰與？」子曰：「暴虎馮河，死而無悔者，吾不與也。必也臨事而懼，好謀而成者也。」

伊川解曰：「子路自負其勇，謂夫子必與己，故夫子抑而教之。」

范曰：「仲由好勇，故以行三軍爲問，意其必與己也。由之勇雖不至於暴虎馮河，然君子有勇而無義爲亂，故其害上也又甚於匹夫矣，故每言必抑之，凡勇者皆不與也。臨事而懼，好謀而成，此勇而能怯者也。」

吕曰：「用之則行，舍之則藏，孔顔所同也。可以仕則仕，可以止則止，孔子所獨也。臨事而懼，則備必豫；好謀而成，則動不妄。」

謝曰：「聖人於行藏之間，無意無必，其行非貪位，其藏非獨善，始可謂真知物我之分者也。至有欲心者，不用而求行，舍之而不藏，是以唯回可與於此。子路雖非貪夫位慕夫禄而有利心也，然勇也，能無固必乎？至謂子行三軍則誰與，其論益卑矣。夫子言臨事而懼，好謀而成，特因其失而救之。不謀不成，不懼必敗，雖小事尚然，況於行三軍乎？心有所恐懼，則不得其正，在聖人豈有不正乎？蓋懼特慎而不忽之謂。」楊曰：「子路以孔子行藏與顏氏同，故問子行三軍則誰與？意其與己也。然勇而無禮，非所以行三軍也，故孔子以是退之。」尹曰：「用舍無與於己，行藏因其所遇，命不足道也。惟顏子幾於聖人，故亦能之。子路負其勇，謂子行三軍則誰與，意孔子必以與己也。故抑之曰：搏虎而涉河，死而不悔，如是之勇，吾不與也。」

子曰：「富而可求也，雖執鞭之士，吾亦爲之；如不可求，從吾所好。」

伊川解曰：「富貴，人之所欲也，苟於義可求，雖屈己可也。如義不可求，寧貧賤以守其志也，非樂於貧賤，義不可去也。」横渠曰：「富而可求，雖執鞭之士，吾亦爲之，不憚執卑以求富，求之有道也。然得乃有命，是求無益於得也。」范曰：「富，人所欲也，聖人豈欲貧而惡富哉？苟以道得之，雖執鞭之士可爲也，而況其上者乎？如不以其道，則從志而已矣，可違道以求富也哉？」吕曰：「居卑居貧，君子有時而願爲，惟得之有命，故無心於求。」謝曰：「天下之人，徒能言富不可求，惟夫子真知其不可求也，是以從吾所好。」

楊曰：「君子非惡富貴而不求也，以其在天，無可爲之道也。」

尹曰：「可求者義，在我故也；非義，則在外者也，故從吾所好。」

子之所慎：齊、戰、疾。

伊川解曰：「三者夫子所重慎。人之事爲多矣，能察知所慎，善觀聖人矣。」

范曰：「慎齊，所以交神也；慎戰，所以正人也；慎疾，所以保身也。於齊也不致其精誠，則無以交鬼神；於戰也不能臨事而懼，則無以正人；以疢疾爲小而不慎，則危身之道也。」

吕曰：「三者，神人己而已。事神之至，莫先於齊；用人之先，無慎於戰；養己之功，無過於疾。」

謝曰：「以誠敬維持之謂慎。齊所以交鬼神，誠則有，不誠則無。戰與疾如臨深履薄，如何不慎。」

楊曰：「齊所以交鬼神，戰所以用民命，疾所以傷吾生，君子之所宜慎者，孰大於是？是故孔子齊必變食，必也臨事而懼，好謀而成，康子饋藥，未達，不敢嘗，蓋其慎之如此。」

尹曰：「齊交乎鬼神，戰決乎存亡，疾繫乎死生。夫子無所不慎，弟子識其大者記之耳。」

子在齊聞韶，三月不知肉味，曰：「不圖爲樂之至於斯也！」

伊川解曰：「子在齊聞韶，三月不知肉味，當食而聞，忘味之美也。三月乃音字，誤分爲二也。不圖爲樂之至於斯也，歎其美也。作三月，則於義爲不可。」聖人不當固滯如此。又語録曰：「三月本是音字，謂在齊聞韶音。音字分爲三月，傳寫之誤也。聖人所過者化，不應忘味之久也。」又曰：「聖人不凝滯於物，安有聞韶雖美，直至三月不知肉味者乎？三月字誤，當作音字。此聖人聞韶音之美，當食不知肉味，乃歎曰『不圖爲樂之至於斯也』，門人因此記之。」

范曰：「韶盡美，又盡善，樂之無以加此也。故學之三月，不知肉味，誠之至，感之深也。夫子不意學樂至如是之美，故不圖爲樂之至於斯也。」史記世家有學之二字。

謝曰：「三月不知肉味，以意逆志讀之。方其感時，不知肉味也則宜，然三月之間，無一日之忘，則以幾於固矣。蓋志於累月之久，尚時有感於心者，不忘至於踰時，則泊然矣。」

程侍講以三月爲音字。

楊曰：「書曰：『簫韶九成，鳳凰來儀。』蓋前古所無，而後無繼者，則韶之盡善盡美，可謂至矣。此夫子所以不圖樂之至於斯也，故聞之不知肉味。伊川謂『在齊聞韶音。音字分而爲三月，傳寫之誤也。聖人所過者化，不應忘味如是之久也。』」

尹曰：「子聞韶音，當食而忘肉之味，曰『不圖爲樂之至於斯』，歎其美也。臣聞師程頤曰：『三月當作音字，傳寫之誤。』」

冉有曰：「夫子爲衛君乎？」子貢曰：「諾，吾將問之。」入曰：「伯夷叔齊何人也？」曰：「古之賢人也。」曰：「怨乎？」曰：「求仁而得仁，又何怨？」出曰：「夫子不爲也。」

伊川解曰：「夫子爲衛君乎，問與輒否乎？仁人讓國而逃，諫伐而餓，終無怨悔，夫子以爲賢，故知其不與輒也。」

謝曰：「介甫曰：『塗之人小者知有財利，大者知有權勢，其上乃知有名而已。』知有財利也，奪之則怨；知有權勢也，黜之則怨；知有名也，毁之則怨。伯夷不知有此三者，知求仁而已。求仁在我，其得之無所德，其不得之無所怨，故孔子曰：『求仁而得仁，又何怨乎？』夫財利權勢聲名，固民之欲也，先王因民之欲，而節文之以禮樂，欲民之仁也。然後世知財利之可以爲侈，知權勢之可以爲驕，知聲名之可以爲夸，而莫知仁之可以安且樂也。自子貢之徒，於天下之理晰矣，尚疑伯夷之用心，則瞢瞢者豈足悲乎？大意知察言而觀色，則當如此，非機巧也，與趙廣漢欲問馬先問牛意異。辭欲巧，亦學者窮理一事也。」

楊曰：「衛太子蒯聵得罪於靈公而奔宋，已而之晉趙氏。靈公怨其出奔也，謂少子郢曰：『吾將立若爲後。』靈公卒，夫人立郢爲太子，曰：『此靈公命也』。郢曰：『有亡人之子輒在，不敢當』，於是衛人立輒爲君。昔者公儀仲子之喪，舍其孫而立其子，子游問諸孔子，孔子曰：『否，立孫。』則世子亡而立嫡孫，禮也。然則郢之讓，輒之立，正也。趙簡子欲立蒯聵，而衛人以兵拒之，不得入。夫蒯聵得罪於靈公出奔，不宜有衛也，衛人以輒爲君矣，則其拒之宜若可然，故冉求以爲問。夫君子居是邦，不非其大夫，況其國君乎？居衛而問衛君，宜夫子之不告也，故子貢以夷齊問之。夫伯夷叔齊，孤竹君二子也。伯夷兄也，叔齊弟也。父欲立叔齊，而叔齊以伯夷爲兄而讓之，伯夷以爲父命也，不受而逃去，故國人立其中子，而夫子賢之。子貢以是知其不爲衛君也。何以言之？蓋爲臣而不命於其君，爲子而不授於其父，而有其國，義之所不與也。伯夷爲兄，叔齊讓之，猶弗受也，況得罪於其父乎？則蒯聵不宜有衛明矣。夫人以靈公之命而立郢，受之可也，而以輒在爲辭，其庶幾叔齊之義乎！然輒之立，以蒯聵嘗爲世子故也。蒯聵未嘗爲世子，則郢何辭焉，而輒亦何自而立耶？故春秋書趙鞅帥師納衛世子蒯聵於齊〔七〕，書世子所以罪輒也。然則蒯聵之入，爲輒者宜奈何？去位從之可也，拒之不可也。國人拒之而立郢，則其義兩得矣。説者以爲善兄弟之讓，則惡父子之爭可知。夫惡父子之爭，雖庸夫愚婦知之矣，而謂求賜之賢，必待問而後知耶？失其旨矣。」或問：「夫子爲衛君，子貢自以意對可也，何必更以夷齊爲問？」曰：「向嘗解此一段，亦未盡。蕢得罪先君，而輒乃先君之命，此其可疑，又與夷齊事頗相類，故以問也。當是時，蕢以父爭，輒便合避位，國人擇宗室之賢者立之，乃善。」又問：「伯夷當初若還立時如何？」曰：「伯夷不得罪於先君。」又問：「子路事孔悝，死得是否？」曰：「亦是。」「若使孔子爲之，則如之何？」曰：「它當自有處也。」又問：「方蕢爭之時，勸輒避位，不從，則去之，如何？」曰：「可。子路先亦勸孔悝不可與其事〔八〕，只是失之太遲。若使子貢問衛君，孔子必不答，居是邦，不非其大夫，況君乎？蕢輒事，史記兩處出，當以衛世家爲正。」

尹曰：「衛君父子爭國，夷齊兄弟讓位，孔子賢夷齊，則其不爲衛君也可知矣。」

子曰：「飯疏食飲水，曲肱而枕之，樂亦在其中矣。不義而富且貴，於我如浮雲。」

明道曰：「樂亦在其中，須知所樂者何事。」又曰：「百官萬務，金革百萬之衆，飲水曲肱，樂在其中。萬變皆在人，其實無一事。」

伊川解曰：「雖疏食飲水，不能改其樂，故曰『樂亦在其中』，非樂疏食飲水也。不義而富貴，視之輕如浮雲也。」

范曰：「夫子所樂，非疏食與水也，雖貧而未嘗不樂，夫道其有貧賤哉！以義而得之，行乎富貴，不義而得，則若浮雲然，無有也。」

謝曰：「非樂疏食飲水也，蓋疏食飲水不足以害其樂。然則夫子蓋無所樂，天下之至樂也。如此，則視義富義貴，亦如浮雲，而況不義乎？」楊曰：「天爵之貴，備萬之富，皆具於吾身，天下孰加焉，故雖飯疏食飲水，人所不堪者，樂亦在其中矣。趙孟之所貴，趙孟能賤之，則視其去來之輕，真如浮雲耳。學者能究其所樂，則不義之富貴，於我乎何有？」

尹曰：「君子所樂者，非疏食飲水所能奪，故云『樂在其中矣』。不義富貴，非所□也〔九〕，故曰『如浮雲』。」

子曰：「加我數年，五十以學易，可以無大過矣。」

伊川解曰：「此未贊易時言也。更加我數年，至五十以學易，易道無大過矣。古之傳易，如八索之類，皆過也，所以易道未明，聖人有作，則易道明矣。云學云大過，皆謙辭。」又語録曰：「加我數年，五十以學易，則年未五十也。孔子未發明易道之時，如八索之類，不能無謬亂，既贊易道以黜八索，則易之道可以無大過謬。言學與大過，皆謙辭也。」問：「加我數年，五十以學易，可以無大過。不知聖人何因學易始能無過？」曰：「先儒謂孔子學易後可以無大過矣，此大過失却文意〔十〕。聖人何嘗有過，如待學易後無大過，却是未學易前嘗有大過也。又聖人如未嘗學易，何以知其可以無過？此蓋孔子時，學易者支離，易道不明，仲尼既修他經，唯易未嘗發明，故謂弟子曰：『加我數年，五十以學易。』期之五十，然後贊易道而黜八索是也。」又曰：「前此學易者甚衆，其説多過矣。聖人使弟子俟其贊易而後學之，其過鮮矣。」又曰：「當孔子時，傳易者支離，故言五十則學易。言學者，謙辭。學易以無大過差，易之道，惟孔子無大過。」

范曰：「夫子之爲是言，蓋未五十也。五十而知天命，故可以學易。窮理盡性以至於命，故可以無大過，至於小過，則聖人不自必其無也。然則聖人有過乎？曰：聖人與人同類，奚而無過也？堯舜舍己從人，舜曰『予違汝弼』，庸非過乎？夫惟過而能改，不遂其非，此所以爲聖也。是故夫子以不善不能改爲憂，其未學易，不敢自以爲無大過也。」

謝曰：「因是知正六藝非夫子初心，删詩定書贊易道以黜八索，皆其自衛反魯之後乎？然昔之説易，其殽亂如八索者蓋多，待夫子贊而黜之，然後其道可以大明。可以大無過，指易書之害正者言也。」

楊曰：「知性知天，然後可以言易；知易，然後可以無大過。蓋與天地不全相似，則斯爲過矣，與易爲一，然後無過。孔子之學易，宜不待五十，言此者，欲學者當其可而不躐等也。」

尹曰：「臣聞之師程頤曰：『古之傳易，如八索之類，皆有過也，所以易道未明，聖人有作，易道明矣。』曰大過，曰加我數年，皆謙之辭也。」

子所雅言，詩書執禮，皆雅言也。

明道曰：「雅言，雅素所言也。至於性與天道，則子貢亦不可得而聞，蓋要在默而識之也。」又曰：「詩書統言，執禮人所執別。」別，一作行。

伊川解曰：「世俗之言，失正者多矣，如吳楚失於輕，趙魏失於重。既通於衆，君子正其甚者，不能盡違也。惟於詩書執禮，則必正其言也。」又語録曰：「雅，雅素所常言也。」

范曰：「雅，正也，惟正可以爲常，故雅亦常也。子所雅言者，常言也。每言必以詩書明之，不然，則執以禮。其所常言不出乎此，故曰『皆雅言也。』」

謝曰：「詩書執禮，乃聖人之常言也。因記夫子談易之語，而以類記之。」

楊曰：「孔子自謂加我數年五十以學易，又曰：『春秋，天子之事。』故所雅言，詩書執禮而已。」

尹曰：「雅者正也，惟正可以爲常，故雅亦素也，雅言者，所常言也。孔子常言，必明以詩書，或執以禮，弟子因其語學易而類記。」

葉公問孔子於子路，子路不對。子曰：「女奚不曰：其爲人也，發憤忘食，樂以忘憂，不知老之將至云爾。」

伊川解曰：「葉公不知仲尼，故問於子路，子路以其不知聖人也，故不對。發憤至於忘食，自樂能忘其憂，老將至而不知，好學之篤耳。聖人未嘗自居於聖人也，惟自謂其好學耳。」

范曰：「發憤忘食者，好學也；樂以忘憂者，好道也；不知老之將至者，日不足也。此夫子終身之所行，故欲以語人也。」

謝曰：「發憤忘食，非濟欲者；樂以忘憂，非累物者；不知老之將至云爾，不知年數之不足也。要其極亦無我之事。」

楊曰：「葉公不足以知孔子，必有非所問而問，故子路不對。而孔子語之如此，必有因其所問而告之者，亦以發子路之知也。」

尹曰：「子路不對葉公，以形容之難也。孔子所以語之，蓋不自居其聖者而已。」

子曰：「我非生而知之者，好古敏以求之者也。」

韓持國謂明道曰：「若有人明得了者，先生信乎？」先生曰：「若有則豈不信？蓋必有生知者，然未之見也。凡云爲學者，皆爲此以下論。孟子曰：盡心知性，存心養性，便是至言也。」

伊川解曰：「非自謂好學也，所以勸人學也。敏，速也，謂汲汲也。」又語録曰：「生知只是他生自知，理義者不待學而知。縱使孔子是生知，亦何害於學，如問禮老聃，訪官名於郯子，何害爲孔子。禮文官名，既欲知舊物，又不可望空撰得出，須是問他先知者始得。」又曰：「生而知之，學而知之，才也。」或問：「生而知之，要學否？」曰：「生而知之，固不待學，然聖人必須學。」

范曰：「中庸曰：『或生而知之，或學而知之，或困而知之，及其知之，一也。或安而行之，或利而行之，或勉强而行之，及其成功，一也。』此所謂中庸無賢者之過不肖者之不及也。夫子不自以爲生知，而曰好古敏以求之，所以道中庸也。夫生而知之者天也，學而知之者人也。聖人所以帥人者，學而已，其在天者，非所以教也。」

吕曰：「好古敏求，及其知之一也。孔子誠以致學之功，而齊生知之德。」

謝曰：「至於入聖域，則不論生知與學知之異。言我非生而知之云爾，其言則不居聖，其意則不讓矣。」

楊曰：「孔子之聖，猶天之不可階而升也，門人如顔淵，猶曰『雖欲從之，末由也已』。故夫子自謂我非生而知之者，好古敏以求之者也。蓋不以生知自居，而示人以學，使知所謂不可階而升，皆可學而至也。其循循善誘蓋如是。」

尹曰：「孔子以生知之聖，每云好學者，非爲勉人也。蓋生而可知者，義理耳，若夫禮樂名物，必待學而後能也。」

子不語怪、力、亂、神。

伊川解曰：「怪異、勇力、悖亂、鬼神之事，皆不以語人也。」

范曰：「君子非正不言，其所言者常道也，明庶物，察人倫而已。是四者不可以訓也。學者之言及此，則心術不得其正，未有不入於邪説者也。」

吕曰：「怪，不中也，如素隱行怪之怪。闕力也。亂，不治。神，妙理也。語怪則道不中，語力則德不立，語亂則術不修，語神則聞者惑。」

謝曰：「介甫云：怪，非常也。蓋聖人語常而不語怪，語德而不語力，語治而不語亂，語人而不語神。」

游曰：「夫子語治而不語亂，何也？君子樂道人之善，惡言人之惡，則語治而不語亂者，聖人之仁也。且語治而已，則是非美惡較然明矣，何必語亂而後可以爲戒。」

楊曰：「怪力亂神，敗常亂俗，故不語也。」

尹曰：「怪異、勇力、悖亂、鬼神之事皆不語，恐惑人也。」

子曰：「三人行，必有我師焉，擇其善者而從之，其不善者而改之。」

范曰：「見善從之者，以善爲師也；見不善改之者，以不善爲師也。三人行，必有善有不善在彼，而我皆得師焉，是以君子顛沛造次不離於道也，豈獨三人哉！君之於臣，今人之於古人，雖之夷狄，觀於鳥獸，入乎患難，皆可爲師。」

謝曰：「善，吾師也；不善，亦吾師也。」

楊曰：「學者何嘗師之有，苟可以長善而救失，皆吾師也。故三人行，必有善可擇而從，不善者可省而改，是乃得師也。」

侯曰：「雖聖人未嘗無師也，從之固吾師也，改之亦吾師故也。」

尹曰：「見賢思齊，見不賢而内自省，則善不善者皆我之師，進義其有窮乎？」

子曰：「天生德於予，桓魋其如予何？」

伊川解曰：「人莫不知有命也，臨事而不懼者鮮矣。惟聖人爲能安命。」又語録曰：「天生德於予，便是命，聖人極斷置以理。」

范曰：「人事備而後可言天，性道盡而後可以言至命。生德於己者天也，假手於人者命也，桓魋豈能違天乎？」

謝曰：「天生德於予，是夫子與天合德矣，與天合德，則天且不違，況桓魋乎？然聖人不敢必其不我能害也，使其能爲我害，亦天也，故曰：『其如予何？』」

楊曰：「使孔子不免於桓魋之難，是亦天也，桓魋其如予何哉？」

尹曰：「天其或者生德於予，則宋司馬其如我何？聖人安命故也。」

子曰：「二三子以我爲隱乎？吾無隱乎爾。吾無行而不與二三子者，是丘也。」

伊川解曰：「孔子之道一也，其教人則異。孔子常俯而就之，孟子則推而高之。孔子不俯就，則人不親；孟子不推高，則人不尊，聖賢之分也。二三子不能窺見聖人，故告之以無隱也。」又語録曰：「聖人之道猶天然，門弟子親炙而冀及之，然後知其高且遠也。使誠若不可及，則趨向之心不幾於怠乎？故聖人之教常俯而就之，曰吾無隱乎爾；我非生而知之者，好古敏以求之者也。非獨使資質庸下者勉思企及，而才氣高邁者亦不敢躐易而進也。」

范曰：「夫子之於人，無所不用其極，惟恐人以己爲不可及而不學，故告二三子無隱，欲其皆如己也。」

吕曰：「聖人體道無隱，與天象昭然，莫非至教，常以示人，而人自不察。」

謝曰：「道在八荒之外，近在父子夫婦之間，視聽食息之際，雖聖人何得而隱哉？仰觀俯察，無往而不與二三子共之也，二三子特習矣而不察耳，故曰『吾無隱乎爾』。若不與二三子共之，豈所謂天下之達道乎？」

游曰：「聖人語默動靜，無非教者，其所以與二三子者，甚易知而易見也，惟其聽之者自不能見，則以爲有隱耳。其曰『是丘也』者，質諸己以實其言也。故曰：『天何言哉？四時行焉，百物生焉。』聖人亦天而已矣。子貢曰：『夫子之言性與天道，不可得而聞也。』是性與天道，仲尼固嘗言之，曷嘗有甚高不可測之論，大而無當不近人情乎？蓋亦不離於文章也。而學者自不能以心契，則或疑其未嘗言耳。子貢既聞道矣，故知夫子之未嘗不言也。子路問事鬼神，子曰：『未能事人，焉能事鬼？』敢問死？曰：『未知生，焉知死？』蓋能盡人之道，則於事鬼神之道，可以不學而能也。能知生之說，則於死之說，可不問而知也。告人之道於是乎盡，孰謂夫子有隱於由乎？」

楊曰：「君子之道，不出乎百姓日用之間，夫何隱之有？而由之者自不知也，疑若有隱焉。故曰：『吾無行而不與二三子者，是丘也。』」

尹曰：「聖人作止語默，無非教也，恐弟子不能窺識，故曰無隱爾。」

子以四教：文、行、忠、信。

伊川解曰：「教人以學文修行而存忠信也。忠信本也，一心之謂誠，盡心之謂忠，存於中之謂孚，見於事之謂信。」

范曰：「學者之序，必主於忠信，而後爲能行，行有餘力，則以學文。文行外也，忠信内也，教者必自外入，而文未嘗不先焉。文所以成始，亦所以成終也。故舉其成則曰文、行、忠、信。」

謝曰：「教止於此四事，其實三事耳：文也，行也，忠信也。」

楊曰：「博之以文，約之以禮，立之以忠信，使知所以進德。教者之事，孰大於是？」

尹曰：「四者皆可以入德。」

子曰：「聖人吾不得而見之矣。得見君子者，斯可矣。」子曰：「善人吾不得而見之矣。得見有恒者，斯可矣。亡而爲有，虚而爲盈，約而爲泰，難乎有恒矣！」

伊川解曰：「才德出衆，謂之君子。善人，良善之人也。有常，雖無善，而守其常分者也。若實無而爲有，以虚而爲盈，處約而爲泰，則妄人也，難謂之有常矣。」

横渠曰：「有常者不貳其心，善人者志於仁而無惡。」

范曰：「君子者，聖人之次也；有常者，善人之次也；善人不踐迹，亦不入於室，然則君子之次也。世衰亂，則無恒者多。亡而爲有，故不學；虚而爲盈，故不受；約而爲泰，故無度。此所以不能有恒也。」

謝曰：「聖人大而且化，君子得聖人之體而未化，所以不見聖人，思見君子。善人不所以踐迹，可以制行。有恒者不越循法度，而不敢以亡而爲有、虚而爲盈、約而爲泰耳。所以不見善人，思見有恒者。」

楊曰：「禮運自禹湯文武成王周公，通謂之六君子，則君子者，聖賢之通稱也。對聖人之言，則君子其次也，故聖人不得而見之，得見君子斯可矣。然君子非仁無成名，仁聖皆孔子所不居也。有恒心然後可與爲善，苟無恒心，放僻邪侈，無不爲已。故善人不可得而見，思見有恒者。易曰：『恒，久也。』以亡爲有，終亦必亡而已矣，何可久也。虚也，約也，亦然。故曰：『難乎有恒矣。』」

尹曰：「猶言不得中行而與之，思其次也。」

子釣而不綱，弋不射宿。

伊川解曰：「聖人之仁，不盡物，不驚衆也。」

范曰：「夫子之於釣弋，亦有仁心焉，此所謂造次必於是也。若以小善爲無益而弗爲，是以小惡爲無傷而無去也，故一物而不遺焉。」

謝曰：「袁思正説：不綱者，惡其取物之多；不射宿者，不欲陰中物。」

楊曰：「魯人獵較，孔子亦獵較，則釣弋有時而爲之。然盡物取之，出其不意，亦聖人不爲也。記此，餘固可知也。」

尹曰：「釣而不綱，不欲盡物也。弋不射宿，不欲暴物也。推是心以往，其大者可知。」

子曰：「蓋有不知而作之者，我無是也。多聞擇其善者而從之，多見而識之，知之次也。」

伊川解曰：「不知而作，妄作也。聖人固無所不知也，在衆人雖未能知之，若能多聞擇善而從，多見而記識之，亦可以次於知之者也。」又語録曰：「凡人作事皆不知，惟聖人無不知者。」

横渠曰：「世有不知而作之者，蓋鑿也妄也，夫子所不取也，故曰『我無是也』。」又曰：「見而識其善，而未果於行，愈於不知者耳。」

范曰：「知之爲知之，不知爲不知，聖人亦若是而已矣。故不知而妄作者，無有也。多聞而擇之，多見而識之，指學者以致知之道也。」

吕曰：「不知而作，不免乎狂。聞見之學，雖曰未達，而所行所知未悖於道。見者目之所及，聞者知所不見，從者敏於行，識者識之心而將行，知者明之而已，亦不失於心。聞廣於見，從愈於識，識愈於知，此其序也。」

謝曰：「知者，心有所覺也，非聞見之所及。只於聞見能擇而從之識之，與心知殊異，故曰：『知之次也。』」

楊曰：「孔子述而不作，況有不知而作之者與？故曰：『我無是也。』夫致知在格物，物格而后知至，多聞多見未足以與此，故爲知之次。夫不知而後有妄作，多聞能擇其善者而從之，多見能識之，雖未足以爲知之至，然與夫不知而作者，蓋亦有間矣。」

尹曰：「事必知其道而後可作，蓋不知其道而作之者，妄也。故孔子曰：『我無是也。』雖未知其道，若能擇善者而從之，其不善者而改之，次欲知其道者也。」

互鄉難與言，童子見，門人惑。子曰：「與其進也，不與其退也，唯何甚？人潔己以進，與其潔也，不保其往也。」

伊川解曰：「互鄉之人，習於不善，難與言善者也。今四方之俗，有頑惡難治者，皆習使之然也。互鄉之童子來，而門人怪之，子曰：與其進也之志善，不與退而不善也，拒絶之，則太甚矣。人潔己而來，當與其潔也，豈保其往而不善乎？聖人待物之弘也。」

范曰：「聖人嘉善而矜不能，互鄉之人，夫子猶欲與之，而不拒也。孟子曰：『雖有惡人，齋戒沐浴，則可以事上帝。』上帝猶不絶也，而況於聖人乎？是以能改而新其德者，必與之進，雖惡人不絶也，而況於童子能以禮見者乎？」

謝曰：「童子委贄而退，蓋本無與先生長者抗禮之意，此門人所以惑也。然先生與之進則進，不與之進則退，庸何傷？蓋人苟有潔己之心以進，亦可與也，豈保其異日弗畔哉！」

楊曰：「可者與之，其不可者拒之，蓋始學之事也。子張曰：『我之大賢與，於人何所不容？』則裕乎此矣，況孔子乎？互鄉難與言，童子見，在始學者不能不惑也。然人潔己以進，則與其潔，苟以是心至，斯受之矣，於互鄉又何擇焉？」

尹曰：「互鄉之人，習於不善，難與言善者也。童子見，門人惑，故夫子曰：與其進之志善，不與其退而不善也，若絶拒之，則已甚矣。人潔己以來，當與其潔也，安可保其往也？」

子曰：「仁遠乎哉？我欲仁，斯仁至矣。」

伊川解曰：「爲仁由己，欲之則至，未有力不足者也。」

范曰：「仁者，性之所有也，爲仁由己，故不遠，欲之則至矣，行之則是也。不求之己而求之外，則遠矣。」

謝曰：「我未見力不足者，我欲仁，仁自至矣。」

楊曰：「爲仁由己，則我欲仁，斯仁至矣。」

尹曰：「爲仁由己，欲之則至，何遠之有？」

陳司敗問：「昭公知禮乎？」孔子曰：「知禮。」孔子退，揖巫馬期而進之，曰：「吾聞君子不黨，君子亦黨乎？君取於吳爲同姓，謂之吳孟子。君而知禮，孰不知禮？」巫馬期以告，子曰：「丘也幸，苟有過，人必知之。」

伊川解曰：「陳司敗問昭公之知禮乎，夫子以知禮答之，而司敗以爲黨，在所不答也。而復自云有過者，巫馬期約以復告也。」又語録曰：「彼國人來問君知禮否，不成說不知禮也。如陳司敗數昭公失禮之事而問之，則有所不答，顧左右而言他。及巫馬期來告，正合不答，然孔子答之者，以陳司敗必候其反命，故須至答曰：『丘也幸，苟有過，人必知之。』」或問：「注言諱君之惡，是否？」曰：「是。」「何以歸過於己？」曰：「非是歸過于己，此事却是陳司敗欲使巫馬期以取同姓之事去問是知禮不知禮，却要回報言語也。聖人只有箇不言而已，若說道我諱君之惡，不可也，又不成却以取同姓爲禮，亦不可，只可道：『丘也幸，苟有過，人必知之。』」

范曰：「天地定位，而有君臣，紀綱人倫，故聖人謹之，以爲民之防也。昭公之行，不可揜也，在夫子則當諱，於陳司敗何有焉？夫子引爲己過，所以存君臣也。」

吕曰：「此與以微罪行同義。黨君之過小，彰君之惡其過大，乃所以爲義。」

謝曰：「陳司敗泛問昭公知禮與不知禮，與沈同問燕可伐與不可伐於孟子同也，孔子豈敢對以不知禮？若復問取同姓爲知禮與不知禮，則孔子當别有論。陳司敗不復問，直以爲黨，聖人豈復辨以我爲無過也。」

楊曰：「陳司敗問昭公知禮乎，子曰知禮。蓋居是邦而問其君，其對之宜如此也。司敗揖巫馬期而進之，謂孔子爲黨，巫馬期以告者，司敗之意也，欲得孔子之言以反命。故孔子曰：『丘也幸，苟有過，人必知之。』受其過而不辭。不爾，則無答可也。然夫子既自以爲過，則昭公之不知禮，亦從可知矣。」

尹曰：「人問國君知禮否乎，對曰知禮者宜也。司敗以孔子爲黨，而陳其事，在所不答也。而云丘也幸，苟有過，人必知之者，以巫馬期請復命故也。」

子與人歌而善，必使反之，而後和之。

伊川解曰：「歌必全章也，與割不正不食、席不正不坐同也。」

范曰：「歌之善者猶樂之，而況於德之善，其有不勉而進之者乎？君子成人之美，凡皆如此也。」

吕曰：「使反之而後和之，亦與人爲善之義。」

謝曰：「記聖人與人盡歡，非貌親也。」

楊曰：「反之而後和，所以繼其聲也。君子樂取諸人以爲善者如此。」

尹曰：「此記孔子樂善與人同也。」

子曰：「文，莫吾猶人也。躬行君子，則吾未之有得。」

伊川解曰：「常人於文飾則皆欲勝人，實行則未之見也。」又語録曰：「人於文采，皆不曰吾猶人也，皆曰勝於人爾。至於躬行君子，則吾未見其人也。」又曰：「文皆欲勝人，至躬行則未嘗得也。」

范曰：「文，莫吾猶人也，文不能勝人也。躬行君子則吾未之有得者，行未得爲君子也。文不能勝人，行未得爲君子，此所以進而不已也。中庸曰：『君子之道四，丘未能一焉。』責己，所以勉人也。」

呂曰：「莫之爲言，猶曰得不也。孔子自謂，我之文章得不與人同乎？但躬行君子，自謂未得耳。此非謙辭，亦庸言庸行之至，聖人有所不能。」

謝曰：「文雖聖人無不與人同，故不讓。能躬行君子斯可以入聖，故不居。猶言君子道者三，我無能焉。」

楊曰：「學者既其文而不孚其實，故躬行君子未之有得。」

尹曰：「子言文則吾莫能過人也，至於躬行君子，則未之見也。」

子曰：「若聖與仁，則吾豈敢？抑爲之不厭，誨人不倦，則可謂云爾已矣。」公西華曰：「正唯弟子不能學也。」

伊川解曰：「夫子謙，自謂不敢當仁聖，然行之而不厭，以誨人而不倦，不厭不倦，非己有不能也。公西華見聖人之道遠，而誨人不倦，故歎曰：『正唯弟子不能學爾。』」

横渠曰：「君子於仁聖學不厭誨不倦，且自謂不能，蓋所以爲能也。」

范曰：「仁，聖之次也。聖人惟不自聖，故能聖；不敢當仁，故能仁。爲之不厭，所以學於聖也；誨人不倦，所以志於仁也。夫子自言能此而已，蓋謙也。公西華以爲二者乃所以爲聖仁，故弟子不能學也。」

謝曰：「學不厭，教不倦，則聖且仁矣。故曰：『正唯弟子不能學也。』」

楊曰：「子曰：『何事於仁，必也聖乎？』則仁與聖宜若相遠矣。又曰：『若聖與仁，則吾豈敢？』則仁與聖皆孔子不敢居也。蓋仁者通上下言之也，苟有功施於仁，皆可謂之仁，故雖管仲，亦曰『如其仁』。語仁之至，非大人其孰能當之〔十一〕？若夫聖人，則人倫之至，無以尚之也。然孔子所不敢居者名而已，爲之不厭，誨人不倦，則仁且智。夫子既聖矣，有其實而不居其名，正唯弟子之不能學也。」

尹曰：「盡仁道即聖也，唯聖人爲能盡仁道。夫子自謙而不敢當，然行之而不厭，誨人而不倦，則知仁備矣。故公西華曰：弟子所不能者，正以此耳。」

子疾病，子路請禱。子曰：「有諸？」子路對曰：「有之。誄曰：『禱爾於上下神祇。』」子曰：「丘之禱久矣。」

伊川解曰：「夫子病，子路請禱。子曰：有是理乎？子路以古人之誄對。夫禱者，悔過遷善，以祈神之祐也。聖人未嘗有過，無善可遷，故曰：『丘之禱久矣。』」

范曰：「子之於父，臣之於君，有疾而禱，禮之常也。夫子仕於魯，恐其禮未得也，故問曰：『有諸？』子路以誄對。夫子因教以素行合於神明，不欺其誠，則是爲禱。故曰：『丘之禱久矣。』」

謝曰：「此非夫子不禱，語子路以禱於鬼神之理也。鬼神可以誠意交，則禱之理有也；不可以誠意交，則禱之理無也。使其無，不禱可也；使其有，則夫子之誠意亦足矣。故曰：『丘之禱久矣。』」

楊曰：「聖人與鬼神合其吉凶，則其禱也久矣。」

尹曰：「禱者，悔過遷善祈祐於神也。聖人未始有過，無所不善，自求多福而已，何事於禱？」

子曰：「奢則不孫，儉則固。與其不孫也，寧固。」

伊川解曰：「奢儉皆失禮也，而奢之害大。」

范曰：「奢儉皆非禮之中也，與其失之奢，不若失之儉，儉猶得禮之本。不孫則爭，爭則亂之所由生也，故聖人戒之。」

謝曰：「儉特不可謂之中道，犯禁陵上之過則亡也。至於奢，則豈特過中而已，故曰不孫。」

楊曰：「奢則僭上，故不孫，不孫，亂之道也。儉不由禮，則固而已矣，然猶近本也。故與其不孫也，寧固。」

尹曰：「奢儉皆失中也，而奢之失爲大。」

子曰：「君子坦蕩蕩，小人長戚戚。」

明道曰：「君子坦蕩蕩，心廣體胖。」

伊川解曰：「君子循理，故常舒泰；小人役於物，故多憂戚。」

范曰：「君子居易，故常泰；小人行險，故多懼。有諸内必形諸外，二者，皆其心自取之也。夫子言君子小人必相反，所以使人辨之也。」

謝曰：「不憂不懼，所以坦蕩蕩；懷得失之心，所以長戚戚。」

楊曰：「居易俟命，故坦蕩蕩；放利而行，則既得之，又患失焉，故長戚戚也。」

尹曰：「君子循理，故常舒泰；小人役於物，故常憂戚。」

子温而厲，威而不猛，恭而安。

伊川解曰：「子温而厲，威而不猛，恭而安，德容之盛也。善哉門人之能觀聖人也！」又語録曰：「衆人安則不恭，恭則不安。」

范曰：「温而厲故不柔，威而不猛故不暴，恭而安故不勞。温也，威也，恭也，三者性之德；厲也，不猛也，安也，三者德之修，故能中和也。」

吕曰：「言温而厲，故孫出而可法。色威而不猛，故望之儼然，即之也温。貌恭而安，故動容周旋中禮。」

謝曰：「三事皆聖人之仁義禮智充溢於中而睟面盎背而然。在他人温則不厲，厲則不温，威則猛，不猛則不威，恭則不安，安則不恭。如伯夷柳下惠之氣象，猶在兩偏。若下惠則温勝厲，若伯夷則厲勝温，其唯聖人之時然後温而厲乎？威非作威，蓋德威也。心慢而貌恭，則雖恭而不安。」又語録曰：「横渠嘗言：吾十五年學箇恭而安不成。明道曰：可知是學不成有多少病在。謝子曰：凡恭謹必勉强不安肆，安肆必放縱不恭，恭如勿忘，安如勿助長，正當勿忘勿助長之間，須子細體認取。」

楊曰：「以直而温故厲，以德而威故不猛，由禮而恭故安，如是然後爲盛德。」

尹曰：「聖人和順積中，英華發外，故温而厲，威而不猛，恭而安。非善觀聖人者，不能形容至此。」

校勘記

〔一〕閒居中　明抄本、四庫本「閒」作「間」。
〔二〕自「趨向也」至「然趨向」二十三字　原本闕，據明抄本補。
〔三〕□且久矣　明抄本空格内作「安」字。
〔四〕憤則進也勇　原本無「憤」字，據文意補。
〔五〕「凡人之類」以下二十一字　原本闕，據明抄本補。
〔六〕舉天下無道　原本闕「無」字，據明抄本、四庫本補。
〔七〕納衛世子蒯聵於齊　「齊」原作「戚」，據明抄本改。
〔八〕子路先亦勸孔悝不可與其事　「亦」原作「以」，據明抄本改。
〔九〕非所□也　四庫本空格内作「欲」字，享保本作「重」字。
〔十〕此大過失却文意　原本「過」作「故」，據四庫本改。
〔十一〕其孰能當之　原本無「孰」字，據明抄本補。

論語精義卷第四下

泰伯第八

子曰：「泰伯其可謂至德也已矣！三以天下讓，民無得而稱焉。」

明道曰：「泰伯知王季之賢，必能開基成王業，故爲天下而三讓之，言其公也。三讓者，不立一也，逃之二也，文身三也。」

伊川解曰：「泰伯之讓，非爲其弟也，爲天下也，其事深遠，故民不能識而稱之，而聖人謂之至德。不立，一讓也，逃之，二讓也，文身，三讓也。」又語録曰：「泰伯三以天下讓，立季歷，則文王道被天下。故泰伯以天下之故讓之也，不必革命。使紂賢，文王必爲三公矣。」

范曰：「生民以來，有欲必有爭。故爲國者貴乎禮讓之道達而天下和，是以堯舜克讓，聖人尊之。泰伯三讓天下，而民莫能知之，非夫子，後世無述焉。故稱其至德，與文王同，而讓道之美，無以加矣。」

謝曰：「王元澤曰：『三以天下讓，好名者能之，唯民無得而稱焉，是以爲至德。』周未有天下，而曰三以天下讓，以彼其德，當文王與紂之事，亦可以朝諸侯有天下矣。」

楊曰：「泰伯亡如荆蠻以讓季歷，是時周未有天下也，然文王之興，本由太王，謂泰伯以天下讓者，蓋推本言之也。讓之於隱微之中，故民無得而稱焉，有讓之之實而無其名，兹其爲至德也與！」

侯曰：「夫子之言至德者二：三分天下有其二，以服事殷，周之德可謂至德也已矣；泰伯三以天下讓，民無得而稱焉，其可謂至德也已矣。泰伯所謂至德，民實無得而稱故也，唯聖人能知泰伯之心。君之元子，貴也，逃焉，是不肖也；文身斷髮，夷之爲也，而身親之。三者皆有害於名教也，泰伯犯之，皆得罪於君子者也，何德之可稱哉？又其讓也，非濟濟之相讓也，無一言及於讓，又無得而稱者也。其心則欲以天下之故而讓焉，謂之至德，非聖人孰知之？」

尹曰：「民無得而名之，夫子謂至德。臣師程某曰：『泰伯三遜，不立一也，逃之二也，文身三也。』」

子曰：「恭而無禮則勞，慎而無禮則葸，勇而無禮則亂，直而無禮則絞。君子篤於親，則民興於仁；故舊不遺，則民不偷。」

伊川解曰：「恭而無禮則不安，故勞。慎而無禮則多懼，故葸。勇而無禮則不順，故亂。直而無禮則好訐，故絞。」又曰：「君子篤於親，則民興而樂於仁；故舊不遺，則民化而篤厚。」又語録曰：「今學者敬而不見得又不安者，只是心生，亦是太以敬來做事得重，此恭而無禮則勞也。恭者，私爲恭之恭也。禮者非體之理，是自然底道理也。只恭而不爲自然底道理，故勞而不自在也。須是恭而安，令容貌必端言語必正者。非是道獨善其身，要人道如何？只是天理合如此，本無私意，只是箇循理而已。」

横渠曰：「人道知所先後，則恭不勞，慎不葸，勇不亂，直不絞，民化而歸厚矣。」

范曰：「禮者理也。恭慎勇直，必中於理，則不過矣。恭而無禮則已卑，故勞；慎而無禮則多懼，故葸；勇而無禮則犯上，故亂；直而無禮則訐，故絞。四者皆德也，苟無禮以節之則爲害，治身者豈不以禮爲急也！」又曰：「立愛必自親始，人君善於父母，則民興於厚宗族^誤則民興於仁。是以堯親睦九族，舜慎徽五典，皋陶曰『惇叙九族』，治道未有不先於此者矣。君子不遺故舊，豈獨私其人哉！所以使民德歸厚也。敬一人而天下無不悦，棄一人而天下莫不怨，治天下在知其要而已。」

呂曰：「禮所以節文也。恭無節文，則罷於接物；慎無節文，則畏而失我；勇無節文，則暴而上人；直無節文，則切而賊恩。」

謝曰：「性有所偏，才有所長，未免有我，則不止於當。不止於當，則爲無禮，不就理故也。故有勞葸亂絞之蔽。」又曰：「在己養德亦如是，篤於親則仁心自興，故舊不遺則德自厚。」

楊曰：「恭而安則不勞，慎而有節則不葸，勇於義則不亂，直而温則不絞。此成德也，非有禮以裁之，不足以與此。故無禮則反是。」又曰：「篤於親，爲人之本也，本立故民興仁。故舊不遺，推親之道也，推親親之道以及人，則民歸厚矣，故不偷。」

尹曰：「禮者節文之而已。恭而無禮則不安，故勞；慎而無禮則多懼，故葸；勇而無禮則不順，故亂；直而無禮則好訐，故絞。」又曰：「君子篤於親，則民化而仁愛；不遺故舊，則民化而篤厚。上之所好，下必有甚焉者也。」

曾子有疾，召門弟子曰：「啓予足！啓予手！詩云：『戰戰兢兢，如臨深淵，如履薄冰。』而今而後，吾知免夫！小子！」

伊川解曰：「君子曰終，小人曰死。君子保其身，以殁爲終其事也。故曾子以全歸爲免矣。」

范曰：「父母全而生之，子全而歸之，孝也。故曾子將死，以手足無毀，知免於不孝之罪。身體猶不可虧也，況虧其行以危辱其親乎？」

吕曰：「啓手足者，非特全其軀而已，以明德體亦無所傷。推易簀之事，可見其然。」

謝曰：「君子無時而不戒慎恐懼。」

楊曰：「祭義曰：『父母全而生之，子全而歸之，可謂孝矣。不虧其體，不辱其身，可謂全矣。』啓手足，示不虧其體也。戰戰兢兢，如臨深淵，如履薄冰，示能戒慎恐懼不辱其身也。夫如是，然後可謂能全而歸之，而人子之責免矣，兹其爲孝也歟！觀曾子之啓手足，與夫易簀之際，非死生無變於己不足與語此。夫聖人之德，無加於孝，若曾子者，其庶幾乎！」

尹曰：「父母全而生之，子全而歸之，曾子臨終而啓手足，爲是故也。其言曰：『而今而後，吾知免夫！』及其易簀，則曰：『吾得正而斃焉斯已矣。』非有得於道者，能如是乎？」

曾子有疾，孟敬子問之。曾子言曰：「鳥之將死，其鳴也哀；人之將死，其言也善。君子所貴乎道者三：動容貌，斯遠暴慢矣；正顔色，斯近信矣；出辭氣，斯遠鄙倍矣。籩豆之事，則有司存。」

明道曰：「動容貌，舉一身而言也，周旋中禮，暴慢斯遠。正顔色，則不妄，斯近信矣。出辭氣，正由中出，斯遠鄙倍。正身而不外求，故曰：『籩豆之事，則有司存。』」

伊川解曰：「不問而自言，故曰言曰。鳥畏死，故鳴哀；人將死，而其言出於誠也，故善。君子所貴者，慎之於身，言動之間，皆有法則。容貌莊敬，則可以遠暴慢；顏色正，則自知其信；辭氣之出，不使至於鄙倍。鄙謂偏僻，倍謂違拂義理。倍、背通用。孟子曰：「師死而遂倍之。」籩豆之事，則有司存焉。政在修己，身正則官治，若乃事物器用之細，則有司存焉。」或問：「出辭氣，莫是於言語上用工夫否？」曰：「須是養於中，自然言語順理。今人自底事說得甚分明，若是生事，便說得蹇澀，但涵養久，便得自然。若是慎言語不妄發，此却可著力。」

呂曰：「貌也，色也，言也，皆以道正之，則心正而身修矣。」

謝曰：「人之將死，無物我心，故其言善。人之應事，不過容貌、辭氣、顏色三事，特係所養如何耳。動也，正也，出也，君子自收處，故暴慢鄙倍不生於心。遠，自遠也。信，以實之謂也。與禮樂不斯須去身之意同。孟子之養浩然之氣，蓋出於遠暴慢鄙倍之學。」或問：「動容貌、正顏色、出辭氣，先生嘗謂要緊在上三字。如下句是謂人說謂己說？」曰：「是謂己也。方動容貌，暴慢自然遠。」又問：「下三句換得轉否？」正色曰：「自然。動容貌，暴慢著不得，自然遠。正顏色，自然近信，信，有諸己之謂也，正顏色近之。出辭氣，遜以出之，修辭也，修辭立其誠也。修辭不是咬文嚼字，咬文嚼字却是巧言。」吳本有問是非禮勿言動否？曰是。下注云：君子所貴乎道者三，三者，皆以道也。凡二十四字。又曰：「心者何也？仁是已。仁者何也？活者爲仁，死者爲不仁。今人身體麻痺，不知痛癢，謂之不仁。桃杏之核，可種而生者，謂之桃仁杏仁，言有生之意。推此仁可見矣。學佛者知此謂之見性，遂以爲了，故終歸妄誕。聖門學者見此消息，必加功焉，故曰：『回雖不敏，請事斯語矣。』『雍雖不敏，請事斯語矣。』仁操則存，舍則亡。故曾子曰：『動容貌，正顏色，出辭氣。』出者，從此廣大心中流出也，以私意發言，豈出辭之謂乎？夫人一日間，顏色容貌，試自點檢，何嘗正，何嘗動，怠慢而已。若夫大而化之，合於自然，則正、動、出不足言矣。」

楊曰：「生而善，天下之性也，其爲不善，因物有遷耳。窮則反本，故其將死，其言也善，反本故也。夫動容貌斯遠暴慢，若曾子之修容而閽人避之是也。戲慢不莊，則不足與立，故正顏色而後近信，然正顏色未必有諸己，故近信而已。修辭立誠，而剛大之氣形諸外，則鄙倍斯遠矣。孟敬子，魯之大夫，宜以道事其君，有司之事，非所宜與也，故告之。然其言此，必有以救其失也。」

尹曰：「養於中則見於外，曾子蓋以修己爲政之本。若乃事物器用之細，則有司存焉。」

曾子曰：「以能問於不能，以多問於寡，有若無，實若虛，犯而不校，昔者吾友嘗從事於斯矣。」

伊川解曰：「顔子能無我矣。」又語録曰：「凡人有所計校者，皆私意也。孟子曰：『惟仁者爲能以大事小。』仁者欲人之善，矜人之惡，不計校小大彊弱而事之，能保天下。又曰：「犯而不校，校則私，非樂天也。犯有當報者，則是循理而已。」又曰：「彼之事是，吾當師之，彼之事非，吾又何校焉？是以君子未嘗校也。」或問：「顔子勇否？」曰：「孰勇於顔子？觀其言曰：『舜何人也？予何人也？有爲者亦若是。』豈不是勇？又曾子稱之曰：『有若無，實若虛，犯而不校。』先儒以爲顔子，是豈不爲大勇乎？」

横渠曰：「以能問不能，以多問寡，私淑艾以教人，隱而未見之仁也。」

范曰：「君子雖能，而自以爲不能；雖多，而自以爲寡；有若無，故不伐；實若虛，故能受。此顔子之好學也。唯聖人能進而不已，故曰日新；以虛受人，故曰日益。顔子潛心於聖人，其道如此。凡人犯而必校者，不能樂天也；人待我以横逆，則君子反求諸己，自修而已。孟子曰：『惟仁者爲能以大事小。』犯而不校者，樂天順理也。」

謝曰：「以能問於不能，以多問於寡，有若無，實若虚，不知有餘在我不足在人；犯而不校，不必以得爲在己以失爲在人。惟忘物我者能之。」

楊曰：「無伐善，故能若此。視天下無一物之非仁也，夫誰與之校？」又曰：「孟子三自反，不如顔子之不校。」

尹曰：「先儒以是爲顔淵。觀其事，非幾於毋我者不能也。」

曾子曰：「可以託六尺之孤，可以寄百里之命，臨大節而不可奪也，君子人與？君子人也！」

伊川解曰：「節操如是，可謂君子矣。」

吕曰：「託六尺之孤，謂大臣輔幼主。寄百里之命，謂爲諸侯。」

謝曰：「託六尺之孤，不止不食其言，使死者復生，生者不愧。寄百里之命，使其無流離餓莩之患，必其才有大過人者乃可。」

楊曰：「君子去仁，惡乎成名？惟仁人爲足以盡君子之道。託六尺之孤，寄百里之命，臨大節而不可奪，此忠義之士可及也。雖未足盡君子之道，亦可謂君子矣。故曰：『君子人與？君子人也！』」忠，一作志。

尹曰：「三者其節操如此，故足以爲君子。」

曾子曰：「士不可以不弘毅，任重而道遠。仁以爲己任，不亦重乎？死而後已，不亦遠乎？」

明道曰：「弘而不毅，則難立；毅而不弘，則無以居之。西銘，言弘之道也。」又曰：「士不可以不弘毅，任重而道遠。重擔子須是硬脊梁漢方擔得。」

伊川解曰：「弘大剛毅，然後能勝重任而遠到。」又語録曰：「弘，寬廣也。毅，奮然也。弘而不毅則無規矩，毅而不弘則隘陋。」

謝曰：「顏子之德近弘，孟子之德近毅。任重道遠，自任以天下之重也。」

楊曰：「君子之學，求仁而已。仁之爲器重，其爲道遠。非弘則不能擴大之，無以勝其重；非毅則不能力行之，無以致其遠。故士不可不弘毅也以是夫！」

尹曰：「所養剛大，則能任重而致遠。」

子曰：「興於詩，立於禮，成於樂。」

伊川解曰：「詩發於人情，止於禮義，言近而易知，故人之學興起於詩。禮者人之模範，守禮所以立其身也。安之而和樂，德之成也。」又語録曰：「興於詩者，吟咏情性，涵暢道德之中而歆動之，有吾與點之氣象。」又曰：「詩興起人志意。」又曰：「興於詩，立於禮，自然有著力處；成於樂，自然見無所用力處。」又曰：「夫子言興於詩，觀其言是興起人善心，汪洋浩大，皆是此意。如言『秉心塞淵，騋牝三千』，須是塞淵，然後騋牝三千也。又如駉之詩，坰牧是賤事，其中却言『思無邪』。詩三百，一言以蔽之者，在此一句。坰牧而必要思無邪者，蓋爲非此則不能坰牧也。」又曰：「學者之興起，莫先於詩，詩有美刺，歌誦之，以知善惡治亂廢興。禮者所以立也，不學禮，無以立。樂者所以成德也，樂則生矣，生則惡可已也，惡可已，則不知手之舞之足之蹈之也。若夫樂則安，安則久，久則天，天則不言而信，神則不怒而威，至於如此，則又非手舞足蹈之事也。」又曰：「天下有多少美才，只爲道不明於天下，故不得有所成就。且古者興於詩，立於禮，成於樂，如今人怎生會得。古人於詩，如今人歌曲一般，雖閭巷草野童稚，皆習聞其說而曉其義，故能興起於詩。後世老師宿儒，尚不能曉其義，怎生責得學者，是不得興於詩也。古禮既廢，人倫不明，以至治家皆無法度，是不得立於禮也。古人有歌詠以養其情性，聲音以養其耳目，舞蹈以養其血脉，今皆無之，是不得成於樂也。古之成材也易，今之成材也難。」又曰：「教人未見意趣，必不樂學，且教之歌舞，如詩三百篇，皆古人作之。如關雎之類，正家之始，故用之鄉人，用之邦國，日使人聞之。此等詩其言簡奥，今人未易曉，别欲作詩，略言教童子灑埽應對事長之節，令朝夕歌之，似當有力。」又曰：「古之學者，必先學詩，書則誦讀，其善惡是非勸戒，有以起發其意，故曰興。人無禮無以爲規矩，則身無所處，故曰立，此禮之文也。中心斯須不和不樂，則鄙詐之心入之矣，不和樂則無所自得，故曰成，此樂之本也。古者玉不去身，無故不去琴瑟，自成童入學，四十而出仕，所以教養之者備矣。義理以養其心，禮以養其血氣，故才高者聖賢，下者亦爲吉士，由養之至也。」

范曰：「詩，所以序人倫，故學者必興於詩。禮，所以定民志，故無禮不立。樂，所以和人心，故非樂不成。有序而後可興，有定而後可立，有和而後可成。治身以此，治天下國家亦以此，此其先後之次也。」

呂曰：「興則起好，立則不反，成則有生。諷誦善言，所以起好；莊敬日强，所以不反；沛然自得，手足舞蹈，所以有生。」

謝曰：「詩吟咏情性，能感動人之善心，使有所興發。禮則動必合義，使人知正位可立。樂則存養其善心，使義精仁熟，自和順於道德。」

游曰：「興於詩，言學詩者可以感發於善心也。如觀天保之詩，則君臣之義修矣；觀棠棣之詩，則兄弟之愛篤矣；觀伐木之詩，則朋友之交親矣；觀關雎鵲巢之風〔一〕，則夫婦之經正矣。昔王裒有至性，而弟子至於廢講蓼莪，則詩之興發善心，於此可見矣。如以考其言之文爲興於詩，則所求於詩者外矣，非所謂可以興也。然則不學詩無以言，何也？蓋詩之情出於温柔敦厚，而其言如之。言者心聲也，不得其心，斯不得於言矣。仲尼之教伯魚，固將使之興於詩而得詩人之志也，得其心，斯得其所以言，而出言有章矣，豈徒考其文而已哉！詩之爲言，發乎情也，其持心也厚，其望人也輕，其辭婉，其氣平，所謂人言也深，疑〔二〕要歸必止乎禮義。有君臣之義焉，有父子之倫焉，和樂而不淫，怨誹而不解，所謂發言爲詩，故可以化天下而師後世。學者苟得其用心，何患其不能言哉？」又曰：「明乎齊之音者有勇，明乎商之音者有義，亦感發之意。」又曰：「詩之文蓋有後世老師宿儒所不能爲，曾謂始學者而能之乎？」

楊曰：「風以動之故興，有禮則安故立。夫樂也者，言而樂之是已，非行綴兆興羽籥作鐘鼓之謂也。樂則安，安則久，久而至於神天，則不可有加矣，故成。成者，終始之辭也。」

尹曰：「三者學之序也，詩發乎情性，言近而易知，可以興起其志者也。禮著乎法度，防民之僞而教之中，可以立其身者也。樂，樂之也，樂則安，安則久，久則可以成其德矣。」

子曰：「民可使由之，不可使知之。」

明道曰：「民難與慮始，故不可使知之。先王所以爲治者，非有隱蔽，但民不足與知，非可以家至而日見也。」

伊川解曰：「民可使之由是道，不能使之皆知也。」又語録曰：「不可使知之者，非民不足與知也，不能使之知耳。」或問：「民可使由之，不可使知之，是聖人不使民知之否？」曰：「非也，謂不可使知之也。蓋聖人設教，非不欲人家喻户曉，比屋可封也，不可故也，但能使天下由之耳。夫欲使人盡知之，此是聖人不能，故曰『不可使知之』。若曰聖人不使人知，豈聖人之心，是後世朝三暮四之術也。嘗與謝景温説此兩句，他道朝三暮四之術亦不可無，聖人亦有之〔三〕。此大故無義理，説聖人近人情處亦有，豈有爲朝三暮四之術哉！」

范曰：「君道天地也，民譬則物也。天無爲，而萬物不知所以生；君無爲，而民亦不知所以治。至於羣黎百姓，徧爲爾德而止矣。易曰：『聖人以神道設教而天下服。』又曰：『神而化之，使民宜之。』皆可使由之，不可使知之事也。」

吕曰：「不可使知，非以愚民，蓋知之不至，適以起機心而生惑志。」

謝曰：「禮樂法度，莫非妙道所存，蓋聖人與民共由也，民特不知耳。乃若學者，則於禮樂法度之外，自有覺處，所謂知也。」

游曰：「夫先王豈以其術智籠天下之民而愚之哉？蓋道無方也，反而觀之則無己，泛而觀之則無物，虎豹得之而猛噬，蛇虺得之而毒螫，厚者見之而爲仁，薄者見之而爲惡。觀老子之學變而爲申韓，則民不可使知之理可見矣。蓋其氣質或不良，而竊窺其端倪，則適足以逞其不肖之心而已。此小人之童觀所以無咎也。」楊曰：「道者民所日用，故可使由之；以其日用而不知，故不可使知之。世儒以謂民可使由之而已，不可使知之，務爲智術，籠天下之愚而役之，失其旨矣。夫商盤周誥，至敷心腹腎腸以告之，其委曲訓諭，無所不盡，則欲其知之也至矣，豈特使由之而已哉！爲是説者，皆以文害辭、辭害意之過也。孟子之言，非止爲説詩者而已。」尹曰：「民可使之由是道，不能使之皆知也。」

子曰：「好勇疾貧，亂也。人而不仁，疾之已甚，亂也。」明道曰：「人若不仁，君子當教養之，不盡教養而惟疾之甚，必至於亂。」伊川解曰：「好勇而不安其分，與不仁而無所容，皆必爲亂也。」横渠曰：「勇者不懼，死且不避，而反不安貧，則其勇將何施耶？不足稱也。仁者愛人，彼不仁而疾之深，其仁不足稱也。皆迷謬不思之甚，故仲尼率歸諸亂云。」范曰：「君子義以爲上，勇不可好也，貧者天之所命，不可疾也，好勇而不安命，未有不爲非者也。天下之惡，唯自暴自棄者不可與善也。不仁之人，仁者必有哀矜之心而收教之，教之不改，則誅絶之，四凶是也。無哀矜之心，又未嘗教，而唯疾之，是使不仁之人不得自新以至於亂，古之人疾惡而激天下之亂皆是也。」呂曰：「亂，謂志意失其序也。好勇本以禦寇，疾貧則必自爲寇。疾不仁本以爲仁，已甚則流於不仁。皆失序也。」謝曰：「好勇則宜小有才，至於疾貧，則必用其才。不仁爲可矜，至於疾之已甚，則絶其勸勉愧恥之心矣。故必至於亂。」楊曰：「好勇疾貧，其弊必至於攘奪。人而不仁，疾之已甚，必有不肖之心應之。皆亂之道也。」尹曰：「好勇而不安其分，與不仁而無所容者，皆致亂之道也。」

子曰：「如有周公之才之美，使驕且吝，其餘不足觀也矣。」

伊川解曰：「居富貴而驕吝，無德之甚也，雖才美奚爲？才美謂威儀技藝。」又語録曰：「有周公之美，使驕且吝，餘不足觀已，甚言驕吝之不可也。若言雖有周公之德，則不可下驕吝二字。此言雖才如周公，有驕吝亦不可也。」或問：「横渠言大則不驕，化則不吝，此語如何？」曰：「若以大而化之解此則未是。然大則不驕，此句却有意思，人只爲小便驕也。化則不吝，化煞高，不吝未足以言之。驕與吝兩字正相對，驕是氣盈，吝是氣歉。」又曰：「何謂吝？」曰：「吝，嗇也。且觀嗇者，於財亦不足，於事亦不足，凡百皆有歉歉之色也。」

范曰：「古之聖人，才美者莫如周公，周公亦自謂多才多藝，不欺己也。驕則不取於人，吝則不以與人。故有司謹出納謂之吝。吝者自小之道，不必財也。易曰：『同人于宗，吝。』易之言吝，皆以其未廣也。吝於財則不足，吝於德則有悔。驕則自廣以狹人，吝則自私而不以及人。驕與吝，損德之大者也，故其餘皆不足觀。以周公之才猶如此，況其下者乎？」

呂曰：「驕則不欲人共善，吝則不欲人共利，其志已入於不仁，雖才如周公，適以長其不善而已。」

謝曰：「不能忘我，故驕；不能忘物，故吝。有才而驕且吝者，功業蓋世容有之，然必無公天下之心，卒歸於小人。」

楊曰：「驕則高而危，吝則滿而溢，雖有周公才美，不足觀也已。若夫有周公之德業，則驕吝自亡，蓋才美之不足恃如此。」

尹曰：「其爲人也驕吝，雖有才美如周公，亦不足觀也。」

子曰：「三年學，不至於穀，不易得也。」

明道曰：「爲學三年，而不至於善，是不善學也。」

范曰：「穀者善之實也。農播殖而得穀，然後爲有得焉，故福謂之戩穀，禄位謂之方穀，皆以其實言之。三年學必有成功，不至於善，未之有也。人未有學三年者也，而曰我無得於善，此豈力不足哉，亦畫而已矣。故夫子以是觀之，不唯求道而已，治國亦然，未有求治三年而無得於治者也。」

謝曰：「介甫曰：『學者當知其難而自强不息。』」

楊曰：「雖子張之賢，猶以干禄爲問，況其下者乎？則三年學不至於穀，宜不易得也。」

侯曰：「學所以率性而修道也。三年而不知善，則誠意不立，民斯爲下矣，故曰不易得也。」

尹曰：「三年學而不至於善，豈力不足哉，不能自强故也。不易得者，言難得乎善也。知其難而自强不息，則其至於善也必矣。」

子曰：「篤信好學，守死善道。危邦不入，亂邦不居。天下有道則見，無道則隱。邦有道貧且賤焉，恥也；邦無道富且貴焉，恥也。」

伊川解曰：「君子處身如是，知無道而富貴爲可恥而不處，特立者能之。」又語録曰：「今語小人曰不違道，則曰不違道，然卒違道。語君子曰不違道，則曰不違道，終不肯違道。譬如牲牢之味，君子曾嘗之，説與君子，君子須愛，説與小人，小人非不道好，只是無愛心，其實只是未知味。守死善道，人非不知，終不肯爲者，只是知之淺，信之未篤。」

横渠曰：「篤信不好學，不越爲善人，信人而已。」

范曰：「篤信古人，則爲好學，修身以俟死，期於得正而斃，所以善道，此士之素業也。危邦將亡，故不入，亂邦無紀綱，故不居，此士之去就也。有道則見，無道則隱，此士之出處也。邦有道，則爵禄加於君子，故士恥貧賤；邦無道，則爵禄加於小人，故士恥富貴。使士恥富貴，則其國豈不殆哉！」

謝曰：「舉世毁譽不爲勸沮，篤信好學者也。身可死，志不可移，守死善道者也。愛其身，危邦不入，潔其身，亂邦不居，非王者興則不仕，如斯人者，其當以大人處之乎？學者立志當如此。邦有道，君子彙征之時，故不仕則恥；邦無道，小人得志之時，故仕則恥。」

楊曰：「君子見危授命，則仕危邦無可去之義，不入可也，所謂量而後入有蓋如是。亂邦未至於危，則去之可也。邦有道，貧且賤焉，恥也，故見。邦無道，富且貴焉，恥也，故隱。蓋邦有道而貧且賤，必以其道得之也，邦無道而富且貴，必不以其道得之也，故君子恥之。」

尹曰：「危邦不入，亂邦不居，則去之矣，或見或隱，皆適其時而已，唯篤信好學守死善道者能之。若夫聖人，可以仕則仕，可以止則止，可以速則速，可以久則久，其出處去就，有不待兆見者也。」

子曰：「不在其位，不謀其政。」

伊川解曰：「不在其位，則不任其事也。若君大夫問而告者，則有矣。」

范曰：「自天子至於士皆有位，在其位則謀其政者，職也。天子不可以治三公之職，三公不可以爲卿大夫之事，卿大夫不可以侵士之官。故坐而論道，謂之三公；作而行之，謂之士大夫；至於抱關擊柝，無不各敬其事，如此，則天下之理得矣。」

謝曰：「止其所也。」

楊曰：「君子思不出其位。」

尹曰：「曾子以謂君子思不出其位，知孔子之意者也。」

子曰：「師摯之始，關雎之亂，洋洋乎，盈耳哉！」

明道曰：「亂，治也。師摯之始，關雎之樂，其聲洋洋盈耳哉！美之也。」

伊川解曰：「師摯之始，定公時，夫子自衛反魯時也。哀公之世，則摯適齊矣。」又語録曰：「洋洋盈耳，美也。孔子反魯樂正，雅頌各得其所。其後自太師而下，入河蹈海，由樂正魯不用而放棄之也。」

横渠曰：「師摯之始，樂失其次，徒洋洋盈耳而已焉。夫子自衛反魯，一嘗治之，其後伶人賤工，識樂之正。及魯益下衰，三桓僭妄，自太師已下，皆知散之四方，逾河蹈海以去亂。聖人俄頃之助，功化如此，用我者期月而可，豈虚語哉！」

范曰：「周道衰樂廢，太師摯始治，關雎之亂，洋洋乎盈耳哉！美之也。治國以禮樂爲急，若由此以正之，舉而措之無難矣，而不能終也，是以記之。」

謝曰：「介甫云：『亂，理也。』言中間樂廢，而關雎之什有錯謬者，師摯始理之，故作之而美也。」

楊曰：「中正之音，不作久矣，其亂自師摯始，故稱之。」

尹曰：「師摯，魯太師也。其初樂失其正，徒能洋洋盈耳而已。孔子自衛反魯，然後樂正，雅頌各得其所。」

子曰：「狂而不直，侗而不愿，悾悾而不信，吾不知之矣。」

伊川解曰：「狂則必直，侗則必愿，悾悾則必信，自當然也。而不然者，僞妄之甚也，不可得而知之也，謂非常理也。」

范曰：「狂者進取則宜直，侗者無知則宜愿，悾悾者誠慤則宜信，此學之質也。反是則爲無常，必有所陷溺其心，故曰：『吾不知之矣。』」

謝曰：「狂者既進取，復不循理；侗者既未有知，復不謹愿；悾悾既無實，復不信道，聖人亦未如之何也。」

楊曰：「狂則肆，故宜直；侗則無異適，故宜愿；悾悾則無險詖，故宜信。反是則失常矣，非所知也。」

尹曰：「進取者宜直而不直，無知者宜愿而不愿，誠慤者宜信而不信。反其常也，故曰：『吾不知之矣。』」

子曰：「學如不及，猶恐失之。」

伊川解曰：「博奕小數，不專心致志則不得，況學道而悠悠，安可得？仲尼言『終日不食、終夜不寢以思，無益，不如學也。』又曰：『朝聞道，夕死可矣。』不知聖人有甚事迫切了乃如此。文意不難理會，須是求所以如此，何如始得。聖人固是生知，猶云爾者，所以教人也。學如不及，猶恐失之，才説姑待來日便不可也。」又曰：「學如不及，猶恐失之，不得放過也。」

范曰：「道不可須臾離也。君子造道，顛沛不違於仁。自天子至於士，未有不以學爲急也。揚雄曰：『學之爲王者事，其已久矣。堯舜禹湯文武汲汲，仲尼皇皇，其已久矣。古之聖人，莫不以學爲急也。天子不學，無以治天下；諸侯不學，無以治國；大夫不學，無以治家；士不學，無以治身。凡學者，學修身治人之事也。』」謝曰：「如追寇讎，如此其急，猶恐不及。故子路未之能行，惟恐有聞。」楊曰：「學者日孜孜焉，常若不及（四），猶恐失之，自謂至焉，其失遠矣。顔淵有若無，實若虛，以能問於不能，以多問於寡，正謂此也。」尹曰：「學者常懷不及之心，猶恐失之。雖堯舜禹湯文武仲尼，猶皇皇汲汲，況其下者乎？」

子曰：「巍巍乎！舜禹之有天下也，而不與焉。」

明道曰：「聖人之於天下事，自不合與，只順它天理，茂對時育萬物而已。」伊川解曰：「舜禹得天下，而已不與求。巍巍乎！其德之高也。」范曰：「有天下而不與焉者，無心於天下，而天與之，人歸之也。夫有求天下之心，則不足以有天下，此舜禹所以巍巍不可及也。孟子曰：『天下大悦而將歸己。視天下之悦而歸己，猶草芥也，唯舜爲然。』禹亦如是而已。」呂曰：「舜禹以天下爲心，而無心於得喪。」

謝曰：「由匹夫而有天下，非舜禹本心。不與，猶曰乃天下之天下，非我之天下。」楊曰：「聖人藏天下於天下，我何與焉？非會物於一己者，其誰能之？兹其爲舜禹也與！」尹曰：「聖人無爲而治者也。順乎天理，茂對時育萬物而已，此聖人所以巍巍乎不可及也〔五〕。」

子曰：「大哉堯之爲君也！巍巍乎！唯天爲大，唯堯則之。蕩蕩乎！民無能名焉。巍巍乎！其有成功也。焕乎！其有文章。」

明道曰：「文章成功，有形象可見，只是極致事業。然所以成此事功者，即是聖人也〔六〕。」

伊川解曰：「大哉堯之爲君也，巍巍乎崇高，其大與天同也。蕩蕩乎！其德之廣大不可得而名言也。其成功可見者則巍巍崇高，其文章則焕然至盛。」

范曰：「孔子贊易乾元曰大哉，稱堯亦曰大哉。天運於上，無爲而物成，堯亦如是矣。以堯典考之，明峻德以親九族，平章百姓，協和萬邦，命羲和，咨四岳，舉舜而授之天下，止於如此而已，可謂至簡也。然其高也不窮，其大也難名，其成功如四時寒暑之始終萬物，其文章如日月星辰之照臨天下。此爲堯典而言也。」

謝曰：「盡天之道則大，民無能名則神。有内聖之德，必有外王之業，故有成功，有文章。」

楊曰：「天之爲天，莫之爲而爲之也，而四時行焉，百物生焉。堯之爲君也，夫何爲哉？則天而已。故其惇五典也以天叙，庸五禮也以天秩，章有德也以天命，用五刑也以天討，皆天也。莫之爲而爲之者，而有巍巍之成功，焕乎之文章，亦若是而已矣。」

尹曰：「天道之大，無爲而成，唯堯則之以治天下，故民無得而名焉。所可名者，其功業文章，巍然焕然而已。」

舜有臣五人而天下治。武王曰：「予有亂臣十人。」孔子曰：「才難不其然乎？唐虞之際，於斯爲盛。有婦人焉，九人而已。三分天下有其二，以服事殷，周之德其可謂至德也已矣。」

伊川解曰：「舜有臣五人，而武王有亂臣十人，以唐虞之際方之，周爲盛也。然又有婦人焉，惟九人耳，才之難得如此。婦人，邑姜也。」又曰：「三分天下有其二，而尚服事於殷，可謂至德也。」又語録曰：「韓退之作羑里操云：『臣罪當誅兮，天王聖明。』道得文王心出來。此文王至德處也〔七〕。」

范曰：「舜之治天下，其道至簡也，任人而已。五人者，禹稷契皋陶益諸臣之類，夔龍伯夷之屬，猶不與焉。孟子曰：『堯舜之仁不偏愛人，急親賢也。』得人而相之，則恭己正南面而已。夫天下之治亂，係賢人之用舍。五人既舉於朝，則嘉言罔攸伏，野無遺賢，此天下所以治也。」又曰：「天下未嘗無才，才之大者爲難。十人者同心同德，以濟天下，此爲難也。武王之時，人才之多，比之前世，唯唐虞爲盛，夏商有不及也。周公作君奭，自成湯至於武丁，其臣一二人。至於文王，則有虢叔閎夭散宜生泰顛南宮适。其後武王以四人成功，而太公周公召公畢公康叔猶不在焉，亦足以見其臣之多矣。不如是，不能有天下。」又曰：「孔子曰：下之事上也，雖有庇民之大德，不敢有君民之心，仁之厚也。有君民之大德，有事君之小心。詩曰：『惟此文王，小心翼翼。』文王之德足以代商，天與之，人歸之，不取而事之，所以爲至德也。古之聖人論德而不計功。周之盛獨稱文王者，武王之伐商革命，順乎天而應乎人而已，不足以與文王並也。孔子曰：『武盡美矣，未盡善也。』」

呂曰：「至德者樂天而已。故泰伯之讓，民無得稱；文王三分天下有其二，以服事殷，皆爲至德。」

謝曰：「稱舜與武王之事，而歎天下之才難，才非世之所謂才也。」又曰：「不蘄得民，而民自歸之。其勢可取，而不取。爲商之民與爲吾民何以異？臣人與爲人臣亦何以異？故有君民之大德，有事君之小心。以晉魏之事觀之，則文王之德之至也可見矣。」

楊曰：「古之所謂才者，非明允、篤誠、齊聖、廣淵，不在此列。以虞周之盛，而才者止此，可不爲難乎？然舜之時所與亮天工者，二十有二人，而獨稱五臣者，蓋舜之初，天下猶未平，洪水横流，爲之宣力四方者，五臣而已，孟子之所稱者是也。書之所命，乃在天下既平之後，故其命益曰：『若予上下草木鳥獸。』言若，則非治之也，與烈山澤而焚之，禽獸逃匿異矣。其二十有二人，有不與五臣之列，亦其時焉耳。武王曰：『予有亂臣十人。』而書又曰：『武王惟兹四人尚迪有禄者。』蓋四人自虢叔而下能往來兹迪彝教，所未能往來者，蓋作而行事者也，故言此四人而已。若夫十亂，自周召太公畢公榮公，皆論道之官，與奔走往來者異矣，故不及也。」

又曰：「三分天下，有其二而已，紂有一焉，則猶非獨夫也，雖德力皆足以勝之，而猶服事焉，得時中之義也，兹其爲至德也與？」

尹曰：「舜與武王有天下，之其得人止如此〔八〕，孔子歎其才難，謂才難得也。」又曰：「三分天下，周有其二，而猶不失臣節，以服事商，此文王所以爲至德。」

子曰：「禹，吾無閒然矣。菲飲食，而致孝乎鬼神；惡衣服，而致美乎黻冕；卑宫室，而盡力乎溝洫。禹，吾無閒然矣。」

明道曰：「言德純完，無可非間。」

范曰：「禹之德惟儉與勤，有功而不伐，此其盛者也。菲食惡衣者，惡華也，至於祭祀黼冕，則有所用其美也。卑宮室者，惡榮也，至於溝洫，則有所用其力。勤而有所用其力，儉而有所用其美，此所以無間然者與？」

吕曰：「無間隙可言其失。」

謝曰：「間如不間於其父母昆弟之言之間，猶言我無得而議之也。禹有天下，非樂享太平之奉己也，致孝乎鬼神而菲飲食，致美乎黼冕而惡衣服，盡力乎溝洫而卑宮室，則禹之於天下何與焉！」

楊曰：「薄於自奉，而所勤者民之事，所致飾者宗廟朝廷之禮，故能有天下而不與焉，夫何間然之有？」

尹曰：「禹之貴爲天子，富有天下，其勤儉未嘗爲己也。兩稱吾無間然，深言其無得而間者也。」

校勘記

〔一〕觀關雎鵲巢之風　原本無「觀」字，據四庫本補。

〔二〕儒藏本云：「所謂」至「禮義」諸本皆存疑。按游廌山集「所謂人言也深」六字作「其入人也深其」，則全句作：「其辭婉，其氣平，其入人也深，其要歸必止乎禮義。」

〔三〕聖人亦有之　明抄本「亦」下有「時」字。

〔四〕常若不及　原本「及」作「失」，據明抄本、四庫本改。

〔五〕此聖人所以巍巍乎不可及也　明抄本「聖人」作「舜禹」。

〔六〕即是聖人也　原本無「人」字，據明抄本補。

〔七〕此文王至德處也　原本無「王」字，據明抄本補。

〔八〕之其得人止如此　「之」疑爲「至」之誤。

論語精義卷第五上

子罕第九

子罕言利與命與仁。

伊川解曰：「計利則害義，命之理微，仁之道大，皆夫子所罕言也。」又語録曰：「子罕言利，非使人去利而就害也，蓋人不當以利爲心。易曰：『利者義之和。』以義而致利斯可矣。罕言仁者，以其道大故也。論語一部，言仁豈少哉！蓋仁者大事，門人一一記録，盡平生所言如此，亦不爲多也。」或問：「子罕言利與命與仁，所謂利者何？」曰：「不獨財利之利，凡有利心便不可。如作一事，須尋自家穩便處，皆利心也。聖人以義爲利，義安處便爲利。如釋氏之學，皆本於利，故便不是。」

横渠先生曰：「愛人以德，論於義者常多，故罕及於利。盡性者方能致命，未達之人，告之無益，故不以亟言。仁大難名，人未易及，故言之亦鮮。」

范曰：「利者，義之和也。其大者，如天地之於萬物也，無所不利，故言之也難。若小人所謂利，則君子所不言也。命者，窮理盡性，然後能至。仁之爲器重，其爲道遠。三者皆君子所力行，而不可以易言，學者未足以及此，則不以告也。」

謝曰：「必如言利用行師利禦寇，始可謂之言利。如莫之致而至者命也，始可謂之言命。如言近仁仁之方，始可謂之言仁。知此，則夫子於三者固罕言矣。」

楊曰：「知義而後可與言利，知性而後可與言命，盡心然後可與言仁。中人以上，乃可以與此，故罕言也。然對問仁者多矣，亦曰罕言者，蓋子之所言，求仁之方而已，仁則未嘗言也。」問：「孔子罕言仁，何也？」曰：「孔子告諸弟子，只是言仁之方，蓋接之使從此來以至於仁。若仁之本體，則未嘗言。」又問：「罕言利是何等利？」曰：「一般若利用出入之利皆是。」問：「論語言仁處，何語最爲親切？」曰：「皆仁之方也，若正所謂仁，則未之嘗言也。故曰『子罕言利與命與仁』。要道得親切，唯孟子言仁人心也，最爲親切。」又曰：「今學者將仁小却，故不知求仁。孔子曰：『若聖與仁，則吾豈敢？』孔子尚不敢當，且罕言之，則仁之道不亦大乎？」「然則所謂合而言之道也，何如？」曰：「由仁義行，非行仁義，所謂合也。」

尹曰：「君子以義爲利，計利則害義；窮理盡性，然後至於命；盡人道然後至於仁。皆難言者也，故罕言。」

達巷黨人曰：「大哉孔子！博學而無所成名。」子聞之，謂門弟子曰：「吾何執？執御乎？執射乎？吾執御矣。」

伊川解曰：「常人之學，多以一長而得稱成名也。達巷黨人大夫子之博學，而怪其不以一善得名於世，蓋不知聖人也。故夫子聞之而謂門人曰：『欲使我何所執？執御乎，執射乎？吾執御矣。』御，執之最下者。」

范曰：「無所不學曰博學，無得而名無所成名，聖人之道無不通，故人無得而見焉。達巷黨人其名不傳，而知聖人如此，此見而知者也。孔子不敢居聖，故自名爲執御。人稱其大，而已處其小，事之宜也。」

吕曰：「無所成名，聖也。不欲自居，故願名一藝。」

謝曰：「無不能，故不以名稱。介甫云：『謙而不敢執。』」

楊曰：「達巷黨人知孔子博學而已，不知有所謂一以貫之者。故子聞之，謂門弟子曰：『吾何執？執御乎？執射乎？吾執御矣。』御，藝之末也。自謂執御成名，亦予非多學之意。」

尹曰：「聖人道全而德備，不可偏長目之也。達巷黨人見孔子之大，意其所學者博，而疑其無所成名，謂不以一善得名於世，蓋慕聖人而不知者也。故孔子曰：欲使我何所執而得爲名乎？然則吾將執御也。御，藝之下者。」

子曰：「麻冕，禮也；今也純，儉。吾從衆。拜下，禮也；今拜乎上，泰也。雖違衆，吾從下。」

伊川解曰：「麻冕用純，儉而無害，從衆可也。拜乎上，泰也，泰謂簡慢，事君不可泰也，寧違衆也。君子處世，事之無害於義者，從俗可也，害於義，則不可從也。」

范曰：「衆人之所爲，君子酌焉，或從之，或違之，唯其是而已矣。以衆爲公義而舉從之，非也；以衆爲流俗而舉違之，亦非也。聖人之道若權衡，輕重不可以銖兩欺，故純儉雖不及禮而可從，拜上則虧君臣之義，舉世行之，亦不可從也。」

謝曰：「介甫云：『衆儉則從衆，衆泰則從禮，知禮之本故也。』」

楊曰：「禮從宜而已，純儉而宜，則不以違禮而異衆；拜上而泰，則不以同衆而廢禮。」

尹曰：「聖人處世，可見於此，蓋非有意於從違，合乎義而已。」

子絶四：毋意，毋必，毋固，毋我。

伊川解曰：「任意之與私己，必行之與固執，各殊也。」又語録曰：「意者任意，必者必行，固者固執，我者私己。」又曰：「無自任私意，無必爲，無固執，無有己。」又曰：「敬則無己可克，學之始則須從絶四去。」又曰：「君子之學，在于意必固我既亡之後，而復于喜怒哀樂未發之前，則學之至也。」又曰：「意必固我既亡之後，必有事焉，此學者所宜盡心也。」又曰：「不以己待物，而以物待物，是則無我。」又曰：「至公無私，大同無我，雖渺然一身在天地之間，而與天地無以異也，夫何礙焉？佛氏厭苦根塵，則是自利而已矣。」又曰：「毋意者，不妄意也。毋我者，循理不可守己也。」又曰：「無私意，無必爲，無固滯，無彼我，乃曾子所言也。」又曰：「毋非禁止之詞，聖人絶此四者，何用禁止。意與我相近，固與必相近，須要分别出不同處。意與志别，志是所存處，意是發動處，如先意承志，自别也。意發而當，則是理也，發而不當，是私意也。」問：「聖人莫是任理而不任意否？」曰：「然。」

横渠曰：「絶四之外，心可存處，蓋必有事焉，而聖不可知也。」又曰：「不得已當爲而爲之，雖殺人，皆義也。有心爲之，雖善，皆意也。正己而物正，大人也；正己而正物，猶不免有意之累也。有意爲善，利之也，假之也；無意爲善，性之也，由之也。有意在善，且爲未盡，況有意于未善耶？仲尼絶四，自始學至成德，竭兩端之教也。」又曰：「意，有私也。必，有待也。固，不化也。我，有方也。四者有一焉，與天地不相似。」又曰：「天理一貫，則無意必固我之鑿。」又曰：「意必固我，一物存焉，非誠也。四者盡去，則直養而無害矣。」又曰：「天地合德，日月合明，然後能無方體；無方體，然後能無我。」

范曰：「是四者皆生於心，固近於必，我近於意，有意則有我，有必則有固，然而意與必主於外，固我主於内，此所以爲四也。意者，己之私也，動於内而係於事，則有必；必則守而不移，故有固；固則不能忘己，故有我。是三者皆出於意，故意爲之先，此知聖人之精微者也。」

吕曰：「意則無義，必則無命，固則無時，我則無天。」又曰：「孔子絶四者，皆私意也，一物存乎其中，則與天地不相似，亦與孟子異矣。」

謝曰：「孟子謂『必有事焉而勿正』，正即意也。必如必信必果，固則所過不化，我則不能大同於物。張先生曰：『四者有一焉，與天地爲不相似。』」

楊曰：「毋意者，毋私意而已，若誠意，則不可無也。毋必則惟義所在，無固則與時偕行，毋我則道通爲一。非智足以知聖人，詳視而默識之，不足以記此。」

尹曰：「聖人之絶四者，非止之之辭，蓋無之也。張載曰：『四者或有一焉，則與天地不相似。』」

子畏於匡。曰：「文王既没，文不在兹乎？天之將喪斯文也，後死者不得與於斯文也；天之未喪斯文也，匡人其如予何？」

明道曰：「『夫天未欲平治天下也，如欲平治天下，當今之世，舍我其誰乎？』是有所受命之語。若孔子謂『天之將喪斯文也，後死者不得與於斯文也；天之未喪斯文也，匡人其如予何？』喪乃我喪，未喪乃我未喪，我自做着天裹。聖賢之言，氣象自别。」謝氏所記云：於天之將喪斯文下，便言後死者不得與於斯文，則文之興喪在孔子，與天爲一矣。蓋聖人德盛，與天爲一，出此等語，自不覺耳。孟子地位未到此，故曰：「夫天未欲平治天下也，如欲平治天下，當今之世，舍我其誰？」聽天所命，未能合一。又曰：「文王既没，文不在兹乎？此聖人極斷置以理。」又曰：「文不在兹乎？文未嘗亡，唱道在孔子，聖人以爲己任也。」又曰：「孔子免匡人之圍，亦苟脱也。」

范曰：「易困以致命遂志。君子遇難，則有所不慊，道不可詘，命可辟故也。聖人樂天知命故不憂，如使惡人能害己，此則天也，非人也。若天命不害，人豈能違之乎？」

吕曰：「畏者，有戒心之謂。孔子自謂能傳文王之文章，文章者，前後聖之所修，道則出乎天而已。斯文在己，斯文得喪在天，匡人何與乎？」又曰：「道有興有廢，文有得有喪。道出乎天，非聖人不興，無聖人則廢而已。故孔子以道之廢興付諸命，以文之得喪任諸己。及秦滅學焚書，禮壞樂崩，數千百年莫之能復，殆天之喪斯文也。然道未嘗喪，苟有作者，斯文其復興乎？」

謝曰：「孔子師文王，故曰『文不在兹』。道之顯者謂之文。畏於匡，其死不死，夫子不敢必，然命有在我者，夫子猶自必也。喪斯文，天也，未喪斯文，亦天也。聖人，天之所不能違也。其言天之將喪斯文，猶曰我之將喪斯文也，使後死者不得與於斯文；天之未喪斯文，猶曰我之未喪斯文也，故曰『其如予何』？」

楊曰：「斯文之興喪，天也。文實在兹，人如之何哉？」

尹曰：「文王既没，而文王所以爲文者，其道固未嘗亡也。孔子以爲己任，故曰不在兹乎？然則文之喪與未喪皆未也，則匡人其如予何？君子之當患難，斷以理而已。」

太宰問於子貢曰：「夫子聖者與？何其多能也？」子貢曰：「固天縱之將聖，又多能也。」子聞之，曰：「太宰知我乎！吾少也賤，故多能鄙事。君子多乎哉？不多也。」牢曰：「子云：『吾不試，故藝。』」

横渠曰：「功業不試，則人所見者藝而已。」

范曰：「夫子不自以爲聖，而自以爲多能，謙也。聖人于天下之事無所不通，故周公亦自謂多才多藝。然而多能非所以率人也，故夫子自謂由於少賤，又以不試。君子志其大者遠者，而遺其小者近者，故不必多，學者所患，不得其本而求之末也。若人君之職，則當任人而治，恭己正南面，豈在乎多哉！」

謝曰：「多能不害爲君子，然爲君子不必多能。孔子以在下故多能，其意恐學者認多能爲君子，故曰：『君子多乎哉？不多也。』」

楊曰：「多能非聖人之事，故子貢曰：『固天縱之將聖，又多能也。』多能乃其餘事耳。蓋有大人之事，有小人之事，君子所當務者，大人之事而已，鄙事宜非所能也，賤故多能鄙事。君子多乎哉？不多也。繼以牢曰：『吾不試，故藝。』蓋申說也。」

侯曰：「夫子故嘗言遊於藝矣，孔子之多能，藝也。子貢曰：『固天縱之將聖，又多能也。』藝，聖人之餘事。故夫子聞之，恐太宰以謂君子必多能，故曰：『太宰知我乎？吾少也賤，故多能鄙事。君子多乎哉？不多也。』又曰：『吾不試，故藝。』亦聖人之教人，使知其所以多能，以不試故藝云爾。」

尹曰：「君子固有多能者矣，而其所爲君子者，在乎明道，不在乎多能也。故太宰疑之曰：『子果聖人歟？其多能何也？』故曰：『太宰知我乎？吾之多能鄙事，蓋以少也賤故也。而所以爲君子者，實不在乎多能。』」

子曰：「吾有知乎哉？無知也。有鄙夫問於我，空空如也，我叩其兩端而竭焉。」

伊川曰：「子曰：『二三子以我爲隱乎？吾無隱乎爾。』無知之謂也。聖人之教人，俯就之若此，猶恐衆人以爲高遠而不親也。聖人之道必降而自卑，不如此，則人不親。賢人之言，則引而自高，不如此，則道不尊。觀於孔子孟子，則可見矣。」又曰：「『吾有知乎哉？無知也』者，盡以告人，他無知也，與『吾無隱乎爾』同。」或問：「横渠言聖人無知，因問乃有知，如何？」曰：「才説無知，便不堪，是聖人當人不問時與木石同也。」又曰：「叩，就也，兩端猶曰兩頭，謂終始告鄙夫也。孔子常俯就人，不就則人不親；孟子嘗高其説，不高則道不尊。」又曰：「叩其兩端者，如樊遲問仁，子曰愛人；問知，子曰知人。舉其近者，衆人所知；極其高遠者，雖聖人亦如是矣。其與人言，莫不皆然，終始兩端皆竭盡也。」

横渠曰：「有不知則有知，無不知則無知，是以鄙夫有問，仲尼叩兩端而空空。易無思無爲，受命乃如響。」又曰：「聖人一言盡天下之道，雖鄙夫有問，必叩兩端而告之。然問者隨才分各足，未必能兩端之盡也。」又曰：「洪鐘未嘗有聲，由叩乃有聲；聖人未嘗有知，由問乃有知。」又曰：「仲尼應問，雖叩兩端而竭，然言必因人爲變化，所貴乎聖人之辭者，以其知變化也。」

范曰：「聖人於賢愚未嘗不竭其誠。故曰『二三子以我爲隱乎？吾無隱乎爾。』不唯門人如此，鄙夫之問，亦必俯而就之，惟恐人苦其高遠而不親也。聖人與賢人言，推而下之，匹夫匹婦可與知焉；與不肖者言，推而上之，雖聖人亦無以加焉。是之謂兩端。樊遲問仁，子曰愛人；問知，子曰知人。仁者愛人，知者知人，此衆人所能知所能行也，然而舜舉皋陶，湯舉伊尹，是亦愛人知人而已矣。孔子之言，其下則樊遲可行，其高則舜湯亦不過此，過此以往，無餘知矣。故曰：『叩其兩端而竭焉。』」

呂曰：「空空無知，有感必應，雖鄙夫有問，無不盡焉。」

謝曰：「不竭上下兩端，非聖人之言，故雖語下，形而上者亦無不盡。」

楊曰：「善待問者如撞鐘，鐘非有聲也，叩之則鳴。聖人之無知，因問而有知，亦若是而已。『有鄙夫問於我，空空如也，我叩其兩端而竭焉。』亦『吾無隱乎爾』之意。然空空如也，故告之，若夫有挾而問，則在所不告矣。」

尹曰：「聖人之言，上下皆盡，即其近，則衆人皆可與知，極其至，則雖聖人亦無以加焉，是之謂兩端。如答樊遲之問仁知，兩端竭盡，無餘知矣。若夫語上而遺下，語理而遺物，豈聖人之言哉？雖鄙夫之問，亦竭兩端以告之也。」

子曰：「鳳鳥不至，河不出圖，吾已矣夫！」

伊川曰：「鳳鳥不至，河不出圖，吾已矣夫者，嗜欲將至，有開必先也。」或曰：「鳳鳥不至，河不出圖，不知符瑞之事，果有之否？」曰：「有之，國家將興，必有禎祥，人有喜事，氣見面目。聖人不貴祥瑞者，蓋因災而修德則無損，因祥而自恃則有害也。」

横渠曰：「鳳至圖出，文明之祥。伏羲舜文之瑞不至，則夫子之文章如其已矣！」

范曰：「天下有道，聖人在上，則鳳鳥至，河圖出。夫子閔天下生民不得其所，傷己不逢太平之時，故曰：『吾已矣！』言終不得見也。」

謝曰：「鳳鳥至，河圖出，是亦適然，雖明王之時，未必有也。其意止言明王不興而已。」

楊曰：「斯文不興，則孔子其已矣！」

尹曰：「天下有道，聖人在上，則鳳鳥至，河圖出。孔子傷天下無道，其不見伏羲堯舜之治也，故曰：『吾已矣夫！』」

子見齊衰者，冕衣裳者與瞽者，見之，雖少必作；過之，必趨。

范曰：「哀有喪者，所以教民恤窮也。敬有爵者，所以教民嚴上也。矜不成人者，所以教民慎獨也。凡天下之窮民，衆人所輕，聖人所重。是故帝堯不虐無告，不廢困窮；文王發政施仁，必先鰥寡孤獨；夫子見之，必爲之變，與帝堯文王，易地則皆然也。」

謝曰：「元澤曰：『孔子於此，有愛敬之道焉。冕衣裳，貴者之服。』」楊曰：「於斯三者，見之雖少必作，過之必趨，所以廣愛敬也。瞽者人所易，以其不見也，聖人不以其不見而加敬焉。蓋其愛敬出於誠心，而暴慢之氣不設於身體，凡此皆自盡而已，非爲人故也。」

侯曰：「聖人之道，明理是也。齊衰者，冕衣裳者，與瞽者，敬之，理也，順理而已。」

尹曰：「哀有喪，尊有爵，不欺其不見，皆聖人之誠心内外一者也。」

顏淵喟然歎曰：「仰之彌高，鑽之彌堅。瞻之在前，忽焉在後。夫子循循然善誘人，博我以文，約我以禮。欲罷不能，既竭吾才，如有所立卓爾。雖欲從之，末由也已。」

明道曰：「仰之彌高，鑽之彌堅，則是深知道之無窮也。瞻之在前，忽焉在後，他人去孔子甚遠，顏子瞻之，只在前後，但不在中間耳。若孔子乃在其中焉，此未達一間也。」

伊川曰：「瞻之在前，不及也；忽焉在後，過也。如有所立卓爾，聖人之中也。」又曰：「在前是不及，在後是過之，此過不及甚微，惟顏子自知，他人不與。卓爾是聖人立處，顏子見之，但未至耳。」又曰：「顏淵歎孔子，曰『仰之彌高』至『末由也已』，此顏子所以善學孔子，而深知孔子者也。」或問：「博我以文，約我以禮，如何？」曰：「此是顏子稱聖人最切當處，聖人教人，只是如此。既博之以文，而又約之以禮，所謂博學而詳説之，將以反說約也。博與約正相對，聖人教人，只此兩字。博是博學，多識多聞多見之謂；約只是使之知要也。博學於文，約之以禮，雖未能知道，庶幾可以不畔於道。此言善人君子，多識前言往行，而能不犯非禮者爾，非顏子所以學於孔子之謂也。」又曰：「仰之彌高，見其高而未能至也；鑽之彌堅，測其堅而未能達也。此顏子知聖人之學，而盡形容者也。」又曰：「得此義理，有何事不盡，更有甚事出得，視世之功名事業，真譬如閑〔一〕；視世之仁義者，真煦煦孑孑如匹夫匹婦之爲諒也。目視天來大事，處以此理，又曾何足論。若知得這箇義理，便有進處；若不知得，則何緣仰高鑽堅，在前在後，竭吾才則又見其卓爾乎？」

橫渠曰：「大中至正之極，文必能致其用，約必能感而通。未至於此，其視聖人，恍惚前後不可爲之象，此顏子之歎乎？」又曰：「高明不可窮，博厚不可極，則中道不可識，蓋顏子之歎也。」又曰：「極其大然後中可求，止其中而後大可有。」又曰：「顏氏求龍德正中，未見其止，故擇中庸得一善拳拳服膺，歎夫子之忽焉在後也。」

范曰：「仰之彌高，不可度也；鑽之彌堅，不可至也；瞻之在前，忽焉在後，不可測也。是四者言夫子之道。循循然善誘人者，顏子以己之學所至而言也。見其善誘，故進而不已，學而能至也。博我以文，約我以禮，亦顏子所學也。文欲其多，故博之；禮欲其簡，故約之。欲罷不能者，見其可企而及之故也。既竭吾才者，終不能至也。如有所立卓爾，此顔子所不及也，揚雄所謂未達一間者也。宰我以爲夫子賢於堯舜，子貢以謂自生民以來未有盛於夫子，非不尊聖人也。然而以己之所學而知夫子之高深，則未有如顔子，此所以幾于聖人者歟？」

呂曰：「高堅前後，恍惚不可爲象，不可趨向。然夫子循循善誘，博文約禮，使有入德之途。竭才而進，自以爲至矣，則又卓焉者如不可企而及之，此皆循循善誘者也。」

謝曰：「學然後知不足，仰高鑽堅，瞻在前，忽在後，此理惟顔子知之。知不足而能自反，故曰：『雖欲從之，末由也已。』則回之學豈徇外者乎？將以求於所性之中而已。」

又曰：「顔子學得親切如孟子。仰之彌高，鑽之彌堅，無限量也，以見聖人之道大；瞻之在前即不及，忽焉在後又蹉却，以見聖人之道中。觀此一段，即知顔子看得極親切。博我以文，使之識廣〔二〕；約我以禮，歸宿處也。横渠教人，以禮爲先，大要欲得正容謹節，其意謂世人汗漫無守，便當以禮爲地，教他就上面做工夫。然其門人下稍頗溺於形名度數之間〔三〕，行得來困，無所見處，如喫木札相似，更没滋味，遂生厭倦，故其學無傳之者。明道先生則不然，先使學者有知識，却從敬入。」

楊曰：「孔子聖而不可知，非鑽仰所及，故瞻之在前，忽然在後，見其如有所立卓爾而已。謂之如，則非見之盡也，蓋自可欲之善充而至大，力行之積也。大而化之，則非力行可至，故雖欲從之，末由也已。至是非窮神知化，其孰能見之？故惟顏淵爲足以及此，餘人不與也。」

侯曰：「博我以文，是致知格物；約我以禮，是克己復禮。顏子自得如此，孔子許之亦然，亦是感而遂通天下之故。約我以禮，此是顏子拳拳服膺而勿失之事，孔子則不勉而中，不須言約。」

尹曰：「仰之彌高，不可及也；鑽之彌堅，不可入也；瞻之在前，忽焉在後，未得乎中而已。然非顏子則不能知之。以其雖有得而未得其止也，故欲罷不能；見其卓爾，欲從而末由也已。其未達一間與？」

子疾病，子路使門人爲臣。病間，曰：「久矣哉，由之行詐也！無臣而爲有臣，吾誰欺，欺天乎？且予與其死于臣之手也，無寧死於二三子之手乎？且予縱不得大葬，予死於道路乎？」

范曰：「曾子將死，起而易簀，曰：『吾得正而斃焉，斯已矣。』子路欲尊夫子，而不知無臣不可爲有臣，此由其心術之失也。夫心一不正，則將無所不至，是以陷於行詐，罪至欺天。君子之於言動，雖微不可不慎。夫子深懲子路，所以儆學者正其心也。」

謝曰：「子路之意，實尊聖人，而未知所以尊也。使其實有臣，夫子猶不加焉，況無臣而爲有臣乎？」

楊曰：「孔子之無臣，人之所知，不可欺也。無臣而爲有臣，是欺天而已，天其可欺乎？蓋非知至而意誠，用智自私，不知行其所無事，往往自陷於行詐，而莫之知也。其子路之謂乎？」

侯曰：「無臣而爲有臣，欺孰甚焉？孔子所以言子路之詐也。」

尹曰：「子路以夫子嘗爲大夫，故使門人行家臣之禮焉。孔子惡其不誠，故深責之。」

子貢曰：「有美玉於斯，韞匵而藏諸？求善賈而沽諸？」子曰：「沽之哉！沽之哉！我待賈者也。」

范曰：「君子未嘗不欲仕也，又惡不由其道。士之待禮，猶玉之待賈也。孔子孟子周流天下，豈不欲行哉？然而人君不致敬盡禮，則不足與有爲，故終身旅人而無所遇，此則天也。若伊尹之耕於野，太公伯夷之居於海濱，世無成湯文王則亦終焉而已，未有枉道以從人，衒玉以求售也。孔子孟子亦如是矣。」

謝曰：「聖人非懷其寶而迷其邦者，然其道大而不容也。賜也以爲苟終於此而已，言沽之哉！沽之哉！一冀其道之行也。豈不猶韞玉乎？意其必有異乎人之求之者，必於沽也。我待賈者也，言非求也。」

楊曰：「君子藏器於身，待時而動，猶之有美玉於斯，韞匵而不沽也，待賈而已矣。若夫求善賈而沽，則取賤之道，聖人不爲也。」

侯曰：「如子貢此問，非知聖人者，必是子貢少年時。若後來對叔孫武叔之語，豈不知聖人是待賈者也。」

尹曰：「子貢以美玉喻夫子，故夫子謂我非不欲沽也，待其可也。自衒而求售，則不可也。」

子欲居九夷。或曰：「陋，如之何？」子曰：「君子居之，何陋之有？」

横渠曰：「子欲居九夷，不遇於中國，庶遇於九夷，中國之陋爲可知。」又曰：「言忠信，行篤敬，雖蠻貊可行，何陋之有？」

范曰：「言忠信，行篤敬，雖蠻貊之邦行矣。君子所居則化，道無内外，不擇地而處，則雖九夷可居也。夫子終不居之，而以告人者，所以明道也。」

謝曰：「素夷狄，行乎夷狄。」

楊曰：「君子居之，則用夏變夷，何陋之有？」

尹曰：「言忠信，行篤敬，雖蠻貊之邦可行。君子所居則化，何陋之有？是言也，亦乘桴浮海之意也。」

子曰：「吾自衛反魯，然後樂正，雅頌各得其所。」

范曰：「君子學至樂而成，廢鄭聲，則樂正而不淫，故雅頌各得其所。學至於此，而能事畢矣。聖人有其位，則制禮作樂，無其位，則正雅頌而已矣。」

謝曰：「詩自未删之前，不止乎禮義者蓋多，如師摯之始關雎之亂可見矣。」

游曰：「雅頌各得其所，而不及禮與風，何也？」曰：「有其德，無其位，不敢作禮樂焉。則禮樂非孔子之事。所謂雅頌各得其所者，因其舊而正之，非有所作也，故不及禮。關雎之亂，師摯固嘗治之矣，故不及風。」

楊曰：「周之衰，禮樂雖壞亡，而魯猶足徵也。故自衛反魯而樂正，雅頌各得其所。

侯曰：『韓宣子適魯，曰：『周禮盡在魯矣。』齊桓問高子曰：『魯可取乎？』曰：『未可取也，猶秉周禮。』如是，則周之禮樂皆在魯矣，特殘缺不完耳。孔子周流天下，知道之卒不行也，於是反魯，修廢補陋，然後樂正，雅頌各得其所。」

尹曰：「魯哀公之十年，孔子自衛歸魯。孔子删詩正樂，反魯之年而後治成也。」

子曰：「出則事公卿，入則事父兄，喪事不敢不勉，不爲酒困，何有於我哉？」

明道曰：「喪事，人所不勉處；酒，人所困處。孔子於中間處之得宜。」又曰：「聖人愈自卑而道已高，賢人不高則道不尊，聖賢之分也，不爲酒困是也。」

伊川解曰：「聖人之道如天然，與衆人之識甚殊邈也。門人弟子既親炙，而後益知其高遠，既若不可以及，則趨望之心怠矣，故聖人之教常俯而就之，爲其莫能度也。至曰『二三子以我爲隱乎？吾無隱乎爾。』又曰『吾有知乎哉？無知也。』『我非生而知之者。』『十室之邑，必有忠信如丘者焉。』『事上臨喪，不敢不勉。』君子之常行，不困于酒，尤其近也，而以己處之者，不獨使夫資之下者勉思企及，而才之高者亦不敢易乎近矣。」

范曰：「出則事公卿者，盡其忠也；入則事父兄，盡其孝也；喪事不敢不勉者，盡其敬也；不爲酒困，兼疑而不亂也。此四者夫子之常行，故以告人，而自謂有之也。」

呂曰：「庸行之謹，是迺所以爲難能。」

謝曰：「事公卿父兄，勉喪事，能盡事易，盡道難。如夫子事魯衛之君，始可謂事公卿。如曾閔者，始可謂事父兄。必誠必信，勿之有悔，始可當大事。齊聖溫克，始可謂不爲酒困。」

楊曰：「爵、齒、德三者，天下之達尊，雖聖人不敢有其一而慢其一，故出必事其長上，況公卿乎？喪事不必在己，凡民有喪皆是也，凶事人所忌而遠，故在所勉。以禮飲酒者，始乎治，卒乎亂，故多爲所困。聖人豈有異于人乎哉？孔子之爲孔子，亦如是而已矣。」

尹曰：「臣聞師頤曰：『聖人以身處之，所以俯就而教人也，使夫資之下者可以勉思而企及，其才之高者不敢忽乎近也。』」

子在川上曰：「逝者如斯夫！不舍晝夜。」

明道曰：「子在川上曰：『逝者如斯夫！不舍晝夜。』自漢以來，儒者皆不識此義。此見聖人之心純亦不已，此乃天德也。有天德便可語王道，其要只在慎獨。」

伊川曰：「逝者如斯夫，言道之往如此，往，一本作體。這裏須是自見得。」張繹曰：「此便是無窮。」曰：「固是道無窮，然怎生一箇無窮便道了却他。」

范曰：「程頤曰：『此道體也。臣以爲天運而不已，日往則月來，寒往則暑來，水流而不息，物生而不窮，皆與道爲體，運乎晝夜，未嘗止也。是以君子自强不息以天，厚德載物以地，見大水必觀焉，以其似道故也。』」

謝曰：「已往者過，萬物莫不然，而其理可窺易見者莫如川流，是以聖人於此發以示之。」

楊曰：「人自幼壯以至老死，逝而不反，其猶川流不舍晝夜也。易曰：『品物流形。』流言逝而不反也。知逝者如斯，則知有不逝者異乎此矣。」

尹曰：「臣聞師程某曰：『此言道體也。天運而不已，日往則月來，寒往則暑來，水流而不息，物生而不窮，可窺而易見者莫如川流。君子法之，自强不息，及其至也，純亦不已焉。』」

子曰：「吾未見好德如好色者也。」

范曰：「『所謂誠其意者，無自欺也，如惡惡臭，如好好色。』好善如好色，惡惡如惡臭，此聖人之性也。以好色爲好德之心，則可以入於聖人矣，故夫子未之見也。」

謝曰：「如好好色，誠也。好德如好色，斯誠好德矣，然民鮮能之。」

楊曰：「言好德之無誠心也。故大學曰：『所謂誠其意者，毋自欺也，如惡惡臭，如好好色。』如好好色，則有誠意矣。」

尹曰：「使好德如好色，惡不善如惡惡臭，何患乎學之不至也。」

子曰：「譬如爲山，未成一簣，止，吾止也。譬如平地，雖覆一簣，進，吾往也。」

横渠曰：「爲山平地，此仲尼所以惜顔淵進未止，且與互鄉之進也。」

范曰：「學者自强不息，則積少成多，中道而止，則前功皆棄。聖人欲人之進，不欲人之止，其進也，雖微必與之，其止也，雖大必棄之。召公戒武王曰：『不矜細行，終累大德。爲山九仞，功虧一簣。』君子不以善小而不爲，不以惡小而爲之，積小善必成大功，爲小惡必累大德故也。」

謝曰：「進則不可量，止則已矣。學至於大人矣，然不求至於化，不害其爲止。」

楊曰：「未成一簣，止吾止者，時止則止也。雖覆一簣，進吾往者，時行則行也。亦各當其可而已矣。」

尹曰：「爲學者譬如爲山，雖一簣之未至，猶未成也。孟子謂掘井九仞而不及泉，猶爲棄井，亦此意也。」

子曰：「語之而不惰者，其回也與！」

明道曰：「顏子之不惰者，敬也。」

伊川曰：「語之而敬，故不惰，言好學也。」

范曰：「回聞夫子之言，心解而力行之，故語之不惰。他人或不解孔子之言，故語之有時而惰。子路終身誦之，未之能行，惟恐有聞。子張書諸紳，非不力行，非不受言也。然孔子獨稱顏子好學，語之而不惰者，惟回而已。蓋顏子聞言語理，一入于心，則斯須不去，造次顛沛未嘗違之；其聞夫子之言，如萬物得時雨之潤，發榮滋長，何有於惰，此門人所以不及也。」

吕曰：「惰則志不在而之他；不惰者，專心致志而已。禮：『父母有疾，言不惰。』蓋方憂親疾，所語者切務，不暇語他事也。」

謝曰：「不惰與不厭之意異，聲入而心不違，以神受之也。」

游曰：「上士聞道，勤而行之。回於夫子之言，無所不説，非不惰而何？」

楊曰：「於孔子之言無不説故也。」

子謂顔淵，曰：「惜乎！吾見其進也，未見其止也。」

横渠曰：「中正然後能貫天下之道，此君子所以大居正也。蓋得正則得所止，得所止則可以弘而至于大。樂正子、顔子知欲仁矣。樂正子不致其學，足以爲善人信人，志於仁無惡而已。顔子好學不倦，合仁與智，具體聖人，獨未至於聖人之止耳。」又曰：「學者中道而立，則有位以弘之；無中道而弘，則窮大而失其居；失其居，則無地以崇其德，與不及者同。此顔子所以克己研幾，必欲用其極也。未至聖人而不已，故仲尼賢其進；未得中而不居，故惜夫未見其止也。」

謝曰：「吾見進，未見其止，張先生謂未得其中而不止。」

楊曰：「知至將以止之，則見其進矣，未至乎終之，故未見其止也。顔淵知至矣，未至乎終之而死，故孔子惜之也。」

尹曰：「語之而心解力行，造次顛沛未嘗違之，是不惰也。惜乎吾見其進也，未見其所止，孔子所以歎之云。」

子曰：「苗而不秀者有矣夫！ 秀而不實者有矣夫！」

范曰：「五穀之生，苗而不秀者有之，秀而不實者有之。人性質雖美，而不能學，則如苗而不秀；雖學而不能成德，則如秀而不實。苗必至于實，然後可食；學必至于穀，然後爲賢。萬物皆然，有生而不長，有長而不成者。人之學必求成就，不可如苗而不秀，秀而不實。」

謝曰：「如禮記耕而弗種，種而弗耨，耨而弗穫之譬。」

楊曰：「勿忘勿助長，則苗斯秀，秀斯實矣。舍而不耘，或又揠之，則苗而不秀，秀而不實有矣。知此，其知所養矣。」

侯曰：「苗而不秀，質美而不學者也；秀而不實，學而不至於道者也。故中之以下文。」

尹曰：「五穀之生，苗而不秀者有之，秀而不實者有之，然苗必至於實而後可。君子之於學亦然，是故惡夫畫也。孟子曰：『仁在乎熟之而已矣。』」

子曰：「後生可畏，焉知來者之不如今也。四十五十而無聞焉，斯亦不足畏也已。」

范曰：「凡人進德，必在于少之時，舜二十以孝聞，顔子十八天下歸仁焉，此聖人所以畏後生也。若不能强學，至於四十五十而無聞焉，其終亦可知也，故不足畏矣。揚子曰：『冬至及夜半以後者，近玄之象也。夏至及日中以後者，遠玄之象也。後生之學者，猶之冬至及夜半以後也；既壯而無聞焉，猶之夏至及日中以後也。』」

吕曰：「四十五十，血氣盈而將衰，好惡習而成性，善惡已定，幾不可易，故無聞者不足畏，見惡者至於終。」

謝曰：「聞道無先後，造道之極，斯塗之人可以並堯禹，故曰：『焉知來者之不如今。』四十五十，血氣向衰，猶不聞道，則終於此而已矣。」

楊曰：「有聞而後可進德，後生雖可畏，至四十五十而無聞，斯亦不足畏也已。蓋聖人與人爲善，又惡其怠而止，故抑揚其詞如此。」

侯曰：「人皆可以爲堯舜，有爲者亦若是，故曰『後生可畏』。至四十五十而無聞，如斯而已，故曰『不足畏』。」

尹曰：「少而不勉，老而無聞，則亦已矣。自少而進者，安知其不至於極乎？是可畏也。」

子曰：「法語之言，能無從乎？改之爲貴。巽與之言，能無悦乎？繹之爲貴。悦而不繹，從而不改，吾末如之何也已矣。」

范曰：「齊景公問政，孔子對曰：『君君，臣臣，父父，子子。』此法語之言也。景公知其禍，而不圖之，此從而不改也。齊宣王欲毁明堂，孟子對曰：『欲行王政，則勿毁之。』此巽與之言也。王曰：『善哉言乎！』然而終不能行，此悦而不繹也。人君之患，在於有過而不改，聞善而不行，此孔子孟子所以不能如之何也。」

謝曰：「以其巽言，故必説；以其法言，故必從。説而從，特入乎耳也；至説而繹，從而改，然後有諸己。聞人之言，將以裕己也。無以有諸闕」

楊曰：「法語之言，正言之也，若孟子論行王政之類是也。巽與之言，若孟子論好色好貨之類是也。語之而未達，拒之而不受，猶之可也。其終或喻焉，則尚庶幾乎其能改繹矣。其從之也，其悦之也，而不改繹焉，是終不改繹也已，雖聖人其如何哉？」

侯曰：「法語之言，正也，聞正言者必面從，君子則必改，小人則不能。巽與之言，順理而言也，聞順言者必悦，君子則思繹，小人則不能。説而不繹，從而不改，自棄自暴者也，雖聖人無如之何？」

尹曰：「法言者，正言之也。巽言者，婉而導之也。不背其言，不若遂改其事。喜説其説，不若尋繹其意。」

子曰：「主忠信，無友不如己者，過則勿憚改。」

范曰：「此夫子所常言也，弟子各以所聞記之，故又見於此。」

子曰：「三軍可奪帥也，匹夫不可奪志也。」

伊川曰：「人之身有形體，未必能爲主。若有人爲係虜將去，隨其所處，己有不得與也。惟心則三軍之衆不可奪也，若并心做主不得，更有甚？」

范曰：「力不能勝德，勇不能勝義。是以三軍之帥，衆可奪也；匹夫之志，雖萬乘之主有不能屈，況可得而奪之乎？孟子論北宫黝、孟施舍之養勇，以明君子之義。志士皆養其志，孰可得而奪之乎？」

謝曰：「我心匪石，不可轉也。惟不可奪，是以謂之志，可奪非志也。山岳可移，志不可移；死則可奪，志則不可奪。」

楊曰：「三軍之强，可以力而奪其帥。匹夫之志，道之以其心之所同，然後從之，不可以力而奪也。」

侯曰：「三軍之勇在人，故可奪其帥。匹夫之志在己，故不可奪。如可奪，則非志也，僞也。」

尹曰：「人有志，則孰能奪之也？」

子曰：「衣敝緼袍，與衣狐貉者立，而不恥者，其由也與？不忮不求，何用不臧？」子路終身誦之。子曰:「是道也,何足以臧?」

橫渠曰:「不僭不賊,其不忮不求之謂乎?」

范曰:「子路志於道而不恥惡衣惡食,故夫子稱之。夫恥不若人,則有疾惡之心,是害且貪也。人能無貪欲之心,則何用爲不善矣。然不忮不求,是不爲不善而已,未足以爲善也。子路之學,可與之進,夫子恐其自足如此,故勉而進之,使之至於上者也。聖人之教人,若權衡然,輕者抑之,重者損之。子路自足於此,故抑之,未足於彼,故加之,所以引之而至道也。」

呂曰:「貧與富交,强者必忮,弱者必求。」

謝曰:「恥惡衣惡食,學道者之病,善心不存,蓋生於此。由也衣敝緼袍,與衣狐貉者立而不恥,其志過人遠甚,則忮害貪求之心,夫何所施也?故曰:『不忮不求,何用不臧?』未至于此,有改過遷善之心者,聞此言也,終身誦之,猶爲不忘其初。已造乎此,猶終身誦之,則幾於小成者。」又曰:「子路衣敝緼袍,與衣狐貉者立而不恥,許大子路,孔子却只稱其如此,只爲他心下無事。此等事打疊得過,不怕此心因事出來,正好著工夫,不見可欲,却無下工夫處。」

楊曰:「非志於道,而不以惡食惡衣爲恥,何以與此?」又曰:「能懲忿則不忮,窒欲則不求，夫如是，何不臧之有？然此修德之事而已，而子路終身誦之，則晝矣，非所以自進於日新也。子曰：『是道也，何足以臧？』蓋激之使進也。」

侯曰：「子路勇於進而志於道，不恥惡衣惡食，故夫子稱之。忮，害也。求，貪也。志於道則仁也，故無貪求之心以害其仁，無所用而不臧。子路樂善，故終身誦之。孔子又恐其膠固而不通，故曰：『是道也，何足以臧？』蓋爲不忮不求未足以盡善道故也。」

尹曰：「衣敝緼袍，與衣美服者立，而不以爲恥者，有守者之所能也，故孔子善之。子路誦不忮不求之言，以爲至善，故孔子又曰：『何足以臧？』所以進之也。」

子曰：「歲寒然後知松柏之後彫也。」

范曰：「歲寒然後知松柏，世亂然後知君子。小人之在治世，與君子無異，然則何以別之？人君惟先正心，則邪正是非交乎前，而不可以誠實欺。聽其言，觀其行，察其臨利害，遇事變，則君子小人之情見矣。」

謝曰：「士窮見節義，世亂則識忠臣矣。」

楊曰：「非險夷之異，無以見君子之操。」

侯曰：「君子節義久而益堅，無他，見善明故也。」

尹曰：「臨利害，然後知所守者也。」

子曰：「知者不惑，仁者不憂，勇者不懼。」

王彦霖問：「道者一心也。有曰仁者不憂，有曰智者不惑，有曰勇者不懼，何也？」明道曰：「此名其德耳，其理則一也。得此道而不憂者，仁之事也，因其不憂，故曰此仁也。智、勇亦然。豈可反以不憂謂之智，不惑謂之仁乎？凡名其德，千百皆然，但此三者，達德之大也。」

伊川曰：「仁者不憂，智者不惑，勇者不懼，德之序也。智者不惑，仁者不憂，勇者不懼，學之序也。知以知之，仁以守之，勇以行之。」

范曰：「中庸曰：『好學近乎智，力行近乎仁，知恥近乎勇。』此學之序也。」又曰：「『智、仁、勇三者，天下之達德也。』智者明於理，故不惑；仁者無不愛，故不憂；勇者果於德，故不懼。」中庸又曰：『知斯三者，則知所以修身；知所以修身，則知所以治人；知所以治人，則知所以治天下國家矣。』」

吕曰：「不憂，謂無私憂。憂以天下，不謂之憂。」

謝曰：「天下之事若一二，本無可惑，察理不盡則惑；本無可憂，有利害心則憂；雖死生亦分内事，本無可懼，中無主則懼。蓋自其不惑，則以智名之；自其無往而不自得，則以仁名之；自其無恐懼心，則以勇名之。名雖不同，要之其道則一。」

楊曰：「明善，故不惑；存心養性以事天，故不憂；見義必爲，故不懼。」

尹曰：「明故無所惑，安故無所憂，決故無所懼也。」

子曰：「可與共學，未可與適道。可與適道，未可與立。可與立，未可與權。」「唐棣之華，偏其反而。豈不爾思？室是遠而。」子曰：「未之思也，夫何遠之有？」

王彥霖問立德進德先後。明道曰：「此有二：有立而後進，有進而至於立。立而後進，則是卓然一作立定後有所進。立則是三十而立，進則是吾見其進也。有進而至於立，則進而至於立道處也。此進是可與適道者也，立是可與立者也。」

伊川曰：「有求爲聖人之心，然後可與共學。學而善思，然後可與適道。思而有所得，則可與立。立而化之，則可與權。」又曰：「可與共學，知所以求之也。可與適道，知其所往也。可與立者，篤志固執而不變也。權與權衡之權同，稱物而知輕重者也。人無權衡則不能知輕重，聖人則不以權衡而知輕重矣，聖人則是權衡也。」又曰：「人多以反經合道爲權，其實未嘗反經。權猶衡，輕重兩平，乃權之義。」又曰：「古今多錯用權字，才說權，便是變詐，或是權術。不知權只是經所不及者，權量輕重，使之合義，才合義，便是經也。權只是稱錘，稱量輕重。故曰：『可與立未可與權。』」又曰：「唐棣之華，乃今郁李。取郁李看，便可以見詩興兄弟之意。」又曰：「唐棣之華，乃今千葉郁李，本不偏反，以喻兄弟。今乃偏反，則喻兄弟相失也。兄弟相失者，言豈不爾思，但居處相遠爾。孔子曰：『未之思也，夫何遠之有？』蓋言權實不遠爾。權只是稱錘之權也，能用權乃知道，亦不可言權便是道也。自漢以下，更無人識權字。」又曰：「唐棣之華，偏其反而，因權而言逸詩也。」或問：「聖人之道，知之甚難乎〔四〕？」曰：「聖人未嘗言易以驕人之志，亦未嘗言難以阻人之進，聖人之道，不可以難易言。故孔子但曰：『未之思也，夫何遠之有？』此言涵蓄意思至深至遠。孟子曰：『夫道若大路然，豈難知哉？』下一豈字，即露筋骨，聖人之言不然，人病不求耳。子歸而求之，有餘師。此言却好，孔孟言有異處，須自識得。」

横渠曰：「志學然後可與適道，强禮然後可與立，不惑然後可與權。」又曰：「唐棣枝類棘枝，隨節屈曲，故其華一偏則一反，左右相矯，因得全體均正。偏喻管蔡失道，反喻周公誅殛，言我豈不思兄弟之愛，以權宜合義，主在遠者爾。唐棣本文王之詩，此一章周公制作，序己情而加之，仲尼以不必常存而去之。」

范曰：「可與共學者，同術業也。學者未必志於道，故未可與適道。志於道者未必能有立也，故未可與立也。能立矣，而權爲難者。道之用也，唯聖人能盡之。自漢以來，儒者論權，多以爲反經合道，甚矣其不知權也。經者道之常也，既反之矣，豈有先之以不正，而可合於道乎？孟子曰：『權然後知輕重。』聖人心若權，然後物至而不可銖兩欺之，是以輕重適得其均也。夫事有大小，未嘗無權，堯舜唯能權與子之不如與賢也，故以天下與舜禹，而後世莫不以爲公。周公唯權親戚之不可私也，故誅管蔡而天下不以爲不仁。直躬唯不能權父子與信之輕重也，故以證父爲直。微生高唯不能權于與人拒人之間也，故以乞醯爲仁。故曰事之大小，莫不有權。惟聖人能盡之，所以爲人倫之至。」

又曰：「此孔子所不取之詩也。唐棣之華美矣，以其反而莫之愛。賢人可思矣，以其高遠而不能親，是亦不好賢而已矣。孔子删詩，其所以不取者，蓋此之類與？」

吕曰：「質美，故可與共學。未知好，故未可與適道。志未定，故未可與立。義未精，故未可與權。」又曰：「學之始，知道之在我，則可與適道；學之中，見道之全體，則可與立；學之終，造道而上達，則可與權。」

謝曰：「可與共學，質美者也，然而未必能行，故未可與適道。能行乃可以適道矣，然或作或輟者有之，故未可與立。能强立而不反矣，未必能體常而盡變，故未可與權。權非機巧權變之謂，猶權衡之權，以其稱物得中而已。不及則仰，過則俯，中則平，學至於權，時中之謂也。唐棣之華，枝葉曲節皆相照，喻權變而得中也〔五〕。」

楊曰：「知爲己，則可與共學矣；學足以明善，而後可與適道；信道篤，而後可與立；知時措之宜，而後可與權。世之説者，以謂權者反經而合道，自共學推而上之，至于與權，具若遠矣，故以唐棣之華反而後合也。不知所謂權者，猶權衡之權，特稱物之輕重而取中爾，非有反也。故夫子曰：『未之思也，夫何遠之有？』以正其不知權之失，亦以示删詩之意也。」

或問曰：「中所以立常，權所以盡變。不知權，則不足以應物；知權，則中有時乎不必用矣。是否？」楊氏曰：「知中即知權，不知權，是不知中也。」曰：「既謂之中，斯有定所，必有權焉，是中與權固異矣。」曰：「猶坐于此室，室自有中。移而坐于堂，則向之所謂中者今不中矣，堂固自有中。合堂室而觀之，蓋又有堂室之中焉。若居今之所，守向之中，是不知權，豈非不知中乎？又如以一尺之物，約五寸而執之，中也。一尺而厚薄大小之體殊，則所執者輕重不等矣，猶執五寸以爲中，是無權也。蓋五寸之執，長短多寡之中，而非厚薄小大之中也。欲求厚薄大小之中，則釋五寸之約，唯輕重之知，而其中得矣。故權以中行，中因權立。中庸之書不言權，其曰君子而時中，即所謂權也。」

尹曰：「孟子有言：『執中無權，猶執一也。』權也者，權量以歸之至當，猶衡有權，非世所謂變詐之術也。唐棣之華，一偏而一反，如權則必合于道，故曰：『夫何遠之有？』」

校勘記

〔一〕真譬如閑　明抄本作「其譬如門」。
〔二〕使之識廣　「之」原作「知」，據四庫本改。
〔三〕下稍頗溺於形名度數之間　「頗」原作「頭」，據四庫本改。
〔四〕知之甚難乎　「乎」原作「子」，據文意改。
〔五〕喻權變而得中也　明抄本「得」作「適」。

論語精義卷第五下

鄉黨第十

伊川曰：「孔子之道發而爲行，如鄉黨之所載者，自誠而明也。由鄉黨之所載而學之，以至於孔子者，自明而誠也。及其至焉，一也。」又曰：「論語爲書，傳道立言，深得聖人之學者矣。如鄉黨形容聖人，不知者豈能及是？」又曰：「鄉黨所載，善乎其形容也。讀而味之，想而存之，如見乎其人。」

呂曰：「自孔子『於鄉黨』至『誾誾如也』，言孔子言語之變。自『君在踧踖如也』至『私覿愉愉如也』，言孔子動容之變。自『君子不以紺緅飾』至『齊必有明衣布』，言孔子衣服之變。自『齊必變食』至『必齊如也』，言孔子飲食之變。自『席不正不坐』至『不親指』，言孔子應接事物之變。」

謝曰：「容貌衣服食息之際，道之徵也，聖人於此本無意於中節。蓋日月有明，隨其受光而照之。有志者少察于斯，於道其庶幾乎？」

楊曰：「夫聖人由禮行，非行禮者也。雖語默食息之頃，升降俯仰，各有容節，無非禮者，是豈係心于儀容辭令之末哉？蓋其身與道俱，故睟面盎背，而從容自中耳。世之論者曰：『先王之制禮，誘天下之愚而拘之。』則是禮無與于智者之事也。故士以達觀自居，而信其説于天下，往往自棄于無方之民而莫之悟，其爲害豈淺淺哉！莊子曰：『猖狂妄行，乃蹈乎大方。』既已蹈大方矣，則不可謂之妄行；有猖狂妄行之名，則其踰于大方也必矣，是皆荒唐繆悠之辭也。乃若聖人之所謂道，不離乎日用之間，非固遺形絶物也。離此以言道，皆日用而不知者也。故孔子於鄉黨，一動一静，門人皆審視而詳著之，其知聖人哉！學者第深考此篇，則於道其庶幾矣！」

尹曰：「甚矣孔門弟子之嗜學也〔二〕。於聖人之容色言動，無不謹書而備記之，以貽後世。今讀其言，即其事，宛然如聖人之在目也。雖然，聖人豈拘拘而爲之者哉？蓋盛德之至，動容周旋，自中乎禮耳。學者欲潛心于聖人，宜於此求焉。」

孔子於鄉黨，恂恂如也，似不能言者。

楊曰：「恂恂，一於誠也。與國人交，止於信，故在鄉黨所先如此。似不能言者，卑以自牧，不以賢知先人也。蓋鄉黨尚齒，故其自牧如此。」

侯曰：「鄉黨敬長而貴老，以誠信爲本，故恂恂如也。似不能言者，則聖人之誠可知也。」

其在宗廟朝廷，便便言，惟謹爾。

楊曰：「宗廟朝廷，以敬爲本，故便便言，惟謹爾。便便，不擇事而安之也。言惟謹爾，盡敬也。」

侯曰：「宗廟朝廷尚嚴而明辨，故便便言，惟謹爾。」

朝，與下大夫言，侃侃如也；與上大夫言，誾誾如也。

呂曰：「此章言孔子言語之變。鄉黨尚齒，恂恂似不能言，所以事長而貴讓。宗廟朝廷尚尊，便便言謹，所以稟命而從事。」自孔子於鄉黨至此。

謝曰：「恂恂，信也。人親信之，以其温恭故也。似不能言者，不以辭氣加人也。蓋推嚴恪不以事親之意，而出以事其長上。宗廟朝廷尚嚴，故便便言，惟謹爾。侃侃，和樂。誾誾，中正。上大夫，在我上者。下大夫，在我下者。」自孔子於鄉黨至此。

楊曰：「上交則敬而無諂，故誾誾如也。誾誾，敬也。下交則和而不瀆，故侃侃如也。侃侃，和也。」

侯曰：「誾誾，中正而敬也。侃侃，和樂而敬也。敬則一也。誾誾侃侃，上下交也。」

君在，踧踖如也，與與如也。

橫渠曰：「與與如也，君或在朝在廟，容色不忘向君也。」

范曰：「鄉黨者，父兄宗族之所處也，主於溫恭。宗廟禮法之所在，朝廷政事之所出也，言不可以不明辨，故辨而惟謹爾。與下大夫言和樂，與上大夫言中正，非輕下大夫而屈于上大夫也。鄉黨莫如齒，所以教民相親。朝廷莫如爵，所以教民尊上。君視朝則極其恭敬，故踧踖如也。夫恭而過則勞，與與者，無過與不及，皆中節也。」自孔子於鄉黨至此。

謝曰：「與與，承順之意。」

楊曰：「踧踖，不敢寧處也。與與，不忘向君也。」

尹曰：「恂恂，溫恭之貌。便便，辨也。侃侃，和樂也。誾誾，中正也。踧踖，行而恭也。與與，威儀適中也。」自孔子於鄉黨至此。

君召使擯，色勃如也，足躩如也。揖所與立，左右手。衣前後，襜如也。趨進，翼如也。賓退，必復命曰：「賓不顧矣。」

橫渠曰：「君召使擯，趨進翼如，左右君也。相君送賓去，則白曰：『賓不顧矣。』舒君敬也。」

范曰：「君召而使之擯，必變色者，尊君命也。色至于勃如，容至于踧踖，皆無以加焉，敬之至也。賓退必復命者，事之宜也。」

謝曰：「衣隨形體，左右前後襜如，誠於所揖也。翼如，鳥斯翼之翼。禮有擯詔，欲其禮無違也。至于賓不顧，然後禮成矣，故以此復命。」

楊曰：「色勃如，變色而作也。君召使擯，以禮相其事，故變色而作。君子之容舒遲，見所尊者齊遬。足躩如也，遬也。揖所與立，左右手，順所向也。衣前後襜如，趨進翼如，其容修飾也。賓不顧而後禮成，而君退，必復命曰：『賓不顧矣。』」

尹曰：「勃，色變也。躩，盤辟之貌。襜如者，揖左右衣之容也。翼，謂張翼而翔。」

入公門，鞠躬如也，如不容。

謝曰：「入公門，非必君在焉。」

立不中門，行不履閾。

謝曰：「立中門則當尊，行履閾則不恪。」

過位，色勃如也，足躩如也。

謝曰：「過位與見君之几杖，則起同。」

其言似不足者。

謝曰：「韓非謂慮事廣肆，則曰草野而倨侮。故言彌寡則彌敬，如怯懦不盡者。」

攝齊升堂，鞠躬如也，屏氣似不息者。

謝曰：「心肅則氣自屏，於此可以體敬之理。」

出，降一等，逞顔色，怡怡如也。

謝曰：「逞非肆也，心能使氣之意。」

没階趨〔一〕，翼如也。復其位，踧踖如也。

横渠曰：「没階，趨，翼如，張拱而翔也。」按陸氏釋文，此句無進字。

楊曰：「入公門，鞠躬如也，如不容，不敢肆也。中門，君所出入，立不中門，避所尊。行而履閾，非行容也。過位，色勃如也，足躩如也，不以虚位而易之，盡誠敬也。其言似不足者，不爲口給，以時發也。攝齊升堂，鞠躬如也，屏氣似不息者，近至尊，氣容肅也。出，降一等，逞顔色，怡怡如也，下堂遠所尊，則其容舒矣。没階趨翼如，翔也。蓋濟濟翔翔，朝廷之行容也，故其趨如此。」自入公門至此。

尹曰：「入公門，曲斂其身，如無所容也。過位，過君之虚位也。其言似不足者，下氣怡聲，如言不能足也。攝齊，摳衣升堂，則屏氣似不能息。出降，下堦，則顔色通舒。没堦，盡也。復其位，復其行列也。」自入公門至此。

執圭，鞠躬如也，如不勝。上如揖，下如授。勃如戰色，足蹜蹜，如有循。享禮，有容色。私覿，愉愉如也。

伊川曰：「自『君召使擯』，至『私覿愉愉如也』，此皆孔子爲大夫時出入起居之節也。過位，過君之虛位也。出降一等，是自堂而出降階，當此時放氣不屏，故逞顔色也。復其位，復班次之序也。享禮者，此享燕賓客之時。有容色者，蓋一于莊則情不通也。私覿怡怡如也，私覿則又和悦矣。」

横渠曰：「上堂如揖，下堂如授，其容舒也。」

范曰：「孟子曰：『動容周旋中禮者，盛德之至也。』聖人内有其德，故外有其容，德充于内，故輝光見于外，非勉强而能也。夫子之教人，其成德亦在于容止言動之間。故語顔淵，則曰『視聽言動必皆以禮』。語仲弓，則曰『出門如見大賓，使民如承大祭』。自顔冉而觀之，則他人可知矣。曾子曰：『君子所貴乎道者三。』揚雄曰：『取四重，去四輕，則可謂之人。』易曰：『敬以直内，義以方外。』心敬則無不正，正則無所邪，所以直其内。動則得其宜，宜則成規矩，所以方其外。大學之道，欲修其身者，先正其心，欲正其心，先誠其意，意誠則身正，身正則無不中禮。故顔色、容止、辭氣、升降、進退，皆可以爲法。門弟子識之以爲此書，非深知聖人者，不能形容之也。」

謝曰：「執圭鞠躬如也，如不勝，與執輕如不克，執虛如執盈之語同。」

楊曰：「如不勝，所謂執輕如不克，重其事，不敢易也。其升則舉手如揖，其下則垂手如授，此升降之容節宜如是也。勃如戰色，臨事而懼，兢慎之至也。足蹜蹜如有循，舉前曳踵，如有循而不敢越也。既聘而享，以禮爲節，其儀飭矣，欲其及物也。既饗而私覿，和以爲貴，故愉愉也。」

尹曰：「曲斂其身，如不勝舉，斂慎之至也。上堂如揖，其貌恭也。下堂如授，其容舒也。足蹜蹜如有循，謂舉前曳踵而行，有如所循也。饗禮有容色，饗燕賓主之間，太莊則情不通也。私覿則又和悅矣。」

君子不以紺緅飾，紅紫不以爲褻服。

謝曰：「飾，所以爲文也。紺近齊服，緅近喪服，何以文爲？紅紫非正色，嫌于婦人女子之飾。」

楊曰：「齊服以紺，練飾以緅，故常服不以爲飾。紅紫靡麗，非褻所宜。」

侯曰：「紅紫，上服之飾者也，故不以爲褻服。」

尹曰：「紺色近于齊服，緅色近於喪服，飾且不爲，則不爲朝祭之服可知。紅紫非正色，褻服且不以間色，則公會之服，必用正色可知也。」

當暑，袗絺綌，必表而出之。

范曰：「言君子者，不獨夫子，凡君子皆當然也。絺綌所以當暑，必表者，爲其褻也。絺綌出于表，表不可以親膚也。古之爲衣，不爲觀美，或取其適于體，表而出之是也；或欲其便于事，褻裘長短右袂是也。」自君子不以至此。

謝曰：「服之本意，以不見體爲敬，故絺綌必表而出之。後世有綌縗繐裳者，縣子所以非之。」

楊曰：「袗絺綌，則見體而近褻，故必表而出之。孔氏謂加上衣也。」

侯曰：「暑服尚疏，見體則近褻，故必表而出之。」

尹曰：「袗，單也。絺謂細葛。綌，麤葛也。表，上衣也。」

緇衣羔裘，素衣麑裘，黄衣狐裘。

伊川曰：「緇衣等各有用，不必云緇衣是朝服，素衣是喪服，黄衣是蜡服也。」

范曰：「衣所以襲裘，故其色必如之。德之内外相稱亦然也。」

謝曰：「服色必相稱也。」

楊曰：「衣裘之色，欲相稱也。記曰：『羔裘豹飾〔三〕，緇衣以裼之；狐裘，黄衣以裼之，禮制也。』」

尹曰：「衣所以覆裘，故其色如之。」

褻裘長，短右袂。

尹曰：「裘長欲其温體，袂短以便事。」

必有寢衣，長一身有半。

范曰：「程頤曰：『此必錯簡，當是齊之日必有寢衣，不服常日之寢衣，所以慎齊也。因言其制，故曰長一身有半。』」

尹曰：「寢衣，今之被也。臣師程頤曰：『疑上文當連齊而言，故曰必有。』」

狐貉之厚以居。

范曰：「狐貉之厚，亦取其適體者也。」

楊曰：「私服不致飾，取其便事而已。狐善疑，貉善睡，不可以從事，故燕居服之。」

尹曰：「居，家居也。」

去喪，無所不佩。

范曰：「行禮吉凶不雜，是故去喪，凡所當佩者無不佩。禮曰：『父母存，冠衣不純素；孤子當室，冠衣不純采。』又曰：『具父母大父母，衣純以繢；具父母，衣純以青；如孤子，衣純以素。』此服之變也，非佩也。」

楊曰：「凡帶必有佩玉，唯喪否，故去喪則無所不佩。言無所不佩，則非特玉而已，蓋若觿礪之類皆佩焉。」

尹曰：「佩，佩玉也。君子無故玉不去身，居喪無飾，故不佩，去喪則復佩也。」

非帷裳，必殺之。

伊川曰：「帷裳固不殺矣，其他衣裳亦殺也。」

楊曰：「裳必有殺，唯朝祭之服用正幅，如帷然，則不殺。」

尹曰：「唯帷裳不殺。」

羔裘玄冠不以弔。

范曰：「弔必變服，故吉衣吉冠，不以弔也。」

楊曰：「吉服不以與凶事故也。」

侯曰：「吉服不可與凶事，故羔裘玄冠皆不以弔。」

尹曰：「弔必變服。」

吉月，必朝服而朝。

伊川曰：「孔子在魯致仕時，月朔朝也。」

范曰：「吉月必朝服而朝者，既告老，猶月朝於君也。月朝於君何也？國有大事，猶將預焉。故請討陳恒，則沐浴而朝。」

楊曰：「孟子不見諸侯，未爲臣也。孔子吉月必朝服而朝，致爲臣之義也。」

侯曰：「吉月必朝服而朝，時孔子必已去位。如未去，則不書也。」

尹曰：「此孔子致仕居魯時也。」

齊必有明衣布。

伊川曰：「齊必有明衣布，欲其潔也。明衣，如今涼衫之類。緇衣明衣，皆惡其文之著而爲之也。」

范曰：「明衣布者，浴衫也，此亦非常浴之衣也。」

尹曰：「先儒謂浴衣也。」

齊必變食，居必遷坐。

伊川曰：「齊必變食，居必遷坐，重其事也。」

范曰：「記曰：『齊者，必致其精明之道也。』故散齊七日以定之，致齊三日以齊之，聖人所以交神明者，皆在于此。潛天而天，潛地而地者，心也。是故郊則天神降，廟則人鬼饗。易曰：『觀盥而不薦。』亦致潔而已矣。饗于鬼神，在己之誠，不在于俎豆牲牷也。君子祭則受福，無它焉，惟致其誠而已矣。」

謝曰：「齊必變食，養氣體，欲其精一於所爲齊者。居必遷坐，與申申夭夭之意同。」

楊曰：「齊必有明衣布，齊必變食，居必遷坐，齊以交神明，故致潔變常以致敬。」

侯曰：「齊必有明衣布，齊必變食，居必遷坐，所以致其敬也。」

尹曰：「齊所以致精明之德，變食以養氣，遷坐以致思。」

食不厭精，膾不厭細。

楊曰〔四〕：「食精膾細，非以窮口腹之欲，蓋養氣體不以傷生當如此。」

尹曰：「食欲精，膾欲細，非窮口腹之欲，蓋養氣體當如此也。」

食饐而餲，魚餒而肉敗，不食。色惡，不食。臭惡，不食。失飪，不食。

謝曰：「窮口腹之欲者或食焉。」

不時，不食。

謝曰：「注説謂非朝夕日中時，屬厭而已，欲心不從故也。人不爲飢而死，雖不食可也。」

割不正，不食。不得其醬，不食。

范曰：「此不必齊也，凡食皆如是矣，聖人豈有異于人哉！飲食、居處、言語，必中于理而已。傳曰：『味以行氣，氣以實志，志以定言，言以出令。』色惡臭惡，失飪不時，皆非所以養志氣也。君子之所以養心體者，未嘗不以正，造次顛沛不可離也。故割不正不食，席不正不坐，則事之不正不爲可知矣。不得其醬不食者，爲其不備也，君子苟不備，雖美不食焉。」自食不厭精至此。

謝曰：「膳食之宜貴和，春酸夏苦，秋辛冬鹹，君子之食放焉。醯醢之美，調以滑甘，皆貴和之。謂古人欲心則寡，而衛生之道則盡矣。」

尹曰：「饐，飯傷濕也。餲，味變也。肉臭曰敗，魚臭曰餒。飪，熟也，失飪，謂失生熟之節也。不時，謂非食時也。折解牲體，禮有定數。醬謂醯醢各有其宜，故割不正、不得其醬，皆所不食。」自食饐而餲至此。

肉雖多，不使勝食氣。

謝曰：「食以五穀爲主，七十者非肉不飽，氣衰然後用以補之，故以不使勝食氣爲常。」

惟酒無量，不及亂。沽酒市脯不食。

伊川曰：「飲酒不可使醉。不及亂者，不獨不可亂志，只血氣亦不可使亂，但浹洽而已可也。」

謝曰：「沽酒市脯不食，與康子饋藥不敢嘗同意。」

不撤薑食。不多食。

范曰：「凡養體主於穀肉，勝食氣，非其理也。飲酒無多少，主於不亂而已。沽酒市脯，其所從來不可得而知，故君子不食也。不多食者，適飽而已，貪于飲食，四凶之徒也。」自肉雖多至此。

謝曰：「不多食，節飲食也。」

楊曰：「色惡，若狗赤股鳥皫色之類。臭惡，若螻庮之類。詩曰：『物其有矣，唯其時矣。君子之食，唯其時物。』非志於味以窮口腹之欲也，故不時不食。失飪，謂失水火之齊。割不正，若宜聶而軒之類。醬，若魚膾芥醬之類。非其物宜，故皆不食。肉，天產也，食，地產也，所以養陰陽之氣，不可以偏勝，故肉雖多，不使勝食氣。五辛惟薑不葷，故不撤薑食。凡此皆衛生之道也。先王於食有醫，所以治未病也。而君子之食常放焉，故其所慎者如此。至于疾而後用醫，則末矣。故周官疾醫，施於萬民而已，君子不與焉。」自食不厭精至此。

尹曰：「先儒謂飲食事皆因齊而言，故其說不撤薑食，則曰齊禁葷物。薑辛而不臭，故不去，若葷辛者，則去之也。然則今之養生者，凡葷物皆所忌食，非獨齊也。不多食，飲食貴節也。」

祭于公，不宿肉。祭肉不出三日。出三日，不食之矣。

范曰：「神惠欲速及人，故不宿肉而分之。祭肉者，家祭之肉也。出三日或臭敗，惡之則不欽，是褻鬼神之餘也，故寧不食矣。」

謝曰：「宿祭肉與出三日而食，則均於常饌矣。」

楊曰：「祭於公，不宿肉，受福於其君，德其物，不敢易也。祭於家，可以宿肉矣。出三日則饐而餲，故亦不食。」

尹曰：「公，公家。神惠欲速及人，故不宿肉。祭肉不出三日，謂自祭也。三日則肉必敗，人或惡之，是褻鬼神之餘也。」

食不語，寢不言。

明道曰：「寢食不當言語時。」

范曰：「以事語人曰語，發端曰言。君子存其誠意，當食而食，當寢而寢，言語非其時也。」

謝曰：「聖人存心不它，爲物之終始，與事在此而心遊於彼者異。」

楊曰：「肺爲氣主，而聲出焉。飲食則氣窒而不通，語言，恐傷之也。」

尹曰：「先儒謂直言曰言，答述曰語。」

雖疏食菜羹，瓜祭，必齊如也。

明道曰：「疏食菜羹瓜祭，必齊如也，臨祭則敬也。」

范曰：「鬼神饗誠，不在于物，故雖疏食菜羹，及當食瓜而祭，亦必齊如，所以致其誠敬也。」禮曰：「瓜祭上環。」

謝曰：「報本反始。」

楊曰：「飲食必有祭，飯稻粱則祭先農，菜羹瓜則祭先圃，不忘其所自也。君子之祭，必見其所祭者，故雖疏食菜羹之薄，必齊如也。夫君子于一飲食之微，不忘其自，況其大者乎？」

侯曰：「食必祭其所先，如先農先圃之類。齊如，誠敬貌。」

尹曰：「飲食必祭，無德不報也，不以物薄而忘本廢敬。」

席不正，不坐。

范曰：「『蒙以養正，聖功也。』又曰：『頤，正吉，養正則吉也。』童蒙之時，養正則本立，以此成聖人之功也。頤正吉者，所養無非正也。是故人君左右前後必皆正人，所聞者正言，所見者正道，几杖有戒，盤盂有銘，行步有佩玉之節，登車有鑾和之聲，皆以正養其外，所以養其內心也。」

謝曰：「聖人心安于正，故事之小者，不正則不處。」

尹曰：「君子無非正也，以正養其外，所以養其內也。」

鄉人飲酒，杖者出，斯出矣。

范曰：「鄉黨以齒，老者先之，少者從之，所以教民睦也。故鄉人飲酒，無有早暮，惟杖者出，斯出矣。」

楊曰：「席南向北向，以西方爲上，東向西向，以南方爲上，所向不正，則尊卑之序隨而不正矣，故不坐。六十杖于鄉，鄉人飲酒，杖者出，斯出矣。蓋杖者未出則不敢先，既出不敢後，所以事其長上當如是也。」自席不正不坐至此。

侯曰：「堯舜之道，徐行後長者而已。孔子之起居也如是。」

尹曰：「鄉黨尚齒。」

鄉人儺，朝服而立于阼階。

伊川曰：「鄉人儺者，古人以驅厲氣，亦有此理。天地有厲氣，則至誠作威嚴以驅之也。」

范曰：「鬼神依人，故朝服立于阼階，所以存室神也。天子有天下，則與天下共事其親；諸侯有一國，則與一國共事其親。故都邑必有宗廟，先君之主，有民故也。至于大夫士，奉宗廟祭祀，亦以其身爲之主，而有臣屬宗族故也。鄉人儺，則恐其驚神，故以身安之。非祭，故朝服也。」

謝曰：「朝服而立，不致死于其親也。」

楊曰：「不誠則無物，無物則無儺可也。君子無所不用其誠，豈苟然哉？爲之其必有物也，故雖鄉人之所爲，必朝服而立于阼階，亦致其誠敬而已。」

尹曰：「儺者驅厲氣，朝服而立于阼階，存室神也。」

問人於他邦，再拜而送之。

范曰：「人雖在遠，有問則誠意達焉，如親見之，故再拜而送之，以致恭也。」

謝曰：「再拜而送，若於同國，則不必拜也。」

楊曰：「聖人無所不自盡，雖問人於他邦，如見所問者，故再拜而送之。」

侯曰：「聖人之道誠而已。」自鄉人儺至此。

尹曰：「聖人誠意，無所不在，故再拜而送之，以致恭也。」

康子饋藥，拜而受之。曰：「丘未達，不敢嘗。」

范曰：「拜而受之者，重其惠也。凡賜食必嘗之，藥未知其性，則不可以嘗。受而不飲，則虛人之賜。不知而曰知之，則爲欺也。故曰：『丘未達，不敢嘗。』然則可飲而飲，不可飲而不飲，皆在其中也。」

謝曰：「康子饋藥，以受其勤故拜，以未達故不敢嘗，既不失己，且無傷康子之意。」

楊曰：「大夫有賜，拜而受之，禮也。未達不敢嘗，所以慎疾。必告之，直也。直而有禮，故其直不絞。」

侯曰：「聖人敬慎如此。」

尹曰：「欽人慎己故也。」

廄焚。子退朝，曰：「傷人乎？」不問馬。

范曰：「君子之行，必本于仁。問人而不問馬者，貴人賤畜，所以教人。」

謝曰：「馬非不愛也，恐傷人之意多，故捐情于此。」

楊曰：「朝言不及犬馬，雖退朝，未離公門，故問人不問馬。」

侯曰：「馬雖貴畜，異于人者也，故不問。聖人禮敬如此。」

尹曰：「貴人賤畜，理當然也。君子親親而仁民，仁民而愛物之意。」

君賜食，必正席先嘗之；君賜腥，必熟而薦之；君賜生，必畜之。

范曰：「正席而嘗之者，如對君也。腥必熟而薦之者，榮君之賜以事祖考也。生必畜之者，所以仁君之惠，不欲殺也。」

謝曰：「皆敬君惠也。君賜之果，猶懷其核，況畜乎？」

楊曰：「席不正不坐，故必正席嘗之。食則或恐餕餘，故不祭，唯腥乃可熟而薦也。生則畜之，以待有事，無故不敢殺也。皆德君之賜，不敢易其物也。」

侯曰：「食，君之專賜也，專饗君之賜，故當正席以先嘗之。賜腥則及於衆，存亡皆饗君賜，所以熟而薦之。至於賜生必畜之，君子所以遠庖廚也。」

尹曰：「正席先嘗，敬君之惠也。熟而薦之于先祖，畜之以待供祭祀者，皆所以榮君之惠也。」

侍食于君，君祭，先飯。

伊川在講筵講此，曰：「古人飲食必祭，食穀必思始耕者，食菜必思始圃者，先王無德不報，固如此也。夫爲人臣者，居其位，食其禄，必思何處得爵禄來處，乃得於君也，必思所以報其君；凡勤勤盡忠者，爲報君也。如人主所以有崇高之位者，蓋得之于天，與天下之人共戴也，必思所以報民；古之人君視民如傷，若保赤子，皆是報民也。」每講一處，有以開導人主之心處便説。又曰：「禮云：『若賜之食而君客之，則命之祭然後祭。』先飯，辨嘗羞，飲而俟。故侍食於君，君祭先飯，恐君之客己也。」

范曰：「君祭則先飯，若爲君嘗食也。」

楊曰：「禮：『祭食祭所先進，殽之序徧祭之。』膳夫嘗食飲膳羞，以食爲先，故祭先飯。」

侯曰：「君祭先飯，臣子之禮，不敢與君抗也。」

尹曰：「先飯，若爲君嘗食然，不敢當客禮也。」

疾，君視之，東首，加朝服，拖紳。

范曰：「疾不能興，君視之，則加朝衣以見，禮之宜也。」

楊曰：「雖疾不能興，亦不以褻服見君。君臣之義，不可以疾故廢也。」

侯曰：「雖疾不能興，拖紳，疾者見君之禮也。」

尹曰：「東首，君面南向也。加朝服拖紳，如朝服以朝也。」

君命召，不俟駕行矣。

范曰：「孔子當仕有官職，而以其官召之也。臣以爲此止謂魯君，不必有官職也，或不仕，或既老，召之斯往矣。若異邦之君則不然，當如孟子道不合則不見也。」

謝曰：「觀孔子事君，則其事父兄可知矣。魯衛之君，何足以當此？孔子如此其敬，蓋人之大倫，豈以人廢。」自疾君視之至此。

楊曰：「不俟駕行矣，不敢稽君命也。孟子之景丑氏宿焉，則異於是，未爲臣故也。

當是時，不得於齊，則之晉之魏，無不可者，故有不爲臣之義。若夫天下定于一，則率土莫非臣矣。」

侯曰：「不俟駕而行，盡臣道也。」

尹曰：「不俟駕，急趨命也，如父召無諾之意。」

入太廟，每事問。

尹曰：「欽慎之至。」

朋友死，無所歸。曰：「於我殯。」

謝曰：「人之死，自中古以來，無委之於壑之理。使其有所歸，吾何與焉？至於無所歸，則職在我矣。此亦禮稱其情也。」

楊曰：「古者族墳墓，葬必於其兆域，故朋友死無所歸，於我殯而已。」

侯曰：「朋友死，無所歸，而於我殯。聖人在下位，其自任也如此，得行其道焉，則文王也。」

朋友之饋，雖車馬，非祭肉，不拜。

范曰：「朋友有兄弟之恩，故死無所歸，則於我殯；有通財之義，故雖車馬不拜。拜祭肉者，敬人之祖考也，爲其同於己親。」自朋友死至此。

謝曰：「朋友之恩視兄弟，不以文爲敬，故饋唯祭肉則拜，敬神福也。」

尹曰：「朋友以義合者也，死無所歸，故不得不殯；有通財之義，故雖車馬不拜。於祭肉則拜者，欽神之惠者也。」自朋友死至此。

寢不尸，居不容。

伊川曰：「寢不尸，無不敬也。」

范曰：「君子之於寢，未嘗肆焉。不尸者，豈惡其類於死哉？亦惰慢之氣不設於身體也。居不容，非惰也，唯不若臨祭祀見賓客而已。子之燕居，申申如也，夭夭如也，居之容也。」

謝曰：「寢雖舒布其四體，然無縱不收斂之慢。」

楊曰：「昔之論養生者，以爲睡則欲踡，覺則欲舒，引孔子不尸卧爲證，理或然也。」

尹曰：「寢不尸，雖舒其體而不肆。居不容，非惰也，如申申夭夭是也。」

居不容，蓋申申，其體胖也。」

見齊衰者，雖狎必變。見冕者與瞽者，雖褻必以貌。

范曰：「夫子見此三者每如此，是以重記之，而其文不同。聖人之德有常，則人見其未嘗有改故也。」

謝曰：「齊衰意兼斬與功緦言。」

尹曰：「夫子見此三者每如此，則聖人之誠可知，門人所以重記之。」

凶服者式之。式負版者。

伊川曰：「子之在車中時如此。」

范曰：「此在車之容也。式凶服者，哀有喪也。式負版者，重民數也。周禮：『司民獻民數于王，王再拜受之，登于天府。』所以重民也，人君其可以不敬乎？」

尹曰：「此在車之容也。式者，車上横木，有所欽，則俯而憑之，故曰式也。式凶服者，重有喪也。式負版者，重民籍也。」

有盛饌，必變色而作。

范曰：「盛饌爲己設，則必敬主人之禮，變色而作者，至敬之節也。君子于人之食如此，況食君之禄，荷君之寵，而可以不敬其事乎？」

謝曰：「變色而作，敬其食我以禮也，故食于少施氏而飽。」

楊曰：「哀敬動于中，故容色變于外。版，民數也，王拜而受之者，故式之。盛饌，禮之厚，故變色而作，非以其饌，敬其禮意耳。」自見齊衰者至此。

尹曰：「敬主人之禮也。變色而作者，敬之節也。」

迅雷風烈必變。

范曰：「易曰：『洊雷震，君子以恐懼修省。』凡人當天之威怒，則必恐懼，故君子因以爲戒。然禮曰：『若有疾風迅雷甚雨，則必變，雖夜必興，衣服冠而坐。』所以敬天之怒，自天子至於士，皆當然也。」

謝曰：「虞天變也。」

楊曰：「畏天威也。」

尹曰：「畏天威也。易震卦象曰：『洊雷震，君子以恐懼修省。』蓋此意也。」

升車，必正立執綏。

范曰：「此升車之容也。正立執綏，則心體無不正，而誠意肅恭矣。君子之于莊敬，無不在焉，升車則見于執綏也。」

尹曰：「綏者，挽以上車，執之，所以爲安也。」

車中不內顧，不疾言，不親指。

范曰：「此在車之容。不內顧，不疾言，不親指，豈止爲其惑人而已乎？動容周旋必以禮自防，故視必以禮。」

謝曰：「正立而下，皆升車之容。」自升車至此。

楊曰：「盛德之至，動容周旋，無適而不中節也。」

尹曰：「三者惑衆者也。車中之容如此。」

色斯舉矣，翔而後集。

明道曰：「色斯舉矣，不至悔吝。翔而後集，審擇所處。」又曰：「色斯舉矣，知幾莫如聖人。翔而後集，不止擇居，凡事必詳審也。」

范曰：「此二者，審知去就也。見人君顔色不善，則舉而去之，若有所就，必回翔審視下集。易曰：『君子見幾而作，不俟終日。』子曰：『危邦不入，亂邦不居。』君子難進而易退，不待惡言危邦將至而後去也。翔而後集者，擇有道之國有德之君，然後就之，此夫子行止進退之常也。」

楊曰：「色斯舉矣，故有際可之仕，禮貌衰則去之。翔而後集，不苟止也。」

尹曰：「聖人難進易退，見幾而作，此其常也。」

曰：「山梁雌雉，時哉！時哉！」子路共之，三嗅而作。

伊川曰：「山梁雌雉，得其時，遂其性，而人逢亂世，反不得其所。子路不達，故共立之。孔子俾子路復審言詳意，故三嗅而起，庶子路知之也。」又曰：「山梁雌雉，時哉時哉！色斯舉矣，翔而後集。子路聞之，竦然共立後，三嗅而作。文字如此順。恐後人簡編脱錯。嗅字又不知古作何字，又近䀪字。」薄賣切。

横渠曰：「魯俗一時貴山雉之雌者，仲尼傷薄俗易流，所美非美。仲由不達，乃具羞以饋。終食三嗅，示衆好而必察也。不食者，知所以美之非美也。不言其不足貴者，舉國好之，重違衆而不言也。口之於味且爾，又傷知德之鮮也。故中庸曰：『人莫不飲食，鮮能知味也。』」

范曰：「山梁，遠也。雌雉，伏藏之物也。物得其所，而人不得其所，此君子可去之時也。子路以爲時物而共之，非其本心，故不食而起。聖人之言微隱，而其意未嘗不在是。而子路勇于順承夫子之言〔五〕，而不達其意。夫子不食，所以諭子路使之求其心也。聖人教人不一端，皆以誠心爲本。子路學孔子，不求之于心，而求之于言，故失之於此。然則學者必求聖人之用心，則不至於失矣。」

吕曰：「孔子之於諸侯，未嘗三年淹也者，色斯舉矣，翔而後集之義也。孔子覩山雉之作，有似乎此，故曰時哉，以況乎己也。言雌雉者，又見應而不倡。」自色斯舉矣至此。

謝曰：「聖賢進退出處，山梁雌雉似之，故言時哉！時哉！子路拱之，未必一時事，若以爲不達其意而拱之，恐不如是之陋也。三嗅而作，亦如上記不食之類，特承上文雎雉之語〔六〕，而記夫子於此不食焉。蓋聖人之食，未必如衆人屬厭于所嗜，而它闕」

楊曰：「歎雎雉之時。而異日子路共之，猶不食，記此以申歎雎雉之意。」

尹曰：「聖人之歎，雉在山而得其時，而人不得其時。子路以爲時物而共之，非其意，故三嗅而作也。」

校勘記

〔一〕甚矣孔門弟子之嗜學也　「門」原作「子」，據明抄本改。

〔二〕没堦趨　原本「趨」下衍「進」字。

〔三〕羔裘豹飾　「豹」原作「約」，據明抄本、四庫本改。

〔四〕楊曰　明抄本作「謝曰」。

〔五〕「而其意未嘗不在是」二句　「不在是。而子路」原文作「不在是下子路」，據四庫本改。

〔六〕特承上文雎雉之語　「語」原作「諧」，據明抄本改。

論語精義卷第六上

先進第十一

子曰：「先進於禮樂，野人也；後進於禮樂，君子也。如用之，則吾從先進。」

明道曰：「先進，猶言前輩也；後進，猶言後輩也。先進之於禮樂，有其誠意而質者也，故曰野人。後進之於禮樂，習其容止而文者也，故曰君子。孔子患時之文弊，而欲救之以質，故曰：『如用之，則吾從先進。』取其誠意之多也。」

伊川曰：「先進於禮樂，野人也，謂其質朴。後進於禮樂，君子也，謂其得宜。周末文弊，當世之人，自謂得宜，而以古人爲質朴，故孔子欲從古人，古人非質朴也。」又曰：「先進後進，如今人説前輩晚輩。先進於禮樂，謂舊時前輩人於禮樂，在今觀之以爲朴野。後進於禮樂，謂今晚進之人於禮樂，在今觀之以爲君子。君子者，文質彬彬之名。

蓋周末文盛，故以前人爲野人，而自以當時爲君子，不知其過於文也。故曰：『如用之，則吾從先進。』」又曰：「先進於禮樂，質也；後進於禮樂，文也；文質彬彬，然後君子，其下則史。孔子從之，矯枉欲救文之弊，然而吾從周，此止文一事，又有不從處，乘殷之輅。」又曰：「先進於禮樂，野人也，言其質勝文也。後進於禮樂，君子也，言其文質彬彬也。如用之，則吾從先進，言若用於時，救文之弊，則吾從先進，小過之義也。『麻冕禮也，今也純，儉，吾從衆。』『奢則不孫，儉則固，與其不孫也，寧固。』此之謂也。不必惑從周之說。」或問：「孔子何以不從君子而從野人，先儒有變文從質之說，是否？」曰：「固是。然當時謂之野人，是言文質相稱者也；謂之君子，則過乎文者也。當時文弊已甚，仲尼欲救之云爾。」

横渠曰：「不待備而勉於禮樂，先進於禮樂者也；備而後至於禮樂，後進於禮樂者也。仲尼以貧賤者必待文備而後進，則於禮樂終不可得而行矣，故自謂野人而必爲〔一〕，所謂不願乎其外也。」

范曰：「先進者，古之人也；後進者，今之人也。先進於禮樂，質多而文少，故曰野人；後進於禮樂，文質相副，故曰君子。世衰文弊，則當反之於質，故曰：『如用之，則吾從先進。』所以適時也。」

呂曰：「野人，郊外之民。君子，士大夫也。士大夫之文，不備物不行，如衣服不具，牲殺器皿不備，不敢以祭之謂。野人之文，雖不備物亦行，如『野有死麕』『瓠葉』之謂。蓋禮樂之文，在野人則不俟物備而先進，在君子則必俟物備而後進。當禮壞之時，必俟物備，則文必墜地，故孔子救世之急，寧失之野，以振斯文。」

謝曰：「禮樂先有實，後有文，則實至而文不至者，謂之先進可也；有文而無實以先之者，謂之後進可也。言先進，則無文可知；言後進，則無質可知。質多則爲野人，文多則爲君子。君子非彬彬之君子。進者，猶進於此道之進。從先進，近本也。」

楊曰：「質勝文則野，文勝質則史，文質彬彬，然後君子。先進於禮樂，野人也，質勝文也；後進於禮樂，君子也，文質彬彬也。周衰文滅質矣，非過物不濟，故用之則從先進。」又曰：「周監於二代，郁郁乎文哉，吾從周者。蓋先王立二代之後，使之統承先王，修其禮物，欲後之作者有考焉耳。故曰：『殷因於夏禮，所損益可知也。』三代之禮，忠質之尚，至周而備，故郁郁乎文哉！所謂從周者，從其監二代也。蓋周之文因二代之禮，隨時損益，救其偏弊而已，與所謂從先進者，無二道也。」

尹曰：「君子野人者，據當時而言。當時謂之野人，是文質相稱者也；當時謂之君子，則過乎史者也。是以不從後進而從先進，蓋時文弊已甚，仲尼欲救之云耳。」

子曰：「從我於陳蔡者，皆不及門也。德行：顏淵閔子騫冉伯牛仲弓。言語：宰我子貢。政事：冉有季路。文學：子游子夏。」

明道曰：「從我於陳蔡者，皆不及門，言此時皆無及孔子之門者。思其人，故類顏子已下十人，有德行者，政事者，言語、文學者，皆從於陳蔡者也。」又曰：「四科乃從夫子於陳蔡者爾，門人之賢者，固不止此。曾子傳道，而不與焉，故知十哲世俗論也。」

伊川曰：「孔子教人，各因其才，有以文學入者，有以政事入者，有以言語入者，有以德行入者。」

范曰：「自顏子以下，皆從夫子厄於陳蔡者也，時無在夫子之門者，故曰不及門也。有德行者，有言語者，有政事者，有文學者，蓋思之而言也。夫子之門人，顏閔伯牛可以爲輔相，仲弓可以爲諸侯，宰我子貢可以使四方，冉有可以治兵賦，子路可以爲將帥，子游子夏可以立制度，而不免厄於陳蔡，此則天也。」

謝曰：「孔子思當時相從於陳蔡之間者，今不在此，故下云：德行顏閔冉雍，言語宰我子貢，政事冉有季路，文學子游子夏。」

楊曰：「從我於陳蔡者，適不至其門，故言之，因以第其學。孔子謂赤也束帶立於朝，可使與賓客言，宜在言語之科，而不與焉。蓋以七十子之賢，宜在此列者，未易以一二數也，適不從於陳蔡之行，故不及也。如顔淵季路之徒，皆從於陳蔡者。而説者謂於陳蔡者皆不及門，無升堂者，失其旨矣。」

侯曰：「從孔子於陳蔡者，當時皆不在門，故各言其所學。」

尹曰：「顔淵已下，從孔子於陳蔡之間者，時皆不在夫子之門，故思其人而言曰：德行有顔淵閔子騫冉伯牛仲弓，言語有宰我子貢，政事有冉有季路，文學有子游子夏。」

子曰：「回也非助我者也，於吾言無所不説。」

伊川曰：「於吾言無所不説，與聖人同耳。」

横渠曰：「回非助我者，無疑問也。有疑問，則吾得以感通其故，而達夫異同者矣。」

范曰：「夫子所與言者，皆其未知者，則疑而問，問則有以起夫子之意，而發其言，若子夏之言詩，助也。顔子無所不知，語之則心説而躬行之，夫子所與同道，故曰：『非助我者也。』」

謝曰：「答問之間，疑則問，教學所以相長也。説則不復問矣，故謂之非助我者。」

楊曰：「理有因疑問而發者，若子夏之『起予』是也。無疑問，則無相長之義，故曰『非助我者』。」

尹曰：「疑則問焉，回於聖人之言，心通默識，故説而無問難也。助者，猶起予也。」

子曰：「孝哉閔子騫！人不間於其父母昆弟之言。」

伊川曰：「閔子於父母昆弟，盡其道以處之，故人無非間之言也。」

范曰：「子騫之行，能使其父母昆弟人無間言，此難能也。」「舜之父母兄弟以頑嚚傲聞於天下，然則閔子賢於舜乎？」曰：「舜以諧頑嚚瞽瞍底豫爲孝，閔子以善父母兄弟爲孝。」

呂曰：「至行誠篤，取信於父母昆弟，人不得而間焉，非成身之至，不足以及是，故曰孝子成身。」

謝曰：「不得乎親，不可以爲人，故以道行於父母昆弟爲孝。」

楊曰：「孝足以成親之名，則人謂之君子之子矣，夫誰間言之有？」

尹曰：「父母兄弟之間，人無間言，閔子之行，可謂至矣。」

南容三復白圭，孔子以其兄之子妻之。

范曰：「南容欲慎其言，則必慎其行，此邦有道所以不廢，邦無道所以免於刑戮也。言者行之表，行者言之實，未有易其言而能謹於行者。」

謝曰：「三復白圭，誠於慎言也。」

楊曰：「三復白圭，則寡尤悔必矣。此邦無道所以免於刑戮，是則可妻也。」

侯曰：「君子慎於言而敏於行，南容知所慎矣，故三復白圭。孔子以其兄之子妻之。」

尹曰：「詩云：『白圭之玷，尚可磨也，斯言之玷，不可爲也。』南容讀此而三復焉，則其慎言可知。慎於言，則其行可知，此所以邦有道不廢，邦無道免於刑戮。故孔子以其兄之子妻之。」

季康子問：「弟子孰爲好學？」孔子對曰：「有顏回者好學，不幸短命死矣！今也則亡。」

明道曰：「顏子短命之類，以一人言之，謂之不幸可也。以大目觀之，天地之間，無損益，無進退。譬如一家之事，有子五人焉，三人富且貴，而二人貧且賤，以二人言之，則不足，以父母言之，則美且多矣。若以孔子之至德，而又處乎盛位，則是化工之全耳。以孔顏言之，於一人有所不足，以堯舜禹湯文武周公羣聖人言之，天地亦云富有也。」惠迪吉，從逆凶，常行之理也。

范曰：「孫覺曰：『夫子之對季康子，與哀公同，而有略有詳。於臣略，於君詳者也。』臣以爲人臣之對君，不可以不盡，如哀公以下，不能問，則不以告也。故對哀公則言顏子所以爲好學，而於康子則略焉。若康子者，必待其能問乃告之，此教誨之道。」

謝曰：「與哀公問同。」

楊曰：「孔子以顏回不遷怒、不貳過爲好學，蓋非克己不足以與此。故問好學必以顏回告之，自閔子而下，皆不與焉，蓋克己之難也如是。學者知此，則知所學矣。世儒以博聞彊記爲好學，非聖人所謂學也。」

尹曰：「不遷怒，不貳過，如顏子者，可謂好學也已矣。」

顏淵死，顏路請子之車以爲之椁。子曰：「才不才，亦各言其子也。鯉也死，有棺而無椁。吾不徒行以爲之椁。以吾從大夫之後，不可徒行也。」

范曰：「夫子之視顏淵，猶子也，與鯉均而已矣。若夫自矯以過情，聖人所不爲也。」

呂曰：「喪稱家之有無，不以子之才而加厚。」

謝曰：「聖人脱驂於舊館，而不與顏路之請，則爲所識窮乏者得我，而强勉以副之，豈吾心也。」

楊曰：「孔子之衛，遇舊館人之喪，入而哭之，偶於一哀而出涕〔一〕，惡夫涕之無從也，説驂賻之。顏淵死，子哭之慟，豈特一哀而出涕乎？顏路請子之車，而夫子不與，何也？曰：哀之有賻，猶恭敬之有幣也。苟無其實，君子不可虚拘，故惡夫涕之無從也，説驂賻之，所以致其實也。若顏淵則異乎此矣，其視夫子猶父也，父之於子，豈以才不才爲之厚薄哉？鯉也死，夫子以從大夫之後不可徒行也，不以車而爲椁，豈以顏子之賢而與之乎？喪具稱家有無而已，雖無椁可也，故不與。」

侯曰：「才不才，賢不賢，在人固有異，至父母之恩，則己之子與人之子不同。若以車爲顔子之椁，則失父子之仁矣。況從大夫之後，可徒行乎？此聖人之制也。使鯉之死初有椁以葬，則顔路之請，夫子必有以處。」

尹曰：「送死之具，稱其有無而已。孔子言鯉之才固不可以並顔子，然吾視子之心，猶顔路之視淵也。若鯉之死，有棺而無椁，亦以從大夫之後不可徒行故也。使其有餘也，雖舊館人之喪，有爲脱驂者矣。」

顔淵死，子曰：「噫！天喪予！天喪予！」

范曰：「顔子與夫子同道，天喪予者，痛道之無傳也。」

楊曰：「孔子斯文之所在，顔淵死，斯文不傳，則天實喪予也。喪予者，喪斯文之謂也。」

顔淵死，子哭之慟。從者曰：「子慟矣！」曰：「有慟乎？非夫人之爲慟而誰爲！」

范曰：「哀發於誠心，是以慟而不自知。」

楊曰：「顔淵死，孔子謂之天喪予，則其存亡與之爲一矣，其慟也，亦不自知其慟也。故曰：『有慟乎？非夫人之爲慟而誰爲！』」

侯曰：「孔子之喪顔淵，知斯文之不與也，故曰『天喪予！天喪予！』其哭之慟也，不知其慟而慟矣。」

尹曰：「孔子於顔淵之死，自傷道之無傳，若天之喪己，而重惜之，曰『有慟乎？』哀傷之至，不自知其慟也。」

顔淵死，門人欲厚葬之，子曰：「不可。」門人厚葬之。子曰：「回也視予猶父也，予不得視猶子也。非我也，夫二三子也。」

范曰：「喪具當稱家之有無，家貧而厚葬，不循理也。顔子簞食瓢飲，無求於外，死而薄葬，則稱其德矣。門人以厚葬爲朋友之恩，而不知於義爲不可，故夫子非之。」

謝曰：「元澤曰：『不與之車以爲之椁者，義也。哭之慟者，恩也。不得視猶子者，分也。』」

楊曰：「子路曰：『傷哉貧也，死無以爲禮。』孔子曰：『斂首足形〔三〕，還葬而無椁，稱其財，斯之謂禮。』故無財不可以爲悦。顔路請子之車以爲之椁，則無財可知矣，門人欲厚葬之，非禮也。夫顔淵視夫子猶父也，而其死也，夫子謂之天喪予，則哀之至矣，豈吝一車而不與之哉？蓋愛之以德，欲其以禮葬故也。觀顔路請車之意，則欲厚葬，非其門人而已。故夫子不得視猶子而止之曰：『非我也，夫二三子也。』言非我，則其失有任其責者矣。」

侯曰：「門人厚葬顏淵，非所以葬顏淵也。觀其在陋巷不改其樂之心，則顏淵豈以厚葬爲美也。夫子不得而止之，故曰：『予不得視猶子也。非我也，夫二三子也。』」

尹曰：「喪具稱家之有無，顏淵貧而門人厚葬之，非也。回之於孔子猶父也，以顏路而不得專其事，歎不如葬鯉之得宜也。」

季路問事鬼神。子曰：「未能事人，焉能事鬼？」敢問死。曰：「未知生，焉知死？」

伊川曰：「晝夜者，死生之道也。知生之道，則知死之道。盡事人之道，則盡事鬼之道。死生人鬼，一而二，二而一者也。」又曰：「子路問死，曰：『未知生，焉知死？』人多言孔子不告子路，只此便是深告之也。易曰：『原始反終，故知死生之說。』蓋人能原始而知生理，便能要終知得死理，若不明得，則雖千萬般安排著，亦不濟事。」又曰：「死生存亡，皆知所從來，胸中瑩然無疑，止此理爾。孔子言未知生，焉知死，蓋略言之，死之事，即生是也，更無別理。」或問：「佛言死生輪回，果否？」曰：「此事説有説無皆難，須自見得，聖人只一句斷盡了，故對子路曰：『未知生，焉知死？』」

范曰：「事人者，爲臣則忠，爲子則孝，則忠孝可以事鬼神。忠信至誠，鬼神饗之，能事人，則能事神矣。君子爲善惟日不足，修身以俟死，死非所當問也。聖人教人，能盡人道則可以事神，能知生則可以知死，問死非學之序，故不以告也。」

吕曰：「能盡人之道，則事鬼之道備。知所以生之理，則死之理明。蓋通乎晝夜之道，則人鬼無異事，生死爲一貫爾。此所以答子路，非拒之之辭。」

謝曰：「此夫子深語子路以死與鬼神之理也。天下之事，雖在八荒之外，猶有見聞之驗，獨死與鬼神之情狀，從古以來不見以聞見驗。特知者以理考之，故欲知死，莫如知生，欲知鬼神，莫如知人也。」

楊曰：「通乎晝夜之道而知，則人鬼死生，當源源自見，初無二致也。故問事鬼，告以事人，問死，告以知生，所以發子路之問而不隱也。蓋聖人之言常近矣，探索之，則賾隱存焉。」

尹曰：「能事人則能事鬼，知生則知死，蓋一理也，所以深告子路。或以爲學不躐等，失其義矣。」

閔子侍側，誾誾如也；子路，行行如也；冉有子貢，侃侃如也。子樂。「若由也，不得其死然。」

伊川曰：「子樂者，弟子各盡其誠實，不少加飾。孔子知由之不得其死。」

范曰：「閔子恭敬，故其貌中正。子路勇果，故其貌剛强。冉有子貢善爲説辭，故其貌和樂。凡子事父母，臣事君，門弟子事師，惟至誠而不可以欺。閔子不能爲子路之行，冉有子貢亦不能爲閔子之誾誾也。四子各盡其性以事夫子，夫子各因其才而教之，此所以樂也。若由也不得其死，以其剛强而知之也。」

謝曰：「三子之情性不同，皆不害其爲自得，故夫子樂之。行行不害爲直，然非涉世之道，使子路由此少知進也，何不得其死之有？」

楊曰：「四子侍側，天下之英才也。形於外，皆其力分之所至，故子樂。夫君子所謂得其死者，非必考終命而後爲得也，死於義而已。若比干諫而死，孔子謂之仁人是也。子路爲孔氏宰，食焉而不避其難，義也。孔悝被劫而盟，子路往救之，救之而不獲，亦可以死矣。然以孔子不爲衛君言之，亦可以無死矣。可以死，可以無死，而死之，傷勇故也。故孔子聞衛亂，曰：『嗟乎！柴也其來乎？由也其死矣！』則聖人以其行行，得之於眉睫之間，而知之如是其審也。然由之不得其死，亦志於仁而已，無惡也，雖不足以成仁，與夫求生以害仁者有間矣。故孔子於其死也，若喪子然，其哀傷之也至矣。」

侯曰：「若，順也。謂子路只順長而不進於温恭，故不得其死，非謂行行便不得其死也。」

尹曰：「四子之容，有諸中而見乎外者也，各盡其誠，略無僞飾，夫子所以樂之。子路剛强，有不得死之理也，故因以戒之云爾。」

魯人爲長府。閔子騫曰：「仍舊貫，如之何？何必改作。」子曰：「夫人不言，言必有中。」

范曰：「論語弟子之言，閔子蓋鮮焉。言而必中者，有德之言也。」

謝曰：「事有當改，豈以仍舊貫爲善。然當是時其有不必改者乎？」

楊曰：「三代相因，有所損益而已，無意於改作。故天下之事非極弊，不如仍舊貫之爲愈。」

侯曰：「古之改作，必不得已者也。魯人爲長府，豈非可以無改者乎？故夫子善閔子之言。」

尹曰：「先儒謂長府者，藏財貨之府也。言必有中，善閔子言之當理也。」

子曰：「由之瑟，奚爲於丘之門？」門人不敬子路。子曰：「由也升堂矣，未入於室也。」

伊川曰：「由之瑟，奚爲於丘之門，此子路於聖人之門有不和處，然學能至於升堂者。子路未見聖人時，乃暴悍之人，雖學至升堂，終有不和處。」

范曰：「詩曰：『妻子好合，如鼓瑟琴。』合言其聲之相和。仲由學於夫子，雖則勇矣，每不達聖人之意而非之，是其不能和也。故曰：『由之瑟，奚爲於丘之門？』而門人以爲夫子不取於子路，故不敬之。夫子釋之曰：『由也升堂矣，而未入於室。』此所以不能和也。若琴瑟之和者，唯顔子而已。如子路，亦未可以不敬也。」

謝曰：「由立矣，和順於道德則未也，故曰：『由之瑟，奚爲於丘之門？』門人以是而不敬，不唯不知仲由，且昧於入道之淺深，故夫子語之以此。」

楊曰：「子謂由之瑟奚爲於丘之門，而門人由是不敬子路，則是十里之足以一跌而廢也。故夫子進之曰：『由也升堂矣。』使知責賢者如是。」或問：「孔子許子路升堂，其品第甚高，何以見？」曰：「觀其死猶不忘結纓，非其所養素定，何能爾耶？苟非其人，則遑遽急迫之際，方寸亂矣。」

尹曰：「由之於道，未能和順而已，門人遂有不敬之意矣，子所以釋之。」

子貢問：「師與商也孰賢？」子曰：「師也過，商也不及。」曰：「然則師愈與？」子曰：「過猶不及。」

明道曰：「過猶不及，如琴張曾皙之狂皆過也。然而行不掩焉，是無實也。」又曰：「才高者過，過則一出一入；卑者不及，不及則怠惰廢弛。」

伊川曰：「儒者潛心正道，不容有差，其始甚微，其終則不可救。如師也過，商也不及，於聖人中道，師只是過於厚些，商只是不及些。然過則漸至於兼愛，不及則便至於爲我，其原同出於儒者，其末遂至於楊墨。如楊墨亦未易至於無父無君，孟子推之便至於此，蓋其差必至於是也。」或問：「師也過，商也不及，於論交處可見否？」曰：「氣象間亦可見。」又曰：「師商過不及，其弊爲楊墨。楊出於義，墨出於仁，仁義雖天下之美，然如此者，失之毫釐，謬以千里。」

范曰：「中庸曰：『道之不行也，我知之矣，知者過之，愚者不及也。道之不明也，我知之矣，賢者過之，不肖者不及也。』夫中庸之不可能，唯有過與不及也，是故過不及其失則均，皆不入於中也。聖人之道若權衡，其所以教人，唯抑其過而引其不及者也。」

謝曰：「德以中庸爲至，既曰過矣，何愈於不及也。後世楊墨之學，意其源流出於二子。」

楊曰：「道主於中而已，賢知者過之，愚不肖者不及，則過疑於愈矣。然而道同歸於不明不行，則其失一也。故曰：『過猶不及。』」

侯曰：「過與不及，皆非中庸，故夫子曰：『過猶不及。』後世楊墨之學，源流其出於二子乎？」

尹曰：「中庸之爲德也，其至矣乎！夫過與不及均也，差之毫釐，謬以千里。故聖人之教人，抑其過，引其不及，歸於中道而已。」

季氏富於周公，而求也爲之聚斂而附益之。子曰：「非吾徒也，小子鳴鼓而攻之可也。」

范曰：「冉有以其政事之才，施於季氏之家，故爲不善至於如此。由其心術不明，不能反求諸身，而以仕爲急故也。」

謝曰：「心以勢利移，則何所不至。鳴鼓而攻之，所以深窒其源。」

楊曰：「季氏富於周公，而求也爲之聚斂以附益，與有若告哀公以盍徹異矣。故曰：『非吾徒也，小子鳴鼓而攻之可也。』」

侯曰：「以聚斂爲心，而爲人之臣，豈君子之存心哉？孔子故曰：『非吾徒也，小子鳴鼓而攻之可也。』見冉子之陋也。大人詎以聚斂爲事乎？」

尹曰：「與其有聚斂之臣，寧有盗臣，此聖人所深惡也。夫季氏，魯卿也，而富於周公，冉有無能改於其德，復附益之，鳴鼓而攻之，以罪大而深責之也。」

柴也愚，參也魯，師也辟，由也喭。

明道曰：「曾子少孔子，始也魯，觀其後明道，豈魯也哉！」又曰：「參也竟以魯得之也。」

伊川曰：「參也魯，然顔子没後，終得聖人之道者，曾子也，觀其啓手足之時之言，可以見矣。所傳者子思孟子，皆其學也。」又曰：「曾子傳聖人學，只是一箇誠篤。語曰『參也魯』，如聖人之門，子游子夏之言語，子貢子張之才辨，聰明者甚多，卒傳聖人之道者，乃質魯之人。人要一箇誠實，聖人說忠信處最多。曾子於孔子在時甚少，後來所學不可測，且如易簀之事，非大賢以上作不得。曾子之後有子思，便可見。」又曰：「傳聖人之道以篤實者，曾子是也。易簀之際，非幾於聖人者不及也。推此志也，禹稷之功，其所優爲也。易簀之際，心即理，理即心，聲爲律，身爲度。仲尼没，得其傳之正者，曾子而已。曾子傳之子思，子思傳之孟子，至孟子而聖人之道益尊。」

范曰：「四子之才性，各有所偏，教者知其偏，然後能救其失也。曾子之魯，蓋質多而文少，其學守約，賢於游夏遠矣，故傳夫子之道也。」

吕曰：「愚謂專而少變，魯謂質而少文，辟謂便而少誠，喭謂俗而少學。傳稱喭者，俗論也。」

謝曰：「愚與魯，其質厚，不害爲信道，故柴也執喪有過人者，學於聖人未有如曾子也。」

楊曰：「愚則不明，魯則不敏，辟則未能弗畔，喭則禦人以口給。皆其性之偏蔽，故語之使知自勵也。」

尹曰：「四子之才各有所偏，知其偏，則有以教之也。然而曾子之才魯，故其爲學也確，所以能深造乎道者，以其魯也。」

子曰：「回也其庶乎？屢空。賜不受命，而貨殖焉，億則屢中。」

明道曰：「顔子屢空，空心受道。子貢不受天命，而貨殖，億則屢中，役聰明億度而知。此子貢始時事，至於言性與天道不可得而聞，乃後來事。其言如此，則必不至於不受命而貨殖也。」

伊川曰：「屢空兼兩意，唯其能虛中，所以能屢空。貨殖便生計校，才計校，便是不受命，不受命者，不能順受正命也。」或問：「顔子如何學孔子到此深邃處？」曰：「顔子所以大過人者，只是得一善拳拳服膺與能屢空耳。」「去驕吝可以爲屢空否？」曰：「然。驕吝最是不善之摠要，驕只是爲有己，吝如不能改過皆是。」與叔解作如貨殖，先生云：「傳記中言子貢貨殖處亦多。」又曰：「孔子弟子，顔淵而下，有子貢，後人多以貨殖短之。子貢之貨殖，非若後世之豐財，但此心未忘耳。」又曰：「賜不受命而貨殖焉，命謂爵命也，言不受爵命而貨殖者，以見其私於利之深，而足以明顔子屢空之賢也。」門人有習它經，既而舍之，習戴記，問其故，曰：「決科之利也。」先生曰：「汝之是心已不可入於堯舜之道矣。夫子貢之高識，曷嘗規規於貨利哉？特於豐約之間，不能無留情耳。且貧富有命，彼乃留情於其間，多見其不信道也，故聖人謂之不受命。有志於道者，要當去此心而後可語也。」一本云：「明道知扶溝縣事，伊川侍行，謝顯道將歸應舉。伊川曰：『何不止試于太學？』頤道對曰：『蔡人尠習禮記，決科之利也。』先生云云，頤道乃止，是歲登第。」注云：「尹子言詳如此。」

范曰：「屢空者，簞食瓢飲屢絶，而不改其樂也。天下之物，豈有可動其中者哉？貧富在天，而子貢以貨殖爲心，則不能安命，是不受天之命也。其言而中者，億而已，非窮理樂天者也。夫子嘗曰：賜不幸言而中，是使賜多言也。聖人之不貴言也如是。」

吕曰：「貨殖之學，聚所聞見，而聞見有數，故從億，億度可以屢中，而不能悉中。空空無知，則無所不達，自得自生，豈見聞之比乎？不受命者，貨殖之學，聚聞見以度物，以己知求中，而不受命於天。空空無知，則未始有己，所以應物如響，一受於天而已，吾何與乎？然屢空而未能常空，所以幾聖而未至。」又曰：「貨殖之學，不殖則窮。空空無知，則道所由出。雖屢而未久，亦庶乎前定而不窮矣。」

謝曰：「説者以爲子貢與時轉販，必不如此，要之於貨未能忘意耳。受命，則順天而無意必也。屢中不免於億，未可謂知。」

楊曰：「大而化之，則形色天性，無二致也，無物不空矣。顔淵大而未化，而其復不遠，則其空也屢而已，故止於殆庶幾也。知存心養性以事天，然後能受命，未能受命，則物或累之，故有至於貨殖焉。然孔門所謂貨殖，豈若世之營營者耶？特於物未能忘之耳。夫君子不億不信，一於誠而已，億雖屢中，非所善也，言屢中，則其不中亦多矣。」或問：「何謂屢空？」曰：「此顔子所以殆庶幾也。學至於聖人，則一物不留於胸次，乃其常也，回未至此，屢空而已。謂之屢空，則有時乎不空。」或問：「空必謂之屢，何如？」曰：「其心三月不違仁，則蓋有時而違也，然而其復不遠，則其空也屢矣。空也者，不以一物置其胸中也。子貢貨殖，未能忘物也。孔門所謂貨殖者，豈若世之營營者耶？特于物未能忘焉耳。」或問：「子貢貨殖，誠如史遷之言否？」曰：「孔門所謂貨殖者，但其中未能忘利耳，豈若商賈之爲哉？」曰：「樊遲請學稼學圃，如何？」曰：「此亦非爲利也，其所願學，正許子並耕之意，而命之爲小人者，蓋稼圃乃小人之事，而非君子之所當務也。君子勞心，小人勞力。」又曰：「億則屢中，非至誠前知也，故不足取。」

尹曰：「顔子簞食瓢飲，不以累其心，空心而受其道也，貧富有命焉。子貢之初，猶役心於貨殖，苟以貨殖累其心，是不受命也。其言之屢中者，億度而中耳，非夫子之所尚也。」

子張問善人之道。子曰：「不踐迹，亦不入於室。」

明道曰：「善人，非豪傑特立之士，不能自達者也。苟不履聖賢之迹，則亦不入其奥，故爲邦必至於百年，乃可以勝殘去殺也。孟子以樂正子爲善人信人。可欲之謂善，有諸己之謂信，充實之可以至於聖神，然其始必循轍迹而後能入也。」

伊川解曰：「所謂善人者，不爲不善也，故不止踐舊迹而已，有不善則能改之矣。雖然，亦不能造道之遠奥也，苟能之，則賢遠也，不止爲善人而已。若規舊迹，雖有不善而不能改也，則昏柔無立之人，安能爲善人乎？乃今所謂善人也，善人者，篤厚長者之謂也。」又語録曰：「善人，不踐迹亦不入於室之人也。不踐迹，是不踐已前爲惡之迹，然亦未入道也。」又曰：「踐迹如言循途守轍，善人雖不循守舊迹，亦不能入聖人之室也。」

橫渠曰：「善人，欲仁而未志於學者也[四]。欲仁，故雖不踐成法，亦不陷於惡，有諸己也。不入於室，由不學，故無自而入聖人之室也。」

范曰：「善人吾不得而見之矣，得見有常者斯可矣。善人者，君子之次也。爲邦百年，乃可以勝殘去殺，治民之效如此其遲也。踐迹者，蹈古人已成之迹而行之，已不能自立也。善人不止如是，然亦不能入室覩聖人之奥也。孟子可欲之謂善，知善之可欲，故誠心好之，如樂正子者，是善人也。」

吕曰：「子張躬行有所未至，而問善人之道。孔子以爲善人之德，雖曰未優，苟不踐其迹，亦不能入其室也，況聖人乎？」

楊曰：「可欲之謂善，有諸己之謂信，善而無諸己則非善人也。故孟子謂樂正子善人也，而兩言之，蓋謂之善人，是亦信人也。夫踐迹而已，非有諸己也，故以不踐迹爲善人之道，非充而上之於入室則未也。」

尹曰：「所謂善人者，不爲不善者也，不至於循轍而爲非，亦不能深造而至遠奧也。」

子曰：「論篤是與，君子者乎？色莊者乎？」

明道曰：「論篤，言之篤厚者也。取於人者，唯言之篤厚者是與，君子者乎？色莊者乎？未可知也。不可以論篤遂與之，必觀其行事乃可也。」

伊川曰：「不可以言取人，今以其論篤而與之，是謂君子者乎？徒能色莊者乎？」

又曰：「言論篤實時，與君子？與色莊？」

范曰：「論篤者，言必篤厚也。不求之於心，而求之於言，此君子小人所以難辨也。色莊者，色厲而内荏者也。君子者乎？色莊者乎？言其未可知也。人君以此辨之，則君子小人之情可見矣。」

謝曰：「踐迹止於色莊，君子者不必色莊，以其能躬行也。善人雖未能有諸己，然未必循迹而遺意。論篤是與，君子者乎？與色莊者乎？則不踐迹者在所取矣。故聖人思其不得而見之。」

尹曰：「若以言論之篤而與之，與其爲君子者乎？與其爲色莊者乎？」

子路問：「聞斯行諸？」子曰：「有父兄在，如之何其聞斯行之？」冉有問：「聞斯行諸？」子曰：「聞斯行之。」公西華曰：「由也問『聞斯行諸』，子曰『有父兄在』；求也問『聞斯行諸』，子曰『聞斯行之』。赤也惑，敢問。」子曰：「求也退，故進之；由也兼人，故退之。」

伊川曰：「子路果於行，有聞而未能行，唯恐有聞也，故退之。」

范曰：「禮：稅人則以父兄之命，如此者不可專也。若爲仁由己，當仁不讓於師，此則不待父母之命而行者也。使冉求有聞斯行之，其當聽於父兄者不待教。使子路聽於父兄，其有勇於行者亦不待教也。聖人進退如此，所以成德達才也。」

謝曰：「有父兄在，苟在於義，非不可專輒也。然勇者或徒行而未必中義，故在所退。有父兄在，其勢苟得以稟命，胡爲而專輒也？然弱者雖義有時而不爲也，故在所進。」

楊曰：「聞之而義在必行，雖父兄在，聞斯行之可也。雖然，稟之父兄何傷乎？故由求之問，隨其偏弊而救之，所以兩言也。然聞而不行，學者之所病，而夫子以是退由者，蓋子路有聞，未之能行，唯恐有聞，則固能聞斯行之矣。以其兼人也，故退之。蓋聖人之於人，猶天之生物也，其進之退之，亦各因其材而篤之耳。」

尹曰：「聖人之爲教，各救其所偏而已。孟子所謂成德達才者是已。」

子畏於匡，顔淵後。子曰：「吾以女爲死矣。」曰：「子在，回何敢死？」

伊川曰：「死字當爲先字，子在，回何敢先？死者非回之所當爲也。當爲者，上足以告天子，下足以告方伯，以討其罪耳。」又曰：「死當爲先，謂先往也。顔淵親在，豈得爲孔子死乎？」或曰：「設使孔子遇難，顔淵有可死之理否？」曰：「無可死之理，除非是鬭死，然鬭死非顔子之事。若云遇害，又不當言敢不敢。」又問：「使孔子遇害，顔淵死之否？」曰：「豈特顔子之於孔子，若二人同行，遇難自可相死也。」又曰：「親在則如之何？」曰：「且譬如二人捕虎，一人力盡，須當同去用力。如執干戈衛社稷，到急處，便逃去之，言我有親，是大不義。當此時，豈問有親無親，但當預先謂吾有親，不可行則止，豈到臨時却自規避也。」曰：「親在，不許友以死，如何？」曰：「有親在，有可許友以死者，二人同行之事是也。有親不在，不可許友以死者，如俠士以親不在而爲人報讎，甚非理也。」

范曰：「父母存，不許友以死，未有不許師以死者也。若夫子死，顔淵亦死之。」

呂曰：「顔淵志道，以孔子之存亡爲己存亡。死，謂死戰。」

謝曰：「敢，非不敢之敢，乃果敢之敢，猶言必死也。其意謂夫子不免，則回必死難矣。」

楊曰：「臨難有相死之義。」

尹曰：「臣聞師程頤曰：『死當爲先，傳寫誤也。』回何敢先，於理爲順。」

季子然問：「仲由冉求可謂大臣與？」子曰：「吾以子爲異之問，曾由與求之問。所謂大臣者，以道事君，不可則止。今由與求也，可謂具臣矣。」曰：「然則從之者與？」子曰：「弑父與君，亦不從也。」

范曰：「大臣者，不必在上位也，齊魯二生雖爲布衣，揚雄謂之大臣。事君道合則服從，不合則去，明於進退之義，則可謂大臣矣。仲由冉求仕於季氏之朝，進不能諫，退不能去，故夫子以爲具臣。二子雖不能以義正君，然君若爲大惡，亦不從也。弑父與君，甚季氏之惡也。」

謝曰：「有大人之德，然後可以爲大臣之事，進退行藏，不係於利，故不可則止。二子事事非事道者，氣不足以扶顛持危，其可謂之大臣乎？」

楊曰：「由求爲季氏宰，故季子然以由求爲問，意其爲大臣可與共成事功也。季氏旅於太山，而不能救；將伐顓臾，二臣皆不欲，而不能諫，是謂具臣矣，非大臣以道事君不可則止也。然季氏至僭用天子之禮，則其篡逆之心已兆矣，故對以弑父與君亦不從也，其庶乎二子可免矣。」又曰：「孔子言由求爲具臣，曰弑父與君亦不從也。由求如是而已乎？曰：弑父與君，言其大者，蓋小者不能不從故也。若季氏旅太山、伐顓臾而不能救之之事是已。然則或許其升堂，且皆在政事之科，何也？曰小事之失，亦未必皆從，但自弑父與君而下，或從一事，則不得爲不從，若弑父與君，則決不從矣。進此一等，便爲大臣，如孔孟之事君是也。故孔孟雖當亂世，而遇庸暗之主，一毫亦不放過。」

侯曰：「觀季氏旅泰山而不能救，伐顓臾而不能止，富於周公，而求也爲之聚斂以附益之，非具臣而何？事道者如是乎？雖然，以子路之勇而好義，弑父與君，亦不從也。」

尹曰：「季氏執國命，仲由冉求仕其家，而不能正也，知其不可而不能止也，可謂備數之臣而已。季氏有無君之心，自多得其人，意其可使從己也，故又曰：若弑逆之惡，必不從也。」

子路使子羔爲費宰。子曰：「賊夫人之子。」子路曰：「有民人焉，有社稷焉，何必讀書，然後爲學？」子曰：「是故惡夫佞者。」

范曰：「古者學而後入政，未聞以政學也。道之本在於修身，知修身，則知所以治人，知所以治人，則知所以治天下國家矣。聖人之道在方册，讀而求之者，將行之也。堯舜禹必稽古而行，皐陶亦稽古而言，何可以不讀書也。先學而後可以治民，子路乃欲使子羔以政爲學，失先後本末之序，而不知其過，故夫子以爲佞。」

吕曰：「子路之禦人以口給而已。有美錦猶不使學製，況民人乎？」

謝曰：「學固有不必讀書者，然非子羔之事。子路使之仕，所謂賊夫人之子也。子路民人社稷之語，則是於賊夫人之子之意有未喻也，是知尊所聞而不稽其弊者，不復求益也，是以夫子特惡其禦人以口給而已。」

楊曰：「三代而上，六經未具，其學有不待讀書者。有民人，有社稷，固足以學矣。而子羔之才不足以與此，遽使之仕，是賊之也。子路以何必讀書爲辭，是口給以禦人也，故孔子曰：『惡夫佞者。』」

侯曰：「夫子嘗告伯魚曰：『不學詩，無以言；不學禮，無以立。』又曰：『人而不爲周南召南，其猶正墻面而立也與！』又曰：『興於詩，立於禮，成於樂。』又曰：『誦詩三百，授之以政，不達，使於四方，不能專對，雖多，亦奚以爲？』民人社稷，固可學也，其在學詩學禮之後乎？子路使子羔爲費宰，子曰『賊夫人之子』，是子羔未嘗學而使之從故也。子路問民人社稷何必讀書以拒夫子，故夫子曰：『是故惡夫佞者。』以子路不知學之先後故也。左傳：子皮使尹何爲邑，曰：『使往而學焉。』子産曰：『子有美錦，不使人學製焉。大官大邑，身之所庇也，而使學者製焉，其於美錦不亦多乎？僑聞之，學而後從政，未聞以政學者也。』亦此義。」

尹曰：「子羔學未至，而使之治人，是賊夫子羔也。學固有不待讀書者矣，然豈子羔所能及哉？子路必爲之辭，故夫子惡其口給也。」

子路曾晳冉有公西華侍坐。子曰：「以吾一日長乎爾，毋吾以也。居則曰：『不吾知也！』如或知爾，則何以哉？」子路率爾而對曰：「千乘之國，攝乎大國之間，加之以師旅，因之以饑饉，由也爲之，比及三年，可使有勇，且知方也。」夫子哂之。「求！爾何如？」對曰：「方六七十，如五六十，求也爲之，比及三年，可使足民。如其禮樂，以俟君子。」「赤！爾何如？」對曰：「非曰能之，願學焉。宗廟之事，如會同，端章甫，願爲小相焉。」「點！爾何如？」鼓瑟希，鏗爾，舍瑟而作，對曰：「異乎三子者之撰。」子曰：「何傷乎？亦各言其志也。」曰：「暮春者，春服既成，冠者五六人，童子六七人，浴乎沂，風乎舞雩，詠而歸。」夫子喟然歎曰：「吾與點也！」三子者出，曾晳後。曾晳曰：「夫三子者之言何如？」子曰：「亦各言其志也已矣。」曰：「夫子何哂由也？」曰：「爲國以禮，其言不讓，是故哂之。」「唯求則非邦也與？」「安見方六七十如五六十而非邦也者？」「唯赤則非邦也與？」「宗廟會同，非諸侯而何？赤也爲之小，孰能爲之大？」

明道曰：「孔子與點，蓋與聖人之志同，便是堯舜氣象也。誠異三子者之撰，特行有不掩焉耳，此所謂狂也。子路等所見者小。子路只爲不達爲國以禮道理，是以哂之，曾點狂者也，未必能爲聖人之事，而能知孔子之志，故曰：『浴乎沂，風乎舞雩，詠而歸。』言樂而得其所也。孔子之志，在於老者安之，朋友信之，少者懷之，使萬物莫不遂其性。曾點知之，故孔子喟然歎曰：『吾與點也。』」又曰：「曾點漆雕開已見大意。」

伊川曰：「古之學者，優柔厭飫，有先後之序。今之學者，却只做一場話說，務高而已。常愛杜元凱語：『如江海之浸，膏澤之潤，渙然冰釋，怡然理順，然後爲得也。』今之學者，往往以游夏爲小不足學，然游夏一言一事，却總是實。如子路公西赤言志如此，夫子許之，亦以此自是實事。後之學者好高，如人游心千里之外，然自身却只在此。」

范曰：「夫子教人，修身之事，皆所以治人也，故使門弟子各言其志，視其所學，而其所以及天下，從可知焉。夫子謂子路可治千乘之賦，冉有可爲百乘之宰，公西華可與賓客言。蓋三子之志與其所學未嘗不在此，而夫子亦以稱之，是以三子之對，不出如夫子所言也。至如曾皙，夫子所謂狂也。狂者進取，志於大道，故治國之事，有不足言焉。『浴乎沂，風乎舞雩，詠而歸』，亦若老者安之，朋友信之，少者懷之而已矣。天下之物，皆得其所，國其有不治者哉！」

呂曰：「三子皆有諸侯之志，願試其能，而冉有公西華言稍加讓。至於曾皙，有志樂乃若曾點之意，果何在乎？道，不希近用，故孔子取之。」

謝曰：「子路冉有公西華未識道體，未免於意必者也。乃若曾點之意，果何在乎？道以無所倚爲至，夫子與之，非止樂其不願仕，推曾點之學，雖禹稷之事，固可以優爲，特其志不存焉。」又曰：「鳶飛戾天，魚躍於淵，無些私意。上下察，以明道體無不在，非指鳶魚而言也。若指鳶魚爲言，則上面更有天，下面更有地在。知勿忘勿助長則知此，知此則知夫子與曾點之意。季路冉求言志之事，非大才做不得，然常懷此意在胸中，在曾點看著，正可笑爾。學者不可著一事在胸中，才著些事，便不得其正。且道曾點有甚事，列子御風事近之，然易做，只是無心，近於忘。」又曰：「呂晉伯兄弟中皆有見處，一人作詩詠曾點事，曰：『函丈從容問且酬，展才無不至諸侯。可憐曾點惟鳴瑟，獨對春風詠不休。』」

楊曰：「三子言志，而點之鼓瑟自如，初若不聞者。孔子問之，而後鼓瑟希，鏗爾，舍瑟而作。則點之自適，異乎三子者之撰，槩可見矣，此記者所以詳著之也。夫充點之志，則顏子之事也，故夫子與之。然點之言未必能踐之，亦志於進取而已，此點所以爲狂與？」

尹曰：「子路可使治千乘之賦，冉有可爲百乘之宰，公西華可與賓客言，孔子固已知之矣。今使之言志者，豈徒欲較其事業，亦以觀其自得之深淺可推於人者厚薄故也。三子者競言其所能，故夫子不與之。至若曾皙，則異乎三子者之撰，方且鼓瑟希，鏗爾，舍瑟而作，對以浴乎沂水之上，風涼於舞雩之下，吟詠情性以歸，非深有所得於中者，其能志於是乎？故夫子歎美而與之也。如點之志，雖聖人何以異哉？然點狂者也，言之則是矣，行之則有不掩焉。」

校勘記

〔一〕故自謂野人而必爲　「自」原爲「曰」，據明抄本改。

〔二〕偶於一哀而出涕　「偶」原作「遇」，據四庫本改。

〔三〕斂首足形　明抄本「首」作「者」，四庫本「首」作「手」。

〔四〕善人欲仁而未志于學者也　「志」原作「至」，據明抄本改。

論語精義卷第六下

顔淵第十二

顔淵問仁。子曰：「克己復禮爲仁。一日克己復禮，天下歸仁焉。爲仁由己，而由人乎哉？」顔淵曰：「請問其目。」子曰：「非禮勿視，非禮勿聽，非禮勿言，非禮勿動。」顔淵曰：「回雖不敏，請事斯語矣。」

明道嘗論克己復禮，韓持國曰：「道上更有甚克，莫錯否？」曰：「如公所言，只是説道也。克己復禮，乃所以爲道也，更無別處。克己復禮之爲道，亦何傷乎公之所謂道也。如公所言，則是一人自指其前一物，曰：『此道也，它本無可克者。』知道與己未嘗相離，則若不克己，何以體道？道在己，不是與己各爲一物，可跳身而入者也。克己復禮，非道而何？至如公言克己不是道，亦是道也，實未嘗離得，故曰可離非道，理甚分明。」持國又曰：「道無真假。」曰：「既無真無假，却是都無物也。到底須是是者爲真，不是者爲假，便是道大，小大分明。」又韓持國嘗論克己復禮，以謂克却不是道，先生言克便是克之道。持國又言道則不須克，先生言道則不消克，却不是持國事，在聖人則無事可克，今日持國須克得己，然後復禮。又曰：「非禮勿視，非禮勿聽，非禮勿言，非禮勿動，積習儘有功，禮在何處？」又曰：「非禮勿視，非禮勿聽，非禮勿言，非禮勿動，一於禮之謂仁，仁之與禮，非有異也。」又曰：「克己則私心去，自能復禮，雖不學文，而禮意已得。」又曰：「多驚多怒多憂，只去一事所偏處自克，克得一件，其餘自止。」又曰：「克己最難，故曰：『中庸不可能也。』」

伊川曰：「克，勝也。難勝者莫如己，勝己之私，則能有諸己，是反身而誠者也。凡言克者，未能有諸己也。一本云：「凡言仁者，有諸己也。」必誠之在己，然後爲克己。禮者，理也。有諸己，則無不中於理。君子慎獨，敬以直内，義以方外，所以爲克己復禮也。克己復禮，則事事皆仁，故曰『天下歸仁焉』。人之視最在先，非禮而視，則所謂開目便錯了。次聽，次言，次動，自有次序。」又曰：「人能克己，則心廣體胖，仰不愧，俯不怍，其樂可知。有息則餒矣。」又曰：「敬立則無妄，無妄則禮也。」又曰：「敬即便是禮，無己可克。」又曰：「視聽言動非禮不爲，即是禮，禮即理也。不是天理，便是私欲。人於私欲，雖有意於爲善，亦是非禮。無人欲，即皆天理。」尹本無「雖有意」下十六字，但云：「雖爲善事，亦是私意。」又曰：「一日克己復禮，天下歸仁者，言一旦能克己復禮，則天下稱其仁，非一日之間也。」或問：「克己復禮，如何是仁？」曰：「非禮處便是私意，既是私意，如何得仁？凡人須是克盡己私，只有禮時，方始是仁處。」先生親筆改云：「克己復禮爲仁，言克盡己私，皆歸於禮，是乃仁也。」又曰：「難勝莫如己私，學者能克之，非大勇乎？」先生作四箴，其序曰：「顔淵問克己復禮之目，夫子曰：『非禮勿視，非禮勿聽，非禮勿言，非禮勿動。』四者，身之用也，由乎中而應乎外，制於外，所以養其中也。顔淵事斯語，所以進於聖人。後之學聖人者，宜服膺而勿失也，因箴以自警。」視箴曰：「心兮本虚，應物無迹。操之有要，視爲之則。蔽交於前，其中則遷。制之於外，以安其内。克己復禮，久而誠矣。」聽箴曰：「人有秉彝，本乎天性。知誘物化，遂亡其正。卓彼先覺，知止有定。閑邪存誠，非禮勿聽。」言箴曰：「人心之動，因言以宣。發禁躁妄，内斯靜專。矧是樞機，興戎出好。吉凶榮辱，惟其所召。傷易則誕，傷煩則支。己肆物忤，出悖來違。非法不道，欽哉訓辭。」動箴曰：「哲人知幾，誠之於思。志士勵行，守之於爲。順理則裕，從欲惟危。造次克念，戰兢自持。習與性成，聖賢同歸。」

范曰：「克己，自勝其私也，勝己之私，則至於理。禮者，理也，至於理，則能復禮矣。

有不善未嘗不知，知之未嘗復行，克己也。不遷怒，不貳過，復禮也。夫正與是出於理，不正不是則非理也。視聽言動，無非禮者，正心而已矣。爲仁由己，在内故也。克己復禮時，天下之善皆在於此矣。天下之善在己，則行之一日，可使天下之仁歸焉。夫不勉而中，不思而得，則非顔子所及。而堯舜修身以治天下，亦惟視聽言動無非禮而已矣。」

吕曰：「仁者以天下爲一體，天秩天叙，莫不具存。人之所以不仁，己自己，物自物，不以爲同體。勝一己之私，以反乎天秩天叙，則物我兼體，雖天下之大，皆歸於吾仁術之中。一日有是心，則一日有是德。」又曰：「有己則喪其爲仁，天下非吾體；忘己則反得吾仁，天下爲一人。故克己復禮，昔之所喪，今復得之，非天下歸仁者與？安仁者，以天下爲一人而已。」克己復禮贊曰：「凡厥有生，均氣同體。胡爲不仁，我則有己。立己與物，私爲町畦。勝心横生，擾擾不齊。大人存誠，心見帝則。初無吝驕，作我蟊賊。志以爲帥，氣爲卒徒。奉辭於天，孰敢侮予？且戰且徠，勝私窒慾。昔焉寇讎，今則臣僕。方其未克，窘我室廬。婦姑勃蹊，安取厥餘？亦既克之，皇皇四達。洞然八荒，皆在我闥。孰曰天下，不歸吾仁？痒苛疾痛，舉切吾身。一日至之，莫非吾事。顔何人哉？希之則是。」

謝曰：「禮者，攝心之規矩。循理而天，則動作語默無非天也。内外如一，則視聽言動無非我矣。」或問：「言動非禮，則可以正，視聽如何得合禮？」曰：「四者皆不可易，易則多非禮，故仁者先難而後獲。所謂難者，以我視，以我聽，以我言，以我動也。仰面貪看鳥，回頭錯應人。視聽不以我也，胥失之矣。」或問：「視聽言動合理，而與禮文不相合，如何？」曰：「言動猶可以禮，視聽有甚禮文？以斯視，以斯聽，自然合理。合理便合禮文，循理便是復禮。」曾本云：「問：『合視聽言動處，視聽言動只是理，何故得合禮？』曰：『怎生外面討得禮文來合，循理便是復禮。言動猶可以有禮文，視聽有甚禮文，以斯聽，自然合理。合這箇理字，便合禮文。禮、理之不可易者也，只是一箇敬字。』」或問：「求仁如何下工夫？」曰：「如顏子視聽言動上做亦得，如曾子顏色容貌上做亦得。出辭氣者，猶佛所謂從此心中流出。今人唱一喏，若不從心中出，便是不識痛癢。古人曰：『心不在焉，視而不見，聽而不聞，食而不知其味。』不見不聞不知味，便是不仁，死漢不識痛癢了。又如仲弓出門如見大賓，使民如承大祭，但存得如見大賓如承大祭底心在，便長識痛癢。」又曰：「一日克己復禮，天下歸仁焉，只就性上看。」又曰：「克己須從性偏難克處克將去。克己之私，則心虛見理矣。」

游曰：「孟子曰：『仁，人心也。』則仁之爲言，得其本心而已。心之本體，則喜怒哀樂之未發者是也。惟其徇己之私，則汩於忿慾，而人道熄矣。誠能勝人心之私，以還道心之公，則將視人如己，視物如人，而心之本體見矣。自此而親親，自此而仁民，自此而愛物，皆其本心隨物而見者然也。故曰：『克己復禮爲仁。』禮者，性之中也。且心之本體，一而已矣，非事事而爲之，物物而愛之，又非積日累月而後可至也。一日反本復常，則萬物一體，無適而非仁矣，故曰：『一日克己復禮，天下歸仁焉。』天下歸仁，取足於身而已，非有藉於外也，故曰：『爲仁由己，而由人乎哉？』顔淵請事斯語，至於非禮勿動，則不離於中，其誠不息，而可久矣，故能三月不違仁。雖然，三月不違者，其心猶有所操也，至於中心安仁，則縱目之所視，更無亂色，縱耳之所聽，更無姦聲，無思也，無爲也，寂然不動，感而遂通天下之故，則發育萬物，彌綸天地，而何克己復禮、三月不違之足言哉！此聖人之能事，而對時育萬物者，所以博施濟衆也。仁至於此，則仲尼所不敢居，而且罕言也。然則仁與聖烏乎辨？曰：仁，人心也，操之則爲賢，縱之則爲聖，苟未至於縱心，則於博施濟衆，未能無數數然也。」

楊曰：「仁，人心也。學問之道，求其放心而已，放而不知求，則人欲肆而天理滅矣。揚子曰：『勝己之私之謂克。』克己所以勝私欲而收放心也。雖收放心，閑之爲艱，復禮所以閑之也。能常操而存者，天下與吾一體耳，孰非吾仁乎？顔淵其復不遠，庶乎仁者也，故告之如此。若夫動容周旋中禮，則無事乎復矣。」

尹曰：「弟子問仁者多矣，唯對顔子爲盡。問何以至於仁？曰復禮則仁矣。禮者，理也，去私欲則復天理，復天理者仁也。禮不可以徒復，唯能克己，所以復也。又問克己之目，語以視聽言動者，夫然，則爲仁在內，何事於外乎？蓋難勝莫如己私，由乎中而應乎外，制其外，所以養其中，視聽言動必以禮，而其心不正者，未之有也，是之謂復天理。顔子事斯言，而進乎聖人，它弟子所不能及也。」

仲弓問仁。子曰：「出門如見大賓，使民如承大祭。己所不欲，勿施於人。在邦無怨，在家無怨。」仲弓曰：「雍雖不敏，請事斯語矣。」

伊川曰：「大賓大祭，只是敬也，敬只是不私之説也。才不敬，便私欲萬端，害於仁。」又曰：「孔子言仁，只説出門如見大賓，使民如承大祭。看其氣象，便須心廣體胖，動容周旋中禮，唯慎獨便是守之之法。」此一段下文，與憲問篇「修己安百姓」章内一段相屬。

或問：「出門如見大賓，使民如承大祭。方其未出門使民時，如何？」曰：「此儼若思時也。當其出門使民時，其敬如此，未出門使民，敬可知也。且見乎外者，出乎中者也。出門使民者，事也，非是因事上方有此敬，蓋素敬也。猶之接物以誠，人皆曰誠者，蓋是人素來誠也，非因接物方有此誠也。」又曰：「在邦家而己心無怨，孔子發明仲弓使知仁字。然舜在家亦怨，周公狼跋亦怨。」又引文中子。又曰：「孔子告仲弓曰：『出門如見大賓，使民如承大祭。己所不欲，勿施於人。』君子能如是用心，能如是存心，則惡有不仁者乎？而其本可以一言而蔽之，曰思無邪。」又曰：「仲弓之仁，安己而敬人，故曰：『雍也可使南面。』對樊遲之問，亦是仁之目也。然樊遲失於粗俗，聖人勉使爲仁，曰：『雖之夷狄，不可棄也。』司馬牛多言而躁，故但告以『其言也訒』。」或問：「在邦無怨，在家無怨，在知，在己在人〔一〕？」曰：「在己。」曰：「既在己，舜在家何以怨？」曰：「怨只是一箇怨，但其用處不同。舜自是怨，不怨却不是也。學須是通，不得如此執泥。如言仁者不憂，又却言作易者其有憂患，須知用處各別也。天下只有一箇憂字，一箇怨字，有此二字，聖人安得無之？在邦無怨，在家無怨，在理可使無怨，然於事亦難，天地之大也，人亦有所憾。」

横渠曰：「己所不欲，勿施於人，能恕己以仁人也。在邦無怨，在家無怨，己雖不施不欲於人，然人施於己能無怨也。」

范曰：「爲仁之道，以敬爲主，而行之以恕。敬所以直内，恕所以待人，可以修身而不可離也。修己以敬，待人以恕，而仁道成矣。二帝三王，皆以二者。信能行此，則在邦爲諸侯亦無怨，在家爲卿大夫亦無怨。仲弓可使南面，故所告者臨民之事，居敬而行簡之道也。」

吕曰：「以敬恕行仁，則人無所慊。」

游曰：「出門如見大賓，使民如承大祭，則以閑邪存其誠而已。出門如見大賓，則無時而不敬也；使民如承大祭，則無事而不敬也。仲弓能請事斯語，則於非禮勿動，亦庶幾焉。」

楊曰：「敬以守之，恕以行之，則仁在其中矣。顏淵克己復禮，克之，己與禮一，而克復之名亡，則聖人之事也。仲弓可使南面，故告之以見大賓、使民之事，由是守之，可以爲仁而已。此告二子之異也。」

尹曰：「敬以直内，爲仁之要也。恕者，敬之及物也，敬則不私，不敬則多欲，故寡欲則至於仁矣，蓋言無時不敬也。出門使民，接於事者也，見乎外者由乎中，非謂接於事方敬也。夫子懼仲弓之未喻，故又曰：『在邦無怨，在家無怨。』仁者能之。」

司馬牛問仁。子曰：「仁者其言也訒。」曰：「其言也訒，斯謂之仁矣乎？」子曰：「爲之難，言之得無訒乎？」

明道曰：「其言也訒，難其出也。」

伊川曰：「仁者其言也訒，司馬牛多言，故及此。然聖人之言，亦止此爲是。」又曰：「司馬牛多言而躁，故但告之以其言也訒。」

范曰：「訒之言堅忍也，爲之難，故堅忍而難言之。知仁之難而無易言，則庶乎近仁也。」

呂曰：「言之輕則爲之不篤。仁術雖大，不離乎人倫，雖曰庸行，不察則不至。」

謝曰：「心有所覺謂之仁，仁則心與事爲一。草木五穀之實謂之仁，取名於生也，生則有所覺矣。四肢之偏痺謂之不仁，取名於不知覺也，不知覺則死矣。事有感而隨之以喜怒哀樂，應之以酬酢盡變者，非知覺不能也。身與事接，而心漠然不省者，與四體不仁無異也。然則不仁者，雖生，無以異於死；雖有心，亦鄰於無心；雖有四體，亦弗爲吾用也。故視而弗見，聽而弗聞，食而不知其味，此善學者所以急急於求仁也。克己復禮，出門如見大賓，使民如承大祭，其言訒，皆求仁之術也。能從事於斯，則仁可以忘言識也；不能從事於斯，乃欲以言求仁，譬如不食，終不知味。克己復禮，勝己之欲以循天之理，則天下之仁皆歸焉。出門如見大賓，使民如承大祭，敬也。其言也訒，先難也。」

游曰：「仁之難成久矣，豈惟行之爲難，知之固未易也。今欲言出而當於仁，得無難乎？故曰其言也訒。訒者難也。夫子答樊遲之問仁，曰『先難而後獲』；答司馬牛，曰『仁者其言也訒』，皆未可與言仁故也。」

楊曰：「司馬牛問仁，告以其言也訒，則曰：『其言也訒，斯謂之仁已乎？』問君子，告以不憂不懼，則曰：『不憂不懼，斯謂之君子已乎？』則非切問近思者，其易於言可知知爲仁之難而不敢易，則庶乎近仁矣。仁不可易爲之，則言之固宜訒也，推是而反之，則仁其不遠矣。」

尹曰：「仁者難言之也，非以難言爲仁也，謂言之猶難，況爲之乎？

司馬牛問君子。子曰：「君子不憂不懼。」曰：「不憂不懼，斯謂之君子矣乎？」子曰：「內省不疚，夫何憂何懼？」

范曰：「仁者不憂，勇者不懼，司馬牛未及此也，疑君子之道不止如是而已。內省不疚，則不愧于天，不畏于人，由此以至於樂天知命，獨立不懼，聖人之事也。夫子之教人，先正其心，而後與之入德，司馬牛憂懼桓魋之惡，故以是告之。然是言也，通于上下，與樊遲問仁智之類一也。」

謝曰：「仁者不憂，勇者不懼。」

楊曰：「以其憂也，故告以不憂不懼。不憂不懼，非仁且勇不足以與此。充是言也，其爲君子何有？」

尹曰：「夫子教人入德也，能內省不疚而後可安。」

司馬牛憂曰：「人皆有兄弟，我獨亡。」子夏曰：「商聞之矣，死生有命，富貴在天。君子敬而無失，與人恭而有禮。四海之內，皆兄弟也，君子何患乎無兄弟也？」

明道曰：「敬而無失，便是喜怒哀樂未發謂之中也。敬不可謂之中，但敬而無失，即所以中也。」

或問曰：「横渠曰：『敬而無失與人，接人當也。恭而有禮，不爲非禮之恭也。』此語如何？」伊川曰：「不然，敬是持己，恭是接人。與人恭而有禮，言接人當如此也。近世淺薄，以相驩狎爲相與，以無圭角爲相親愛，如此者安能久？須是恭敬，君臣朋友，皆當以禮爲主也。比之上六曰：『比之無首，凶。』象曰：『比之無首，無所終也。』既無首，安得有終？故曰無所終。比之道須當有首也。」或曰：「君子淡以成，小人甘以壞。」曰：「然，豈有甘而不壞者。」

横渠又曰：「論死生則曰有命，以言其氣也。語富貴則曰在天，以言其理也。」

范曰：「死生有命，則當知命。富貴在天，則當樂天。敬而無失，故能親善。恭而有禮，故能附遠。知此四者，則四海皆兄弟也。君子不患無兄弟，天下之善皆同類也。」

謝曰：「司馬牛憂無兄弟，意在急難無助而已。然操恭敬之心以遊世也，又何患焉？四海之内皆兄弟，豈信以爲真若己之兄弟也哉？愛人而人常愛之故也。命自其所禀言，天自其所遇言。」

楊曰：「桓魋之凶，足以滅其身，害於家，則貧賤死亡無日矣。故子夏以有命在天告之，以釋司馬牛之憂也。夫萬物盈天地之間，各以其類從，而人之與人類也莫親焉。吾之所以直内者敬而無失，所以與人者恭而有禮，有能一日用力乎此，天下歸仁矣。四海之内，非兄弟而何？然則士或以無兄弟爲憂者，皆自私之過也。」

尹曰：「先儒云：『牛即魋之弟，以其兄之惡，死亡無日，憂其無兄弟也，故子夏以天命解其憂。夫死生有命，則當知命也。富貴在天，則當樂天。知命樂天，而操恭敬之心以行乎世，則人皆如兄弟矣。』」

子張問明。子曰：「浸潤之譖，膚受之愬，不行焉，可謂明也已矣。浸潤之譖，膚受之愬，不行焉，可謂遠也已矣。」

范曰：「浸潤，以言其漸也。膚受，以言其微也。譖人者必以漸，愬人者必自微，故重言而深歎之，不可不防其細也。不行焉，可謂明遠矣，然未若譖愬不至之爲難也。是以堯畏巧言令色孔壬，舜堲讒説殄行〔二〕，皆欲絶之未至也。」

吕曰：「譖者毁人之行，愬者愬己之私。浸潤者，漸進而已，内有所未入。膚受者，面從而已，心有所未然。明者知幾，遠者慮終，必拒其始，然後譖愬不得行。不然，則始雖漸進，久則言入；始雖面從，久則心然。」

謝曰：「辨所難辨，此之謂明。已亂於未然，此之謂遠。元澤曰〔三〕：『浸潤之譖，漸而不暴〔四〕，膚受之愬，淺而不迫，故非明者無以止之。』浸潤之譖行，則君子以忠信見疑；膚受之愬行，則小人以誕謾見信。則其出入不遠矣。」楊曰：「浸潤，謂漸而入之者。膚受，謂切於身者。驟而語之，與利害不切於身者，不行焉，有不待明者能之也。故浸潤之譖，膚受之愬，不行焉，然後謂之明謂之遠。遠，明之至也。書曰：『視遠惟明。』」侯曰：「浸漬漸潤之譖，皮膚淺近之愬，人皆忽之而易入，不行焉，非明與遠者不能也。若驟而語之，切於肌骨者，孰不知之，何待乎明遠也。」尹曰：「浸潤，言其漸也。膚受，言其微也。善譖愬者必以微漸，此其所以難辨而易信從也。受譖愬者必偏暗而隘迫，能察譖愬而不行者，可謂明矣。明察不足盡其美，可謂明識遠到矣。堯之畏巧言，舜之聖讒説，皆欲絶譖愬故也。」

子貢問政。子曰：「足食，足兵，民信之矣。」子貢曰：「必不得已而去，於斯三者何先？」曰：「去兵。」子貢曰：「必不得已而去，於斯二者何先？」曰：「去食。自古皆有死，民無信不立。」

伊川曰：「有人然後有死，無信則無人矣，何死之有？此食之所以可去，而信不可去也。古之人行一不義，殺一不辜，雖得天下不爲者，充此道也。」又曰：「孔門弟子善問，直窮到底。如問鄉人皆好之何如，曰未可也，便又問鄉人皆惡之何如；如説足食，足兵，民信之矣，便問必不得已而去，於斯三者何先；才説去兵，便問必不得已而去，於斯二者何先。自非聖人不能答。便云去食，自古皆有死，民無信不立。不是孔子弟子不能如此問，不是聖人不能如此答。」

范曰：「非子貢不能如是善問，比而明之，叩而竭之，使天下萬世知信重於兵，又重於食，又重於死。無民則已，有民則無信不立焉。中庸曰：『不誠無物。』信之謂也。」

吕曰：「去食必死，失信則不立，不立則死，均死爾，故不若守信。」

謝曰：「雖有粟，吾得而食諸？雖有兵，吾得而衛諸？故信當以死守之。」

楊曰：「民不立，則傾危之俗成，而亂亡無日矣，雖有粟，焉得而食諸？故食可去信不可去。夫寧死以存信，非善學者，其孰能疑而問之。」

尹曰：「爲政之務有三：食也，兵也，信也，而三者以信爲主。苟無信也，雖有粟，安得而食？雖有兵，安得而用？民無信不立，信有重於死也。非子貢之問，孔子之答，不能盡斯理也。」

棘子成曰：「君子質而已矣，何以文爲？」子貢曰：「惜乎！夫子之説，君子也，駟不及舌。文猶質也，質猶文也。虎豹之鞟，猶犬羊之鞟。」

范曰：「子貢因棘子成之失言，而戒人以慎言。夫質而不文，則虎豹無以異於犬羊，君子無以異於野人，何可以不文也。」

謝曰：「倬彼雲漢，爲章于天。玉在山而木潤，淵生珠而崖不枯。有君子之質，雖欲無君子之文，其可得乎？是以棘子成不可謂知言。」

楊曰：「見草而說，見豹而戰，則文不可以無質。虎豹之鞟，猶犬羊之鞟，則質不可以無文。故曰：『文猶質也，質猶文也。』」

侯曰：「質勝文則野，文勝質則史，文質彬彬，然後君子，蓋文質不可偏勝也。文質猶天地陰陽血氣日月往來，未有獨立者也，文不可無，亦不可勝。起居坐作進退威儀皆文也，專以文爲事則不可。無本不立，無文不行。賁之彖曰：『觀乎天文以察時變，觀乎人文以化成天下。』若獨質而無文，則虎豹之鞟猶犬羊之鞟也，何以別諸？故曰：『文猶質也，質猶文也。』」

尹曰：「有質於內，則文見乎外，文不能去也。子貢曰：『惜乎！夫子之説，君子也，駟不及舌』者，惜棘子成失言故也。虎豹之鞟，猶犬羊之鞟，喻文之不可去也。」

哀公問於有若曰：「年饑，用不足，如之何？」有若對曰：「盍徹乎？」曰：「二，吾猶不足，如之何其徹也？」對曰：「百姓足，君孰與不足？百姓不足，君孰與足？」

范曰：「孟子曰：『王欲行仁政，盍亦反其本矣。』夫徹非所以豐財，然求富民而用足，必徹而後可也。故有子以正對哀公，無所苟而已。君，父也。百姓，子也。未有子富而父貧，子不足而父裕者。有子之言似夫子，其此之類與？」

謝曰：「得乎丘民而爲天子，君之所以爲君，以有民也。故君猶心，百姓猶體，豈有體癯而心安者。」

楊曰：「仁政必自經界始，經界正則井地均，井地均而後徹可爲也。故井地均則穀禄平，而軍國之需皆量是出焉。故一徹而百度舉矣，上下寧憂不足乎？以二猶不足，而教之徹，則疑若迂矣。然什一天下之中制，多則桀，寡則貊，不可改。後世不究其本，而惟末之圖，故征斂無藝，費出無經，而上下困矣。又烏知盍徹之當務而不爲迂乎？」

侯曰：「君以民爲本，民以食爲天，百姓足，則君足矣。故哀公問年飢、用不足，而有若對以徹，則足民之道也。百姓苟足，君必與焉，孰與爲不足哉？若困民以自足，則非足也。」

尹曰：「周法什一而税，謂之徹。有若以正對也。哀公意在厚斂，故有若深言不足之本，曰百姓足，則是君足矣，百姓凍餒，則君將安取而足哉？」

子張問崇德、辨惑。子曰：「主忠信，徙義，崇德也。愛之欲其生，惡之欲其死。既欲其生，又欲其死，是惑也。『誠不以富，亦祇以異。』」

范曰：「主忠信，所以立誠也。徙義，所以修身也。誠立而身修，則德日益崇矣。愛惡無常，惑之所由生也，辨之於此，謹其所愛惡，所以正心矣。『誠不以富，亦祇以異』，我行其野之詩也。人之成德不以富，亦祇以行異於野人而已。程頤疑此錯簡，其下當言齊景公有馬千駟，蓋後之傳者，因齊景公問政而誤也。」

謝曰：「忠信則有物，徙義則惟正是從，道得於我者，豈不日積。死生有命，蓋不容欲也。知此，則胸中豈不判然。」

楊曰：「忠信以誠善，徙義以補過，非崇德與？不蔽於愛惡之私，非辨惑與？堂堂乎張也，難與並爲仁，則非誠善補過不蔽於私者，故告之如此。『誠不以富，亦祇以異』，伊川云當在齊景公有馬千駟之下。」

侯曰：「學者以忠信爲主，聞義而徙，非崇德者乎？愛惡汩於中，而以死生爲好憎之志，非惑與？若其誠不富，祇以取異爾。」

尹曰：「學以忠信爲主，而徙於義，則崇德矣。不使愛惡汩於心，則其惑判然矣。臣師程頤曰：『誠不以富，亦祇以異，簡編之差也，疑在齊景公有馬千駟之下。』」

齊景公問政於孔子。孔子對曰：「君君，臣臣，父父，子子。」公曰：「善哉！信如君不君，臣不臣，父不父，子不子，雖有粟，吾得而食諸？」

范曰：「景公之時，齊無君臣父子之禮，故以是而告之。爲君盡君道，爲臣盡臣道，堯舜亦如此而已矣。夫禍莫大於知過而不改，景公知齊之將亂，而坐以待之，此善善而不能用，惡惡而不能去，郭公所以亡也。」

謝曰：「君君，臣臣，父父，子子，親親而尊尊，所謂民彝也。爲政之道，保民而已。不然，人類幾何其不相噬嚙也。」

楊曰：「君之所以君，臣之所以臣，父之所以父，子之所以子，是必有道也。景公知善其言，而不知反求其所以然，蓋説而不繹者，齊之所以卒於亂也。」

侯曰：「君君，臣臣，父父，子子，所謂達道也。先王之政，達此道以保天下而已。不然，幾何而不爲禽獸也。」

尹曰：「齊無君臣父子之禮，故以是對之，惜乎景公善之而不能用也。」

子曰：「片言可以折獄者，其由也與？」子路無宿諾。

伊川曰：「子路之言信，故片言可以折獄。」又曰：「言由之見信如此，刑法國人尚取信，其它可知。」又曰：「魯與小邾射盟，而射止願得季路一言，此其證也。」又曰：「宿謂豫也，非一宿之宿也。」或問：「子路無宿諾，是果決乎？」曰：「信也，非果也。」

橫渠曰：「子路禮樂文章未足盡爲政之道，以其重然諾，言爲衆信，故片言可以折獄。如易所謂利用獄、利用刑人，皆非爻之盛德，適能是而已焉。」范曰：「小邾射以句繹奔魯，曰：『使季路要我，吾無盟矣。』小邾射不信千乘之君，而信子路之言，此信在言前也，故一言可以折獄，唯由能之。可言而不可行，君子所恥也。唯子路無不行之言，故無宿諾。」謝曰：「子路志在力行，有諾不能踐言，雖非吾本心，豈不流而入於自恕。」楊曰：「由之果毅，人所信服，故片言可以折獄。而記者又著其無宿諾，以見其素行如此。」尹曰：「小邾繹奔魯，曰：『使季路要我，吾無盟矣。』小邾不信千乘之君，而信子路之言，子路之見信於人也可知矣。一言而折獄者〔五〕，信在言前，人自信之故也。」又曰：「子路不預諾〔六〕，所以全其信也。」

子曰：「聽訟，吾猶人也，必也使無訟乎！」

范曰：「聽訟者，治其末，塞其流也。正其本，清其源，則無訟矣。經曰：『教民親愛，莫善於孝；教民理順，莫善於悌。』此無訟之道也。孟子曰：『民有常産，則有常心。』此無訟之政也。」

謝曰：「人情誕慢，則必待聽而後決。明教服義，不待聽而決者，謂之無訟可也。」

楊曰：「先之以博愛，民莫遺其親；陳之以德義，而民興行；先之以敬讓，而民不爭；道之以禮樂，而民和睦；示之以好惡，而民知禁。有是五者，民何訟之有？子路片言可以折獄，而不知以禮讓爲國，則未能使民無訟者也。故又著孔子之言，以見聖人不以聽訟爲能，而以使民無訟爲貴。」

侯曰：「夫子之志，則老者安之，朋友信之，少者懷之。夫子之在邦家，則立之斯立，道之斯行，綏之斯來，動之斯和。夫如是，訟何自而興哉？堯之黎民於變時雍，文王之民耕讓畔，行讓路，皆其徵也。此孔子所以言『必也使無訟乎』！有訟，則孰不能聽之哉？」

尹曰：「聽訟得其當，治之末也；使之無訟，則教化存焉。」

子張問政。子曰：「居之無倦，行之以忠。」

伊川曰：「子張少仁，無誠心愛民，則必倦而不盡心也，故孔子因問而告之。」

范曰：「子張之學，有餘於外而不足於內。爲政之道，固知之矣，其所患在於誠意之未篤也，故以誠意爲本，誠立而後政可爲也。誠意不至，則有時而倦，行不以忠。若居之有倦，行不以忠，而能正人者，未之有也。」

謝曰：「盡心竭力而爲之，何事不成。」楊曰：「身以先之，不倦以終之，爲政之經也。子張之行難能也，難能則難繼，不能無倦，故以是先之。與告子路異矣。」尹曰：「子張之學誠不篤，故夫子因其問而告之。」

子曰：「博學於文，約之以禮，亦可以弗畔矣夫！」

范曰：「此亦夫子所常言，故又見於此。顏淵曰：『博我以文，約我以禮。』其所以教人，未嘗不在此也。」

子曰：「君子成人之美，不成人之惡。小人反是。」

范曰：「君子樂道人之善，故成人之美；惡稱人之惡，故不成人之惡。亦己有之也。君子自處也厚，故好人勝己；小人自處也薄，故唯欲人不勝己。與君子處，日聞人之善；與小人處，日聞人之惡。則無以養其內心，故惡日長而善日消也。」謝曰：「尊之以禮義，養之以名譽，以引以翼，使人樂於善，皆成人之美也。」楊曰：「君子之於人也，長善而救失，故成人之美，不成人之惡。小人則濟惡而傷善，故反是。」侯曰：「君子樂善，故成人之善；小人樂禍，反是。」

尹曰：「小人之私，唯惡人之勝己也。」

季康子問政於孔子。孔子對曰：「政者，正也。子帥以正，孰敢不正？」

范曰：「天下之政本於身，政所以正人也，未有不正己而能正物者也。揚雄曰：『政之本身也，身立則政立矣。』孟子曰：『君仁莫不仁，君義莫不義。』猶之表正則影無不正也。書曰：『表正萬邦。』君相者，天下之表也。」

謝曰：「其身正，不令而行。」

楊曰：「子帥以正，教之以德爲政也。民不正〔七〕，則有禮以齊之，孰敢不正？」

侯曰：「君子之德風，小人之德草，草上之風，必偃。君子苟帥之以正，孰敢不正哉？」

尹曰：「未有不正己而能正人者也。故曰：『其身正，不令而行。』」

季康子患盜，問於孔子。孔子對曰：「苟子之不欲，雖賞之不竊。」

横渠曰：「欲生於不足，不足則民盜，能使無欲，則民自不爲。假設以子不欲之物賞子，使竊其所不欲，子必不竊。故爲政者在乎足民，使無所不足，則不見可欲，而盜心息矣。」

范曰：「唐太宗與羣臣論止盜，或請重法以禁之，帝哂之曰：『民之所以貧者，由饑寒也。朕將去奢省費，輕徭薄賦，使百姓家給人足，自不爲盗，何用重法乎？』行之四年，外户不閉，行旅夜宿於道焉。」

謝曰：「介甫曰：『俗之所榮，罰之所不能止；俗之所恥，賞之所不能誘。故君子無爲也，反身以善俗而已。』」

楊曰：「人人知有貴於己，則天下無可欲之物，譬之飫膏粱而視藜藿，奚欲之有哉？使之竊藜藿，雖賞不爲也。然則欲民不爲盗，在不欲而已，欲民之不欲，以身先之而已。故曰：『苟子之不欲，雖賞之不竊。』」

尹曰：「欲生於不足，不足故爲盗，足則不欲矣。今有子不欲之物，雖賞使盗，必不取也。故爲政本乎足民，以在我者化民，深知爲政者也。」

季康子問政於孔子，曰：「如殺無道，以就有道，何如？」孔子對曰：「子爲政，焉用殺？子欲善而民善矣。君子之德風，小人之德草。草上之風，必偃。」

范曰：「揚雄法言曰：『或曰：人君不可不學律令。曰：君子爲國，張其罔紀，謹其教化，道之以仁，則下不相賊；先之以信，則下不相詐；臨之以禮義，則下多德讓。此君子所當學也。如有犯法，則司獄在。』季康子之執政，猶不可以言刑殺也，況於天下之主，其可以刑殺而治乎？君人者，唯志於仁，則天下之民無不善矣。」

謝曰：「大經正，則庶民興矣。元澤曰：『教之化民也深於命，民之效上也捷於令。』」

楊曰：「問政，曰：『子帥以正，孰敢不正？』言孰敢，則畏而從之也。民畏而從之，盜奚足患乎？故患盜，則曰：『苟子之不欲，雖賞之不竊。』夫己不欲而民不竊，則化之矣，有不待帥也。夫如是，民將從欲以治，風動而從己，又焉用殺？故欲殺無道以就有道，則曰：『子欲善而民善矣。』皆申前說以篤之也。是道也，大人之事，宜非康子所及，大匠不爲拙工改其繩墨，故三問而三告之如此。」

侯曰：「政者正也，當以正帥民，若專用殺以齊民，非政也，則賊道也。若省刑罰，薄稅斂，使民仰足以事父母，俯足以畜妻子，暇日修其孝悌忠信，爲政之大方也。道之以德，齊之以禮，有恥且格，奚用殺爲？故曰：『子爲政，焉用殺？子欲善而民善矣。君子之德風，小人之德草，草上之風，必偃。』政得其道，則民之從之也輕矣。」

尹曰：「殺之爲言，豈爲人上者之語哉？以身教者從，以言教者訟，而況於殺乎？」

子張問：「士何如斯可謂之達矣？」子曰：「何哉，爾所謂達者？」子張對曰：「在邦必聞，在家必聞。」子曰：「是聞也，非達也。夫達也者，質直而好義，察言而觀色，慮以下人。在邦必達，在家必達。夫聞也者，色取仁而行違，居之不疑。在邦必聞，在家必聞。」

或問：「質直而好義，察言而觀色，慮以下人，何以爲達？」伊川曰：「此正是達也。

只好義下人，已是達了。人所以不下人，只爲不達也。察言而觀色，非明達而何？子張以人知爲達，才達則人自知矣，此更不須理會。子張之意，專在人知，故孔子痛抑之。」又曰：「夫聞也者，色取仁而行違，居之不疑也。學者須是務實，不要近名方是，有意近名，則大本已失，更學何事？爲名而學，則是僞也。今之學者，大抵爲名，爲名與爲利，清濁雖不同，然其利心一也。今市井閭巷人，却不爲名，止爲利，學者志於名而足矣，其心惟恐人不知。韓退之曰：『內不足者，急於人知。沛然有餘，厥聞四馳。』大率爲名者只是內不足，內足者自不急於人知。君子疾没世而名不稱，此一句人多錯理會，此只是言君子惟患無善之可稱，當汲汲爲善，非是使人求名也。」

范曰：「聞者，求聞於外，而內無其實者也。故色取仁而行違，足以致名。若夫質直而好義，則上不爲諂，下不爲利；察言而觀色，則審於進退，遠於恥辱；慮以下人，則爲善不足，求益無已。三者，皆自修於內，而不蘄乎人之知也。故在邦必達，足以事君；在家必達，足以正人；雖通乎聖，亦由此而至也〔八〕。子張之學徇外，外有餘而內不足，故以是語之。」

呂曰：「德孚於人者必達，矯行求名者必聞。」

謝曰：「子張以聞爲達，止於名而已。聖人以質直好義、察言觀色爲達，蓋有實而名聞四達故也。質直而不好義，則近於悻悻。慮以下人，則不欲多上人。」楊曰：「聞與達相近而不同。師之莊，色取仁而已，非依於仁者也。疑其以聞爲達，故夫子問之而後告。然質直而不好義，則不知時措之宜，直必至於絞。察言故不失口於人；觀色故不失色於人。慮以下人，則無訑訑聲音，可與並爲仁矣。此在邦家必達之道也。其言皆所以救子張之失。」尹曰：「子張之學，病在乎不務實，故以聞爲達，務名者也。孔子明告之曰：所謂達者，立志質直，務歸乎義；察言觀色，而審於去就；慮以下人，而不自矜高。皆篤實之事，充乎内而發於外，斯可謂之達矣。當是時也，門人親受聖人之教，而其差失有如此者，況後世哉？」

樊遲從遊於舞雩之下，曰：「敢問崇德、修慝、辨惑。」子曰：「善哉問！先事後得，非崇德與？攻其惡無攻人之惡，非修慝與？一朝之忿，忘其身以及其親，非惑與？」

范曰：「先事後得，上義而下利也，人唯有利欲之心，故德不崇。唯不自省己過而知人之過，故慝不修。感物而易動者莫如忿，忘其身以及其親，惑之甚者也。惑之甚者必起於細微，能辨之於早，則不至於大惑矣。故懲忿所以辨惑也。」謝曰：「先事後得，其心在事而不在苟得，故德以是崇，與先難後獲同意。有意於攻人之惡者，不能自攻其惡者也；攻己之惡者，無暇攻人之惡者也，故慝以是修。莫大之惡，生於須臾不忍，一朝之忿，與忘身以及其親，其爲得失甚易知也，不能懲忿者，特惑耳。」

楊曰：「不先事而惟得之求，是賊德耳，非崇德也。不攻其惡，而攻人之惡，是作慝耳，非修慝也。君子惡言不出於口，忿言不反於身，懼辱其身羞其親也，況以一朝之忿，忘其身以及其親乎？是惑也。然問於孔子者多有，未有記其問之之所也，而此獨著其從遊於舞雩之下者，以見其所謂遊焉息焉者無非學也。孔子悠然於舞雩之下，與點之詠歸之意異矣，學者宜深味之，然後知聖賢之異。」

侯曰：「克己之私，而期進於道，非先事後得與？所以爲崇德也。躬自厚而薄責於人，則遠怨，非修慝與？好勇鬬狠，忘其身以危其親，非惑與？崇德、修慝、辨惑，學者所先務也，故曰：『善哉問！』」

尹曰：「臨事而不計利，德斯崇矣。有過能自訟，慝斯修矣。知一朝之忿可以忘身及親，而不能懲之者，是惑也。惑之大莫甚於此，辨之於微，則善矣。」

樊遲問仁。子曰：『愛人。』問知。子曰：『知人。』樊遲未達。子曰：「舉直錯諸枉，能使枉者直。」樊遲退，見子夏，曰：「鄉也吾見於夫子而問知，子曰『舉直錯諸枉，能使枉者直』，何謂也？」子夏曰：「富哉言乎！舜有天下，選於衆，舉皋陶，不仁者遠矣。湯有天下，選於衆，舉伊尹，不仁者遠矣。」

伊川曰：「聖人之語，因人而變化，雖有淺近處，即却無包容不盡處。如樊遲於聖門，最是學之淺者，及其問仁，曰『愛人』；問知，曰『知人』。且看此語有甚包蓄不盡。它人之語，語近則遺遠，語遠則不知近，惟聖人之言，則遠近皆盡。」

橫渠曰：「能使不仁者仁，則仁之施也厚矣，故並答仁知以舉直錯諸枉。」

范曰：「中庸曰：『君子之道，費而隱。夫婦之愚，可以與知焉，及其至也，雖聖人有所不知焉。夫婦之愚，可以與知者，費也；聖人有所不知者，隱也。』夫仁者之愛人，知者之知人，猶之孝以事親，忠以事君者也，雖匹夫匹婦，可以知，可以行；推而上之，舜舉皋陶，湯舉伊尹，是亦愛人知人而已矣。事親盡子道，事君盡臣道，唯堯舜能之。聖人之言，下則樊遲可行，及其至也，則堯舜猶病，此所以爲富也。」

謝曰：「愛人，仁者之事；知人，知者急務。舜以天下與禹，禹讓皋陶。孟子亦曰：『舜以不得禹皋陶爲己憂。』故言舜之舉獨稱皋陶。」

楊曰：「問知，曰知人。以三隅反之，則知之事思過半矣。又告之以舉直錯諸枉，能使枉者直，則其言豈不富矣乎？孟子曰：『知者無不知也，當務之爲急；仁者無不愛也，急親賢之爲務。』蓋當務之爲急，莫如親賢，舜湯之有天下，以選於衆，舉皋陶伊尹爲先務。然則問知以舉直錯諸枉告之，則仁知之務兼舉矣。故子夏富其言，而又以舜湯之事明之也。然舜有臣五人而天下治，而獨曰舉皋陶者，蓋使舜從欲以治，四方風動，不犯于有司，亦唯皋陶而已。不仁者遠，其在兹乎？」

尹曰：「學者之問也，不獨欲聞其説，又必欲知其方；不獨欲知其方，又必欲爲其事，如樊遲之問仁問知也。夫愛人，仁者之事也；知人，知者之事也。孔子告人未有不盡者也，樊遲未達，故又以舉直錯諸枉能使枉者直告之。樊遲聞其説，而猶未知所以爲之者何也，故退而問諸子夏。子夏告以舜舉皋陶，湯舉伊尹，然後知其所以爲之矣。使其未喻，必將復問也。既問諸師，又辨諸友，當是時，學者之務實也如是。」

子貢問友。子曰：「忠告而善道之，不可則止，無自辱焉。」

伊川曰：「責善之道，要使誠有餘而言不足，則於人有益，而在我者無自辱矣。」

范曰：「士有爭友，則身不離於令名；友至於爭，則不止於忠告善道之而已。子貢問友，凡友之道也。爭友者，無絶之友也。君臣朋友皆以義合，事君道合則服從，不可則去者，凡爲臣之義也。守死而不去者，無絶之臣也。」

吕曰：「以忠言告諭，以善術誘掖，則友之義盡。」

謝曰：「友所以輔德，故必忠告善道；異於君親，故不可則止。」

楊曰：「責善雖朋友之道，然以數而見疏，則自辱矣。」

尹曰：「友所以輔德，故必忠告而善道之；以其義合也，故不可則止。」

曾子曰：「君子以文會友，以友輔仁。」

范曰：「易曰：『麗澤，兑，君子以朋友講習。』澤相麗則説，説之大莫大於朋友講習焉。文者，德之著也，有文德，則友斯會矣。仁之爲道也大，必以友輔之而成。故自天子至於庶人，未有不須友以爲益也。」

謝曰：「欲輔仁不可以無友，欲會友不可以無文。『朋友攸攝，攝以威儀』，文也。」

楊曰：「博學而詳説之，所以會友；忠告而善道之，所以輔仁。」

侯曰：「『物相雜，故曰文。』一不獨立，二則文矣，會友所以以文也。友如麗澤之相附，互相滋益，故曰輔仁。仁，性之故有，友輔之，欲相成德也。」

尹曰：「輔仁不可以無友，會友貴在乎以文也。」

校勘記

〔一〕在知在己在人　儒藏本云：按二程遺書卷十八作「不知怨在己在人」，則「在」疑當作「不」。

〔二〕舜聖讒説殄行　「讒」，原本誤作「纔」。

〔三〕元澤曰　四庫本作「又曰」。

〔四〕漸而不暴　四庫本「暴」作「驟」。

〔五〕一言而折獄者　原本無「一」字，據文意加。

〔六〕子路不預諾　原本「不」作「不不」，據明抄本、四庫本删一「不」字。

〔七〕民不正　「正」原作「政」，據四庫本改。

〔八〕由此而至也　「至」原作「止」，據明抄本改。

論語精義卷第七上

子路第十三

子路問政。子曰：「先之，勞之。」請益。曰：「無倦。」

明道曰：「子路問政，孔子既告之矣，及請益，則曰無倦而已，未嘗復有所告，姑使之深思也。」

伊川曰：「昔周公師保萬民，易曰：『以左右民。』師保左右，先之也。勞，勉也，又勞勉之。」

橫渠曰：「爲政必身爲之倡，且不愛其勞，又益之以不倦。」

范曰：「治民者必有以先之而勞之，既庶而後富之，既富而後教之，此其序也。先其飢寒而教之以生養，先其邪僻而教之以禮義。堯之治民也，勞之來之，正之直之，輔之翼之。舜曰：『予欲左右有民。』禹曰：『德惟善政。』皆所以先之也。傳曰：『民生在勤，勤則不匱。』孟子曰：『民事不可緩也。』又曰：『以佚道使民，雖勞不怨。』皆所以勞之也。使子路得千乘之國而爲之，終之以不倦，其政亦可以庶幾於此矣。」

謝曰：「先之所以率之，勞之所以佚之。」

楊曰：「身以先之[一]，勞以勸相之，則民悦而不廢事矣。然以身先民者，常勤始而怠終，故請益曰無倦。」

尹曰：「以身先之而後勞之，季路疑其未盡爲政之道而請焉，故益之以無倦。」

仲弓爲季氏宰，問政。子曰：「先有司，赦小過，舉賢才。」曰：「焉知賢才而舉之？」曰：「舉爾所知。爾所不知，人其舍諸？」

明道曰：「爲政須要有綱紀文章，先有司，鄉官讀，法平價，謹權量，皆不可闕也。人各親其親，然後能不獨親其親。仲弓曰：『焉知賢才而舉之？』子曰：『舉爾所知。爾所不知，人其舍諸？』便見仲弓與聖人用心之大小。推此義，則一心可以興邦，一心可以喪邦，只在公私之間耳。」

伊川曰：「先有司，付與有司也。」

橫渠曰：「有司，政之紀綱也。始爲政者，未暇論其賢否，必先正之。求得賢才，而後舉之。」

范曰：「凡爲人上者，當用人而不自用，用人則逸，自用則勞，逸則有成，勞則無功。元首叢脞，舜臯陶以爲戒，故爲政之道當先有司。小過者人之所不免，賢才者治之所急也。不先有司，則君行臣職矣；不赦小過，則下無全人矣；不舉賢才，則百職廢矣。失此三者〔二〕，不可爲季氏宰，況於爲天下乎？書曰：『文王罔攸兼于庶言庶獄庶慎。』先有司也。舜臨下以簡，御下以寬〔三〕；周公曰：『無求備於一人。』赦小過也。至於舉賢才，未有不由此者也。此三者，治天下國家之道，不止季氏之宰也。」

呂曰：「有司政之綱，始爲政者，不可遽革乎舊政，先正其綱而已；不可遽易乎舊人，去其太甚而已。然後徐舉賢才而任之，則事不紛而人不駭，治過半矣。」

謝曰：「宰有君道，當治大不治小，籩豆之事，則有司存，先有司，則所事者大矣。小過，過也，故赦之。赦小過，則所刑者故矣。將以與之成庶務，置風聲，賢才不可不舉也。賢才不求則已，求則爾所不知人將告之矣，焉有爲善而不聞者乎？」

楊曰：「職業不分，則分守不一，而政廢矣，故先有司，有司各任其責。而小過必誅焉，則人唯苟免而已，無樂事勸功之志，雖有賢才不爲用也，故赦小過而後賢才可得而舉。此仲弓之問，季氏之家政而已，推而達之天下一也。」

尹曰：「先有司，則可以責成事於下；赦小過，則不求備於人；舉賢才，則賢者進而不肖者退。爲政之道，孰要於此，雖治天下亦可矣，豈特爲季氏宰而已。」

子路曰：「衛君待子而爲政，子將奚先？」子曰：「必也正名乎！」子路曰：「有是哉，子之迂也！奚其正？」子曰：「野哉由也！君子於其所不知，蓋闕如也。名不正，則言不順；言不順，則事不成；事不成，則禮樂不興；禮樂不興，則刑罰不中；刑罰不中，則民無所措手足。故君子名之必可言也，言之必可行也。君子於其言，無所苟而已矣。」

明道曰：「名實相須。一事苟，則其餘皆苟也。」

伊川曰：「凡物有形則有名，有名則有理。如以小爲大，以高爲下，則言不順，至於民無所措手足也。」先生判西京國子監，謂門人曰：「今日供職，只第一件便做它底不得，吏人押申轉運司狀，某不曾簽。國子監自係臺省，臺省係朝廷官，外司有事合行申狀，豈有臺省倒申外司之理。只爲從前人只計較利害，不計較事體，直得恁地。須看聖人欲正名處，見得道名不正時，便至禮樂不興，自然住不得。夫禮樂，豈玉帛之交錯、鐘鼓之鏗鏘哉！今日第一件便如此。人不知，一似好做作。只這些子，某便做它官不得。若久做它時，須一一與理會。」

横渠曰：「言從作乂，名正則言易知，人易從，聖人不患爲政難，患民難喻。」

范曰：「凡有實則有名，名不正則實從而亡。君不君則非君，臣不臣則非臣，父不父則非父，子不子則非子。爲君盡君道，爲臣盡臣道，則可以謂之君臣矣。爲人盡人道，則可謂之人矣。名何可以不正？事得其序，謂之有禮，禮得其和，謂之有樂。事不成則無序，亦無和，故禮樂不興。禮樂不興，則暴慢鄙詐之心入之，施於政事，皆失其道，故刑罰不中。刑罰者，人君所當慎用，害及於人之大者也。衛國自人倫至於事務，名皆不正，故夫子先之。」

謝曰：「正名不特爲衛君而言也，爲政之道當如此。子路不達，以爲高遠也，故孔子以爲野。有名則有分守，故言順而事成者，禮樂之實也。因實而節文和樂之，則禮樂興民。介甫曰：『禮樂不興，則廉恥和睦之風衰，而爭狠詐僞之俗成，雖有善聽者，猶不能無枉也。』」

楊曰：「名不當其實，則言不順；言不順，則無以考實，而事不成；事不成，則百度廢，而禮樂無所錯，故不興；禮樂不興，則無教，無教而刑之，是罔民也，故不中；刑罰不中，則易犯而難避，故無所措手足。爲政而至於民無所措手足，則大亂之道也。政之當務，孰先於此乎？子路學不足，而不能闕其所不知，孔子以爲野。」

尹曰：「名不正，則實將從之，君君臣臣，父父子子〔四〕，各能盡其道，斯謂之名正。

名正則分守立，故言順而事可成。否則事失其序，物失其和，是以禮樂不興，至於刑罰不中，民無所措手足。衛君自人倫至於事物，名皆不正，孔子極其本而言之，可謂知其要矣。子路反以爲迂，故曰野哉！」

樊遲請學稼。子曰：「吾不如老農。」請學爲圃。曰：「吾不如老圃。」樊遲出。子曰：「小人哉，樊須也！上好禮，則民莫敢不敬；上好義，則民莫敢不服；上好信，則民莫敢不用情。夫如是，則四方之民襁負其子而至矣，焉用稼？」

范曰：「孟子曰：『有大人之事，有小人之事。』又曰：『或勞心，或勞力；勞心者治人，勞力者治於人；治人者食於人，治於人者食人。』君子治其本，則不治其末；謀其大，則不謀其小。故禮義信君子所務，農圃之事，非所當學也。」

謝曰：「樊遲問學稼與圃於夫子，將以爲民，非役志於自殖貨財也，若後世許行之學，其近之乎？以其不知大體也，故稱小人。如脅弱暴寡之事，皆生於不欽。服，安分以服事其上，易使故也。用情，不愛其情。」

楊曰：「樊遲學稼圃，蓋欲爲神農之言，非有利心也，豈聞先事後得、先難後獲之說，誤而爲此乎？孟子曰：『有大人之事，有小人之事。』稼圃，小民之事也，故曰：『小人哉，樊須也！』此特對大人爲言耳，故以禮義信發之。然樊須遊聖人之門，而問稼圃，志則陋矣，辭而闢之可也，待其出而後言其非，何也？蓋於其問也，夫子自謂農圃之不如，則拒之者至矣，須之學疑不及此，而不能問，舉一隅不以三隅反，故不復。及其既出，則懼其終弗喻也，求老農老圃而學焉，則其失遠矣，故言之，使知所謂不如老農老圃者意有在也。」

侯曰：「爲國家者，患禮義之不立而民不信也。上苟好禮義，而民信之矣，何患不治哉？樊遲問學稼學圃，其心欲以此爲政也。故孔子曰『吾不如老農老圃』以抑之。及其出也，曰『小人哉樊須也』！君子先立其大者，何患小者之不治，故曰『焉用稼』？推樊遲之學，則後世與民並耕而食、饔飧而治者，其近之乎？」

尹曰：「孟子曰：『有大人之事，有小人之事。』又曰：『養其大體爲大人，養其小體爲小人。』樊遲舍禮義而不爲，而請學農圃，故謂之小人。」

子曰：「誦詩三百，授之以政，不達；使於四方，不能專對；雖多，亦奚以爲？」

伊川曰：「今人不會讀書。如誦詩三百，授之以政，不達；使於四方，不能專對；雖多，亦奚以爲？須是未讀詩時，授以政，不達，使四方不能專對，既讀詩後，便達於政，能專對四方，始是讀詩。人而不爲周南召南，其猶正墻面而立。須未讀周南召南，一似面墻，到讀了後便不面墻，方是有驗。大抵讀書，只此便是法。如讀論語，舊時未讀，是這箇人，及讀了後，又只是這箇人，便是不曾讀也。」又曰：「窮經，將以致用也。世之號爲知經者，果能達于政事專對乎？所謂窮經者，章句之末耳，此學者之大患也。」

范曰：「學詩者，爲其可以施之政事言語也。授之以政不達者，不能行之也；使於四方不能專對者，不能言之也。既不能行之，又不能言之，雖多聞，不足貴也。」

謝曰：「誦詩而不自得，不足以致用，不足以致用，則徒能誦之，亦奚異書肆？故曰：『雖多，亦奚以爲？』如學禮者失其義而陳其數也。窮理，故授之以政而達；可以言，故使於四方能專對。」

楊曰：「知王政之所由廢興，則授之以政必達矣；得其所以言，則斯能專對矣。不如是，皆口耳誦數之學也，雖多，亦奚以爲？」

侯曰：「詩可以興，可以觀，可以羣，可以怨。四者，學詩者苟能知之，授之以政，豈有不達哉？使於四方，豈有不能專對？若或不能，則誦其章句而已，豈學詩者之用心哉？故曰：『雖多，亦奚以爲？』」

尹曰：「季札聞詩而知國政，則詩者政之所繫也。不學詩無以言，則學詩者有志乎言也。授之以政不能通達，又不能善其言，然則誦之雖多，亦何以爲？大抵爲學貴乎有用而已。」

子曰：「其身正，不令而行；其身不正，雖令不從。」

范曰：「記曰：『下之事上也，不從其所令，從其所行。』揚雄曰：『政之本在身，身立則政立矣。』爲政之道，正身而已，其身不正，未有能正人者也。」

謝曰：「人信則易從，故不令而行。己不能行，則人且不信，如之何其使之從己也？」

楊曰：「正己而物正矣，故不待令而從。其身不正，雖强之使從，終必違而已矣。」

侯曰：「正己而物正者也。」

尹曰：「子帥以正，孰敢不正是也。」

子曰：「魯衛之政，兄弟也。」

伊川曰：「言兄弟者，以其相似也。」

范曰：「孔子世家曰：『子適衛，見出公，曰：「魯衛之政，兄弟也。」』二國本兄弟之親，及其衰也，政亦相類，故譏之也。」

吕曰：「魯衛，兄弟之國也，當時二國之政，猶存兄弟之道。」

謝曰：「魯衛之土地人民政事，其齊醜，則兄弟。」

楊曰：「兄弟，猶所謂年兄弟也，貌兄弟也，言魯衛之政無大相過而已。」

侯曰：「魯衛之土地人民政事，無甚相遠，故曰兄弟也。」

尹曰：「言其政之相若也。」

子謂衛公子荆，「善居室。始有，曰『苟合矣』。少有，曰『苟完矣』。富有，曰『苟美矣』。」

范曰：「富人之所欲也，其患在於貪求無厭，犯禮悖義，以入於亂。公子荆其欲易足，不求多餘，内重而外物輕，非誠心爲善者，不能如是，足以爲法矣。人君富有天下，其欲易足，則其求易給，約其一身，以裕萬民，其德豈不厚哉！」

謝曰：「非君子之宅心，則亦苟而已。」

楊曰：「務爲完美，則累物而驕吝之心生。公子荆皆苟而已，故夫子善之。」

侯曰：「公子荆之居室也，不役志於物，故孔子善之。」

尹曰：「衛公子荆，君子也，不以外物爲心，其欲易足，故曰苟而已，所以善之也。」

子適衛，冉有僕。子曰：「庶矣哉！」冉有曰：「既庶矣，又何加焉？」曰：「富之。」「既富矣，又何加焉？」曰：「教之。」

范曰：「此治民之序，自堯舜以來，未有不由之者也。禹平水土以居民，所以庶之也；稷播百穀，所以富之也；契敷五教，所以教之也。衛之人民既庶矣，而無以治之，故曰：『庶矣哉！』冉有善問，故告之以其序。求之爲政，則未及此也。然是言也，冉有亦能行，而聖人之治，亦未有以易此也。」

謝曰：「庶而不富，則救死而恐不贍，奚暇治禮義哉？富而不教，則近於禽獸。」

楊曰：「既庶矣，當使之養生送死無憾，然後可驅而之善，此不易之道也。」

侯曰：「既庶既富矣，逸居而無教，則近於禽獸。」

尹曰：「衣食足而後知榮辱，故富而後教之。富而不教，則近於禽獸矣。」

子曰：「苟有用我者，期月而已可也，三年有成。」

伊川曰：「仲尼三年有成，因周之舊。」

或問爲政遲速，曰：「仲尼嘗言之矣，苟有用我者，期月而已可也，三年有成。仲尼言有成者，蓋欲立致治之功業，如堯舜之時，夫是之謂有成。此聖人之事，它人不可及。某嘗言，後世之論治者，皆不中道理。漢公孫丞相言『三年而化，臣弘尚竊遲之』；唐李石謂十年責治太蚤，皆率爾之言。聖人之言自有次序，所謂期月而已可也，綱紀布也，三年有成，治功成也。聖人之事，後世雖不敢望如此，然二帝之治，惟聖人能之，三王以下事業，大賢可爲也。」又曰：「昔在經筵時，嘗説及此，因言陛下若以期月之事問臣，臣便以期月之事對，若以三年之事問臣，臣便以三年之事對。期月而已者，整頓大綱也，若夫有成，則在三年也。然期月三年之説，今世又不同，須從頭整理可也。漢公孫弘言三年而化，臣竊遲之；李石對唐文宗，以謂陛下責治太急，皆率爾之言，本不知期月三年之事。」

范曰：「夫子視天下之亂而道不得行，未有能用之期月者也。堯舜之道，三王之政，舉而措之天下無難，故期月而已可也。雖聖人亦必三年乃有成功，三年，天道之成也。故唐虞三載考績，周禮三年則大比，皆可以計成功之時也。」

謝曰：「必欲拔本塞源，略法先王，謂之成。近效則歲月亦可。」

楊曰：「聖人損益三代之成憲，措之天下，蓋若數一二矣，夫豈患其難哉？期月而可，三年有成，宜未占而孚，其施設之序，固已前定。」

尹曰：「孔子歎當時莫能用己也，曰：誠有用我者，期月可以行其政教，三年可以成功也。」

子曰：「善人爲邦百年，亦可以勝殘去殺矣。誠哉是言也！」

伊川曰：「勝殘去殺，只是能使人不爲惡。善人者，不踐迹亦不入於室之人也。不踐已前爲惡之迹，然亦未入道也。」

范曰：「善人不踐迹，亦不入於室，故爲邦百年，馴致治平，亦可以勝殘去殺矣。若聖人爲天下，則不待百年矣。」

謝曰：「好德而無忮害之心，則可以省刑罰。」

楊曰：「善人則無惡矣，其爲邦必有可繼之道，故積百年之久，亦足以勝殘去殺。」

尹曰：「勝殘去殺，人不爲惡已，善人之功如是。若夫聖人爲天下，則不待於百年，其化民，亦不止於不爲惡而已。」

子曰：「如有王者，必世而後仁。」

伊川曰：「三十曰壯，有室之時，父子相繼爲一世，王者之效則速矣。」又曰：「三十年爲一世，三十壯有室也。必世而後仁，化浹也。」或問：「孔子曰：用我者，三年有成。言王者，則曰：必世而後仁。何也？」曰：「所謂仁者，謂風移俗易，民歸於仁。天下變化之時，此非積久何以能致，其曰必世，理之然也。有成者，謂法度紀綱有成而化行也，如欲民仁，非必世安可。」

范曰：「如有王者，必世而後仁。君子創業垂統，爲可繼也，故必世而後仁道成。然而湯有天下，身致太平，豈必世乎？禹之功在堯舜之時，而湯之仁亦著於夏桀之世，天下歸之久矣，是亦世也。至於周，則成康之時，仁道乃成。後之王者，漢至於文帝，唐至於太宗，亦必世之効也。」

謝曰：「爲當時言，於斯時也，有王者作，亦必世而後仁。仁如成周行葦之詩。」

楊曰：「期月而可，三年有成，宜若易然矣。當是時，欲仁如行葦之詩，雖有王者作，亦必世而後可也。蓋自文武至於成王之時爲然，豈一日之積乎？」

尹曰：「甚矣仁政之大也，父子相繼爲一世，先儒亦以三十年爲世，雖王者，必世而後仁政乃成。禹之功建於堯舜之時，湯之仁著於夏桀之世，周至於成康，仁政乃成也。」

子曰：「苟正其身矣，於從政乎何有？不能正其身，如正人何？」

范曰：「先正其身而以德行仁，王者之事也。不能正其身而以力假仁，霸者之事也。後世之治，所以不及三王者，無他焉，不本諸身而正其在外者也。」

謝曰：「其身正，不令而行。」

楊曰：「有規矩而後方圓不欺，未有無規矩而能正其方圓者也。」

侯曰：「身者，人之標準也，苟能正其身矣，於從政乎何有？」

尹曰：「揚雄曰：『政之本，身也，身立則政立矣。』大學曰：『身修而后家齊，家齊而後國治〔五〕。』」

冉子退朝。子曰：「何晏也？」對曰：「有政。」子曰：「其事也。如有政，雖不吾以，吾其與聞之。」

伊川曰：「冉子謂季氏之所行爲政，孔子抑之，曰其事也，言季氏之家事而已，謂之政者僭也。如國有政，吾雖不用，猶當與聞之也。」又曰：「冉有謂季氏所行爲政，僭也。如國有政，吾雖不用，猶當與聞。」或問：「政與事何異？」曰：「閔子騫不肯爲大夫，曾晳不肯爲陪臣，皆知此道，季路冉求未能然。夫政出於君，冉求爲季氏家臣，家事安得謂政。是時季氏專政，孔子因以明之。」曰：「季路冉有稍明聖人之道，何不知此？」曰：「是時陪臣執國命，見聞習俗爲常，皆不知有君，此言何足怪。」范曰：「冉有仕於季氏之朝，以季氏之家事爲政，故曰有政。夫子正之，曰：其家事而已。如有政，夫子必聞之。令不出於君，是以知非政也。此所以正君臣，明冉有之非也。」

呂曰：「大夫雖不治事，猶得與聞國政。」

謝曰：「如冉子學於聖人者，猶且言事而不及政，則當時爲國者可知矣。」

楊曰：「夫子之至是邦，必聞其政，故曰：『如有政，雖不吾以，吾其與聞之。』冉子以事爲政，名實紊矣，故夫子正之。」

尹曰：「政者，教也，化也。事，事也。冉子以事爲政，故孔子辨之。」

定公問：「一言而可以興邦，有諸？」孔子對曰：「言不可以若是其幾也。人之言曰：『爲君難，爲臣不易。』如知爲君之難也，不幾乎一言而興邦乎？」曰：「一言而喪邦，有諸？」孔子對曰：「言不可以若是其幾也。人之言曰：『予無樂乎爲君，唯其言而莫予違也。』如其善而莫之違也，不亦善乎？如不善而莫之違也，不幾乎一言而喪邦乎？」

伊川曰：「一言可以興邦，公也。一言可以喪邦，私也。」

范曰：「書曰：『后克艱厥后，臣克艱厥臣。』此舜禹所以相戒也。人君之患在於自滿；人臣之患在於求容。知爲君之難，則能聽言矣；知爲臣之難，則能納忠矣。古之興邦者，未有不由此也。言而莫予違，則忠言不至於耳，君驕逸於上，臣悦佞於下，古之喪邦者，未有不由此也。」

謝曰：「知爲君之難，則必敬慎以持之；唯其言而莫予違，則讒諂面諛之人至矣。邦未必遽興喪也，而興喪之源分於此，然此非識微之君子，何足以知之？」

楊曰：「知爲君之難，必思所以圖其易；欲言而莫予違，則法家拂士遠，而讒諂面諛之人至。邦之興喪，不其幾乎！臯陶之告其君曰：『后克艱厥后，臣克艱厥臣，政乃乂。』舜之戒其臣曰：『予違汝弼，汝無面從。』亦爲是而已。」

尹曰：「知爲君之難，則必知欽慎持守之道；唯其言而莫予違也，則讒諂面諛之人至矣。邦之興喪，未有不由此。二者，於一言而興喪存焉，故曰幾。」

葉公問政。子曰：「近者説，遠者來。」

范曰：「欲遠者來，必自近始；欲近者説，必自親始。書曰：『立愛惟親，立敬惟長，始於家邦，終於四海。』孟子曰：『親親而仁民，仁民而愛物。』此遠近之序也。葉公之治，止於一縣，諸侯治一國，天子治天下，其爲政一也。詩曰：『惠此中國，以綏四方。』近説遠來之道也。」

謝曰：「被其澤則説，聞其風則來。」

楊曰：「近説遠來，邇可遠在兹之意。」

侯曰：「爲政而能使近者説，則遠者來矣。」

尹曰：「近者説之，遠者來之，是謂善政。」

子夏爲莒父宰，問政。子曰：「無欲速，無見小利。欲速則不達，見小利則大事不成。」

明道曰：「子張問政，子曰：『居之無倦，行之以忠。』子夏問政，子曰：『無欲速，無見小利。』子張常過高而未仁，子夏之病常在近小，故孔子各以切己之事答之。」

范曰：「子夏之學患在於不及，欲速則求易成，見小利則圖近功。聖人久於其道，故不欲速成，致天下之大利，故不見小利。乾之象曰：『君子以自强不息。』升之象曰：『君子以順德積小以高大。』進德修業，未嘗有止，亦不可一日而成也，如日月東西相從而不已，則無不達矣。見小利以爲足，終不可以入堯舜之道，如天地之利萬物，無有不利，大事豈有不成者哉！」

謝曰：「與四時俱者無近功，祈功於朝暮者，必不能歲計之而有餘。見小利，則必無見大之理。」楊曰：「欲速則必至於行險，見利則必至於違義。」尹曰：「子夏之病常在近者小者，故以是答之也。」

葉公語孔子曰：「吾黨有直躬者，其父攘羊，而子證之。」孔子曰：「吾黨之直者異於是。父爲子隱，子爲父隱，直在其中矣。」

范曰：「父爲子隱則慈，子爲父隱則孝，父慈子孝，天下之直也。夫隱有似乎不直，至於父子天性，則以隱爲直也。爭有似乎不順，至於君父有過，則臣子以爭爲順也。隱與直反，然而父子必隱乃爲直。爭與順反，然而臣子必以爭爲順。直躬以直爲信，而不知父子之道，猶妾婦以順爲正，而不知君臣之義也。」

吕曰：「屈小信而申大恩，乃所以爲宜。」

謝曰：「順理爲直，父不爲子隱，子不爲父隱，於理順邪？瞽瞍殺人，舜竊負而逃，遵海濱而處，當是時，愛親之心勝，其於直不直，何暇計哉！」

楊曰：「父子相隱，人之情也，若其情，則直在其中矣。子證其父，豈人情也哉！逆而爲之，曲孰甚焉。」又曰：「父子之真情，豈欲相暴其惡哉！行其真情，乃所謂直，反情以爲直，則失其所以直矣。乞醯之不得爲直，亦猶是也。」

侯曰：「父子相隱，直也，豈有反天理而爲直哉？故孔子曰：『父爲子隱，子爲父隱，直在其中矣。』」

尹曰：「順理爲直。父爲子隱，子爲父隱，所以直在其中矣。」

樊遲問仁。子曰：「居處恭，執事敬，與人忠。雖之夷狄，不可棄也。」

明道曰：「居處恭，執事敬，與人忠，此是徹上徹下語，聖人元無二語。」又曰：「居處恭，執事敬，與人忠，充此便睟面盎背，有諸中必形諸外，觀其氣象便見得。」又曰：「執事須是敬，然不可矜持太過。」

伊川曰：「君子之遇事，無巨細，一於敬而已。簡細故以自崇，非敬也；飾私知以爲奇，非敬也；要之無敢慢而已。樊遲問仁，子曰：『居處恭，執事敬，與人忠。雖之夷狄，不可棄也。』然則執事敬者，固爲仁之端也，推是心而誠之，則篤恭而天下平矣。」

范曰：「君子戒慎乎其所不覩，恐懼乎其所不聞，故居處不可不恭。坐如尸，立如齋，此居處之容也。夫子居不容者，不爲容止而已，非惰也。出門如見大賓，使民如承大祭，執事無不敬也。曾子曰：『吾日三省吾身。』此與人無不忠也。君子之道，無有内外，況夷狄乎？正心誠意，所以爲道，夷狄之國，雖無禮義，而道不可須臾離也。」

謝曰：「居處恭，執事敬，與出門如見大賓，使民如承大祭之意同，方是時，如屏氣似不息者。與人忠，有惻隱之意。此三者，性與之俱立，身與之俱動，豈爲夷狄而棄之哉！非不可棄也，不能棄也。」楊曰：「居處之恭，執事之敬，與人之忠，爲己而已，非有因乎人也。安土敦乎仁，則豈以夷狄之殊而更其所操。」尹曰：「居處恭，執事敬，與人忠，固皆爲仁之方，君子不可以須臾離者也，豈以夷狄而棄之乎？」

子貢問曰：「何如斯可謂之士矣？」子曰：「行己有恥，使於四方，不辱君命，可謂士矣。」曰：「敢問其次。」曰：「宗族稱孝焉，鄉黨稱弟焉。」曰：「敢問其次。」曰：「言必信，行必果，硜硜然小人哉！抑亦可以爲次矣。」「今之從政者何如？」子曰：「噫！斗筲之人，何足算也。」

明道曰：「言不必信，行不必果，唯義所在，大人之事。言必信，行必果，硜硜然小人之事。小人對大人爲小，非爲惡之小人也，故亦可以爲士。」伊川解曰：「子貢之意，欲爲皎皎之行聞於人者，而夫子所告，乃篤實自得之事。子貢未喻而復問其次，故答以『言必信，行必果，硜硜然小人哉！抑亦可以爲次矣』。子貢方悟而推曰：『然則今之從政者何如？』子曰：『志求斗筲之人，何足數也。』志苟急於斗筲，唯恐不能暴見也，非盡謂今之從政爲斗筲之人也。」

吕曰：「行己有恥者，有知也。使不辱命者，有能也。有知有能，足以爲士。其次有行，其次有節。」

謝曰：「行己有恥，則必不爲可賤之事。使於四方，不辱君命，則其材可以任事，能不爲而能爲者也。宗族稱孝，鄉黨稱弟，亦可謂行修矣。言必信，行必果，雖未若大人惟義所在，然亦不害其爲自守。」

楊曰：「行己有恥，使於四方，不辱君命，一國之善士也。宗族稱孝焉，鄉黨稱弟焉，一鄉之善士也，故居其次。言必信，行必果，則一介之士而已，斯爲下。謂之小人者，對大人爲言也。孟子曰：『大人者言不必信，行不必果，惟義所在。』蓋申此義以發之。」

尹曰：「子貢之問，皆欲皎皎之行聞於人者，夫子告之，皆篤實自得之事。」

子曰：「不得中行而與之，必也狂狷乎！狂者進取，狷者有所不爲也。」

謝曰：「狂者有躐等進取之心，所見常過所得，如曾晳是也。狷者過於不爲不善，若不受謝於嗟來，其狷者之所爲乎？」

楊曰：「狂者過之，狷者不及，皆不知所以裁之者。與而裁之，則於中行其幾矣。」

侯曰：「子曰：『不得中行而與之，必也狂狷乎！』如曾點之狂，夫子喟然曰：『吾與點也。』則其狂可使俯而就之矣。子謂子夏曰：『女爲君子儒，無爲小人儒。』則不及者尚可勉而至之也。如自棄自暴者，雖不爲狂狷，尚可得而進退乎？」

尹曰：「中行，得行中道者也。」

子曰：「南人有言曰：『人而無恒，不可以作巫醫。』善夫！」「不恒其德，或承之羞。」子曰：「不占而已矣。」

伊川曰：「有吉凶便占，無恒之人，更不待占。」又曰：「子曰：『不得中行而與之，必也狂狷乎！狂者進取，狷者有所不爲也。』子曰：『南人有言曰：「人而無恒，不可以作巫醫。」善夫！』『不恒其德，或承之羞，』子曰：『不占而已矣。』當通爲一段。其間雖有子曰字，然文勢隔不斷，論語若此者多。中行固然，然狂狷亦是有常，若無常，則不可測度，鄉願是其一，故曰：『不占而已矣。』」

謝曰：「巫醫正賴誠意於禍福死生之際。占，所以考禍福死生也。觀誠不誠，則不占而可知。」

楊曰：「人無常心，無不爲已。巫醫愼疾者所賴，尤不可爲也。易曰：『不恒其德，或承之羞。』夫君子之於易也，居則觀其象而玩其辭，動則觀其變而玩其占。苟玩其占，則不恒其德，知其或承之羞必矣。其爲不恒也，蓋亦不占而已矣。」

侯曰：「易曰：『振恒凶。』則是無恒者，雖巫醫不可爲也。不恒其德，或承之羞，蓋謂羞辱承之，可不占而知也。」

尹曰：「善夫南人之言也！易曰：『不恒其德，或承之羞。』言德行無恒，則或爲羞辱承之。不恒之人，占決亦無所據也。」

子曰：「君子和而不同，小人同而不和。」

吕曰：「和則可否相濟，同則隨彼可否。調羹者五味相合爲和，以水濟水爲同。」

謝曰：「君子出處語默，安可同也，然不害其爲和。小人事同而理不和。」

楊曰：「五味調之而後和，而五味非同也。如以鹹濟鹹，則同而已，非所以爲和也。君子有可否以相濟，故其發必中節，猶之五味相得也。小人以同爲説，猶之以鹹濟鹹耳，尚何和之有？」

侯曰：「和非同也，和則雖有可不可之異，濟其美而已，故曰：『君子和而不同。』同非和也，同惡相濟，如以水濟水，安能和哉？故曰：『小人同而不和。』」

尹曰：「君子尚義，故有不同；小人尚利，安得而和。」

子貢問曰：「鄉人皆好之，何如？」子曰：「未可也。」「鄉人皆惡之，何如？」子曰：「未可也。不如鄉人之善者好之，其不善者惡之。」

范曰：「子貢所問，取人之法也。未有善人而不善人亦好之，未有不善人而善人亦好之也。皆好之未可也，爲其近於鄉原也；皆惡之未可也，爲其近於獨立也。一鄉之人，必有善人焉，有不善人焉，好善則善者好之，惡不善則不善者惡之，欲知人之善惡者，審其所好惡者而已矣。善人好之，不善人惡之，其善善惡惡，豈不明哉！人君以此察臣下，則忠邪可知也。」

謝曰：「鄉人不容皆君子，故皆好之未可也；鄉人不容皆小人，故皆惡之未可也。善不善各從其類，故善者好之，知其可也，以善人好善人；其不善者惡之，知其可也，以不善人惡善人。若鄉人皆善人也，則皆好之何害？鄉人皆不善人也，則皆惡之何害？」

楊曰：「此與孟子論見賢見可殺而後用之殺之同意。」

尹曰：「善者好之，不善者惡之，則其人之善惡可知矣。」

子曰：「君子易事而難説也：説之不以道，不説也；及其使人也，器之。小人難事而易説也：説之雖不以道，説也；及其使人也，求備焉。」

范曰：「楊曰：『天下有三好：衆人好己從，賢人好己正，聖人好己師。』君子喜人正己，故不可悦以非道；小人喜人從己，故可悦以非道。君子之性，雖不可以妄悦矣，然而堯畏巧言令色，舜難任人，夫子遠佞人。不畏、不難、不遠，則恐其悦而不自知也。使人也器之，堯舜之事也。稷播百穀，契敷五教，伯夷典禮，后夔典樂。禹稷之賢，皆專治一事，則才之小者可知也。伊尹稱湯與人不求備，聖人重於責人，此所以易事也。」

謝曰：「君子以道爲量，無意於人之説己，故説之不以道，不説也；才全德備，每有矜不能之意，故使人也器之。小人自待輕，故説之雖不以道，説也；嘗有與人爭能之意，故使人也求備焉。」

楊曰：「君子樂取諸人以爲善，其使人也器之，故易事；遜志之言，必求諸非道，故難説。小人以同己爲是，而忌人之勝己，故説之不必其道而説，而使人也求備焉。」

侯曰：「君子小人之不同如此。」

尹曰：「君子無意於人説己也，故説之不以道，則不説。小人唯欲人之順己，故説之雖不以道，説也。君子使人器之，不求備於人也，故易事。小人反是。」

子曰：「君子泰而不驕，小人驕而不泰。」

范曰：「君子爲善，故常泰；爲善日不足，故不驕。小人易滿，故常驕；易滿必多憂，故不泰。君子與小人，未嘗不相反也。」

謝曰：「泰則宜其驕，而卒歸於不驕；驕則宜其泰，而卒歸於不泰。君子在我者也，皆古之制也，所以安；不侮鰥寡，所以不驕。小人懷慢人之心，故驕；畏人，故不泰。」

楊曰：「心廣體胖，故不驕。虛驕而盛氣，故不泰。」

侯曰：「泰則不驕，驕則不泰。」

尹曰：「泰則不驕，驕則不泰，理固然也。」

子曰：「剛毅木訥，近仁。」

伊川曰：「人之私其己也，由私其己，故枉道咈理，謟曲邪佞，無所不至。彼剛强、果毅、木質、訥鈍者，則不能焉，故少近於仁也。」語録曰：「剛者强而不屈，毅者有所發，木者質朴，訥者遲鈍。四者，質之近乎仁者也。」又曰：「剛毅木訥，何求而曰近仁，只爲輕浮巧利於仁甚遠，故以此爲近仁。此正與巧言令色相反。」又曰：「剛者堅之體，發而有勇曰毅，木者質朴，訥者遲鈍。此四者，比之巧言令色，則近於仁，亦猶不得中行而與狂狷也。」

范曰：「剛者無欲，無欲則無利心；毅者致果，致果則勇於爲善；木則無巧僞；訥則無辨給。此四者，皆近仁之道也。未有柔而能仁，未有怯而能仁，未有巧而能仁，未有辨而能仁者也。」

謝曰：「要之四事，皆心不縱恣者能之，故近於有所知覺。」

楊曰：「剛毅則不屈於物欲，木訥則不至於外馳，故近仁。」

尹曰：「巧言令色鮮矣仁，故剛强、果毅、木質、訥鈍者爲近焉。」

子路問曰：「何如斯可謂之士矣？」子曰：「切切、偲偲、怡怡如也，可謂士矣。朋友切切、偲偲，兄弟怡怡。」

明道曰：「切切，如體之相磨。偲偲，則以意。此言告子路，故曰『切切、偲偲、怡怡如也』。」

范曰：「切切者，責以善也。偲偲者，進於德也。兄弟主於愛，故曰怡怡。子路剛勇，所不足者中和也，故告之以此。」

謝曰：「内善於兄弟，外信於朋友，非不修身者能之。」

楊曰：「朋友之交親，而後有切偲之義；兄弟無責善，怡怡而已。皆救子路之行行。」

侯曰：「切切偲偲，朋友之道也。怡怡和樂，兄弟之義也。知之者可以爲士矣。偲偲，切磋之義。」

尹曰：「切切，責以善也。偲偲，進於德也。朋友之道當然。若兄弟則主於和順，故曰怡怡。子路剛勇，所不足者中和，故告之以此。」

子曰：「善人教民七年，亦可以即戎矣。」

伊川曰：「善人教民七年，亦可以即戎。聖人度其時可矣，如大國五年、小國七年云。」又曰：「教民戰至七年，則可以即戎也。凡看文字，如七年、一世、百年之事，皆當思其作爲如何，乃有益。」

楊曰：「善人教民七年之久，則民信而服從，雖即戎可也。」

子曰：「以不教民戰，是謂棄之。」

范曰：「晉文公始入二年，教其民，將用之，子犯曰：『民未知義，未安其居。』又曰：『民未知禮，未生其共。』又曰：『民未知信，未宣其用。』文公霸者之事猶如此，而況於王者乎？以不教民戰，戰而勝者，以民徼倖也，非上之功也；戰而不勝者，上之罪也。」

謝曰：「教之使民親其上，死其長，如子弟之衛父兄，如手足之捍心腹，以此戰也，其克必矣。反此，則棄之之道也。」

楊曰：「中令不明，失伍離次，則敗亡也必矣，非棄之而何？」

侯曰：「教民，教其孝悌忠信爾，非特戰陣也。然戰陣在其中矣。」

尹曰：「戰，危事也，民不教而使之，是棄之也。孟子曰：『不教民而用之，謂之殃民。』與此義同。」

校勘記

〔一〕身以先之　四庫本作「以身先之」。

〔二〕失此三者　原本無「失」字，據論語集注補。

〔三〕御下以寬　明抄本「下」作「衆」。

〔四〕父父子子　原本闕一「子」字，據明抄本、四庫本補。

〔五〕家齊而後國治　原本無「齊」字，據明抄本補。

論語精義卷第七下

憲問第十四

憲問恥。子曰：「邦有道，穀；邦無道，穀，恥也。」

范曰：「君子之仕，所以行其義，非利其禄也。邦有道，則諫行言聽，膏澤下於民，富其禄者，榮也。邦無道，則諫不行言不聽，則膏澤不下於民，富其禄者，恥也。原憲不受非義之禄，能事斯語，故以告之。」

謝曰：「邦無道，非君子志行之時，而得穀，其爲小人也可知矣，故恥。」

楊曰：「當儉德避難之時，而榮以禄，非枉道從之，其可得乎？是足恥也。」

尹曰：「邦無道而禄，未免枉其道，是可恥也。原憲甘貧守道，可以語此。」

「克、伐、怨、欲不行焉，可以爲仁矣。」子曰：「可以爲難矣，仁則吾不知也。」

伊川解曰：「人而無克、伐、怨、欲，爲仁者能之；有而能制其情不行焉，亦難能也，謂之仁則未可也。此原憲之問，夫子荅以知其爲難，而不知其爲仁也，此聖人開示之深也。」又語録曰：「原憲，孔子高弟，問有所未盡。蓋克、伐、怨、欲四者，無然後可以爲仁，有而不行，未至於無，故止告之以爲難。」又曰：「人無克、伐、怨、欲四者，便是仁也。只爲原憲著一箇不行，不免有此心，但不行耳。子曰：『可以爲難矣。』此孔子著意告原憲處，欲它有所啓發，他承當不得，不能再發問也。孔門如子貢者，便能曉得聖人意耳。如曰『女以予爲多學而識之者與？』對曰：『然。』便復問曰『非與？』孔子告之曰：『非也，予一以貫之。』原憲則不能也。」又曰：「克、伐、怨、欲不行焉，可以爲仁矣，若無克伐怨欲，固爲仁已，唯顔子而上乃能之。如有而不行焉，則亦可以爲難，而未足以爲仁也。孔子蓋欲憲疑而再問之，而憲未之能問也。」

范曰：「克者好勝也，伐者自矜也，怨則多忮，欲則多求，此四者不行，可謂難矣。此易之者實多故也。仁之於道，不止於四者。」

吕曰：「克、伐、怨、欲之不行，可以去不仁，而未可以爲仁。」

謝曰：「克、伐、怨、欲不行，未必不出於仁，然未足以見仁之本體。其曰吾不知，非直以爲不仁也。」

楊曰：「克、伐、怨、欲，常人之情易發而難制，有而不行，可以爲難矣。若夫仁，則又奚克伐怨欲之有哉？」

尹曰：「克、伐、怨、欲咸無焉，斯可謂之仁矣。徒能不行焉，是有而制之也，以爲難能則可矣。此聖人開示之切，惜乎原憲不能再問也。」

子曰：「士而懷居，不足以爲士矣。」

橫渠曰：「安土，不懷居也。有爲而重遷，無爲而輕遷，皆懷居也。」

范曰：「士志於道，故食不求飽，居不求安。恥惡衣惡食與懷居者，皆不足以爲士也。夫士猶不可以懷居，況居天下之廣居者乎？堯不以位爲樂，而以天下爲憂，禹卑宮室，天子之不懷居也。」

謝曰：「懷居與恥惡衣惡食同，決不可以適道矣。」

楊曰：「懷居則不能徙義，安足爲士？」

尹曰：「士志於道，何懷居之有哉？」

子曰：「邦有道，危言危行；邦無道，危行言孫。」

明道曰：「邦有道，穀；邦無道，穀，恥也。此泛舉也。直哉史魚，不若君子哉蘧伯玉。然則危言危行，危行言孫，乃孔子之事也。危猶獨也，與衆異，不安之謂。邦無道，行雖危，而言不可不孫也。」

伊川曰：「直哉史魚，不若君子哉蘧伯玉。卷而懷之，乃危行言孫也。危行者，嚴厲其行而不苟，言則當孫。」

范曰：「行不可以少貶也，言則有時而危，有時而遜焉。知國之治亂，觀其士之言行而已。使士而言遜，其國豈不殆哉！」

謝曰：「危行，以身徇道也。殺身而無補，君子不貴，故言當遜以出之。」

楊曰：「危行以潔身，孫言以遠害。」

侯曰：「邦有道，則諫行言聽，以身徇道也，故危言危行。邦無道，諫不行，言不聽，獨善其身可也，故危行言孫，遠禍而已。」

尹曰：「君子之持身不可變也，至於言，則有時而不敢盡，以避禍也。爲國者使士言遜，不亦殆哉！」

子曰：「有德者必有言，有言者不必有德。仁者必有勇，勇者不必有仁。」

伊川曰：「和順積於中，而英華發於外也。故言則成文，動則成章。」

范曰：「德者本也，言者枝葉也，未有本固而枝葉不茂者也。仁之爲力，天下莫之能勝也，故勇生焉。仁譬則心也，勇譬則四體也，未有心壯而四體不能者也〔一〕。夫勇而有義，乃可以不爲亂，豈必能兼仁哉？」

呂曰：「有德者然後知德，故能言；尚辭者德有所不察。仁者推愛，不勇則不至；尚勇者愛有所不行。」

謝曰：「本深而末茂，器大而聲閎，有德者所以必有言也。七八月之間，溝澮可立待其涸，此有言者所以不必有德也。仁者愛人，惡人之害之，故必有勇。勇者有時無義疾貧，故不必有仁。」

楊曰：「有得於中，則其發於外也必中，故必有言。有言者行或不掩焉，故不必有德。仁者由義而行，故必有勇。勇者能不懼而已，故不必有仁。」

侯曰：「有德者必有言，有德之言，如聖賢之言是也。有言者不必有德，狂者過之，如琴張曾晳之言是也。仁者必有勇，文王武王一怒而安天下之民是也。勇者不必有仁，如撫劍疾視曰：『彼惡敢當我哉？』匹夫之勇是也。」

尹曰：「有德者必有言，徒能言者未必有德也。安乎仁者志必勇，徒能勇者未必有仁也。」

南宮适問於孔子曰：「羿善射，奡盪舟，俱不得其死然。禹稷躬稼，而有天下。」夫子不答。

南宮适出，子曰：「君子哉若人！尚德哉若人！」

明道曰：「南宫适以禹稷比孔子，故孔子不答。」

范曰：「南宫适賤力而貴德，知德之可尚，則勉進於德矣。禹稷有天下，故夫子不敢答，弗敢當也。既出而稱之者，志其言之善也。」

謝曰：「南宫适知以躬行爲事，是以謂之君子。知言之要，非尚德者不能。在當時發問間，必有目擊而道存首肯之意，非直不答也。」

楊曰：「禹稷之有天下，不止於躬稼而已。孔子未盡然其言，故不答。然而不止之者，不責備於其言，以沮其尚德之志也，故曰：『君子哉若人！尚德哉若人！』蓋與其尚德而已。與所謂『雍之言然』，『夫人不言，言必有中』之類，則異矣。」

尹曰：「南宫适以躬行爲事，不貴乎力取，尚德之君子也。夫子之不答者，以其曰有天下，不敢當也。」

子曰：「君子而不仁者有矣夫〔二〕，未有小人而仁者也。」

范曰：「中心安仁者，天下一人而已矣。君子之行，未必皆能仁也，故有時而不仁。至於小人，則與君子反，故未有仁者也。夫用君子猶有不仁，況小人豈有仁哉？」

吕曰：「君子志於公天下，德心稍懈，則流入於私。小人志於私一己，則不得盡其公。」

謝曰：「與易所謂小人不恥不仁之意，立語不同。毫忽之間，心不在焉，不仁也，然未害爲君子。」

楊曰：「顔淵三月不違仁而已，則君子而不仁蓋有矣夫。」

侯曰：「君子與天地少不相似，則不仁矣。小人未始進君子之心，何取於仁哉？」

尹曰：「盡仁道者聖人之事〔三〕，君子行仁，或未能盡之，則有矣。至於小人，豈復有仁哉？甚言小人之不仁也。」

子曰：「愛之，能勿勞乎？忠焉，能勿誨乎？」

范曰：「愛人者閔其勤勞，故勞之。忠於人者欲其爲善，故誨之。此二者出於人心，而非自外之至也。仁君推此以及天下，其可謂民之父母矣。愛之，則母之親者也；忠之，則父之教者也。」

謝曰：「愛則不倦，忠則盡誠。」

楊曰：「愛之不以姑息，則不能勿勞。忠焉必善道之，則不能勿誨。」

侯曰：「愛之則唯恐其不至，安能勿勞。忠焉則唯恐其不聽，安能勿誨。」

尹曰：「愛其人而欲成之，必勉之以事業。忠其人而欲曉之，必反覆其辭説。」

子曰：「爲命，裨諶草創之，世叔討論之，行人子羽修飾之，東里子産潤色之。」

范曰：「鄭小國也，其爲命令，必更此四賢然後成，故鮮有敗事，此可以爲法矣。以天下之大，命令不可不慎，賢人不可不衆多，其若無人，則是小國之不知也〔四〕。」謝曰：「當春秋時，諸侯之使，辭令之善，足以解忿紓難，息暴國之患，況鄭小國也，謀之可不慎乎？」楊曰：「討論潤色，以衆賢爲之，故其交鄰好，諭民志，無失辭焉。古之辭命，皆足爲後世法，亦其討論潤色之詳也。」侯曰：「鄭小國也，其辭命若可觀者，能者草創之，明者討論之，文者修飾之，智者潤色之，其周如是，故可觀也。」尹曰：「命，政令也。當春秋時，鄭以區區小國，而能自立大國之間者，得人而善用之故也，況有天下者乎？」

或問子産。子曰：「惠人也。」問子西。曰：「彼哉！彼哉！」問管仲。曰：「人也。奪伯氏駢邑三百，飯疏食，没齒無怨言。」

范曰：「子産有君子之道四，惠其一也，語其德行，惠爲多焉，故曰惠人，則其不足者可知矣。子西無所取，故曰彼哉！彼哉！子産養民者也，未及爲政；管仲爲政者也，未及知禮。爲政不主於惠，而主於義，予奪如此，則惠大矣。奪之而人不怨者，心無私也，無私然後人道盡，故曰人也。」

謝曰：「猶衆人之母，斯惠人也，然不害其爲愛人。子西之事無足道，故曰彼哉！彼哉！奪伯氏駢邑三百，飯疏食，没齒無怨言，非怒以過奪，故人服。當是時，天下駢亂甚矣，微管仲，幾不足以克之，故夫子取之也。」

楊曰：「子産有君子之道四焉，曰惠人而已者，舉其盛也。彼哉彼哉者，蓋外之者也。管氏奪伯氏駢邑三百，飯疏食，没齒無怨言，奪之以義而當理故也。人無是非羞惡之心，非人也，有而當其實，斯爲人矣。」

侯曰：「管仲以人道治人，故人誠服而無怨，後世如武侯之於李平、廖立也近之。」

尹曰：「子産卒，仲尼聞之出涕曰：『古之遺愛也。』彼哉彼哉！無所取也。誅有罪而被誅者不怨，其政可知也。」

子曰：「貧而無怨難，富而無驕易。」

伊川曰：「貧不怨則諂，諂尤甚於怨，蓋守不固而有所爲也。」

范曰：「此爲伯氏而言也。唯君子能安於貧，自非君子，其不怨者鮮矣。處富易，處貧難，天下之情一也。」

謝曰：「貧如與仁同過者，無怨所以爲難。富如與仁同功者，無驕所以爲易。」

楊曰：「富而無驕，自好者能之。貧而無怨，非安於義分不能也。」

侯曰：「怨甚於諂，非學者不能無，故貧而無怨難。富者怨之府，稍自愛者不敢以富驕人，故富而無驕易。」

尹曰：「處富易，處貧難，人之情也。」

子曰：「孟公綽爲趙魏老則優，不可以爲滕薛大夫。」

明道曰：「孔子言公綽之不欲，則其仁可知矣〔五〕。優爲趙魏老而不可爲滕薛大夫，滕薛小國，政繁事紊，綱紀不立，法度不明，而趙魏綱目舉故也。」

范曰：「人才各有所宜，公綽不欲，故優於趙魏而不宜滕薛。君子使人也器之，則天下無廢才矣。」

謝曰：「老，有德之稱。大夫以才治事者。」

楊曰：「知之弗豫，枉其材而用之，則爲棄人矣，此君子所以患不知人也。言此，則孔子之用人可知矣。」

尹曰：「老者有德之稱，大夫以才治事之任。公綽不欲，故優於趙魏而不可於滕薛。善爲國者，使人各欲當其才而已矣。」

子路問成人。子曰：「若臧武仲之知，公綽之不欲，卞莊子之勇，冉求之藝，文之以禮樂，亦可以爲成人矣。」曰：「今之成人者何必然，見利思義，見危授命，久要不忘平生之言，亦可以爲成人矣。」

明道曰：「兼此數人之所長，而文之以禮樂〔六〕，亦可以爲成人矣，言成人之難也。武仲之知非正也，若文之以禮樂，則無不正矣。今之成人者，見利思義，見危授命，謂忠也；久要不忘平生之言，謂信也。有忠信而不及於禮樂，亦可以爲成人，又其次者也。」

伊川曰：「知之明，信之篤，行之果，知仁勇，若孔子以謂成人，不出此三者。武仲智也，公綽仁也，卞莊子勇也。」又曰：「須是合此四人之能，文之以禮樂，亦可以爲成人矣。然而論其大成，則不止於此。若今之成人，則又其次也。」又曰：「語今之成人者，只是語忠信也。忠信者，實也；禮樂者，文也。語成人之名，自非聖人孰能之？孟子曰：『唯聖人然後可以踐形。』如此方可以稱成人之名。」又曰：「合此四人之偏，文之以禮樂方成，聖人則盡之矣。」

范曰：「好知不好學，其蔽也蕩，臧文仲知而已。好勇不好學，其蔽也亂，卞莊子勇而已。其餘不足稱也。公綽能自克於不欲，而未能無欲，無欲則能剛。如公綽者寡欲而已，如冉求者多才而已，皆未足爲學也，故不得爲成人。兼四子之能，而文之以禮樂，此古之成人也。禮所以立，樂所以成，學至□□後可以爲成人矣〔七〕。若今之成人者，臨財無苟得，臨難無苟免，與朋友交，言而有信，有此三者，雖不至於古，亦可以爲成人矣。此子路所能也。言古之成人，所以勉子路進於禮樂也。」

謝曰：「成人雖未至於聖人，然不可以一事名矣，蓋其具人道者也。未可謂之聖人，特尚可以體質論故也。若武仲之智，公綽之不欲，卞莊子之勇，冉求之藝，而又潤色之以禮樂，則於酬酢應變，蓋有餘地矣。今之成人，見利思義，則不爲利回，見危授命，則不爲威惕，亦豈苟然者。」

楊曰：「得其一體，不可爲成人，成人其具體者也。故有四子之才，而文之以禮樂，則亦可爲成人而已，尚非其至也。今之成人何必然，則所與又下矣。見利思義，則不欲者斯能之；見危授命，則勇者斯能之；久要不忘平生之言，則忠信者斯能之。雖未能文之以禮樂，亦可以爲成人矣。蓋世道衰微，而責人以備，則人將自絶於成人之列，非所以與人爲善也。與文王之爲文，敏而好學，不恥下問，亦謂之文同意。」或問：「不欲者成人之質也。人而有欲，雖知如武仲，勇如卞莊，藝如冉求，亦不足爲成人。而仲尼之言不欲，必先之以知，何也？」曰：「雖有其質，不先於致知，則無自而入德矣。」

尹曰：「孟子曰：『唯聖人然後可以踐形。』能盡夫成人者也。臧武仲知之明，孟公綽守之篤，卞莊子行之勇，冉求藝之多，兼此四人之長，而文之以禮樂，則亦可以爲成人矣。臨利無苟得，臨難無苟免，言而有信義，此三者，又可以爲其次矣。」

子問公叔文子於公明賈，曰：「信乎夫子不言、不笑、不取乎？」公明賈對曰：「以告者過也。夫子時然後言，人不厭其言；樂然後笑，人不厭其笑；義然後取，人不厭其取。」子曰：「其然，豈其然乎？」

范曰：「喜怒哀樂發而皆中節謂之和〔八〕，和者天下之達道也。公明賈之言無不中理，此君子之成法也。公叔文子未必皆能知之，故曰：『豈其然乎？』疑之也。」

謝曰：「公叔文子當時賢者，恐於聖人之事有未足耳。如公明賈之對，非禮義充溢於中時措之宜者不能，故夫子謂豈其然乎？」

楊曰：「公明賈之言，其義則是，疑非公叔文子所及也。君子與人爲善，不正言其非，故曰：『其然，豈其然乎？』爲疑辭以語之。」

侯曰：「公明賈之言，恐有溢美，故夫子曰：『其然，豈其然乎？』」

尹曰：「如公明賈之言，則是成德之事也，公叔文子未必能至於此。故曰：『豈其然乎？』未許之也。」

子曰：「臧武仲以防求爲後於魯，雖曰不要君，吾不信也。」

范曰：「要君者無上，罪之大者也。武仲之邑，受之於君，得罪出奔，則立後在君，非己所得專也。而據邑以請，見利而不顧義，是以陷於大罪，此由其好知不好學也。時人或以武仲存其先祀爲賢，故夫子正之。」

謝曰：「以利害動之之謂要。武仲迄奔齊，則其居防以請，必有恃而敢然。魯之立爲後，蓋亦不得不然。知則知矣，而非臣道。」

楊曰：「臧武仲如防，卑辭以請後，其迹非要君者，而意實要君焉。故夫子言之，亦春秋誅意之義也。」

侯曰：「人臣之事君也，君命之而已，求後於君，非要而何？」

尹曰：「武仲出奔邾，自邾如防，使來告曰：『苟守先祀，無廢二勳，敢不辟邑。』於是魯立臧爲焉。夫據邑而請立，非要君而何？不知義者，將以武仲之存先祀爲賢也，故夫子正之。」

子曰：「晉文公譎而不正，齊桓公正而不譎。」

伊川解曰：「譎，不正也。詩序云『主文而譎諫』是也。晉文欲率諸侯以朝天子，正也，懼其不能，故譎而行之，召王就之，人獨見其召王之非，而不見其欲朝之本心，是以譎而揜其正也。齊桓本侵蔡，遂至於楚而伐之，責其職貢，其行非正也，然其所執之事正，故人但稱其伐之正，而不見其行事之本譎也，是以正而揜其譎也。聖人發其心迹，使晉文勤王之志顯，且使後世之慎所舉而不失其正也。」又語録曰：「此爲作春秋而言也。晉文公實有勤王之心，而不知召王之爲不順，故譎掩其正。齊桓公伐楚責包茅，雖其心未必尊王，而其事則正，故正掩其譎。孔子言之以爲戒。正者，正行其事耳，非大正也，亦猶管仲之仁止以事功而言也。」

范曰：「此爲春秋而言也。晉文公心正而行譎，召王是也，故終之以譎。齊桓公心譎而行正，伐楚是也，故終之以正。夫苟有善心，必行正事，行不正，而曰我心善，未之聞也。晉文公心非不善也，而所行不正，是以爲譎。初雖不善，其後能改者，聖人貴之，故周公稱祖甲列於三宗。齊桓公心非不譎也，而所行復正，是以爲正。考桓文之事，人君可不慎其所行也。」

謝曰：「張先生謂重耳婉而不直，小白直而不婉。」

楊曰：「晉文公召王，以諸侯見，而春秋書曰：『天王狩于河陽。』蓋不與其召也。又書曰：『公朝于王所。』言諸侯自朝于王，蓋不與其以也。文公有勤王之心，而不知以臣召君不可以訓，故曰譎而不正。齊桓公責楚以包茅不入，故其有夾輔王室之誠心，而其事則正矣，故曰正而不譎。然此特假之，彼善於此而已，非至正也，與管仲稱如其仁同義。」

尹曰：「臣師程頤曰：晉文公欲率諸侯以朝王也，懼其不能，而召王就見之，人見其召王之罪，而不明其欲朝之本心，是以譎而掩其正也。齊桓公本怒蔡姬而侵蔡，懼其不義也，因伐楚而責其職貢，其用心本譎，而其所執者正，是以正而掩其譎也。聖人發其心迹，顯晉文勤王之志，且使後世之君知所行之不正，則無以明其心，當慎其所行也。』」

子路曰：「桓公殺公子糾，召忽死之，管仲不死，曰未仁乎？」子曰：「桓公九合諸侯，不以兵車，管仲之力也。如其仁！如其仁！」子貢曰：「管仲非仁者與？桓公殺公子糾，不能死，又相之。」子曰：「管仲相桓公，霸諸侯，一匡天下，民到於今受其賜。微管仲，吾其被髮左衽矣。豈若匹夫匹婦之爲諒也，自經於溝瀆而莫之知也。」

伊川解曰：「子路以不死爲不仁，故相對而言，謂不死之不仁，未如以九合之爲仁也。九合，仁之功也，謂管仲爲仁人則可也。仲之於子糾，所謂可以死可以無死者也。桓公兄也，子糾弟也，薄昭與淮南厲王書云：「齊桓殺其弟以反國。」時相去尚近，當知之。仲私其所事，輔之以爭國，非義也。桓公殺之雖過，而糾之死實當。仲始與之同謀，遂與之同死可也；知輔之以爭爲不義，將自免而期後功亦可也。故聖人稱其功，而曰：『豈若匹夫匹婦之爲諒也，自經於溝瀆而莫之知也。』匹夫匹婦執信，知其死而已。所謂莫之知也者，不復能知權其重有可以無死之義也。考之春秋，桓公之入也，書曰：『齊小白入于齊。』魯之納子糾也，書曰：『公伐齊納糾。』左氏誤多「子」字。公穀之言是也。後書齊人取子糾殺之。言子者，蓋非齊人已盟立之，而又殺之也，齊人非以不正而舍之也，直反覆而背之耳。若桓弟而糾兄，管仲所輔者正，桓奪其國而殺之，則管仲與桓公乃不可同世之讎也。若計其後功而與其事桓，聖人之言無乃害義之甚，啓萬世反覆不忠之亂乎？桓公子糾之正否，子路子貢所知也，故夫子答之，但言無死爲可耳。後人能審其本末，然後見義之所當也。」又語録曰：「管仲不死，觀其九合諸侯，不以兵車，乃知其仁也。無此，則貪生惜死，雖匹夫匹婦之諒亦無矣。」又曰：「齊侯死，諸公子皆出，小白長而當立，子糾少亦欲立，管仲奉子糾奔魯。小白入齊，既立，仲納子糾以抗小白，以少犯長，又所不當立，義已不順。既而小白殺子糾，管仲以所事言之，則可死，以義言之，則未可死。故春秋書『齊小白入于齊』，以國繫者，明當立也。又書『公伐齊納糾』，去子，明不當立也。至齊人取子糾殺之，此復稱子者，罪齊大夫既盟而殺之也。」或問：「桓公殺公子糾，管仲不死而從之，殺兄之人，固可從乎？」曰：「桓公子糾，襄公之二弟也，桓公兄而子糾弟，襄公死，則桓公當立，此以春秋知之也。春秋書桓公則曰齊小白，言當有齊國也。於子糾則止曰糾，不言齊，以不當有齊也。不言子，非君之嗣子也。公穀並注四處皆書納糾，左傳獨言子糾，誤也。然書齊人取子糾殺之者，齊大夫嘗與魯盟于蔇，既納糾以爲君，又殺之，故書子，是二罪也。管仲始事糾，不正也，終從於正，義也。召忽不負所事，亦義也。如魏徵王珪不死建成之難而從太宗，可謂害於義矣。」又曰：「仲尼謂管仲如其仁，蓋言其有仁之功。管仲其初事子糾，所事非正，春秋書『公伐齊納糾』而不稱子，不當立者也。不當立而事之，失於初也，及其敗也，可以死，可以無死。與人同事而死之，理也；知始事之爲非而改之，義也。召忽之死，正也，管仲之不死，權其宜可以無死也。故仲尼稱之曰：『如其仁。』謂其有仁之功也。」又曰：「孔子稱管仲如其仁，但稱其有仁之功也。使管仲事子糾正而不死，後雖有大功，聖人豈復稱之耶？若以爲聖人不觀其死不死之是非，而止稱其後來之功，則甚害義理也。」或問：「孔子未嘗許人以仁，稱管仲以仁，何也？」曰：「此聖人闡幽之道，只爲子路以子糾死管仲不死爲未仁，此甚小却管仲，故孔子言其有仁之功。此聖人言語抑揚處，要當自會得。」

范曰：「管仲不死子糾而相桓公，子路子貢責之以義，而夫子稱其仁。九合諸侯，一正天下，此仁之大也，彼死於子糾之義，豈可以易此哉！聖人之於人，責其大而不責其細，取其多而不取其少，故不責管仲之不死，而責其不知禮。死於子糾，有不足爲，非管仲所難，故不死不爲苟生，而相桓公不爲利，所以爲仁也。」

謝曰：「不死未足以見管仲之仁，然不死非不仁也。當是時，於子糾君臣之義未正，知桓公可以有爲也，而愛其死以有待，故與匹夫匹婦感慨自殺者異。自其九合諸侯不以兵車，民無左衽之患，則仁可見矣。」

楊曰：「糾與小白未嘗爲世子，而俱出奔，故春秋不書子，而書曰『公伐齊納糾』，『齊小白入於齊』。左氏曰：「納子糾。」公穀皆曰「納糾」，其義當以公穀爲正。以齊繫小白者，明小白之宜有齊者也。糾不稱子又不繫之齊者，外之不宜有齊者也。不宜有齊而入之，是爲亂而已。管仲相之，又射桓公中鉤焉，則濟惡以成其亂者也。及其敗亡也，又烏得而讎桓公哉？知其罪而請囚焉，聽命於齊，正也。桓公既入，取子糾而殺之，則已甚矣，故卒書曰齊人取子糾殺之。書子，所以惡齊也。然管召之於糾，既嘗相之，委質爲臣矣，以其分言之，蓋可以死也；然而爭非其義，則可以無死也。可以死可以無死，故召忽死之爲傷勇，管仲不死爲徙義。孔子所以稱其仁而與其不死也。方齊之未有君也，諸公子在外，先入者得之，人臣各爲其主用，烏敢貳哉？其射桓公也，非有私焉，忠於其主而已。故管仲處之不自以爲嫌，而桓公遇之不得以爲罪，義固然也。使管仲之射桓公出於其私焉，則義之所必誅，尚得而相之乎？若召忽之死，是亦志仁而已，故孔子不斥言其非，謂其無惡故也。」仲素問：「孔門弟子皆不許之以仁，獨許管仲何也？」曰：「管仲九合諸侯，一匡天下，子路等未必能爲之。然路徑自別，若使子路必不肯恁地做，學之爲王者事久矣，詭遇得禽，雖若丘陵弗爲也。」又問：「那裏見它詭遇處？」曰：「君淫亦淫，君奢亦奢，皆是詭遇。且賺得入手，做將去不問。」

尹曰：「子路以管仲不死子糾之難爲不仁，故子曰：不死之不仁，未若九合之仁也。九合者，仁之功也，非以仲爲仁人也。臣師程頤曰：桓公兄當立，子糾弟也，不當爭。管仲輔弟以爭國，而桓公殺之，仲與之同死亦可也，知輔之爭爲不義，將自勉以期後功亦可也。故孔子稱其功，而曰：豈若匹夫匹婦之執信，不復知權輕重者哉！春秋書桓公之入也，曰『齊小白入于齊』，書魯之納子糾也，曰『公伐齊納糾』。桓公子糾之正否，子路子貢之所知，故夫子之答，獨言其可以不死焉。使管仲所輔者正，而不死其難，則可謂反覆不忠之士，雖有後功，何足道哉？」

公叔文子之臣大夫僎，與文子同升諸公。子聞之曰：「可以爲文矣。」

范曰：「臧文仲下展禽，夫子以爲不仁。文子無心於貴賤彼己，而惟賢是與，可謂仁矣。文者，仁之著見于外者也。」

呂曰：「與家臣同升而無嫌，上賢之至也。物相雜故曰文，不專於貴貴，而雜之以上賢，此所以爲文。」

謝曰：「無媢嫉上人之心，故能舉賢才，謂之文，謚法有如此者。」

楊曰：「尚賢而有禮，斯可爲文矣。」

侯曰：「物相雜故曰文。能進賢退不肖，所以文之也，故可以爲文。」

尹曰：「臧文仲知展禽之賢，而不舉之，孔子謂之竊位。公叔文子舉其家臣與之並列，孔子許其文。孟子曰：『不祥之實，蔽賢者當之。』亦猶是也。」

子言衛靈公之無道也。康子曰：「夫如是，奚而不喪？」孔子曰：「仲叔圉治賓客，祝鮀治宗廟，王孫賈治軍旅。夫如是，奚其喪？」

范曰：「國有人則存，無人則亡。以靈公之無道也，而有三人焉，猶足以不亡，況其有道，任賢使能，何可當也！詩曰：『無競維人，四方其訓之。』若得其人，必無敵於天下矣。」

謝曰：「仲叔圉祝鮀王孫賈，其德未必優，而其才可使也。靈公能用其所長，雖未可以致治，然事亦無廢滯矣。」

楊曰：「官得其職，則紀綱法度猶存焉，故雖無道而不喪。」

侯曰：「官得其人，則政事舉。君雖無道，紀綱存焉，奚其喪？」

尹曰：「衛靈公之無道宜喪也，而能用此三人焉，猶足以保其國，而況有道之君能用天下之賢才者乎？詩曰：『無競維人，四方其訓之。』」

子曰：「其言之不怍，則爲之也難。」

明道曰：「能言不怍者難。」

伊川曰：「所爲言之不愧。」

范曰：「内有其實，則言之不慚，言之不慚，則爲之必難矣。君子之言行相顧，言之必可行也，行之必可言也。有諸己則言無愧，言不過實，可履而行，此所以爲難也。」

謝曰：「爲不善者，言之亦怍，言之可怍而不怍，則寡廉鮮恥，何所不至，故難與爲道。」

楊曰：「其言之不怍，而行欲必掩焉，則爲之也難矣。此古者所以言之不出也〔九〕。」

尹曰：「能爲者不敢輕言，其言之不慚者，必未能爲之也。」

陳成子弑簡公。孔子沐浴而朝，告於哀公曰：「陳恒弑其君，請討之。」公曰：「告夫三子。」孔子曰：「以吾從大夫之後，不敢不告也。君曰告夫三子者？」之三子告，不可。孔子曰：「以吾從大夫之後，不敢不告也。」

明道曰：「陳恒弑君，夫子請討，當時夫子已去位矣。」又曰：「孔子請討，當時得行，便有舉義爲周之義。」

伊川曰：「孔子之時，大倫亂矣，君聽於臣，父聽於子，動即弑君父，是不可一朝居也，必變而後可。魯有三桓，無以異齊，何以孔子雖小官必仕於魯，只是修周公之法。齊既壞大公之法，後來立法已是苟且，及其末世，並其法壞之，亂甚於魯，故其弑亦先於魯。孔子之仕於魯，欲以爲兆，得可爲處便爲。如陳恒弑其君，孔子請討之，一事正，則百事自已不得。傳言以魯之衆伐齊之半，此非孔子請討之計，如是，則孔子只待去較力。借使言行，則亦上有天子，下有方伯，須謀而後行。」又曰：「陳恒弑其君，孔子沐浴而朝，請討之。左氏載孔子之言，謂陳恒弑其君，民之不與者半，以魯之衆，加齊之半，可克也。恁地是聖人以力角勝，都不問義理也。孔子請伐齊，以弑君之事討之，當時哀公能從其請，孔子必有處置。須是顔回使周，子路使晉，天下大計，可立而遂。孔子臨老，有此一件事好做，奈何哀公不從其請，可惜。」

范曰：「孔子老矣，國有大事，必告焉，從大夫之後故也。臣弑其君者，天下皆得而誅之，而齊强魯弱，常困於齊，故魯之君臣，皆以爲齊不可伐。孔子所言者義也，得其義則强，失其義則弱，使魯能用孔子，豈其强而已矣。言而不行，則明其義以示後世，故告于君，又告于二三子，不可則止。告在己，而行之者在君與相也。齊景公問政於孔子，孔子對曰：『君君臣臣，父父子子。』景公之時，已無君臣父子矣。故景公死，十年，陳氏三弑其君，遂滅齊國，豈一朝一夕之故哉！」

吕曰：「使魯從孔子而討陳恒，則湯征葛伯之舉也，何患天下之無助乎？」

謝曰：「當是時，齊强魯弱，陳成子弑簡公，雖人心所不甚與，而魯之君臣不敢加兵，畏非敵故也。能順人心，行天討，魯其憂不足以霸諸侯一天下乎？師出有名，戰必克矣。夫子沐浴而朝，豈止盡吾職事也哉？蓋欲仗大義以卜天意。」

楊曰：「孔子從大夫之後，則與謀其國之政。故鄰有賊，義當討之，不敢不告。沐浴而後朝者，國有大事，敬之也。孟子曰：『天子討而不伐，諸侯伐而不討。』魯，諸侯也，而請討之。蓋當是時，周雖衰微，天下猶以爲君也，征伐宜自天子出，使魯君從之，則孔子其使於周而請命乎！以天子之命討之，則周之威令將復行於天下，而王業之興其基於此矣。魯之君臣皆莫之從也，庸非天乎？」

尹曰：「孔子雖去位，以其嘗爲大夫也，故有大事，義必告焉。臣師程頤曰：左氏謂孔子欲以魯國之衆加齊之半，誠如此説，是以力不以義也。若孔子之志，必將正名其罪，上告天子，下告方伯，請命於周，率與國而討之。至於所以勝齊者，孔子之餘事也，豈計魯人之衆寡哉？當是時，天下之亂極矣，因是足以正之。使孔子得行其志，則天下將知畏而有所不敢，東周其復興乎？魯之君臣終不從之，可深惜哉！」

子路問事君。子曰：「勿欺也，而犯之。」

范曰：「古之事君者，勿欺也，而犯之；後之事君，勿犯也，而欺之。夫惟不欺，是以有過必犯。犯非子路所難也，而不欺爲難。故夫子教以先勿欺而犯也。」

謝曰：「事君有犯而無隱。」

楊曰：「孔子嘗以由爲行詐，又以爲佞，故其問事君，則告之以勿欺而犯之。」

侯曰：「事君以欺，非臣道也。犯之，謂非誠不可也。」

尹曰：「古之事君者，盡誠而不敢疑犯顔以納忠也。然則不敢犯顔而面欺者，得爲忠乎？」

子曰：「君子上達，小人下達。」

伊川曰：「君子爲善，只有上達；小人爲不善，只有下達。」

横渠曰：「上達反天理，下達徇人欲者與？」

范曰：「君子喻於義，小人喻於利。道德仁義高明之事，君子所達也。勢利可鄙下賤之事，小人所達也。上達入於上智，下達入於下愚；君子愈上，小人愈下。學問之道，所以爲上達也。」

吕曰：「君子日進乎高明，小人日究乎汙下。」

謝曰：「大受小知之别也。以孟子出晝與孔子去魯之事，攷衆人之論〔十〕，其相去遠矣。蓋事盡然。」

楊曰：「君子小人之分，善利而已。孜孜爲善則爲舜，非上達歟？孜孜爲利，至於爲跖，非下達歟？」

尹曰：「達者，達盡事理之謂。」

子曰：「古之學者爲己，今之學者爲人。」

伊川解曰：「爲己，欲得之於己也。爲人，欲見知於人也。」又語録曰：「古之學者爲己，今之學者爲人。古之仕者爲人，今之仕者爲己。古之强有力者，將以行禮；今之强有力者，將以爲亂。」或問：「古之學者爲己，不知初設心時，是要爲己，是要爲人？」曰：「須先爲己，方能及人，初學只是爲己。鄭宏中云：『學者先須要仁。』仁所以愛人，正是顛倒説却。」又曰：「古之學者爲己，其終至於成物；今之學者爲人，其終至於喪己。」

范曰：「古之學者，正心誠意，以爲己也。後之學者，病人不知，所以爲人也。爲己者履而行之，爲人者徒能言之。人君之學，所以行堯之道，非徒言而已。」

吕曰：「爲己者，自信而已，遯世不見知而不悔。爲人者，人不用則不學，人不知則不修。」

謝曰：「爲己非不爲人而專於愛己，特非爲人而學故也。若止於愛己，則楊氏之爲我耳。」

楊曰：「爲己之學，格物致知而已，推之於天下國家乎何有？故舜在深山之中，與木石居，鹿豕遊，若將終身焉，及其有天下，若固有之。爲人之學反是。」

尹曰：「學者本於爲己，修己既至，然後可以推而及人也。爲人而學者，非務本之學也。」

蘧伯玉使人於孔子。孔子與之坐而問焉，曰：「夫子何爲？」對曰：「夫子欲寡其過而未能也。」使者出。子曰：「使乎！使乎〔十二〕！」

范曰：「君子之患，在於未能寡過，能寡其過，益莫大焉。爲人使如此，可以事君矣。」

謝曰：「蘧伯玉以行年六十，而六十化稱，必習矣而察，欲寡其過者也。世蓋有欲言人之賢，而未知所以言者。使者以此稱伯玉，亦可謂知言矣，故夫子與之。」

楊曰：「欲寡其過，非克己能如是乎？使者對之無溢辭，而伯玉之賢益彰，故夫子善之。」

侯曰：「夫子嘗曰：『君子哉蘧伯玉，邦有道則仕，邦無道則可卷而懷之。』則其爲人也，欲寡其過而未能可知矣。使者以此言之，則知言矣，故孔子稱之。」

尹曰：「語謙卑而事美，善稱其主者也。子曰：『使乎！使乎！』稱其專對之善也。」

子曰：「不在其位，不謀其政。」曾子曰：「君子思不出其位。」

范曰：「不在其位，不謀其政，亦夫子所常言也，弟子各以所聞記之。君子思不出其位，此艮之象也。物各止其所，而天下之理得矣。故君子思不出其位，而君臣上下大小皆得其職也。」

謝曰：「止其所也。」

楊曰：「思出其位而謀其政〔十二〕，則失其分守，而侵官亂政，將無所不至矣。」

尹曰：「曾子之於孔子，可見其志意之同也。」

子曰：「君子恥其言而過其行。」

謝曰：「行不掩言，非直欺人，亦以自欺，是以可恥。」

楊曰：「故君子欲訥於言而敏於行以此。」

侯曰：「言之不怍，則爲之也難，君子所以恥其言之過其行也。」

尹曰：「君子貴實行而恥虚言也。」

子曰：「君子道者三，我無能焉：仁者不憂，知者不惑，勇者不懼。」子貢曰：「夫子自道也。」

伊川曰：「仁者不憂，樂天者也。」

范曰：「聖人責己所以勉人也。仁者樂天，故不憂；知者窮理，故不惑；勇者獨立，故不懼。中庸曰：『好學近乎知，力行近乎仁，知耻近乎勇。』知、仁、勇者，入德之序也。仁、知、勇，成德之序也。」

謝曰：「君子之道，不出此三者，所謂天下之達德，故夫子不居。」

楊曰：「三者備，蓋聖人之事〔十三〕。孔子所不居，故曰：『我無能焉。』子貢曰：『夫子自道也。』蓋言其所自者道，則仁知勇之名亦泯矣。」

侯曰：「智仁勇三者，唯聖能盡之，故孔子不居。」

尹曰：「我無能焉，自責以勉人也。故子貢曰：此乃夫子之事也〔十四〕。成德者以仁爲先，故先之以仁者不憂。若夫進學者，則以知爲先。夫子之言，其序有不同。」

子貢方人。子曰：「賜也賢乎哉？夫我則不暇。」

伊川曰：「子貢常方人，故孔子答以不暇，而又問曰：『女與回也孰愈？』所以抑其方人。」

范曰：「人不可以利同，故方人者賢人之所難，而聖人之所不爲也。夫我則不暇，然則子貢爲不可也。」
呂曰：「方人非不謂之學，然有急於方人者。故知所先後，則近道矣。」
謝曰：「聖人責人，雍容辭不迫切，而意已獨至。方人非智者不能，謂之賢亦可，但爲己者非所先也，故曰：『我則不暇。』」
楊曰：「孔子於三人行則得我師焉，於方人乎奚暇？」
侯曰：「方人則近于作聰明矣，非篤實爲己者所先，故曰：『夫我則不暇。』」
尹曰：「方人者，比方人之優劣也，固不可謂之惡，然非賢者所急也，故曰：『夫我則不暇。』」

子曰：「不患人之不己知，患其不能也。」
范曰：「學者莫不患人之不己知，而不强其所不能。故莫若反諸己，而不願乎其外，則充實而有光輝矣。能爲堯舜，則有堯舜之譽，何患人不知哉？」
謝曰：「求爲可知也。」
楊曰：「患其不能，則亦求爲可知而已。」
侯曰：「君子修己而已，人知不知，非所患也。」
尹曰：「反求諸己，不願乎外也。」

子曰：「不逆詐，不億不信，抑亦先覺者，是賢乎？」

伊川曰：「人以料事爲明，便駸駸入逆詐億不信去也。」

范曰：「君子可欺以其方，故不逆詐；待人以誠，故不億不信；見幾而作，故先覺者是爲賢乎？君子雖不逆不億，而邪正是非，安危治亂，未嘗不覩之於未然也。先覺者知者之事，逆詐而億不信者心之僞，故君子不爲也。」

吕曰：「不見其詐，不逆謂人之詐；不知其不信，不億度人之不信也。雖然，君子豈容物之見欺，燭乎事幾之先，不容詐與不信加乎己。」

謝曰：「賢者於事能見之於微，謂之先覺，如履霜可以知堅冰也。不知者遂妄欲逆詐億不信，則過矣。蓋未知先覺之所爲先覺也。」

楊曰：「君子一於誠而已，惟至誠可以前知，故不逆詐，不億不信，而常先覺也。抑亦以此是賢乎？若夫不逆不億，而卒爲小人所欺焉，斯亦不足觀也已。」

侯曰：「孔注云：『先覺人情者，是寧能爲賢乎？或時反怒人。』此理是。」

尹曰：「賢者之於事，不逆詐以測之，不億度而不信之也。然而情僞幾微，無所逃其明，惟能先覺之，是賢也。」

微生畝謂孔子曰：「丘何爲是栖栖者與？無乃爲佞乎？」孔子曰：「非敢爲佞也，疾固也。」

橫渠曰：「栖栖，依於君也。固，猶不回也。」

范曰：「夫子疾世之衰，欲行其道而反之於堯舜三代，此豈微生畝所得知哉？」

謝曰：「猶言吾豈匏瓜也哉！」

楊曰：「微生名孔子而語之，子曰：『非敢爲佞也。』卑辭以對。則微生必鄉黨之有齒德者。以栖栖爲佞，而不知執一之爲固，其晨門、荷蕢之徒歟？故以疾固反之。」

尹曰：「栖栖，猶皇皇也。佞，口給也。固，陋也。孔子所以栖栖者，以疾世之固陋也。微生畝之流，皆與聖人異趨，不知聖人者也。君子之所爲，衆人固不識矣。」

子曰：「驥不稱其力，稱其德也。」

范曰：「驥雖有力而無其德，則不可乘；人雖有才而無其德，則不可用。古人之用才而敗者，取其力而不取其德也。力者所受於天，德者所習於人，學所以成德也。人而不學，則其所受於天者，不足以爲德矣。乘驥而不以德，必有奔車之敗，況用無德之人乎？」

呂曰：「才受於天，德繫乎學，故君子尚學之功，不以受於天者爲貴。」

謝曰：「有德然後可以語才，無德而有才，不免爲小人。自古姦雄何嘗不以才稱，惟其無德，是以必爲天下禍。」

楊曰：「驥不以力稱，況君子而可以不尚德乎？」

侯曰：「所謂君子者，德也，力奚與焉？」

尹曰：「驥雖有力，其稱在德。人有才而無德，則亦奚足尚哉？」

或曰：「以德報怨，何如？」子曰：「何以報德？以直報怨，以德報德。」

范曰：「聖人之道，如權衡之於輕重，無私於物，物亦無怨焉。以德報德者，人之爲也；以直報怨者，天之理也。」

謝曰：「以怨報德，固刑戮之民，然以德報怨，亦不直矣。君子於人無怨也，故無以怨報怨之理，惟不若世之要譽强仁苟以避怨惡之名者。蓋其心不在怨惡，誅之亦可，所謂直也。求不報之名而不誅者，其不直乎？」

楊曰：「以德報怨，以怨報德，皆私也，一有私焉，曲在其中矣。公天下之善惡，而不爲私焉，夫是之謂直。」又曰：「以怨報怨，以德報怨，皆非直也。所謂直者，公天下之好惡，而不爲私耳。」曰：「如是，則以德報德，何以辨之？」曰：「所謂德，非姑息之謂也，亦盡其道而不爲私耳。若姑息，則不能無私矣。」曰：「人有德於我，不幸而適遇所當施之者，非吾意之所欲，能不少有委曲，如庾公之斯之於子濯孺子，不亦可乎？」曰：「然。」

侯曰：「以德報怨，非所以報也。以怨報怨，非君子之心也。君子以謂得失在彼，我何與焉，犯而不校可也。以德報德，以直報怨，理之順也。」

尹曰：「君子之用心，公而已，或怨或德，非有矯飾，盡其情而已。」

子曰：「莫我知也夫！」子貢曰：「何爲其莫知子也？」子曰：「不怨天，不尤人，下學而上達，知我者其天乎？」

明道曰：「下學而上達，意在言表也。」又曰：「自下而上達者，唯造次必於是，顛沛必於是。」又曰：「釋氏唯務上達，無下學，然則其上達處，豈有是也。元不相連屬，但有間斷，則非道也。」又曰：「聖賢千言萬語，只是欲人將已放之心，約之使反復入身來。自能尋向上去，下學而上達也。」

伊川曰：「學者須守下學上達之語，乃學之要。下學人事，便是上達天理。」或曰：「古之教人，必先於洒埽應對進退，何也？」曰：「下學而上達，雖夫婦之愚可以與知者，及其至也，雖聖人有所不知也。今夫居處恭，執事敬，雖衆人能之，然彼聖賢之所以爲聖賢者，亦豈外是哉！然卒異於衆人者，以衆人習不致察，不能上達耳。夫惟終身由之而不知其道，故曰：『人莫不飲食也，鮮能知味也。』」又曰：「莫我知也夫！夫子以此發子貢也。不怨天，不尤人，下學而上達，知我者其天乎？子貢宜可與言也，故以是發之。」又曰：「王通曰：『知命者不怨天，自知者不尤人。』王通豈知所謂命者哉！至如釋氏，有因緣報應之說，要皆不知命者也。」又曰：「不怨天，不尤人，在理當如此。」

橫渠曰：「上達則樂天，樂天則不怨；下學而治己，治己則無尤。」又曰：「責己者當知無天下國家皆非之理，故學至於不尤人，學之至也。」又曰：「困而不知變，民斯爲下矣；不待困而喻，賢者之常也。困之進人也，爲德辨，爲感速。孟子謂人有德慧術知常存乎疢疾以此。自古困於内無如舜，困於外無如孔子。以孔子之聖，而下學於困，則其蒙難正志，聖德日躋，必有人所不及知而天獨知之者矣。故曰：『莫我知也夫！知我者其天乎？』」

范曰：「不怨天者，樂天也。不尤人者，知命也。下學所以窮理，上達所以盡性，窮理盡性，則可以知天矣。故知我者惟天也。」

吕曰：「不怨天，不尤人，則道在我矣。下學而上達，則天人一矣。德至於是，則其所獨知，非聖人有所不與。」

謝曰：「天人、物我、上下，本無二理。不怨天，則與天爲一無可怨；不尤人，則與人爲一無可尤；下學而上達，則上下一矣。如此，則人雖不我知，我其自知矣，我與天爲一，謂之天知亦可。」或問儒佛之辨。曰：「吾儒下學上達，窮理之至，自然見道與天爲一。故孔子曰：『知我者其天乎？』以天爲我也。佛氏不從理來，故不自信，必待人證明而後信。」又曰：「學須先從理上學，盡人之理，斯盡天之理，學斯達矣。下學而上達，其意如此。故曰：『知我者其天乎？』」

楊曰：「天德之公，非以人欲之私所能知也，故知我者其天乎？」

尹曰：「天人事理本無二也，下學人事，而上達天命，自灑埽應對，以至乎窮理盡性，本無二道也。下學而已，聖人何所怨尤乎？而曰『莫我知也夫』，所以發子貢之問也。」

公伯寮愬子路於季孫。子服景伯以告，曰：「夫子固有惑志於公伯寮，吾力猶能肆諸市朝。」子曰：「道之將行也與？命也。道之將廢也與？命也。公伯寮其如命何？」

范曰：「不知命，無以爲君子。道之將廢有命，則公伯寮之愬不足恤也。孟子曰：『臧氏之子，焉能使予不遇哉？』如此，則不怨天不尤人也。」

謝曰：「雖公伯寮之愬，行亦命也。其實公伯寮無如之何。」

楊曰：「子服景伯之言，蓋尤人者，故孔子答以廢興之命，蓋聖人不怨天不尤人也如是。」

侯曰：「命，天理也，道之興廢，順天可也。公伯寮其如命何？」

尹曰：「君子於利害之際，安之以命而已矣。」

子曰：「賢者辟世，其次辟地，其次辟色，其次辟言。」

明道曰：「辟世、辟地、辟色、辟言，非有優劣，只説大小次第。」

伊川曰：「賢者能遠照，故能辟一世事。其次辟地，不居亂邦。」

横渠曰：「克己行法爲賢，樂己守法爲聖，聖與賢迹相近，而心之所至有差。辟世者，依乎中庸，没世不遇而無嫌；辟地者，不懷居以害仁；辟色者，遠恥於將形；辟言者，免害於禍辱。此爲士清濁淹速之殊也。辟世、辟地，雖聖人亦同，然憂樂於中，與賢者其次者爲異。故曰：迹雖近而心之所至者不同。」

謝曰：「聖人不必遯世，遯世者，特舉世不見知而已。賢者隱居，則辟世也。知一國之不可爲，不知一世之不可爲，其次也。不知君不可以有爲，禮貌衰然後去，又其次也。至言而後去，則亦晚矣。其識有敏有不敏故也。然其流同出於辟世，故不可與聖人去就同論。聖人有禮貌衰而去，謂吾不能用而行者，其道異此。」

尹曰：「臣師曰：辟世、辟地、辟色、辟言，雖以大小次第言之，然非有優劣也，所遇不同爾。辟世者，舉世不見知則隱也；辟地者，不居亂邦也；辟色辟言者，遠恥於將形也。」

子曰：「作者七人矣。」

伊川解曰：「七人，後章所謂逸民者也。仲尼曰：『雖有作者，虞帝不可及也。』作者蓋作於世者，謂王者也。此逸民而謂之作者可乎？蓋上承辟世辟地之言，而云作此道者七人矣。大概言作此隱逸之趣者七人矣，不須分此四目也。此四辟者，言逸民有此四者耳。」

横渠曰：「作者七人，伏羲神農黄帝堯舜禹湯，制法興王者之道，非有述於人者也。」

范曰：「伯夷叔齊，辟世者也。虞仲夷逸，辟地者也。柳下惠少連，辟色者也。朱張，辟言者也。故曰：『作者七人矣。』」

楊曰：「辟世者，若伯夷待天下之清是也，非遯世無悶確乎其不可拔，不足以與此。辟地，若陳文子有馬十乘棄而違之是也，故爲次。辟色，謂禮貌衰則去之。辟言，則僅免禍辱而已，斯爲下。作者七人，豈所謂逸民者是歟？」

尹曰：「臣師及張載皆謂伏羲神農黄帝堯舜禹湯，制法興王之道，非有述於人者也。」

子路宿於石門。晨門曰：「奚自？」子路曰：「自孔氏。」曰：「是知其不可而爲之者與？」

范曰：「知其不可而不爲者，晨門也；知其不可而爲之者，孔子也。此所以異於逸民也。夫可不可在天，而爲不爲在己。聖人畏天命，故修其在己者以聽之天，未嘗遺天下。聖人亦不敢忘天下，雖知其不可，得不爲哉？」

楊曰：「晨門知其不可而已，而不知孔子所謂無不可也。抱關擊柝，爲禄隱者歟？」

侯曰：「天之生聖人也，豈偶然哉？必有以任之也。聖人受天之付與也，豈敢恝然忘天下哉！必知天之所以畀付之意，以斯文爲己任也。如晨門者，豈知此哉！」

子擊磬於衛。有荷蕢而過孔氏之門者，曰：「有心哉，擊磬乎！」既而曰：「鄙哉，硜硜乎！莫己知也，斯已而已矣。深則厲，淺則揭。」子曰：「果哉！末之難矣。」

明道曰：「孔子擊磬，何嘗無心於世，荷蕢知之。果哉者，果敢之果也。不知更有難事，他所未曉，輕議聖人。」侯本云：「聖人何嘗無心，荷蕢於此知之。」

范曰：「荷蕢，獨善其身者也，故以夫子爲硜硜。深則厲，淺則揭，知其不可，則不爲矣。夫爲一己易，爲天下難，自以爲是，而不可與入堯舜之道，故曰果。斯已而已，不恤其它，近於楊氏之爲我，故曰：『末之難矣。』」

吕曰：「晨門荷蕢，皆德之固也。區區果於去就，不知聖人之仁，無絶物之道也。末之難矣，猶云終之難矣。」

謝曰：「古之賢者多隱於抱關，如石門荷蕢，雖不知孔子，其語亦有深意也，特不知聖人樂天知命有憂之大者。其真辟世之士與？子曰：『果哉，末之難矣！』彼其果於自信者，吾言未易入也，故無足詰難。」

楊曰：「聖人之時，何容心哉？當其可而已。荷蕢以其有心譏之而不疑，蓋莫之知而易其言也。故曰『果哉，末之難矣！』晨門曰：『是知其不可而爲之者與？』與，疑辭也。則異乎荷蕢之果矣。」

尹曰：「晨門荷蕢，皆隱者也，其亦微生畝之流歟？故孔子曰：果如爾所謂，亦豈難哉？聖人之時中，蓋不爲耳。」

子張曰：「書云：『高宗諒陰，三年不言。』何謂也？」子曰：「何必高宗，古之人皆然。君薨，百官總己以聽於冢宰三年。」

范曰：「諒陰，三年不言，天子諸侯之禮皆然也。高宗免喪猶不言，言而得傅說，故見於書。書之所記者事也，故孔子之所言者禮也。」

侯曰：「三年之喪，自天子達於庶人一也。人君當不言之時，百官總己以聽於冢宰，自古已然。君臣一體，伊尹之於殷，周公之於周，用是道也，又何疑焉？後世君不君，臣不臣，故高宗之事，雖學者亦以爲疑。」

楊曰：「三年之喪，天下之通喪也，自天子達。方其無事，而冢宰以統百官均四海爲職。則諒陰三年，使百官總己而聽焉，何嫌之有？」

子曰：「上好禮，則民易使也。」

范曰：「君者，天下之表也，君好之則民從之，上行之則下效之，故上好禮則民易使，其理然也。」

謝曰：「禮達而分定，則易使。」

楊曰：「上好禮，則民志定而知所以事上，故易使。」

侯曰：「禮者，所以辨上下定民志者也，民志定，則上下之分正，而易使也。」

尹曰：「君好之則民從之，上行之則下效之，皆在上之化而已。」

子路問君子。子曰：「修己以敬。」曰：「如斯而已乎？」曰：「修己以安人。」曰：「如斯而已乎？」曰：「修己以安百姓。修己以安百姓，堯舜其猶病諸！」

伊川曰：「修己以安百姓，莫須有所施爲乃能安人，此則自我所生。學至堯舜，則自有堯舜之事。」又曰：「君子修己以安百姓，篤恭而天下平。唯上下一於恭敬，則天地自位，萬物自育，氣無不和，四靈何有不至？此體信達順之道，聰明睿智皆由此出。以此事天享帝，故中庸言鬼神之德盛，而終之以『微之顯，誠之不可掩如此夫』！」此一段前更有數語，在顔淵篇仲弓章。

橫渠曰：「可欲可願，雖聖人之智，不越盡其才以勉焉而已。故君子之道四，孔子自謂未能，博施濟衆，修己安百姓，堯舜病諸。是知人能有願有欲，不能窮其願欲，修己以安人。修己而不安人，不行乎妻子，況可愜於天下乎？」

范曰：「君子無不敬也，敬身爲大。揚雄曰：『人必其自敬也，然後人敬之；人必其自愛也，然後人愛之。自愛，仁之至也；自敬，禮之至也。』君子之道本諸身，故修己以敬。大器先自治則能治人，先修己則能安人。聖人之治天下，猶天地之養萬物也，無一物不得其養，一民不得其所，則難矣。禹思天下有溺者，由己溺之；稷思天下有飢者，由己飢之。故博施濟衆，修己以安百姓，堯舜以爲病，人君可不勉哉？」

吕曰：「修己不敬，則道不立。進之則安人，人者以人對己。進之則安百姓，百姓者則盡乎人矣，此堯舜猶病諸者也。修己以安百姓，所謂不言而信、不怒而威者與！」

謝曰：「修己舍敬以直内，則不能。安人安百姓，則擴而大之也。使由也知求諸道，則豈曰如斯而已乎？故夫子謂堯舜之道不越如此。」

楊曰：「修己以直内爲主，推之至於家齊、國治、天下平，然後爲至。然天下不能無害民者，雖堯舜其猶病諸，故憂驩兜，遷有苗，畏巧言令色孔壬。」

尹曰：「施於人者必本於己，故君子以修己爲本。修己之要，欽以直内，推而及物，至於百姓，皆被其澤，猶天地之養萬物，無不得其所者。其本皆在于身修，故馴致可至於天下平。曰堯舜猶以爲病者，蓋以子路每以爲未足故也。」

原壤夷俟。子曰：「幼而不孫弟，長而無述焉，老而不死，是爲賊！」以杖叩其脛。

伊川曰：「或謂原壤之爲人，敢慢聖人，及母死而歌，疑似莊周。非也，乃鄉里麤鄙之人，不識義理者耳。觀夫子責之之辭，幼不孫弟，長而無述焉，直至老而不死謂之賊，便可見其爲人也。若是莊周，夫子亦不敢叩責之，適足啓其不遜爾，彼亦必須有答。」

横渠曰：「幼不率幼，長無稱述，老不安死，三者，皆賊生之道也。」

范曰：「故舊無大故則不棄也，故雖夷俟，猶不絶之。聖人教人，各因其才，若原壤之無禮，非可以言喻也，故深責而以杖叩之。教誨之道，不一端也。」

謝曰：「幼而不遜弟，長而無述，於世無補也，亦賊夫天理而已，故以杖數其罪而語之。」

楊曰：「禮人不答，盍亦自反而已，謂之賊而叩其脛，不已甚乎？若原壤，蓋莊子所謂遊方之外者也，故孔子切責之，畏其亂俗也。而彼皆受之而不辭，非自索於形骸之内，而不以毁譽經其心者，能如是乎？蓋惟原壤，然後待之可以如此。」

尹曰：「幼而不遜弟，長而無所述，老而不死，皆賊天理者也。若原壤之放曠，非可以言諭也，故叩其脛而深責之。教諭之道，非一端也。觀原壤之母死而爲孔子歌，則其人可見矣。」

闕黨童子將命。或問之曰：「益者與？」子曰：「吾見其居於位也，見其與先生並行也，非求益者也，欲速成者也。」

范曰：「先王之教，學不躐等，幼者有爲幼之事，長者有爲長之道。童子而欲爲成人，是學未至而謂之至，行未成而謂之成，如拱把之桐梓，不能養，而亟用之於大，豈不夭其天性哉！」

謝曰：「童子坐則在隅，行則在後，聽而弗問，無與先生並行之理，故曰非求益者。」

楊曰：「童子侍坐於先生，居其位而與之並行，是欲以成人自居，豈求益者歟？」

侯曰：「童子而與先生並行，則非求益者也。」

尹曰：「童子坐則隅，行則左右，聽而弗問，今居位而並行，幾於不孫弟者也，何求益之有？」

校勘記

〔一〕未有心壯而四體不能者也　四庫本「者」作「强」。

〔二〕君子而不仁者有矣夫　「矣」原作「以」，據論語集注改。

〔三〕盡仁道者聖人之事　「仁」原作「人」，據明抄本改。

〔四〕則是小國之不知也　據文意，「知」當作「如」字。

〔五〕則其仁可知矣　據文意，「仁」當作「人」字。

〔六〕而文之以禮樂　「文」原作「聞」，據四庫本改。

〔七〕學至□□後可以爲成人矣　空格内明抄本作「樂而」，四庫本作「此然」。

〔八〕發而皆中節謂之和　「皆」原作「後」，據四庫本改。

〔九〕此古者所以言之不出也　原本無「之」字，據明抄本補。

〔十〕攷衆人之論　「攷」原作「攻」，據明抄本改。

〔十一〕子曰使乎使乎　原本無「子」字，據論語集注補。

〔十二〕思出其位而謀其政　原本作「其出」，據明抄本乙倒。

〔十三〕蓋聖人之事　原本無「人」字，據四庫本補。

〔十四〕此乃夫子之事　原本「之」下另有「之」字，據明抄本删。

論語精義卷第八上

衛靈公第十五

衛靈公問陳於孔子。孔子對曰：「俎豆之事，則嘗聞之矣；軍旅之事，未之學也。」明日遂行。

明道曰：「明日遂行，言語不相投也。」

范曰：「靈公問陳，則其志可知也，故對之，明日遂行。夫子豈不知靈公之無道，而入其國，如靈公猶足用爲善也，況不爲靈公者乎？知其不可爲而爲之，亦不爲苟去，此聖人之行也。」

謝曰：「善戰者不陳，陳，兵之末也。若致天討，無敵於天下，蓋將有征而無戰，何陳之有？」

楊曰：「秦不用周禮，詩人知無以固其國。則爲國以禮，軍旅非所問也。俎豆器數而已，禮之末也，陳亦軍旅之末，故問陳以是對。曾子曰：『籩豆之事，則有司存。』蓋儀章器數，祝史之事，有司之職也，宜非君子所有事者。然禮藏於器以爲用，而天下之至賾存焉，使靈公聞是而究其説，則循而達之，斯知所以爲禮矣。聞而莫之省，則知其不足與有爲也，故明日遂行。與孟子對齊宣王問齊桓晉文之事同意。」

尹曰：「衛靈公無道之君也，復有志於戰伐之事，故答以未之學而去之。」

在陳絶糧，從者病，莫能興。子路慍見，曰：「君子亦有窮乎？」子曰：「君子固窮，小人窮斯濫矣！」

伊川曰：「君子固窮，固守其窮也。」

范曰：「君子身有窮，而道不可窮，故困而不失其所亨。小人貧斯約，富斯驕，困則必屈其志，窮則不安其命，故窮斯濫矣！」

謝曰：「子路尊聖人，惡夫上下之無交也，是以慍見。夫子謂汝以修德而名達乎？所以異於人者，特固窮而不若小人之斯濫也。知此，則窮達不在我矣，何窮之有？」

楊曰：「疑君子之不窮，則無命，無命，則僥倖之心生，故窮則濫。」

侯曰：「子路之慍見，不受命者也。苟不受命，窮斯濫矣。」

尹曰：「君子之窮也，則守道而不變，小人則無所不至矣。」

子曰：「賜也，女以予爲多學而識之者與？」對曰：「然。非與？」曰：「非也。予一以貫之。」

范曰：「子貢之學，病在於博而不能守約也，故夫子問以教之。子貢以己觀夫子，則誠以爲多學而識之矣，故曰然。然其知足以知聖人，多學而識之，未足以盡夫子之道，必有其上者，故又曰非與？夫子知其可以語上也，故又曰：『非也。予一以貫之。』曾子守約，有受道之質，故夫子直告之曰：『吾道一以貫之。』至於子貢，則先攻其失而後語以至要也。」

謝曰：「仁者見之謂之仁，知者見之謂之知，人不能偏觀而盡識，宜其以爲多學而識之也。然孔子豈務博者哉？如天之於衆形，匪物物而彫刻之也，故曰：『吾道一以貫之。』『德輶如毛，毛猶有倫。上天之載，無聲無臭。』至矣！」

楊曰：「子貢蓋嘗博之以文矣，至是欲約之，故告之以此，然亦當其可也。」

侯曰：「聖人之學，窮理盡性以至於命，一貫而已，何用多學哉？子貢初疑而終喻，故夫子告之曰：『予一以貫之。』」

尹曰：「子貢之於學，不及曾子也如此。孔子語曾子一以貫之，蓋不待其問而告，曾子復深喻之曰唯。至於子貢，則不足以知之矣，故先發其問，曰：『女以予爲多學而識之者與？』果不能知之以爲然也，又復疑其不然而請焉，方告之曰：『予一以貫之。』雖聞其言，而不能如曾子之唯也。」

子曰：「由！知德者鮮矣。」

范曰：「德者，自得於内，而不願乎人知也。揚雄曰：『我知爲之，不我知亦爲之，厥光大矣。必我知而爲之，光亦小矣。』子路以君子有窮，至於愠見，是修身而必欲我知也。故曰『知德者鮮矣』，所以責而進之也。」

謝曰：「人莫不飲食也，鮮能知味也，知德者鮮故也。」

楊曰：「人不知德，則無以入德，故貧則怨，窮則濫，言此以救子路愠見之失。」

侯曰：「君子而知德，猶飲食而知味也。飲食而知味，唯易牙能之，故曰：『由，知德者鮮矣。』知德，則知道矣。」

尹曰：「知德者鮮，所謂終身由之而不知其道者衆也。」

子曰：「無爲而治者，其舜也與？夫何爲哉？恭己正南面而已矣。」

范曰：「聖人酬酢天下萬事之變，其中心實無爲也。舜得禹、咎繇、稷、契而相之，如天運於上，而寒暑各司其序，故恭己正南面而已矣。」

吕曰：「體信達順，德孚於人，從欲以治，則四方風動，與人爲善，則人效其能，夫何爲哉？君猶心也，天下四體也，仁義禮智根於心，其生色也睟然，見於面，盎於背，施於四體，四體不言而喻，其是之謂與？」

謝曰：「揚子曰：『襲堯之爵，行堯之道，法度彰，禮樂□〔一〕，垂拱而視，天民之阜也，無爲也。』」

楊曰：「惇五典，庸五禮，章五服，用五刑，皆天也。舜何爲哉？恭己奉天而已。」

侯曰：「篤恭而天下平，夫何爲哉？」

尹曰：「聖人之治天下，豈事事而爲之哉？恭己正南面而已矣，其治天下之道畢矣。」

子張問行。子曰：「言忠信，行篤敬，雖蠻貊之邦行矣。言不忠信，行不篤敬，雖州里行乎哉？立則見其參於前也，在輿則見其倚於衡也，夫然後行。」子張書諸紳。

伊川曰：「立則見其參於前也，在輿則見其倚於衡也，然後可以祈益。」又曰：「立則見其參於前，所見者何事？」更有一段，在子張篇「博學而篤志」章。

范曰：「言忠信，行篤敬，則不離於道。道無往而不可，故遠則蠻貊，近則州里，坐立登車，莫不見之，造次顛沛，無須臾離，則所見無非道也。子張之學，外有餘而內不足，故必敷陳以告之，使之自外而入也。」

謝曰：「言忠信，言斯有物；行篤敬，行斯有常，雖之夷狄，不可棄也，故蠻貊之邦行矣。言不忠信，行不篤敬，則同於無物，與㦎蕎悽愴無異，倀倀然無地可履，故雖州里行乎哉？立則見其參於前，在輿則見其倚於衡，此教以忠信篤敬之道也。道也者，忘之不可，不忘不可，惟正心誠意，必有事焉而勿正心，不下帶而道存者得之。當職疑在前在衡時，豈有物參倚也。」

楊曰：「見其參於前倚於衡，必有事焉之意。其者，指物之辭。所謂其者果何物也？學者見此而後行，則無入而不得矣。」

尹曰：「見其參於前倚於衡，拳拳服膺之意。子張於忠信篤敬有未盡焉，書諸紳，則欲事斯語也。」

子曰：「直哉史魚！邦有道如矢，邦無道如矢。君子哉蘧伯玉！邦有道則仕，邦無道則可卷而懷之。」

范曰：「史魚，一人之行也，故曰直。蘧伯玉，衆可繼之行也，故曰君子。君子，有賢人之德業者也〔二〕。」

謝曰：「蘧伯玉近於可以仕則仕，可以止則止。史魚愛君之意則多，然明哲之所爲不如是。」

楊曰：「史魚之直，未盡君子之道焉，故於蘧伯玉曰『君子哉』，蓋如蘧伯玉而後可免於亂世。若史魚之如矢，雖欲卷而懷之，有不可得也。」

侯曰：「史魚之直，知直而不知權者也，知權，則直在其中矣。蘧伯玉進退之間爲君子，則知行藏用舍矣。」

尹曰：「史魚之所處，謂之直可也，然未若蘧伯玉之爲君子。」

子曰：「可與言而不與之言，失人；不可與言而與之言，失言。知者不失人，亦不失言。」

范曰：「失人，則在人者不得其所處矣；失言，則在己者不得其所當矣，皆非所以爲知。孟子曰：『知，譬則巧也。』夫欲不失人與不失言，皆可勉而能也，而況聖人知周乎萬物，而道濟天下，豈有一人不得其所處，一言不得其所當者乎？」

謝曰：「可與言而不與言，則後知何賴於先知。不可與之言，則强聒而不受，不知者則必有一於此矣。」

楊曰：「中人以上不與之語上，則失人，非成德也。中人以下與之語上，則失言，非達材也。灼知人才之上下，非知者其孰能之？」

侯曰：「樊遲問知，子曰：『知人。』知人，則不失人，亦不失言矣。」

尹曰：「知者之於人於言，蓋兩不失之者也。」

子曰：「志士仁人，無求生以害仁，有殺身以成仁。」

伊川曰：「實理得之於心自別，實見得是，實見得非，古人有捐軀殞命者。若不實見得，烏能如此？須是實見得生不重於義，生不安於死也，故有殺身成仁者。只是成就一箇是而已。」或曰：「有殺身以成仁，無求生以害仁。竊謂所利者大，一身何足惜也。」先生曰：「但看生與仁孰重。夫子曰：『朝聞道，夕死可矣。』人莫重於生，至捨之以死，道必大勝於生也。」曰：「既死矣，敢問大勝處如何？」曰：「聖人只睹一箇是。」

范曰：「志士者志於道，仁人者主於仁。身之所重者生也，苟有害仁，則殺身以成仁，況輕於生者，其肯違仁以求之哉？孟子曰：『生亦我所欲，義亦我所欲也，二者不可得兼，舍生而取義者也。』揚雄，或問衆人，曰：『富貴生。』賢者，曰：『義。』聖人，曰：『神。』唯賢者能權輕重而取舍之。仁人者，聖人之次也。」

呂曰：「不私至德，以私至德。」

謝曰：「仁人之死生無擇也，志士於死生取義也。方其舍生取義，外物亦不足以間之，故所成者仁。」

楊曰：「孟子曰：『士尚志。』非仁，無守也；非義，無行也。夫是之謂志士，雖其心未能不違仁，其欲成仁，則與仁人一也。」

侯曰：「志士，志於仁者也，故無求生以害仁，有殺身以成仁。義之當爲，計較一生，則害仁矣。故曰仁人求生害仁，殺身成仁，皆義也，非仁也。仁義本無二，學者當於一道上别出。」

尹曰：「志士仁人，雖於死生利害之際，唯知有仁而已，故殺身以成其德。」

子貢問爲仁。子曰：「工欲善其事，必先利其器。居是邦也，事其大夫之賢者，友其士之仁者。」

伊川曰：「子貢問爲仁，孔子告以爲仁之資，非極力言仁也。」

范曰：「事大夫之賢者，友士之仁者，推而至於天下之善，無所不取，其仁豈不大哉！顔淵問仁，子曰：『爲仁由己。』子貢問爲仁，則告以事大夫友士，是由人也。由己者，自誠而明者也。由人者，自明而誠者也。自明而誠者，聖人兼之，故舜自耕稼陶漁以至爲帝，無非取於人者。舜之爲聖，亦必由此，猶工欲善其事，無不先利其器也。」

吕曰：「仁者兼容徧體，不與物共則不達，事賢友仁，達仁之先務與？」

謝曰：「大夫在所尊，而况賢者；士在所禮，而况仁者。事之友之，則必有敬心存焉，如之何仁不自此生也。魯無君子者，斯焉取斯？謂其有所事有所友故也。介甫曰：『事衰世之大夫，友薄俗之士，聽淫樂，視慝禮，皦然不惑於先王之道，難矣哉！』」

楊曰：「事其大夫之賢者，友其士之仁者，輔仁之器，孰利於此？」

尹曰：「欲爲仁者，當先擇仁賢而從之，猶工之先利器也。」

顔淵問爲邦。子曰：「行夏之時，乘殷之輅，服周之冕，樂則韶舞。放鄭聲，遠佞人。鄭聲淫，佞人殆。」

伊川曰：「三王之法，各是一王之法，故三代損益，隨時之宜。若孔子所立之法，乃通百世不易之法。孔子於他處亦不見，獨於告顔子云：『行夏之時，乘殷之輅，服周之冕，樂則韶舞。』此是於四代中舉這一箇法式，其詳細雖不可見，而孔子但示其大法，使後人就上修之。二千年來，亦無人識者。」又曰：「舉前代之善者，準此以損益之，此成法也。鄭聲使人淫溺，佞人使人危殆，故放遠之，然後能守成法。」又曰：「行夏之時，得其正也；乘殷之輅，質也；服周之冕，文也；樂則韶舞，盡善盡美也。問政多矣，唯顔淵然後告之以此。蓋三代之制，皆因時損益，其久也不能無弊。周衰聖人不作，故孔子斟酌先王之禮，立萬世常行之道，發此乃爲之兆爾，由是求之，則餘皆可考也。中庸言三重，蓋發明此意。」又曰：「行夏之時，乘殷之輅，服周之冕，樂則韶舞，與從周之文不悖。從先進，則爲時之敝言之，彼各有當也。」

橫渠曰：「顔回爲邦，禮樂制度，不必教之，惟損益三代，蓋所以告之也。法立而能守，則德可久業可大。鄭聲佞人，能使爲邦者喪其所守，故放遠之。」

范曰：「夫子之得邦家，其舉而措之者，蓋將如此，此堯舜三王之治天下，致太平之事也。顏子之才足以任此，故以告之，自閔子以下不及也。堯畏巧言令色，舜難壬人，堲讒説殄行，故命九官，終之以龍作納言。然則顏子爲邦，何可以不放鄭聲、不遠佞人也。」謝曰：「爲天下以禮樂爲本，當因襲帝王之迹而損益之。放鄭聲，如大司樂禁淫聲慢聲。遠佞人，如遷驩兜，放有苗。蓋亂德淫志，不可以作心膂，和民情，非使顏子致戒於斯。」楊曰：「三代之相因，有所損益而已，後之繼周者，雖百世可知也。故告顏淵以是，蓋舉其端使知所損益而已，亦從周之意也。」尹曰：「行夏之時，乘殷之輅，服周之冕，樂則韶舞，此可謂百王不易之大法。孔子之作春秋，蓋此意也。孔顏雖不得行之於時，然其爲治之道，可得而見矣。」

子曰：「人無遠慮，必有近憂。」

伊川曰：「思慮當在事外。」

范曰：「書曰：『制治於未亂，保邦於未危。亂必生於治，危必生於安。』易曰：『危者，安其位者也；亡者，保其存者也；亂者，有其治者也。是故君子安而不忘危，存而不忘亡，治而不忘亂，是以身安而國家可保也。』」

謝曰：「莫大之禍，亦非一朝一夕之故，慮遠者可以無近憂。古人有見幾於罷醴者，似近之矣。」

楊曰：「邦分崩離析而莫之慮，則季孫之憂，其在蕭墻之内必矣。」

子曰：「已矣乎！吾未見好德如好色者也。」

范曰：「好德如好色，好義如好利，好賢如好佞，則可謂能自克矣。若此者，夫子歎其終不得見也。」

楊曰：「世之好德無誠心，則孔子知其已矣。」

子曰：「臧文仲其竊位者與？知柳下惠之賢而不與立也。」

范曰：「臧文仲爲政於魯，若不知賢，是不明也；知而不舉，是蔽賢也。不明之罪小，蔽賢之罪大，故孔子以爲不仁，又以爲竊位。孟子曰：『不祥之實，蔽賢者當之。』」

謝曰：「所以蔽賢者無他，知保禄而欲以擅之也，是以謂之竊位。」

楊曰：「任國事以旁招俊乂爲職，不任其職，非竊位而何？」

侯曰：「事君以人而蔽賢，不得居位之道，竊據之也。」

子曰：「躬自厚而薄責於人，則遠怨矣。」

范曰：「孟子曰：『君子有終身之憂。舜人也，我亦人也，舜爲法於天下，可傳於後世，我猶未免爲鄉人焉，是則可憂也。』憂之如何，如舜而已矣。顔淵曰：『舜何人也？予何人也？有爲者亦若是。』孔子曰：『君子以義度人，則難爲人，以人望人，則賢者可知矣。』此責於人者薄也。成湯與人不求備，檢身若不及，商頌曰：『湯降不齊，聖敬日躋，昭假遲遲。』此人君躬自厚薄責於人也。」

謝曰：「惟反己者知無責人之理。至於躬自薄，則厚責於人也必矣。然則不能遠怨者，蓋亦未知自愛故也。」

楊曰：「躬不自厚，而責人無已，其取怨也孰近焉？」

侯曰：「不能責躬，而責人無已，知其取怨也。」

尹曰：「小人反是，所以多怨。」

子曰：「不曰『如之何，如之何』者，吾末如之何也已矣。」

范曰：「易曰：『君子以思患而豫防之。』老子曰：『爲之於未有，治之於未亂。』有國家者，當防微杜漸，若禍難已成，雖聖人亦末如之何也。」

謝曰：「不留情於無所奈何，惟心無滯吝者能之。此其意已極高明。」

楊曰：「不於可爲之時爲之，則後雖欲圖之，亦末如之何也已。」

侯曰：「天下之事，當防微杜漸於未然之前，故不曰如之何。若至於已然，横流極熾，無可奈何之後，雖聖人亦無如之何矣。故曰：如之何者，吾末如之何也已矣。」尹曰：「事至於無如之何，雖聖人亦無如之何矣。故君子思患而豫防之，蓋謂此也。」

子曰：「羣居終日，言不及義，好行小慧，難矣哉！」范曰：「朋友講習，爲日不足，羣居言不及義，則不可與入德；行小慧以爲知，則不足與知道，亦難以爲君子矣。」謝曰：「言不及義，則必放僻邪侈；好行小慧，則不可以爲大知，其爲小人也必矣。小慧與知雖相似，其實不同。」楊曰：「羣居言不及義，而欲以察慧爲明，非居易之道也。」侯曰：「羣居終日，言不及義，則爲惡而已；又以小慧矜人，則不及於禍亂者難矣。小慧非知也，察慧而已。」尹曰：「君子義以爲質，羣居而言不及之，反以才知爲能，難矣哉！」

子曰：「君子義以爲質，禮以行之，孫以出之，信以成之。君子哉！」明道曰：「此四句只是一事，以義爲本。」又曰：「敬以直內，則義以方外。義以爲質，則禮以行之，孫以出之，信以成之。孫，順也，不止於言。」

伊川曰：「君子義以爲體，全於義也。禮以行之，孫以出之。孫，不必言也。」范曰：「義以方外也，故君子集義。以義爲體，則莫不有法度。文之以禮，故非禮不行。言出於己，悖而出者亦悖而入，孫而出者亦孫而入，故出之必以孫，行之必以信。居之以義，行之以禮，出之以孫，成之以信，則可以爲君子矣。人君之道亦然，民之所聽於君者，以其有義也，故當以義爲體。治人莫急於禮，人君孫以出之，則天下亦歸之，國無信不立。有此四者，可以爲國矣。」謝曰：「日可見之行，皆義以方外之事，故如質幹然，禮行此，孫出此，信成此。」楊曰：「君子所主者義而已，義有分宜，儀章品物，爲之容節，所以行之也。行而不以孫出之，則禮不和。孫而不以信成之，則其爲容節也浮文而已。無著誠去僞之道，亦不可行也。四者具，則文質彬彬，故曰君子哉！」尹曰：「義，本也。而以禮行之，以孫出之，以信成之，斯可謂君子矣。」

子曰：「君子病無能焉，不病人之不己知也。」范曰：「人之病在於不修己而好求人知，故每言此以誨人也。」

子曰：「君子疾没世而名不稱焉。」明道曰：「君子惟患無善之可稱，當汲汲爲善，非求名也。有實則有名，名實一也。

若夫好名，則徇名爲虚矣。如君子疾没世而名不稱，謂無善可稱耳，非徇名也。」

范曰：「君子學以爲己，不求人知，然没世而名不稱，則無爲善之實矣。揚雄曰：『名譽以崇之。』詩曰：『鼓鐘于宫，聲聞于外。』名者，實之賓也。」

吕曰：「論爲善之效，則疾没世而名不稱；語信道之至，則遯世不見知而不悔。」

謝曰：「病人之不己知者則務外，務外者兩失之；不病人之不己知則務實，務實兩得之。有實必有名，没世而名不稱，無實故也。先王之世，鄉黨閭里爲善者多，無行修而譽不聞者，是以名不稱爲可疾。後世禮義衰微，始有潛德韜光四十年，人無識者。」

尹曰：「名謂無善之可稱，非求名譽者也。」

子曰：「君子求諸己，小人求諸人。」

范曰：「君子忠人，故求諸己；小人欺己，故求諸人。求諸己者，自修也；求諸人者，自棄也。故君子之過日損，小人之過日益。」

謝曰：「君子無不反求諸己者，小人反是，此君子小人之所以分也。」

楊曰：「君子雖不病人之不己知，然亦疾没世而名不稱也；雖疾没世而名不稱，而所求者亦反諸己而已。小人求諸人，故違道干譽，無所不至。三者文不相蒙，而義實相足，此亦記言者之意。」

尹曰：「君子無不求諸己，小人反是。」

子曰：「君子矜而不爭，羣而不黨。」

伊川曰：「此矜尚之矜也。」又曰：「君子以矜莊自持，不與人爭。」范曰：「矜以自厲，故與人不爭；羣而無隨，故好惡無黨。小人矜必至於爭，羣必至於黨。」謝曰：「自矜則與人有別異之道，然不期於爭。羣居則與人有和樂之理，然不期於黨。」楊曰：「矜而不爲崖異，故不爭。羣而以和，故不黨。」或問：「君子矜而不爭，書曰：『汝惟不矜，天下莫與汝爭能？』君子可矜乎？」曰：「矜者矜莊之矜，非謂伐也。古人用字，各有所當，難以一説該也。」尹曰：「小人矜持則必至於爭，相與則必至於黨。」

子曰：「君子不以言舉人，不以人廢言。」

范曰：「能言之者未必能行，聽其言者必觀其行，故不可以言舉人。狂夫之言，聖人擇焉，陽虎之言，孟子取之，故不可以人廢言也。」謝曰：「有言者不必有德。」

楊曰：「聽言必觀其行，故不以言而舉。言在可底績而已，故不以人而廢。」

侯曰：「有言者不必有德，故不以言舉人。言或中理，不可以非人而廢言，故不以人廢言。陽貨曰：『爲仁不富矣。』此言豈可廢也。」

尹曰：「若孔子於宰予，孟子於陽貨者是也。」

子貢問曰：「有一言而可以終身行之者乎？」子曰：「其恕乎？己所不欲，勿施於人。」

范曰：「中庸曰：『忠恕違道不遠，施諸己而不願，亦勿施於人。』孟子曰：『强恕而行，求仁莫近焉。』恕者，以己之身爲人之身，以己之心爲人之心，己欲安，故安人，己欲利，故利人。三王之治天下，惟恕而已矣。」

謝曰：「言恕則忠在其間，無忠，何所恕也。推其道可以極於無我，終身行之可也。」

楊曰：「君子之學，求仁而已，舍恕，其孰可終身行之乎？」

侯曰：「己所不欲，勿施於人，恕也。恕，忠之用也。忠且恕也，雖聖人亦不越如是而已，豈不可終身行之乎？」

尹曰：「學貴乎知要，子貢之問，可謂知要矣。孔子告之，求仁之方也，推而極之，雖聖人無我，不出乎此也，終身行之，不亦宜乎？」

子曰：「吾之於人也，誰毁誰譽？如有所譽者，其有所試矣。斯民也，三代之所以直道而行也。」

明道曰：「直道行，毁譽公也。」

范曰：「彼善而我譽之，彼惡而我毁之，毁譽生乎人，非生於我之私也。故吾心未嘗有毁譽，如有所譽，必有所試，如有所毁，必有所見矣。彼賢而我賞之，彼罪而我罰之，此三王之治民所以直道而行。故天之於人，作善降之福，作不善降之禍，善不善在人，而禍福降之，天無私焉。有心毁譽，則非直道也。」

謝曰：「聖人本無毁譽心，而物未嘗自毁譽也，因物可毁可譽而毁譽之，是非之心也，此之謂直道。三代之時，民有士君子之行以此。」

游曰：「大公至正之道，古今所共由也，合乎此則爲是，外乎此則爲非。其所謂是者，非惟聖人之所是，天下亦以爲是而好之；其所謂非者，非惟聖人之所非，天下亦以爲非而惡之。聖人因民心之是非好惡，還以治之，非故矯揉其性而爲不可順從之事也。三代之君所以治者如此，孔子亦出乎大公至正之道而已。」

楊曰：「有所譽必有試焉，則雖違道以干之，不可得也。三代之民得以直道而行者以此。」

侯曰：「三代之所以直道而行者，毁譽不私而已。」

尹曰：「孔子之於人，豈有意於毀譽之哉？其所以譽之者，蓋試而知其美故也。斯民也，三代所以直道而行，豈容私於其間哉！」

子曰：「吾猶及史之闕文也，有馬者借人乘之。今亡矣夫！」

明道曰：「言吾力猶能補史之闕文。當史之職，而能闕疑以待後人，是猶有馬者借人乘之也。」

横渠曰：「魯禮文闕失，不以仲尼正之，如有馬不借人以乘習。不曰禮文，而曰史之闕文者，祝史所任，儀章器數而已，舉近者而言約也。」

范曰：「史之闕文，夫子所以聞見足以及之，然而必闕者，示信也。譬如有馬可與人共，則借人乘之，不必專之也。故闕疑所以與天下共，使人皆得通之，不必以身質之也。今亡矣夫！歎學者不然也。」

謝曰：「信以傳信，疑以傳疑。」

楊曰：「事無徵則史闕文。有馬者借人乘之，孔子猶及見也。今亡矣夫，蓋悼時之益偷也。」

尹曰：「古之良史，有疑則闕之以待能者，如有馬不能調良，則借人乘習之也。孔子謂吾猶及見之，今則無矣。」

子曰：「巧言亂德，小不忍則亂大謀。」

范曰：「德者本也，言者末也，故華言無實則亂德。小仁者大仁之賊也，故小不忍則亂大謀，君子所以貴果斷也。」

謝曰：「巧言則心馳於外，故亂德。小不忍，婦人女子之愛也，是豈足以成大謀。」

楊曰：「巧言必能成理，故可以亂德。小不忍則義不勇，故亂大謀。」

侯曰：「巧言似是而非，所以亂德。小不忍則無含弘之度，所以亂大謀。」

尹曰：「慎言則可以成德，忍性則可以成事。」

子曰：「衆惡之，必察焉；衆好之，必察焉。」

范曰：「衆惡之必察焉者，爲其近於獨立也。衆好之必察焉者，爲其近於鄉原也。」

謝曰：「其不善者好惡之，則是非特未定。」

楊曰：「惟仁者能好惡人，衆好惡而不察焉，則或蔽於私矣。」

侯曰：「衆人之好惡，固已知其多當也，然而如陳仲子之廉，匡章之不孝，君子亦當察也。」

尹曰：「孟子之於於陵仲子、章子是也。」

子曰：「人能弘道，非道弘人。」

橫渠曰：「心能盡性，人能弘道也。性不知檢其心，非道弘人也。」

范曰：「易曰：『神而明之，存乎其人。』有大人則有大道，有小人則有小道。道本無體，廣狹在人，非由道也。」

謝曰：「人能徇道，道不遠人；人不求道，道豈求人哉？」

楊曰：「推而行之，放乎四海而準，人弘之也。不爲堯存，不爲桀亡，道固自爾，非弘人也。」

子曰：「過而不改，是謂過矣。」

范曰：「舜戒羣臣，不曰無過，而曰：『予違汝弼。』仲虺稱湯，不曰無過，而曰：『改過不吝。』聖人猶不敢自謂無過，而況其下者乎？惟過而不改，則是爲過，若其能改，則不爲過也。」

謝曰：「改非過也，所謂如日月之食焉。」

楊曰：「過而改之，則復於無過矣，何過之有？」

侯曰：「改過不吝，所以稱湯也。」

尹曰：「君子不曰無過，而以改過爲美也。成湯之聖，改過不吝，況其下乎？」

子曰：「吾嘗終日不食終夜不寢以思，無益，不如學也。」

范曰：「聖人求道其勤如此，而况其下者乎？思而不學則殆，故廢寢食以思，無益，不如學之益也。」

謝曰：「非特以爲無益也，止於思則殆，故濟以學。」

楊曰：「學而不思則罔，思而不學則殆，則學固不可以不思也。然而未嘗學也，而徒思焉，譬之耕也，未嘗種藝，而惟耘耔之務，則其無益也明矣。」

尹曰：「廢寢食以思，不如學之益也。故曰思而不學則殆。」

子曰：「君子謀道不謀食。耕也，餒在其中矣；學也，禄在其中矣。君子憂道不憂貧。」

范曰：「耕，所以爲食也，而餒存焉，未必得食。學，所以爲道也，而禄存焉，未必得禄。農夫不爲有餒而不耕，君子不爲不得禄而不學，故謀道不謀食，憂道不憂貧，治其本，不恤其末也。」

吕曰：「使人易憂貧以憂道，則何所不至。」

謝曰：「貧賤困辱，其來既不可却，而有道者能處，能處則何貧之有？是以能知重輕緩急者，止於憂道。」

楊曰：「耕也而有豐凶之不常，則餒在其中矣；修其天爵而人爵從之，則禄在其中矣。爲大人之事，則何謀食憂貧之有？」

侯曰：「君子志於道，食非所謀也，志於食則害道矣。猶耕也本爲謀食，非求餒也，而餒在其中矣。學本進道，非求祿也，而祿在其中。學者唯道之不進爲憂，貧非所憂也。孟子曰：『修其天爵，而人爵從之。』祿在其中矣。」

尹曰：「耕所以爲食也，而餒存焉；學所以爲道也，而祿存焉。故謀道不謀食，憂道不憂貧，蓋所以治其本而不恤其末，曾何以在外者而爲憂樂哉！」

子曰：「知及之，仁不能守之，雖得之，必失之。知及之，仁能守之，不莊以涖之，則民不敬。知及之，仁能守之，莊以涖之，動之不以禮，未善也。」

明道曰：「知及之，仁能守之，莊以涖之，動之以禮，言爲學始末當如此，爲政始末亦然。」

伊川曰：「知及之，仁不能守之，此言中人以下也。若夫真知，未有不能行者。」又曰：「知及之，仁不能守之，無得也。仁能守之，有諸己也。莊以涖之，行己也。動之以禮，在彼而應也。有始有卒者，先後之序也。」周孚先問：「此語是告學者，亦是入道之序。故知及之者，見得到也；仁能守之者，孳孳於此也；莊以涖之者，外設藩垣以遠暴慢也；動之以禮，觀時應用，皆欲中節也。或者謂此事君，如何？」先生曰：「臨政處己，莫不皆然。所謂仁能守之者，孳孳於此也。此言未能體仁，且宜致思，仁則安矣，所以云守也。」

范曰：「知周於物，故能及之。仁有諸己，故能守之。莊，所以自敬也。禮，所以自立也。士之於學，人君之於治，必由此四者，所以能久而成也。」

吕曰：「德不據則雖得必失，德輕則民不敬，文則不足則未善。」

謝曰：「此非仁知之盡也，若知之盡，豈有不能守之之理；若仁之盡，豈有不能莊不以禮者。莊以涖之，動之以禮，亦所以養仁。然苟有所守，其於禮，雖不中不遠矣，故止曰未善也。」

楊曰：「知及之，仁不能守之，則人欲或勝之，雖得必失矣。仁能守之，足以長人矣，然而不莊以涖之，則無方以外，而民不敬，色莊而已。動之不以禮，則民將貌事之，而心不服，故動之以禮然後爲善。」

尹曰：「士之於學，人君之於治，當盡此四者，至於動之必以禮而後成也。」

子曰：「君子不可小知，而可大受也；小人不可大受，而可小知也。」

明道曰：「君子道宏，故可大受而不可小了。知此，則孟子所以四十不動心。小人反是。」

伊川曰：「不可以小知，君子而可以當大事也。」

范曰：「知其大則爲君子，知其小則爲小人。居仁由義，大也；利於一己，小也。君子之道大，故人不可以小知，抱關擊柝，不以爲少，禄之以天下，不以爲多，故可大受。小人則反是。故治國必用君子，不可用小人。夫子於君子小人每分别言之，欲人君以此辨之也。」

吕曰：「君子不可以小事取知，可以大事自受也，故不以能自名，而自任以天下之重。小人反是。」

謝曰：「大受所得者大，如受道之受。大受則決不可以小知，小知則決不可以大受。蓋昔之善相馬者，猶得其精而遺其粗，物色牝牡，或不察也，亦何疑於學者。」

楊曰：「君子養其大體而已，不可小知而可大受。小人反是。」

侯曰：「君子不器，故可大受，大受，受道也。君子之所爲，衆人固不識也，可小知哉！小人器識卑下，反此者也。」

尹曰：「君子務其大，故不可以小知；小人局於小，故不可以大受。」

子曰：「民之於仁也，甚於水火。水火，吾見蹈而死者矣，未見蹈仁而死者也。」

明道曰：「民之於仁也甚於水火，言不肯爲仁如蹈水火。」

伊川曰：「民於爲仁，甚於畏水火，水火猶有蹈而死者，言民之不爲仁也。」趙景平問：「未見蹈仁而死者，何謂蹈仁而死？」曰：「赴水火而死者有矣，殺身成仁者未之有也。」

范曰：「水火所以養人，亦所以害人。仁道甚易，而不傷人。民有蹈水火而死者，而民畏仁莫肯爲也。孟子曰：『惻隱之心，人皆有之。』又曰：『人之所以異於禽獸者幾希，庶民去之，君子存之。』存之則入於聖人，去之則近於禽獸。君子不以仁爲難，故無終食之間違仁；凡民之情以仁爲難，故畏之甚於水火。夫子言此，所以教民爲仁也。」

謝曰：「仁者非不死，特非蹈仁而致死也，是以異於水火。水火能養人，亦能殺人，而仁未嘗殺人，此所以甚於水火。」

楊曰：「水火民賴以生，民之於仁也，其欲有甚於生者，則仁固有甚於水火矣。冒利而蹈水火而死者有之，未見蹈仁而死者，則世之人喻利而不知害故也。」

侯曰：「人非水火不生活，是人於水火不可一日無也。然赴水火而焚溺也，是水火有殺人之理也。故子曰：『水火吾見蹈而死者矣，至於仁，則未見蹈而死者也。』子曰：『志士仁人，無求生以害仁，有殺身以成仁。』若如此，仁亦可以人蹈而死也。曰：死於仁，是義也，非仁殺之也，仁無殺人之理故也。人爲仁而死之耳，豈有盡人道而殺人者乎？仁與義，學者宜究其體用而默識之。孔子只言仁，而孟子言仁必言義，義所以成仁也。集義而生浩然之氣，仁也。」尹曰：「愚民之憚於爲仁也，甚於水火，故孔子之言深切如此。」

子曰：「當仁不讓於師。」

明道曰：「爲仁在己，無所與讓也。」又曰：「善名在外，則可讓矣。」

范曰：「仁道在己，則克己復禮，推之於人〔三〕，則博施濟衆，惟力行而已，雖師長無所讓。爲仁由己，非由人也。」

吕曰：「人之患在好爲人師，當其成物，則不可以不教人，故不以師道自讓。」

謝曰：「爲仁由己，師何與焉？人爲之，己亦爲之，非不讓也，如聞斯行之者。」

楊曰：「講學宜有讓於師，至於天下歸仁，則雖欲讓，將安所讓乎？」

侯曰：「爲仁由己，克己復禮爲仁，雖欲讓於師，得乎？」

尹曰：「師長猶無所遜，況它人乎？聖人勉人爲仁由己者也。」

子曰：「君子貞而不諒。」

明道曰：「諒與信異，貞大體是信，諒必爲也。」

伊川曰：「諒，固執也，與亮同，古字通用。孟子曰：『君子不亮，烏乎執？』」

范曰：「孔子之教人，未嘗不以兵食可去信不可去，不能正固而守信，亦未足以爲君子也。君子之道，不失其正，則信在其中矣。孟子曰：『大人者，言不必信，行不必果，惟義所在。』直躬證父，尾生守死，非不信也，其可以爲正乎？」

謝曰：「諒有硜硜之意。貞而不諒，豈以正行者也哉！」

楊曰：「君子正而已，不諒而爲固。」或問：「君子可不諒乎？」曰：「惟貞故可不諒。所謂貞者，惟義所在也。」

侯曰：「貞非固也，而有固之象焉。君子堅貞而義以行之，故曰：『君子貞而不諒。』諒，信之固而小者也。子曰：『豈若匹夫匹婦之爲諒也。』」

尹曰：「正則諒矣，諒則未必正也。尾生者非不諒也，其可以爲正乎？」

子曰：「事君，敬其事而後其食。」

范曰：「君子之仕，以行其義，非謀食也。有官守者修其職，有言責者盡其忠，則受禄而不愧矣。先事後得，先勞後禄，事君之義也。」

謝曰：「人浮於食，食其焉往？」

楊曰：「庶官所以代天工也，代天，其可不敬乎？不敬其事而先食，則是矯誣以徇利耳，其得罪也，將安所禱乎？」

侯曰：「事君者以行道爲志，非爲禄也，然亦有時而爲貧。若專以食爲事，則厮役之志也，不敬孰甚焉。故曰『事君敬其事而後其食』者，此也。」

尹曰：「君子之仕也，所以行其義，故欽其事而後食，非爲餔啜也。」又曰：「君子之仕，禄食在所後，事則始終皆當敬，故不以先後言。」

子曰：「有教無類。」

范曰：「凡人之性，惟在所教，善惡無類也，教之以善則爲善類，教之以惡則爲惡類。詩曰：『螟蛉之子，果蠃負之。』人君之治民，學者之教人，一也。善治民者，後世之民可使爲堯舜之民；善教人者，中才之人可使有聖賢之行也。」

謝曰：「善不善何常，蹈之則爲君子，捨之則爲小人，豈有類哉？」

侯曰：「修道之謂教，豈有類哉？有類，則非修道也，僞也。」

楊曰：「苟以是心至，雖互鄉童子見，不以難與言而不與進。」

尹曰：「人性無不善也，教之以善則成善類，教之以惡則爲惡類也。」

子曰：「道不同，不相爲謀。」

横渠曰：「有受教之心，雖蠻貊可教。爲道既異，雖黨類難相爲謀。」

范曰：「道同則心同，心同乃可相爲謀。學聖人之道者，不可與學異端者同謀；行忠信者，不可與爲欺僞者同謀，所趣不同故也。」

謝曰：「不同術也。」

楊曰：「若伯夷伊尹之去就，難相爲謀矣。」或問曰：「道不同不相爲謀，道一而已，不同者何説？」曰：「天下殊塗而同歸，故道有不同者。塗雖殊，其歸則同，道不同，其趣則一也。若伯夷伊尹去就，則難相爲謀矣。」

侯曰：「伯夷之清，下惠之和，不可相爲謀。」

尹曰：「道不同則心不同，心不同則所趨異，所趨異則豈可與謀哉？」

子曰：「辭達而已矣。」

范曰：「天下有道，則行有枝葉；天下無道，則辭有枝葉。君子之行，務於敦實，辭足以達意而已。辨給華藻，文過其實者，妄人也。」

横渠曰：「辭取意達則止，多或反害也。」

謝曰：「不辭費也。」

楊曰：「辭尚體要，貴達而已，不以文爲尚。」

尹曰：「辭所以達意而已矣。」

師冕見，及階，子曰：「階也。」及席，子曰：「席也。」皆坐，子告之曰：「某在斯，某在斯。」師冕出。子張問曰：「與師言之道與？」子曰：「然。固相師之道也。」

范曰：「聖人之於人，無所不盡其誠，見瞽必有敬焉。事事而相之，所以教人不侮鰥寡不虐無告也。推之天下，則無一物不得其所，故弟子詳記之，以爲後世法也。」

謝曰：「觀聖人誠意如此，必無欺暗室之理。」

楊曰：「聖人之於人，無非道者。曰某在斯某在斯之類，使其知之，是乃相師之道也。」

侯曰：「瞽者有所不知不見，故及階及席皆告之，而又曰某在斯某在斯，蓋相其所不知不見，而不使師至有過之地也。聖人御物之道，其仁如此。」

尹曰：「聖人處己爲人，其心一致，無不盡誠故也。有志於學者，求聖人之心，於斯可見矣。」

校勘記

〔一〕禮樂□　空格内，明抄本作「著」，四庫本作「備」。

〔二〕有賢人之德業者也　原本無「人」字，據明抄本補。

〔三〕推之於人　「推」原作「惟」，據明抄本、四庫本改。

論語精義卷第八下

季氏第十六

季氏將伐顓臾。冉有季路見於孔子，曰：「季氏將有事於顓臾。」孔子曰：「求！無乃爾是過與？夫顓臾，昔者先王以爲東蒙主，且在邦域之中矣，是社稷之臣也。何以伐爲？」冉有曰：「夫子欲之，吾二臣者皆不欲也。」孔子曰：「求！周任有言曰：『陳力就列，不能者止。』危而不持，顛而不扶，則將焉用彼相矣？且爾言過矣。虎兕出於柙，龜玉毁於櫝中，是誰之過與？」冉有曰：「今夫顓臾，固而近於費。今不取，後世必爲子孫憂。」孔子曰：「求！君子疾夫舍曰欲之，而必爲之辭。丘也聞有國有家者，不患寡而患不均，不患貧而患不安。蓋均無貧，和無寡，安無傾。夫如是，故遠人不服，則修文德以來之，既來之，則安之。今由與求也，相夫子，遠人不服而不能來也，邦分崩離析而不能守也，而謀動干戈於邦内。吾恐季孫之憂，不在顓臾，而在蕭墻之内也。」

橫渠曰：「顓臾主祀東蒙，東蒙既魯地，則是已在邦域之中矣。雖非魯臣，乃吾所以事社稷之臣也。」

范曰：「至誠之道，可以前知。聖人之言，公而無私，一而不二。故疑冉求教季氏，不爲逆詐；知季孫憂在蕭墻，不爲億不信。易曰：『大人者，與鬼神合其吉凶。』故其言如著龜。唯出於至公至一之心，是以言而必中也。」

吕曰：「均則貧富等，故無貧；和則多助，故無寡。安則人懷，故無傾。」

謝曰：「社稷臣，在社稷之内者。當是時，三家强，公室弱，冉求又欲伐顓臾而附益之，夫子所以深罪之，謂其瘠魯以肥三家。」又曰：「虎兕出於柙，謂季氏。龜玉毁於櫝中，喻公室。三家强，則公室必弱矣。」又曰：「諸侯有道，守在四鄰可也，豈以顓臾固而近於費爲憂哉？不患寡而患不均，均無貧也；不患貧而患不安，安無傾也。均則不積於有餘，故均無貧；和則無相爭不足之患，故和無寡。以此保民而王，莫之能禦也，何止保四封而已。」

楊曰：「季氏之伐顓臾，其大欲不過廣土衆民，利其有而已；其次以爲今不取，後世必爲子孫憂也。故孔子以均無貧、和無寡、安無傾告之。蓋知均無貧，則不必利其有；

知和無寡，則不必廣土而衆民；知安無傾，則後世必爲子孫憂皆過論也。而二臣者不能救，此孔子所以謂之具臣與？然冉求爲季氏聚斂矣，蓋用事之臣也，故獨責之。」

侯曰：「孔子反覆語二臣者，責其不能以道事君而居其位也，器識窄狹。故曰：『吾恐季孫之憂不在顓臾，而在蕭墻之内也。』」

尹曰：「顓臾主祀東蒙，東蒙，魯地也，則是已在邦域之中矣，是吾社稷臣也。當是時，季氏已强，公室益弱，冉求爲相，而不能救之，又爲之辭，孔子所以罪其言也。虎兕喻季氏，龜玉喻公室也。」

孔子曰：「天下有道，則禮樂征伐自天子出；天下無道，則禮樂征伐自諸侯出。自諸侯出，蓋十世希不失矣；自大夫出，五世希不失矣；陪臣執國命，三世希不失矣。天下有道，則政不在大夫。天下有道，則庶人不議。」

范曰：「禮樂征伐自諸侯出十世矣，天子希不失其天下者矣；自大夫出者五世，諸侯希不失其國者矣；陪臣執國命者三世，大夫希不失其家者矣。天子有天下，諸侯有國，大夫有家，必久而後失之，力有大小，德有厚薄，其理然也。蓋周自昭王故，其世短，道微缺，至幽王而亡，十世矣。魯自宣公，三家始强，季氏自武子至桓子，制於家臣，四世矣。希不失者，不必皆如之，其大略不過此矣。」又曰：「天子之政未嘗不在公卿，諸侯之政未嘗不在大夫，公卿大夫皆賢也，則政出於君矣，惟其非賢，是以君弱臣强，政出於下也。詩曰：『先民有言，詢於芻蕘。』古者上誦箴諫，士傳民語，庶人謗於道，商旅議於市，未嘗不議也。子曰：『上酌民言，則下天上施。』惟民言得達於上，則下無所議也。」

楊曰：「變禮易樂，革制度衣服，而流討之刑不能加，然後禮樂征伐自諸侯出。德又下衰，而禮樂征伐出於大夫。國命執於陪臣，則極矣。故其衰愈甚，則其失益近，理勢然也。」又曰：「庶人不議者，百姓謂我自然，莫知爲之者，何議之有？」

孔子曰：「禄之去公室，五世矣；政逮於大夫，四世矣；故夫三桓之子孫，微矣。」

范曰：「魯自宣公禄去公室，至定公五世矣。禄之初去公室，大夫猶有未專政者也，政逮於大夫，無不專者四世矣。陪臣執國命，而大夫又失之，故三桓之子孫亦微矣。」

吕曰：「十世、五世、三世云者，蓋所出不順，物理之所不容，其久近之效，隨大小而爲等。庶人不議，直謂民自無可議〔二〕，非不使之議。」

謝曰：「諸侯聽命於天子，大夫聽命於諸侯，如天無二日，所謂理也，故禮樂惟天子專之。自諸侯出，自大夫出，蓋如災異，何可常也，故愈逆理則其失愈近。政逮於大夫，至如今四世矣，三桓子孫，不微何待？冉有季路不知也，而猶欲强之。」

楊曰：「所以徵前説也。」

侯曰：「世道交喪，君不君，臣不臣，其能久乎？」

尹曰：「禮樂征伐，出於天子者也，諸侯專之，逆天理也，未有能過十世而不亡者。愈逆於理，則其亡愈近，故大夫不過五世，陪臣不過三世。唯天子有道，則政不在下，而衆庶無得而議。當時三家竊國已四世矣，其子孫安得不微乎？」

孔子曰：「益者三友，損者三友。友直，友諒，友多聞，益矣。友便辟，友善柔，友便佞，損矣。」

橫渠曰：「便辟，足恭；善柔，令色；便佞，巧言。」

范曰：「自天子至於庶人，友之損益皆同。書曰：『侍御僕從，罔非正人。』益友也。『巧言令色，便辟側媚。』損友也。人君所友，繫一身之安危，天下之治亂，可不慎哉！」

呂曰：「友直則知過，友諒則進於誠，友多聞則進於明。便辟習於容，善柔能爲卑屈，便佞習於口才。友便辟則德不修，友善柔則志不立，友便佞則過不聞。」

謝曰：「志無所憚則滿，謂人莫己若則亡，有志於道者可自省也。友直諒多聞，則心常歉然矣；友便辟善柔便佞，則必自滿。」

楊曰：「直則不回，諒則不欺，多聞則畜德，故可資以爲益。便辟則不正，善柔則無責善之義，便佞則禦人以口給，皆非能忠告而善道之者也，故損。」

尹曰：「便辟，足恭也；善柔，令色也；便佞，巧言也。自天子以至于庶人，未有不須友以成者，而其爲損益有如是者，可不慎擇哉？」

孔子曰：「益者三樂，損者三樂。樂節禮樂，樂道人之善，樂多賢友，益矣。樂驕樂，樂佚遊，樂宴樂，損矣。」

横渠曰：「節禮樂，不使流離相勝，能進反以爲文也。驕樂，侈靡。宴樂，宴安。」又曰：「樂驕樂、佚遊、宴樂，則不能徙義。」

范曰：「自天子至於庶人，樂之損益皆同。禮所以修外，主於敬；樂所以修内，主於和。外貌莊敬，則作事可法；中心和樂，則鄙詐不生。動必以禮樂爲節，此益者之樂也。樂道人之善，則爲善者勸，爲不善者沮。故舜隱惡而揚善，大有之世，遏惡而揚善，所以順天休命也。人君有天下，則當友天下之善士，故濟濟多士，文王以寧，此樂多賢友也。丹朱慢遊是好，傲虐是作，驕樂也。太康遊畋十旬不反，佚遊也。桀紂幽厲以酒亡國，宴樂也。人君所樂，繫一身之安危，天下之存亡，可不慎哉！」

吕曰：「節禮樂則義精通，道人善則道弘，多賢友則德有輔。驕樂則淫，佚遊則荒，宴樂則惰。」

謝曰：「節禮以樂，節樂以禮，則常莊和。能樂道人之善，則必不伐善。樂多賢友，則志在成德，而不在聖誤人。驕樂、佚遊、宴樂，皆所謂酖毒，不可懷也。」楊曰：「節禮樂，以進反爲文，則無銷放之弊。樂道人之善，則與人爲善者也。樂多賢友，則樂取人以爲善者也。故益。驕樂則傲，佚遊則荒，宴樂則怠。宴，安也。故損。」尹曰：「禮有節則不離，樂有節則不流。樂道人之善，是與人爲善。樂多賢友，以成己之德。驕樂，侈靡也，佚遊也，宴安也。三者其爲損益也如此，君子之於好樂，其可不慎乎？」

孔子曰：「侍於君子有三愆：言未及之而言，謂之躁；言及之而不言，謂之隱；未見顏色而言，謂之瞽。」

范曰：「君子養其内心，故言無不中理。欲無此三愆者，在修其内而已矣。」

吕曰：「躁則不重，隱則不忠，瞽則不强。」

謝曰：「時然後言。所謂時，當其可也。」

楊曰：「君子，有德位之通稱也。躁者以言餂之，隱者以不言餂之，皆穿窬之類也。瞽者則人言皆失矣，愆孰甚焉？」

侯曰：「愆，過不及也。言得其時，則無過不及矣。」

尹曰：「時然後言，則無侍君子之過矣。」

孔子曰：「君子有三戒：少之時，血氣未定，戒之在色；及其壯也，血氣方剛，戒之在鬭；及其老也，血氣既衰，戒之在得。」

或問：「孔子言血氣，如何？」伊川曰：「此只大凡言血氣，如説南方之强是也。南方人柔弱，所謂强者，是禮義之强，故君子居之。北方人强悍，所謂强者是血氣之强，故小人居之。凡人血氣，要須以義理勝之也。」

范曰：「聖人同於人者血氣也，異於人者志氣也。血氣有時而衰，故舜耄期亦倦于勤；志氣無時而衰，故曾子將死，曰：『吾得正而斃焉，斯已矣。』其少未定，其壯方剛，其老既衰者，血氣也；戒之在色、在鬭、在得者，志氣也。君子養其志氣，故不爲血氣之所動，是以孟子養浩然之氣，孔子年彌高而德彌卲也。」

吕曰：「少則動，壯則好勝，老則收斂，皆氣使然。唯君子以德勝氣。」

謝曰：「勝德者不爲血氣所使，故持其志無暴其氣以養之。簞食豆羹，呼爾而與之，有所不受，蹴爾而與之，有所不屑，此非義心勝，血氣勝故也。萬鍾與不得則死遠矣，有不辨禮義而受之者，血氣衰故也。知所以戒，則不隨血氣盛衰。血氣，性也，有命焉，君子不謂性也。」

楊曰：「血氣之剛，故盛則强，衰則弱。强則尚勝，故戒在鬭；弱則屈於物欲，故戒在得。若夫至大至剛，以直養而無害，則塞于天地之間矣，尚何盛衰之有？」

侯曰：「君子以義制事，以禮制心，終日兢兢，尚何血氣盛衰之可戒哉？此成德也。學者則當恐懼修省，無終食之間違仁，故有爲此三戒。」

尹曰：「君子之學，在乎不爲血氣所使。」

孔子曰：「君子有三畏：畏天命，畏大人，畏聖人之言。小人不知天命而不畏也，狎大人，侮聖人之言。」

伊川曰：「畏天命，則可以不失付畀之重。畏大人，如此尊嚴，亦自可畏。畏聖人之言，則可以進德。」

范曰：「君子修其在己者，而聽其在天者，故畏天命。大人者，王公卿大夫之在位者也，孔子見冕衣裳者，雖少必趨，故畏大人。聖人之言天也，故畏聖人之言。小人行險以徼倖，故不知天命而不畏也。不明於人倫，不嚴於君臣，故狎大人。淺不可以測深，小不可以知大，故侮聖人之言。」

吕曰：「心服曰畏。畏天命者，吾命之所由出；大人者，吾身之所以制；聖人言者，吾德之所以入。無大於三者。大人乃王公大人之稱。」

謝曰：「天命不僭，大人，若天者也，聖言，談天者也，畏之故事之。小人所以不畏，特不知此故也。」

楊曰：「畏天命，所以事天；畏大人，所以貴德；畏聖人之言，所以尊道。」

尹曰：「三畏者，修己之誠當然也。小人不務修身誠己，則何畏之有？」

孔子曰：「生而知之者，上也；學而知之者，次也；困而學之，又其次也；困而不學，民斯爲下矣！」

伊川曰：「生而知之，學而知之，才也。」

范曰：「此言聖賢之性分，所以戒困而不學者之爲下也。中庸曰：『或生而知之，或學而知之，或困而知之，及其知之一也。』此所以勉困而能學者之爲上也。聖人之於人，或戒之，或勉之，皆所以導人爲善，是以言各有當也。」

謝曰：「生而知不待學，學而知不待困。人皆有聖質，特念不念敏不敏異爾。困而學者，知困然後能强勉以求復其初，及其知之一也。」

楊曰：「生而知之者，不思而得也；學而知者，思而後得也；困而學之，則出於强勉而已。雖其資不同，及其知之則一也。故君子惟學之爲貴，困而不學，然後爲下。」

侯曰：「生而知之者上也，然聖人未嘗不學焉，學之能成材也如是。唯自暴自棄，則民斯爲下矣〔二〕。」

尹曰：「生而知之，更不待學。困者謂有所不通，困而不學，可謂下愚不移者矣。聖人與常人之性類也，在學與不學，勉與不勉之間而已。」

孔子曰：「君子有九思：視思明，聽思聰，色思温，貌思恭，言思忠，事思敬，疑思問，忿思難，見得思義。」

伊川曰：「九思，各專其一。」

范曰：「視聽言貌思爲五事，而思無不在焉。視曰明，聽曰聰，貌曰恭，言曰從，皆主於思。事事而思之，則亦不給矣。九思養之於内，非求於外也。易曰：『天下何思何慮。』故『憧憧往來，朋從爾思』。未光大也，君子養其源，正其心。詩曰：『思無邪。』禮曰：『王中心無爲也，以守至正。』如是，則九者無不得其理矣。」

謝曰：「未至於從容從道，無時而不自省察也，雖有不存焉者，寡矣。此之謂思誠。」

楊曰：「五事以思爲主，故『思曰睿，睿作聖』。則德以思而後成也。易曰：『損，德之修也。』而損之象曰：『君子以懲忿窒欲。』則德之修也，所當損者，惟忿欲而已。故德以思而成，以忿欲而敗，而九思始于視聽貌言，而終於忿思難、見得思義者以此。」

尹曰：「思者以未能從容中道也。慎思如此，豈有不明者也。」

孔子曰：「見善如不及，見不善如探湯。吾見其人矣，吾聞其語矣。隱居以求其志，行義以達其道。吾聞其語矣，未見其人也。」

横渠曰：「顔子之德，隱而未見，行而未成，故曰：『吾聞其語矣，而未見其人也。』」

范曰：「見善如不及，見不善如探湯，夫子之門人蓋不爲少矣。隱居以求其志，行義以達其道，伯夷伊尹是也。」

尹曰：「見善如不及，見不善如探湯，孔子之門人爲不少矣。至於隱居以求其志，行義以達其道，非伊尹傅説之徒則不能。故曰：『未見其人也。』」

齊景公有馬千駟，死之日，民無得而稱焉。伯夷叔齊餓于首陽之下，民到于今稱之。其斯之謂與？

伊川曰：「誠不以富，亦祇以異。齊景公有馬千駟，死之日民無得而稱焉，伯夷叔齊餓于首陽之下，民到于今稱之，其斯之謂與？」

范曰：「知景公之富不如伯夷之餓，則可謂志士仁人矣。」

程頤疑此錯簡，當屬之「誠不以富亦祇以異」。

謝曰：「見善如不及，見不善如探湯，質美者也。隱居以求其志，行義以達其道，不累於窮達者也。隱居以求其志，非愛身以自佚；行義以達其道，非志於功名。」

楊曰：「湯之不可探，人之所知也，世非嬰孺狂疾，未聞有探湯，則寧復有爲不善者乎？此明乎善者之所及也。故聞其語，又見其人焉。隱居以求其志，行義以達其道，非達可行於天下者不能及也。充此道者，其惟伯夷叔齊乎？是故當時孔子聞其語而未見也。」

侯曰：「民不稱其德也，富而無德，雖有千駟，何足道哉？」

尹曰：「知伯夷之餓可稱，則景公之富不足道矣。臣師曰：『疑此錯簡，當在「誠不以富亦祇以異」之下。』」

陳亢問於伯魚，曰：「子亦有異聞乎？」對曰：「未也。嘗獨立，鯉趨而過庭，曰：『學詩乎？』對曰：『未也。』『不學詩，無以言。』鯉退而學詩。他日又獨立，鯉趨而過庭，曰：『學禮乎？』對曰：『未也。』『不學禮，無以立。』鯉退而學禮。聞斯二者。」陳亢退而喜曰：「問一得三：聞詩，聞禮，又聞君子之遠其子也〔三〕。」

伊川曰：「孔子之教，未嘗私厚其子，學詩學禮，止可告之如此，學必待其自肯。」

范曰：「興於詩，故不學詩無以言。立於禮，故不學禮無以立。夫子之教伯魚，無異於門人，故陳亢以爲遠其子也。」

呂曰：「君子之教其子，其法如是。」

謝曰：「心氣和則能言，知分定則能立。」

楊曰：「陳亢聞伯魚之言，而知君子之遠其子也。引而伸之，如此，然後爲善學。」又曰：「君子之遠其子，若使孔子與鯉常相親，則必知其學詩學禮之詳，不待今因其過庭，乃曰學詩乎？學禮乎？則其未嘗私親之也。故陳亢以是知之。」

侯曰：「學者當以聖人爲標準，學而不得聖人之心，皆外馳私意也。何以見之？吾於陳亢問伯魚及退而喜之心見之矣。孔子聖人也，聖人之心如天地，四時萬物，生於其中，未嘗物物而彫刻之。其答子貢曰：『四時行焉，百物生焉。』聖人之心也。陳亢以私己之心期孔子，故以異聞問伯魚，而伯魚曰未也，聞詩聞禮耳。陳亢退而喜曰：問一得三。是亦私意也。異聞，是陳亢以常人愛子之心問也；退而喜，以常人自私之心喜也。聖人之於子，才不才亦各言其子也，未嘗邇也，未嘗遠也，親親之道，亦人倫之理，盡其道而已。故曰聖人人倫之至。若充陳亢之心以學聖人，日見其離道矣。」

尹曰：「夫子之教其子，亦何以異於門人哉？故陳亢以爲遠其子也。」

邦君之妻，君稱之曰夫人，夫人自稱曰小童，邦人稱之曰君夫人，稱諸異邦曰寡小君，異邦人稱之，亦曰君夫人。

范曰：「夫子之所正名者，此其類也。夫婦，人倫之始也，由此而正之，則父子君臣莫不正矣。有其名不可以無實，故夫夫婦婦，正家而天下定矣。」

謝曰：「欲以正名分也。」

楊曰：「當是時，稱謂不正，而孔子以正名爲先，故嘗言之。」

侯曰：「名正則分定。孔子之時，或以妾母爲夫人小君者多矣，故如此言之。」

尹曰：「此亦正名分之意也。」

校勘記

〔一〕直謂民自無可議　「可」原作「非」，據四庫本改。

〔二〕自此段至「横渠曰顔子之德」一段，原刊闕版，據明抄本補入。

〔三〕又聞君子之遠其子也　「子」原作「志」，據四庫本改。

論語精義卷第九上

陽貨第十七

陽貨欲見孔子，孔子不見，歸孔子豚。孔子時其亡也，而往拜之，遇諸塗。謂孔子曰：「來！予與爾言。」曰：「懷其寶而迷其邦，可謂仁乎？」曰：「不可。」「好從事而亟失時，可謂知乎？」曰：「不可。」「日月逝矣，歲不我與。」孔子曰：「諾。吾將仕矣！」

伊川曰：「孔子與惡人言，故以遜詞免禍。言不必信，行不必果，惟義所在，此之謂也。然而孔子未嘗不欲仕，但仕于陽貨之時則不可。曰『吾將仕矣』，亦未爲非信也。」

又曰：「陽貨欲見孔子，饋孔子豚，意不可饋豚也，故孔子亦時其亡而往拜之。日月逝矣，歲不我與，君子之仕不可緩也，故孔子曰：『吾將仕矣！』欲仕固孔子之心也。其言諾此〔一〕，與孟子言燕可伐同意。」

范曰：「孟子曰：『陽貨瞯孔子之亡也而饋孔子烝豚，孔子亦瞯其亡也而往拜之。』然則時其亡者，答其禮也。程頤以爲孔子苟不欲見貨，必終避之，不至於遇。夫往而不遇者，聖人之所能必也，然而不必於遇而欲與之言，孔子之于陽貨亦不能絶也。臣以爲公山弗擾以費畔，佛肸以中牟畔，召之，皆欲往，南子當見則見之，孔子之於惡人，未嘗絶也。如天地之於萬物，無不欲其生，此聖人之德也。故爲仁不富之言，孟子取之，及其竊寶玉大弓，則春秋書之曰盗。」

謝曰：「懷其寶而迷其邦，可謂仁乎？不仁也。然夫子則非懷寶而迷邦者。好從事而亟失時，可謂知乎？不知也。然夫子則非好從事而亟失時者。吾將仕矣，夫子豈不欲仕者，蓋非苟然。諾以避禍，與人言當如此。」

楊曰：「陽貨欲見孔子，而惡無禮，瞯其亡也，而歸之豚。孔子亦時其亡也，而往拜之。當是時，陽貨先，不得不見者，爲禮也。遇諸塗者，無意避之，使知所以瞯亡者求稱而已，亦取瑟而歌之意。懷其寶而迷其邦，不可謂仁，好從事而亟失時，不可謂知，故孔子皆曰不可也。日月逝矣，歲不我與，則不可以不仕，故孔子曰：『諾，吾將仕矣！』皆隨所問而應，無所絀也，此與孟子對伐燕同義。揚雄謂孔子於陽貨也，敬所不敬，爲絀身以伸道，非知孔子者。身絀矣，而可以伸道，未之有也〔二〕。」

侯曰：「陽貨無禮於孔子，孔子曰：『諾，吾將仕。』是未嘗許之以仕也。但曰吾將仕，則仕在我也。」

尹曰：「孔子之於惡人，未嘗絶也，陽貨疑其不見己，故瞯亡而饋焉。孔子之往也，蓋陽貨先之，豈得不見。然於邦無道危行言孫，其待惡人，亦猶是也。」

子曰：「性相近也，習相遠也。」

明道曰：「性相近也，生質之性。」

伊川曰：「性相近也，此言所禀之性，不是言性之本。孟子所言便正言性之本。言性之本則無不善，言所禀之性則有善有不善。若言其本，豈可謂相近。性即是理，理無不善。所禀之性，才也，才禀於氣，禀其清者爲賢，禀其濁者爲愚。」

范曰：「人生而靜，天之性也。孟子曰：『人之性善，皆可以爲堯舜。』言相近也。服堯之服，誦堯之言，行堯之行，是堯而已；服桀之服，誦桀之言，行桀之行，是桀而已，相遠也。人君可不慎所習哉？」

吕曰：「人性均善，其以同然，理義而已。然不能無淺深厚薄，此所謂相近。習而成性，則善惡殊途。」

尹曰：「性一也，何以言相近，蓋由習則遠而爲言。」

子曰：「唯上知與下愚不移。」

伊川曰：「性相近，對習相遠而言，相近猶相似也。上知下愚，才也，性則皆善。自暴自棄，然後不可移，不然則可移。」又曰：「少成若天性，習慣成自然。雖聖人復出，不易此語。孔子曰：『性相近也，習相遠也。』『唯上知與下愚不移。』下愚非性也，不能盡其才者也。」又曰：「唯上知與下愚不移，移則不可知。上之爲聖，下之爲狂，在人一身念不念爲進退耳。」又曰：「唯上知與下愚不移，非謂不可移也，而有不可移之理。所以不移者，只有兩般，爲自暴自棄，不肯學也。使其肯學不自暴自棄，又安有不可移？」又曰：「人性本善，皆可以變化。然有下愚，雖聖人不能移者。以堯舜爲君，以聖繼聖，百有餘年，天下被化，可謂深且久矣。而有苗有象，其來格烝乂，蓋亦革面而已。」或曰：「人性本善，有不可革者，何也？」曰：「語其性則皆善也，語其才則有下愚之不移。所謂下愚有二焉，自暴也，自棄也。人苟以善自治，則無不可移者，雖昏愚之至，皆可漸摩而進也。惟自暴者拒之以不信，自棄者絶之以不爲，雖聖人與居，不能化而入也，仲尼之所謂下愚也。然天下自暴自棄者，非必皆昏愚也，往往强戾而才力有過人者，商辛是也。聖人以其自絶於善，謂之下愚，然考其歸則誠愚也。」「既曰下愚，其能革面者何也？」曰：「心雖絶於善道，其畏威而寡罪，則與人同也。唯其有與人同，所以知其非性之罪也。」或問：「人性本明，因何有蔽？」曰：「此須是理會也。孟子言人性善，是也，雖荀揚亦不知性。孟子所以獨出諸儒者，以能明性也。性無不善，而有不善者才也。性即理，理則自堯舜至於途人，一也。才稟於氣，氣有清濁，稟其清者爲賢，稟其濁者爲愚。」又問：「愚可變否？」曰：「可。孔子謂上知與下愚不移，然亦有可移之理，惟自暴自棄者則不移也。」曰：「下愚所以自暴自棄者，才乎？」曰：「固是也，然却道他不可移不得。性只一般，豈不可移，却被他自暴自棄不肯去學，故移不得，使肯學時，亦有可移之理。」或問：「性一也，孔子何以言相近？」曰：「此只是言氣質之性，如俗言性緩性急之類。性安有緩急，此言性者，生之謂性也。」又問：「上知下愚不移，是性否？」曰：「此是才，須理會性與才所以分處。」又問：「中人以上可以語上，中人以下不可以語上，是才否？」曰：「固是，然此只是大綱說中人以上可以與之說近上話，中人以下不可與說近上話也。」又曰：「上知，上達者也；下愚，下達者也。上達不移而下，下達不移而上，若下愚者移，則上達矣。」又曰：「上知下愚論才爾，性則同，豈有不可學者。」

橫渠曰：「上知下愚，習與性成，相遠既甚，而不可變者也。」

范曰：「人之性本同，及其爲上知，則不可復爲下愚矣；爲下愚，亦不可復爲上知矣。故堯不可以爲桀，桀不可以爲堯。孟子曰：『學問之道無他，求其放心而已。』下愚非性也，放心而不知求，故其習愈下，學其可不勉哉！」

呂曰：「所謂雖柔必强，雖愚必明者，指中人而言，習而善則可以上，習而惡則可以下。若上智雖不學，不流爲下愚；下愚雖學，亦不能進於上知。此謂不移。」

謝曰：「人之性不同如辨麥，地有肥磽，雨露之所養，人事之不齊，然其初皆善，故曰相近。克念作聖，罔念爲狂，其流雖一，而相遠矣。上知下愚，二者非得於有生之初，自其不移而名之也。上知可移非上知，下愚可移非下愚，然性無不可移之理，人自不移也。」

游曰：「孔子之言性，有以其本言之者，若繼之者善、成之者性是也。有以人所見言之者，若性相近、習相遠是也。孟子亦然，其道性善，深探其本也。其曰孺子將入井，皆有怵惕惻隱之心，乃若其情，則可以爲善矣，姑據人所見而語之也。是以當時學者不能無疑。夫道未始有名，感於物而出，則善之名立矣，託於物而生，則性之名立矣。善者性之德，故莊子曰：『物得以生謂之德。』性者善之資也，故莊子曰：『形體保神謂之性。』蓋道之在天地，則播五行於四時，百物生焉，無非善者也，無惡也，故曰繼之者善也。道之在人，則出作而入息，渴飲而飢食，無非性者，無妄也。苟得其性之本然，反身而誠，則天地萬物之理得，而道自我成矣，故曰成之者性也。惟其同出於一氣，而氣之所值，有全有偏，有邪有正，有粹有駁，有厚有薄，然後有上知下愚中人之不同也。猶之大塊噫氣，其名爲風，風之所出，無異氣也，而叱者吸者，叫者號者，其聲若是不同，以其所託者物，物殊形耳。其聲之不同而謂有異風，可乎？孟子謂性善，正類此也。荀卿言性惡，揚雄言人之性善惡混，韓愈言性有三品，蓋皆蔽於末流而不知其本也。觀五方之民，剛柔輕重遲速異齊，則氣之所稟可以類推之也。以堯爲君而有丹朱，以瞽瞍爲父而有舜，又何足疑乎？孔子言性相近者，以習而相遠，則天下之性，或相倍蓰者固多矣。由是觀之，則謂性有三品，未爲不可，惟其止以是爲性，則三子者之失也。『成性存存，道義之門。』蓋非盡心知性者不足以與此，宜乎夫子之言性，門人莫得而聞也。子貢知道者也，得其所以言矣，故其贊聖人者及此。」

楊曰：「性者，萬物之一源也。有相近，有上知，有下愚，資稟異也。德足以勝氣，則反之，亦一而已矣。」光祖問：「横渠言氣質之性，孔子初無此説。」曰：「孔子云性相近，習相遠也，唯上知與下愚不移，便是言氣質之性。」又問：「孟子以犬羊人之性不等，則是性有二矣。」曰：「此亦言氣質之性。」光祖又曰：「説氣稟有偏正，自是容有不同，既説其體一，自是可反，何用更言氣質之性？」曰：「當更思量，不可輕議他。」從彦問：「天地之性人爲貴，則氣質之性，蓋已在其中矣。」曰：「固是。」光祖退，又問之默云：「横渠言氣得力〔三〕。」

質之性如何？」曰：「從彦當時論此，無氣質之性，後來先生言他此説亦不妨，于學者却

尹曰：「上知與下愚不移，其才分也。下愚之不移，自暴自棄故也，非得于有生之初然也。」

子之武城，聞絃歌之聲。夫子莞爾而笑曰：「割雞焉用牛刀？」子游對曰：「昔者偃也聞諸夫子曰：『君子學道則愛人，小人學道則易使也。』」子曰：「二三子！偃之言是也，前言戲之耳。」

横渠曰：「前言戲之，於此示人以言不必信。」

范曰：「君子學禮樂，則知爲上治人之道，故愛人也。小人學禮樂，則知爲下事上之道，故易使也。聖人一話一言，無非教也。前言戲之耳，以觀子游之所對，偃之言是，則使二三子志之，以武城之治達之天下可也。」

吕曰：「笑者，樂其有進善之心，未許其所施之未當也。使人學道，固爲善教，然武城小邑，其效也微。子游未喻是意，故以所聞爲對。仲尼以爲辨之則愈惑，不辨猶未有害，故自受以爲戲。」

謝曰：「小國寡民，而以治天下之道治之，真如牛刀割雞也。聖人好惡與人同，其可

哂固然。恐二三子疑之，因以務大而忽小，故從而釋之，以爲政之道當如偃之言也。君子學道則愛人，小人學道則易使，因弦歌而言君子以好善，小人以聽過也。」

游曰：「子夏以灑埽應對進退教人，子游以弦歌爲學，知此，然後知古人爲學之方。惟賢者得其大者，不賢者得其小者，故有愛人易使之異。」

楊曰：「以子游之才爲武城宰，則有餘地矣。故戲之曰：『割雞焉用牛刀？』莞爾而笑者，喜聞弦歌之聲也。」

尹曰：「在人上而好禮樂，則知愛人矣；在人下而好禮樂，則知和順矣。子游之弦歌，意在是也。夫子曰：『割雞焉用牛刀？』笑子游治小以大也。而復曰偃之言是也，以武城之治達之天下，其有不化者哉？」

公山弗擾以費畔，召，子欲往。子路不說，曰：「末之也已，何必公山氏之之也。」子曰：「夫召我者，而豈徒哉？如有用我者，吾其爲東周乎！」

明道曰：「公山召，曰而豈徒哉，是孔子意他雖畔，而召我，其心不徒然，往而教之遷善，使不叛則已，此則于義直，有可往之理。而孔子亦有實知其不能改而不往者。佛肸召亦然。吾其爲東周乎！東遷以後，諸侯大夫强僭，聖人豈爲是乎？」又曰：「東周之亂，無君臣上下，故孔子曰：『如有用我者，吾其爲東周乎！』言不爲東周也。」又曰：「若用孔子，必行王道，東周衰亂，所不肯爲也，亦非革命之謂也。」

伊川曰：「公山弗擾以費畔，不以召畔人逆黨，而必召孔子，則其志欲遷善而未知其術故也。使孔子而不往，是沮人爲善也，何足以爲孔子？」

橫渠曰：「仲尼生于周，從周禮，故公旦法壞，夢寐不忘爲東周之意。使其繼周而王，則損益可知矣。吾其爲東周乎！興周公之治也。」

范曰：「言忠信，行篤敬，雖蠻貊之邦行矣。君子無入而不自得，公山弗擾之召猶欲往，而況不爲畔者乎？詩云：『云誰之思，西方美人。』又曰：『誰將西歸，懷之好音。』如有用我者，必興西周之道，吾其爲東周乎！言不爲也。」

呂曰：「弗擾以費畔，召孔子，其意必有所謂，此所以欲往也。」

謝曰：「公山弗擾執季氏以畔，安知志不在克亂以權邪？其能强公室，殆未可知也。其爲東周，亦未可知也。」

楊曰：「爲臣而畔其君，雖匹夫匹婦，知夫子之不爲也。公山弗擾以費畔，召子，是必有悔禍之心。故曰：『夫召我者，而豈徒哉？如有用我者，吾其爲東周乎！』東周之衰，君臣之分不明久矣，孔子用，豈復爲東周之事乎？言不爲也。」

尹曰：「孔子之不助畔人，天下所共知也，弗擾畔而召孔子，則豈徒然哉？焉知其不欲遷善乎？將教之使遷善，是有可往之理也。然而亦固知其不能，故終不往焉。使孔子得用，則將興文武之治，吾其爲東周乎，言不爲也。東周且不爲，况其下也哉？子于南子、陽貨則見之，弗擾、佛肸之召則欲往，乃處亂世待惡人之道，安知其不以是避咎歟？」

子張問仁於孔子。孔子曰：「能行五者於天下，爲仁矣。」請問之。曰：「恭、寬、信、敏、惠。恭則不侮，寬則得衆，信則人任焉，敏則有功，惠則足以使人。」

明道曰：「恭則不侮，蓋一恭則仁道盡矣。又寬以得衆，爲人之所任，敏而有功，惠以使人。行五者于天下，其仁可知矣。」

范曰：「恭者不侮人，故人亦不侮之。寬者能容人，故人亦歸之。信者不疑，故人任其事。敏者不滯，故事則有功。惠則民懷之，故足以使人。堯之德曰允恭，舜之德曰温恭，夫子之德曰恭儉，聖人未有不以恭爲德者也。子張之學未能守約，故告之以能行五者于天下爲仁矣。」

謝曰：「恭、寬、信、敏、惠，所以爲仁也。至于不侮得衆人，任有功足以使人，皆仁之發也。」

楊曰：「行五者于身，而推之不廣，則仁其可幾乎？故曰能行五者于天下，而後爲仁。」

侯曰：「雖聖人之仁不過此五者，行之天下，聖人之仁也。其餘則所至有大小遠近而已。」

尹曰：「恭、寬、信、敏、惠，惟仁者盡之。能行五者，亦可以至于仁矣。」

佛肸召，子欲往。子路曰：「昔者由也聞諸夫子曰：『親於其身爲不善者，君子不入也。』佛肸以中牟畔，子之往也，如之何？」子曰：「然。有是言也。不曰堅乎，磨而不磷；不曰白乎，涅而不緇。吾豈匏瓜也哉？焉能繫而不食。」

明道曰：「公山弗擾佛肸召，子皆欲往者，聖人以天下無不可有爲之人，亦無不可改過之人，故欲往。然終不往者，知其必不能改故也。佛肸召，子路引『親於其身爲不善者，君子不入』爲問，故孔子以堅白匏瓜爲對。匏瓜者，繫而不爲用之物。不食者，不用之義也。」又曰：「佛肸召，欲往而不往，何也？聖人示人以迹，子路不諭，九夷浮海之類。」又曰：「佛肸召子，必不徒然，其往義也。然終不往者，度其終不足與有爲也。」

横渠曰：「仁者先事後得，先難後獲。君子事事則得食，不事事則雖有粟，吾得而食諸？仲尼少也，國人不知，委吏乘田，得而食之矣。及德備道尊，至是邦必聞其政，雖欲仕，貧，無從而得之。今召我者而豈徒哉？庶幾得以事事矣。而又絶之，是誠係滯如匏瓜不食之物也。」

范曰：「君子所過者化，所存者神。公山弗擾佛肸之召，安知其不能爲善也？有可往之道，故欲往以明其義。然而卒不往者，毋必也，聖人歸潔其身而已矣。」

呂曰：「此謂毋固，此所謂無可無不可。有可有不可，子路之所及；無可無不可，非子路之所及。」

謝曰：「聖人涉世，於善游不避深淵。使不善没水者效之，豈不殆乎！磨而不磷，始可謂之堅；涅而不緇，始可謂之白。蓋不如是，不足爲聖人。」

楊曰：「磨而不磷，涅而不緇，而後無可無不可。堅白不足，而欲自試於磨涅，其不緇磷也幾希。子路之學，未至乎無可無不可，而能尊其所聞。故於公山佛肸之召，則陳孔子之語而問焉。其不説也，亦知之不苟耳。」

尹曰：「弗擾佛肸之召，子皆欲往者，聖人不絶人以不可遷善也。然而終不往者，亦知其必不能也。子路以親於其身爲不善，君子不入之言，而欲止之，故又曰吾豈繫而不食如匏瓜也哉？蓋磨之而不磷，涅之而不緇，始可以語此。子路勇者也，聞欲浮海則願從，聞欲見弗擾佛肸則不喜者。孔子意之所在，非由能知也。」

子曰：「由也，女聞六言六蔽矣乎？」對曰：「未也。」「居！吾語女。好仁不好學，其蔽也愚；好知不好學，其蔽也蕩；好信不好學，其蔽也賊；好直不好學，其蔽也絞；好勇不好學，其蔽也亂；好剛不好學，其蔽也狂。」

明道曰：「六言六蔽，正如恭而無禮則勞，與夫寬而栗、剛而無虐之義同。蓋好仁而不好學，乃所以愚，非能仁而愚，徒好而不知學乃愚。」

范曰：「子路勇於爲善，其失之也未能好學也，故於夫子之言，每有所不悦〔四〕。仁知信直，非不美也，然而不學則皆有所蔽，而不能成德。子路之性果，故告之以勇，又告之以剛，所以攻其邪救其失也。若顔子之殆庶幾者，何哉？唯能好學也。」

謝曰：「能仁能知，能信能直，能勇能剛，則其有過也不免於蔽者，其似是而非乎？愚非仁也，蕩非知也，賊非信也，絞非直也，亂非勇也，狂非剛也。凡此皆生於不學，徒好之而不明乎善也。不明乎善，不誠其身矣，蓋惟學可以明善。」

楊曰：「仁而不學，不知時措之宜，故其蔽愚。知而不學，過而不知所以裁，故其蔽蕩。信而不學，不知義之所在，故其蔽賊。直而不學，徑情而不知以爲訐，故其蔽絞。勇而不學，不知自反而縮，故其蔽亂。剛而不學，則果於進爲，故其蔽狂。」

侯曰：「知仁勇，天下之達德；信直剛，君子之美行。不好學，則蔽而入於惡矣。」

尹曰：「好之而不學，則不能明乎善者也。惟學者乃可以明善而無此蔽矣。」

子曰：「小子何莫學夫詩？詩可以興，可以觀，可以羣，可以怨。邇之事父，遠之事君。多識於鳥獸草木之名。」

明道曰：「自見周茂叔後，吟風弄月以歸，有『吾與點也』之意。」

伊川曰：「詩可以怨，譏刺皆是也。多識於鳥獸草木之名，所以明理也。」

横渠曰：「興己之善，觀人之志，羣而思無邪，怨而止禮義，入可事親，出可事君。但言君父，舉其重者也。」又曰：「詩可以興，是起人之善意也，猶孔子所謂起予者是也。可以觀人之得失。可以羣居也，蓋不爲邪所以可羣居。所以怨者，人情所不免，若不怨則恩疏，雖則怨，然正於禮義，所怨者當理，小弁擊鼓皆怨也。然則發乎情有禮義，止乎禮義也。」又曰：「邇之事父，遠之事君。多識於鳥獸草木之名。詩中君臣、父子、兄弟、夫婦、朋友莫不皆有，人但學詩中所行得失，則事君事父無不盡。止言事父事君，最舉其重者言也。多識於鳥獸草木之名，言亦可以博物。」

范曰：「學者興於詩，故可以興。情發於中而形於言，故可以觀。可以羣者，相勉以正也。可以怨者，相責以恩也。詩所以爲忠孝，故可以事父、可以事君也。」

吕曰：「興者起志意，觀者察事變，羣居相語以詩則情易達，有怨於人以詩則意不迫，其爲言也婉而有激，切而能反〔五〕，所以事父與君盡之矣。其緒餘又足以資多識。」

謝曰：「詩吟詠情性，善感發人，使人易直子諒之心易以生，故可以興。得情性之正，無所底滯，則閱理自明，故可以觀。心平氣和，於物無競〔六〕，故可以羣。優游不迫，雖怨而不怒也，無鄙倍心，故可以怨。邇之事父，可以得其親；遠之事君，可以得其君。能盡臣子之道，則天下之事無不可者。蓋興於詩，成於樂，其終始一道也。」

楊曰：「吟咏情性，足以感人之善心；比物象類，有以極天下之賾，故可以興，可以觀。得温柔敦厚之風，故可以怨。明庶物，察人倫，盡於此矣，其可不學乎？」

尹曰：「吟咏情性，足以感發，故可以興。思無邪而閱理明，故可以觀。心平氣和，故可以羣。怨而不怒，故可以怨。推之於國家，可以盡臣子之道，又足以博物而多識，故不可以不學也。」

子謂伯魚曰：「女爲周南召南矣乎？人而不爲周南召南，其猶正墻面而立也與？」

明道曰：「二南人倫之本，王化之基，苟不爲之，則無所自入。古之學者必興於詩，不學詩，無以言，故猶正墻面而立。」

伊川曰：「人而不爲周南召南，此乃爲伯魚而言，蓋恐其未盡治家之道耳。人欲治天下國家，先須從身修家齊來，不然，則是猶正墻面而立也。」

橫渠曰：「人不爲周南召南，其猶正墻面而立，常深思此言誠是。不從此行，甚隔著事，向前推不去，蓋至親至近莫甚於此，故須從此始。近試使人家爲周南召南之事，告之教之，則是爲之也。道須是從此起。自世學不講，殊不成次第，今試力推行之。」

范曰：「有天地然後有萬物，有萬物然後有男女，有男女然後有夫婦，有夫婦然後有父子，有父子然後有君臣。夫婦人倫之始，王化之基，故不爲周南召南，其猶正墻面而立也歟？」

呂曰：「周南召南，正始之道，自身及家，主於内，行之至。不先爲此而事其末，則猶正墻面之無識。」

謝曰：「二南之詩，發乎情，止乎禮義，人道之極，皆盡性至命之事。」

楊曰：「學道而不爲二南，皆不得其門而入也，故猶正墻面而立。」

尹曰：「問伯魚者，恐未盡治家之道。夫治國治天下者，必先修身而齊家也。欲修身而家齊者，苟不爲周南召南，則猶墻面而立。謂之爲者，蓋欲其以周南召南之道于其家而推之，則無往而不治也。雖文王之聖，亦刑于寡妻，以至于兄弟，以御于家邦，況衆人乎？」

子曰：「禮云，禮云，玉帛云乎哉？樂云樂云，鍾鼓云乎哉？」

伊川曰：「禮云禮云，玉帛云乎哉？樂云樂云，鍾鼓云乎哉？此固有禮樂不在玉帛鍾鼓。先儒解者多用安上治民莫善於禮，移風易俗莫善於樂，此固是禮樂之大用也。然推本而言，禮只是一箇序，樂只是一箇和，只此兩字，含畜多少義理。」或問：「禮莫是天地之序，樂莫是天地之和？」曰：「固是。天下無一物無禮樂，且置兩隻倚子，纔不正便是無序，無序便乖，乖便不和。」又問：「如此則禮樂却只是一事。」曰：「不然，如天地陰陽，其勢高下甚相背，然必相須而爲用也。有陰便有陽，有陽便有陰，有一便有二，纔有一二，便有一二之間，便是三，已往更無窮。老子言一生二，二生三，三生萬物〔七〕。此是生生之謂易，理自然如此。維天之命，於穆不已。自是理自相續不已，非是人爲之。如使可爲，雖使百萬般安排，也須有息時，只爲無爲，故不息。中庸言不見而章，不動而變，無爲而成，天地之道，可一言而盡也。使釋氏千章萬句，亦不能逃此三句。只爲聖人說得要，故包含無盡，釋氏空周遮，說爾只是許多。」

范曰：「禮之本在於敬，樂之本在於和。言而履之，禮也；行而樂之，樂也。中心斯須不和不樂，雖有鍾鼓，非樂也；外貌斯須不莊不敬，雖有玉帛，非禮也。故君子禮樂不可斯須去身，唯在於敬與和而已。」

謝曰：「寓其節於玉帛，寓其和於鍾鼓，然則所寓豈其本也？」

楊曰：「玉帛鍾鼓，禮樂情文之所寓，故曰玉帛鍾鼓云乎哉？言不止而已。」

侯曰：「玉帛禮之文，鍾鼓樂之器，皆非所謂禮樂者。知禮樂之本，則知道矣。」尹曰：「禮之本在於敬，樂之本在於和。寓禮於玉帛，寓樂於鍾鼓。事其末而不知其本，豈所謂禮樂也哉？」

子曰：「色厲而内荏，譬諸小人，其猶穿窬之盜也與？」

范曰：「色厲而内荏者，欲人不知，故譬之穿窬之盜，與夫殺越人于貨者異也。」謝曰：「似剛而非剛，無實而盜名者也，故與非其有而取之者同。」楊曰：「色厲而内荏，則爲不善于人之所不知，是猶穿窬之盜也。」侯曰：「色厲而内荏，賊害之道也。故曰：『其猶穿窬之盜也與？』」尹曰：「色剛厲而内柔，其欲人之不知也，推其心，何異穿窬之盜哉？」

子曰：「鄉原，德之賊也。」

范曰：「孟子謂鄉原：『其志嘐嘐然，曰：古之人行何爲踽踽涼涼，生斯世也，善斯可矣。閹然媚于世也者，是鄉原也。』又曰：『非之無舉也，刺之無刺也，同乎流俗，合乎汙世，居之似忠信，行之似廉潔，衆皆悦之，自以爲是，不可與入堯舜之道，故曰德之賊也。』聖人惡似而非者，若夫邪正是非若别白黑者，聖人不辨也。色厲而内荏者，似正而非正也；鄉原者，似德而非德也。人君于此辨之，則邪正是非不能罔矣。」

呂曰：「鄉原者，同汙合俗，爲一鄉之所宗。有德者，人所矜式，亦爲一鄉之所宗。以其與有德者似是而非，非知德者不能辨，故謂之德賊。」

謝曰：「德之賊與？恐其亂德，不同自賊其德也。」

尹曰：「孟子謂鄉原者言不顧行，行不顧言，閹然媚于世者也。非之無舉也，刺之無刺也，同乎流俗，合乎汙世，居之似忠信，行之似廉潔，衆皆悦之，自以爲是，而不可以入堯舜之道，故曰德之賊也。」

子曰：「道聽而塗説，德之棄也。」

范曰：「君子之學，必稽之于古昔，聞之于先生，朋友講習，而後傳之。故曾子自省其傳不習者，恐爲德之棄也。」

謝曰：「君子敏于事而慎于言，欲以蓄德。道聽而塗説，是棄之也，與出乎口入乎耳同。」

楊曰：「鄉原終不可與入堯舜之道，故爲德之賊。道聽而塗説，口耳之學也，故爲德之棄。」

侯曰：「不能有諸己，非德之棄與？」

尹曰：「學無自得，君子所不取。道聽塗説，以資口耳，爲德之棄，不亦宜乎？」

子曰：「鄙夫可與事君也與哉？其未得之也，患得之；既得之，患失之。苟患失之，無所不至矣！」

范曰：「有患得之心，必有患失之心。古之佞人，其始也諛悅順旨而已，未必有犯上作亂之志也，及其患失，無所不至矣，則終弑父與君。故好利之士，爲國者最不可用也。」

呂曰：「憚于任事，故未得而患得；好利無厭，故既得而患失。」

謝曰：「操患失之心，何所不至，則又不若具臣矣，蓋有時而從之也。」

楊曰：「苟以得失累其心，則可以保其位者，無不爲矣。如是而能盡忠者，未之有也。」

侯曰：「苟以患得患失爲心，則何所不至哉？雖弑父與君，無不爲已。有天下國家者，可不察哉！」

尹曰：「事君而患失，則何所不至哉？君子之所鄙者也。」

子曰：「古者民有三疾，今也或是之亡也。古之狂也肆，今之狂也蕩；古之矜也廉，今之矜也忿戾；古之愚也直，今之愚也詐而已矣。」

范曰：「狂者進取，故肆；矜者自持，故廉；愚者率其性，故直。末世滋僞，豈惟賢者不如古哉？民之性蔽亦與古異矣。」

謝曰：「狂者過中之謂，利害不得而拘之，故肆；蕩則自恣矣。矜者莊以立我，故有廉隅；忿戾則有爭氣矣。愚者無所知，故直情徑行；詐則有賣直之意存焉。」楊曰：「氣失其平則爲厲疾，狂、矜、愚，氣禀之偏也，故亦謂之疾。肆與蕩相近而不同，蕩則放而不反，非特肆而已。矜以自持，則不足以通物，故廉，廉而不劌，則無惡於廉矣，未爲惡疾；矜而至於忿戾，則爭矣。愚而直，則可强而爲善；愚而詐，則終於不移而已矣。」侯曰：「肆則過而少邊幅，尚有所止焉；蕩則無所止矣。矜則廉隅整峻，難與並爲仁；忿戾則爭而害物矣。愚則直實而不隱，詐則直之反也。故曰：『古者民有三疾，今也或是之亡也。』蓋世衰道微，先王之道不行故也。」尹曰：「肆者不拘，蕩則放恣矣。廉者自守，忿戾則爭矣。直者直情而徑行，詐則僞矣。」

子曰：「巧言令色，鮮矣仁。」范曰：「此夫子所常言也，弟子各以所聞記之，故又見於此。」

子曰：「惡紫之奪朱也，惡鄭聲之亂雅樂也，惡利口之覆邦家者。」范曰：「天下之理，正勝常少，不正勝常多。故朱不能勝紫，雅不能勝鄭，賢不能勝佞，聖人所以惡之也。利口之人，以是爲非，以非爲是，以賢爲不肖，以不肖爲賢。人君苟以是爲非，以非爲是，以賢爲不肖，以不肖爲賢，則邦家之覆不難矣。」

謝曰：「覆猶覆冒之覆，使人恬然不知悟以自肆也。」

楊曰：「紫未足奪朱，鄭聲未足以亂雅，利口未足以覆邦家者，皆人所易知，遠之可也。至於幾微之間，足以亂正而搆禍，則非明者不能見也，終必淪胥而已矣，故聖人惡之。」

侯曰：「紫未必亂朱，鄭未必亂雅，利口未必能覆邦家，然聖人云者，惡其似是而非也。子曰：『放鄭聲，遠佞人。鄭聲淫，佞人殆。』世俗之人，喜於淺近而不達深遠〔八〕，如知鄭聲之淫，則不可亂雅樂矣。正淡者人多不悅，淫哇者人必趨之，正論者厲而難入，利口者華而易聽。如此，則亂雅樂而覆邦家矣，是以聖人深惡之。」

尹曰：「邪害於正，是可惡也。」

子曰：「予欲無言。」子貢曰：「子如不言，則小子何述焉？」子曰：「天何言哉？四時行焉，百物生焉，天何言哉？」

明道謂韓持國曰：「如說妄說幻爲不好底性，則請別尋一箇好底性來換了此不好底性著。道即性也，若道外尋性，性外尋道，便不是。聖賢論天德，蓋謂自家元是天然完全自足之物。若無所污壞，即當直而行之，若小有污壞，即敬以治之，使復如舊。所以能使如舊者，蓋爲自家本質原是完足之物。若合修治而修治之，是義也，若不消修治而不修治，亦是義也，故常簡易明白而易行。禪學者總是强生事，至于山河大地之說，是他山河大地，又干你何事。至于孔子道如日星之明，猶患門人未能盡曉，故曰：『予欲無言。』如顔子則便默識，其他未免疑問，故曰：『小子何述。』又曰：『天何言哉？四時行焉，百物生焉〔九〕。』可謂明白矣。若能于此言上看得破，便信是會禪也。非是未尋得，蓋實是無去處說，此理本無二故也。」

伊川曰：「以子貢多言，故告之以此。」

横渠曰：「天道四時行，百物生，無非至教。聖人之動，無非至德，夫何言哉？」又曰：「不言而四時行，聖人神道設教而天下服。誠於此，動於彼，神之道與？」

范曰：「易曰：『默而成之，不言而信，存乎德行。』無言者德之至。夫言未有不入于二者也，不言則無乎不在其中，故如天焉。是以夫子志于不言，凡言皆不得已也。」

吕曰：「德孚于人，故不言而信。」

謝曰：「天地有大美，四時有明法，不以無言而隱也。故四時行焉，百物生焉，所謂吾無隱乎爾也。」

楊曰：「子貢能言者也，而天下之理有言之不能諭者，故子曰予欲無言以發之。易曰：『默而成之，不言而信，存乎德行。』記曰：『天道至教，聖人至德。』其斯之謂乎？」尹曰：「聖人與天地同德，予欲無言，所以發子貢之問也。子貢識高而未能至之，故孔子每欲語之也，常先有以發其疑。若曾子顏子則深喻無疑。」

孺悲欲見孔子，孔子辭以疾。將命者出户，取瑟而歌，使之聞之。

明道曰：「孟子曰：『教亦多術矣，予不屑之教誨也者，是亦教誨之而已矣。』孔子不見孺悲，所以深教之也。」

范曰：「孟子曰：『教亦多術矣，予不屑之教誨也者，是亦教誨之而已矣。』孔子不見孺悲，所以教誨之也。」

謝曰：「使之聞之，則非固爲不誠以疾辭也，必其禮際有不善者，使其由此知所以自省，則是亦教誨之而已矣。」

楊曰：「孺悲之不足見，辭而拒之可矣，然聖人之仁，不以其不足見而棄之，故取瑟而歌，使之聞之，知所以不見之意，是亦教誨之也。」

尹曰：「不屑之教誨者，是亦教誨之而已矣。」

宰我問：「三年之喪，期已久矣。君子三年不爲禮，禮必壞；三年不爲樂，樂必崩。舊穀既没，新穀既升，鑽燧改火，期可已矣。」子曰：「食夫稻，衣夫錦，於女安乎？」曰：「安。」「女安則爲之！夫君子之居喪，食旨不甘，聞樂不樂，居處不安，故不爲也。今女安，則爲之！」宰我出。子曰：「予之不仁也！子生三年，然後免於父母之懷。夫三年之喪，天下之通喪也。予也有三年之愛於其父母乎？」

范曰：「宰我學於聖人，豈不知三年之喪不可以期而止也。其所見如此，則仁心不篤也，故夫子以爲不仁。夫食旨不甘，聞樂不樂，居處不安，此三者豈自外至哉？自中出生于心也。聖人因人心而制禮，上取象于天，下取法于地，四時成歲，則人亦宜變矣，然而以期爲未足也，故又引而至于三年。賢者之情，則無窮也。聖人爲之三年，賢者不得過，不肖者不得不及，夫豈以三年足以報其親哉？子生三年，然後免於父母之懷，此爲中人而言，所以深責宰我之無恩也。」

吕曰：「宰我欲短喪，自以爲義當如是，不知三年之愛於父母，故食稻衣錦自以爲安。」

謝曰：「人子執喪，而惻怛之心發于自然，故食旨不甘，哀勝味也；聞樂不樂，哀勝音也；居處不安，哀勝佚也。此豈可致殺乎三年，而服以是斷，特恐賢者過中而已。宰我乃欲加損焉，其不能察理甚矣，是亦不知仁之道也，故曰：『予之不仁也。』此乃問喪禮于夫子，非予自執喪而短之也。」

楊曰：「三年問曰，至親以期斷，天地則已易矣，四時則已變矣，其在天地之中者，莫不更始焉，以是象之，而三年者，加隆焉耳。當是時，謂至親以期斷，豈獨宰予而已哉！爲而予之問，亦欲知其所知而已。夫三年之喪，天下之通喪也，期功緦，由是而殺焉耳。爲是說者，皆失其旨也。然宰予之問，而孔子曰：『女安則爲之。』則予之意，豈以短喪之可不可，特在于安不安而已乎？聞之而不知所問，故其出也，孔子詳言之，欲其聞而知耳。」或問：「宰我於三年之喪，猶有疑問，何也？」曰：「此其所以爲宰我也。凡學於孔子者，皆欲窮究到無疑處方已。三年之喪，在他人於此，不敢發之，宰我疑以期斷，故必求質於聖人，雖被深責，所不辭也。」又曰：「宰我問三年之喪，非不知其爲薄也，只爲有疑，故不敢隱於孔子，只此無隱，便是聖人作處。」

侯曰：「宰我欲短喪，蓋誠心以爲可也。夫子曰：『食夫稻，衣夫錦，於女安乎？』曰『安。』『女安則爲之』，非僞也。君子之居喪，食旨不甘，不安於味也；聞樂不樂，不安於樂也；居處不安，不安於逸也。宰我曰安，則爲之可也。及其出也，子曰：『予之不仁也，子生三年，然後免於父母之懷。夫三年之喪，天下之通喪也。予也有三年之愛於父母乎？』於所厚者薄，無所不薄矣，故曰不仁。」

尹曰：「短喪之説，雖下愚且恥言之，宰我親學於聖人之門，而以是爲問者，有所疑於心，而不敢强焉。食稻衣錦，期而安之，其不仁可知矣。」又曰：「君子不爲者，以其不安也，今女安則爲之，其責之亦深矣。然則三年之喪，天下之通喪，宰我謂期可已矣，而曰『女安則爲之』，何哉？蓋聖人不與人爲僞也。昔樂正子春學于曾子，其母死，五日而不食，曰：『吾悔之，自吾母而不得吾情，惡乎用吾情？』示以不僞也〔十〕。宰我出，則曰：『予之不仁也，子生三年然後免於父母之懷。』則其短喪之惡著矣。」

子曰：「飽食終日，無所用心，難矣哉！不有博奕者乎？爲之猶賢乎已。」

横渠曰：「學者舍禮義，則飽食終日，無所作爲，與下民一致，所事不踰衣食之間、燕游之好爾。」

范曰：「孟子曰：『飽食煖衣，逸居而無教，則近於禽獸。』故聖人憂之。博奕，藝之至賤者也，爲之猶賢乎無所用心。則夫爲仁義有愈於博奕者，其賢可知也。」

謝曰：「博奕之害，則止于博奕而已。蓋放僻邪侈皆生于無所用心，心有所用則止，止則不可謂之放〔十一〕。」

楊曰：「博奕非君子之所宜爲，然飽食逸居，無所用心，則放僻邪侈，將無不爲已，故以是而係其心，豈不猶賢于己乎？」

尹曰：「學者無所用心，則非僻之心入之矣。故博奕藝之賤者，猶愈於無所用心。苟用心於仁義者，則爲賢可知矣。」

子路曰：「君子尚勇乎？」子曰：「君子義以爲上。君子有勇而無義爲亂，小人有勇而無義爲盜。」

伊川曰：「勇一也，而用不同，有勇於氣者，有勇于義者。君子勇於義，小人勇於氣，故孔子告子路義以爲上也。」

范曰：「子路之言疾也，夫子之言藥也，聖人之教人常如此。惟子路之勇，子貢之辨，較而易見者也。」

吕曰：「君子雖志於善，苟勇而無義，必有爲亂之迹，如鬻拳兵諫之類。」

謝曰：「非以勇爲不足尚，欲子路所以勇也。義以爲上，則其爲勇大矣，所謂自反而縮。若專於勇而已，則亂人也。」

楊曰：「孟施舍之守約，不如曾子之守義，則所謂大勇尚義而已。諸侯曰君，卿大夫曰子，君子者，有德位之通稱也。君子而有無義者，以位言之也。無義必至于後其君，則終於爲亂而已矣。」

尹曰：「義以爲上，則爲勇也大矣。子路好勇者也，故孔子以義告之。」

子貢曰：「君子亦有惡乎？」子曰：「有惡。惡稱人之惡者，惡居下流而訕上者，惡勇而無禮者，惡果敢而窒者。」曰：「賜也亦有惡乎？」「惡徼以爲知者，惡不孫以爲勇者，惡訐以爲直者。」

范曰：「君子樂道人之善，故惡稱人之惡。信而後諫，故惡居下流而訕上。勇而無禮則亂，果敢而窒則害，此孔子所惡也。惡徼以爲知以下，子貢之所惡也。聖人之所以惡者大，賢人之所以惡者小，抑其次也。」

謝曰：「樂道人之善，故惡稱人之惡者。居是邑不非其大夫，故惡居下流而訕上者。勇而無禮則必爲亂，果敢而窒則不可與羣。徼似知，不孫似勇，訐者幾於直，皆足以欺世亂俗，故皆惡之。」

楊曰：「仁者無不愛，則君子疑若無惡矣，子貢之有是心也，故問焉以質其是非。」

侯曰：「七者非特聖賢之所惡也，天下之通惡也，孔子特因子貢之問而發之耳。子貢則又因夫子之問而言此，所謂惟仁者能好人能惡人者也。」

尹曰：「孔子之所惡，以戒學者也。子貢之所惡，己所必不爲也。徼，抄也，抄人之意以爲己有也。」

子曰：「唯女子與小人爲難養也，近之則不孫，遠之則怨。」

范曰：「女子小人之情，惟聖人知之，自古及今，不能易也，故君子以爲戒而不近焉。」

謝曰：「此君子所以不惡而嚴也。」

楊曰：「易之家人曰：『女正位乎内，男正位乎外。』故男女有别而不相瀆。遯之象曰：『君子以遠小人，不惡而嚴。』夫如是，則不孫之與怨遠矣。」

侯曰：「女子小人不安分，故近之則不孫，遠之則怨。」

尹曰：「是以君子遠之，不惡而嚴。」

子曰：「年四十而見惡焉，其終也已。」

范曰：「四十者，君子成德之時也，故無聞不足畏，見惡則終身無善矣。是以君子學如不及，猶恐失之，進德修業，欲及時也。」

謝曰：「與無聞之意同。」

楊曰：「四十而無聞，已不足畏，又況見惡乎？其終也已可知矣。」

侯曰：「四十而見惡，則惡心不悛者也，終亦必亡而已矣。」

尹曰：「四十者不惑之時也，無聞于世，固不足畏，其見惡于人，則終身無善矣。」

校勘記

〔一〕其言諸此　明抄本「諸」作「若」。
〔二〕未之有也　「有」原作「信」，據四庫本改。
〔三〕于學者却得力　四庫本「却」作「甚」。
〔四〕每有所不悦　原本無「不」字，據明抄本補。
〔五〕切而能反　「切」原作「功」，據明抄本改。
〔六〕於物無競　「競」原作「兢」，據四庫本改。
〔七〕老子言一生二二生三三生萬物　原本作「老子一言三生萬物」，據老子改。
〔八〕喜於淺近而不達深遠　「達」原作「遠」，據明抄本改。
〔九〕百物生焉　「生」原作「主」，據四庫本改。
〔十〕示以不僞也　原本「以不」乙倒。據四庫本改。
〔十一〕止則不可謂之放　原本闕「放」字，據明抄本補。

論語精義卷第九下

微子第十八

微子去之，箕子爲之奴，比干諫而死。孔子曰：「殷有三仁焉。」

范曰：「三人者皆足以有天下，故均之曰仁。孟子曰：『聖人之行不同也，或遠或近，或去或不去，歸潔其身而已矣。』三人皆聖人之行也，求仁而得仁，宜其一矣。」

吕曰：「去之，爲之奴，諫而死者，皆欲納君于善，故同謂之仁。」

謝曰：「三人之行，皆出于至誠惻怛，斯知仁矣。」

游曰：「董子曰：『仁人者，正其義不謀其利，明其道不計其功。』善乎其言，始可與言仁也已矣。蓋仁人之用心，惟仁所在而已，仁之所在則從之，不論所以也。仁在於去，則去之而不愧，微子是也。仁在于不去，則爲之奴而不辱，箕子是也。仁在于死，則就死而不悔，比干是也。豈顧利害禍福而易其求仁之志哉？故伯夷之清，伊尹之任，柳下惠之和，皆仁也。伯夷辭爲孤竹之君，而餓於首陽之下，由衆人觀之，其利害固殊絶也，而彼獨以是求仁焉。以是求之，以是得之，既以遂其志矣，夫何怨之有？辛我曰：『仁者，雖告之曰井有仁焉，其從之也。』辛我之意，蓋曰仁者之志惟求仁而已，功利非所計也，井者必死之地也，厥或告之曰，死地有仁，彼其用心之誠，亦將從之也。是不然，君子之求仁，亦曰循理而已矣，夫理之所不載，安在其爲仁耶？故可逝者其心也，其不可陷者其理也，以其用心之仁，故可以欺，以其見理之明，故不可罔。以井爲言，則犯害之地皆是也。」

楊曰：「三人者各得其本心，故同謂之仁。」

侯曰：「伯夷叔齊求仁而得仁，微子去之，箕子爲之奴，比干諫而死，孔子曰：『殷有三仁焉。』知此五人之爲仁，則知仁矣，學者致思焉。」

尹曰：「無所擇于利害，而爲所當爲，惟仁者能之。君子之事不必同也，其于利害無所擇則一也。書曰：『自靖，人自獻于先王。』故孔子皆以爲仁也。」

柳下惠爲士師，三黜。人曰：「子未可以去乎？」曰：「直道而事人，焉往而不三黜？枉道而事人，何必去父母之邦。」

范曰：「此孟子所謂不屑去也。遺佚而不怨，阨窮而不憫，降志而不以爲辱，屈身而不以爲恥，自知其直道而已。在柳下惠則可，孔子不爲也。」

謝曰：「其官不移，用我亦可，舍我亦可，玩世不恭者之所爲也。蓋古人重適他邦，如大夫去國，向國而哭，雖在他國，祭祀之禮，居喪之服，皆如其國之故。使其他國可以處我，去此之彼何憚焉，然莫能相尚也，是以何必去父母之邦。」

楊曰：「柳下惠不羞汙君，不卑小官，故爲士師，三黜而不去，聖人之和者也。孔子無可無不可，則近于和而不同道。柳下惠不去父母之邦，孔子則去魯而無不之。君子或去或不去，一於仁而已矣，故記柳下惠於三仁之後，而下文又詳著孔子之行，以明其趨則一也。自楚狂至荷蓧，皆譏孔子不能已者，故其終歷叙夷齊而下，而卒曰：『我則異於是，無可無不可。』蓋所謂逸民者，聖人之徒也。孔子之異於是，惟時焉而已矣。孟子以爲集大成，其有見於此與？」

侯曰：「子謂柳下惠降志辱身矣。孟子謂柳下惠不羞汙君，不卑小官，進不隱賢，必以其道，遺佚而不怨，阨窮而不憫。疑其和光同塵，不與臧否，玩世不恭者也。及爲士師，三黜，曰：『直道而事人，焉往而不三黜？枉道而事人，何必去父母之邦。』其出處取與之際，不合聖人蓋亦鮮矣，豈非和而能介者乎？孟子謂之聖之和，而夫子曰：『言中倫，行中慮，不亦宜乎？』和而介，乃介之量也。然子曰降志辱身，孟子曰不恭，蓋欲絶其流也。」

尹曰：「柳下惠，孟子所謂不屑去者也。遺佚而不怨，阨窮而不憫，仕而不喜，黜而不愠，自知其直道而行耳，此其所以爲和與？若孔子則異是矣。」

齊景公待孔子，曰：「若季氏則吾不能，以季孟之間待之。」曰：「吾老矣，不能用也。」孔子行。

伊川曰：「若季氏則吾不能，以季孟之間待之。季氏强臣，君待之之禮極隆，然非所以待孔子也。季孟之間，則待之之禮爲至矣。然復曰：『吾老矣，不能用也。』此孔子不繫待之輕重，特以不用而去。」

范曰：「此聖人去就所以異于人人也。孟子每言伯夷伊尹柳下惠，必以孔子明之。此篇自微子至于逸民，皆記賢人之出處，而折中以聖人之行，所以明中庸之道也。」

謝曰：「以季孟之間待夫子，在景公之意則已勤。」

尹曰：「景公之待孔子，猶齊宣之欲中國而授孟子室也。不用則亦已矣，是何足以留孔子也。」

齊人歸女樂，季桓子受之，三日不朝，孔子行。

范曰："史記世家：'孔子曰："魯今且郊，如致膰乎大夫，則吾猶可以止。"季桓子卒受齊女樂，郊又不致膰俎于大夫，孔子遂行。'孟子曰：'不知者以爲爲肉也，其知者以爲爲無禮也。'然則燔肉雖至，可以無行乎？是不然，膰肉雖至，亦行也，唯未必如不至之速也。孔子之行，本之受女樂而不朝，是以記者不及膰肉也。"

楊曰："孔子有行可之仕，際可之仕。言將行其言也則就之，行可之仕也；迎之致敬以有禮則就之，際可之仕也。齊景公待孔子，曰：'若季氏則吾不能，以季孟之間待之。'非致敬以有禮也。曰：'吾老矣，不能用也。'非言將行其言也。二者皆無處焉，故孔子行。於季桓子見行可之仕也，受齊女樂而不朝，則不足與有行矣，雖禮貌未衰，猶將去之也，故孔子行。"

尹曰："君子見幾而作，不俟終日也。受女樂而不朝，怠于政事如此，其無欽賢之心可知矣，夫子所以行也。"

楚狂接輿歌而過孔子，曰："鳳兮！鳳兮！何德之衰？往者不可諫，來者猶可追。已而，已而！今之從政者殆而！"孔子下，欲與之言，趨而辟之，不得與之言。

楊曰："接輿以鳳德況孔子而規其行，知尊孔子而趨不同者也，故孔子下欲與之言。接輿其意若曰：孔子之爲孔子，其趨不同，未易以口舌爭也。故趨而避之，不與之言。"

侯曰：「聖人之道大而難知，楚狂接輿知鳳德之衰而已，不知天之未喪斯文也；知今之從政者殆而，不知文武之道未墜也。故孔子下欲與之言，趨而辟之，不得與之言也。」

尹曰：「接輿以鳳況孔子，而諷孔子使隱也。」

長沮桀溺耦而耕，孔子過之，使子路問津焉。長沮曰：「夫執輿者爲誰？」子路曰：「爲孔丘。」曰：「是魯孔丘與？」曰：「是也。」曰：「是知津矣。」問於桀溺。桀溺曰：「子爲誰？」曰：「爲仲由。」曰：「是魯孔丘之徒與？」對曰：「然。」曰：「滔滔者天下皆是也，而誰以易之？且而與其從辟人之士也，豈若從辟世之士哉？」耰而不輟。子路行以告。夫子憮然曰：「鳥獸不可與同羣，吾非斯人之徒與而誰與？天下有道，丘不與易也。」

明道曰：「桀溺言天下衰亂無道，滔滔者天下皆是也，孔子雖欲行其教，而誰可以化而易之？孔子曰：如使天下有道，我則無所治，不與易之也。故其言如此。」又曰：「滔滔者道故也。聖人不敢有忘天下之心，知其不可而猶爲之，故其言如此。」今所以周流四方，爲時無天下皆是也，而誰以易之？誰肯以夫子之道易己所爲？」

横渠曰：「滔滔忘反者天下莫不然，如何變易之？天下有道，丘不與易也，知天下無道而不隱者，道不遠人。且聖人之仁，不以無道必天下而棄之也。」

范曰：「接輿長沮桀溺，佯狂躬耕，而不入危亂之邦，此聖人所欲引而至於道者也。

故孔子下欲與之言，又使子路問津焉。接輿則趨辟，長沮則不答，皆自絶於夫子，以守其一介之行，不能由中庸以入堯舜之道，非聖人絶之也。若夫子之行則異於逸民，故修身治天下國家，必由孔子之道。離孔子之道，則爲非道，不可以治天下國家也。」

吕曰：「孔子皇皇，蓋以天下皆無道，將以斯道易天下而已。如使天下有道，則無所用易。桀溺果于進退，故謂天下皆無道，舍此適彼，將何所易，正惟辟世而已，此不與人爲徒者也。故孔子以爲不然。」

楊曰：「孔子之仕，事道也，兆足以行矣，而不行，故去之，非有辟也。桀溺以孔子爲辟人之士，則非知孔子者矣。故夫子憮然曰：『鳥獸不可與同羣。』則所當與爲羣者人而已，夫如是何辟人之有？」

尹曰：「長沮桀溺之徒，皆素隱者也，故以孔子之周行四方爲非，而曰：滔滔者天下皆是，誰肯以夫子之道易己所爲哉？不知天下有道，則聖人無事於變易，所以易之者，爲其滔滔也。且人之與人，類也。惡天下之滔滔，而欲辟之，則又豈可與鳥獸同羣乎？聖人不以絶人逃世爲潔也。」

子路從而後，遇丈人，以杖荷蓧。子路問曰：「子見夫子乎？」丈人曰：「四體不勤，五穀不分，孰爲夫子？」植其杖而芸。子路拱而立。止子路宿，殺雞爲黍而食之，見其二子焉。明日，子路行以告。子曰：「隱者也。」使子路反見之，至則行矣。子路曰：「不仕無義。長幼之節，不可廢也；君臣之義，如之何其廢之？欲潔其身，而亂大倫。君子之仕也，行其義也。道之不行，已知之矣。」

范曰：「周之衰世，賢人處隱，如丈人也荷蓧而不知其名，蓋名不足以累之也。孔子惜其未聞道也，故使子路反見之，告以君臣之道，蓋孔子所遇未嘗無誨焉。夫隱者爲高，故往而不反；仕者爲通，故溺而不止；不與鳥獸同羣，則決性命之情而饕富貴。此二者皆惑也，是以依乎中庸者爲難。唯聖人不廢君臣之義，或出或處，不離于道，所以扶世立教也。」

謝曰：「夏商嘗中衰，而聖賢之作亦繼，故士之不得志而處者，猶未有避世之意。周之衰世，習治之後而傷禮義陵遲之久也，故士之隱者，至憤世疾邪，多爲長往不來之行。當是時，微聖人，無以知非斯人之徒與而誰與。蓋知世無道而隱，雖不役于利者，然悻悻于自潔，則不得同爲無我矣。聖人樂則行之，憂則違之，則亦豈知我之不忘世邪？世之不忘我邪？雖不與鳥獸同羣，亦何嘗知進而不知退，此所以與避世者異。」

楊曰：「子路問夫子于荷蓧丈人，丈人曰：『四體不勤，五穀不分，孰爲夫子？』植其杖而耘。其言不讎，而子路拱而立，猶若待命者，蓋敬之至也。記曰『遭先生于道，正立拱手，先生問則對，不問則趨而退，禮也。』豈子路有得丈人于眉睫之間，而敬之若斯邪？

故止子路宿，殺雞爲黍而食之，見其二子焉，所以親厚之也。蓋二人者相得于語默之間，故其相與如此。又見其二子焉，斯可謂長幼之節不可廢矣。孔子以是知其可與言君臣之義也，故使子路反見之，蓋將語之以此也。然孔子獨于荷蓧謂之隱者，蓋知其隱居求志，非素隱故也。下文記子路之言，蓋述孔子使反告之意。」

侯曰：「孔子曰：『不知言，無以知人也。』子路遇丈人，以杖荷蓧，子路問曰：『子見夫子乎？』丈人曰：『四體不勤，五穀不分，孰爲夫子？』植其杖而耘。言不迫切，足知其爲有德君子也。植杖而耘，又見從容于子路也，第不如夫子之從容中道爾。故夫子曰：『隱者也。』使子路反見之，則欲約之以禮。其止子路宿也，見其二子焉，殺雞爲黍而食之，則知賓主之序者也。故子路告其子曰：『長幼之節，既不可廢，則君臣之義，如之何其廢之？』蓋就其所知而告之，亦夫子之志也。」

尹曰：「道不行，孔子固已知之矣。其不以不仕爲高者，聖人或出或處，惟其義而已。故子路譏丈人獨行之失曰：『長幼之節，不可廢也，君臣之義，如之何其廢之乎？』潔其身而亂大倫，君子不爲也。是數子謂之獨行隱居可也。然乃所謂素隱行怪，孔子所不爲者也。子之下車于接輿，使子路問津于長沮桀溺，反見乎荷蓧丈人，豈不欲引而至于道乎？而四子者方守其一介之行而不可回，故亦終于素隱而已矣。」

逸民：伯夷叔齊虞仲夷逸朱張柳下惠少連。子曰：「不降其志，不辱其身，伯夷叔齊與？」謂「柳下惠少連，降志辱身矣。言中倫，行中慮，其斯而已矣。」謂「虞仲夷逸，隱居放言，身中清，廢中權。我則異於是，無可無不可。」

范曰：「孟子曰：『可以仕則仕，可以止則止，可以久則久，可以速則速。』孔子無可無不可，此聖人所以一天下之不一也。揚雄曰：『觀乎聖人，則見賢人，是以孟子每言夷惠，必以孔子明之。』由夷惠皆得其偏，未若聖人之全盡也。」

吕曰：「慮者志之所在，雖不可以爲法中，其素志之所在，不至于不揜。虞仲夷逸身隱而不仕，合乎道之清；言放而不拘，合乎道之權；惟是二者中于道而已。柳下惠少連亦二者中乎道，而得乎言行之大，故愈于此。」

謝曰：「七人隱遯不污則同，其立心造行則異。伯夷叔齊，天子不得臣，諸侯不得友，蓋彼已遯世離羣矣，直以降志辱身爲恥，下聖人一等，此其最高與？柳下惠少連，雖降志而不枉己，雖辱身而不求合，其心有不屑也，故能言中倫，行中慮。虞仲夷逸，隱居放言，則言不合先王之法者多矣，然清而不汙也，權而適可也，與方外之士害義傷教而亂大倫者殊科。是以均謂之逸民。」

楊曰：「不降志不辱身，夷齊之所同。降志辱身矣，而言中倫，行中慮，柳下惠少連之所同。當是時，所謂清和者，非獨夷惠而已。七人者若是其班，則皆聖人之徒也。而論者謂三聖人因時制行以相救，豈未嘗深考于此乎？」

侯曰：「作逸民之道者七人，而制行不同，各盡其所至而已。夷齊，非其義也，非其道也，棄千乘之國而餓，非爲名也，潔身而清者也，不降其志，不辱其身，鄰于仁矣。下惠少連，降志辱身，疑其汙也，而言中倫，行中慮。柳下惠三公不能易其介。虞仲夷逸，隱居放言，隱居，所以身中清，放言以自廢，所以中權。然皆非聖人之中道。故曰：『我則異於是，無可無不可。』聖人之中道，志亦有可降時，身亦有可辱時，亦有不可降辱時，各因其時而已。故中庸曰：『溥博淵泉，而時出之。』」

尹曰：「先儒謂七人皆逸民之賢者，各守其一節者也。孔子則無可無不可，此所以常適其可，異于逸民之徒也。揚雄曰：『觀乎聖人，則見賢人，是以孟子每言夷惠，必以孔子斷之。』」

太師摯適齊，亞飯干適楚，三飯繚適蔡，四飯缺適秦，鼓方叔入於河，播鼗武入於漢，少師陽、擊磬襄入於海。

伊川曰：「孔子自衛反魯，樂正，雅頌各得其所。至是太師等入河蹈海，由樂正魯不用而放棄之也。」

横渠曰：「師摯之始，樂失其次，徒洋洋盈耳而已。夫子自衛反魯，一嘗治之，其後伶人賤工識樂之正。及魯下衰，三桓僭妄，自太師而下，皆知散之四方，逾河蹈海以去亂。聖人俄頃之助功化已如此，其曰用我者期月而已可也，豈虚言哉？」

范曰：「記樂之所由廢也。樂者，諸侯受之于天子，以祀其先祖者也，故有國者重之。古者樂師雖賤而有課職。哀公之時，禮樂廢壞，不聽規諫，故樂師失職，又不得其言，而分散于四方，則其國可知矣。」

謝曰：「周衰，賢者相招爲禄仕，多仕於伶官，蓋其責輕而無愧。至其甚也，淫聲無節，僭上無禁，守其官者或愧焉，是以非而去之〔一〕。」

楊曰：「周衰，雖禮樂壞亡，而魯猶足爲也，故一變而可至於道。至是官不得其職，雖樂工之賤，猶負其器而不苟，有入於河海者，故著之，以見周公之澤也。故下文述周公之語。」

尹曰：「臣聞張載曰：『師摯之始，樂失其次，徒洋洋盈耳而已。夫子自衛反魯，一嘗治之，其後伶人賤工識樂之正。及魯益衰，三家僭妄，自太師以下，皆知散之四方，逾河蹈海以去亂。夫聖人俄頃之助功化已如此，其曰用我者期月而已可也，豈虚言哉？』」

周公謂魯公曰：「君子不施其親，不使大臣怨乎不以。故舊無大故，則不棄也。無求備於一人。」

明道曰：「周公謂魯公三句，反復説不獨不施其親，又當使大臣不怨；至公不可忘私，故又當全故舊。」

伊川曰：「施，與也。言不私其親昵也。」

范曰：「記魯之所由衰也。周公之戒如此，其子孫忽忘之矣。不施其親者，無失其爲親也。大臣不獨用其身而已，必行其道，則不怨矣。故舊不遺，則民不偷。無求備於一人，則爲上易事。四者，治國之要也。」

呂曰：「四者正謂親親，敬大臣，篤故舊，寬衆，此其序也。施讀爲弛，不相維也。按陸氏釋文正作弛字，音詩紙反。大臣非其人則去之，居其位而不用，此所以取怨也。」

謝曰：「對報之謂施，如親黨特無失其爲親而已，豈有施報來往之意也。不使大臣怨乎不以，大臣民之表，使謀不行言不聽而怠，則國可知矣。故舊非大故而棄，是無所不薄矣。求備于一人，則無人而可使也。齊家治國、與人接下之道盡于是。」

楊曰：「自親親推之于敬故，自敬大臣推之不求備于一人，則所以厚民德、用人才者至矣。爲國之道，孰先于是乎？故周公之訓魯公以此。」

尹曰：「親者無失其爲親，是以無所施也。大臣所當任，不可使有不用之怨也。故者無失其爲故，不可輕棄遺也。使人則必器之，不可以求備也。周公之戒其子至矣，國安有不治哉？」

周有八士：伯達伯适仲突仲忽叔夜叔夏季隨季騧。

横渠曰：「周有八士，記善人之富也。」

范曰：「周公作君奭，稱文王之臣，自虢叔以下，而太公畢公之屬不在焉。孔子記有八士，而閎夭泰顛之屬不在焉。此八人皆不顯者，周之多士可知矣。自三仁至于八士〔二〕，或顯或隱，皆聖賢之出處也。莊周之讓王蓋本乎此篇。」

謝曰：「皆尚志者。雖其言行不傳，必其居仁由義者也。」

楊曰：「八人盡爲士之道者，故謂之八士。」

尹曰：「周有八士，記善人之富也，士則盡士之行者。」

校勘記

〔一〕是以非而去之　明抄本「非」作「逃」。

〔二〕自三仁至于八士　「仁」原作「人」，據四庫本改。

論語精義卷第十上

子張第十九

子張曰："士見危致命，見得思義，祭思敬，喪思哀，其可已矣！"

范曰："見危致命者，不爲義疚也。見得思義，不爲利回也。祭思敬，喪思哀，舉其大者知其細也。孔子以見利思義，見危授命，亦可以爲今之成人，子張以爲士如斯已矣，在聖人則曰未也。子貢問士，子曰：『行己有恥。』子路問士，子曰：『切切偲偲，怡怡如也。』子貢失之辨而不足于恥，子路失之勇而不足于和，故告之如此。子張所謂士者，成人之次也。見危致命，則不爲義疚，見利思義，則不爲利回，亦猶祭思敬、喪思哀而已，此士之常也。士之止于此，强學而力行之，可以進于成人，故曰其可已矣，在聖人則曰未也。"

謝曰：「見危致命，舍生而取義也。見得思義，舍利而取義也。死生利害不足以動其心，而又主之以誠慤，祭思敬，喪思哀，則其志意修矣，其肯懷居乎？其肯恥惡衣惡食乎？其肯殺一不辜、非其有而取之乎？」

楊曰：「是四者，人鮮有能自盡者，能勉而至，則可以爲士矣。於成人曰授命曰見利，於士曰致命曰見得者，蓋致命則力爲之，不如授之安；見利則未必得也，見得而後思義焉，則不豫矣。此成人與士之異也。」

侯曰：「見危致命，士之節也。得主于義，祭主于敬，喪主于哀，能思其所本，可以爲士矣。」

尹曰：「見危致命，舍生而取義者也。見得思義，不爲利回者也。祭思敬，喪思哀，則其心誠也。謂之士可矣。孔子以謂成人之次者也。」

子張曰：「執德不弘，信道不篤，焉能爲有？焉能爲亡？」

明道曰：「信之不篤，則執德無由弘。」

横渠曰：「有德者必有言，能爲有也。志仁無惡，能爲亡也。」

范曰：「發强剛毅，而後能執德，執德者，得于己者也。有諸己而後能信道，信道者，志于心者也。執德不弘，不足以有容也；信道不篤，不足以有明也。不足有容，則鄙詐入之矣；不足以有明，則異端入之矣。故不能爲有，亦不能爲亡，終亦必亡而已矣。」

謝曰：「執德不弘，則心不廣；信道不篤，則志必喪。執德弘，故物莫能勝；信道篤，則雖死不變。能爲有，如稱有道有德者，能有之而不去也；能爲亡，如稱無意無必，能去之而不有也。蓋如一出焉，一入焉，不敢以爲有也，不敢以爲無也。」

楊曰：「執德不弘，則大不足以有容；信道不篤，則毅不足以致果。其于任重致遠也難矣。故曰：『焉能爲有？焉能爲亡。』言有亡不足爲損益也。」

侯曰：「執德不弘，則無所容；信道不篤，則無所得。如此，則若存若亡，罔人而已。」

尹曰：「執德不弘，則心不廣；信道不篤，則志不堅。其爲學也，一出焉，一入焉，則焉能爲有？焉能爲亡？」

子夏之門人，問交於子張。子張曰：「子夏云何？」對曰：「子夏曰：『可者與之，其不可者拒之。』」子張曰：「異乎吾所聞。君子尊賢而容衆，嘉善而矜不能。我之大賢與，於人何所不容？我之不賢與，人將拒我，如之何其拒人也？」

明道曰：「子夏子張論交，二子告人各有所以，初學與成德者事不同。」又曰：「與人交際之道，子張爲廣，聖人亦未嘗拒人也。」

伊川曰：「子夏子張皆論交，子張所言是成人之交，子夏所言是小子之交。」

范曰：「子夏子張皆有聖人之一體，故其所聞不同。孔子曰：『益者三友，損者三友。』則有所與亦有所拒也。然子夏不能反諸己，而以己與人，以己拒人，未若子張之言其道廣也。孔子見互鄉童子，不絶原壤之夷俟，則與人交亦廣矣。」

謝曰：「交際之道，異乎求友，自非犬馬與我不同類，無不可者。交際之理，當如子張之説，尊賢而容衆，嘉善而矜不能可也。蓋于人何所不容，非大賢不能，如天之無不覆也，其間動植之不美者固多矣，而于和氣何病？」

楊曰：「可者與之，其不可者拒之，所以告始學者。至于子張，則又將擴之也，故告之如是，言各有當也。」

尹曰：「交際之道不同，擇交者當如子夏可也，泛交者當如子張可也。二者皆有當，未可以是非論之。」

子夏曰：「雖小道，必有可觀者焉；致遠恐泥，是以君子不爲也。」

明道曰：「致遠恐泥，言不可行遠。」

范曰：「小道之于聖人也，猶丘垤之于泰山，行潦之于河海。川雖曲，有通諸海，則由之；塗雖曲，而通諸夏，則由之。小道不通乎聖，故不可爲也。」

謝曰：「旁蹊曲徑，皆坦塗之支別，故非不可由，特不能致遠耳。若大路，則豈有碍也。莊老釋氏之道，非無可觀，特不可與入堯舜之道耳。堯舜之道，萬世無弊，何泥之有？學者見其可觀也，因以爲同，亦誤矣。」

楊曰：「百家衆技，猶耳目鼻口，皆有所明，而不能相通。非無可觀也，致遠則泥矣，故君子不爲也。」

侯曰：「異端曲學，非無可觀也，特不可以入堯舜之道，非天下之通道，必不可以致遠故也。」

尹曰：「小道不可以行遠，故君子不爲也。然而必有可觀，足以惑人，學者尤所當慎也。」

子夏曰：「日知其所亡，月無忘其所能，可謂好學也已矣。」

范曰：「日知其所亡者，知新也；月無忘其所能者，温故也。温故而知新，可以爲師，故可謂好學也已矣。」

謝曰：「此其論學，非讀書之謂。温故而知新，不息者也，惟不息，故能體常而盡變。盡變則日用不窮，此其所亡也；體常而不離大體，此其所能也。蓋非爲人者能之。」

楊曰：「日知其所亡，月無忘其所能，則日益矣，故爲好學。非習而察，何以與此。」

侯曰：「日知其所亡，月無忘其所能，則日益矣，故曰可謂好學。」

尹曰：「好學者日新而不失。」

子夏曰：「博學而篤志，切問而近思，仁在其中矣。」

明道曰：「博學而篤志，切問而近思，何以言仁在其中矣？學者要思得之。了此，便是徹上徹下之道。」又曰：「學要在敬也誠也，中間便有一箇仁。博學而篤志，切問而近思，仁在其中矣之意。」敬主事。又曰：「學要鞭辟近裏著己而已，故切問而近思，則仁在其中矣。言忠信，行篤敬，雖蠻貊之邦行矣；言不忠信，行不篤敬，雖州里行乎哉？立則見其參于前也，在輿則見其倚于衡也，夫然後行，只此是學。質美者明得盡，渣滓便渾化，却與天地同體，其次惟莊敬持養，及其至則一也。」

伊川曰：「學不博不能守約，志不篤不能力行，切問近思在己者，則仁在其中矣。」或問：「如何是近思？」曰：「以類而推。」

范曰：「學欲其博，不博則無約也；志欲其篤，不篤則無卓也。問欲其切，故能審；思欲其近，故能得。學以聚道，志以育德，問以致意，思以致理。力此四者，仁之道也。」

謝曰：「篤志近思，皆心不外馳之謂。則博學亦豈求爲多聞多識哉！乃欲成吾切問近思之理也，所以仁在其中矣。」

楊曰：「爲仁由己，非求之于遠也。故博學而篤志，切問而近思，則仁在其中矣。」

尹曰：「切問近思，則心不外馳，博學豈求多聞多識而已哉！乃欲成吾之仁，故曰仁在其中矣。」

子夏曰：「百工居肆以成其事，君子學以致其道。」

范曰：「君子之于學，精而不二，如百工之于肆，朝夕無不在焉。工不居肆，則事不成，君子不居學，則事不成。衍君子不居學，則道不至。聖人雖有生知之性，欲致其道，未有不由學也。」

謝曰：「學必欲致道，學不能致道，與工不信度同，其爲逸居而無所事則一也。蓋惟無所事，斯不免于放僻邪侈。」

楊曰：「君子之學，由百工之居肆也。工不居肆，不足以成其事；君子不學，不足以致其道。居肆者，致一于其事也。一心以爲鴻鵠將至，雖小技無以善其數，況學以致道乎？」

侯曰：「君子之學，猶百工之居肆也。百工居肆，講求其所未至，故能成其事。君子之學，亦琢磨其所未中，故能致其道。所謂道者，中而已。」

尹曰：「學所以致其道也。百工居肆，必務成其事；君子之于學，可不知其所務者哉？」

子夏曰：「小人之過也必文。」

范曰：「君子過則改之，小人過則文之。湯改過不吝，無文之至也。紂詐足以飾非，文之至也。傅説戒高宗無恥過作非，孟子曰『又從而爲之辭』，皆文也。」

謝曰：「吝于改過，故必文。能改，則昔之所過，而今非也，何必文。」

楊曰：「君子改過，故自訟；小人恥過，故必文。」

侯曰：「君子改過不吝，何文之有？小人恥過作非，故必文。」

尹曰：「君子以改過爲善，遂非者小人也。」

子夏曰：「君子有三變：望之儼然，即之也温，聽其言也厲。」

明道曰：「望之儼然，秉天陽高明氣象。即之也温，中心和易而接物也。温，備人道也。聽其言也厲，則如東西南北四方正定，地道也，蓋非禮勿言也。君子之道，三才備矣。」又曰：「口將言而囁嚅。若合開口時，要他頭也須開口，如荆軻於樊於期。須是聽其言也厲。」

伊川曰：「他人温則不厲，儼然則不温，惟孔子全之。」

范曰：「望之儼然，天也。即之也温，人也。聽其言也厲，地也。敬以直内，故儼然。義以方外，故其言也厲。敬義立而德不孤，故温則仁也。」

謝曰：「此非有意于變，蓋並行而不相悖也。如良玉温潤而栗然。」又曰：「聖人以慎言語爲善學，君子之言，聽之也厲。須存這氣味在胸中，朝夕玩味，不須輕説與人。不説不是吝，輕説與人，人未必信，況使人生鄙悖之心，却是自家不是。須留在胸中，且看尋常有些自得在胸中，別才説了又別；只看箇不言不語底人，做得出惡來也毒。」

楊曰：「望之儼然而可畏；雖可畏也，即之温然而可親；雖可親也，聽其言則厲，是謂三變。其君子之成德與？」

尹曰：「世之人儼然則不温，温則言不能厲。君子非有意於外也，仁義禮智根於心，其生色也睟然，見於面，盎於背，施於四體。四體不言而喻，亦自然之理也。」

子夏曰：「君子信而後勞其民，未信則以爲厲己也。信而後諫，未信則以爲謗己也。」

伊川曰：「信而後諫，唯信便發得人志。」

范曰：「君子信于己，信于民，然後使之信于己，信于君，然後諫之。在己者信而民未信，則弗使也；在己者信而君未信，則弗諫也。如湯武之使民，可謂信而後勞之矣。伊尹傅説之諫君，可謂信而後諫之矣。」

謝曰：「使知所以佚之，則信矣，故雖勞而不怨。未信，則雖盤庚之遷，以惟喜康共爲事，猶有不從也。信而後諫，非所以度君，乃量而後入也。古人所以貴有道而獲上。」

楊曰：「所以事上，所以用下，非信以發志，不可爲也。」

尹曰：「事上使下，皆以信爲主。人之不從者，皆己之信不足以取信故也。」

子夏曰：「大德不踰閑，小德出入可也。」

明道曰：「大德小德，如大節小節。」又曰：「出入可也，出須是同歸。」

伊川曰：「大德不踰閑，指君臣父子之大義。小德，如援溺之事，更推廣之。」或問：「大德不踰閑，小德出入可也，如何？」曰：「大德是大處，小德是小處，出入如可以取可以無取之類是也。」又問：「言不必信，行不必果，是出入之事否？」曰：「亦是也。然不信乃所以爲信，不果乃所以爲果。」

横渠曰：「大德不踰閑，小德出入可也。大者器，則小者不器矣。」又曰：「禮器不泥于小者，則無非禮之禮、非義之義。蓋大者器，則出入小者，莫非時中也。子夏謂大德不踰閑，小德出入可也，斯之謂爾。」

范曰：「大德其猶規矩準繩乎？動而成法，故不踰閑。小德其猶器乎？待法而成，故出入可也。」

謝曰：「與小德川流大德敦化同。未至于聖，則其所謂川流，必有出入也。然學者貴知大體，大體正，則小節雖有出入，亦不離乎禮義之内矣。若不知大體，則雖擇地而蹈，時然後言，亦君子所不取，而況出入乎？」

楊曰：「或遠或近，或去或不去，未嘗同，小德出入可故也。至于行一不義，殺一不辜，得天下不爲也，是則同，不踰閑故也。」

尹曰：「不踰閑者，不踰矩故也。大德若小德則有出入矣[一]。」

子游曰：「子夏之門人小子，當灑埽、應對、進退，則可矣。抑末也，本之則無。如之何？」子夏聞之曰：「噫！言游過矣。君子之道，孰先傳焉？孰後倦焉？譬諸草木，區以別矣。君子之道，焉可誣也？有始有卒者，其惟聖人乎！」

明道曰：「灑埽、應對、進退，便是形而上者，理無大小故也。故君子只在慎獨。」又曰：「灑埽應對，與佛家默然處合。」又曰：「先傳後倦，君子教人有序，先傳以近者小者，而後教以大者遠者，非是先傳以近小而後不教以遠大也。」

伊川曰：「聖人之道，更無精粗，從灑埽應對，與精義入神，通貫只一理，雖灑埽應對，只看所以然如何。」又曰：「凡物有本末，不可分本末爲兩段事。灑埽應對是其然，必有所以然。」又曰：「舞射便見人誠處，古人教人，莫非使之誠己。自灑埽應對上，便可到聖人事。」或問：「古之教人，必先于灑埽應對、進退何也？」曰：「下學而上達。雖夫婦之愚，可以與知，及其至也，雖聖人有所不知。居處恭，執事敬，雖衆人能焉，彼聖賢之所以爲聖賢，亦豈外是？然卒異于衆人者，以衆人習不致察，不能上達爾，終身由之而不知其道。故曰：『人莫不飲食，鮮能知味。』」又曰：「盡性至命，必本于孝悌，後人多以性命别作一高遠事，殊不知性命孝悌只是一統事，就孝弟中便可以盡性至命。灑埽、應對、進退，與盡性至命亦是一統事，無有精粗，無有本末，孝弟是于人切近處故也。子夏言『有始有卒者，其唯聖人乎！』蓋謂此也。聖人能竭其兩端爾，今非無孝弟之人，而不能盡性至命者，由之而不知也。」

横渠曰：「教人者必知至學之難易，知人之美惡，當知誰可先傳此，誰將後倦此。若灑埽應對，乃幼而孫弟之事，長後教之，人必倦弊。惟聖人于大德有始有卒，所事無大小，莫不處極。今始學之人，未必能繼，妄以大道教之，是誣也。知至學之難易，知德也；知其美惡，知人也。知其人且知德，故能教人使入德。仲尼所以問同而答異以此。」

范曰：「道不可須臾離也，造次顛沛無不由焉，而況灑埽應對乎？先傳則躐等，後倦則中道而廢，皆不以其序，所以不能成材也。人皆有受道之質，譬諸草木受天地之氣，小以成小，大以成大，區以别矣，豈可以灑埽應對爲末而不學乎？聖人之材，天地也，故有始有卒而無先後小大之别，教人者豈可以聖人望之也？」

謝曰：「下學而極其道，則上達矣。然上達師無與焉。灑埽、應對、進退，乃動容貌出辭氣之事，必正心誠意而後能，與酬酢祐神之事何以異？孰以爲可而先傳，孰以爲不可而後倦，如草木區以別矣，其爲曲直一也。所以聖人克勤小物，而必有始卒，蓋本末無二道。」又曰：「道須是下學而上達始得，不見古人就灑埽應對上做起。」曰：「灑埽應對上學，却似大瑣屑不展托。」曰：「凡事不必須要高達，且從小處看，只如將一金與人，與將天下與人，雖大小不同，其實一也。我若有輕物底心，將天下與人，如一金與人相似。我若有吝底心，將一金與人，如將天下與人相似。又若行千尺臺邊，心便恐懼，行平地上，却安穩。我若去得恐懼底心，雖履千仞之險，亦只與行平地一般。只如灑埽，不著此心，怎灑埽得？應對不著此心，怎應對得？如曾子欲動容貌、正顏色、出辭氣，爲此。古人須要就灑埽應對上養取誠意出來。」

楊曰：「入德之序，有宜先傳者，有後倦者，譬諸草木，區以別矣，其叙不可誣也。若灑埽、應對、進退，則門人小子之所宜先傳者，至于成人而後使爲之，則或倦矣。雖然，聖人所謂性與天道者，豈嘗離夫灑埽、應對、進退之間哉？故其始也此即以爲學，其卒也非離此以爲道。後倦焉者，皆由之而不知者也。故曰：『有始有卒者，其惟聖人乎？』」

尹曰：「學有本末，有遠近，然有本末遠近，不可分而爲二也，不可分而爲二，則其教亦無得而優劣矣。夫灑埽應對，小子之職也。道不可須臾離，則灑埽應對，與夫精義入神，不可得而精粗矣。子游以爲末而無本，是不知本末一理也。故子夏以爲過，且曰：君子之教，豈有以爲先而傳之者，豈有以爲後而倦教者，大小本末，皆所以爲道。譬諸草木，區以别矣，大小雖不同，實無草木之别者也。君子之道，焉可誣也哉！若夫始卒皆舉，無先後小大之序，則聖人矣，學者豈可同日而語也！」

子夏曰：「仕而優則學，學而優則仕。」

伊川曰：「學既優則可以仕，仕既優則可以學。優裕優閑一也。」

范曰：「此士之常也。若顔子之簞瓢，漆雕開之未能信，雖優而不仕，其所存者遠矣。君子之仕未嘗不學，學未嘗不欲仕，學所以爲己，仕所以爲人也。必己有餘而後可以及于人，故仕優則學，勉其在己者；學優則仕，行其爲人者也。」

吕曰：「仕優而不學，則志卑而不進于文；學優而不仕，則志高而不中於義〔二〕。」

謝曰：「何必讀書，然後爲學，學與仕一也。學優則仕亦優，仕優則學亦優。」

楊曰：「念終始典于學，自天子達於庶人，不可一日忘也。故仕優則學，學優則仕。」

侯曰：「優謂暇時也。」

尹曰：「學與仕一也，君子仕未嘗不學，學未嘗不仕，念終始典于學之意。」

子游曰：「喪致乎哀而止。」

范曰：「君子之行，爲可繼也，致乎哀而止，不敢過其情也。樂正子春之母死，五日不食，曰：『自吾母而不得吾情，吾惡乎用吾情？』故三年之喪，賢者不過，所以爲天下之達道也。」

謝曰：「喪禮與其哀不足而禮有餘也，不若禮不足而哀有餘也，故不致飾于文，盡哀而已。」

楊曰：「子曰：『喪與其易也，寧戚。』記曰：『喪與其禮有餘而哀不足，不若哀有餘而禮不足也。』則喪致乎哀而止耳。」

侯曰：「喪止于哀。」

尹曰：「喪致哀而止，與其哀不足而禮有餘也，不若禮不足而哀有餘也。」

子游曰：「吾友張也，爲難能也，然而未仁。」

楊曰：「師也過，故其行有難能者。以其過之，故未仁。」

曾子曰：「堂堂乎張也，難與並爲仁矣。」

明道曰：「子張既除喪而見，夫子予之琴，和之而和，彈之而成聲，作而曰：『先王制禮，不敢不至焉。』推此言之，子張過于薄，故難與並爲仁矣。」

范曰：「子張内不足而外有餘，故門人皆不與其爲仁。子曰：『剛毅木訥近仁。』唯外不足而内有餘，庶可以爲仁矣。」

謝曰：「曾子之論異于子游，爲難與並爲仁而言也。堂堂不害爲仁，謂盛其容貌以自滿，則人孰告善矣。」

楊曰：「堂堂乎則莊而難親，故難與並爲仁。」

尹曰：「子張之學，病在乎誠不至。」

曾子曰：「吾聞諸夫子：人未有自致者也，必也親喪乎？」

伊川曰：「送死天下之至重，人心苟能竭力盡此事，則可以當天下之大事。養生人之常，此相對而言。若舜曾子養生，其心如此，又安得不能當？」

范曰：「親喪固所自盡也。凡爲禮者猶可以未盡，親喪而不自盡，則何所用其誠哉？」

謝曰：「自致，必誠必信之謂。如此而不用誠，於何用其誠？」

楊曰：「惟送死足以當大事，故君子不以天下儉其親，而所當自致者惟此而已。」

尹曰：「親喪固所自盡也，於此不誠，惡乎用其誠？」

曾子曰：「吾聞諸夫子：孟莊子之孝也，其他可能也，其不改父之臣與父之政，是難能也。」

范曰：「父不義，子不可以不爭，父不善，子不可以不改，道之常也。親之過小不可改，親之過大不可不改也。若天子不改而失天下，諸侯不改而失其國，大夫不改而失其家，雖莊子之孝，亦不可爲也。」

呂曰：「人之孝，三年無改於父之道而已。孟莊子終身不改，故爲難能。難能者，稱其善而不許其過之詞。」

謝曰：「其不改父之臣與父之政，不逞改也。」

楊曰：「臣之賢，政之善，子孫之所宜守而不改者也。孔子謂之難能，豈以其宜改而不改與？使臣雖有不賢者而不能亂其政，政雖有不善者而不能害其事，兹其爲難能而可稱也與？若夫不改而害其政事，則是成父之惡耳，又焉得爲孝乎？」

侯曰：「父之臣父之政，非不改也，臣而不能亂政，政而不能害事，何必改。然而能如此者，豈易爲哉？故曰是難能也。」

尹曰：「父之臣與父之政皆善，則不改可也。不善而不改，則國家豈不危哉！故以爲難能而已。」

孟氏使陽膚爲士師，問於曾子。曾子曰：「上失其道，民散久矣。如得其情，則哀矜而勿喜。」

范曰：「得情而喜，爲士師者所不能慎也。雖舜在上而咎繇明刑，亦哀矜之，況于失道之世，刑不教之民乎？故孔子爲司寇，有父子訟者，拘之而不決。」

謝曰：「禮曰：『民之散也，以使之無道，教之無素。』故其犯法也，非迫于不得已，即陷于不知也。故得其情，則哀矜而勿喜。」

楊曰：「先王之政，至于敬寡屬婦，其詳至矣。後世政散民流，而不相保，及陷乎罪，又從而刑之，是罔民也。爲士師者，得其情，可不哀矜而喜乎？」

侯曰：「王者之迹息，而政散民流，上無道揆，下無法守，及陷于罪，然後從而刑之，是罔民也，可不哀矜乎？」

尹曰：「士師，典獄之官也。士師而能得獄情，可謂能矣。然而失道之世，陷民于罪，則哀矜而已，不足喜也。舜之在上，皐陶明刑，猶且恤之，而況刑不教之民乎？若曾子者，可謂知此理矣。」

子貢曰：「紂之不善，不如是之甚也。是以君子惡居下流，天下之惡皆歸焉。」

范曰：「武王數紂之罪，非誣之也。後世言紂之惡，有溢于泰誓者焉。天下之善舉歸于堯舜，天下之惡舉歸于桀紂，皆其所自取也。」

呂曰：「君子貴者，下流賤者也。紂貴爲天子，至貴而自爲至賤之行，人情之所惡，故天下之惡皆歸焉。」

謝曰：「不善皆歸焉，居下流故也，是以君子貴强爲善。若能修身見乎世，則人雖欲以不善加之，亦不可得。」

楊曰：「與人爲善，則天下之善歸之。與人爲惡者也〔三〕，故天下之惡皆歸焉，下流之謂也。」

侯曰：「紂之惡固已貫盈矣，然而非盡天下之惡也，而天下之惡咸歸焉，以其居下而衆流歸之，故君子貴强爲善也。」

尹曰：「是以君子不可以惡及其身。」

子貢曰：「君子之過也，如日月之食焉。過也，人皆見之；更也，人皆仰之。」

范曰：「日月之食，無損于明；君子之過，無損于德。寡過，故人皆見之；改而益光，故人皆仰之。易曰：『震無咎者存乎悔。』故夫子之門人語修身之行，多以改過爲美也。」

謝曰：「日月陰陽之精，不以食故損其明。人之過至于改，則亦何傷于全德。故德性天也，過不足以牿亡之。」

楊曰：「日月不以蝕而損其明，君子不以過而蔽其善。書以改過不吝稱湯，玆非其仰之者與？」

侯曰：「湯之德，止云改過不吝，能改則無過矣。故如日月之食焉，人皆見之；及其更也，人皆仰之。小人恥過，作非而不能改，何更仰之之有？」

尹曰：「君子之過，如日月之食，人皆見之，而無損于其明者，以其能更也。故孔子之門人皆以改過爲美。」

衛公孫朝問於子貢，曰：「仲尼焉學？」子貢曰：「文武之道，未墜於地，在人。賢者識其大者，不賢者識其小者，莫不有文武之道焉。夫子焉不學？而亦何常師之有？」

范曰：「文武之道，堯舜之所傳也。子畏於匡，曰：『文王既没，文不在兹乎？』言傳文王之道也。子貢據周而言，故曰文武。伊尹曰：『德無常師，主善爲師。』道之所在，聖人師之，故無常師也。」

楊曰：「由文武至孔子，五百有餘歲，孔子則聞而知之者，故子貢以文武之道言之。夫道無適而非也，惟所取而得，何常師之有？」

侯曰：「聖人之學，順理而已，天即理也，何常師之有？而又焉不學？子貢曰：『文武之道，未墜於地。』謂道非文武生之也，能明之爾。故曰：『賢者識其大者，不賢者識其小者。』」

尹曰：「德無常師，主善爲師，故曰無常。」

叔孫武叔語大夫於朝，曰：「子貢賢於仲尼。」子服景伯以告子貢。子貢曰：「譬之宫墻，賜之墻也及肩，窺見室家之好。夫子之墻數仞，不得其門而入，不見宗廟之美、百官之富。得其門者或寡矣。夫子之云，不亦宜乎？」

范曰：「賢人地也，近而易見；聖人天也，遠而難知。故西河之民，疑子夏於夫子，叔孫武叔謂子貢賢於仲尼也。然聖人豈以難知而自表見於世哉？唯學於聖門，然後知其高深，子貢所以譬之宫墻也。」

楊曰：「君子之所爲，衆人固不識，宜叔孫武叔之不知也。」

侯曰：「叔孫武叔不能知孔子爲聖人也，若知之，則安敢比子貢哉？故子貢以宫墻譬之。」

叔孫武叔毁仲尼。子貢曰：「無以爲也，仲尼不可毁也。他人之賢者，丘陵也，猶可踰也；仲尼，日月也，無得而踰焉。人雖欲自絶，其何傷於日月乎？多見其不知量也。」

范曰：「賢人易見，故多譽；聖人難知，故多毁。故孔子之時，諸侯有知其聖而不用，又有不知其聖而毁之者。譽不加益，毁不加損，如日月之明，人無得而踰焉。其不欲見者，是自絶而已。」

謝曰：「公孫朝問夫子何學？子貢對以博學無常師也。叔孫則直毁之矣，蓋自小視大故也。雖門户亦且不見，豈知室家之好，安得而不毁也？惟其毁之，乃所以見夫子之聖。高而可踰，何止丘陵，泰山亦然，唯日月之光，塞宇宙而無窮也，然後無得而踰焉。如此，人欲自絶而可，疑在日月庸何傷？益見其不知量也。」

楊曰：「聖人明並日月，不可踰也，毁之者亦自絶而已。」

侯曰：「妄生毁譽，而子貢告之以聖人之道德，如日月不可毁而不可踰也。縱欲自絶，於日月何傷哉？」

尹曰：「叔孫武叔不足以知孔子，宜其言之若是也。既不足以知其過，疑又從而毁之，夫何損于孔子，益見其不知量而已。」

陳子禽謂子貢曰：「子爲恭也，仲尼豈賢於子乎？」子貢曰：「君子一言以爲知，一言以爲不知，言不可不慎也。夫子之不可及也，猶天之不可階而升也。夫子之得邦家者，所謂立之斯立，道之斯行，綏之斯來，動之斯和。其生也榮，其死也哀，如之何其可及也？」

伊川曰：「子貢言性與天道，以夫子聰明而言；綏之斯來，動之斯和，以夫子德性而言。」又曰：「立之斯立，道之斯行，綏之斯來，動之斯和，聖人之神化，上下與天地同流者也。」又曰：「所過者化，身之所經歷處。所存者神，存主處便神。如立之斯立，道之斯行，綏之斯來，動之斯和，固非小補，作者是小補而已。」

横渠曰：「立斯立，道斯行，綏斯來，動斯和，自然皆從欲風動，神而化之也〔四〕。」

范曰：「子貢知足以知聖人，其言初譬之宫墻，又譬之日月。」又曰：「猶天之不可階而升也，則亦無以加矣。三章自小以至大，自淺以至深，故記者次之如此。立之斯立，道之斯行，綏之斯來，動之斯和，遠無不至，邇無不服也。孟子曰：『君子所過者化，所存者神，上下與天地同流。』堯之治於變時雍，舜之治四方風動，文王之化百姓徧爲爾德，其生也天下歌頌，其死也如喪考妣，夫子之教也。」

謝曰：「觀子貢稱聖人語，乃知晚年進德，蓋極于高遠也。億則屢中，不受命而貨殖焉，其向之所爲乎？夫子之得邦家者，其鼓舞羣動，捷于桴鼓影響，人雖見其變化，而莫窺其所以變化也。蓋不離于聖，而有不可知者存焉，此殆難以思勉及也。」又曰：「夫子之得邦家者，所謂立之斯立，道之斯行，綏之斯來，動之斯和，此變化風俗之事，惟聖人能之。爲它與天合一，變化在手，便做得恁他事。」或問：「孟子云：『如欲平治天下，當今之世，舍我其誰？』使孟子得志，如何？」曰：「是它須從法度上做起，變化風俗底事，恐也未能了得在。如二南麟趾騶虞之應，須是它文王始得。」

楊曰：「自可欲之善充而至于大，力行所及，可以階而升者也。大而化之至不可知之神，非力行可至，不可階而升者也。孔子聖而不可知者，雖顔淵之賢，見其所立卓爾而已，況餘人乎？宜叔孫武叔之徒不能知也。所謂立之斯立，道之斯行，綏之斯來，動之斯和，蓋誠于此動于彼，其神矣夫！」尹曰：「立之斯立，道之斯行，綏之斯來，動之斯和，此聖人之神，上下與天地同流也。子禽何足以識之？非子貢知足以知聖人，其孰能形容如此哉！」

校勘記

〔一〕「不踰閑者」三句：句中「大德」兩字，當在「不踰閑」之上。

〔二〕志高而不中於義　明抄本「義」作「用」。

〔三〕與人爲惡者也　原本無「人」字，據明抄本補。

〔四〕神而化之也　原本無「之」字，據明抄本補。

論語精義卷第十下

堯曰第二十

堯曰：「咨！爾舜！天之曆數在爾躬。允執其中。四海困窮，天禄永終。」舜亦以命禹。

伊川曰：「允執其中，中怎麼執得？識得？則事事物物上皆天然有箇中在，那上不待人安排也，安排著，則不中矣。」

范曰：「舜之德如堯，禹之德如舜，故三聖相授而同一辭。天之曆數在爾躬者，奉天也。允執其中者，正心也。四海困窮者，子庶民也。堯授舜，舜授禹，皆以困窮爲託。使四海困窮有不獲其所，則天禄永終矣。此堯舜傳天下之要法也。」

游曰：「有一言而足以盡至治之要，曰中而已。蓋中者天下之大本也，豈執一云乎哉？不偏不倚，適當其可而已。譬之權衡之應物，曾無心于輕重，抑揚高下，稱物平施，無銖兩之差，此其所以爲時中也與？堯舜禹三聖授受之際，所守者一道，允執厥中，乃傳心之密旨也。」

曰：「予小子履，敢用玄牡，敢昭告於皇皇后帝，有罪不敢赦。帝臣不蔽，簡在帝心。朕躬有罪，無以萬方；萬方有罪，罪在朕躬。」

伊川曰：「此少一湯字，當云湯曰予小子履也。」

橫渠曰：「帝臣不蔽，言桀有罪，己不敢違天縱赦。既以克之，今天下莫非上帝之臣，善惡皆不可揜，惟帝擇而命之，己不敢不聽。」

范曰：「湯之德莫如罪己。以一玄牡告上帝者，請桀之罪也。有罪不敢赦者，求己之罪也。書曰：『罪當朕躬，弗敢自赦。』又曰：『爾有善，朕弗敢蔽。』帝臣者，賢人也，賢人不敢蔽而用之者，所以事天也；非天子所得專，故曰帝臣。人有善不蔽，己有罪不赦，以其簡在帝心，皆不敢自私也。一身之罪不及萬方，萬方之罪及諸一身，此湯之至德也。」

周有大賚，善人是富。「雖有周親，不如仁人。百姓有過，在予一人。」

明道曰：「至親不如仁賢。」

范曰：「武王大賚于四海，所賞者善人，非富淫人也。雖有周親，不如仁人，天下之至公也。百姓有過，在予一人，亦武王之德也。」

謝曰：「帝王之功，聖人之餘事。有内聖之德，必有外王之業，其所以存心，一言以蔽之曰：公而已。堯舜禹湯，或傳或繼，其考之天則曆數有歸，稽之人則惟德是輔，何嘗必天下戴己與？故夫子歷叙聖人之語以見其用心。然則學者苟能操行一不義、殺一不辜而得天下所以不爲之心，則帝王之道豈遠乎哉？其視曹孟德司馬仲達之輩，真如穿窬矣，況于錙銖不義之富貴與？」

謹權量，審法度，修廢官，四方之政行焉。興滅國，繼絶世，舉逸民，天下之民歸心焉。所重：民、食、喪、祭。寬則得衆，信則民任焉，敏則有功，公則説。

明道曰：「自『堯曰咨爾舜』至『公則説』，二帝三王之道，後世無以加焉。孔子所常言，故弟子序而記之。夫子之得邦家者，亦猶是也。」

范曰：「臣謹按武成曰：『重民五教，惟食喪祭。』其餘不見于經，臣竊以爲皆書之文也。孔子序書斷自堯典，大其以天下禪也，二帝三王之道，所以爲後王法。故自堯典以下，又撮取其要語而嘗諷誦之[一]，以此聖人之所學也。如有用孔子者，將舉而措之天下之民；如其不用，則傳之以爲萬世之法也。」

吕曰：「天命在己，以相授，堯舜禹也。稟天之命，任天下之責，湯也。好仁獎善，任百姓之責，修政厚民，急所先務，武王也。」

謝曰：「法度皆生于權量，禮樂政事所出，故不可不謹。徒善不足以爲政，故法度當審。無人不足與有行也，故廢官當修。興滅國，繼絶世，舉逸民，皆人心之所欲。滅國絶世，雖其自取也，然其先固嘗有德于民矣，不可使之不血食也。爵禄天下之所公，其賢者不宜使之在野，故逸民不可不舉。食以阜其生，喪祭以厚其往，爲天下之急務也。寬則得衆，信則民任焉，敏則有功，公則説，皆所以結民心而維持之。蓋其道當如此，非違道以干天下之説而歸己也。」

楊曰：「中者天下之大本也，三聖之相授，湯武之征伐，其事不同，其道則趨于中而已。夫論語之書，皆聖人微言，而其徒傳守之以明斯道者也。故於終篇具載堯舜咨命之言，湯武誓師之意，與夫施諸政事者，以明聖學之所傳者，一于是而已，所以著明二十篇之大旨也。孟子於終篇，亦歷叙由堯舜至湯，由湯至文王，由文王至孔子，或見而知之，或聞而知之，皆此意也。五器始于權，終於量，法度所從出也。任官，所以行法度也，則人存而政舉矣，故四方之政行焉。夫有國有家以傳其後，皆有德在民而民之不能忘也，逸民亦民之望也，因民之不能忘而繼之，因民之望而舉之，故天下歸心焉。武王克商，有未及下車而封者，釋箕子之囚，表商容之閭，用此道也。夫民爲重，以食爲天，重民食，所以厚其生，重喪祭，所以厚其死，使民養生送死而無憾，王道之始也。居上不寬，則下無所措手足，故寬則得衆。未信而勞其民，則民以爲厲己，故信則民任焉。因循而弗勵，則雖盡力而事不舉，故敏則有功。以德行仁則公，以力假仁則私而已，民雖驩虞，非心説也，故公則説，公則王道成矣。傳曰：『公乃王。』此之謂也。」

尹曰：「孔子當周之末，不得見二帝三王之治，故嘗諷誦其言而思其人，弟子所以類而記之。使夫子之得邦家，其治道當有表見于世，豈徒詠其言而已乎！」

子張問於孔子曰：「何如斯可以從政矣？」子曰：「尊五美，屏四惡，斯可以從政矣。」子張曰：「何謂五美？」子曰：「君子惠而不費，勞而不怨，欲而不貪，泰而不驕，威而不猛。」子張曰：「何謂惠而不費？」子曰：「因民之所利而利之，斯不亦惠而不費乎？擇可勞而勞之，又誰怨？欲仁而得仁，又焉貪？君子無衆寡，無小大，無敢慢，斯不亦泰而不驕乎？君子正其衣冠，尊其瞻視，儼然人望而畏之，斯不亦威而不猛乎？」子張曰：「何謂四惡？」子曰：「不教而殺謂之虐，不戒視成謂之暴，慢令致期謂之賊，猶之與人也，出納之吝，謂之有司。」

明道曰：「因民之所利而利之，如耕稼陶漁，皆因其順利而道之。」

范曰：「程頤曰：『子張之問，孔子必敷陳而告之。』臣以爲尊五美屏四惡，不惟以告子張，人君爲政皆當以爲法也。亦由齊景公之問政，司馬牛之問君子，所告者雖一人，而凡爲政者與君子者皆然也。」

謝曰：「爲人上者，有土地，有人民，有財賦，有賞罰，皆所謂有崇高之利勢也。可以惠人，可以勞人，可以從欲，可以驕泰，可以責成，可以取予，雖以無道行之，猶可以虐烝民暴天物，然爲政之道不如是。故爲政之方必以尊五美屏四惡爲至，要之不累于一己而存物之所爲乎？惠而不免于費者，其府庫之財乎！以府庫之財與人，焉得人人而給之？至于因民之所利而利之，因四時之和，因原隰之利，因五方之財，以阜物，以厚生，使民不飢不寒者，何費之有？勞而不免于怨者，其勞人自安乎！擇可勞而勞之者，以佚道使之故也。惟喜康共，不常厥邑可也，其究安宅，百堵皆作可也，如此，何怨之有？欲不免于貪，非殺人以求土地，則斂以殖貨財也。若夫非仁無欲也，則害人而可養人者猶且不爲，況咈百姓以從己之欲乎？不侮鰥寡，故得百姓之歡心，文王所以造周也。在人上，故謂可以驕人，其可以得人乎？然爲政之道，不尊則民不信，不信則民弗從，必欲使人仰之如日月，尊之如神明，故雖不驕也，而有泰存焉。克寬克仁，彰信兆民，成湯所以宅商也。在人上，故謂可以威人，其可以得人乎？然爲政之道，必使進退可度，容止可觀，望之似人君，有以則象，畏愛可也，故雖不猛也，而有威存焉。教之不改，則過在下，不教而誅，則過在上，是罔民也，與匿爲物而愚不識者同，故謂之虐。古之人以五戒然後刑罰，所以警昏愚懲怠慢也，于此可以責成矣。未嘗戒，則彼且烏知先後緩急之所向，遽以視成，豈不暴乎？令嚴者欲其不犯，故聚衆而誓之，垂象以曉之，讀法以喻之，令下慢，而欲上之嚴，其可得乎？是以謂之賊，賊仁故也。爲上之道，取予可以自專，可以無予則不疑，可以予則不吝。猶之與人，疑也。出納之吝，吝也。此之謂謹出納則可，爲政則不可，故謂之有司。」

楊曰：「惠而知爲政，故不費。以佚道勞之，故不怨。欲仁則求諸己，故不貪。敬而無敢慢，故雖泰而不驕。莊以蒞之而民敬，故雖威而不猛。不教而殺，非仁民也，故謂之虐。未嘗戒而責事之成，非爲之以漸也，故謂之暴。令以示期也，令慢矣，而致期焉，不至則刑之，是罔民也，焉有仁人在上罔民而可爲也？故謂之賊。賊者，賊人之謂也。非其義也，一介不以與人不爲吝；義在可與，而惟出納之吝，在有司則爲善，在爲上則爲惡。天下之事，亦惟當其可而已。」

尹曰：「問政者多矣，未有如此之備者也。故記以繼帝王之治，則夫子之從政可知矣。」

子曰：「不知命，無以爲君子也。不知禮，無以立也。不知言，無以知人也。」

伊川曰：「易曰：『樂天知命。』通上下而言之也。聖人樂天則不須言知命，言知命者,知有命而信之者爾,不知命無以爲君子是已。命者所以輔義,一循于義,則何庸斷之以命哉? 若夫聖人之知天命,則異乎此。」又曰:「不知命,見患難必避,遇得喪必動,見利必趨,則何以爲君子? 然聖人言命,蓋爲中人以上者設。中人以上,於得喪之際不能不惑,故有命之説然後能安。若上知之人,更不言命,唯安於義,借使求則得之,然非義則不求,此樂天之事也。上知之人安于義,中知以上安于命。」又曰:「知言之善惡是非,乃可以知人,孟子所謂知言是也。必有諸己,然後知言,知言則能格物而窮理。」

范曰:「知命,所以事天也;知禮,所以修身也;知言,所以治人也。知所以事天,知所以修身,知所以治人,則君子之事備矣,此所以爲終也。」

謝曰:「知命、知禮、知言,此進德修業之大要,闕一不可也。知命非君子之成名,與五十而知天命,立言則同,其要則異,猶言學君子者不可以不知命也。富貴可淫,不知命故也,使知富貴在天,則安得而淫之? 威武可屈,不知命也,使知死生有命,則安得而屈之? 其爲君子豈不綽綽然有餘裕哉! 禮者,理也,知之則爲知,知崇,天也;履之則爲禮,禮卑,地也。一退一進,一俯一仰,耳目所加,手足所措,蓋有妙理存焉。理可行也,誰得而止之? 理可止也,誰得而行之? 此之謂立。苟不知理之所在,則謂地蓋厚,將何所措而可? 聖人患不知人。或謂學當自知而已,何汲汲于知人也? 是不然。仁人固可親也，彼且不知人，烏知仁人何如也？佞人固可遠也，彼且不知人，烏知佞人何如也？君不知人，不可以擇臣；臣不知人，不可以擇士；士不知人，不可以取友。知人如此其急，然不可以智巧知也，蓋人之才識因言以宣，故惟知言者可以知之。古人有行年四十而不見知乃公者，使乃公事上接下與人交盡如知子也，豈不殆哉！此與無目同。如晏嬰知矣，不足以知仲尼，蓋仲尼之言嬰所不知故也。淳于髡得齊王眉睫之間，而不知孟子，蓋孟子之言髡所不知故也。至于求知言之道，則不可以規矩準繩論，係其所養如何耳！」

楊曰：「命非盡心知性不足以知之。不知命，則治身行己，人欲之私得以亂之也，何以爲君子？知禮，則不疑其所行，故立。孟子不與王驩言，禮也。不知朝廷，不歷位而相與言，不踰階而相揖，則居之不安矣，尚能有立乎？詖辭不知其所蔽，淫辭不知其所陷，邪辭不知其所離，遁辭不知其所窮，則人之心術隱矣，其能知人也難矣哉！易曰：『知崇禮卑。』蓋知足以知性知天，故崇；禮可履而行，故卑。崇卑其猶天地設位乎？天尊地卑而乾坤定，知禮成性而道義出，其義一也。」又曰：「不知禮，無以立，使人皆能有立，天下有治而無亂。夫論語之書，蓋聖賢之微言，爲學之大方也，其言性與天道備矣。學道而不蘄于上達，不足爲善學；道而不知以禮行之，是以苟知而已，非己有也。故言知命，則亦維知禮；以知崇禮卑之意爲此道者，其本在乎知言。知言之要，而于此書力求之，則聖之所以爲聖，賢之所以爲賢，可考而知也。學道而不知聖賢，則無以爲學也，故論語以是終焉。」

尹曰：「知命者，知命而安之，窮通得喪，無所動其心，故可爲君子。知禮則動不違于理，故能立。知言則得其情實，故能知人。知所以事天，知所以修身，知所以知人，則君子之事備矣。弟子記此以終篇，得無意乎？今之學者少而讀之，老而不知一言爲可用，不幾于侮聖言者乎？夫子之罪人也，可不念哉！」

校勘記

〔一〕又撮取其要語而嘗諷誦之　四庫本「諷誦」作「引述」。

孟子精義綱領

伊川曰：「孔子之後，曾子之道日益光大。孔子没，傳孔子之道者，曾子而已。曾子傳之子思，子思傳之孟子。孟子死，聖人之道益尊。」又曰：「參也魯，然顔子没後，終得聖人之道者，曾子也。觀其啓手足之時之言，可以見矣。所傳者子思、孟子，皆其學也。」又曰：「傳經爲難。如聖人之後才百年，傳之已差。聖人之學，非子思、孟軻，則幾乎熄矣。道何嘗熄，只是人不由之。道非亡也，幽厲不由也。」又曰：「學者全要識時。若不識時，不足以言學。顔子陋巷自樂，以有孔子在焉。若孟子之時，世既無人，安可不以道自任？」又曰：「孟子有功於聖門，不可勝言。仲尼只説一箇仁，孟子開口便説仁義；仲尼只言一箇志，孟子便説許多養氣出來，只此二字，其功甚多。」又曰：「孟子有大功於世，以其言性善而已。」

明道曰：「有有德之言，有造道之言，有述事之言。有德者只言己分事。造道之言，如顔子言孔子，孟子言堯舜，止是造道之深，所見如是。」又曰：「有有德之言，有造道之言。

孟子言己志者，有德之言也；言聖人之事，造道之言也。」

伊川曰：「孟子曰：『可以仕則仕，可以止則止，可以久則久，可以速則速，孔子也。孔子，聖之時者也。』故知易者莫若孟子。孟子曰：『王者之迹熄而詩亡，然後春秋作。』『春秋無義戰，彼善於此則有之矣。征者上伐下也，敵國不相征也。』故知春秋者莫若孟子。」又曰：「由孟子可以觀易。」或問：「孟子還可爲聖人否？」先生曰：「未敢便道他是聖人，然學已到至處。」又問：「孟子書中有不是處否？」曰：「只是門人録時錯一兩字，如『說大人則藐之』。夫君子毋不敬，如有心去藐他人，便不是也。更說夷、惠處云皆古聖人，須錯字，若以夷、惠爲聖之清、聖之和則可，便以爲聖人則不可。看孟子意，必不以夷惠爲聖人。」

明道曰：「孟子才高，學之無可依據。學者當學顏子，入聖爲近，有用力處。」又曰：「人須學顏子，有顏子之德，則孟子之事功自立。孟子者，禹、稷之事功也。」又曰：「顏子合下完具，只是小，要漸漸恢廓之。孟子合下大，只是未粹，索學以充之。」

伊川曰：「顏孟之于聖人，其知之淺深同，只是顏子尤温淳淵懿，於道得之更淵粹，近聖人氣象。」

明道曰：「顏子不動聲氣，孟子則動聲氣矣。」

伊川曰：「韓退之言孟子醇乎醇，此言極好，非見得孟子意，亦道不到。其言荀揚大醇小疵，則非也。荀子極偏駁，只一句性惡，大本已失。揚子雖少過，然已自不識性，更説甚道？」又曰：「退之晚年爲文所得甚多，如曰：『軻之死，不得其傳。』似此言語，非是蹈襲前人，又非鑿空撰得出，必有所見。若無所見，不知言所傳者何事？」

横渠曰：「學者至于與孟子之心同，然後能盡其義而不疑。」

謝氏曰：「性，本體也。目視耳聽，手舉足運，見於作用者，心也。自孟子没，天下學者向外馳求，不識自家寶藏，被他佛氏窺見一斑兩點，遂將擎拳豎拂底事，把持在手，敢自尊大，輕視中國學士大夫，而世人莫敢與之爭，又從而信向歸依之。使聖學有傳，豈至此乎？」又曰：「人之氣稟不同，顔子似弱，孟子似强。顔子具體而微，所謂具體者，合下來有恁地氣象，但未彰著耳。微如易知微知彰、微顯闡幽之微。孟子强勇，以身任道，後車數十乘，從者數百人，所至王侯分庭抗禮，壁立萬仞，誰敢正覷着，非孟子恁地手脚，也撑住此事不去。雖然，猶有大底氣象，未能消磨得盡，不然，藐大人等語言不説出來，所以見他未至聖人地位。」又曰：「顔子充擴其學，孟子能爲其大。孟子之才甚高，顔子之才粹美。」

楊氏序曰：「道之不行久矣。自周衰以來，處士横議，儒墨異同之辯起，而是非相勝，非一日也。孟子以睿知剛明之才，出於道學陵夷之後，非堯舜之道不陳于王前，非孔子之行不行於身，思以道援天下，紹復先王之令緒，其自任可謂至矣。當是之時，人不知存亡之理，恃强威弱，挾衆暴寡，謂久安之勢在此而已。夫由其道則七十里而興，不由其道雖天下而亡，古今之常理也。彼方恃强挾衆，而驟以仁義之言誘之，動逆其所順，則不悟其理者，宜其以爲迂闊而不足用也。故轍環於齊魯晉宋之郊，而道終不行，亦其勢然矣。雖膏澤不下於民，其志不施於事業，而世之賴其力，亦豈鮮哉！方世衰道微，使儒墨之辯息，而姦言詖行不得逞其志，無君無父之教不行於天下，而民免於禽獸，則其爲功非小矣。古人謂孟子之功不在禹下，亦足爲知言也。今其書具存，要皆言行之迹而已。君子之言行無所不在道，肆諸筆舌以傳後世，皆所以明道也；發諸身措諸用捨，皆所以行道也。世之學者因言以求其理，由行以觀其言，則聖人之庭户可漸而進矣。精思之，力行之，古之好學者皆然，而亦不肖之所望於諸君也。然聖言淵懿，非淺識所知，姑誦所聞，未知中否，諸君其擇之，反以告焉，是亦朋友之義也。」又曰：「昔人有爲神農之言者，其徒自以爲聖，而孟子鄙之曰鴃舌之人。仲子之廉，孟子則曰蚓而後可。伯夷、柳下惠皆聖人也，至于隘與不恭，孟子則曰君子不由。仲尼之門，三尺童子，羞稱管晏。人有毁仲尼者，其門弟子皆稱譽以爲不可及。若孟子者，豈喜攻人之惡，而爲孔氏徒者，率皆不顧於義，立黨尚氣相攻耶？不然，何爲其亦紛紛譊譊也？蓋不直則道不見，我且直之，孟子所不得已也。孟子時去孔子未遠，其徒相與傳守，故其流風餘韻，猶有存者。當是時，楊墨肆行，孟子且不能默而拒之，至不知者以爲好辯。況今去孟子千有餘歲，聖學失傳，異端競起，其害有過於楊墨者。幸而有得聖人之道者，則曰吾不敢攻人之惡，姑自守而已；爲其徒者，又畏天下指爲黨人，遂皆膠口閉舌，不敢別白是非，則世之人亦何賴乎知道者哉？如此，恐非聖賢之用心也。」

又曰：「孟子一部書，只是要正人心，教人存心養性，收其放心。至論仁義禮智，則以惻隱羞惡辭讓是非之心爲之端；論邪説之害，則曰生於其心，害於其政；論事君，則欲格君心之非，正君而國定。千變萬化，只説從心上來。人能正心，則是無足爲者矣。大學之修身、齊家、治國、平天下，其本只是正心誠意而已。心得其正，然後知性之善，孟子遇人便道性善。永叔却言聖人之教人，性非所先。永叔論列是非利害文字儘去得，但於性分之内，全無見處，更説不行。人性上不可添一物，堯舜所以爲萬世法，亦只是率性、循天理是也。外邊用計用數，假饒立得功業，只是人欲之私，與聖賢作處，天地懸隔。」又曰：「孟子對人君論事，句句未嘗離仁，此所謂王道也。」曰：「安得句句不離乎仁？」曰：「須是知一以貫之之理。」曰：「一以貫之，仁足以盡之否？」曰：「孟子固曰：『一者何也？仁也。』仁之用大矣。今之學者，仁之體亦不曾體究得。」又曰：「孟子之書，世儒未嘗深考之，故尊之者或過其實，疑之者或損其真，非灼知聖賢之心，未易以私意論也。世之尊孟子者多失其傳，非孟子過也，而遂疑之，亦過矣。近見一書力詆孟子之非，恐必有所授，難據以口舌爭淳謂孟子精通於易，孟子踐履處皆是易也。請讀易一遍，然後看孟子，便見孟子精通於易。揚子謂『孟子知言之要，知德之奥，非苟知之，亦允蹈之』，此最善論孟子者。伊川云：『由孟子可以觀易。』」

尹氏曰：「趙岐謂孟子通九經，尤長于詩書，非也，趙岐未爲知孟子者。

也。」謂晁以道。

孟子精義卷第一

梁惠王章句上

「孟子見梁惠王」章

明道曰：「仲尼言仁，未嘗兼義，獨于易曰：『立人之道曰仁與義。』而孟子言仁必以義配，蓋仁者體也，義者用也，知義之爲用而不外焉，可與語道矣。世之所論於義者多外之，不然，則混而無别，非知仁義之説者也。」又曰：「萬取千焉，千取百焉，齊語，謂某處取某處遠近。」

伊川曰：「君子未嘗不欲利，孟子言何必曰利者，蓋只以利爲心，則有害在，如上下交征利而國危，便是有害。未有仁而遺其親，未有義而後其君，便是利。仁義未嘗不利。」又曰：「益之上九曰：『莫益之，或擊之，立心勿恒，凶。』蓋利者衆人之所同欲也，專欲益己，其害大矣。欲之甚，則昏蔽而忘義理；求之極，則侵奪而致怨仇。夫子曰：『放於利而行，多怨。』孟子謂先利則不奪不饜，誠哉是言也。大凡人之存心，不可專利。上九以剛而求益之極[一]，衆人之所共惡，于是莫有益之，而或攻擊之矣。故聖人戒之曰：立心勿恒，乃凶之道也。謂當速改也。」

伊川先生論范堯夫對上之詞，言陛下富國强兵後待做甚？以爲非是。「此言安足諭人主，如周禮豈不是富國之術存焉？」横渠先生曰：「堯夫抑上富强之説，正猶爲漢武帝言神仙之學長年不足惜，言豈可入，聖賢之曉人不如此之拙。如梁惠王問何以利國，則説利，不可言之理，極言之，以至不奪不饜。」

楊曰：「君子以義爲利，不以利爲利，使民不後其君親，則國治矣，利孰大焉？故曰：『亦有仁義而已，何必曰利？』」

尹曰：「梁惠王以利國爲言，而孟子對以仁義者，苟以利爲事，則不奪不饜矣。知仁而不遺其親，知義而不後其君，則爲利也博矣。孟子所以拔本塞源而救其弊，此聖賢之心也。彼以利而不知仁義，其害豈有既乎？」

「孟子見梁惠王王立於沼上」章

横渠曰：「不賢者民將去之，故不保其樂也。」

楊曰：「人君當樂民之樂，臺池鳥獸，豈足樂哉！」又曰：「梁王顧鴻雁麋鹿以問孟子，孟子因以爲賢者而後樂此，至其論文王夏桀之所以異，則獨樂不可也。世之君子，其賢者乎？則必語王以憂民而勿爲臺沼苑囿之觀，是拂其欲也；其佞者乎？則必語王以自樂而廣其侈心，是縱其欲也。二者皆非能引君以當道。惟孟子之言，常于毫髪之間，剖析利害之所在，使人君化焉而不自知。夫如是，其在朝廷，則可以格君心之非，而其言易行也。」

尹曰：「麋鹿魚鼈，皆遂其性，則與民偕樂也可知矣。曰：『賢者而後樂此，不賢者雖有此不樂也。』告君之道當然，其意深切矣。」

「梁惠王曰寡人之於國也」章

伊川曰：「古者百步爲畝，百畝，當今之四十一畝也。古以今之四十一畝之田，八口之家可以無飢，今以古之二百五十畝猶不足，農之勤惰相懸乃如此。」問：「古者百畝，今四十一畝，若以地土計之，所收似不足以供九人之食。」曰：「百畝九人固不足，通天下計之，則亦少有一家九人者，只十六已别受田，其餘皆老少也，故可供。有不足者，又有補助之政，又有鄉黨賙救之義，故亦可足。」又曰：「孟子論王道便實，徒善不足以爲政，徒法不能以自行，便先從養生上説將去，既庶既富，然後以飽食煖衣而無教爲不可，故教之也。」

楊曰：「移民移粟，荒政之所不廢也，不行先王之道，而徒以是爲盡心，宜孟子之不與也。夫有仁心仁聞，而民不被其澤者，不行先王之道。故曰：自『不違農時』而下，至『使民養生喪死無憾』者，仁心仁聞而已，未及爲政也，故爲王道之始。自『五畝之宅』而下至『黎民不飢不寒』，此制民之産，先王之政也，如是而後王道成矣。故曰：『不王者，未之有也。』夫有仁心仁聞而不行先王之政，是謂徒善，徒善不足以爲政。行先王之道而無仁心仁聞，是謂徒法，徒法不能以自行。二者不可偏舉也。故曰：『堯舜之道，不以仁政，不能平治天下。』此之謂也。」

尹曰：「孟子所言，王道之始也。梁惠王不知出于王道，而欲民之多於鄰國，又歸罪於凶歲，其不知本也甚矣，反以孟子爲迂闊而不見用，哀哉！」

「梁惠王曰寡人願安承教」章

楊曰：「翟霖送伊川先生西遷，道宿僧舍，坐處背塑像，先生令轉椅勿背。霖問曰：『豈不以其徒敬之，故亦當敬耶？』伊川曰：『但具人形貌，便不當慢。』因賞此語曰：孔子云：『始作俑者，其無後乎！爲其象人而用之者也。』蓋象人而用之，其流必至于用人。君子無所不用其敬，見似人者不忽，則于人可知矣。若于似人者而生慢易之心，其流必至于輕忽人。」

尹曰：「爲政之不善一至于此，不能遵王道故也，惡在其爲民父母。」

「梁惠王曰晉國天下莫强焉」章

尹曰：「古之聖人，地方百里而可以王，今惠王據有大國，而反敗辱焉，不能施仁政而遵王道故也。仁者無敵。豈力不足哉？惑而不爲焉耳。」

「孟子見梁襄王」章

尹曰：「戰國之際，干戈相勝，非救民於亂者也，殺人而已矣，欲天下之定于一，可乎？」

「齊宣王問曰齊桓晉文之事」章

明道曰：「得天理之正，極人倫之至者，堯舜之道也。用其私心，依仁義之偏者，霸者之事也。王道如砥，本乎人情，出乎禮義，若履大路而行〔二〕，無復回曲。霸者崎嶇反側于曲逕之中，而卒不可與入堯舜之道。故誠心而王則王矣，假之而霸則霸矣，二者其道不同，在審其初而已。易所謂差若毫釐，繆以千里者，其初不可不審也。故治天下者必先立其志，正志先立，則邪説不能移，異端不能惑，故力進于道而莫之禦也。苟以霸者之心而求王道之成，是衒石以爲玉也。故仲尼之徒無道桓文之事，而曾西恥比管仲者，義所不由也，況下于霸者哉！」

伊川曰：「孔子之時，諸侯甚强大，然皆周所封建也。周之典禮雖甚廢壞，然未泯絶也。故齊晉之霸，非挾尊王之義，則不能自立。至孟子時則異矣，天下之大國七，非周所命者四，先王之政絶而澤竭矣。夫王者天下之義主也，民以爲王，則謂之天王天子，民不以爲王，則獨夫而已矣。二周之君，雖無大惡見絶于天下，然獨夫也。故孟子勉齊梁以王者，與孔子之所以告諸侯不同。君子之救世，時行而已矣。」又曰：「孔子之時，周室雖微，天下諸侯尚知尊周爲美，故春秋之法以尊周爲本。至孟子時，七國爭雄，而天下不知有周，然而生民塗炭，諸侯是時能行王道，則可以王矣。蓋王者天下之義主也，故孟子所以勸齊之可以王者此也。」又曰：「古人善推其所爲而已矣，此特告齊王云爾，聖人則不待推。」楊曰：「齊宣見孟子於雪宫，曰：『賢者亦有此樂乎？』而孟子對以晏子之言，則霸者之事非無傳也。孟子務引其君於當道，則桓文事不足爲也已。大匠不爲拙工改廢其繩墨，故曰：『無已，則王乎！』」又曰：「管仲爲政于齊，足以合諸侯而正天下，其功足録也。然學當爲王者事，故仲尼之徒無道桓文者。嬖奚與王良乘，王良曰：『吾爲之範我馳驅，終日不獲一，爲之詭遇，一朝而獲十。』管仲之功，曾西未必能爲之，然管仲之功，詭遇也，詭遇而得禽獸，雖若丘陵，弗爲也。曾西羞比管仲，正類是與！」又曰：「爲天下舉斯心加諸彼而已，其王也孰禦焉？然雖有仁心仁聞，而民不被其澤者，不行先王之道故也。故又以制民之産告之，使民不飢不寒，而後曰：『不王者，未之有也。』」又曰：「孟子與人君言，皆所以擴其善心而格其非，不止就事論事。如齊王之愛牛，而曰是心足以王；論王之好樂，而使之百姓同樂；論王之好貨好勇好色，而陳周之先王之事。若使爲人臣者論事每如此，而其君肯聽，豈不能堯舜其君？」又曰：「孟子之道，其要在心術。如『是心足以王矣』，此言極好，心術明且正，何所施而不可？學者須是就心上做工夫。」問：「將順其美，後世之説或成阿諛，恐是引其君以當道。」曰：「然。此正如孟子所謂是心足以王。若曰以小易大，則非其情。以爲見牛未見羊，而欲以羊易牛，乃所以爲仁，引之使知王政之可爲，是謂將順。」又曰：「詳味此一章，可見古人事君之心。」又曰：「善推其所爲者，老吾老以及人之老，幼吾幼以及人之幼。孔子曰：『老者安之，朋友信之，少者懷之。』則無待乎推矣。」又曰：「中庸發明忠恕之理，正孟子所謂善推其所爲者，乃是參彼己爲言。若知孔子以能近取譬爲仁之方，不謂之仁，則知此意。」

尹曰：「仲尼之徒無道桓文之事者，以其不務本而求末故也。觀此一章，曲盡其理，患不能推而行之耳。孟子務引其君於當道志於仁者，率此類也，夫亦在乎爲之而已矣。」

校勘記

〔一〕上九以剛而求益之極　原文闕「上」字，據四庫本補。

〔二〕若履大路而行　原本闕「若」字，據四庫本補。

孟子精義卷第二

梁惠王章句下

「莊暴見孟子」章

楊曰：「魏文侯曰：『端冕而聽古樂，則唯恐臥，聽鄭衛之音，則不知倦。』則今樂與古樂固異矣。而孟子之言如此者，蓋樂者天地之和也，而樂以和爲主，人和則氣和，氣和則天地之和應之矣。使人聞鐘鼓管絃之音，舉疾首蹙頞，雖奏以咸池韶濩[一]，無補於治也。故孟子告之以此，姑正其本而已。」

尹曰：「王者之所以王者，得民心而已。推己之心以及民，與民同樂，則王天下也孰禦哉？」

「齊宣王問曰文王之囿」章

尹曰：「文王之囿，與齊宣王之囿一也，不與民共之，則是害民而已矣。」

「齊宣王問曰交隣國有道乎」章

伊川曰：「凡人有所計較者，皆私意也。孟子曰：『唯仁者爲能以大事小。』仁者欲人之善，而矜人之惡，不計較小大强弱而事之，故能保天下。犯而不較，亦樂天順理者也。」

吕曰：「畏天者以人畏天，天人未合。樂天者天人已合，天道在己。」

尹曰：「仁者之心，至公也；智者之心，用謀也。以大事小，則樂天而無不覆載；以小事大，則狹隘而私于一國。仁者之心，知者之心，于此殊矣。能法文武之用心，則民惟恐君之不好勇也。若夫按劍疾視，則其小勇陋矣。」

「齊宣王見孟子於雪宫」章

楊曰：「憂民之憂，民亦憂其憂；樂民之樂，民亦樂其樂。出乎爾者反乎爾，理之固然也。」又曰：「角爲民，徵爲事，巡所守，述所職，省耕斂，皆民事也。故齊景公作君臣相説之樂，曰徵招角招也。」

尹曰：「君之與民貴賤雖不同，而心則未始有異也。孟子所以力陳其説，使曉然易知，其言可謂深切矣。齊宣不能推而用之，惜哉！」

「齊宣王問曰人皆謂我毁明堂」章

或謂：「孔子尊周，孟子欲齊王行王政，何也？」伊川曰：「譬如一樹，有可栽培之理，則栽培之，不然，須別種。聖賢何心，視天命之改與未改爾。」

楊曰：「智、仁、勇，天下之達德也。智知之，仁守之，勇行之，三者闕一焉，非達德也，則人君固不可無勇矣。而齊王以是爲有疾，故孟子告以文武之事，使廓而大之，則安天下無足爲者矣。若夫好貨好色，則生于人君之邪心，不可爲也。然而孟子不以爲不可者，蓋譬之水逆行，中流而遏之，其患必至于決溢，因其勢而利導之，則庶乎其通諸海也。故以公劉太王之事告之，陳古之善而閉其邪心，引之于當道也。其自謂齊人莫如我敬王者以此。易之睽曰：『遇主于巷。』亦斯之謂也。□□上合下便[二]，執得繼述兩字牢更不可易。予謂繼述兩字自好，但今用之非是。當時自合說與真箇道理。且好貨好色，孟子猶不鄙其說而推明之，況上有繼述之意，豈容無所開道，而使小人乘間謬爲邪說以進，則其末流激成今日之弊，不足怪矣。夫繼述之說，始於記所稱武王周公，今且舉周公事明之。文王耕者九一，周公則更而爲徹；文王關市譏而不征，周公則征之；武王克商，乃反商政，政由舊，逮周公七年制禮作樂，昔者武王所由之政安在？聖人作處惟求一箇是底道理，若果是，雖紂之政有所不革，果非，雖文武之政有所不因，聖人何所容心，因時乘理，天下安利而已。且如神考十九年間，艱難勤苦，制爲法度，蓋欲以救時弊便百姓也。便百姓則其志，救時弊則其事，此獨不當繼述乎？今繼述足以救時弊便百姓也，是亦神考而已，釋此不務，乃欲一二以循熙豐之迹，不然則爲不孝，此何理也？且如祖宗天下，百有餘年，海内安樂，其法度豈不皆善，神考一起而更之，神考亦知要是而已，謂之不孝可乎？自唐至五代〔三〕，禍亂極矣，太祖太宗順人心，定天下，傳數世而無變，豈常人做得，然而法度不免有弊者，時使之然耳。若謂時使之然，則神考之法，豈容獨能無弊，補偏救弊，是乃神考所以望乎後世也，何害于繼述，而顧以爲不孝乎？今之所患，但自不敢以正論陳之于上，恐有妨嫌，若吾輩在朝廷，須是如此説始得，其聽不聽，則有去就之義焉。議論不知道理所在，徒有口辯，則勝他識道理人不過，如戰國説士，遇孟子便無開口處。」

尹曰：「孟子之不欲毁明堂，欲齊王之行王政也。文王之政，公劉之好貨，太王之好色，皆指事而言，可謂善引其君矣。」

「孟子謂齊宣王曰王之臣」章

尹曰：「友之失友道，士師失其職，齊宣王既明知其罪矣。至於四境之不治，則恥于自責，此齊宣所以終不足與有爲也。」

「孟子見齊宣王曰所謂故國者」章

横渠曰：「國君進賢，如徇從人情，不得已而進之，則貪妄者日益進于上，廉恥之人反屈于疏賤矣。」

吕曰：「世臣，如畢公弼亮四世之類。」

楊曰：「國人皆曰可殺，然後殺之，則殺之者非一人之私意，不得已也。古者司寇以獄之成告于王，王三宥之，然後致刑。夫宥之者天子之德，而刑之者有司之公，天子以好生爲德，有司以執法爲公，則刑不濫矣。」

問：「或謂人主之權當自主持，是否？」曰：「不爲臣下奪其威柄，此固是也。書稱湯曰『用人惟己』，而孟子亦曰『見賢焉然後用之』，則人君之權豈可爲人所分。然孟子之論用人去人殺人，雖不聽左右諸大夫之毁譽，亦不聽國人之言，因國人之公是非，吾從而察之，必有見焉而後行，如此，則權常在我。若初無所見，姑信己意爲之，亦必終爲人所惑，不能固執矣。」

尹曰：「世臣則累世修德，必能輔君以道而可則者也。取人苟不詳審，則好惡必不公，爲害甚大，尚何世臣之有哉？是以國君進退羣臣，必察于國人之論而不自恃也〔四〕。苟用此道，則賢否判然，人不可得而欺矣。人君之務，孰大於是。」

「齊宣王問曰湯放桀」章

楊曰：「三仁未去，紂非獨夫也。三仁去，則天下不以爲君矣。是誅一夫也，何弑君之有？世儒有謂湯武非聖人也，有南史之筆，則鳴條牧野之事，當書曰篡弑。蓋其智不足以知聖人，而妄論之耳。」

尹曰：「孟子爲當時而言，以警戒時君也。」

「孟子謂齊宣王曰爲巨室」章

伊川曰：「夫人幼而學之，將欲成之也；既成矣，將以行之也。學而不能成其學，成而不能行其學，則烏足貴哉？」

楊曰：「此皆好臣其所教，而不好臣其所受教，故其言如此。」

尹曰：「孟子之卒不得有爲於國，蓋類是也。」

「齊人伐燕勝之」章

楊曰：「民之去燕，猶避水火也，故簞食壺漿以迎王師。齊王又殺其父兄，係累其子弟，是水益深，火益熱矣，民將復避之也。故曰：『亦運而已。』運者，反覆運轉之謂也。」

又曰：「或謂：『文武所謂至德，以不累于高名厚利故也。所謂不累于厚利者，三分天下有其二以服事殷；所謂不累于高名者，有其二而弗辭。』果如此言，則武王之取天下，以爲累于利而可乎？孟子之言曰：『取之而燕民悦，則取之。古之人有行之者，武王是也。取之而燕民不悦，則勿取。古之人有行之者，文王是也。』此論盡矣。蓋文王所謂至德者，三分天下有其二矣，其取天下，何難之有？而文王勿取者，視天而已，初無用心於其間也，夫是之謂至德。或又曰：『湯之伐桀也，衆以爲我后不恤我衆，舍我穡事而割正夏，而湯告以必往，是聖人之任者也。文王三分天下有其二，以服事紂，是聖人之清者也。』此亦非也，湯之伐桀，雖其衆有不悦之言，憚勞而已。若夏之人則不然，曰：『時日曷喪，予及汝皆亡！』故攸徂之民室家相慶，簞食壺漿以迎王師，湯雖不往，不可得矣。文王之時，紂猶有天下三分之一，民猶以爲君，則文王安得而不事之？至于武王，而受罔有悛心〔五〕，賢人君子，不爲所殺，則或爲囚奴，或去之他國，紂之在天下，爲一夫矣，故武王誅之，亦不得已也。孟子不云『取之而燕民不悦，則勿取。古之人有行之者，文王是也。取之而燕民悦，則取之。古之人有行之者，武王是也。』由此觀之，湯非樂爲任，而文王非樂爲清也，會逢其適而已。」

尹曰：「文王武王之用心，凡以爲民也。齊人之伐燕，則異是矣，如水益深，如火益熱，亦運而已矣。孟子所以深告之，而宣王未之思也。」

「齊人伐燕取之」章

尹曰：「湯以七十里爲政于天下，而齊以千里畏人者，由取之不以其道故也。」

「鄒與魯鬨」章

尹曰：「孟子引曾子之言曰：『戒之，戒之，出乎爾者，反乎爾者也。』可謂知所本矣，民心其可强之乎？」

「滕文公問曰滕小國也」章

横渠曰：「使民效死〔六〕，則政教可爲。」

尹曰：「事無理之國以求苟安，豈人君之用心哉？與民守之，效死勿去，孟子言其正也。」

「滕文公問曰齊人將築薛」章

横渠曰：「所爲善，故可繼續而行。變詐一時，君子不爲，人無取法也。」

尹曰：「齊人將築薛，而滕文公恐，孟子以太王居邠告焉，繼之以强爲善，可謂能自盡也。文公恐懼，而不知自强，異乎太王矣。」

「滕文公問曰滕小國也」章

伊川曰：「衆人必當就禮法，自大賢以上，則看他如何，不可以禮法拘也。且守社稷者，國君之職也，太王則委而去之；守宗廟者，天子之職也，堯舜則以天下與人。如三聖賢則無害，他人便不可。然聖人所以教人之道，大抵使人循禮法而已。」

楊曰：「國君死社稷，故告之以效死勿去，正也。至其甚恐，則以太王去邠之事告之，非得已也。然君子創業垂統爲可繼，亦在疆爲善而已。故太王去邠，民從之如歸市，不知爲善而去國，則民將適彼樂土矣，尚誰從之哉？然滕文公未必能如太王也，使其去國而遂亡，則不若效死勿去之爲愈也。故又請擇於斯二者。孟子直是知命。滕文公以齊人築薛爲恐，問救之之術，而對以君如彼何哉？彊爲善而已矣。以竭力事大國則不得免，問安之之道，而對以太王居邠，不以其所養者害人〔七〕，而繼之以效死勿去之策。自世俗觀之，可謂無謀矣，然以理言之，只得如此説，舍此則必爲儀秦之爲矣。凡事求可，功求成，取必于智謀之末，而不循天理之正者，非聖賢之道也。天理即所謂命。」

尹曰：「無太王之德，則民不應之矣，尚孰肯從之哉？當是時，不知民心之向背，徒知强弱之相陵，故孟子必以人心向背言之。」

「魯平公將出」章

楊曰：「孟子之遇不遇，治亂興衰之所繫，天實爲之，非人之所能也，夫何怨尤之有？」

尹曰：「聖賢之進退出處，有禮義存焉，嬖人妒賢而間毁之，孟子歸之天，可謂知命矣。」

校勘記

〔一〕雖奏以咸池韶濩　「池」原作「音」，據周禮大司樂改。

〔二〕□□上合下便　四庫本空格内作「謂以」兩字。

〔三〕自唐至五代　原文「唐」下有「宋」字，據文意删。

〔四〕必察于國人之論而不自恃也　四庫本「察」作「審」。

〔五〕而受罔有悛心　「罔」原作「國」，據明抄本、四庫本改。

〔六〕使民效死　四庫本「效」作「救」。

〔七〕所養者　孟子梁惠王下作「所以養人者」。

孟子精義卷第三

公孫丑章句上

「公孫丑問曰夫子當路於齊」章

伊川曰：「地不改闢，民不改聚，只修治便是了。」

或問：「曾西不爲管仲，而於子路則曰：『吾先子之所畏。』或曰羞管仲之所已爲，慕子路之所未就，此說是否？」楊氏曰：「孔子曰：『由也千乘之國，可使治其賦也。』使其見于施爲，如是而已，其于九合諸侯一正天下，固有所不逮也。」「然則如之何？」曰：「管仲之功，子路未必能之，然子路譬之御者，則範我馳驅者也，若管仲，蓋詭遇耳。曾西，仲尼之徒也，蓋不道管仲之事。」或問曰：「衛於王室爲近，懿公爲狄所滅，齊桓公攘戎狄而封之。當時夷狄横而中國微，桓公獨能如此，故孔子曰：『微管仲，吾其被髮左衽矣。』

爲其功如此也。觀晉室之亂，胡羯猖獗于中原，當是時，只爲無一管仲，故顛沛如此，然則管仲之功，後世誠難及也。」曰：「若以後世論之，其功不可謂不大，自王道觀之，則不足以爲大也。今人只爲見管仲有此功，故莫敢輕議，不知孔孟有爲，規模自别，見得孔孟作處，則管仲自小。」曰：「孔孟如何？」曰：「必也以天保以上治内，以采薇以下治外，雖有夷狄，安得遽至中原乎？如小雅盡廢，則政事所以自治者俱亡，四夷安得而不交侵？中國安得而不微？方是時，縱能救之于已亂，雖使中國之人不至被髮左衽，蓋猶賢乎周衰之列國耳，何足道哉？如孟子所以敢輕鄙之者，蓋以非王道不行故也。」曰：「然則孔子何爲深取之？」曰：「聖人之于人，雖有毫末之善，必録之，而況於仲乎？若使孔子得君如管仲，則仲之事蓋不暇爲矣。」問：「如管仲之才，使孔子得志行乎天下，還用之否？」曰：「管仲高才，自不應廢，但紀綱法度不出自他，儘有用處。」曰：「若不使他自爲，或不肯退聽時，如何？」曰：「如此則聖人廢之，不問其才。」因言：「王道本於誠意，觀管仲亦有是處，但其意别耳。如伐楚事責之以包茅不貢，其名則是，若其意，豈爲楚不勤王然後加兵，但欲楚尊齊耳。尊齊而不尊周，管仲亦莫之詰也。若實尊周，專封之事，仲豈宜爲之？故孟子曰：『五霸假之也。』蓋言其不以誠爲之也。今蘇州朱冲施貧度僧，置安樂院，給病者醫藥，人賴以活甚衆。其置物業，則厚其直，及其收息，則視衆人所取而輕之。此皆是好事，只爲其意正在于規利而竊譽于人，故人終不以好人許之。仲尼之門，無道桓文之事，而孟子直截不比數之，其意亦猶此也。」又言：「自孟子後，人不敢小管仲，只爲見他不破。近世儒者，如荆公，雖知卑管仲，其實亦識他未盡，況于餘人？人若知王良羞與嬖奚比而得禽獸雖若丘陵弗爲之意，則管仲自然不足道。」又言：「管仲只爲行詐，故與王者别，若王者，純用公道而已。」或曰：「吕吉甫云：『管仲今人未可輕議之，如論語稱管仲奪伯氏駢邑三百，飯疏食，没齒無怨言，則其所能所爲，可謂高矣。如仲者，但不如孔子耳，何可輕議？』」曰：「此未見管仲小器之實也。若管仲只不如孔子，曾西何以不爲？」又曰：「自古狙詐之徒，皆知義足以勝利，然不爲利疚而遷者幾希。如管仲亦知義，故所爲多假義而行。自王者之迹熄，天下以詐力相高，故常溺于利而不知反，由孔子而後，爲天下國家〔一〕，不以利言者，唯孟子一人守得定。」

「公孫丑問曰夫子加齊之卿相」章

明道曰：「公孫丑謂夫子加齊之卿相得行道焉，如此，則能無畏懼而動心乎？故孟子曰：『否。我四十不動心。』」又曰：「公孫丑問孟子加齊之卿相，恐有所不勝而動心。」

伊川曰：「自信則無所疑而不動心，公孫丑不知孟子，故問。」又曰：「不動心有二：有造道而不動者，有以義制心而不動者。此義也，此不義也，義吾所當取，不義吾所當捨，此以義制心者也。義在我，由而行之，從容自中，非有所制也，此不動之異。」又曰：「勇者所以敵彼者也，苟爲造道而心不動焉，則所以敵物者，不賴勇而裕如矣。」

明道曰：「君子道宏，故可大受而不可小了知測。此孟子所以四十不動心，小人反是。」

伊川曰：「不動心有道，如數子者，皆中有所主，便心不動。」又曰：「北宮黝之勇必行，孟施舍無懼，子夏之勇本不可知，却因北宮黝而可見。子夏是篤信聖人而力行，曾子是明理。」

明道曰：「北宮黝要之以必爲，孟施舍推之以不懼，北宮黝或未能無懼，故黝不如施舍之守約也。子夏信道，曾子明理，故二子各有所似。」又曰：「北宮黝之勇在于必爲，孟施舍之勇能于無懼，子夏篤志力行者也，曾子明理守約者也。」或問：「自反而縮如何？」曰：「縮只是直。」又問曰：「北宮黝似子夏，孟施舍似曾子，如何？」曰：「北宮黝之養勇也，必爲而已，未若舍之能無懼也，無懼則能守約也。子夏之學雖博，然不若曾子之守禮爲約，故以黝似子夏、舍似曾子也。」又曰：「北宮黝之勇，氣亦不知守也。孟施舍之勇，知守氣而不知守約也。曾子之所謂勇乃守約，守約乃義也，與孟子之勇同。」

伊川曰：「勇一也，而用不同，有勇于氣者，有勇于義者。君子勇于義，小人勇于氣。」又曰：「不得于言，勿求於心，不可，此觀人之法。心之精微，言有不得者不可便謂不知，此告子淺近處。」

明道曰：「不得于言，勿求於心，不可。養氣以心爲主，若言失中，心不動亦不妨。」又曰：「人必有仁義之心，然後仁與義之氣睟然達於外，故不得於心，勿求於氣可也。」

伊川曰：「志，氣之帥，不可小觀。」又曰：「志，氣之帥。若論浩然之氣，則何者爲志？志爲之主，乃能生浩然之氣。志至焉，氣次焉，自有先後。」又曰：「持其志，無暴其氣，内外交相養也。」

明道曰：「持其志，使氣不能亂，此大可驗。要之聖賢必不害心疾。」又曰：「率氣者在志，養氣者在直内，切要之道，無如敬以直内。」又曰：「志可不克[二]，一無志字。則憒亂矣。今之人以恐懼而勝氣者多矣，而義理勝氣者鮮也。」又曰：「人患乎懾怯者，蓋氣不充，不素養故也。」又曰：「學者爲氣所勝，習所奪，只可責志。」或問：「人莫不知和柔寬緩，然臨事則反至於暴厲。」先生曰：「只是志不勝氣，氣反動心也。」又曰：「壹與一字同。一動氣則動志，一動志則動氣，爲養氣者言也。若成德者，志已堅定，則氣不能動志。」又曰：「志動氣者十九，氣動志者十一。」持國曰：「凡人志能使氣者，能定其志，則氣爲吾使，志一則動氣矣。」先生曰：「誠然矣。志一則動氣，然亦不可不思氣一則動志。非獨趨蹶，藥也，酒也，亦是也。然志動氣者多，氣動志者少，雖氣亦能動志，然亦在持其志而已。」因論持其志〔三〕。先生曰：「只這箇也是私，然學者不恁地不得。」又曰：「告子不得於言勿求於心，蓋不知義在内也。志帥氣也，持定其志，無暴亂其氣，兩事也。志專一則動氣，氣專一則動志，然志動氣爲多。且若志專在淫僻，豈不動氣，氣專在喜怒，豈不動志。故蹶者趨者反動其心，志者心之所之也。」又曰：「孟子知言，便是知道。」又曰：「孟子曰：『我知言。』孟子不欲自言我知道耳。」又曰：「孟子知言，正如人在堂上，方能辨堂下人曲直，若自下去堂下，則却辨不得。」

伊川曰：「心通乎道，故能辨是非，如持權衡以較輕重，孟子所謂知言是也。揆之以道，則是非了然，不待精思而後見也。學者當以道爲本，心不通於道，而較古人之是非，猶不持權衡而較輕重，竭其目力，勞其心智，雖使時中，亦古人所謂億則屢中，君子不貴也。」又曰：「知言之善惡是非，乃可以知人，孟子所謂知言是也。必有諸己然後知言，知言然後能格物而窮理。」伊川一本作「知言始于格物」。又曰：「知言然後可以養氣，蓋不知言無以知道也。此是答公孫丑夫子烏乎長之問，不欲言我知道，故以知言養氣答之。」問：「横渠言由明以至誠，由誠以至明，此言如何？」曰：「由明以至誠，此句却是；由誠以至明，則不然，誠即明也。孟子曰：『我知言，我善養吾浩然之氣。』只我知言一句已盡，横渠之言不能無失，類若此。」又曰：「學者須要知言。」又曰：「孟子養氣一言，諸君宜潛心玩索，須是實識得方可。勿忘勿助長，只是養氣之法，如不識，怎生養？有物始言養，無物又養箇甚麽？浩然之氣，須見是一箇物，如顔子言如有所立卓爾，孟子言躍如也。卓如躍如，分明見得方可。」

明道曰：「忠信所以進德，終日乾乾，君子當終日對越在天也。蓋上天之載，無聲無臭，其體則謂之易，其理則謂之道，其用則謂之神，其命于人則謂之性，率性則謂之道，修道則謂之教，孟子去其中又發揮出浩然之氣，可謂盡矣。故説神如在其上，如在其左右，大小大事，而只曰誠之不可揜如此夫！徹上徹下，不過如此，形而上爲道，形而下爲器，須著如此説，器亦道，道亦器，但得道在，不繫今與後、己與人。」又曰：「孟子答公孫丑問何謂浩然之氣？曰：『難言也。』只這裏便見得孟子實有浩然之氣，若他人便亂説道是如何。」又曰：「内直則其氣浩然，養之至則爲大人。」又曰：「石曼卿詩云：『樂意相關禽對語，生香不斷樹交花。』此語形容得浩然之氣。」

伊川曰：「氣有善不善，性則無不善也，人之所以不知善者，氣昏而塞之爾。孟子所以養氣者，養之至，則清明純全，而昏塞之患去矣。」「或曰養心，或曰養氣，何也？」曰：「養心則勿害而已，養氣則志有所帥也。」又曰：「志順者氣不逆，氣順志將自正。志順而氣正，浩然之氣也。然則養浩然之氣也，乃在于持其志無暴其氣耳。」

李朴字先之。請教。先生曰：「當養浩然之氣。」又問。曰：「觀張子厚所作西銘，能養浩然之氣者也。」又曰：「學者不必遠求，近取諸身，只明人理，敬而已矣，但是約處。乾卦言聖人之學，坤卦言賢人之學，雖言敬以直内，義以方外，敬義立而德不孤，至於聖人，亦止如是，無别途。穿鑿係累，自非道理，故有道有理，天人一也，更不分别。浩然之氣，乃吾氣也，養而不害，則塞乎天地，一爲私心所蔽，則欲然而餒，知其小也。思無邪，無不敬，只此二句，循而行之，安得有差？有差者，皆由不敬不正也。」

伊川曰：「主一無適，敬以直内，便有浩然之氣。浩然須要實識得他剛大直，不習無不利。」

明道曰：「浩然之氣，天地之正氣，大則無所不在，剛則無所屈，以直道順理而養，則充塞于天地之間，配義與道，氣皆主于義而無不在道，一置私意，則餒矣。是集義所生，事事有理而在義也，非自外襲而取之也。告子外之者，蓋不知義也。」

楊遵道録伊川語曰：「至大至剛以直，此三者不可闕一，闕一便不是浩然之氣，如坤卦所謂直方大是也。但坤卦不可言剛，言剛則害坤體。然孔子于文言又曰：『坤至柔而動也剛。』方即剛也。」因問：「見李籲録明道語中，却與先生説别，解至剛處云『剛則不屈』，則是于至剛已帶却直意。又曰：『以直道順理而養之。』則是以直字連下句在學者著工夫處説却。」先生曰：「先兄無此言，便不講論到此。舊嘗令學者不要如此編録，纔聽得轉動便別。舊曾看只有李籲一本無錯編者，他人多只依説時不敢改動，或脱忘一兩字，便大別。李籲却得其意，不拘言語，皆往往録得都是。不知尚有此語，只剛則不屈亦未穩當。」

伊川曰：「孟子曰：『其爲氣也，至大至剛以直，養而無害。』此蓋言浩然之氣至大至剛且直也，能養之則無害矣。」

明道曰：「至大至剛以直，不言至直，此是文勢，如治世之音安以樂、怨以怒、粗以厲、噍以殺，皆此類。」問：「至大至剛以直，以此三者養氣否？」曰：「不然，是氣之體如此。」又問：「養氣以義否？」曰：「然。」問：「塞乎天地之間，莫是用于天地間無窒礙否？」曰：「此語固好。然孟子却是説氣之體。」又曰：「凡言充塞云者，却似箇有規模底體面，將這氣充塞之，然此只是指而示之近耳。氣則只是氣，更説甚充塞？如化育則只是化育，更説甚贊？贊與充塞，又早却別是一件事也。」又曰：「其爲氣也配義與道，道有冲漠之氣象。」

伊川曰：「配義與道，謂以義理養成此氣合義與道。方其未養，則氣自是氣，義自是義，及其養成浩然之氣，氣與義合矣。本不可言合，爲未養時言也，如言道則是一箇道都了。若以人而言，則人自是人，道自是道，須是以人行道始得。言義又言道，道體也，義用也，就事上便言義。」又曰：「配義與道，即是體用，道是體，義是用，配者合也。氣儘是有形體，故言合。氣者是積義所生者，却言配義，如以金爲器，既成，則目爲金器可也。」又曰：「配義與道，浩氣已成，合道與義。道，本也，義，用也。」又曰：「配道言其體，配義言其用。」又曰：「浩然之氣，既言氣，則已是大段有形體之物，如言之有甚迹，然亦儘有形象。浩然之氣是集義所生者，既生得此氣，語其體則與道合，語其用則莫不是義，譬之以金爲器，及其器成，方命得此是金器。」問：「人敬以直内，氣便能充塞天地否？」曰：「氣須是養，集義所生，積集既久，方能生浩然氣象。人但看所養如何，養得一分便有一分，養得二分便有二分，只將敬〔四〕，安能便到充塞天地處？且氣自是氣，體所充自是一件事，敬自是敬，怎生便合得？如曰其爲氣也配義與道，若説氣與義時自别，怎生便能使氣與義合？」

明道曰：「只著一箇私意，便是餒，便缺了他浩然之氣處。誠者物之終始，不誠無物，這裏缺了他，則便這裏没這物。浩然之氣又不待外至，是集義所生者。這一箇道理，不爲堯存，不爲桀亡，只是人不到他這裏，知此便是明善。」又曰：「氣直養而無害，便塞乎天地之間，有少私意，只是氣虧。不義便是集義，疑有私意便是餒。」又曰：「是集義所生，非義襲而取之也。須集義，這上頭莫非義也。」又曰：「集義所生者，集衆義而生浩然之氣，非義外襲我而取之也。」又曰：「浩然之氣，所養各有漸，所以至于充塞天地，必積而後至。行不慊于心，止是防患之術，須是集義乃能生。」又曰：「是集義所生，非義襲而取之也。集義是積義所生，如集大成，若累土爲山，須是積土乃成山，非是山已成形乃名爲義。一作山。浩然之氣難識，須要認得，當行無不慊于心之時，自然有此氣象，然亦未盡，須是見至大至剛以直之三德，方始見浩然之氣。若要見時，且看取地道，坤六二：『直方大，不習無不利。』方便是剛，大便是大，直便是直。于坤卦不言剛而言方者，剛則害于地道，故下復云至柔而動也剛，以其先柔而後云剛無害。大只是對小而言是大也，剛只是對柔而言是剛也，直只是對曲而言是直也，如此自然不習無不利。坤之六二，只爲己是地道，又是二，又是六，故爲地道之精純者。至如六五便不同。欲得學，且只看取地道，坤雖是學者之事，然亦有聖人之道。乾九二是聖人之事，坤六二是學者之事〔五〕。聖賢之道其發無二，但至有深淺大小。」又曰：「必有事者主養氣而言，故必主于敬。勿正，勿作爲也。心勿忘，必有事也。助長，乃正也。」又曰：「必有事焉，有事於此一作敬也。勿正者，若思此而曰善然後爲之，是正也。勿忘則是必有事也。勿助長則是勿正也。後言之漸重，須默識取主一之意。」又曰：「必有事焉，謂必有所事，是敬也。勿正，正之爲言輕。勿忘是敬也，正之之甚，遂至於助長。」又曰：「必有事焉而勿正，心勿忘，勿助長，未嘗致纖毫之力，此其存之之道，若存得，便合有得。」又曰：「正是著意，忘則無物。」又曰：「必有事焉而勿正，事者，事事之事。勿助長，養氣之道當如此。」又曰：「勿忘勿助長之間，正當處也。」又曰：「勿忘勿助長，必有事焉，只中道上行。」又曰：「鳶飛戾天，魚躍于淵，言其上下察也。此一段子思喫緊爲人處，必有事焉而勿正心之意同。活潑潑地，會得時活潑潑地，不會得時只是弄精神。」

或問伊川：「敬還用意否？」曰：「其始安得不用意，若能不用意，却是都無事了。」又問：「敬莫是靜否？」曰：「纔説靜，便入于釋氏之説也。不用靜字，只用敬字，纔説著靜字，便是忘也。孟子曰：『必有事焉而勿正，心勿忘，勿助長也。』必有事焉便是心勿忘，勿正便是勿助長也。」或問：「必有事焉當用敬否？」曰：「敬只是涵養一事，必有事焉，須當集義。只知用敬，不知集義，却是都無事也。」又問：「義莫是中理否？」曰：「中理在事，義在心内，苟不主義，浩然之氣從何而生？理只是發而見于外者。且如恭敬，幣之未將也，恭敬雖因幣帛威儀而後發見于外，然須心有此恭敬，然後著見，若心無恭敬，何以能爾？所謂德者得也，須是得于己然後謂之德也。幣之未將之時，已有恭敬，非因幣帛而後有恭敬也。」問：「敬、義何別？」曰：「敬只是持己之道，義便知有是有非。順理而行，是爲義也，若只守一箇敬，不知集義，却是都無事也。且如欲爲孝，不成只守著一箇孝字，須是知所以爲孝之道，所以侍奉當如何？温凊當如何？然後能盡孝道也。」又問：「義只在事上，如何？」曰：「内外一理，豈特事上求合義也。」又曰：「敬以直内，有主于内則虚，自然無非僻之心，如是則安得不虚？必有事焉，須把敬來做件事著，此道最是簡，最是易，又省工夫，此語雖近似常人所論，然持之久必别。」又曰：「今志于義理，而心不安樂者，何也？此則正是剩一箇助之長，雖則心操之則存，捨之則亡，然而持之太甚，便是必有事焉而正之也。亦須且恁去，如此者只是德孤。德不孤必有鄰，到德盛後自無窒礙，左右逢其原也。」又曰：「志不可不篤，亦不可助長。志不能篤則忘廢，助長于文義上也且有益，若于道理上助長反不得。杜預云：『優而柔之，使自求之；厭而飫之，使自趣之。若江海之浸，膏澤之潤，渙然冰釋，怡然理順，然後爲得也。』此數句煞好。」

侯世與云：「某年十五六歲時，明道先生與某講孟子，至勿正、心勿忘、勿助長，云：『二哥以必有事焉而勿正爲一句，心勿忘勿助長爲一句，亦得。』因舉禪語爲況云：『事則不無，擬心則差。』某當時言下有省。」

明道曰：「孟子知言，即知道也。詖淫邪遁，是觀人之言而知之，亦可以考其書，然本意唯爲觀人之言也。」又曰：「詖辭偏蔽，淫辭陷溺深，邪辭信其説至于耽惑，遁辭生于不正，窮著便遁，如墨者夷之之辭。此四者楊墨兼有。」又曰：「自曾子守義，皆説篤實自内正本之學，則觀人可以知言，蔽陷遁窮，皆離本也。宰我子貢善爲説辭，冉牛閔子顔淵善言德行，孔子兼之，蓋有德者必有言也。而曰我於辭命則不能者，不尚言也，易所謂尚口乃窮也。」問：「我於辭命則不能，恐非孟子語，蓋自謂不能辭命，則以善言德行自居矣，恐君子或不然。」曰：「然。孔子兼之，而自謂不能者，使學者務本而已。」

伊川曰：「夷惠有異于聖人大成處，然行一不義，雖得天下不爲，與孔子同者，以其誠一也。」又曰：「父子君臣，天下之定理，無所逃于天地之間，安得天分，不有私心，則一本無天分不則字。行一不義殺一不辜有所不爲，有分毫私，便不是王者事。」

先生在經筵日，有二同列論武侯事業，以爲武侯戰伐所喪亦多，非殺一不辜而得天下不爲之事。先生謂：「二公語過矣，殺一不辜而得天下不爲，謂殺不辜以私己，武侯以天子之命討天下之賊，則何害？」又曰：「有若等自能知夫子之道，假使汙下，必不爲阿好而言，謂其論可信也。」

明道曰：「宰我子貢有若，其智足以知聖人，汙曲亦不至阿所好。以孔子之道彌綸天壤，固賢于堯舜，而觀生民以來，有如夫子者乎？然而未爲盡論，但不至阿其所好也。」

伊川曰：「語聖則不異，事功則有異。夫子賢於堯舜，語事功也。」

或問：「夫子賢於堯舜，信諸？」曰：「堯舜豈可賢也，但門人推尊夫子之道，以謂仲尼垂法萬世，故云爾。然三子之論聖人，皆非善稱聖人者，如顏子便不如此道，但言仰之彌高，鑽之彌堅而已。後來惟曾子善形容聖人氣象，曰：『子温而厲，威而不猛，恭而安。』又鄉黨一篇，形容得聖人動容注措甚好，使學者宛如見聖人。」問：「夫子賢於堯舜。」曰：「此是説功。堯舜治天下，孔子又推堯舜之道而垂教萬世，門人推尊，不得不然。」又問：「堯舜非孔子，其道能傳後世否？」曰：「無孔子，有甚憑據處？」

横渠曰：「知德之難言，知之至也。孟子謂我於辭命則不能。」又曰：「浩然之氣難言，易謂不言而信，存乎德行，又以尚辭爲聖人之道，非知德者達乎是哉？」又曰：「詖淫邪遁之辭，古語孰近？詖辭苟難，近於並耕爲我；淫辭放侈，近于兼愛齊物；邪辭離正，近於隘與不恭；遁辭無守，近於揣摩説難。四者可以盡天下之狂言。」又曰：「四辭以溢侈偏妄四字推之。」又曰：「宰我子貢善推尊聖人説辭，冉顏善知聖人德行而言之，仲尼有德且有言，孟子言我於辭命，爲能有所尊也。」

呂曰：「北宫黝守外形，孟施舍守我氣，曾子守約義。」又曰：「浩然之氣是集義所生，其所以充塞天地，固非一日之力。思無邪以養諸内，行無不慊以防諸外，積之有漸，至于睟面盎背，其充塞之驗與？」又曰：「守約必先博學，窮大必先執中，致一必先合兩，用權必先反經。學不博而求守約，則識蔽於小，故言入於詖。中未執而欲窮大，則心陷于大，故言放于淫。兩未合而求致一，則守固而道離，故言附于邪。經未正而欲用權，則失守而道窮，故言流于遁。」又曰：「蔽者見小而不見大，故其辭詖，如申韓只見刑名，便謂可以治國，此目不見大道，如坐井觀天，井蛙不可以語東海之樂。陷者務多不務約，故其辭淫，如司馬遷之類，泛濫雜駁，不知統要，蓋陷在衆多之中，不能自出，如人陷入大水，杳無津涯，罔知所濟。離者見左而不見右，如楊子爲我，墨子兼愛，夷清惠和，皆只是一偏，不能兼濟，蓋將道分離開，故其辭邪。窮者知所避而不知歸，故其辭遁，如莊周浮屠，務欲脱去形迹，殊無歸著，故其言惟欲逃避所惡而不知所向，如人逃難不得其所，益以窮矣。」又曰：「仁者誠于此者也，智者明于此者也。反身而誠，知未必盡，如仲弓是也；致知而明，未必能體，如子貢是也。惟以致知之明誠其意，以反身之誠充其知，則將至于不勉而中，不思而得。故曰：『仁且智，夫子既聖矣！』」又曰：「仲尼有其德而無其位，于禮嘗言而不制，故或行夏，或善殷，或從周。于樂嘗正而不作，故樂正，雅頌各得其所。如有用者，則以其所言制爲之禮，以其所正作爲之樂。故其禮貫先後聖之精義，其政有不盡乎？樂集古今之正聲，其德有不至乎？可加損者文也，不可加損者道也。自百世之後觀之，以比百世之王，皆莫之能違，此子貢所以知聖人之深，謂生民以來未之有也。」

謝曰：「知言是智，養氣是仁，浩然之氣，須于心得其正時識取。」又曰：「敢問何謂浩然之氣？孟子曰：『難言也。』明道先生云：『只他道箇難言也，便知他肚裏有爾許大事，若是不理會得底，便撑拄胡説將去。氣雖難言，却須教他識箇體段始得，故曰：其爲氣也，至大至剛，以直養而無害，則塞乎天地之間。』配義與道者，將道義明出此事。」或問：「必有事焉是持敬否？」正是矜持過當否？」曰：「近之。」又曰：「横渠嘗言：『吾十五年學箇恭而安不成。』明道先生曰：『可知是學不成〔六〕，有多少病在。』大凡恭敬必勉强不安，安肆必放縱不恭。恭如勿忘，安如勿助長，正當勿忘勿助長之間，須仔細體認取。」又曰：「吾嘗習忘以養生，明道曰：『施之養生則可，于道則有害。』習忘可以養生者，以不留情也，學道則異于是。夫必有事焉而勿正何謂乎？且出入起居，寧無事者，正心以待之，則先事而迎。忘則涉乎去念，助則近于留情，故聖人之心如鑑，孟子所以異于釋氏此也。」又曰：「勿忘又勿助長，正當恁地時，自家看取，天地見矣。所謂天者，理而已。只如視聽動作，一切是天，天命有德，便五服五章，天討有罪，便五刑五用，渾不是杜撰做作來，學者直須識天理爲是。自然底道理移易不得，不然諸子百家便人人自生出一般見解，欺誑衆生。識得天理，然後能爲天之所爲。聖門學者爲天之所爲，故敢以天自處，佛氏却不敢恁地做大。明道嘗曰：『吾學雖有所受，天理二字，却是自家體貼出來。』」又曰：「鳶飛戾天，魚躍于淵，無些私意，上下察，以明道體無所不在，非指鳶魚而言也。若指鳶魚爲言，則上面更有天在，下面更有地在。知勿忘勿助長則知此，知此則知夫子與點之意。」又曰：「詩云：『鳶飛戾天，魚躍于淵。』猶韓愈謂魚川泳而鳥雲飛，上下自然各得其所也。詩人之意，言如此氣象，周王作人似之。子思之意，言上下察也，猶孟子所謂必有事焉而勿正，察見天理，不用私意也。故結上文云：『君子語大天下莫能載，語小天下莫能破。』」

楊曰：「齊王不忍牛之觳觫而易之以羊，非愛其財而易之也，而百姓謂王爲愛，無以自解，所謂不得於言也，不求於心，則齊王誠爲愛其財而易之矣，故不得於言勿求於心不可。夫志者，心之所之也，而志爲氣之帥，則氣從之矣，故不得於心勿求於氣可。」又曰：「志，氣之帥，則氣從志而已。故曰：『志至焉，氣次焉。』氣之從志，則持其志可也。」又曰：「無暴其氣者，蓋蹶者趨者是氣也，而反動其心，氣壹則能動志故也。」又曰：

「通天下一氣耳，天地其體也，氣，體之充也。人受天地之中以生，均一氣耳，故至大；集義所生，故至剛；氣之剛大，以直養而無害。則塞乎天地之間，蓋氣之本體也。氣無形聲之可名，故難言也，而以道義配之，所以著明之也。」又曰：「必有事焉，勿忘也。勿正，勿助長也。助長，老子所謂益生也，益生不祥。忘與助長所趨雖異，而其爲害則同矣。循其固然而順養之，無加損焉，則無二者之害矣。」又曰：「通天下一氣也。人受天地之中以生，其盈虛常與天地流通，寧非剛大乎？人惟自牿于形體，故不見其至大；不知集義所生，故不見其至剛。善養氣者，無加損焉，勿暴之而已，乃所謂直也。用意以養之，皆揠苗者也，曲孰甚焉？」又曰：「養氣之道，如治苗然，舍之而不耘，則有莨莠之傷，助之長，則揠之而槁矣，其説是也。然將不舍而耘之則宜奈何？與夫助之長者又何辨？此近似之際，體之者尤當慎擇也。」問：「伊川先生以必有事焉而勿正爲一句，如何？」曰：「事説勿正則可，心説勿正則不可。伊川讀書直是不草草，他議論方是議論。」又曰：「伊川以至大至剛以直爲一句，養而無害爲一句。」或曰：「明道曾言至大至剛之氣須以直養，伊川堅云先兄無此説，若曰以直養而無害，莫不妨。」曰：「嫌于將一物養一物，不如養而無害較渾全。他説話，須是與他思量體究，方見好處。」問：「必有事而勿正，心勿忘，勿助長，既不可忘，又不可助長，當如何著力？」曰：「孟子固曰：『至大至剛以直，養而無害。』則雖未嘗忘，亦不助長。」問：「伯夷柳下惠如何見得能朝諸侯有天下？」曰：「只看顏子在陋巷便做得禹稷事業，則夷惠之能朝諸侯有天下可知。聖人之得邦家，綏之斯來，動之斯和，自是力量不同。如夷惠之風，能使頑夫廉、懦夫有立志，鄙夫寬，薄夫敦，奮乎百世之上，而聞者莫不興起，則其未有爲之時，人固已心悅而誠服之矣，使得百里之地而君之，其效宜如何？」又曰：「論伯夷之清，則聖人之清也；柳下惠之和，則聖人之和也。故孟子曰：『皆古聖人也。』未至於大成，故孔子曰：『賢人而已。』」

尹曰：「孟子當一國之任，行至聖之道，而無所動心，故公孫丑以爲過于孟賁之勇。孟子因言北宮黝之必爲，孟施舍之不懼，曾子子夏之徒養勇以不動其心，及夫告子之不動心是非優劣，以告公孫丑，而又言己知言養氣之説詳焉。雖然，北宮黝之徒能養勇耳，未知道也，孟子則知言而養氣。知言者知道故也，養氣者合理也。知道則是非無不判，詖淫邪遁之害無不知，齊國之任不足爲矣。苟或不能知言而養氣，則必動其心，動其心，則發于政而害于事矣。雖然，至德難言也，故孟子推尊孔子，而自以爲不能，至于聖人則不敢居焉。歷論古聖人，無以加者，孔子而已矣。臣聞之師程頤曰：『孟子養氣之説，學者所宜潛心也』。所謂浩然之氣者，天地之正理，吾之所固有也。其爲氣也，至大至剛以直，其體則名曰道，其用則名曰義，學者能識之，然後可以養之。不養，則爲私心所蔽而餒矣。夫帥氣者在養志，養志者在直内，養之如何，必有事焉，不可正也，不可忘也，不可助長也，主一而已，直内而已，存而勿失而已。如是則集義而能配義與道，施之則充塞乎天地之間，斂之則退藏于密，真學者之要務也。」或問：「晁以道言：『以孔子賢於堯舜，私孔子者也；以孟子配孔子，卑孔子者也。』如何？」曰：「不須如此較優劣，惟韓退之説得最好，自堯舜相傳至孔子孟子〔七〕。」

「孟子曰以力假仁者霸」章

尹曰：「王霸之優劣如此，而當時之君莫能爲，此天下之所以不定于一也。」

「孟子曰仁則榮」章

尹曰：「賢者在位，能者在職，明其政刑，雖大國必畏之矣。國家閒暇，般樂怠傲，不修政刑，雖小國必侮之矣。禍福無不自己求之者，孟子引詩云『自求多福』，可謂知言矣。」

「孟子曰尊賢使能」章

伊川曰：「廛而不征，市宅之地已有廛税，更不征其物。法而不廛，税有常法，不以廛故而厚其税。廛無夫里之布，廛自有税，無此二布。」又曰：「順天爲政者，天吏也。」

吕曰：「奉行天命之謂天吏。廢興存亡，惟天所命，不敢不從，故湯武得天吏之稱。」

尹曰：「士皆願立於其朝，商皆願藏於其市，旅皆願出於其路，農皆願耕於其野，民皆願爲之氓，如是，則鄰國之民仰之如父母，而無敵於天下，又何疑焉？ 然則安可使之不願哉！」

「孟子曰人皆有不忍人之心」章

伊川曰：「心，生道也，有是心斯具是形以生。惻隱之心，人之生道也，雖桀跖不能無是以生，但戕賊之以滅天耳。始則不知愛物，俄而至于忍，安之以至於殺，充之以至於好殺，豈人理也哉！」 又曰：「惻，惻然。隱，如物之隱應也。此仁之端緒。赤子入井，其顙有泚，推之可見。」 明道先生見謝顯道記聞甚博，謂之曰：「賢却記得許多，可謂玩物喪志。」顯道不覺身汗面赤〔八〕。先生曰：「只此便是惻隱之心。」惻然有隱于心。 問仁。曰：「此在諸公自思之，將聖賢所言仁處，類聚觀之，體認出來。孟子曰：『惻隱之心，仁也。』後人遂以愛爲仁，惻隱固是愛也。愛自是情，仁自是性，豈可專以愛爲仁。孟子言惻隱爲仁，蓋爲前已言惻隱之心，仁之端也；既曰仁之端，則不可便謂之仁。退之言博愛之謂仁，非也，仁者固博愛，然便以博愛爲仁則不可。」

明道曰：「羞惡則有所不爲，知所止，乃義之端。」 又曰：「仁義禮智信，于性上要言此五事，須要分別出。仁則固一，一所以爲仁。惻隱則屬愛，乃情也，非性也。恕者入仁之門，而恕非仁也。因其惻隱之心，知其有仁。惟四者有端，而信無端，只有不信，更有不信。如東即東，西即西，則無一有不字信。」

無一作更有〔九〕。信。如東西南北，已有定體，更不可言信。若以東爲西，以南爲北，則是有不信。如東即東，西即西，則無一有不字信。」

或問伊川：「四端不及信，何也？」曰：「性中只有四端，却無信。爲有不信，故有信字。且如今東者自東，西者自西，何用信乎？只爲有不信，故有信字。」又問：「莫在四端之間〔十〕？」曰：「不如此説。若如此説時，只説一箇義字亦得。」又曰：「四端不言信者，既有誠心爲四端，則信在其中矣。」又曰：「四端不言信，信本無在，在易則是至理，在孟子則是氣。」又曰：「孟子論四端處，則欲擴而充之；説約處，則博學詳説而反説約，此内外交相養之道也。」又曰：「人皆有是道，惟君子爲能體而用之，不能體而用之者，皆自棄也。故孟子曰：『苟能充之，足以保四海；苟不充之，不足以事父母。』夫充與不充，皆在我而已。」

吕曰：「人皆有不忍人之心，忍之則憯怛而不安，蓋實傷吾心，非譬之也。然後知天下皆吾體，生物之心皆吾心，彼傷則我傷，非謀慮所及〔十一〕，非勉强所能。彼忍人者，蔽固極深，與物隔絶，故其心靈梏于一身而不達于外爾。」

謝曰：「人須是識其真心，見孺子將入井時，是真心也，非思而得也，非勉而中也。」又曰：「格物窮理，須是識得天理始得。所謂天理者，自然底道理，無毫髮杜撰。今人乍見孺子將入于井，皆有怵惕惻隱之心。方乍見時，其心怵惕，所謂天理也。要譽於鄉黨朋友，内交於孺子父母兄弟，惡其聲而然，即人欲耳。天理與人欲相對，有一分人欲，即滅却一分天理，存一分天理，即勝得一分人欲，人欲纔肆，天理滅矣。任私用意，杜撰做事，所謂人欲肆也。故莊子曰：『去智與故〔十二〕，循天之理。』若在聖人分上，即著循字不得。」

游曰：「惻者心之感于物也，隱者心之痛于中也。物之體傷于彼，而吾之心感應于此，仁之體顯矣。故君子之於禽獸，見其生不忍見其死，見其全不忍見其傷，而況於民乎？況於親戚乎？故惻隱之心莫隆于親，而民次之。孟子曰：『君子親親而仁民，仁民而愛物。』此自然之序也。彼愛無差等者，失其本心也已。」又曰：「惻隱，痛傷也。傷在彼而我傷之，痛在彼而我痛之，傷痛非自外至也，因心則然，此惻隱所以爲仁之端也。至于充其心體之本然，則萬物一體矣，無物我之間也，故天下歸仁焉。」

或問：「何以知仁？」楊氏曰：「孟子以惻隱之心爲仁之端，平居但以此體究，久之自見。且孺子將入于井，而人見之者必有惻隱之心。疾痛非在己也，而爲之疾痛何耶？曰：出于自然，不可已也。曰：安得自然如此，若體究此理，知其所從來，則仁之道不遠矣。」薛宗博請諸職事會茶，曰：「禮豈出于人心，如此事本非意之所欲，但不得已耳。

老子曰：『禮者忠信之薄。』荀子曰：『禮起聖人之僞。』真箇是。」因問之曰：「所以召荼者何謂？」薛曰：「前後例如此，近日以事多，與此等稍疏闊，心中打不過，須一請之。」曰：「只爲前後例合如此，心中自打不過，豈自外來？如云辭遜之心禮之端，亦只心有所不安，故當辭遜，只此是禮，非僞爲也。」又曰：「孟子曰：『人之有四端，猶其有四體也。』夫四體與生俱生，一體不備，謂之不成人，闕一不可，亦無先後之次。老子言失道而後德，失德而後仁，失仁而後義，失義而後禮，禮者，忠信之薄而亂之首，此可謂不知道德仁義禮者之言也。謂禮爲忠信之薄，是特見後世爲禮者之弊耳。先王之禮，本諸人心，所以節文仁義是也，顧所用如何，豈有先後？雖然，老子之薄而末之者，其意欲民還淳反樸，以救一時之弊而已。夫果能使民還淳反樸不亦善乎，然天下豈有此理？夫禮文其質而已，非能有所增益也，故禮行而君臣父子之道得，使一日去禮，則天下亂矣。若去禮，是去君臣父子之道也，而可乎？惟不可去，此四端所以猶人之有四體也。」

尹曰：「人之有是四端，得于天者然也。苟能推不忍人之心以及民，則民歸之如父母矣。苟不能推此心以及民，則不足以事父母，況其他乎？非失其本心而何？」

「孟子曰矢人豈不仁於函人哉」章

尹曰：「人之擇術不可不慎也如此。」

「孟子曰子路人告之以有過」章

明道曰：「子路人告之以有過則喜，亦百世之師也。」伊川曰：「聞善言則拜，禹所以爲聖人也。以能問不能，以多問寡，顏子所以爲大賢也。後之學者有一善而自足，哀哉！」又曰：「舍己從人，最爲難事。己者我之所有，雖痛舍之，猶懼其守己者固而從人者輕也。」又曰：「樂取于人爲善，便是與人爲善。與人爲善，乃公也。」

橫渠曰：「君子爲天下，達善達不善，無物我之私，循理者共悦之，不循理者共改之而已。共改之者，過雖在人如在己，不忘則訟焉。共悦之者，善雖在己，蓋取諸人而爲，必以與人焉。善以天下，不善以天下，是之謂達善達不善。」

謝曰：「子路百世之師，揀難割捨底，要不做便不做，故孟子將來與舜禹作一處舉揚。」

尹曰：「有過而不能改，吝也。喜者改而不吝，舍己而從人〔十三〕，此其所以爲大也。」

「孟子曰伯夷非其君不事」章

伊川曰：「思與鄉人處，此孟子拔本塞源。」又曰：「隘與不恭，君子不由，非是瑕疵夷惠之語，其弊至此。」又曰：「夷惠其道隘與不恭，乃心何罪？」又曰：「孔子之時，道雖不明，而異端之害未甚，故其論伯夷也以德。孟子之時，道益不明，異端之害滋深，故其論伯夷也以學。道未盡乎聖人，則推而行之，必有害矣，故孟子推其學術而言之也。夫闢邪説以明先王之道，非拔本塞源不能也。」

楊曰：「伯夷柳下惠之風，聞之者莫不興起，故可爲百世師。至其流風之弊，隘與不恭，則君子不由也。」又曰：「伯夷柳下惠之風，足以廉貪敦薄，故可爲百世師。論其學則必至于隘與不恭，此君子所以不由也。」問：「伯夷聖人，猶有隘，何也？」曰：「此自氣稟不同耳。若觀其百世之下，聞其風者，頑夫廉，懦夫有立志，此是甚力量？」

尹曰：「孟子謂伯夷聖之清，柳下惠聖之和，而又曰隘與不恭者，何也？孟子非謂夷惠爲聖人也，得聖人之極清極和者耳。夷惠之清和，聖人清和也，而其流之弊，必至于隘與不恭，故孟子立教，拔其本而塞其源。」

校勘記

〔一〕爲天下國家　原本無「下」字，據明抄本補。

〔二〕志可不克　明抄本作「志可克氣」。

〔三〕因論持其志　原本無「其志」兩字，據明抄本補。

〔四〕只將敬　四庫本「將」作「得」。

〔五〕「乾九二」兩句　明抄本爲大字單行。

〔六〕可知是學不成　原本無「不成」兩字，據明抄本補。

〔七〕自堯舜相傳至孔子孟子　明抄本於句下有「孟軻死不得其傳便是」。

〔八〕顯道不覺身汗面赤　「汗」原作「汙」，據明抄本、四庫本改。

〔九〕一作更有　明抄本作「一作便字」。

〔十〕莫在四端之間　「莫」原作「草」，據河南程氏遺書卷十八伊川先生語回改。

〔十一〕非謀慮所及　原本無「非」字，據明抄本補。

〔十二〕去智與故　「與」原作「興」，據明抄本改。

〔十三〕喜者改而不吝舍己而從人　「吝」上原有「能」字，據明抄本删；「舍」，原無，據四庫本補。

孟子精義卷第四

公孫丑章句下

「孟子曰天時不如地利」章

尹曰：「得天下者，凡以得民心而已。」

「孟子將朝王」章

楊曰：「夫孟子將朝王，則見王固所欲也，爲其召之，故不往。明日出弔，蓋取瑟而歌之意，欲其知之也。雖公孫丑猶不諭其旨，況餘人乎？此景丑氏所以問也。夫天下有大戒二，臣之事君，義也，無適而非君也，無所逃于天地之間，是之謂大戒。先王之時，天下定于一，尺地莫非其有，一民莫非其臣也，則士于其時無適非君也，無所逃於天地之間，則君命召不俟駕行矣，禮也。周衰，諸侯各擅其土地，士不遇於齊，則之楚之魏無不可者，非一國所能專制也，故士於斯時有不爲臣之義。時君苟無尊德樂義之誠心，不足與有爲，則雖欲亟見之且不可得，况得而召之乎？」

尹曰：「君子之行止進退，衆人固不識也，類皆如此。」

「陳臻問曰前日於齊」章

尹曰：「君子之辭受，惟當於理而已。」

「孟子之平陸」章

尹曰：「王於距心皆知其罪，而莫能改也。」

「孟子謂蚳鼃」章

尹曰：「進退久速，皆當於理而已。」

「孟子爲卿於齊」章

尹曰：「智者不失人，亦不失言。」

「孟子自齊葬於魯」章

尹曰：「生事之以禮，死葬之以禮，盡夫孝心而已矣。」

「沈同以其私問」章

楊曰：「燕固可伐矣，故孟子曰可。使齊王因孟子之言而遂伐之，誅其君而弔其民，何不可之有？而其虐至于係累其子弟，而後燕人叛之，以是而歸罪孟子之言，非也。」

尹曰：「惟義可以伐不義，不然，君子不與也。」

「燕人畔」章

伊川曰：「周公之於兄，舜之於弟，皆一類，觀其用心爲如何哉？推此心以待人，亦如此，然有差等矣。」又曰：「象憂亦憂，象喜亦喜，蓋天理人情於是爲至。舜之於象，周公之於管叔，其用心一也。夫管叔未嘗有惡也，使周公逆知其將畔，果何心哉？惟其管叔之畔，非周公所能知也，則其過有所不免矣。故孟子曰：『周公之過，不亦宜乎？』」

呂曰：「周公不知管叔將畔而使之，周公之過也。周公之心，以弟待兄，度其必不畔，親親之恩過厚爾。若求無過，則宜如舜之使象。」

「孟子致爲臣而歸」章

伊川曰：「齊王謂時子，欲養弟子以萬鍾，而使國人有所矜式，孟子何爲拒之？曰：王之意非尊孟子，乃欲賂之耳，故孟子拒而不受。」

「孟子去齊宿於晝」章

尹曰：「繆公之待子思，惟恐子思之不留也。泄柳申詳之事繆公，惟恐公之見棄也。孟子之進退，則子思之徒也。而客之言不出於子思繆公之事，故孟子不應也。」

「孟子去齊尹士語人曰」章

伊川曰：「考槃之詩，解者謂賢人永誓不復告君，不復見君，又自誓不許而實如此也。據此，安得有賢者氣象？孟子之於齊，是甚君臣？然其去未嘗不遲遲顧戀。今此君才不用，便躁忿如此，是不可磯也，乃知此詩解者之誤。此詩是賢者退而窮處，心不忘君，怨慕之深者也。君臣猶父子，安得不怨，故直于寤寐弗忘，永陳其不得見君與告君，又陳其此誠之不詐也。」

楊曰：「考槃之詩曰：『永矢弗過。』説者曰：『誓不過君之朝』，非也。矢，陳也。亦曰永言其不得過耳。昔者有以是問常夷甫之子立，立對曰：『古之人蓋有視其君如寇讎者。』此尤害理。何則？孟子所謂君之視臣如犬馬，則臣視君如寇讎，以爲君言之也。爲君言，則施報之道此固有之，若君子之自處，豈處其薄乎？孟子曰：『王庶幾改之，予日望之。』君子之心蓋如此。考槃之詩，雖其時君使賢者退而窮處爲可罪，夫苟一日有悔過遷善之心，復以用我，我必復立其朝，何終不過之有？」又嘗夜夢人問：「王由足用爲善，何以見？」語之曰：「齊王只是樸實，故足以爲善，如好貨好色好勇與夫好世俗之樂，皆以直告，而不隱于孟子，其樸實可知。若乃其心不然，而謬爲大言以欺人，是人終不可與入堯舜之道矣，何善之能爲？」

尹曰：「易卦晉之初六曰：『晉如摧如，貞吉〔一〕，罔孚，裕無咎。』孟子可謂盡此理矣。尹士何足以知之？」

「孟子去齊充虞路問曰」章

伊川曰：「時上儘窮得理。孟子言五百年必有王者興，其間必有名世者，以其時考之則可矣。他默識得此體用大約是如此，豈可催促他。」又云：「大數則是，然不消催促他。」

明道曰：「夫天未欲平治天下也，如欲平治天下，當今之世，舍我而誰？此是有所受命之語。若孔子謂天之將喪斯文也，後死者不得與於斯文也；天之未喪斯文也，匡人其如予何？喪乃我喪，未喪我自做著天裏，聖賢之言氣象自別。」又云：「孔子於天之將喪斯文下，便言後死者不得與於斯文，則是文之興喪在孔子，與天爲一矣。蓋聖人德盛，與天爲一，出此等語，自不覺耳。孟子地位未能到此，故曰：『夫天未欲平治天下也，如欲平治天下，當今之世，舍我其誰？』聽天所命，未能合一。」

尹曰：「道之行與不行，亦時而已，聖賢自任之重如此，何不豫之有？」

「孟子去齊居休」章

橫渠曰：「古之人亦有仕而不受祿者，仕者未嘗遽受其祿，以觀可否，在上者亦不欲便臣使之。」

尹曰：「進退辭受，不可以無義。」

校勘記

〔一〕貞吉　「貞」原作「正」，據四庫本改。

孟子精義卷第五

滕文公章句上

「滕文公爲世子」章

或問：「人性本明，因何得有蔽？」伊川先生曰：「此須索理會也。孟子言人性善是也，雖荀揚亦不知性。孟子所以獨出諸儒者，以能明性也。性無不善，而有不善者才也。性即是理，理則自堯舜至塗人一也。才稟于氣，氣有清濁，稟其清者爲賢，稟其濁者爲愚。」「可變否？」曰：「可。孔子謂上智與下愚不移，然亦有可移之理，惟自暴自棄者則不移也。」曰：「下愚所以自暴棄者，才乎？」曰：「固是也，然却道他不可移不得。性只一般，豈不可移，却被他自暴自棄不肯去學，故移不得，使肯學時，亦有可移之理。」

問：「顏子勇乎？」曰：「孰勇于顏子？觀其言曰：『舜何人也？予何人也？有

爲者亦若是。』孰勇於顔子？如有若無，實若虚，犯而不校之類，抑可謂大勇者矣。」孟子可謂諭之以道。」

尹曰：「人之性無不善，蓋無有聞善而不信者也。苟能自信，何患不至乎？孟子可謂諭之以道。」

「滕定公薨」章

伊川曰：「禮者因人情者也，人情之所宜，即義也。三年之服，禮之至，義之盡也。」問：「喪止於三年，何也？」曰：「歲一周則天道一變，人心亦隨以變。惟人子孝于親，至此猶未忘，故必至再變，再變猶未忘，故又繼之以一時。」

尹曰：「聖賢之道，繫于行與不行；人之聞道，在于信與不信。滕文公信孟子，其效若此。而孟子轍環天下，卒無所遇，悲夫！」

「滕文公問爲國」章

伊川曰：「孟子論三代之學，其名與王制所記不同，恐漢儒所記未必是也。」又曰：「卿以下必有圭田，祭祀之田也，禄外之田也。」又曰：「餘夫二十五畝。一夫上父母下妻子，以五口至八口爲率，受田百畝。如有弟，是餘夫也，俟其成家，别受田也。」或問：「井田今可行否？」曰：「豈有古可行而今不可行者。或謂今人多地少，不然。譬諸草木，山上著得許多，便生許多，天地生物常相稱，豈有人多地少之理。」又曰：「必井田，必封建，必肉刑，非聖人之道也。善治者，倣井田而行之，而民不病；倣封建而使之，而民不勞；倣肉刑而用之，而民不怨。故善學者，得聖人之意而不取其迹也。迹也者，聖人因一時之利而制之也。」此段或疑非先生語。

橫渠曰：「野九一而助，郊之外助也。國中什一使自賦，郊門之内通謂之國中。田不井授，故使十而自賦其一也。」先生與二程先生論井法，二程謂：「地形不必謂寬平可以畫方，只要用算法折計地畝授民。」先生謂：「必先經界，經界不正，則法終不定。地有坳垤處不管，只觀四標竿，中間地雖不平，饒與民無害。就一夫之間，所爭亦不多，又側峻處田亦不甚美。又經界必須正南北，假使地形有寬狹尖斜，經界則不避山河之曲。其田則就得井處爲井，不能就成處，或五七，或三四，或一夫，其實田數則在。又或就不成一夫處，亦可計百畝之數而授之，無不可行者。如此，則經界隨山隨河，皆不害于畫之也。苟如此畫定，雖便使暴君汙吏，亦數百年壞不得。經界之壞，亦非專在秦時，其來亦遠矣。」伊川云：「至如魯，二吾猶不足，如何得十一也？」先生言：「百畝而徹，言徹取之徹則無義，是透徹之徹。透徹而耕，則功力均，且相驅率無一家得惰者。及已收獲，則計畝數衮分之，以衮分之數，取十一之數亦可。」或謂：「井議不可輕示人，恐致笑及有議論。」先生謂：「有笑有議論，則方有益也。」或曰：「若有人聞其說，取之以爲己功，則如何？」先生云：「如有能者，則己願受一廛而爲氓，亦幸也。」明道言：「井田，今取民田使貧富均，則願者衆，不願者寡。」伊川言：「亦未可言民情怨怒，止論可不可爾，須使上下都無此怨怒，方可行。」伊川言：「議法既大備，却在所以行之之道。」先生言：「豈敢，某止欲成書，庶有取之者。」伊川言：「不行于當時，行于後世一也。」先生曰：「徒善不足以爲政，徒法不能以自行，須是有行之之道。又雖有仁心仁聞，而政不行者，不由先王之道也，須是法先王。」伊川言：「孟子於此善爲言，只竭目力焉能盡，方員平直，須是要規矩。」二程又問：「官户占田過制者如何？」先生云：「如又曾有田極多，只消與五十畝采地儘多。」又問：「其他如何？」「今之公卿舊有田多者，與之采地多，槩與之，則無以别有田者。」

先生行狀云：「先生慨然有意三代之治，望道而欲見，論治人先務，未始不以經界爲急，講求法制，粲然備具，要之可以行于今，如有用我者，舉而措之爾。嘗曰：『仁政必自經界始，貧富不均，教養無法，雖欲言治，皆茍而已。世之病難行者，未始不以亟奪富人之田爲辭。然兹法之行，悦之者衆，苟處之有術，期以數年，不刑一人而可復。吾所病者，特上之未行耳。』乃言曰：『縱不能行之天下，猶可驗之一鄉。』方與學者議古之法，共買田一方，畫爲數井，上不失公家之賦役，退以其私正經界，分宅里，立斂法，廣儲蓄，興學校，成禮俗，救菑恤患，敦本抑末，足以推先王之遺法，明當今之可行，此皆有志未就。」

吕曰：「古之取民，貢、助、徹三法而已。較數歲之中以爲常，是爲貢。一井之地八家，八家皆私百畝，同治公田百畝，是爲助。不爲公田，俟歲之成，通以什一之法取于百畝，是爲徹。」

楊曰：「夏后氏五十而貢，殷人七十而助，周人百畝而徹。徹者，徹也，蓋兼貢、助而通用也。故孟子請野九一而助，國中什一使自賦。方里而井，井九百畝，八家皆私百畝，其中爲公田，所謂九一而助也。國中什一使自賦，則貢法矣，此周人所以爲徹也。鄭氏謂周制畿内用貢法，邦國用助法，有得于此歟？」

尹曰：「傅說有言：『事不師古，以克永世，匪說攸聞。』聖賢之用于世，其心一揆。使孟子之言得行，豈特善于一國而已。行而無助，類皆如此，可爲興歎也。」

「有爲神農之言者許行」章

伊川曰：「許行所爲神農之言，乃後世稱述當時羲農之事失其義理者，猶之陰陽、醫方稱黄帝之説是也。」又曰：「儒者其卒必多入異教，其志非願也，其勢自然如此。只爲于己道無所得，故不能安，雖曰聞道，終不曾實有之。」又曰：「氣有盛則必有衰，衰則終必張盛，若冬不春、夜不晝，則氣化息矣。聖人主化，如禹之治水，順則當順之，治則須治之。古之伏羲豈不能垂衣裳，必得堯舜然後垂衣裳，據如此，事只是一箇聖人都做得了，然必須數世然後成，亦因時而已。所謂溥博淵泉而時出之也。須是先有溥博淵泉也，方始能時出，自無溥博淵泉，豈能時出之？大抵氣化在人一般，聖人于其中只有功用。放勳曰：『勞之來之，匡之直之，輔之翼之。』正須如此。」一云：堯之于民，匡直輔翼，聖賢于此間見些功用，舉此數端可以常久者示人。

明道曰：「子貢曰：『夫子之文章，可得而聞也；夫子之言性與天道，不可得而聞。』子貢蓋于是始有所得而歎之。以子貢之才，從夫子如此之久，方歎不可得而聞，亦可謂鈍矣。然觀其于孔子没，築室于塲，三年然後歸，則其志亦可見。他人如子貢之才，六年中待作多少事，豈肯如此。」

伊川曰：「孔子門人，自孔子没後，各自離散，只有曾子便別。子夏子張子游，欲以所事孔子事有若，獨曾子便不可。自子貢以上必皆不肯。」

吕曰：「言治者必曰太平，習聞其名，而未見其象。勞心者治人，勞力者治於人，治於人者食人，治人者食於人，則勞佚平矣。富有天下，不爲有餘，貧食百畝，不爲不足，則貧富均矣。至于禄厚者責重，禄薄者責輕，役重則賦輕，役輕則賦重，視其迹若參差不齊，要其實則其道如砥。若夫以封建均邦國，以井田均萬民，則又太平之著見者也。」

楊曰：「舜之臣二十有二人，而孟子曰(二)：『舜有臣五人而天下治。』所謂五臣者，孟子所稱者是也。夫洪水橫流，草木暢茂，禽獸偪人，則禹雖欲施功未可也。故孟子論五人者，命益使烈山澤而焚之，在禹之先；天下既平，則命益若鳥獸草木，乃在皋陶之後。蓋治人與若鳥獸草木，其先後之常敘宜如此也。不同，亦時焉而已矣。」問：「舜之時，在廷臣多矣，至傳禹以天下，而禹獨推皋陶，何也？」曰：「舜徒得此兩人而天下已治故也。禹揔百揆，而皋陶施刑，内外之治舉矣。古者兵刑之官合爲一，觀舜之命皋陶，蠻夷猾夏，是其責也，則皋陶之職所施於外者爲詳。故皋陶雖不可以無禹，而禹亦不可以無皋陶，是以當舜之欲傳位，禹獨推之，餘人不與焉。孟子曰：『舜以不得禹皋陶爲己憂。』而子夏亦言〔二〕：『舜有天下，選於衆，舉皋陶，不仁者遠矣。』蓋有見乎此。」

尹曰：「異端邪説，眩惑時君，各欲售其説者，豈有既哉！孟子力闢許行之言，歸之正道，可謂盡善盡美矣。雖然，古之爲異端者，則亦自處於異端而已。至於後世，則又有學孔孟之道而志於異端邪説者，此道之所以益難明也，亦時之不幸也夫！」

「墨者夷之」章

伊川曰：「墨子愛其兄之子猶隣之子，墨子書中未嘗有此等言，但孟子拔本塞源，知其流必至於此，故直之也。」

横渠曰：「夷子謂愛無差等，則二本也。彼有取爾也，謂赤子匍匐將入井非赤子之罪也，所取者在此。」

尹曰：「老吾老以及人老，一本也，愛無差等，二本也。一本者理也，二本者僞也。夷子之道，無孟子以正之〔三〕，其爲後世之惑，豈有既乎？」

校勘記

〔一〕而孟子曰　「孟」原作「孔」，據四庫本改。

〔二〕而子夏亦言　「夏」原作「貢」，據四庫本改。

〔三〕無孟子以正之　「正」原作「子」，據明抄本改。

孟子精義卷第六

滕文公章句下

「陳代曰不見諸侯」章

伊川曰：「較事大小，其弊爲枉尺直尋之病。」

楊曰：「孟子曰：『君子創業垂統，爲可繼也。若夫成功則天也。』人臣之事君，或遠或近，或去或不去，歸潔其身而已可也，豈可枉己以求難必之功乎？」

或曰：「居今之世，其去就之際，不必一一中節。欲其皆中節，則道不得行矣。」曰：「何其不自重也。枉己者其能直人乎？古之人寧道之不行，而不輕其去就，如孔孟雖在春秋戰國之時，其進必以正，終於不得行而死，是矣。顧今之世，獨不如戰國之時乎？使不恤其去就可以行道，孔孟當先爲之矣。孔孟豈不欲道之行哉〔一〕？」或曰：「以術行道而心正，如何？」曰：「謂之君子，豈有心不正者？當論其所行之是否爾。且以術行道，未免枉己，與其自枉，不若不得行之愈也。」

尹曰：「有枉尺而直尋之心，則亦必至於枉尋而直尺矣。趨利而不憚於枉，安能直人而正國家哉？」

「景春曰公孫衍張儀」章

伊川曰：「廣居，正位，大道，一也。所居者廣，所位者正，所行者大，天下至中至大之所。」又曰：「廣居，正位，大道，一也。不處小節，即是廣居。」

尹曰：「公孫衍張儀，孟子以爲妾婦之道，爲其不以義而事君也。夫居正位而行大道，不以利害動其心者，豈儀衍之敢望哉？」

「周霄問」章

尹曰：「進不以義，未有能行其道者也，故君子難之。不以其道而仕，直鑽穴之徒歟？」

「彭更問」章

尹曰：「志聖賢之志，行聖賢之道，而享聖賢之奉，士之所無媿也。非其道，則何可以受，如其道，則何足爲泰，而世之人以利害貴賤之心度之，何足以知聖賢也哉？」

「萬章問曰宋小國也」章

尹曰：「爲國者能自治而得民心，則天下皆將歸往之，恨其征伐之不早也，尚何强國之足畏哉？苟不自治，而以强弱之勢言之，是可畏而已矣。」

「孟子謂戴不勝」章

尹曰：「君子寡而小人衆，未有能立者也，而欲有益於其君，難矣哉！是以人君用賢，必察之審而用之衆。不然，則是使孔顔盜跖相鬨於前，孔顔之不勝盜跖，無可疑矣，可不慎歟！」

「公孫丑問曰不見諸侯何義」章

楊曰：「段干木踰垣而辟之，泄柳閉門而不内，皆已甚也。孔子不爲已甚者，故陽貨先，不得不見。然陽貨瞯孔子之亡而饋蒸豚，孔子亦瞯其亡而往拜之，夫是之謂稱。揚子謂詘身以伸道，非也。」

尹曰：「君子之所養以義，苟非其義，則利心也，不可以不察。」

「戴盈之曰什一」章

謝曰：「明知此義，理有不可，尚吝惜不肯捨去，是不勇也，與月攘一雞何以異？天下之達道三，仁、知、勇而已。」

楊曰：「馬周言事，每事須開人主一線路，終是不如魏徵之正。如諫太宗避暑事親之道甚善，然又曰：『鑾輿之出有日，不可遽止，願示還期。』若事非是，即從而止之，何用如此。此正孟子所謂月攘一雞者，豈是以堯舜望其君乎？」

尹曰：「去害改過，如救焚溺，猶恐其遲也。」

「公都子曰外人皆稱夫子好辨」章

明道曰：「楊墨之害甚於申韓，佛老之害甚於楊墨。楊氏爲我疑於仁，墨氏兼愛疑於義，申韓則淺陋易見，故孟子只闢楊墨，爲其惑世之甚也。佛老其言近理，又非楊墨之比，此所以害尤甚。楊墨之害，亦經孟子闢之，所以廓如也。」

或問伊川，曰：「退之讀墨篇如何？」曰：「此篇意亦甚好，但言不謹嚴，便有不是處。且孟子言墨子愛其兄之子猶隣之子，墨子書中何嘗有如此等言，但孟子拔本塞源，知其流必至於此。大凡儒者學道，差之毫釐，繆以千里。楊子本是學義[二]，墨子本是學仁，但所學者稍偏，故其流遂至於無父無君。孟子欲正其本，故推至此。退之樂取人善之心，可謂忠恕，然持教不知謹嚴，故失之。至若言孔子尚同兼愛與墨子同，則甚不可也。後之學者又不及楊墨，楊墨本學仁義，後人乃不學仁義。但楊墨之過被孟子指出，後人無人指出，故不見其過也。」又曰：「大抵儒者潛心正道，不容有差，其始甚微，其終則不可救。如師也過，商也不及，於聖人中道，師只是過於厚些，商只是不及些。然而厚則漸至於兼愛，不及則便至於爲我，其過不及同出於儒者，其末遂至楊墨。如楊墨亦未至於無父無君，孟子推之便至於此，蓋其差必至於是也。」又曰：「楊子似出於子張，墨子似出於子夏，其中更有過不及，豈是師商不學於聖人之門。」又曰：「楊墨皆學仁義而流者也，墨子似子張，楊子似子夏。」又曰：「不能克己，則爲楊氏爲我；不能復禮，則爲墨氏兼愛。故曰：『親親而仁民，仁民而愛物。』此之謂也。」又曰：「邪說則終不能勝正道，人有秉彝[三]，然亦惡亂人之心。」又曰：「仲尼聖人，其道大，當定哀之時，人莫不尊之。後弟子各以其所學行，異端遂起，至孟子時，不得不辨也。」

尹曰：「學者於是非之原，毫釐有差，則害流於生民，禍及於後世，故孟子辨邪說如是之嚴，而自以爲承三聖之功也。當是時，方且以好辨目之，不亦異哉？是以常人之心度聖賢之心也。」

「匡章曰陳仲子」章

尹曰：「君子之爲君子者，曰理曰義，理義者，心之正也。充仲子之操，豈所謂理義也哉？」

校勘記

〔一〕孔孟豈不欲道之行哉　四庫本作「孔孟心懷匡君救世焉有不欲道之行哉」。

〔二〕楊子本是學義　明抄本「子」作「朱」。

〔三〕人有秉彝　「秉」原作「乘」，據四庫本改。

孟子精義卷第七

離婁章句上

「孟子曰離婁之明」章

尹曰：「治國而無法度，未有能成善治者也。雖聰巧有過人之知，不以仁政，不法先王，何異捨規矩而欲成方員，捨六律而欲正五音也哉？是以孟子反覆開陳，而繼之曰：『責難於君謂之恭，陳善閉邪謂之敬，吾君不能謂之賊。』後世人臣，不知出此義而言治道者，妄也，謂吾君不能者多矣，皆孟子之罪人也。」

「孟子曰規矩方員之至也」章

伊川曰：「爲君盡君道，爲臣盡臣道，過此則無理。」又曰：「仁則一，不仁則二。」又曰：「道二，仁與不仁而已。自然理如此，道無無對，有陰則有陽，有善則有惡，有是則有非，無一亦無三。故易曰：『三人行則損一人，一人行則得其友。』只是二也。」又曰：「暴其民甚，則身弑國亡，不甚，則身危國削，名之曰幽厲，雖孝子慈孫，百世不能改也。漢之君都爲美謚。」何似休因問桀紂是謚否？曰：「不是，天下謂之桀紂。」

游曰：「愛敬盡於事親，則孝之性盡矣。盡之云者，愛欽之道於是至矣，不可以有加焉。舜盡事親之道，而瞽瞍底豫，天下之爲父子者定，其理正如此也。孟子言聖人人倫之至也，人倫至於聖人而後爲至者，蓋非盡性不能也。學者之於人倫，亦期於盡而已矣。」

楊曰：「顔子所學，學舜而已，蓋舜於人倫無所不盡也。以爲父子，盡父子之道；以爲君臣，盡君臣之道；以爲夫，盡夫道；以爲兄，盡兄道。此孟子所謂舜爲法於天下，可傳於後世者也。孟子所憂，亦憂不如舜耳。人能以舜爲心，其學不患不進。」

尹曰：「孟子每言治民事君之法，又力言其危亡名謚，所以深戒後世之君臣也。」

「孟子曰三代之得天下也」章

尹曰：「孔子有言，道二，仁與不仁而已。而後世曾莫省夫仁而爲之也。」

「孟子曰愛人不親反其仁」章

尹曰：「有是實則有是應，無非自己者也。」

「孟子曰人有恒言」章

楊曰：「大學自正心、誠意、至治國、齊家、平天下，只一理。此中庸所謂合内外之道。不合，則所守與所行，自判而爲二矣。孔子曰：『子帥以正，孰敢不正？』子思曰：『君子篤恭而天下平。』孟子曰：『其身正而天下歸之。』皆明此也。」

尹曰：「舉斯心加諸彼而已。是故大學之道，必以修身正心爲本。不有其本，未有能成功者也。」

「孟子曰爲政不難」章

吕曰：「巨室，大家也。仰而有父母，俯而有妻子，有兄有弟，有臣有妾，尊卑親戚，一國之事具矣。嚴而不厲，寬而有閑，此家之所以正也。大家難齊也，不得罪於大家，則於治國治天下也何有？」

尹曰：「此理至要而易行，而人未始以爲急務，不知要道故也。」

「孟子曰天下有道」章

伊川曰：「凡言五年七年之類，聖人度其時則可矣。然學者當思其所作爲，如何乃有益。」

尹曰：「古者方伯連率至於附庸，小大有序，莫不安其分也。至於後世，戰爭尚力，以强弱而亂其序矣。爲小國者既不能安其小，又不能師文王而無敵於天下，徒恥之，無益也。」

「孟子曰不仁者可與言哉」章

尹曰：「自古亡國敗家者，皆由安其危而利其災，樂其所以亡故也。是以古之明君，常以危亡災害爲深念焉。」

「孟子曰桀紂之失天下也」章

尹曰：「得民心者無它道，所欲與之聚之，所惡勿施而已矣。不能爲此，至於困憂辱陷死亡而不悟，悲夫！」

「孟子曰自暴者不可與有言也」章

伊川曰：「懈意一生，便是自暴自棄。」又曰：「行之失莫甚於惡，則亦改之而已矣。事之失莫甚於亂，則亦治之而已矣。苟非自暴自棄者，孰不可與爲君子？」又曰：「語曰：『唯上知與下愚不移。』所謂下愚有二：自暴也，自棄也。人苟以善自治，則無不可移者，雖昏愚之至，皆可漸磨而進也。唯自暴者拒之以不信，自棄者絶之以不爲，雖聖人與居，不能化而入也，仲尼之所謂下愚也。然天下自暴自棄者，非必皆愚民也，往往强戾而才力有過人者，商辛是也。聖人以其自絶於善，謂之下愚，然考其歸，則誠愚也。」

尹曰：「人孰不可以聞善？難與言者，自暴故也。人孰不可以爲善？難與爲者，自棄故也。人皆有可得之資，而自暴棄之，是足哀矣。」

「孟子曰道在邇而求諸遠」章

尹曰：「治有本。」

「孟子曰居下位而不獲於上」章

伊川曰：「學者必知所以入德，不知所以入德，未見其能進也。故孟子曰：『不明乎善，不誠其身。』易曰：『知至至之。』」又曰：「明善在明，守善在誠。」又曰：「不能動人，只是誠不至；於事厭倦，皆是無誠處。」

吕曰：「自治民而造約，必至於明善然後已。明善者，能明其善而已。如明仁義，則知凡在我者，以何爲仁，以何爲義。能明其情狀而知所從來，則在我者非徒悦之而已，在吾身誠有是善，所以能誠其身也。」又曰：「君子之於天下，志在及民而已。反求諸約，不至於明善，則雖有民，不可得而治矣。蓋明善則誠，誠則有物，不誠則無物矣。明善者，致知之所及也，及乎知至，則所謂善者，乃吾性之所固有，非思勉之所能及也。反求身而萬物皆備，則斯善也知有諸己矣。善而不知有諸己，則雖父子之恩，猶疑出於非性，則所以事乎親者，或幾乎僞矣。如舜之事親，好色富貴不足以解憂，惟順父母可以解憂，則其誠乎身者可知矣。不得乎親，不可以爲人，不順乎親，不可以爲子，則人之所信於朋友者，豈可以聲音笑貌爲哉？內誠盡乎父母，內行孚於家人，則朋友者不期信而信之矣。故曰：『不順乎親，不信乎朋友矣。』上之所求乎下者，不察乎鄉則不得；察乎鄉者，不見乎家則不得。苟誠其身矣，則患行之不著，人之不知，未之有也。故曰：『不信乎朋友，不獲乎上矣。』獲乎上者，有善而見信，有功而見知，吾所加於民者，莫非善也。不獲乎上者，德進而見忌，功高而見疑，身且不保，尚何民之可治哉？故曰：『不獲乎上，民不可得而治矣。』」又曰：「誠者，理之實然，致一而不可易者也。大而天下，遠而萬古，求之人情，參之物理，理之所同然者，有一無二。雖前聖後聖，若合符節。理本如是，非人私智所能爲，此之謂誠。誠即天道也，天道自然，何勉何思，莫非性命之理而已。故誠者天之道，性之者也；誠之者人之道，反之者也。聖人之於天道，性之者也；賢者之於天道，反之者也。性之者，成性而與天無間也，天即聖人，聖人即天，從心所欲，由仁義行也，出於自然，從容不迫，不容乎思勉而後中也。反之者，求復乎性而未至也，雖誠而猶雜之僞，雖行而未能無息，則善不可不思而擇，德不可不勉而執，不如是，則不足以至乎誠矣。」

游曰：「欲誠其意，先致其知，故不明乎善，不誠乎身矣。學至於誠身，安往而不致其極哉？以內則順乎親，以外則信乎友，以上則可以得君，以下則可以得民，此舜之允塞所以五典克從也。然有誠者，有誠之者。不勉而中，無爲也，不思而得，無思也，從容乎中道，是聖人之事也，故爲天道。至於擇善，則有思矣，固執之，則有爲矣，拳拳乎中道，是賢人之事也，故爲人之道。聖賢雖異稟，其爲誠身一也。」

楊曰：「不明乎善，雖欲擇善而固執之，未必當於道也，故欲誠乎身，必先於明善。不誠乎身，則身不行道矣，身不行道，不行於妻子，况能順其親乎？故欲順其親，必先乎誠身。不順乎親，則於其所厚者薄也，况於朋友乎？故欲信乎朋友，必先順乎親。夫責善朋友之道也，不信乎朋友，則其善不足稱也已，而欲獲乎上，不亦難乎？不獲乎上，則身不能保，况欲治其民乎？不可得也。」又曰：「今之君子，欲行道以成天下之務，反不知誠其身，豈知一有不誠，他日舟中之人盡爲敵國乎？故曰：『不誠，未有能動者也。』夫以事上則上疑，以交朋友則朋友疑，至於無往而不爲人所疑，道何可行哉？蓋忘機則非其類可親，機心一萌，鷗鳥舞而不下矣。」又曰：「不誠未有能動者，動便是驗處。若獲於上、悦於親、信於朋友，皆是驗處也。」

尹曰：「苟能知此，則道無餘藴矣。」

「孟子曰伯夷辟紂」章

尹曰：「養老尊賢，國之急務也。」

「孟子曰求也爲季氏宰」章

尹曰：「湯武之征，以正伐不正，救民於塗炭也。戰國之戰，以亂益亂，殘人民耳。而求富之，爲之强戰，是何異於助桀而富桀也。」

「孟子曰存乎人者」章

尹曰：「存乎中必形於外，不可匿也。」

伊川曰：「心有所存，眸子先發見。」

「孟子曰恭者不侮人」章

尹曰：「聲音笑貌，無其實也。」

「淳于髡曰男女授受不親」章

尹曰：「孟子之救時，無非正道也。淳于髡欲以嫂溺爲喻而説之以枉道，故再發問而辭再屈。」

「公孫丑曰君子之不教子」章

或問：「父子之間不責善固是，至於不教子，不亦過乎？」楊氏曰：「不教，不親教也。雖不責善，豈不欲其爲善？然必親教之，其勢必至於責善，故孔子所以遠其子也。」曰：「使之學詩學禮，非教乎？」曰：「此亦非强教之也。如學詩學禮，必欲其學有所至，則非孔子所以待其子，故告之學則不可不告，及其不學，亦無如之何？」又曰：「孟子曰：『易子而教。』蓋考之孔子爲然也。若孔子自教其子，則鯉之所未學者，其必有以知之矣，又奚問焉？陳亢又奚稱曰君子之遠其子也？」

尹曰：「父子主恩故也。」

「孟子曰事孰爲大」章

或問：「守身如何？」伊川先生曰：「守身守之本，既不能守身，更説甚道義。」曰：「人説命者多不守身，何也？」曰：「便是不知命。孟子曰：『知命者不立巖墻之下。』」或曰：「不説命者又不敢有爲。」曰：「非特不敢爲，又有多少畏恐，然二者皆不知命也。」

明道曰：「守身，守之本也，不失其身而事親，乃誠孝也。故曰：『孝悌爲仁之本。』」又曰：「守身爲大，其事固有大者，正惟養疾亦是守身之一。齊戰疾，聖人之所慎。」又曰：「色難，形下面有事服勞，而言服勞更淺。若謂諭父母於道，能養志使父母説，却與此辭不相合。然推其極時，養志如曾子大舜可也。曾元是曾子之子，尚不能。」又曰：「事親若曾子而曰可者，非謂曾子未盡善也。人子事親，豈有大過，曾子孟子之心皆可見矣。」又曰：「子之身所能爲者，皆所當爲也。故曰：『事親若曾子可也。』吾以爲事君若周公可也。蓋子之事父，臣之事君，聞有自知其不足者矣，未聞其爲有餘也。周公之功固大矣，然臣子之分所當爲也，安得獨用天子之禮乎？其因襲之弊，遂使季氏僭八佾，三家僭雍徹，故仲尼論而非之，以爲周公其衰矣。」問：「賜周公以天子之禮樂，當否？」曰：「始亂周公之法度者是賜也，人臣安得用天子之禮樂哉？成王之賜，伯禽之受，皆不能無過。記曰：『魯郊非禮也，周公其衰矣。』聖人嘗譏之矣。說者乃云『周公有人臣不能爲之功業，因賜以人臣所不得用之禮樂』則妄也，人臣豈有不能爲之功業哉？借使功業有大於周公，亦是人臣所當爲爾。人臣而不當爲，其誰爲之？豈不見孟子言事親若曾子可也，曾子之孝亦大矣，孟子纔言可也。蓋曰：子之事父，其孝雖過於曾子，畢竟是以父母之身做出來，豈是分外事，若曾子者僅可以免責爾。臣之於君，猶子之於父也，臣之能立功業者，以君之人民也，以君之勢位也，假如功業大於周公，亦是以君之人民勢位做出來，而謂人臣所不能爲可乎？使人臣恃功而懷怏怏之心者，必此言矣。」又曰：「魯得用天子禮樂，使周公在，必不肯受。故孔子曰：『周公其衰矣。』孔子以此爲周公之衰，是成王之失也。介甫謂：『周公有人臣不能爲之功，故得用人臣所不得用之禮。』非也。臣子身上没分外過當底事，凡言舜言曾子爲孝，不可謂曾子舜過于孝也。」又曰：「介甫説魯用天子禮樂，云『周公有人臣所不能爲之功，故得用人臣所不得用之禮樂』。此乃大段不知事君。大凡人臣身上豈有過分之事，凡有所爲，皆是臣職所當爲之事也。介甫平居事親最孝，觀其言如此，其事親之際想亦洋洋自得以爲孝有餘也。臣子身上皆無過分事，惟是孟子知之，説曾子，只言事親若曾子可也，不言其有餘也。」

尹曰：「事親守身，惟曾子爲能盡之。」

「孟子曰人不足與適也」章

伊川曰：「君仁莫不仁，君義莫不義，天下之治亂，繫乎人君仁不仁耳。離是而非，則生於其心，必害於其政，豈待乎作之於外哉？昔者孟子三見齊王而不言事，門人疑之。孟子曰：『我攻其邪心，心正，然後天下之事可從而理也。』夫政事之失，用人之非，知者能更之，直者能諫之。然非心存焉，則一事之失，救而正之，後之失者，將不勝救矣。格其非心，使無不正，非大人其孰能之？」

楊曰：「孟子言：『人不足與適也，政不足間也，惟大人爲能格君心之非。』蓋人與政俱不足道，則須使人君心術開悟，然後天下事可循序整頓。然格君心之非，須要有大人之德。大人過人處只是正己，正己則上可以正君，下可以正人。今之賢者多尚權智，不以正己爲先，縱得好時節，終是做不徹。或謂權智之人亦可以救時，據時所見，正不欲得如此人在人君左右，壞人君心術。」又曰：「大人正己而物正者也，己正則上可以正君，下可以正人矣。」

尹曰：「臣聞之師程頤曰：天下之治亂，繫乎人君之仁與不仁耳。心之非即害於正，不待乎發之於外也，故以格君心之非爲先。夫政事之失，用人之非，事事而更之，後復有其事，不勝其更矣；人人而去之，後復用其人，不勝其去矣。是以輔相之職，必在乎格君非心，然後無所不正。而所謂格君心者，非有大人之實，則亦莫之能也。」

「孟子曰有不虞之譽」章

吕曰：「行不足以致譽，而妄得譽，是謂不虞之譽。求免於毁，而反致毁，是謂求全之毁。不虞之譽得于非義，而求全之毁猶不失仁，此不可不察也。陳仲子欲潔一身而顯處母兄於不義，其爲不義均矣，而時人反譽以爲廉。匡章責父以善而不相遇，是愛親之過者，而時人反毁以不孝。夫二人之行，皆不近義，而一毁一譽以亂其真。故仲子得譽，孟子以不義排之；匡章遭毁，孟子以近仁取之。夫君子之取人，如不得已，取其心可矣，毁譽豈可盡信哉？」

尹曰：「君子正己，毁譽非所恤也。」

「孟子曰人之易其言也」章

尹曰：「言不可不慎。」

「孟子曰人之患」章

尹曰：「尊己自大，人之常情。」

「樂正子從於子敖之齊」章

尹曰：「孟子責其誠不至也。」

「孟子謂樂正子」章

尹曰：「從而無所諫正，與不見聽而從之，是皆可罪也。」

「孟子曰不孝有三無」章

或問伊川：「舜不告而娶，何也？」先生曰：「此須仔細理會，舜三十方徵庸，此時未娶，亦莫未遲，且以常人言之，三十未娶而遂專娶[一]，雖常人亦不肯爲，孰謂舜而爲之？舜不告而娶者，蓋堯得以命瞽瞍，故不告可也。若不如此理會，但言舜不告，豈不害事？孟子曰：『舜不告而娶，爲無後也，』此因爲無後而言也。孟子謂無後爲不孝之大，因以舜之事明之。」

「孟子曰仁之實事親是也」章

伊川曰：「仁，仁此。義，宜此。事親仁之實，從兄義之實，須去一道中別出。」又曰：「樂則生，生則惡可已也，須是熟方能如此。苟爲不熟，不如荑稗。」又曰：「樂則安，安則久，久則天，天則神。天則不言而信，神則不怒而威，至於如此，則又非止不知足蹈手舞之事也。」

尹曰：「仁義之實，事親從兄是也。不知仁義之實，則禮樂爲虛矣。蓋有諸中，然後有以形諸外也。」

「孟子曰天下大悦而將歸己」章

吕曰：「養志云者，養善志也。順親云者，順常理也。瞽不志於善，而舜日以進善，不害爲養志。瞽日爲不善，而舜不順乎不善，不害爲順親。」又曰：「不盡事親之道，則父子之經不正，故瞽瞍底豫，然後天下之爲父子者定。」

尹曰：「舜進此道，所以爲大。」

校勘記

〔一〕三十未娶而遂專娶　下「娶」字原作「要」，據明抄本、四庫本改。

孟子精義卷第八

離婁章句下

「孟子曰舜生於諸馮」章

楊曰：「舜之事瞽瞍，與文王之事紂，其揆一也，易地則皆然，故曰若合符節。」

尹曰：「道一而已。」

「子產聽鄭國之政」章

尹曰：「孟子可謂知爲政矣。」

「孟子告齊宣王」章

楊曰：「臣之視君如國人，若鄭以忽爲狂狡之童是也。視君如寇讎，若子胥之於楚平是也。世之爲臣蓋有如此者。孟子爲齊宣王言之，使知爲君而遇其臣，不可不以其道也。若夫君子於君臣之際，則無是理也。」

尹曰：「君臣以義合者也，報施之道，必至于此。孟子以深曉時君也。」

或曰：「人臣之禮，豈可視君如寇讎？」曰：「此三句說君臣相待厚薄感應之理，非謂待之之禮當如寇讎可誅可殺也〔一〕。若如此，是孟子教人臣與人君爲怨敵，無此理也。」

「孟子曰無罪而殺士」章

尹曰：「君子見幾而作。」

「孟子曰君仁莫不仁」章

尹曰：「致治之源，必本於人君，故曰：『以身教者從，以言教者訟。』」

「孟子曰非禮之禮」章

或問伊川，曰：「非禮之禮，非義之義，何謂也？」先生曰：「恭本爲禮，過恭，是非禮之禮也。以物予人爲義，過予，是非義之義也。」曰：「此事何止大人不爲？」曰：「過恭過予，是細人之事，猶言婦人之仁也。只爲它小了，大人豈肯如此？」

橫渠先生曰：「非禮之禮，非義之義，但非時中者皆是也。大率時措之宜者，即中也。時中非義得，謂非時中而行禮義，爲非禮之禮、非義之義。又不可一概如此，如孔子喪出母，子思不喪出母，不可以子思爲非也。又如制禮者小功不稅，使曾子制禮，又不知如何？以此不可易言。時中之義甚大，須精義入神，始得觀其會通，行其典禮，此方是真義理也。行其典禮而不達會通，則有非時中者矣。今學者須是執禮，蓋禮亦是自會通制之者。然言不足以盡天下之事，守禮亦未爲失，但大人見之，則爲非禮非義，不時中也。君子要多識前言往行以畜其德者，以其看得前言往行熟，則自能比物醜類，亦能見得時中。」

尹曰：「非禮之禮，非義之義，所失者小故也。大人隨事而順理，因時而處宜。」

「孟子曰中也養不中」章

尹曰：「養之者，不使漸乎不善，孟子勉人以教育也。」

「孟子曰人有不爲也」章

或問伊川，曰：「人有不爲，然後可以有爲。」先生曰：「此只是有所擇之。人能擇其可爲不可爲也，纔有所不爲，便可以有爲也。若無所不爲，豈能有爲耶？」

橫渠曰：「有所不爲，而後可以有爲。不爲不仁，則可以爲仁；不爲不義，則可以爲義。」

楊曰：「舜在側微，堯舉而試之，卒以天下授之而不疑，觀其所施設，其才其德，可謂大矣，宜非深山之中所能久處。而爲舜者，當堯末之知，方且飯糗茹草，若將終身。若使它人有才氣者，雖不得時，其能自已其功名之心乎？以此見人必能不爲，然後能有爲焉。非有爲之難，其不爲尤難矣！只如伊尹耕於莘，非湯三聘則必不起。諸葛亮卧草廬，非先主三顧亦必不起。非要之也，義當然也。然則居畎畝之中而天下爲己憂可也，或不知消息盈虚之運，犯分妄作，豈正理哉？」

尹曰：「有不爲者，知所擇也。唯能有所不爲，是以可以有爲。無所不爲者，安能有所爲耶？」

「孟子曰言人之不善」章

尹曰：「言不可不慎。」

「孟子曰仲尼不爲已甚者」章

楊曰：「聖人作處，本分之外，不加毫末。故以孔子之聖，孟子止言其不爲已甚而已。」

尹曰：「已甚則失中。」

「孟子曰大人者言不必信」章

伊川曰：「孔子與惡人言，故以遜辭免禍，言不必信，行不必果，惟義所在，此之謂也。然而孔子未嘗不欲仕，但仕於陽虎之時則不可，吾將仕矣，未爲非信也。」

楊曰：「孔子曰：『言必信，行必果，硜硜然小人哉！』故孟子言大人言不必信，行不必果，惟義所在，以發明孔子之意。」

尹曰：「主於義，則信果在其中矣。主於信果，未必義。」

「孟子曰大人者不失其赤子之心者也」章

伊川曰：「保民如赤子，此所以爲大人。謂不失嬰兒之心，不若保民如赤子爲大。」

吕曰：「喜怒哀樂之未發，則赤子之心當其未發，此心至虚，無所偏倚，故謂之中。以此心應萬物之變，無所往而非中矣。」先生曰：「喜怒哀樂未發之謂中，赤子之心發而未達乎中〔二〕，若便謂之中，是不識大本也。」問：「雜説中以赤子之心爲已發，是否？」曰：「已發而去道未遠也。」曰：「大人不失赤子之心若何？」曰：「取其純一近道也。」曰：「赤子之心與聖人之心若何？」曰：「聖人之心如明鏡、如止水。」

楊曰：「赤子之心，發而未離大本也，故言大人以此而已，語化之則未也。」

尹曰：「赤子之心，純一無僞。」

「孟子曰養生者不足以當大事」章

伊川曰：「送死天下之至重，人心苟能竭力盡此一事，則可以當天下之大事。養生人之常，此相對而言，若舜曾子養生篤至如此，又安得不能當大事？」

尹曰：「曾子曰：『吾聞諸夫子，人未有自致者也，必也親喪乎？』養生則人能勉，至於送死則其誠可知。」

「孟子曰君子深造之以道」章

伊川曰：「造道深後，雖聞常人語言至淺近事，莫非義理。」

明道曰：「學要自得而已矣。大抵學不言而自得者，乃自得也。有安排布置者，皆非自得也。」又曰：「學問，聞之知之者，皆不爲得，得者須默識心通。學者欲有所得，須是篤誠燭理。上知則穎悟自别，其次須以義理涵養而得之。」又曰：「學者須是潛心積慮，優游涵養，使之自得。」又曰：「學者須敬守此心，不可急迫，當栽培深厚，涵泳其間，然後可以自得。若急迫求之，只是私己，終不足以達道。」又曰：「既得後便須放開，不然却只守。」明道曰：「學莫貴於自得，得非外也，故曰自得。」又曰：「解義理，若一向靠書册，何由得？居之安，資之深，不惟自失，兼亦悞人。」

尹曰：「深造然後可以自得，道非自得，則豈能左右逢原。左右逢原，則無所施而不可矣。」

「孟子曰博學而詳説之」章

伊川曰：「孟子言四端處，則欲擴而充之；説約處，則欲博學詳説以反之於約。此内外交相養之道也。」又曰：「顔淵曰：『博我以文，約我以禮。』此是顔淵稱聖人最的當處。既博之以文，又約之以禮，所謂博學而詳説之，將以反説約也。博與約正相對，聖人教人只此兩字。博是博學，多識多見多聞之謂，約只是使之知要也。」

吕曰：「學以聚之，不博則約不可得，博學而詳説之，將以反説約也。爲學之道，造約爲功，約即誠也。不能至是，則多聞多見，徒足以飾口耳而已，語誠則未也。」

謝曰：「由博以知約，猶知四方而識中央也。」

楊曰：「易曰：『君子多識前言往行以畜其德。』孟子曰：『博學而詳説之，將以反説約也。』世之學者，欲以彫繪組織爲工，誇多鬬靡，以資見聞而已，故摭其華不茹其實，未嘗畜德而反約也，彼亦烏用學爲哉！」又云：「揚雄云：『多聞守之以約，多見守之以卓。』其言終有病，與孟子之言異矣。蓋博學詳説所以趨約，至於約，則其道得矣。謂之守以約卓，于多聞多見之中，將何以爲約卓而守之乎？見得此理分明，然後知孟子之後其道不傳，知孟子所謂天下可運之於掌爲不妄。」

尹曰：「與顔子稱孔子『博我以文，約我以禮』同意。」

「孟子曰以善服人者」章

横渠曰：「以善服人者，要得以善勝人也。以善養人者，凡教之養之者養人也。」

呂曰：「古之君子養人以善，而不厚望于人，故人得罪于君子，心服焉。今之君子不以善養人，而責人也深，故愈深而人莫之服。」

尹曰：「以王霸言之，霸者服人者也，王者養人者也，此王霸之所以異。」

「孟子曰言無實不祥」章

伊川曰：「不祥，凶也。君子好成物，故吉；小人好敗物，故凶。」

尹曰：「言之不祥，莫大于蔽賢。」

「徐子曰仲尼亟稱於水」章

尹曰：「是以學者必自本而往。」

「孟子曰人之所以異於禽獸者」章

或問伊川，曰：「人與禽獸甚懸絶矣，孟子言此者，莫是只在去之存之上有不同處否？」先生曰：「固是。人只有箇天理，却不能存得，更做甚人也？泰山孫明復有詩云：『人亦天地一物爾，飢食渴飲無休時。若非道義充其腹，何異鳥獸安鬚眉？』上面説人與萬物皆生于天地意，下面二句如此。」或曰：「退之雜説有云：『人有貌如牛首蛇形鳥喙，而心不同焉，可謂之非人乎？即有顔如渥丹者，其貌則人，其心則禽獸，又惡可謂之人也？』此意如何？」曰：「某不盡記其文，然人只要存一箇天理。」又曰：「舜明於庶物，察於人倫，然後由仁義行。」

明道先生曰：「介父只是説道，云我知有箇道如此如此，只它説道時，已與道離，它不知道只説道時便不是道也。有道者亦自分明，只作尋常本分事説了。孟子言堯舜性之，舜由仁義行，豈不是尋常説話。至于易只道箇立人之道曰仁與義，則和性字由字也不須道，自已分明。陰陽剛柔仁義，只是此一箇道理。」

横渠曰：「明庶物，察人倫，然後能精義致用，性其仁而行。」又曰：「别生分類，孟子所謂明庶物、察人倫者與！」又曰：「明庶物，察人倫。庶物，庶事也，明庶物須要旁用。人倫，道之大原也。明察之言不甚異。明庶物，察人倫，皆窮理也。既知明理，但知順理而行，而未嘗有意以爲仁義。仁義之名，但人名其行耳。如天春夏秋冬，何嘗有此名，亦人名之爾。」

尹曰：「存之者君子也，存者聖人也。君子所存，存天理也；由仁義行，存者能之。」

「孟子曰禹惡旨酒」章

伊川曰：「文王望至治之道而未之見，若曰民雖使至治，止由之而已，安知聖人？二南以天子在上，諸侯善化及民，安得未之治〔三〕？其有不合，周公之心固無此。設若有不合者，周公之心必如是勤勞。」又曰：「望道而未之見，言文王視民如傷，以紂在上，望天下有道而未之見。湯執中，武王不泄邇，非謂武王不執中，湯却泄邇，蓋各因一件事言之。人謂各舉其最盛者，非也，聖人亦無不盛。」又曰：「文王望道未之見，謂望天下有治道太平而未得見也。武王不泄邇不忘遠者，謂遠邇之人之事。」

橫渠曰：「立賢無方，此湯所以公天下而不疑。思兼三王，周公所以于其身望道而必吾見也。」又曰：「湯放桀，有慚德而不敢赦，執中之難如是。天下有道而已，在己在人，不見其間也，立賢無方也如是。」又曰：「望道而未之見，望太平也。」

尹曰：「周公大聖人也，宜若無思，觀其輔成王以措諸事業，其勤若此，然則爲學者豈可以不思？思無邪而已。曰不思者妄矣！」

「孟子曰王者之迹熄而詩亡」章

伊川曰：「王者之詩亡，雅亡，政教號令不及于天下。」

橫渠曰：「其義則竊取，以明褒貶。」

楊曰：「王者之迹熄而詩亡，詩亡然後春秋作。春秋之時，詩非盡亡也，黍離降而爲國風，則雅之詩亡矣。雅亡則無政，春秋所爲作也。然孔子曰：『述而不作，竊比於老彭。』而孟子曰：『孔子作春秋。』何也？蓋當是時，周雖未亡，所存者位號而已，慶賞刑威不行焉，孔子以一字爲褒貶，以代刑賞，前此未有也。故曰：『春秋，天子之事也。』故秋謂之作。然其事則齊桓晉文，其文則史，其義則竊取之，是亦述之而已。」又曰：「春秋始于隱公，其説紛紛無定論。孟子有言，王者之迹熄而詩亡，詩亡然後春秋作。據平王之崩，在隱公之三年也，則隱公即位，實在平王之時。自幽王爲犬戎所滅，而平王立，于是東遷。當是時，黍離降而爲國風，則王者之詩亡矣，此春秋所以作也。」

尹曰：「孔子作春秋，亦以史之文載當時之事也。而其義則定天下之邪正，爲百王之大法。」

「孟子曰君子之澤」章

伊川曰：「君子小人澤及五世者，善惡皆及後世也。」又曰：「五世依約君子小人在上爲政，其流澤三四世不已，五世而後斬。當時門人只知闢楊墨爲孟子之功，故孟子發此一説，以推尊孔子之道。言予未得爲孔子徒也，孔子流澤至此未五世，其澤尚在于人，予則私善於人而已。」

楊曰：「君子之澤，五世而斬。蓋人之于親，四世而緦服窮，六世而親屬竭。服窮則遺澤浸微矣，故五世而斬，此古今之常理也。」

尹曰：「臣聞之師程頤曰：孔子流澤，至孟子時未及五世，其澤猶在夫人也。孟子推尊孔子，而不敢比其澤，故曰：『予未得爲孔子徒也，但能私善乎人而已。』」

「孟子曰可以取」章

或問伊川，曰：「可以取可以無取，天下有兩可之事乎？」先生曰：「有之。如朋友之饋，是可取也。然己自可足，是不可取也，纔取之，便傷廉矣。」曰：「取傷廉固不可，然與傷惠何害？」曰：「是有害于惠也。可以與，然却可以無與。若與之時財或不贍，卻於合當與者無可與之。且博施濟衆，固聖人所欲，然却五十者方衣帛，七十者方食肉。如使四十者衣帛五十者食肉，豈不更好，然力不可以給，合當衣帛食肉者便不足也，所以傷惠。」王彦輔曰：「可以死，可以無死，死傷勇。夫人之于死也，何以知其可不可哉？蓋視義爲去就耳。死生之際，惟義所在，則義所以對死者也。」明道先生聞而語之曰：「不然，義無對。」

楊曰：「若使死可以救世，則雖死不足恤，然豈有殺賢人君子之人君而能使天下治？以死救天下，乃君子分上常事，不足怪，然亦須死得是。孟子曰：『可以死，可以無死，死傷勇。』如必要以死任事爲能外死生，是乃以死生爲大事者也，未必能外死生。」

尹曰：「三者在可否之間則如何？惟義爲正。」

「孟子曰逢蒙學射於羿」章〔四〕

伊川曰：「學者不泥文義者，又全背卻遠去；理會文義者，又滯泥不通。如子濯孺子爲將之事，孟子只取其不背師之意，人須就上面理會事君之道如何也？又如萬章問舜完廩浚井事，只答它大意，人須要理會浚井如何出得來？完廩又怎生下得來？若此之學，徒費心力。」又曰：「庾公之斯遇子濯孺子，虚發四矢，甚無謂也。國之安危在此一舉，則殺之可也；舍之而無害于國，權輕重可也。何用虚發四矢乎？」

尹曰：「爲取友而言。」

「孟子曰西子蒙不潔」章

尹曰：「戒人之喪善，而勉之以自新也。」

「孟子曰天下之言性也」章

明道答横渠書曰：「承教，喻以定性未能不動，猶累於外物。顯竊以爲所謂定者，動亦定，静亦定，無將迎，無内外。苟以外物爲外，牽己而從之，是以己性爲有内外也。且以性爲隨物于外，則當其在外時，何者爲在内？是有意于絶外誘，而不知性之無内外也。既以内外爲二本，則又烏可遽語定哉？夫天地之常，以其心普萬物而無心；聖人之常，以其情順萬事而無情。故君子之學，莫若擴然而大公，物來而順應。易曰：『貞吉悔亡，憧憧往來，朋從爾思。』苟規規于外誘之除，將見滅于東而生于西也，非惟日之不足，顧其端無窮，不可得而除也。人之情各有所蔽，故不能適道，大率患在于自私而用智。自私則不能以有爲爲應迹，用智則不能以明覺爲自然。今以惡外物之心，而求照無物之地，是反鑑而索照也。易曰：『艮其背，不獲其身，行其庭，不見其人。』孟氏亦曰：『所惡於智者，爲其鑿也。』與其非外而是内，不若内外之兩忘也。兩忘，則澄然無事矣。無事則定，定則明，明則尚何應物之爲累哉？聖人之喜，以物之當喜，聖人之怒，以物之當怒，是聖人之喜怒不繫于心而繫于物也。是則聖人豈不應于物哉？烏得以從外者爲非，而更求在内者爲是也。今以自私用智之喜怒，而視聖人喜怒之正，爲何如哉？夫人之情易發而難制者，惟怒爲甚，第能于怒時遽忘其怒，而觀理之是非，亦可見外誘之不足惡，而于道亦思過半矣。道近求遠，古人所非，惟聰明裁之！」

伊川曰：「天下之言性，則故而已矣。則，語助也。故者，本如是者也。今言天下萬物之性，必求其故者，只是欲順而不害之也。故曰以利爲本，本欲利之也。此章皆爲智而發，行其所無事，是不鑿也；日至可坐而致，亦只是不鑿也。」又曰：「故者以利爲本，故是本如此也，纔不利便害性。利只是順，天下只有一箇利，孟子與周易所言一般，只是後人趨著利便有弊。故孟子拔本塞源，不肯言利。其不信孟子者，却道不合非利，李覯是也。其信者又直道不得近利。人無利直是生不得，安得無利？且譬如椅子，人坐此便安，是利也；如求安不已，又要褥子，以求温暖，無所不爲，然後奪之于君，奪之于父，此是趨利之弊也。利只是一箇利，只爲人用得別。」又曰：「天下之言性也，則故而已矣，故者以利爲本。故者舊也，言凡性之初，未嘗不以順利爲本〔五〕，謂之利者，唯不害之謂也。一章之義，皆欲順利之而已。」又曰：「天下言性則故而已者，言性當推其元本。推其元本，無傷其性也。」

横渠曰：「天下何思何慮，行其所無事斯可矣。」

楊曰：「天下之言性也，則故而已矣。告子曰『生之謂性』是也。列子曰『生於陵而安於陵』故也。生之謂性，氣質之性也。君子不謂之性，則故而已矣。故者以利爲本，禹之治水，因其勢而利道之，行其所無事是也。不知行其所無事，而用私智之鑿，是以故滅命也。所謂命者，列子謂『不知吾所以然而然』是也。苟求其以利爲本，則雖天之高，星辰之遠，千載之日至，可坐而致也。」

尹曰：「故者素也，利則順而不害也，智者則鑿矣。行其所無事，則不鑿也。可坐而致，不鑿而已。」

「公行子有子之喪」章

尹曰：「惑于諂者以禮爲簡，古今所同也。」

「孟子曰君子所以異於人者」章

横渠云：「此亦妄人也，是以義斷，在聖人如天地涵容，但哀矜而已。伊川曰：『自反而忠，而横逆者猶若是，君子曰又何難焉？此一事已處了。若聖人哀矜，又别一事。』」

尹曰：「忠恕而已矣。」

「禹稷當平世」章

伊川曰：「記曰：『君子而時中，』如三過其門而不入，在禹稷之世爲中，若在陋巷，則不中矣。居陋巷，在顔子之時爲中，三過其門而不入，則非中矣。故曰『禹稷顔子易地則皆然。』」

横渠曰：「禹稷顔回同道，易地皆然。顔子固可以爲禹稷之事。顔子不伐善，不施勞，是禹稷之事也，顔子勿用者也。顔子當禹稷之世，禹稷當顔子之世，處與不處，此則更觀人臨時志何如也。雖同其人，出處有不同。然當平世，賢者自顯，天子豈有棄顔子而不用？同室鄉鄰之别，有責無責之異耳。孔顔出處自異。當亂世，德性未成，則人亦尚未信，苟出則妄動也。孔子，其時德望，天下已信之矣。」

楊氏答陳瑩中書曰：「每讀孟子，觀其論墨子苟利天下雖摩頂放踵爲之，未嘗不憫其爲人也。原其心，豈有它哉？蓋亦施不欲狹濟不欲寡而已。此與世之横目自營者，固不可同日議也。而孟子力攻之，至比禽獸，孟子豈責人已甚乎？蓋君子所以施諸身措之天下，各欲當其可而已。禹思天下之溺猶己溺之，稷思天下之飢猶己飢之，過門不入，弗子其子，至腁胝手足而不爲病，君子不謂之過。顏淵在陋巷，飯疏飲水，終日如愚人，然君子不謂之不及。蓋禹稷被髮纓冠而往救之者也。顏淵閉戶者也。故孟子曰：『易地則皆然。』若顏淵禹稷不當其可，則是楊墨而已，君子不與也。此古人之樣轍，章章明矣。今公卿大夫比肩在上，則天下有任其責者，自惟愚鄙，無所用于世，雖閉戶可也。故不敢出位冒天下之責而任之以貽身憂，非忘天下也，循古樣轍而已。若謂不辭一身之有過，願成來者之無過，竊意賢智者過之，則道終不明不行矣，而欲來者之無過，或恐未能也。」問：「正心誠意，如何便可以平天下？」曰：「後世自是無人正心，若正得心，其效自然如此。此心一念之間，毫髮有差，便是不正。要得常正，除非聖人始得。且如吾輩，還敢便道得自己心得其正否？此須是于喜怒哀樂未發之際，能體所謂中，于喜怒哀樂已發之後，能得所謂和。致中和，則天地可位，萬物可育，其于平天下何有？」因論「孟子直以禹稷比方顏子，只顏子在陋巷時，如禹稷事業便可爲之無難。若正心誠意不足以平天下，則禹稷功業巍巍如此，如顏子者如何做得？」又曰：「知合內外之道，則顏子禹稷之所同可見。蓋自誠意正心推之，至于可以平天下，此內外之道所以合也。故觀其誠意正心，則知天下由是而平；觀其天下平，則知非意誠心正不能也。兹乃禹稷顔回之所以同也。」

尹曰：「當其可之謂時，前聖後聖，其心一也，故其所遇皆盡善焉。」問：「禹稷顔回同道。竊意顔子言志，願無伐善，無施勞。觀禹焦勞于外，稷躬耕稼〔六〕，與顔淵無施勞同；禹不矜不伐，稷自未便人，與顔子無伐善同。如何？」曰：「不須如此說。禹稷顔淵同道，謂窮達雖異，其道則同也。若如此說，只是事也，非道也。」

「公都子曰匡章」章

伊川曰：「責善之道，要使誠有餘而言不足，如此，則于人有益，而在我者無自辱矣。」

楊曰：「章子之不孝，孟子非取之也，特哀其志而不與之絶耳。而或者乃獨責其反于舜，使其行合于舜，則是聖人之徒也，孟子固當進而友之，豈獨禮貌之而不絶與？夫原壤登木而歌，亦可謂不孝矣，孔子猶不棄之，若章子者，不亦可也？」

尹曰：「苟無孟子，則章子之不幸何以自辨哉？天下以私論人者，悉皆然也。故臣于人之幸不幸之際，未嘗不深歎而屢嗟焉。」

「曾子居武城」章

尹曰：「或遠害，或死難，其事不同者，所處之地不同也。君子之心不係于利害，惟其是而已，故易地則皆能爲之。」

「儲子曰王使人瞯夫子」章

楊曰：「聖人，人倫之至也，豈有異于人乎哉？堯舜之道曰孝弟，不過行止疾徐而已，皆人所日用，而昧者不知也。夏葛而冬裘，渴飲而飢食，日出而作，晦而息，無非道者，譬之莫不飲食，而知味者鮮矣。推是而求之，則堯舜與人同，其可知也已。然而爲是道者，必先乎明善，然後知所以爲善也。明善在致知，致知在格物。號物之多至于萬，則物蓋有不可勝窮者，反身而誠，則舉天下之物在我矣。詩曰：『天生蒸民，有物有則。』凡形色之具于吾身者，無非物也，而各有則焉，反而求之，則天下之理得矣。由是而通天下之志，類萬物之情，參天地之化，其則不遠矣。」

尹曰：「當時之君所見如此，宜乎不能知孟子也。」

「齊人有一妻一妾而處室者」章

尹曰：「妻妾猶不能欺，而況他人乎？以驕妻妾之心而驕他人，其無恥則一揆。」

校勘記

〔一〕當如寇讐可誅可殺也　明抄本「誅」作「逐」。

〔二〕赤子之心發而未達乎中　「達」原作「遠」，據四庫本改。

〔三〕安得未之治　「未之治」原作「謂之至」，據四庫本改。

〔四〕孟子曰逄蒙學射於羿章　原文「逄」誤作「逢」。

〔五〕未嘗不以順利爲本　「本」原作「主」，據四庫本改。

〔六〕稷躬耕稼　原本無「耕」字，據明抄本補。

孟子精義卷第九

萬章章句上

「萬章問曰舜往於田」章

楊曰：「孟子言舜之怨慕，非深知舜之心，不能及此。據舜惟患不順于父母，不謂其盡孝也。凱風之詩曰：『母氏聖善，我無令人。』孝子之事親如此，此孔子所以取之也。孔子曰：『君子之道四，丘未能一焉。』若乃自以爲能，則失之矣。」又曰：「舜其至孝矣，五十而慕。蓋人少則慕父母，而鮮能終身慕，因物有遷也。故知好色則慕少艾，有妻子則慕妻子，仕則慕君。舜生三十徵庸，至五十，則是數者具有之矣，而不足以解憂，惟順父母爲足以解憂，則終身慕可知矣。而言五十而慕者，以此也。」

尹曰：「舜之號泣，無以解憂故也。人悦之，好色，富貴，不足以解憂，非盡性則不能也。」

「萬章問曰詩云娶妻如之何」章

伊川曰：「舜不告而娶，須是識得舜意，若使舜便不告而娶，固不可。其父頑，過時不爲娶，堯去治之，堯命瞽使舜娶，舜雖不告，堯固告之矣。堯之告之也，以君治之而已，今之官府治人之私者亦多。然而象欲以殺舜爲事，堯奚爲不治？蓋象之殺舜無可見之迹，發人隱匿而治之，非堯也。」又曰：「孟子言舜完廩浚井之說，恐未必有此事，論其理而已矣。堯在上，而使百官事舜于畎畝之中，豈容象得以殺兄而使二嫂治其棲乎？學孟子者，以意逆志可也。」問：「聖人與天道何異？」曰：「無異。」「聖人可殺否？」曰：「聖人智足以周身，安可殺也？只如今有智慮人，已害他不得，況于聖人？」曰：「昔瞽瞍使舜完廩浚井，舜知其欲殺己而逃之乎？」曰：「本無此事，此是萬章所傳聞，孟子更不能理會這下事，且只說舜心也。如下文言琴朕，干戈朕，二嫂使治朕棲，堯爲天子，安有是事？」又曰：「象憂亦憂，象喜亦喜，蓋人情天理，于是爲至。舜之于象，周公之于管叔，其用心一也。」

橫渠曰：「象憂喜，舜亦憂喜，所過者化也，與人爲善也，隱惡者也，所覺者先也〔一〕。」又曰：「好問，好察邇言，隱惡揚善，與人爲善，象憂亦憂，象喜亦喜，皆行其所無事也，過化也，不藏怒，不宿怨也。」

游曰：「告而娶，義之小者也，廢人之大倫，罪之大者也。瞽瞍之頑，告則不得娶，舜知之宜審矣，故受不告之名，而不忍陷父于廢大倫之罪。如必先告，俟其不從然後違之，則是重拂其親之意，而反彰其惡也。故其不告，君子以爲猶告。」

楊曰：「讀書須看古人立意所發明者何事，不可只于言上理會。如萬章問象日以殺舜爲事，孟子答舜所以處之之道，其意在説聖人誠信無僞，此尤不可不知。若從枝葉上理會，只如象欲使二嫂治朕棲之語，此豈可信？堯在上，不容有如此等人。若或有之，不知則已，然堯於舜，既以女妻之，其弟如此，豈有不知，知則治之矣。」又曰：「孟子稱舜，象憂亦憂，象喜亦喜，此語最宜味之。夫舜之意，惟恐不獲于象也，則象喜舜自喜，夫豈有僞乎？是以謂之不藏怒，不宿怨。」問：「象日以殺舜爲事，而舜終不爲所殺，何也？」曰：「堯在上，天下豈容有殺兄者乎？此語自是萬章所傳之謬。據書所載，但云象傲而已，觀萬章之言，傲何足以盡之。其言殺舜之時，堯已妻之二女，又使其子九男百官皆事舜于畎畝之中，象必不敢。但萬章所問其大意不在此，故孟子當時亦不暇辨。」

尹曰：「臣觀此一章，人情天理于是爲至。」

「萬章問曰象日以殺舜爲事」章

尹曰：「聖人之心，一言以蔽，曰公而已矣。常人作爲以求之，則有差焉，不可不知也。」

「咸丘蒙問曰語云盛德之士」章

伊川曰：「不以文害辭，文，文字之文，舉一字是文，成句是辭。詩不可爲解一字不行，卻遷就他說，如有周不顯，自是作文當如此。」

尹曰：「萬物紛處則見諸天，衆言殽亂則折諸聖。微孟子，孰能考其實而知其正哉？」

「萬章曰堯以天下與舜」章

尹曰：「堯不能以天下私與舜，非孟子不足以識之。天視自我民視，天聽自我民聽，誠哉是言也！後世以天人爲二道者，豈窮理者哉！」

「萬章問曰人有言至於禹而德衰」章

伊川曰：「莫之爲而爲，莫之致而致，便是天理。司馬遷以私意妄窺天道，而論伯夷曰：『天道無親，常與善人，若伯夷者，可謂善人非耶？』天道甚大，安可以一人之故妄意窺測？如曰『顔何爲而夭，跖何爲而壽？』皆指一人計較天理，非知天也。」又曰：「霍光廢昌邑，其始乃光之罪，當時不合立之，只被見是武帝孫，擔當不過，須立之也。此又與伊尹立太甲不同也。伊尹知太甲必能思庸，故放之桐三年。當時湯既崩，太丁未立而死，外丙方二歲，仲壬方四歲，故須立太甲也；太甲又有思庸之資，若無是質，伊尹亦不立也。史記以孟子二年四年之言，遂言湯崩六年之後太甲方立，不知年只是歲字。頃呂望之曾問及此，亦曾説與他，後來又看禮，見王巡狩問百年者，益知書傳亦稱歲爲年，二年四年之説，縱别無可證，理亦必然。且看尚書，分明説成湯既没，太甲元年，又看王徂桐宫居憂三年，終能思庸，伊尹以冕服奉嗣王，可知凡文字理是後，不必引證。」

楊曰：「孟子曰：『天與賢則與賢，天與子則與子。』唐虞禪，夏后商周繼，皆天也，聖人何容心哉？奉天而已。横渠先生曰：『舜之孝，武王之武，皆不幸也。』征伐豈其所欲哉？不得已焉耳，故曰未盡善也。帝王之號，亦因時而已，皆非有心迹之異也。」

尹曰：「孔子曰：『唐虞禪，夏后商周繼，其義一也。』唯孟子識之，故曰：『天與賢則與賢，天與子則與子。』舜禹益相去久遠〔二〕，其子之賢不肖，非人之所能爲也。知前聖之心者無如孔子，繼孔子者，孟子而已。」

「萬章問曰人有言伊尹以割烹要湯」章

明道曰：「我天民之先覺者，謂我乃天生此民中盡得民道而先覺者也。既爲先覺之民，豈可不覺其未覺者？及彼之覺，亦非分我之所有以予之，皆彼自有此義理，我但能覺之而已。」又曰：「天民之先覺，譬之皆睡，他人未覺來，以我先覺，故摇擺其未覺者，亦使之覺。及其覺也，元無少欠，蓋亦未嘗有所增加也，適一般爾。天民云者，蓋是全盡得天生斯民底事業。天之生斯民也，將以斯道覺斯民，蓋言天生此民，將以此道覺此民，則元無少欠，亦無增加，未嘗不足。達可行于天下者，謂其全盡天之生民之理，其術亦足以治天下國家故也。」

或問伊川：「釋氏有一宿覺、言下覺之説，如何？」曰：「何必浮圖，孟子嘗言覺字矣。曰：『以先知覺後知，以先覺覺後覺。』知是知此事，覺是覺于理。古人云：『共君一夜話，勝讀十年書。』若于言下即悟，何啻讀十年書。」又曰：「君子之學，則使先知覺後知，先覺覺後覺，而老子以爲非以明民將以愚之，其亦自賊其性與！」

明道曰：「伊尹曰：『天之生斯民也，使先知覺後知，使先覺覺後覺。予天民之先覺者也，予將以斯道覺斯民也。』釋氏之云覺，甚底是覺斯道？甚底是覺斯民？」

吕曰：「伊尹知道之在我，當使天下均被其澤，不知時之不可以有爲，不見治亂之有間。所謂先覺者，覺其在我者爾。五就湯桀，其無傷于先覺乎？」又曰：「孟子言伊尹聖之任，匹夫匹婦有不被其澤，若己推而納諸溝中，其自任以天下之重如此。然猶未及聖人之大成者，豈非聖人之憂天下不如是乎？蓋亦有命無必而已，如五就湯桀，孔子之所以不爲。今學者任道之心，不可不如伊尹，視天下不得其所與失其性，若有疾痛在身，未有不求其所以治者，其得志不得志，則亦有命。如疾不可不治，愈不愈，則有命存焉。」楊曰：「夫盈天地之間，孰非道乎？道而可離，則道有在矣。譬之四方，有定位焉，適東則離乎西，適南則離乎北，斯則可離也。若夫無適而非道，則烏得而離耶？故寒而衣，飢而食，日出而作，晦而息，耳目之所視聽，手足之所舉履，無非道者，百姓所以日用而不知也。伊尹耕于莘之野，以樂堯舜之道。夫堯舜之道，豈有物可玩而樂之乎？即耕于有莘之野是已。此農夫田父之所日用者，而伊尹之樂有在乎是，若伊尹則所謂知之者也。」又曰：「堯舜之道，豈遠乎哉，孝弟而已矣。弟不弟乃在乎行止疾徐之間，人病不求耳。伊尹樂堯舜之道，即耕于有莘之野。是以寒而衣，飢而食，日出而作，晦而息，無非道也。孔子之相師亦道也。百姓日用而不知耳，知之，則無適而非道也。」又曰：「一介之與萬鍾，若論利則有多寡，若論義，其理一也。伊尹惟能一介知所取與，故能禄之以天下弗顧，繫馬千駟弗視。自後世觀之，則一介不以與人爲太吝，一介不以取諸人爲太潔，然君子之取與，適于義而已。予之嗇，取之微，雖若不足道矣，然苟害于義，又何多寡之間乎？孔子于公西赤之富，不恤其請，于原憲之貧，不許其辭，此知所予者也。孟子言：『非其道，則一簞食不可受于人；如其道，則舜受堯之天下不以爲泰。』此知所取者也。」又曰：「伊尹獨不言風者，伊尹澤及天下，故不言風也。」又曰：「道一而已矣，人心之所同然，無二致也，聖人先得人心之所同然者。故伊尹曰：『予天民之先覺者也。』衆人特夢而未始覺耳。而伊尹以斯道覺斯民，非外襲而取之以予民也，特覺之而已矣。」

尹曰：「宜乎君子之所爲，衆人不識也。」

「萬章問曰或謂孔子」章

伊川曰：「孔子既知桓魋不能害己，又却微服過宋。舜既見象之將殺己，而又象憂亦憂，象喜亦喜。國祚長短，自有命數，人君何用汲汲求治？禹稷救飢溺者，過門不入，非不知飢溺而死者自有命，又却救之如此其急。數者之事何故如此，須思量到道並行而不相悖處可也。」今且說聖人非不知命，然于人事不得不盡，此說未是。又曰：「人之于患難，只有一箇處置，盡人謀之後，却須泰然處之。有人遇一事，則心心念念不肯捨，畢竟何益？若不會處置了放下，便是無義無命也。」

呂曰：「辭受有義，得不得有命，皆理之所必然。有命有義，是有可得可受之理，故舜可以受堯之天下。無命無義，是無可得可受之理，故孔子不主彌子以受衛卿。二者義命有自合之理，無從而間焉。有義無命，雖有可受之義，而無可得之命，究其理安得而受之，是謂義合于命，故益避啓而不受禹之天下。有命無義，雖有可得之命，而無可受之義，亦安得而受之，是謂命合于義，故中國授室，養弟子以萬鍾，爲孟子之所辭。二者義命有正合之理，時中而已焉。」

楊曰：「義命常相隨，無義則無命也。」

尹曰：「觀近臣以其所主，觀遠臣以其所爲主，此不易之論，萬世之法也。萬章親炙孟子，猶于或説有疑焉，烏在其知義命哉？去聖愈遠，邪説異論，蓋不止於此矣。」

「萬章問曰或曰百里奚」章

尹曰：「當是時也，好事者之論大率類此，蓋以其不正之心度聖賢故也。」

校勘記

〔一〕所覺者先也　明抄本「覺」作「務」。

〔二〕舜禹益相去久遠　四庫本「禹」作「與」。

孟子精義卷第十

萬章章句下

「孟子曰伯夷目不視惡色」章

伊川曰：「可以仕則仕，可以止則止，可以久則久，可以速則速，此皆時也。未嘗不合乎中，故曰：『君子而時中。』」又曰：「夷、惠之行未必如此，且如孔子言不念舊惡，怨是用希，則伯夷之度量可知。若使伯夷之清既如此，又使念舊惡，則除是抱石沉河。孟子所言只是推而言之，未必至如此，然聖人于道防其始，不得不如是之嚴。如此而猶有流者，夷、惠之行不已，其流必至于孟子所論。夷是聖人極清處，惠是聖人極和處，聖人則兼之而時出之。清和何止于偏，其流則必有害。至于言伊尹始在畎畝，五就湯五就桀，三聘幡然而從，豈不是時然後來見。其以天下自任，故以爲聖人之任。」

問：「伊尹出處，合于孔子可以仕則仕，可以止則止，而不得爲聖之時，何也？」明道曰：「終是任的意思在。」

伊川又曰：「金聲而玉振之，此孟子爲學者言終始之義也。樂之作，始以金奏，而以玉聲終之。詩曰『依我磬聲』是也。始如致知，智之事也；行所知而至其極，聖之事也。易曰『知至至之，知終終之』是也。」又曰：「知至則當至之，知終則當遂終之，須以知爲本。知之深則行之必至，無有知之而不能行。知而不能行，只是知得淺。飢而不食烏喙，人不蹈水火，只是知，人爲不義，只爲不知。知至而至之，知幾之事，故可與幾；知終而終之，故可與存義。知至是致知，博學、明辨、審問、慎思，皆致知知至之事。篤行便行，是終之，如始條理終條理。因其始條理，故能終條理，猶知至則能終之。」

橫渠曰：「無所雜者，清之極；無所異者，和之極。勉而清，非聖人之清；勉而和，非聖人之和。所謂聖者，不勉不思焉者也。勉蓋未能安也；思蓋未能有也。」又曰：「清爲異物，和爲狗物。」又曰：「聖之時，當其可之謂時，取時中也。可以行可以止，此出處之時也。至于語言動作，皆有時也。」又曰：「知金和而玉節之，則不過；知運而貞一之，則不流。」

楊曰：「孔子之去魯，曰『遲遲吾行也』，去父母國之道也。然燔肉不至，不稅冕而行〔一〕，何遲遲之有？曰：孔子之欲去魯也久矣，欲以微罪行，不欲爲苟去，故遲遲其行也。燔肉不至，則得以微罪行矣，過此復無辭以去，故不税冕而行，非速也。」又曰：「伯夷、柳下惠，道不行于天下，而流風足以澤世垂後而已，故百世而下有聞風而起者。伊尹德被生民，功施後世。夫子自生民以來未之有矣，門人謂賢於堯、舜，則其流風不足道也。」問：「始條理者智之事，終條理者聖之事，夫仁且智斯之謂聖。今以聖之事，或不足于智，何也？」曰：「聖則具仁智矣，但此發明中處乃智之事，聖則其所至也未必皆中。」曰：「孟子曰：『智之於賢者。』則智但可語賢者。若大而化之，則雖智而忘其智矣。如所謂從容中道，從心所欲不踰矩，智何足以名之耶？」曰：「如伊尹、伯夷、柳下惠，只于清任和處中，其他則未必皆中，則其智容有所不周矣。」曰：「智便是用處否？」曰：「用智非所以言聖人。若曰行其所無事，則由智行，非行智者也。」曰：「如此，却是以智爲妙矣。」曰：「聖人之于智，見無全牛，萬理洞開，即便是從容處，豈不謂之妙。若伯夷、伊尹、柳下惠，於清、任、和處已至聖人，但其他處未必能中，其至與孔子同，而其中與孔子異，只爲不能無偏故也。若隘與不恭，其所偏也與？」又曰：「王氏言：『聖人所以大過人者，蓋能以身救天下之弊耳。昔伊尹之任，其弊多進而寡退，苟得而害義，故伯夷出而救之。伯夷之清，其弊多退而寡進，過廉而復刻，故柳下惠出而救之。柳下惠之和，其弊多汙而寡潔，惡異而尚同，故孔子出而救之。是故伯夷不清不足以救伊尹之任，柳下惠不和不足以救伯夷之清，此三人者，因時之偏而救之，非天下之中道也，故久必弊。至孔子之時，三聖人之弊各極于天下，故孔子集其行而大成萬世之法，然後聖人之道無弊。其所以無弊者，豈孔子一人之力哉？四人者相爲終始也。使三聖人者當孔子之時，皆足以爲孔子矣。』爲此説者，何不思之甚耶？由湯至于文王之時，五百有餘歲，其間聖賢之君六七作，其成就人才之衆，至其衰世猶有存者，使伊尹有弊，當時獨無以革之乎？由周至于戰國之際，又五百有餘歲，文武周公之化不爲不深，使伯夷之弊至是猶在，則周之聖人所謂一道德以同俗者，殆無補于世，而獨俟一柳下惠耶？況孔子去柳下惠未遠，若柳下惠能矯伯夷之清，使天下從之，其弊不應繼踵而作，而孔子救之，又何其遽耶？且孔子之時，荷蕢、荷蓧、接輿、沮溺之流，必退者尚多也，則柳下惠之所爲，是果何益乎？故爲聖人救弊之説者，是亦不思而已矣。伊尹固聖人之任者，然以爲必于進，則不可也。湯三使往聘之，然後幡然而就湯，不然，將不從其聘矣，則伊尹之不必進可見。伯夷固聖人之清者，然以爲必于退，則不可也。方其避紂，居于海濱，以待天下之清，聞西伯善養老者則歸之，則伯夷之不必退亦可見。若柳下惠，孔子蓋以謂直道而事人，孟子亦稱其不以三公易其介，夫亦豈以同爲和乎？由是觀之，其弊果何自而得之耶？若曰孔子之道所以無弊者，四人者相爲終始，使三聖人當孔子之時，亦皆足以爲孔子，此尤不可。孟子曰：『伯夷、伊尹不同道。』又曰：『自生民以來，未有盛於孔子。』而伯夷、伊尹不足以班之，而其所謂同者，不過得百里之地而君之，則皆能以朝諸侯一天下，行一不義殺一不辜而得天下皆不爲而已。彼爲任爲清爲和，一節之至于聖人者也，其可以爲孔子乎？夫以三子爲聖人者，孟子發之也，而孟子之言其辨如彼，今釋孟子之言，安得强爲之説乎？雖然，此孟子之言也，學者于聖人，又當自有所見，縱得孟子之旨，安與吾事？」問：「使伯夷居湯之世，就湯之聘乎？」曰：「安得而不就？」「然則湯使之就桀，則就之乎？」曰：「否。」「何以知其然？」曰：「伯夷聞文王作興則歸之，宜其就湯之聘。然而横政之所出，横民之所止，不忍居也，使之事桀，蓋有所不屑矣。」「然則其果相湯也，肯伐桀乎？」曰：「至天下共叛之，桀爲獨夫，伯夷伐之，亦何恤哉？」

尹曰：「孔子集大成，或清或任或和也。金聲則有隆殺，玉振則始終如一，始條理者猶可以用智，終條理則智不容于其間矣。譬夫射遠焉，至者可以謂之力，中者非力也，中者未必能遠，遠者力也。」

「北宫錡問曰周室班爵禄也」章

明道曰：「孟子之時，去先王爲未遠，其學比後世爲尤詳，又載籍未經秦火，然而班爵禄之制，已不聞其詳。今之禮書皆掇拾于煨燼之餘，而多出于漢儒一時之傅會〔二〕，奈何欲盡信而曲爲之辭乎？然則其事固不可一二追復矣。」

尹曰：「當孟子之時，周室之制固已不見其籍矣，而況繼之以秦火之後哉？」

「萬章問曰敢問友」章

横渠曰：「獻子忘其勢，五人者忘人之勢，不資其勢而利其有，然後能忘人之勢。若五人者有獻子之家，則反爲獻子之所賤矣。」

尹曰：「堯之尊親，真所謂尊親也。」親，疑當作賢。

「萬章問曰敢問交際何心也」章

尹曰：「不聞孟子之義，則自好者爲於陵仲子而已。聖賢辭受進退，惟義所在。」

「孟子曰仕非爲貧也」章

或問伊川，曰：「聖人有爲貧而仕者否？」先生曰：「孔子爲乘田委吏是也。」又問：「或云：乘田委吏非爲貧，爲之兆也。」先生曰：「乘田委吏却不是爲兆，爲魯司寇便是爲兆。」先生因言近煞有人以此相勉，某答云：「待飢餓不能出門户時，當别相度。」

楊曰：「古之爲貧者，豈特耕稼陶漁而已乎？膠鬲起于魚鹽，百里奚起于市，苟不失義，雖賈儈可爲也。然君子亦任其力之所能堪，不强其力之所不能任。今使吾徒耕稼，能之乎？不能也。使之陶漁，能之乎？不能也。使與市人交易，逐什一于錐刀之末，能之乎？不能也。舍是數者不能，則將坐待爲溝中瘠耳而可也。不然，則未免有求于人如墦間之爲也。與其屈己以求人，孰若以義受禄于吾君之爲安乎？故君子之仕有時而爲貧，古人有之，簡兮之詩是也。孟子豈虚語哉？」

尹曰：「爲貧者不可以居尊，居尊者必欲以行道。」

「萬章曰士之不託諸侯」章

楊曰：「周禮：王燕則以膳夫爲獻主。説者曰：『君臣之義不可以燕廢。』曰：是不然，此孟子所謂養君子之道也。禮，受爵于君前則降而再拜。燕所以待羣臣嘉賓也，而使之有升降拜揖之勞，是以犬馬畜之矣，故以膳夫爲獻主，而王不自獻酬焉。是乃所以爲養君子之道，而廩人繼粟、庖人繼肉之義也。」

尹曰：「孔子之進退辭受，言之備矣。」孔子誤。

「萬章曰敢問不見諸侯」章

吕曰：「往役義也，往見不義也。人不我知，則賤當役貴，君子不耻役，而世人耻之。人知我，則不肖當事賢，君子恥見之，而世人不恥也。」

「君子進退去就之義，孟子論之曲盡矣，聖賢之所守蓋如此。」此條當係尹氏，或屬上文。

「孟子謂萬章曰一鄉之善士」章

尹曰：「是尚友也，言所友每愈進而愈上也。是以論其世也，言上友古人〔三〕，須當論其所遇之時如何，不可一概而論也。」又曰：「誦其詩，讀其書，而不論其世，則知之有不能盡。」

「齊宣王問卿」章

或問：「易位之事，三仁于紂盍不行之乎？」楊曰：「但言其有此理也，豈可以常爲？嘗以伊尹之事觀之，信有之矣。」又問：「易位與去，以恩義言之否？」曰：「貴戚之卿無可去之理。」又曰：「宣王問卿，孟子〔四〕則當以正對，蓋不直則道不見故也。」

尹曰：「事君有犯無隱，孟子之言每如此。」

問：「孟子此言，豈不起後世强臣擅廢立之事乎？」曰：「孟子此語，所以警戒齊王聽諫，欲其必聽，故其言深切。」

校勘記

〔一〕不税冕而行　四庫本「税」原作「脱」。下同。

〔二〕而多出于漢儒一時之傅會　「傅」原作「傳」，據明抄本改。

〔三〕言上友古人　「友」原作「有」，據文意改。

〔四〕宣王問卿孟子　「卿孟子」原作「孟子卿」，據四庫本改。

孟子精義卷第十一

告子章句上

「告子曰性猶杞柳也」章

尹曰：「人性之無不善，告子所不知也。故孟子嘗言告子未嘗知義，以其外之也。」

「告子曰性猶湍水也」章

謝曰：「孟子論性善，論之至也。性非不可爲不善，但非性之至，如水之就下，搏擊之非不可上，但非水之性。性雖可以爲不善，然善者依舊在。觀過斯知仁，既是過，那得仁，然仁亦自在〔一〕。」

尹曰：「孟子傳聖人之道，而得其真，高出荀揚之上者，知性故也。」

「告子曰生之謂性」章

明道曰：「告子云生之謂性則可，凡天地所生之物，須是謂之性。皆謂之性則可，于中却須分別牛之性馬之性。是他便只道一般，如釋氏説蠢動含靈皆有佛性，如此則不可。天命之謂性，率性之謂道者，天降是于下，萬物流形，各正性命者，是所謂性也；循其性而不失，是所謂道也。此亦通人物而言。循性者，馬則爲馬之性，又不做牛底性，牛則爲牛之性，又不爲馬底性，此所謂率性也。人在天地之間，與萬物同流，天幾時分別出是人是物。修道之謂教，此則專在人事，以失其本性，故修而求復之，則入于學。若元不失，則何修之有？是由仁義行也，則是性已失故修之。『成性存存，道義之門』，亦是萬物各有。成性存存亦是生生不已之意，天只是以生爲道。」又曰：「生之謂性，性即氣，氣即性，生之謂也。人生氣禀，理有善惡，然不是性中元有此兩物相對而生也。有自幼而善，有自幼而惡，后稷之幼克岐克嶷，子越椒始生，人知其必滅若敖氏之類。是氣禀有然也。善固性也，然惡亦不可不謂之性也。蓋生之謂性，人生而静以上不容説，才説性時，便已不是性也。凡人説性，只是説繼之者善也，孟子言人性善是也。夫所謂繼之者善也者，猶水流而就下也。皆水也，有流而至海終無所污，此何煩人力之爲也。有流而未遠固已漸濁，有出而甚遠方有所濁，有濁之多者，有濁之少者，清濁雖不同，然不可以濁者不爲水也。如此，則人不可以不加澄治之功。故用力敏勇則疾清，用力緩怠則遲清，及其清也，則卻只是元初水也，亦不是將清來換却濁，亦不是取出濁來置在一隅也。水之清，則性善之謂也。故不是善與惡在性中爲兩物，相對各自出來。此理，天命也，順而循之，則道也，循此而修之，各得其分，則教也。自天命以至于教，我無加損焉，此舜有天下而不與焉者也。」

伊川曰：「性相近，習相遠也。性一也，何以言相近？曰此只是言氣質之性，如俗言性急性緩之類，性安有緩急？此言性者，生之謂性也。」又問：「上智下愚不移是性否？」曰：「此是才，須理會得性與才所以分處。」又問：「中人以上可以語上，中人以下不可以語上，是才否？」曰：「固是，然此只是大綱說，言中人以上可以與之說近上話，中人以下不可與之說近上話也。生之謂性，凡言性處，須看他立意如何。且如言人性善，性之本也。生之謂性，論其所稟也。孔子曰：『性相近。』若論其本，豈可言相近，只論其所稟也。告子所云固是，爲孟子問他，他說便不是也。」又曰：「犬牛人知所去就，其性本同，但限以形，故不可使相更。如隙中日光，方圓不移，其光一也。惟所稟各異，故生之謂性，告子以爲一，孟子以爲非也。」又曰：「孟子言性，當隨文看，不以告子生之謂性爲不然者，此亦性也，被命受生之後謂之性爾，故不同。繼之以犬之性猶牛之性，牛之性猶人之性與？然不害爲一。若乃孟子之言善者，乃極本窮源之性。」問：「生之謂性，與天命之謂性同乎？」曰：「性字不可一概論，生之謂性，止訓所稟受也；天命之謂性，此言性之理也。今人言天性柔緩、天性剛急、俗言天成，皆生來如此，此訓所稟受也；若性之理也，則無不善。曰天者，自然之理也。」又曰：「論性不論氣不備，論氣不論性不明，二之則不是。」

横渠曰：「以生爲性，既不通晝夜之道，且人與物等，故告子之妄不可不抵。」又曰：「性者萬物之一源，非有我之得私也。惟大人爲能盡其道，是故立必俱立，知必周知，愛必兼愛，成不獨成。彼自蔽塞而不知順吾理者，則亦末如之何矣。」又曰：「形而後有氣質之性，善反之，則天地之性存焉。故氣質之性，君子有弗性者焉。」又曰：「人之剛柔緩急，有才有不才，氣之偏也。天本參和不偏，養其氣而反其本，使之不偏，則盡性而天矣。」又曰：「告子言生之謂性，然天地之性人爲貴，可一概論之乎？」

楊曰：「人所資稟固有不同者，若論其本，則無不善。蓋一陰一陽之謂道，陰陽無不善，而人則受之以生故也。然而善者其常也，亦有時而惡矣。猶人之生也，氣得其和，則爲安樂人，及其有疾也，以氣不和而然也。氣不和非其常，治之而使其和，則反常矣，其常者性也，此孟子所以言性善也。横渠説氣質之性，亦云人之性有剛柔、緩急、强弱、昏明而已，非謂天地之性然也。今夫水，清者其常然也，至于汩濁，則沙泥混之矣，沙泥既去，其清者自若也。是故君子于氣質之性必有以變之，其澄濁而求清之義與？」

尹曰：「生之謂性者，自其所禀而言之也，告子謂生之謂性則是也。及乎孟子復問之，則其言非矣。」

「告子曰食色性也」章

尹曰：「告子以爲仁内義外，不亦異哉！學者不知大本而妄論，若此者多矣。無孟子，後世何所承乎？」

「孟季子問公都子」章

伊川曰：「敬立而内直，義形而外方。義形于外，非在外也。」

楊曰：「易曰：『君子敬以直内，義以方外。』夫盡其誠心而無僞焉，所謂直也。若施之于事，則厚薄隆殺一定而不可易，爲有方矣。敬與義本無二，所主者敬，而義則自此出焉，故有内外之辨，其實義亦敬也。故公都子曰行吾敬而已。」

尹曰：「不識大本不足以議道，識則不足爲難矣。」

「公都子曰告子曰」章

問：「孔孟言性不同，如何？」伊川曰：「孟子言性之善，是性之本；孔子言性相近，謂其禀受處不相遠也。人性皆善，所以善者，于四端之情可見。故孟子曰：『是豈人之情也哉？』至于不能順其情而悖天理，則流而至于惡。故曰：『乃若其情，則可以爲善矣。』若，順也。」又問：「才出于氣否？」曰：「氣清則才善，氣濁則才惡，禀得至清之氣生者爲聖人，禀得至濁之氣生者爲愚人，如韓愈所言，公都子所問之人是也。然此論生知之聖人，若夫學而知之，氣無清濁，皆可至于善而復性之本。所謂堯舜性之，是生知也；湯武反之，是學而知也。孔子所言上智下愚不移，亦無不移之理，所以不移只有二，自暴自棄是也。」又問：「如何是才？」曰：「如材植是也。譬如木，曲直者，性也；可以爲輪轅，可以爲梁棟，可以爲榱桷者，才也。今人説有才，乃是言才之美者也。才乃人之資質，循性修之，雖至惡可勝而爲善。」又問：「性如何？」曰：「性即理也。天下之理，原其所自，未有不善，喜怒哀樂未發，何嘗不善，發而中節，則無往而不善。凡言善惡，皆先善而後惡；言吉凶，皆先吉而後凶；言是非，皆先是而後非。」又問：「佛説性如何？」曰：「佛亦是説本善，只不合將才做緣習〔二〕。」又問伊川，云：「性無不善，才有善不善。揚雄 韓愈皆説着才，然觀孟子意，却似才亦無有不善，及言所以不善處，只是云舍則失之，不肯言所禀時有不善之才。如云：『非天之降才爾殊』。是不善不在才，但以遇凶歲陷溺之耳。又觀牛山之木，人見其濯濯也，以爲未嘗有才焉，此豈山之性，是山之性未嘗無才，只爲斧斤牛羊害之耳。又云：『人見其禽獸也，以爲未嘗有才焉，是豈人之情也哉？』所以無才者，只爲旦晝之所爲有梏亡之耳。又云：『乃若其情，則可以爲善矣，乃所爲善也，若夫爲不善，非才之罪也。』則是以情觀之，而才未嘗不善。觀此數處，竊疑才是一箇爲善之資〔三〕，譬如作一器械，須是有器械材料，方可爲也。如云：『或相倍蓰而無算者，不能盡其才也。』則四端者便是爲善之才，所以不善者，以不能盡此四端之才也。觀孟子之意，似言性情才三者皆無不善，亦不肯于所稟處説不善。今謂才有善不善何也？或云『善之地便是性，欲爲善便是情，能爲善便是才』，如何？」伊川云：「上智下愚便是才，以堯爲君而有象，以瞽瞍爲父而有舜，亦是才。然孟子只云非才之罪者，蓋公都子正問性善，孟子且答他正意，不暇一一辨之，又恐失其本意。如萬章問象殺舜事，夫堯已妻之二女，迭爲賓主，當是時已自近君，豈復有完廩浚井之事？象欲使二嫂治棲，當是時，堯在上，象還自度得道殺却舜取其二女，堯便了得否？必無此事。然孟子未暇與辨，且答這下意。」又曰：「性出于天，才出于氣，氣清則才清，氣濁則才濁，譬猶木焉，曲直者性也，可以爲梁棟可以爲榱桷者才也。才則有善有不善，性則無不善。惟上智與下愚不移，非謂不可移也，而有不移之理。所以不移者，只有兩般，爲自暴自棄不肯學也。使其肯學不自暴自棄，安有不可移哉？」又曰：「性無不善，其所以不善者才也。受于天之謂性，稟于氣之謂才，才之善不善，由氣之有偏正也，乃若其性，則無不善矣。今夫木之曲直，其性也，或以爲車，或以爲輪，其才也。然而才之不善，亦可以變之，在養其氣以復其善爾。故能持其志養其氣，亦可以爲善。故孟子曰：『人皆可以爲堯舜。』惟自暴自棄，則不可與爲善。」又曰：「若其情則可以爲善，若夫爲不善，非才之罪，此言人陷溺其心者非關才事，才猶言才料，曲可以爲輪，直可以爲梁棟，若是毀鑿壞了，豈關才事？下面不是説人皆有四者之心？」或曰：「人材有美惡，豈可言非才之罪？」曰：「才有美惡者，是舉天下之言也。若説一人之才，如因富歲而賴，因凶歲而暴，豈才質之本然耶！」又曰：「稱性之善謂之道，道與性一也。以性之善如此，故謂之性善。性之本謂之命，性之自然者謂之天，自性之有形者謂之心，自性之有動者謂之情，凡此數者皆一也。聖人因事以制名，故不同若此，而後之學者隨文析義，求奇異之説，而去聖人之意遠矣。」又曰：「自性而行皆善也，聖人因其善也，則爲仁義禮智信以名之；以其施之之不同也，故爲五者以別之。合而言之皆道，別而言之亦皆道也，舍此而行，是悖其性也，是悖其道也。與五者異，其亦弗學歟？其亦未體其性也歟？其亦不知道之所存歟？」

明道曰：「仁者，公也，人此者也。義者，宜也，權量輕重之極。禮者，別也。定分。知者，知也。信者，有此者也，萬物皆有信。此五常，性也。若夫惻隱之類，皆情也。凡動者之謂情，性者自然完具。信只是有此，因不信然後見，故四端不言信。」又曰：「稟於天者爲性，感爲情，動爲心，質幹是才。」又曰：「詩曰：『天生蒸民，有物有則。民之秉彝，好是懿德。』故有物必有則，民之秉彝也，故好是懿德。萬物皆有理，順之則易，逆之則難，各循其理，何勞於己力哉？」

伊川曰：「杞柳，荀子之説也。湍水，揚子之説也。」又曰：「揚子，無自得者也，故其言蔓衍而不斷，優柔而不決，其論性，則曰：『人之性也善惡混。修其善則爲善人，修其惡則爲惡人。』荀子，悖聖人者也，故列孟子於十二子，而謂人之性惡。性果惡耶？聖人何能反其性以至於斯耶？」又曰：「韓退之説叔向之母聞楊食我之生，知其必滅宗，此無足怪，其始便禀得惡氣，便有滅宗之理，所以聞其聲而知之也。使其能學以勝其氣復其性，可以無此患。」

横渠曰：「孟子之言性、情、才皆一也，亦觀其文勢如何。情未必爲惡，哀樂喜怒，發而皆中節謂之和，不中節則謂惡。」

楊曰：「孟子七篇之書，其要道性善而已。湍水之説，孟子固嘗辨之，不可與性善混爲一説明矣。而論者欲一之，皆未究其所以也。孔子曰：『性相近也，習相遠也，惟上智與下愚不移。』言相近，則不可謂一，孟子論白羽之白與白雪之白是也。惟相近，故以習而相遠，若叔魚之生，其母視之，知其必以賄死，若此類，是生而惡也。文王，在母也母不憂，既生也傅不勤，既學也師不煩，若此類，是生而善也。韓子不究其所以，遂列爲三品，則失之矣。是數說，要之皆原於性善然後爲得。橫渠曰：『形而後有氣質之性，善反之，則天地之性存焉。故氣質之性，君子有弗性者焉。』又曰：『德不勝氣，性命於氣；德勝其氣，性命于德。』斯言盡之，更當深考也。」又曰：「學始於致知，終于知止而止焉。致知在格物，物固不可勝窮也，反身而誠，則舉天下之物在我矣。詩云：『天生蒸民，有物有則。』凡形色之具于吾身，無非物也，而各有則焉。目之於色，耳之於聲，口鼻之於臭味，接乎外而不得遁焉者，其必有以也。知其體物而不遺，則天下之理得矣。天下之理得，則物與吾一也，其有能亂吾之知思而意其有不誠乎？由是通天下之志，類萬物之情，贊天地之化，其則不遠矣。」又曰：「蘇子曰：『性之有習，習之有善惡，譬如火之能熟與其能焚也。孟子之所謂善，得火之能熟者也，是火之得其性者也；荀子之所謂惡，得火之能焚者也，火之失其性者也。』夫天地之間，有夫婦而後有父子，此物之所同然也。夫木以金尅之而火生焉，木與火未嘗相離，蓋母子之道也。火無形，麗木而有焉，非焚之，則火之用息矣，何熟之有哉？而謂熟者火之得其性，焚之者火之失其性，其察物也蓋亦不審矣。夫子思之學，惟孟子之傳得其宗。異哉世儒之論也，以爲孟子道性善，得子思之説而漸失之，而輕爲之議，其亦不思之過與？」又曰：「蘇子曰：『道有不可以名言者，古之聖人命之曰一，寄之曰中。子思因其語而廣之，曰：「喜怒哀樂之未發謂之中，發而皆中節謂之和，中者天下之大本也，和者天下之達道也，致中和，天地位焉，萬物育焉。」子思之説既出，而天下始知一與中在是矣。孟子又推之以爲性善之論，性善之論出，而一與中始枝矣。』信斯言也，則一也者，特道之有不可名言者耳，中亦非道也，道之寄而已。所謂道者果何物也？子思之言中和而已，亦道之可以名言者也，所謂一者安在哉？且性善之論出，而一與中何自而枝耶？是必有説也。學者更深考之，則孟子蘇氏之學，是非得失，必有不可誣者矣。」又曰：「孟子引『天生蒸民，有物有則，民之秉彝，好是懿德』，曰：『故有物必有則，民之秉彝也，故好是懿德。』其釋詩也，于其本文加三四字而已，而詩語自分明。今之説詩者，殊不知此。」

侯曰：「人性之善，如木上達，木之性也。曲者中規，直者中繩，才也。性之動便是情，主宰便是心〔四〕。」

尹曰：「乃若其情，則可以爲善，孟子所謂之性也。至于善惡異趨，賢愚異習，豈其本然哉？此諸子之惑也。」

「孟子曰富歲子弟多賴」章

或問：「心有善惡否？」伊川曰：「在天爲命，在義爲理，在人爲性，主于身爲心，其實一也。心本善，發于思慮，則有善有不善。若既發則可謂之情，不可謂之心，譬如水只謂之水，至於流而爲派，或行於東，或行于西，却謂之流也。」

明道曰：「人心之所同者何也？謂理也義也。何謂理？何謂義？學者當深思。」

又曰：「理義，體用也。」

伊川曰：「在物爲理，處物爲義。」又曰：「須知理義之悦我心，猶芻豢之悦我口，玩理以養心如此。蓋人有小稱意之事，猶喜悦淪肌浹骨，有春和意，何況義理？然窮理亦當知用心緩急，但勞苦而不知悦處，豈能養心？」

吕曰：「世之言性，以似是之惑而反亂其真。或以善惡不出於性，則曰性無善；或以習成爲性，則曰性可以爲善可以爲不善；或以氣稟厚薄爲性，則曰有性善有性不善。三者皆自其流而觀之，蓋世人未嘗知性也。天之道虛而誠，所以命于人者亦虛而誠，故謂之性。虛而不誠，則荒唐而無徵；誠而不虛，則多蔽于物而流于惡。性者雖若未可以善惡名，猶循其本以求之，皆可以爲善而不可以爲不善，是則虛而誠者，善之所由出，此孟子所以言性善也。今夫麰麥，皆可以爲美實，是不可言無善無不善也。地有肥磽，猶稟厚者惡有不能移，稟薄者善亦不易以進，非人十己百未足以若人。故堯君而有象，瞽父而有舜，非性也。雨露之養，人事之不齊，猶習之變化。雨露之滋，播種以時，猶習善者也；不滋不時，猶習惡者。習善則成善，習惡則成惡，性本相近，而習相遠。故文武興而好善，幽厲興而好暴，亦非性也。」又曰：「我心所然即天理天德。孟子言同然者，恐人有私意蔽之，苟無私意，我心即天心。」

謝曰：「嘗問伊川先生：『養心莫善於寡欲，此一句如何？』先生曰：『此一句淺近，不如理義之悦我心，猶芻豢之悦我口，最親切有滋味。然須是體察得理義之悦我心真箇猶芻豢始得。』」

尹曰：「知大本者無如孟子，善論學者亦無如孟子。故曰：『非天之降才爾殊也』。又曰：『夫仁亦在熟之而已。』」

「孟子曰牛山之木嘗美矣」章

問：「夜氣如何？」伊川曰：「此只是言休息時氣清耳。至平旦之氣，未與事接，亦清。只如小兒讀書，早晨便記得也。」又曰：「夜氣之所存者，良知也，良能也。苟擴而充之，化旦晝之所害，爲夜氣之所存，然後可以至於聖人。」

或問明道，曰：「每常遇事，即能知操存之意，無事時，如何存養得熟？」曰：「古之人，耳之于樂，目之于禮，左右起居，盤盂几杖，有銘有戒，動息皆有所養，今皆廢此，獨有義理之養心耳。但存此涵養意久，則自熟矣。敬以直内，是涵養意。言不莊不敬，則鄙詐之心生矣；貌不莊不敬，則怠慢之心生矣。」

或問：「舍則亡，心有亡何也？」伊川曰：「否，此只是説心無形體，纔主著事時，先生以目事地。便在這裏，纔過了，便不見。如出入無時，莫知其鄉。此句亦須要人理會，心豈有出入，亦以操舍而言也。」問：「孟子言心出入無時，如何？」曰：「心本無出入，孟子只是據操舍言之。」又問：「人有逐物，是心逐之否？」曰：「心則無出入矣，逐物是欲。」又曰：「人心緣境，出入無時，人亦不覺。」問：「有言未感時知如何所寓？」曰：「操則存，舍則亡，出入無時，莫知其鄉，更怎生尋所寓，只是有操之而已。操之之道，敬以直内也。」

范淳夫之女讀孟子「出入無時，莫知其鄉，惟心之謂與？」語人曰：「孟子不識心，心豈有出入？」伊川聞之曰：「此女雖不識孟子，却能識心。」

楊曰：「古之學者，視聽言動無非禮，所以操心也。至于無故不徹琴瑟，行則聞珮玉，登車則聞和鸞，蓋皆欲收其放心，不使惰慢邪僻之氣得而入焉。故曰：『不有博奕者乎？爲之猶賢乎已。』夫博奕非君子所爲，而云爾者，以是可以收其放心爾。」

尹曰：「人之失其良心者類如此，在養與不養而已。」

「孟子曰無或乎王之不智也」章

伊川曰：「博奕小數，不專心致志，猶不可得，況學道而悠悠可得乎〔五〕？仲尼言：『吾嘗終日不食，終夜不寢，以思，無益，不如學也。』又曰：『朝聞道，夕死可矣。』不知聖人有甚事來，迫切了抵死地如此。文意不難會，須是求其所以如此何故始得。聖人固是生知，猶如此説，所以教人也。學如不及，猶恐失之，纔説姑待來日，便不可也。」尹曰：「君子孤立而不專，難乎爲功也。奕之小數，不專心則不得，而況于爲善乎？」

「孟子曰魚我所欲也」章

吕曰：「死生貴賤，貧富榮辱，此衆物者，君子莫適就也。君子心存目見，惟義而已，無是衆物之紛紛也。故所守至約，無所往而不爲義。孟子謂舍生取義者，乃喻未知者爾。義在生則生，義在死則死，我之所知者義也，何生死之擇哉？」尹曰：「一爲外物所遷，則失其本心。所貴夫學者，常不失其本心而已。」

「孟子曰仁人心也」章

問：「仁與心何異？」伊川曰：「心是所生，仁是就事言。」曰：「若是則仁是心之用否？」曰：「固是。若説仁者心之用則不可。心譬如身，四端如四支，四支固是心所用，只可謂身之四支，如四端固具於心，然亦未可便謂之心之用。」或曰：「譬如五穀之種，必待陽氣而生。」曰：「非是，陽氣發處却是情也。心譬如穀種，生之性便是仁也。」又曰：「心至重，雞犬至輕，雞犬放則知求之，心放則不知求，豈愛其至輕而忘其至重哉？弗思而已矣。今世之人樂其所不當樂，不樂其所當樂，慕其所不當慕，不慕其所當慕，皆由不思輕重之分也。」又曰：「放心謂心本善而流于不善，是放也。」

明道曰：「聖賢千言萬語，只是欲人將已放之心，約之使反復入身來，自能尋向上去，下學而上達也。」

楊曰：「論語言仁，皆仁之方也，若正所謂仁，則未之嘗言也。故曰：『子罕言利與命與仁。』要道得親切，唯孟子言仁人心也最爲親切。」

尹曰：「識心性之真，而知學之要，孟子之賜後學多矣。」

「孟子曰今有無名之指」章

尹曰：「學者何所事乎？心而已。」

「孟子曰拱把之桐梓」章

尹曰：「所以養者，後學猶不知也。非爲不知，知之亦莫能養也。」

「孟子曰人之於身也」章

尹曰：「趙岐謂大者心志是也。」

「公都子問曰鈞是人也」章

明道曰：「知性善，以忠信爲本，此先立乎其大者。」

尹曰：「其外不爲物所引，内則思而得之，立乎其大者也。大者不立，其爲小人也無疑矣。」

「孟子曰有天爵者」章

尹曰：「莫之貴而貴者，故曰天。待人而後得者，故曰人。顛倒錯謬，失其本心者，皆喪天爵者也。」

「孟子曰欲貴者」章

伊川曰：「人人有貴於己者，此其所以人皆可以爲堯舜。」

尹曰：「是亦天爵之義，在我者重，則外物輕。」

「孟子曰仁之勝不仁也」章

尹曰：「一日暴之，十日寒之，亦猶是也。」

「孟子曰五穀者」章

尹曰：「日新而不已則熟。」

「孟子曰羿之教人射」章

尹曰：「不以法式，則不可以語學，盡法式，然後可以至乎成，其中其巧，則成矣。教者不能與人中巧，在夫學者勉與不勉耳。」

校勘記

〔一〕然仁亦自在　原本無「自」字，據明抄本補。

〔二〕只不合將才做緣習　原本闕「緣」字，據明抄本補。

〔三〕竊疑才是一箇爲善之資　「竊」原作「切」，據文意改。

〔四〕主宰便是心　明抄本「宰」下有「處」字。

〔五〕況學道而悠悠可得乎　「乎」原作「也」，據四庫本改。

孟子精義卷第十二

告子章句下

「任人有問屋廬子」章

尹曰：「任人之所言者利害也，孟子之所言者禮義也。苟以利害言，則何止乎重而已。」

「曹交問曰人皆可以爲堯舜」章

或曰：「人皆可以爲堯舜，則無僕隸。」伊川曰：「人皆可以爲堯舜，聖人所願也。其不爲堯舜，是所可賤也，故以爲僕隸。」又曰：「君子之教人，或引之，或拒之，各因其所虧者成之而已。孟子之不受曹交，以交未嘗知道固在我而不在人也，故使歸而求之。」

或曰：「聖人之道，知之甚難，」曰：「聖人之道，安可以難易言。聖人未嘗言易以驕人之志，亦未嘗言難以阻人之進。仲尼但曰：『未之思也，夫何遠之有？』此言極有涵蓄意思。孟子言：『夫道若大路然，豈難知哉！』只下這一箇豈字，便露筋骨，聖人之言不如此。如下面說，『人病不求耳，子歸而求之，有餘師。』這數句却說得好，孔孟言有異處，亦須自識得。」

楊曰：「夫道若大路，行之則至。故孟子曰：『堯舜之道，孝弟而已矣。』其爲孝弟，乃在行止疾徐之間，非有甚高難行之事，皆夫婦之愚所與知者，雖舜顏不能離此而爲聖賢也，百姓特日用而不知耳。」又曰：「孟子之言，精粗兼備，其言甚近，而妙義在焉。如許大堯舜之道，只於行止疾徐之間教人做了。」

尹曰：「道若大路，人皆由之，在爲與不爲而已。」

「公孫丑問曰高子曰」章

伊川曰：「小弁之怨與舜別，舜是自怨，小弁直怨『我罪伊何』？」

尹曰：「疏之戚之，至情也。於親而不用其情，烏在其孝也？」

「宋牼將之楚」章

楊曰：「宋牼以利説秦楚使之罷兵，以息兩國之爭，其心未爲過也，然孟子力抵之。蓋君子之事君，其説不可惟利之從，苟惟利之從，則人君所見者利而已。被有軋吾謀者〔一〕，其説又利於我，吾説必見屈矣。故不若與之談道理，道理既明，人自不能勝也。所謂道理之談，孟子之仁義是也，王霸之分，其義利之間乎？一毫爲利，則不足爲王矣。」

尹曰：「當是時，以利害誘説爲能者多矣，天下知利而不知義，故孟子拔本塞源而救之，其與人言也，一斷之以正而已。」

「孟子居鄒」章

尹曰：「禮者，宜而已。」

「淳于髡曰先名實者」章

伊川曰：「五就湯五就桀，此伊尹後來事，蓋已出了，則當以湯之心爲心，所以五就桀，不得不如此。」

楊曰：「禹稷顔回曾子子思，易地則皆然，故曰同道。三聖人其行不同，不可以易地，故曰不同道。雖不同，其趨則同歸於仁而已。與商之三仁或去或不去同謂之仁，其揆一也。」問：「伊尹五就湯，五就桀，何也？」曰：「其就湯也，以三聘之勤也；其就桀也，湯進之也。」「然則何爲事桀？」曰：「既就湯，則當以湯之心爲心，湯豈有伐桀之意哉？其不得已而伐之也，人歸之，天命之耳。方其進伊尹以事桀也，蓋欲其悔過遷善而已，苟悔過遷善，則吾北面而臣之固所願也。若湯初就伊尹，即有伐桀之意，而伊尹遂相之，是以取天下爲心也。以取天下爲心，豈聖人之心哉？」

尹曰：「淳于髡未嘗知仁，而未嘗識賢者，宜乎其言若是。」

「孟子曰五霸者」章

尹曰：「孟子力陳五霸諸侯之罪，與夫逢君之惡者，當時莫知其罪也。世衰道微，非孟子其誰制之？」

「魯欲使慎子爲將軍」章

楊曰：「此正孟子所謂是心足以王矣，若曰以小易大，則非其情。以謂見牛未見羊，而以羊易之，乃所以爲仁，引之使知王政之可爲也。又如論王之好樂，使之與百姓同樂；論王之好勇好貨好色，而陳同之先王之事，皆此類也。」

尹曰：「當時之君臣莫或知此，天下所以紛紛而戰爭之不息也。」

「孟子曰今之事君者」章

伊川曰：「不可一朝居者，孟子之時，大倫亂，若君聽於臣，父聽於子，動則弑君弑父，須著變，是不可一朝居也。」

尹曰：「不改其道而變其俗，則終不可治。」

「白圭曰吾欲二十而取一」章

「白圭曰丹之治水也」章

尹曰：「事不師古，何以永世？以治水治稅之言觀之，白圭可謂妄人矣。」

「孟子曰君子不亮」章

伊川曰：「諒，固執也，與亮同，古字通用。孟子曰：『君子不亮，惡乎執？』」

尹曰：「君子所執者信也，捨信，則何所依據也？」

「魯欲使樂正子爲政」章

尹曰：「好善優於天下，真知言哉！」

「陳子曰古之君子何如則仕」章

尹曰：「士之仕也，必歸於正道。聽言爲上，禮貌次之，至於免死則下矣。」

「孟子曰舜發於畎畝之中」章

明道曰：「舜發於畎畝之中，傅説舉於版築之間，膠鬲舉於魚鹽之中，管夷吾舉於士，孫叔敖舉於海，百里奚舉於市，若要熟，也須從這裏過。」

尹曰：「困窮拂鬱，能堅人之志而熟人之仁。以安樂而失之者多矣。」

「孟子曰教亦多術矣」章

明道曰：「孟子曰：『教人亦多術矣，予不屑之教誨也者，是亦教誨之而已矣。』孔子不見孺悲，所以深教誨之也。」

尹曰：「教者或抑或揚，或與或不與，各因其才而篤之故也。」

校勘記

〔一〕被有軋吾謀者　「被」疑爲「彼」之誤。

孟子精義卷第十三

盡心章句上

「孟子曰盡其心者」章

伊川曰：「心具天德，心有不盡處，便是天德處未能盡，何緣知性知天？盡己心則能盡人盡物，與天地參，贊化育。贊一本無贊字則直養之而已。」或問：「人之形體有限量，心有限量否？」曰：「論心之形，則安得無限量？」又問：「心之妙用有限量否？」曰：「自是人有限量，以有限之形，有限之氣，苟不通一作用之以道，安得無限量？孟子曰：『盡其心，知其性。』心即性也。在天爲命，在人爲性，論其所主爲心，其實只是一箇道。苟能通之於道，又豈有限量？天下更無性外之物，若云有限量，除是性外有物始得。」又問：「盡心莫是我有惻隱羞惡如此之心，能盡得，便能知性否？」曰：「何必如此數，只是盡心便了，纔數著便不盡。如數一百，少却一，便爲不盡也。大抵稟於天曰性，而所主在心，纔盡心即是知性，知性即是知天矣。」又曰：「盡其心者，我自盡其心，能盡心，則自然知性知天矣。如言窮理盡性以至於命，以序言之，不得不然，其實只能窮理，便盡性至命也。」或問：「事天如何？」曰：「奉順之而已。」又問：「孟子言心、性、天只是一理否？」曰：「然。自理言之謂之天，自稟受言之謂之性，自存諸人言之謂之心。」又問：「凡運用處是心否？」曰：「是意也。」問：「意是心之所發否？」曰：「有心而後有意。」又曰：「心也性也天也，非有異也。」又曰：「横渠嘗喻以心知天，猶居京師往長安，但知出西門便可到長安。此猶是言作兩處，若要誠實，只在京師便是到長安，更不可别求長安。只心便是天，盡之便知性，知性便知天，當處便認取，更不可外求。」

明道曰：「釋氏本怖死生爲利，豈是公道，惟務上達而無下學，然則其上達處，豈有是也？元不相連屬，但有間斷非道也。孟子曰：『盡其心者，知其性也。』彼所謂識心見性是也，若存心養性一段事則無矣。彼固曰出家獨善，便於道體自不足。」質夫曰：「盡心知性，佛亦有至此者；存心養性，佛本不至此。」明道曰：「盡心知性，不假存養，其唯聖人乎？」

横渠曰：「大其心則能體天下之物，物未有體〔一〕，則心爲有外。世人之心，止於聞見之狹，聖人盡性，不以聞見梏其心，其視天下無一物非我，孟子謂盡心則知性知天以此。天大無外，故有外之心，不足以合天心。」又曰：「天之明莫大於日，故有目接之不知其幾萬里之高也；天之聲莫大乎雷霆，故有耳屬焉不知其幾萬里之遠也；天之不禦莫大乎太虚，故心知廓之而莫究其極也。人病以耳目聞見累其心，而不務盡其心。故能盡其心者，必知心所從來而後能。」又曰：「知性知天，則陰陽鬼神之變，皆吾之分内耳。」又曰：「存心養性以事天，盡人道則可以事天。」

吕曰：「盡其心者，大其心也。心之知思足以盡天地萬物之理，然而不及者，不大其心也。大其心與天地合，則可知思之所及乃吾性也。性即天道，故知性則知天。」又曰：「天道性命，自道觀之則一，自物觀之則異。自道觀者，上達至於不可名，下達至於物，皆天道也。乾道變化，各正性命，彼所謂性者，猶吾以職授之而已，或偏或正，惟其所受。人得之正，故可達天；物得之偏，故不得達。彼所謂命者，猶吾以令使之而已，死生壽夭，惟令是從。自物觀者，犬異於牛，牛異於人，皆謂之性。不得於仁義禮智，與桎梏而死，皆謂之命。事天者如事君，性，天職也，不敢不盡；命，天命也，不敢不順[二]，盡性順命爲幾矣，而猶未與天一。達天德者，物我幽明，不出吾體，屈伸聚散，莫非吾用，性命之禀雖與物同，其達乃與天一。大德必受命，則命合於性；位禄名壽，皆吾性之所能致。天命之謂性，則性合於命，我受於天，亦天所命。性命一也。聖人之於天道，有性焉，則性於天道一也。」

問：「如何是盡其心？」謝氏曰：「昔有人問明道先生：『何如斯可謂之恕心？』先生曰：『充擴得去，則爲恕心。』『如何是充擴得去底氣象？』曰：『天地變化，草木蕃。』『充擴不去時如何？』曰：『天地閉，賢人隱。』察此，可以見盡不盡矣。」問：「知天事天如何別？」曰：「今人莫不知有君，能事其君者少。存心養性，便是事天。」曰：「心性何別？」曰：「心是發用處，性是自然，事則只是不違。」

游曰：「盡其心，則心地無餘蘊，而性之本體見矣。知其性，則廣大悉備，天理全而人僞泯矣。夫是之謂極高明。存其心者，閑邪以存其誠也。養其性者，守靜以復其本也。欲不外馳，忿不内作，反聽内視，以歸有極，則存其心之道也。其志致一，其氣致專，至大至剛以直，則養其性之道也。存養至此，則與天地相似而不違矣，故足以事天，夫是之謂道。中庸極高明者，理極於知天也。道中庸者，德全於事天也。知天者，造其理也。事天者，履其事也。徒造其理而不履其事，是爲知君上之爲我尊，而未嘗致恭也，知父母之爲我親，而未嘗致養也，其忠孝安在哉？知天，智之盡也。事天，仁之至也。仁之至智之盡也，則死生爲晝夜矣，豈殀壽所能惑其心哉？亦曰修身以俟之，自作元命而已。」

楊曰：「盡其心然後能存心，知其性然後能養性，知天然後能事天，此其序也。世儒謂知我則敵，事我則卑，失其旨矣。」問：「何謂盡心？」曰：「未言盡心，須先理會心是何物。」請問之，曰：「心之爲物，明白通達，廣大靜一，若體會得了然分明，然後可以言盡，未理會得心，盡箇甚？能盡其心，自然知性，不用問人。大抵須先理會仁之爲道，知仁則知心，知心則知性，是三者初無異也。橫渠作西銘，亦只是要學者求仁而已。」又曰：「六經不言無心，惟佛氏言之；亦不言修性，惟揚雄言之。心不可無，性不假修，故易止言洗心盡性，記言正心尊德性，孟子言存心養性。」又曰：「揚雄云：『學所以修性。』夫物有變壞然後可修，性無變壞，豈假修乎？唯不假修，故中庸但言率性尊德性，孟子但言養性，孔子但言盡性。」

尹曰：「或曰心，或曰性，或曰天，一理也。自理而言謂之天，自稟受而言謂之性，自存諸人而言謂之心。盡其心，則知性知天矣。存之養之，所以得天理也。殀壽不貳其心，所以立命。」

「孟子曰莫非命也」章

伊川曰：「命皆一也。莫之致而至者，正命也。桎梏而死者，君子不謂之命。」或問：「桎梏而死者，非正命也，然亦是命否？」曰：「聖人只教人順受其正，不說命。」或曰：「桎梏死者，非命乎？」曰：「孟子自說了，莫非命也。然聖人却不說是命。」

橫渠曰：「性于人無不善，係其善反不善反而已。過天地之化者，不善反者也。命於人無不正，係其順與不順而已。行險以徼幸，不順命者也。」又曰：「莫非命也，順受其正。順性命之理，則得性命之正。滅理窮欲，人爲之招也。」又曰：「順性命之理，則吉凶莫非正也。逆理則凶爲自取，吉其僥倖也。」

尹曰：「雖曰命也，又必知其正與不正。君子所言者，正命也。又其上，則義而已，不曰命。」

「孟子曰求則得之」章

伊川曰：「君子有義有命。求則得之，舍則失之，是求有益於得也，求在我者也，此言義也。求之有道，得之有命，是求無益於得也，求在外者也，此言命也。至於聖人，則惟有義而無命。行一不義，殺一不辜，而得天下，不爲也，此言義而不言命也。」又曰：「求之有道，得之有命，是求無益於得，言求得不濟事。此言猶只爲中人言之，若爲中人以上而言，却只道求之有道，非道則不求，更不消言命也。」又曰：「賢者惟知義而已，命在其中。中人以下，乃以命處義，如言求之有道，得之有命，是求無益於得；知命之不可求，故自處以不求。若賢者則求之以道，得之以義，不必言命。」問：「家貧親老，應舉求仕，不免有得失之累，何修可以免此？」曰：「此只是志不勝氣，若志勝，自無此累。

家貧親老，須用禄仕，然得之不得爲有命。」曰：「在己固可，爲親奈何？」曰：「爲己爲親也，只是一事。若不得，其如命何？孔子曰：『不知命，無以爲君子。』人苟不知命，見患難必避，遇得喪必動，見利必趨，其何以爲君子？然聖人言命，蓋爲中人以上設，非爲上知者言也。中人以上，於得喪之際，不能不惑，故有命之説然後能安；若上智之人，更不言命，惟安於義。借使求則得之，然非義則不求，此樂天者之事也。上智之人安於義，中人以上安於命，乃若聞命而不能安之者，又其每下者也。孟子曰：『求之有道，得之有命。』求之雖有道，奈何得之須有命。」問：「富貴貧賤壽夭固有定分，君子先盡其在我者，則富貴貧賤壽夭可以命言。若在我者未盡，則貧賤而夭，理所當然，富貴而壽，是爲僥倖，不可謂之命。」曰：「雖不可謂之命，然富貴貧賤壽夭是亦前定。孟子曰：『求則得之，舍則失之，是求有益於得也，求在我者也。求之有道，得之有命，是求無益於得也，求在外者也。』故君子以義安命，小人以命安義。」

横渠曰：「富貴貧賤皆命也。今有人均爲勤苦，有富貴者，只是幸會也。求而有不得，則是求無益於得也。道義則不可言命，是求在我者也。」

楊曰：「世之學者皆言窮達有命，特信之未篤。某竊謂其知之未至也，知之，斯信之矣。今告之曰水火不可蹈，人必信之，以其知之也。告人曰富貴在天不可求，亦必曰然，而未有信而不求求者，以其知之不若蹈水火之著明也。」尹曰：「求在我者，則必得之，求在外者，則有不得之理，是以君子猶以命爲外也。以之爲外，所以行一不義，殺一不辜，雖得天下，亦不爲也。」

「孟子曰萬物皆備於我矣」章

明道曰：「萬物皆備於我，不獨人爾，物皆然，都自這裏出去，只是物不能推，人則能推之。雖能推之，幾時添得一分，不能推之，幾時減得一分。百理具在，平鋪放著，幾時道堯盡君道添得些君道多，舜盡子道添得些子道多，元來只依舊。反身而誠，樂莫大焉，却是著人上説。」又曰：「萬物皆備於我，此通人物而言，禽獸與人絶相似，只是不能推。然禽獸之性却自然，不待學不待教，如營巢養子之類是也。人雖是靈，却椓喪處極多，只有一箇嬰兒飲乳，是自然非學也，其他皆誘之也。欲得人家嬰兒善，且自小不要引他，留他真性，待他自然，亦須完得些本性須别也。」又曰：「萬物皆備於我矣，反身而誠，樂莫大焉。不誠，則逆於物而不順也。」又曰：「樂莫大焉，樂亦在其中。不改其樂，須知所樂者何事。」又曰：「學者須先識仁，仁者渾然與物同體，義禮智信皆仁也。識得此理，以誠敬存之而已，不須防檢，不須窮索。若心懈則有防，心苟不懈，何防之有？理有未得故須窮索，存久自明，安待窮索？此道與物無對，大不足以明之，天地之用，皆我之用。孟子言萬物皆備於我，須反身而誠，乃爲大樂；若反身未誠，則猶是二物有對，以己合彼，終未有之，又安得樂？訂頑意思乃備言此體，以此意存之，更有何事？必有事焉而勿正，心勿忘，勿助長，未嘗致纖毫之力，此其存之之道。若存得便合有得，蓋良知良能元不喪失。以昔日習心未除，却須存習此心久，則可奪舊習。此理至約，惟患不能守，既能體之而樂，亦不患不能守也。」

伊川曰：「恕者，入仁之門。」又曰：「强恕求仁莫近，言得不濟事，亦須是實見得近處，其理蓋不出乎公平，固在用意淺深，只要自家各自體認得。」又曰：「有忠矣，而行之以恕，則以無我爲體，以恕爲用。所謂强恕而行者，知以己之所好惡處人而已，未至於無我也。故己欲立而立人，己欲達而達人，所以爲仁之方也。」

横渠曰：「萬物皆備於我，言萬物皆素有於我也。反身而誠，謂行無不慊於心，則樂莫大焉。」

楊曰：「孟子曰：『萬物皆備於我，反身而誠，樂莫大焉。』知萬物皆備於我，則物之數雖多，反而求之於吾身可也。故曰：『盡己之性，則能盡人之性；盡人之性，則能盡物之性。』以己於人物性無二故也。夫道豈難知難行哉？雖行止疾徐之間，有堯舜之道存焉。世之人不知自己求之，道之所以難知難行也。」

尹曰：「萬物皆備，天理也。反身而誠，謂行無不慊於心也。强恕而行，誠之者也。」

「孟子曰行之而不著焉」章

伊川曰：「行之不著，如此人多，若至論。雖孔門中亦有由而不知者，又更有不知則不能由。」問：「行之而不著，習矣而不察。」曰：「此言大道如此，而人由之不知也。行之而不著，謂人行之而不明曉也；習矣而不察，謂人習之而不省察也。」曰：「先生有言，雖孔門弟子亦有此病，何也？」曰：「在衆人習而不察者，只是飢食渴飲之類，由之而不自知也。如孔門弟子，却是聞聖人之化，入於善而不自知也。衆者，言衆多也。」

尹曰：「誰能出不由户，何莫由斯道也。然而行之而不明曉，習矣而不省察，由道而不知者衆也。」

「孟子曰人不可以無耻」章

伊川曰：「無耻之耻，注是。」

尹曰：「人知其所耻，然後能改過遷善。」

「孟子曰耻之於人大矣」章

尹曰：「爲機變之巧以自欺者，何若人之有？」

「孟子曰古之賢王」章

尹曰：「人君能下賢而好善，賢者不慕勢而好利，以如是而相遇，然後可以有爲於時。」

「孟子謂宋句踐」章

尹曰：「古之人得志澤加於民，不得志則修身見於世，此其所以囂囂也。如此，則無怨尤，不改樂。」

「孟子曰待文王而後興者」章

尹曰：「言君子之特立也。」

「孟子曰附之以韓魏之家」章

尹曰：「有過人之識，則不以富貴爲事。」

「孟子曰以佚道使民」章

伊川曰：「以佚道使民，謂本欲佚之也，故雖勞而不怨。以生道殺民，謂本欲生之也，且如救水火，是求所以生之也，或有焚溺而死者，却雖死不怨。」

尹曰：「以佚道勞民，乘屋播穀之類是也。以生道殺民，除害去惡之類是也。此其所以不怨。」

「孟子曰霸者之民」章

伊川曰：「易比之九五曰：『顯比，王用三驅，失前禽。』言王者顯明其比道，天下自然來比，來者撫之，固不煦煦以求比於物。若田之三驅，禽之去也，從而不追，來者則取之也。此王道之大，所以其民皥皥而不知爲之者也。」又曰：「所過者化，身之所經歷處。所存者神，存主處便如神。立之斯立，道之斯行，綏之斯來，動之斯和，固非小補。伯者是小補而已。」

明道曰：「所存者神，在己也。所過者化，及物也。」又曰：「德至於無我者，雖善言美行，無非所過之化也。」

横渠曰：「性性爲能存神，物物爲能過化。」又曰：「徇物喪心，人化物而滅天理者乎？存神過化，忘物累而順性命者乎？」

謝曰：「學者須是胸懷擺脱得開始得。不見明道先生在鄠縣作簿時，有詩云：『雲淡風輕近午天，傍花隨柳過前川。旁人不識予心樂，將謂偷閑學少年。』看他胸懷直是好，與曾點底事一般。先生又有詩云：『閑來無事不從容，睡覺東窗日已紅。萬物靜觀皆自得，四時佳興與人同。道通天地有形外，思入風雲變態中〔三〕。富貴不淫貧賤樂，男兒到此是豪雄。』」或問：「周恭叔恁地放開如何？」謝曰：「他不擺脱得開，只爲立不住便放却，忒早在裏。明道卻擺脱得開〔四〕，爲他所過者化。」問：「見箇甚道理，便能所過者化？」曰：「吕晉伯下得一轉語好，道所存者神，便能所過者化；所過者化，便能所存者神。横渠云：『性性爲能存神，物物爲能過化。』亦甚親切。」

楊曰：「霸者之民驩虞如也，治民使之驩樂，有甚不得？但所謂皞皞如也，則氣象便與伯者之世不同。蓋彼所以致人驩虞，必有違道干譽之事，至王者則如天，亦不教人喜，亦不教人怒。」

尹曰：「臣聞之師曰：所過者化，身所經也；所存者神，心所主也。立之斯立，道之斯行，綏之斯來，動之斯和，是以其民皞皞爾。」

「孟子曰仁言不如仁聲之入人深也」章

伊川曰：「仁言，爲政者道其所爲。仁聲，民所稱道。」又曰：「仁言謂以仁厚之言加於民；仁聲如仁聞，謂風聲足以感動人也，此尤見仁德之昭著也。」

尹曰：「仁言，出於上之言也。仁聲，得於下之聲也。善政制民，善教化民也。」

「孟子曰人之所不學而能者」章

伊川曰：「良知良能，皆無所由，乃出於天，不係於人。」

横渠曰：「大人所存，蓋必以天下爲度。故孟子教人，雖貨色之欲，親長之私，達諸天下而后已。」

或問：「孟子言惻隱之心，仁之端也；又曰孩提之童，無不知愛其親。只説愛與惻隱何也？」楊氏曰：「孟子但言發處，乃若未發之前便只是中。」

尹曰：「良能良知，與生俱生者也。仁義出於人心之所同然，君子能不失是而達之天下耳。」

「孟子曰舜之居深山之中」章

楊曰：「學者當知聖人，知聖人然后知所學。舜在深山，與木石居，與鹿豕遊，無以異於深山之野人也，而四岳知其可以託天下。顔淵在陋巷，終日如愚，而孟子稱其與禹稷同道。豈苟言哉？其必有誠然而不可掩者。夫舜之可以託天下，顔淵之可以爲禹稷，其必有在矣，學者不可不知也，知其故，則可以學矣。」

尹曰：「聞一善言，見一善行，而若決江河，非無我何以臻此？」

「孟子曰無爲其所不爲」章

尹曰：「羞惡是非之心，人皆有之，不失其心而已。」

「孟子曰人之有德慧術知者」章

横渠曰：「困之進人也，爲德辨，爲感速。孟子謂人有德慧術知者常存乎疢疾以此。自古困於内，無如舜，困於外，無如孔子。以孔子之聖，而下學於困，則其蒙難正志，聖德日躋，必有人所不及知，而天獨知之者矣。故曰：『莫我知也夫！知我者其天乎？』」

尹曰：「達謂達盡事理。」

「孟子曰有事君人者」章

伊川曰：「天民云者，蓋是全盡得天生斯民底事業，達可行於天下者。□其全盡天生斯民之理〔五〕，其術亦足以治天下國家也。」問：「天民、天吏、大人何以別？」先生曰：「順天行道者天民，順天爲政者天吏也，大人者又在二者之上，充實而有光輝之謂也。大而化之之謂聖，然聖人豈不爲天民天吏，如文王伊尹是也。」

明道曰：「天民者，能盡天民之道者也，踐形者是也，如伊尹可當之矣。民之名，則似不得位者，必達可行於天下而后行之者也。大人者，則如乾之九二『利見大人』，天下文明者也。天民大人，亦係乎時與不時耳。」又曰：「正己而物正，大人之事，學須知此。」

横渠曰：「達可行於天下，然后行之，言必功覆生民，然后出，如伊呂之徒。」又曰：「不得已當爲而爲之，雖殺人皆義也。有心爲之，雖善皆意也。正己而物正，大人也。正己而正物，猶未免有意之累也。有意爲善，利之也，假之也。無意爲善，性之也，由之也。有意在善，且爲未盡，況有意於未善耶？」

呂曰：「如伊尹乃得天民之稱。孟子所謂天民之窮而無告，伊尹所謂予天民之先覺，止謂天生之民，與此義皆異。」又曰：「爲政以德，自治之道備，則不求於民而民歸之。故大人之政，正己而已。」

楊曰：「孟子言大人正己而物正，荆公卻云：『正己而不期於正物則無義，正己而必期於正物則無命。』若如所論，孟子自當言正己以正物，不正言正己而物正矣。物正，物自正也。大人只知正己而已，若物之正，何可必乎？惟能正己，物自然正，此乃篤恭而天下平之意，荆公之學本不知此。」

尹曰：「以事君爲容悦者，佞臣也；以安社稷爲悦者，忠臣也。天民則若伊尹傅説之未遇也。所過者化，所存者神，大人其能之矣。」

「孟子曰君子有三樂」章

明道曰：「人能克己，則心廣體胖，仰不愧，俯不怍，其樂可知，有息則餒矣。」

尹曰：「父母俱存，兄弟無故，樂得於天也。仰不愧，俯不怍，樂得於己也。得天下英才而教育之，樂施諸人也。」

「孟子曰廣土衆民」章

明道曰：「天理云者，這一箇道理，更有甚窮已。不爲堯存，不爲桀亡，人人得之者。

故大行不加焉，窮居不損焉，是他元無少欠，百理具備。」

伊川曰：「仁義禮智根於心，其生色，言四者本於心而生色也。睟於面，盎於背，施於四體，四體不言而喻，孟子非自及此，焉能道得到此？」又曰：「睟於面，盎於背，皆積盛致然。四體不言而喻，惟有德者能之。」又曰：「得之於心，謂之有德，自然睟然見於面，盎於背，施於四體，四體不言而喻，豈待勉强也。」

又曰：「居處恭，執事敬，與人忠，充此便睟面盎背，有諸中必形於外，觀其氣象便見得。」又曰：「盎於背，厚也。」又曰：「學者須學文，知道者進德而已，有德則不習無不利，未有學養子而後嫁者也，得是道矣。學文之功，學得一事是一事，二事是二事，觸類至于千百，至于無窮盡，亦只是學，不是德。有德者不如是。故此言可爲知道者言，不可爲學者言。如心得之則施於四體，四體不言而喻。譬如學書，若未得者，須心手相應而學，苟得矣，下筆便能書，不必積學。」

或問：「根於心，説本來如此，爲復充養之功。」楊氏曰：「只是説本來如此，若睟面盎背，則充養之功存焉。」

尹曰：「君子之學性而已，豈以窮達而加損哉？四體不言而喻，可僞爲哉？非孟子深造之，不能爲是言也。」

「孟子曰伯夷辟紂」章

尹曰：「王政之始，必本於民無凍餒，其本不治，未有能成善政者也。孟子見之明，言之屢也。」

「孟子曰易其田疇薄其税賦民可使富也食之以時用之以禮財不可勝用也」章

尹曰：「富歲子弟多賴，凶歲子弟多暴。民無常産，財無常心，勢使之然也。故知禮義生於富足。」

「孟子曰孔子登東山而小魯」章

伊川曰：「登山難爲言，以言聖人之道大。觀瀾必照，因又言其道之無窮。瀾，水之動處，苟非源之無窮，則無以爲瀾。非日月之明無窮，則無以容光必照。其下又言其篤實而有光輝也。一作篤實而不窮。成章者，篤實而有光輝也。今以瓦礫積之，雖如山嶽，亦無由有光輝；若使積珠玉，小積則有小光輝，大積則有大光輝。」又曰：「日月之明有本，故凡容光必照。君子之道有本，故無不及也。」又曰：「觀水有術，必觀其瀾。瀾湍急處，於此便見源之無窮，今人以波對瀾非也。下文日月有明，容光必照，以言其但容光者無不照，故知日月之明無窮也。」又曰：「易曰：『美在其中，暢於四支。』成章之謂也。」

橫渠曰：「登東山而小魯，登太山而小天下者，德愈高者事愈周易也。」又曰：「難爲言，言無以加也。」又曰：「當自立説以明性，不可以遺言附會解之。若孟子言不成章不達，及所性四體不言而喻，此非孔子曾言，而孟子言之，此是心解也。」

吕侍講曰：「東山在魯之東，孔子登東山下觀魯國，乃知其小。太山之高又非東山之比，故孔子登太山而小天下。所見者高，則所取者遠；所覽者大，則所志者廣。君子學聖人之道，亦如此矣。天下之水莫大於海，觀於海，則百川皆爲細流，故難爲水。游於聖人之門，聞堯舜周孔之道，則知諸子百家皆不足學，故難爲言。觀水有術，若觀其源，則不見其大；瀾者水中大波也，水大則能成瀾，故必觀其瀾然後知水之大。至明莫如日月，容光小隙無有不照，日月之照若有所不及，則不足以爲明。聖人之道，窮高極遠，如水之瀾；無所不照，如日月之有光。流水之爲物，不舍晝夜，盈科者滿坎也，滿坎而後行，行則入於海。君子之志於道也，精學問，明道德，成章而后達，達則通於聖。注謂君子學必成章乃仕進，其説淺末，非孟子之意也。詩曰：『倬彼雲漢，爲章于天。』又曰：『追琢其章，金玉其相〔六〕。』又曰：『其容不改，出言有章。』孔子曰：『堯焕乎其有文章。』又曰：『吾黨之小子狂簡，斐然成章。』君子學問既成，如雲漢之在天，美玉之追琢，謂之成章，然後可達於聖道。此章聖人之道大，學者當志其大，不當志其小也。」

楊曰：「或謂孔子登東山而小魯，登太山而小天下，此言勝物而小之。使聖人以勝物爲心，是將自小，安能小物？聖人本無勝物之心，身之所處者高，則物自不得不下也。」

尹曰：「臣聞之師曰：水之瀾，日月之照，言道之無窮也。瀾，水之湍急之所也，水之源無窮，是以有瀾。日月之明無窮，是以必照。盈科而行，成章而達，美在其中，而暢於四支，篤實而輝光之謂也〔七〕。惟無窮者爲然。」

「孟子曰鷄鳴而起」章

明道曰：「孟子辨舜跖之分，只在義利之間，言間者，謂相去不甚遠，所爭毫末耳。義與利，只是公與私也。纔出義，便以利言也。只那計較便是爲有利害，何用計較。利害者，天下之常情也，人皆知趨利而避害，聖人則更不論利害，惟看義當爲與不當爲，便是命在其中也。」又曰：「大凡出義則入利，出利則入義，天下之事，惟義利而已。」又曰：「舜孳孳爲善，若未接物，如何爲善？只是主於敬，便是爲善也。以此觀之，聖人之道，不是但嘿然無言。」一作爲。

吕侍講曰：「天下之言善者必稱舜，舜者，善之至也。天下之言利者必稱跖，跖者，不善之至也。聚黨數千，横行天下，以不義謂之盗跖。跖所以爲盗者何也？貪利而已。鷄鳴而起，孳孳爲善，惟日不足，舜之徒黨也。鷄鳴而起，孳孳爲利，亦惟日不足者，跖之徒黨也。與舜爲徒，則入於舜；與跖爲徒，則入於跖。人皆可以爲舜，亦可以爲跖，唯在利與善而已。故曰：『欲知舜與跖之分，無他，利與善之間也。』孟子曰：『道二，仁與不仁而已矣。』天下之道，唯善與惡，唯義與利，好善則終於爲舜，好利則終於爲跖。君子小人，各趨一塗，是故君子憂其不如舜。」

楊曰：「舜跖之分，利與善之間。利善之間相去甚微，學者不可不知。」又曰：「舜跖之分，在善利而已。使世無科舉可以取榮利，則父不以詔其子，而士不以學也，如是而不爲跖之徒也幾希。」

尹曰：「善之與利，毫釐之間耳。苟利心一萌，則去善遠矣。」

「孟子曰楊子取爲我」章

伊川曰：「楊子拔一毛不爲，墨子又摩頂放踵爲之，此皆是不得中。至如子莫執中，欲執此二者之中，不知怎麽執得？識得，則事事物物上，皆天然有箇中在。那上不待人安排也，安排著則不中矣。」又曰：「子莫見楊墨過不及，遂於過不及二者之間執之，却不知有當摩頂放踵利天下時，有當拔一毛利天下不爲時，執中而不通變，與執一無異。」又曰：「中字最難識，須是默識心通。且試言一廳則中央爲中，一家則廳中非中而堂爲中，言一國則堂非中而國之中爲中，推此類可見矣。且如初寒時則薄裘爲中，如在盛寒而用初寒之衣，則非中也。更如三過其門而不入，在禹稷之世爲中，若居陋巷則不中矣。居陋巷在顔子之時爲中，若三過其門不入則非中也。」或曰：「男女不授受之類皆然。」曰：「是也。男女不授受，中也，在喪祭則不如此矣。」又曰：「欲知中庸無如權，須是時而爲中。若以手足胼胝、閉户不出二者之間取中，便不是中。若當手足胼胝，則于此爲中，當閉户不出，則于此爲中。權之爲言，秤錘之義也。何物爲權，義也。然也只是説得義，義以上更難説，在人自看如何。」又曰：「君子不以天下爲重而身爲輕，亦不以身爲重而天下爲輕，凡盡其所當爲者，如可以仕則仕、入則孝之類是也，此孔子之道也。蔽焉而有執者，楊墨之道也。」

呂侍講曰：「二子之學，見善不明，流于異端。楊子所取者，爲我而已，爲我所以愛其身，雖拔一毛利天下不爲也。墨氏所取者，兼愛而已，兼愛所以爲仁，至于摩頂放踵利天下而爲之。子莫，魯人也，不爲楊子之爲我，不爲墨子之兼愛，是能執中也，爲近於道。執中適權，則至於道矣。執中無權，無異楊子之爲我，無異墨子之兼愛，是猶執一也。孟子所以惡執一端之見者，謂之賊道也。如楊子執爲我之見，是賊其仁者也；墨子執兼愛之見，是賊其義者也。執一則不該不徧，是以舉一而廢百也。夫道非窮天以爲高，非極地以爲深，人之所性之中固有之矣，其體則純而不雜，其用則施之無方。所以道有正有權，體道之常謂之正，盡物之性謂之權。大哉正乎！天下之大本也。大哉權乎！天下之達道也。知正不知權則違物，知權不知正則失己，唯聖人爲能立天下之大本，行天下之達道。孔子曰：『唯天爲大，唯堯則之，蕩蕩乎民無能名焉！』此堯之道，非在彼也，不可以彼名之；非在此也，不可以此名之；非在中也，不可以中名之，此堯之天道也。舜執其兩端，用其中於民；湯不剛不柔，敷政優優，此舜湯體道之中以致用也。若夫用過乎柔，則優游不斷；用過乎剛，則殘忍害物。惟體舜之用中，法湯之敷政，則庶幾乎堯之天道也。雖爲我，而與天下同其利；雖兼愛，而立愛自親始。惜夫楊朱墨翟蔽不知此，孟子所以闢之，然后聖人之道明矣。」

呂曰：「執中無權，雖君子之所惡，苟無忌憚，則不若無權之爲愈也。」

謝曰：「君子而時中，無往而不中也。無定體，須是權以取中。執中無權，猶執一也。今人以變詐爲權，便不壞了權字。」

楊曰：「禹思天下之溺猶己溺之，稷思天下之飢猶己飢之，至于股無胈須脛無毛，不當其可，與墨子摩頂放踵無以異也。顏子在陋巷，人不堪其憂，回也不改其樂，未嘗仕也，苟不當其可，則與楊氏之爲我亦無以異也〔八〕。子莫執中，執爲我兼愛之中也，執中而無權，猶執一也。鄉鄰有鬭而不知閉户，室中有鬭而不知救，是亦猶執一耳，故孟子以不能易地則皆然，以其有權也。權猶權衡之權，量輕重而取中也。不能易地則皆然，是亦楊墨而已矣。」又曰：「聖人所謂權者，猶權衡之權，量輕重而取中也，用之無銖兩之差，則物得其平矣。今夫物有首重而末輕者，執其中而不知其權，則物失其平，非所以用中也。世人以用智爲知權，則誤矣。孟子曰：『所惡於智者，爲其鑿也。』如智者若禹之行水，則無惡於智也，蓋禹之行水，循固然之理，行其所無事而已。若用智以爲權，則皆智之鑿，孟子之所惡也，可以不慎歟？」問：「或曰：『中所以立常，權所以盡變，不知權則不足以應物，知權則中有時乎不必用矣。』是否？」曰：「知中即知權，不知權是不知中也。」曰：「既謂之中，斯有定所，必有權焉，是中與權固異矣？」曰：「猶坐于此室，室自有中，移而坐于堂，則向之所謂中者今不中矣。堂固自有中，合堂室而觀之，蓋又有堂室之中焉。若居今之所，守向之中，是不知權，豈非不知中乎？又如以一尺之物，約五寸而執之，中也。一尺而厚薄小大之體殊，則所執者輕重不等矣，猶執五寸以爲中，是無權也。蓋五寸之執，長短多寡之中，而非厚薄小大之中也，欲求厚薄小大之中，則釋五寸之約，唯輕重之知，而其中得矣。故權以中行，中因權立。中庸之書不言權，其曰『君子而時中』，即所謂權也。」

尹曰：「執中之難也，苟執一，則爲賊道。故孔子曰：『天下國家可均也，爵禄可辭也，白刃可蹈也，中庸不可能也。』孔子之所謂中者，時中也。子莫之執中，其殆執一乎？」

「孟子曰飢者甘食」章

吕侍講曰：「人身以飲食養之，得其正，則神安而氣寧，失其正，則賊其神而害其氣。由是觀之，豈獨口腹爲飢渴之害，人心亦皆有害。利欲者，心之害也。人心之害，生於口腹之不足，遂變其初心，嗜于外物。人能無以飢渴之害爲心害，則神安而氣定，則雖在外者不及人，不爲憂矣。此孔子所以稱顔回一簞食，一瓢飲，在陋巷而不改其樂也。蓋無心害，則飽乎仁義之道，復何憂乎？」

尹曰：「飢渴之害，有欲存焉故也。況於心有好樂，則爲害也大矣。無心害者，其可謂君子矣。」

「孟子曰柳下惠」章

横渠曰：「介，操守也。」

吕侍講曰：「介者，殊俗特立之行也。孟子嘗稱柳下惠聖人之和，聖人之和異乎衆人之和，此所以爲介，此孔子所謂和而不流。論語載其爲士師三黜，人曰：『子未可以去乎？』曰：『直道而事人，焉往而不三黜？枉道而事人，何必去父母之邦？』由是考之，則柳下惠不以三公易其介矣，此所以爲百世師也。」

楊曰：「不惡汙君，不辭小官，可謂和矣。和而不以三公易其介，則雖和而不流，此所以爲柳下惠也。」問：「柳下惠不以三公易其介，此與聖人之和互相發耶？乃所以爲和耶？」曰：「若觀其和，疑若不介，故此特言之。」曰：「何以知其介？」曰：「只不卑小官之意，便自可見。如柳下惠之才，以爲大官，何所不可，而樂于小官，則其剛介可知矣。」

尹曰：「介，大也。」

「孟子曰有爲者」章

吕侍講曰：「人之性無思也，無爲也，寂然不動，循所往而行之謂之道。行則有爲矣，有爲者辟若掘井，掘井九仞而不及泉，八尺曰仞，及泉則可利物，不及泉則利不及物，猶棄井也。人遵道而行，半塗而廢，則亦失性而喪道矣。是故人之致誠于有爲，則有始有卒。天之誠行健而已，人之誠自强不息而已。自强于仁，可以爲堯；自强于孝，可以爲舜；自强于學，可以爲孔子。仁不如堯，孝不如舜，學不如孔子，終未入於聖人之域，終未至於天道，未免半塗而廢，未免小人之歸，是猶鑿井而不及泉，未免於廢井也。」

尹曰：「君子之所爲，貴乎有成也。五穀不熟，不如荑稗，亦猶是也。」

「孟子曰堯舜性之也湯武身之也五霸假之也久假而不歸惡知其非有也」章

伊川曰：「堯舜性之，生知也。湯武身之，學而知之也。」問：「堯舜湯武事迹雖不同，其心德有間否？」曰：「無間。」曰：「孟子言堯舜性之，湯武身之。湯武豈不性之耶？」曰：「堯舜生知，湯武學而知之，及其成功，一也。身之，言履之也。反之，言歸于正也。」又曰：「身，踐履也。假之者，身不行而假借之也。」

楊曰：「堯舜性之，由之而行者也。湯武身之，體之者也。五霸假之而已，非己有之。」又曰：「王道本于誠意，管仲亦有是處，但其意別耳。如伐楚責之以包茅不貢，其名則是，若其意豈爲楚不勤王然後加兵，但欲楚尊齊，假此爲説耳。故孟子曰：『五霸假之也。』蓋言其不以誠爲之也。」又曰：「管仲伐楚，以包茅不入爲辭，所謂假之也。初非有勤王之誠心，卒能一正天下，假而不歸者也，烏知其非有？故孔子以仁與之，蓋其功可録也。」

尹曰：「性之者，與道一也；身之者，履之也，及其成功則一也。五霸則假之而已，是以功烈如彼其卑也。」

「公孫丑曰伊尹曰」章

伊川曰：「伊尹受湯委寄，必期天下安治而已，太甲如終不惠，可廢也，孟子言貴戚之卿與此同。然則始何不擇賢？蓋外丙二歲，仲壬四歲，惟太甲長耳，使太甲有下愚之質，初不立也。苟無三人，必擇於宗室，宗室無人，必擇於湯之近戚，近戚無人，必擇於天下之賢者而與之，伊尹不自爲也。劉備託孔明以嗣子，不可，使自爲之，非權數之言，其利害昭然也。立者非其人，則劉氏必爲曹氏屠戮，寧使孔明爲之也。霍光廢昌邑不待放，知其下愚不移也，始之不擇，則光之罪大矣。若尹與光是太甲昌邑所用之臣，不受先王之委寄，而諫不用，則去之可也，放廢之事，不可爲也，義理自昭然。」

楊曰：「伊尹所以事君，更無回互，唯知忠而已，所以能爲放太甲之事。然如此而天下不疑者，誠意素著故也。」因問：「孟子云：『有伊尹之志則可。』后世之爲人臣者，不幸而適遇此事，而有伊尹之志，不知行得否？若行不得，是伊尹之事不可法于後也。」曰：「若有伊尹之志，其素行足信，何爲不可？但觀蜀先主當時以其子屬諸葛孔明，曰：『嗣子可輔輔之，如不可輔，君自取之。』備死，孔明操一國之權，當時軍國大務，人材進退，惟孔明是聽，而蜀之人亦莫之疑也。蓋孔明自非篡弑之人，其素行足信也。若如司馬懿，其誰信之？伊尹之事，自後世觀之以爲異，其實亦所謂中道。」

尹曰：「聖人之志，豈易量哉？」

「公孫丑曰詩曰不素餐兮君子之不耕而食何也孟子曰君子居是國也其君用之則安富尊榮

其子弟從之則孝悌忠信不素餐兮孰大於是」章

尹曰：「不素餐兮，刺無功而受禄之詩也。其君安富尊榮，子弟孝悌忠信，則有功也孰若？」

「王子墊問曰士何事孟子曰尚志曰何謂尚志曰仁義而已矣」章

尹曰：「士不能居仁由義，則不足名之爲士。」

「孟子曰仲子不義與之齊國而弗受人皆信之是舍簞食豆羹之義也」章

尹曰：「孟子可謂善觀人矣。」

「桃應問曰舜爲天子皋陶爲士瞽瞍殺人則如之何孟子曰執之而已矣」章

楊曰：「予讀周世宗家人傳，至守禮殺人，世宗不問，史氏以爲知權。予竊思之，以謂父子者，一人之私恩，法者，天下之公義，二者相爲輕重，不可偏舉也。故恩勝義，則詘法以伸恩；義勝恩，則掩恩以從法；恩義輕重不足以相勝，則兩盡其道而已。舜爲天子，瞽瞍殺人，皋陶執之而不釋，爲舜者豈不能赦其父哉？蓋殺人而釋之，則廢法，誅其父，則傷恩。其意若曰：天下不可一日而無法，人子亦不可一日而忘其父，民則不患乎無君也，故寧與其執之，以正天下之公義，竊負而逃，以伸己之私恩，此舜所以兩全其適也。方守禮殺人，有司不能執之，而徒以聞，故世宗得而不問也。有如皋陶者執之而不釋，則雖欲不問，得乎哉？然世宗取天下於百戰之餘，未易以舜之事望之也。然則宜柰何？亦寘諸法而已矣。法有八議，而貴居一焉，爲天子父，可謂貴矣，此禮律之通義也，一置諸法而兩不傷焉，何爲不可哉？」

或問：「使舜不去位，皋陶遂行法否？」曰：「此亦須自有法。周禮人臣猶有議親議貴之辟，豈有天子父殺人便置之死？且如周官八議，豈是周公撰出，亦須有箇來處。然孟子所說，只是論舜心耳。」

尹曰：「聖人之心，至公至當而已。」

「孟子自范之齊」章

尹曰：「睟然見於面，盎於背，居天下之廣居者也。學者所以變氣質，不居者不可謂之學，故孟子每言夫居焉。」

「孟子曰食而弗愛豕交之也愛而不敬獸畜之也恭敬者幣之未將者也恭敬而無實君子不可虛拘」章

伊川曰：「恭敬者，幣之未將者也。言幣之未將時，已有恭敬，非因幣帛而後有恭敬也。」又曰：「恭敬雖因幣帛威儀而后發見，然須心有此恭敬而后發見。」

尹曰：「苟無其實，是僞恭敬而已，何足以留君子。」

「孟子曰形色天性也」章

伊川曰：「惟聖人然後踐形，言聖人盡得人道也。人得天地之正氣而生，與萬物不同，既爲人，須盡得人理。衆人有之而不知，賢人踐之而未盡，能踐形者，惟聖人也。」

明道曰：「惟聖人可以踐形者，人生稟五行秀氣，頭圓足方，以肖天地，則形色天性也，惟聖人爲能盡人之道，故可以踐形。人道者，君臣、父子、兄弟、夫婦之類皆是也。」

又曰：「形色性所有也，聖人人倫之至，故可以踐形。」

横渠曰：「言不能全性於内，則有形色隨之遷於外。」

游曰：「性者，性之質也〔九〕，能盡其性，則踐其形而無愧矣。蓋萬物皆備於我，則其所有何物不備，反身而誠，樂莫大焉，爲其能盡性而踐形也。若反身未至于誠，則是於性有所不盡，未能盡性，則於質有所不充矣。故曰：『惟聖人然後可以踐形。』箕子曰：『視曰明，聽曰聰。』視謂之明，聽謂之聰，皆耳目之本然也。能盡視聽之性，則能盡耳目之形，苟視聽不足於聰明，則是有耳目之形而無視聽之實德也，豈不慊於形哉？楊子曰：『聖人耳不順乎非，口不肆乎不善。』若非禮勿視，非禮勿言，則於口耳猶有所擇，是未足以言踐形。」

楊曰：「形色天性，有物必有則也。物即是形色，則即是天性。惟聖人然後可以踐形。踐，履也，體性故也。蓋形色必有所以爲形色者，是聖人之所履也。」又曰：「莫非形也，自聖人言之，目之所視，耳之所聽，以至口之所言，身之所動，不待著意，莫不合則，所謂動容周旋中禮者也。未至于聖，則未免有克焉，若孔子告顔淵非禮勿視等語是也。故曰：『惟聖人然後可以踐形。』」又曰：「有物必有則，耳目口鼻等便是形，各盡其則便是踐。」

尹曰：「臣聞之師曰：盡得天地之正氣者，人而已，盡人理然後稱其名。衆人有之而不知，賢人知之而不盡，能踐形者，聖人而已。」

「齊宣王欲短喪」章

尹曰：「三年之喪，天下之通喪，聖人制禮，其可改乎？」

「孟子曰君子之所以教者五」章

伊川曰：「待物生，以時雨潤之，使之自化。」又曰：「在易坎之六四曰：『樽酒簋貳用缶，納約自牖。』納約謂進結於君之道，自牖言自通明之處也。人臣以忠信善道結於君心，必自其所明處而告之，取信則易也。教人亦然。夫教必就人之所長，所長者心之明也，從其心之所明而入，然後推及其餘，孟子所謂成德達財是也。」

横渠曰：「有如時雨化之者，當其可乘其間而施之，不待彼有求有爲然後教之也。」

又曰：「當其可之謂時。成德因其人之有是心當成之，如孟子語如好貨好勇，因其爲説以教之。私淑艾，大人正己而物正。」又曰：「成德者，如孟子語宋牼之言是也。本有是善意，因而成之。答問者，必問而後答也。」又曰：「時雨化者，不待問而告之，當其可告而告之也，如天之雨，豈待望而後雨，但時可雨而雨。私淑艾者，自修使人觀己以化，如顏子大率私淑艾也。以能問於不能，以多問於寡，有若無，實若虛，但修此以教人，顏子常以己德未成而不用，隱而未見，行而未成故也。至于聖人神道設教，正己而物正，皆是私淑艾。作于此，化于彼，如祭祀之類。」又曰：「若宋牼罷齊楚之兵，因而成之；若好色好貨，因而達之。」

尹曰：「君子之教，各因其材而誨之，是亦不倦之意。」

「公孫丑曰道則高矣美矣宜若登天然似不可及也何不使彼爲可幾及而日孳孳也」章

尹曰：「教者能引而不能發，其發則在其人也。孔子稱顏淵曰：『亦足以發。』」

「孟子曰天下有道以道殉身天下無道以身殉道未聞以道殉乎人者也」章

橫渠曰：「天下有道，道隨身出；天下無道，身隨道屈。」

尹曰：「以道殉身，施之天下也。以身殉道，獨善其身也。殉乎人，則何有于己，烏在其爲道？」

「公都子曰滕更之在門也若在所禮而不答何也孟子曰挾貴而問」章

尹曰：「有所挾，則受道之心不專，所以不答也。」

「孟子曰於不可已而已者無所不已於所厚者薄無所不薄也其進鋭者其退速」章

尹曰：「觀人必自其本。」

「孟子曰君子之於物也愛之而弗仁於民也仁之而弗親親親而仁民仁民而愛物」章

伊川曰：「民須仁之，物則愛之。仁推己及人，若老吾老以及人老，於民則可，於物則不可。統而言之則皆仁，分而言之則有序。」

楊氏論西銘，言河南先生曰：「理一而分殊。知其理一，所以爲仁；知其分殊，所以爲義。所謂分殊，猶孟子言親親而仁民、仁民而愛物，其分不同，故所施不能無差等。」或曰：「如是，則體用果離而爲二矣。」曰：「用未嘗離體也。且以一身觀之，四體百骸皆具，所謂體也。至其用處，則屨不可加之于首，冠不可納之于足，則即體而言分在其中矣。」

尹曰：「於物則愛之，於民則仁之，於親則親之，此之謂差等。何以有是差等？一本故也，無僞也。」

「孟子曰知者無不知也」章

楊曰：「當務之爲急，莫如親賢。故舜湯之有天下，選於衆，以舉皋陶伊尹爲先務也。」

尹曰：「知務者，知輕重大小之義也。」

校勘記

〔一〕物未有體　原本作「物有未體」，據四庫本改。

〔二〕不敢不盡不敢不順　兩「敢」字原均作「散」，據明抄本、四庫本改。

〔三〕思入風雲變態中　原本「態」誤作「熊」，據河南程氏文集卷三秋日偶成改。

〔四〕明道卻擺脱得開　「卻」原作「門」，據四庫本改。

〔五〕□其全盡天生斯民之理　四庫本空格内作「謂」字。

〔六〕金玉其相　原本無「玉」字，據明抄本、四庫本補。

〔七〕篤實而輝光之謂也　「輝」上應有「有」字。

〔八〕則與楊氏之爲我亦無以異也　「與」原作「于」，據明抄本改。

〔九〕性者性之質也　下「性」字疑爲「生」之誤。

孟子精義卷第十四

盡心章句下

「孟子曰不仁哉梁惠王也仁者以其所愛及其所不愛不仁者以其所不愛及其所愛」章

尹曰：「高宗伐鬼方，三年克之，天下不以爲不仁，爲其所得爲故也。戰國之戰伐，以不義而并吞耳。仁不仁之效於斯可見。」

「孟子曰春秋無義戰彼善於此則有之矣征者上伐下也敵國不相征也」章

横渠曰：「天子討而不伐，諸侯伐而不討，故雖湯武之舉，不謂之討而謂之伐。陳恒弑君，孔子請討之，此必周制：鄰國有弑逆，諸侯當不請而討。孟子又謂征者上伐下，敵國不相征。然湯十一征，非賜鈇鉞，則征伐之名至周始定耳。」

尹曰：「征也者，王者之正天下也。春秋之際，敵國相殘耳，皆王者之罪人也。」

「孟子曰盡信書」章

伊川曰：「夫載事之辭，容有重稱而過其實者，當識其義而已，固不可執而盡信也。苟執信於辭，則時或害於義，不如無書之爲愈也。因舉周書武成而言，吾於是篇之中所取者，如二三策之所載奉天伐暴之意、反政施仁之法而已，非謂盡信其辭也。孟子之設是言也，懼後世之惑，且長不仁之心，謂聖人之征尚多殺如此，雖曰其徒之相攻，不至如是之甚也。亦以規學者執辭忘義，不獨施於書也。」又曰：「聖人取書，其辭或有害義者，固有所芟除更易也，其不可易者，其政其事耳。若武成書『血流漂杵』之辭似可改，然而不易者，則以其非害義之辭故也。」

橫渠曰：「武成取二三策，言有取，則是有不取也。孟子只是知武王，故不信漂杵之說。知德斯知言，故言使不動。」

尹曰：「讀書者不考其理而惑其文，則何獨武成哉？」

「孟子曰有人曰我善爲陳」章

尹曰：「武王之伐商也，順乎天而應乎人，人皆稽首歸之，各欲正己也，焉用戰爲？爲人君者，當法武王而已。」

「孟子曰梓匠輪輿」章

伊川曰："只是論得規矩準繩，巧則在人。"

尹曰："規矩法度，可以告者也，巧則在其人，雖大匠亦末如之何也已。"

"孟子曰舜之飯糗茹草也若將終身焉及其爲天子也被袗衣鼓琴二女果若固有之"章

尹曰："非聖人至命，則不能臻此。"

"孟子曰吾今而後知殺人親之重也殺人之父人亦殺其父殺人之兄人亦殺其兄然則非自殺之也一間耳"章

尹曰："出乎爾者，反乎爾者也，故曰一間。觀其存心則然。"

"孟子曰古之爲關也"章

尹曰："古今之爲關，亦猶王者之征伐與當時之征伐也。"

"孟子曰身不行道不行於妻子使人不以道不能行於妻子"章

伊川曰："易家人上九之象曰：『威如之吉，反身之謂也。』言治家之道以正身爲本也。爻辭謂治家當有威嚴，而夫子又復戒云當先嚴其身也。威嚴不先行於己，則人怨而不服，故云威如而吉者，能自反於其身也。孟子所謂身不行道，不行於妻子也。"

尹曰："妻子至親且近，而不能行，況可行於他人乎？故曰：『其身不正，雖令不從。』"

「孟子曰周於利者」章

尹曰：「中庸言凡事豫則立，此之謂也。」

「孟子曰好名之人能讓千乘之國苟非其人簞食豆羹見於色」章

尹曰：「好名之人，非有德者也。」

「孟子曰不信仁賢則國空虛無禮義則上下亂無政事則財用不足」章

尹曰：「三者以仁賢爲本，無仁賢，則禮義、政事，處之皆不以道。」

「孟子曰不仁而得國者」章

尹曰：「當時之君見不仁而得國者，不知天下之不可以力取也〔一〕。」

「孟子曰民爲貴」章

或問：「旱乾水溢則變置社稷。社稷，土地之神，如何變置？」曰：「勾龍配食於社，棄配食於稷。諸侯之國，亦各以其有功水土者配。旱乾水溢，則變置所配之人。」曰：「所配者果能致力於水旱乎？」曰：「古人作事唯實而已，始以其有功水土故祀之，今以其水旱故易之。」

尹曰：「君以民爲本，當時諸侯不知國君、社稷，或有時變置也。」

「孟子曰聖人百世之師也」章

伊川曰：「人皆稱柳下惠爲聖人，只是因循前人之語，非自見。假如人言孔子爲聖人，也須直待己實見聖處，方可信。」

尹曰：「百世之下，聞其風者莫不興起，聖人之功大矣。」又曰：「夷、惠聖人，傳者之誤。」

「孟子曰仁也者人也」章

明道曰：「孟子曰：『仁也者，人也。合而言之，道也。』中庸所謂率性之謂道是也。仁者，人此者也。敬以直内，義以方外，仁也。若以敬直内，則便不直矣。行仁義豈有直乎？必有事焉而勿正，則直也。夫能敬以直内義以方外，則與物同矣，故曰：『敬義立而德不孤。』是以仁者無對，放之東海而準，放之西海而準，放之南海而準，放之北海而準。醫家言四體不仁，最能體仁之名也。」

伊川曰：「仁，理也。人，物也。以仁合在人身言之，乃是人之道也。」又曰：「合而言之道也。仁固是道，道却是總名。」又曰：「仁之道，要之只消道一公字。公是仁之理，不可將公便唤做仁。將公而以人體之，故爲仁。只爲公則物我兼照，故仁。所以能恕，所以能愛，恕則仁之施，愛則仁之用也。」

游曰：「仁者，以道之在人者名之也。立人之道，則仁之名所以立。合而言之，則仁與人泯矣，此其所以爲道也。」

謝曰：「這箇人與這箇仁相合爲一，便是道。道立則仁與人之名亡矣。」

楊曰：「由仁義行，非行仁義，所謂合也。」

尹曰：「爲人而不進仁，何足以言人。人與仁合，則道也。臣聞之師曰：『世之不知仁久矣。醫家所謂四支不仁者，可以知仁矣。』」

「孟子曰孔子之去魯曰遲遲吾行也去父母國之道也去齊接淅而行去他國之道也」章

尹曰：「聖人去父母之邦與它國如此，則於禮義輕重可知。」

「孟子曰君子之戹於陳蔡之間」章

尹曰：「君子無上下之交，則國與時可知矣。」

「貉稽曰稽大不理於口」章

尹曰：「文王、孔子，大聖人也，不能免群小之愠，而況其下者乎？顧自處者如何，盡其在我者而已。」

「孟子曰賢者以其昭昭」章

尹曰：「大學之道，在自昭明德，而施於天下國家，其有不順者寡矣。欲以昏昏而使人昭昭，未之有也。」

「孟子謂高子曰山徑之蹊間介然用之而成路爲間不用則茅塞之矣今茅塞子之心矣」章

尹曰：「仁義，人心之所固有，安可舍其良心哉？或作或輟，而欲成德，是茅塞之類也。」

「高子曰禹之聲尚文王之聲孟子曰何以言之曰以追蠡曰是奚足哉城門之軌兩馬之力與」章

尹曰：「城門之軌，豈兩馬之力哉？歲久而用多也。高子以追蠡言之，失之矣。」

「齊饑陳臻曰」章

尹曰：「孟子嘗勸齊王發棠邑之倉以賑貧窮。其後齊饑，陳臻謂孟子將復爲之也。不知聖賢之事，在爲所當爲而已矣。」

「孟子曰口之於味也目之於色也耳之於聲也鼻之於臭也四肢之於安佚也」章

伊川曰：「口目耳鼻四肢之欲，性也；然有分焉，不可謂我須要得，是有命也。仁義禮智天道，在人賦於命有厚薄，是命也，然有性焉，可以學，故君子不謂命。」又曰：「仁之於父子，智之於賢者，謂之命者，以其稟受有厚薄清濁故也。然其性善，可學而盡，故謂之性焉。稟氣有清濁，故其材質有厚薄。」

横渠曰：「孟子以智之於賢者爲命，如晏嬰智矣，而獨不知於仲尼，非天命耶？」又曰：「智之於賢者，知人之謂智，賢者當能知人。有於此而不受知於賢者，智不施於賢者也。晏嬰之賢，亦不知仲尼，於仲尼猶吹毛，直欲陷害孔子，如歸女樂之事。」

「智之於賢者，彼此均賢也，我不知彼，是我所患，彼不知我，是命也。鈞聖人也，舜禹受命受禄，苟不受命受禄，舜禹亦無患焉。」又曰：「養則付命於天，道則責成於己。」呂曰：「雖命不易，惟至誠不息亦足以移之，此大德所以必受命，君子所以不謂命也。」

楊曰：「口之於味等，性中本來有這箇，若不是性中有，怎生發得出來？」

尹曰：「性者言其有命，命者言其有性。蓋以人生所欲者，君子不專以言性；人之當爲者，君子不專以言命。君子所能，衆人所病，究言其理，有教存焉，此其所以或言性而不言命，或言命而不言性也。」

「浩生不害問曰」章

伊川曰：「可欲之謂善，便與『元者善之長』同理。」又曰：「善便有無箇底意思。」又曰：「士之所難者，在有諸己而已。能有諸己，則居之安資之深，而美且大可以馴致矣。徒知可欲之善，而若存若亡而已，則能不受變於俗者鮮矣。」又曰：「今雖知可欲之爲善，亦須實有諸己，便可言誠，誠便合内外之道。」又曰：「覺悟便是性。」又曰：「學要信與熟。」又曰：「乾，聖人之分也，可欲之善屬焉。坤，學者之分也，有諸己之信屬焉。」又曰：「充實而有光輝，所謂修身見於世也。」又曰：「中庸言其次致曲，以至著則明，謂之光輝之時也。」又曰：「大而化之，只是理與己一。其未化者，如人操尺度量物，用之尚不免有差。若至於化者，則己便是尺度，尺度便是己。顏子正在此，若化則是仲尼。在前是不及，在後是過之，此過不及甚微，惟顏子自知，它人不與。卓爾是聖人立處，顏子見之，但未至爾。」又曰：「聖人不可知，謂聖人至妙，人所不能測。」又曰：「孟子言聖而不可知之謂神，非是聖上別有一等神人，神即聖而不可知。」又曰：「神者妙萬物而爲言，若上竿弄瓶，以至斲輪，誠至則不可得而知。上竿弄瓶始於習數尺，而後至於百尺，習化其高，矧聖人誠至之事，豈可得而知。」或問：「橫渠言大則不驕，化則不吝，此語何如？」曰：「若以大而化之解此則未是。然大則不驕，此句却有意思，只爲小便驕也。化則不吝，化煞高，不吝未足以言之。驕與吝兩字正相對，驕是氣盈，吝是氣歉。」又曰：「大人正己而物正，充實而有光輝之謂也。大而化之之謂聖，聖而不可知之謂神，非是聖上別有一等神人，但聖人有不可知處，便是神也。化與變化之化同。若到聖人，更無差等也。」

橫渠曰：「求仁必求於未惻隱之前，明善必明於未可欲之際。」又曰：「樂正子、顏淵知欲仁矣。樂正子不致其學，所以爲善人信人，志仁無惡而已。顏子好善不倦，合仁與知，具體聖人，獨未至於聖人之止耳。」又曰：「善人云者，志於仁而未致其學，能無物而已。君子名之，必可言也如是。」又曰：「善人，欲仁而未致於學者也。欲仁故雖不踐成法，亦不陷於惡。有諸己也，不入於室，由不學故無自入聖人之室也。」又曰：「篤信好學。篤信不好學，不越爲善人信人而已。」又曰：「可欲之謂善，志仁無惡也。誠善於心之謂信，充内形外之謂美，塞乎天地之間之謂大，大能成性之謂聖，天地同流陰陽不測之謂神。」又曰：「顏子、樂正子皆到可欲之地，但一人向學緊，一人向學慢。」又曰：「氣有陰陽，推行有漸爲化，合一不測爲神。其在人也，知義利用，則神化之事備矣。德盛者，窮神則智不足道，知化則義不足云。天之化也運諸氣，人之化也順天時，非氣非時，則化之名何有？化之實何施？中庸曰：『至誠爲能化。』孟子曰：『大而化之。』皆以其德合陰陽，與天地同流而無不通也。所謂氣也者，非待其蒸鬱凝聚接於目而後知，苟健順動止浩然湛然之得言，皆可名之象耳。然則象若非氣，指何爲象？時若非象，指何爲時？世人取釋氏銷礙入空、學者捨惡趨善以爲化，此直可爲始學遺累者薄乎云耳，豈天地神化所可同語也哉！」又曰：「大可爲也，大而化不可爲也，在熟而已。易謂窮神知化，乃德盛仁熟之致，非智力能强也。」又曰：「大而化之，能不勉而大也。不已而天，則不測而神矣。大幾聖矣，化則位乎天德矣。」又曰：「大而未化，未能有其大，化而后能有其大。」又曰：「大亦聖之任，雖非清和一體之偏，由未忘於勉而大耳。

若聖人則性之天道，無所勉焉。」又曰：「無我而後大，大成性而後聖，聖位天德不可致思謂神。故神也者，聖不可知。」又曰：「聖不可知者，乃天德良能，立心求之，則不可得而知之。」又曰：「心存無盡性之理，故聖而不可知謂之神。」又曰：「聖不可知謂神。莊生謬妄，又謂有神人焉。」

尹曰：「自可欲之善，至於聖而不可知之神，上下一理，擴充之至於神，則不可得而名矣。莊子又謂有神人焉，非也。」

「孟子曰逃墨必歸於楊」章

尹曰：「聖賢不爲已甚者。」

「孟子曰有布縷之征」章

尹曰：「民爲邦本，取之無度則危矣。」

「孟子曰諸侯之寶三」章

尹曰：「寶得其寶者安，寶失其寶者危。」

「盆成括仕於齊孟子曰死矣盆成括」章〔二〕

尹曰：「小有才智而昧於義理，鮮能免於殺身之害。」

「孟子之滕」章

呂侍講曰：「孟子日歷諸侯，至滕侯之國，就客館於上宮。有人織屨以爲業，置之牖上而失之，其主館之人求而不得，疑其爲孟子之從者所匿也。是時孟子從者常數百人，故人多疑其間容有爲攘竊之事者。或人之意，以爲孟子大賢，從之游者皆必有慕善向道之心，不容爲盗，若或有之，將有累孟子之德，故發此問。孟子因爲言聖賢之門所以待學者之事。曰：『子以是衆從者之來學於我，有爲因利乘間爲盗竊之事而來與？』或人悟其不爲如此，故云殆非也。孟子説之，設科立教以待學者，蓋亦有道：人之患在好爲人師，故舍我而去者，不追呼之使來；有教無類，故從我而來者，不拒逆之使去；但能以此求道之心而至，則受而教之，不保其爲不義。設爲不義，亦非孟子之累也。論語稱互鄉難與言，童子見，門人惑。孔子曰：『與其進也，不與其退也。人潔己以進，與其潔也，不保其往也。』故聖賢在下，其所以用人，苟有向善之心皆取之。亦以進人爲善，不爲異日之不保，而廢其今日與人爲善之意。」

尹曰：「苟以是心至，皆在所教者，誨人不倦也。又見孟子答小人而有理。」

「孟子曰人皆有所不忍達之於其所忍仁也人皆有所不爲達之於其所爲義也」章

横渠曰：「不穿踰，義也。謂非其有而取之曰盗，亦義也。惻隱，仁也。如天，亦仁也。故擴而充之，不可勝用。」

呂侍講曰：「凡人之心，於所愛子弟親戚，皆有不忍害之之心。但能達此心施之於其所忍，所忍者，謂他人也。推己愛親戚之心達之於他人，推愛人之心達之於禽獸，則是仁也。凡人之心，自非元惡大憝，如穿踰爲盗，皆知其不爲。但能達此心其他所欲爲，而不合於義者皆不爲，則是義也。達者，舉此心加諸彼。充者，充己性之所有。惻隱之心，仁之端也，不能充之，則不能仁民愛物。故擴而充之此惻隱無欲害人之心，則仁不可勝用，言仁有餘也。羞惡之心，義之端也，不能充之，雖不爲穿踰小盗，萬鍾之禄則不辨禮義而受。故擴而充之此羞惡不爲穿踰之心，則義不可勝用，言義有餘也。賤者相呼以爾汝，自士以上，知相欽而不可呼以爾汝矣。欽人者人嘗欽之，故不受人所爾汝。能擴而充此自欽欽人之心，欽而無失，與人恭而有禮，四海之内皆兄弟，無所往而不爲義也。餂，取物也。未可以言而言，則是以言餂取人之心也，知其所以言語動其心故也〔三〕，如蔡澤未見應侯，先宣言而激怒也。可以言而不言，則反以不言餂取人之心也，知其可以不言動其心故也，如商鞅知秦孝公意在强國而不言强國也〔四〕。穿踰者，不必穿人之墻踰人之屋以竊其貨財，但觀人之容色，窺測人之向背，或順人之旨，或激人之意，抵巇伺隙〔五〕，以取財利，皆是穿踰之類也。此章之初兼論仁義，其后於義説之詳者，欲人辨小人鄙夫見利忘義委曲從人者，無以異於穿踰之盗也。苟能辨之，則不爲如此人所取。」

尹曰：「孟子謂未可以言而言，是以言餂之；可以言而不言，是以不言餂之。論其心實然也，推廣其仁義之心良心者，則皆誠之謂也。」

「孟子曰言近而指遠者」章

伊川曰：「不下帶，言近也。」又曰：「帶，蓋指其近處。下，猶舍也，離也。古人於一帶必皆有意義。不下帶而道存，猶云只此便有至理存焉。」

呂侍講曰：「君子之言至近，而指意深遠，則可謂善言也；所守至約，而德施廣博，則可謂善道也。不下帶者，近在目前也，君子之言，近在目前，而道德存焉，此言近而指遠也。修之一身，可謂約矣，身正則物正而天下平，此守約而施博也。君子治身，如農夫治田。除草曰芸。農夫治田，必除其草則苗可長；君子治身，必去其惡則德可進。人之患在於不治己而治人，不責己而責人，辟如農夫舍己之田治人之田。所求于人者重，責人深也；所以自任者輕，責己薄也。言近而指遠，臣請以孔子之言明之。定公問：『君使臣，臣事君，如之何？』孔子對曰：『君使臣以禮，臣事君以忠。』其言可謂近矣。君使臣以禮，則君道盡；臣事君以忠，則臣道盡，此其指遠也。樊遲問仁。子曰：『愛人。』問知。子曰：『知人。』其言可謂近矣。然而舜舉皋陶，湯舉伊尹，是亦愛人，是亦知人，此其指遠也。先王正心而后修身，修身而后齊家，齊家而后治國，治國而后治天下。正心修身者，守約也；治國治天下者，施博也。堯舜之知而不徧物，急先務也；堯舜之仁不徧愛人，急親賢也。急先務，急親賢，守約也；知周萬物，道濟天下，施博也。古之帝王無不修身以治天下：帝嚳修身而天下服；堯舜修己以安百姓；臯陶戒禹曰：『慎厥身修，思永。』中庸曰：『好學近乎知，力行近乎仁，知恥近乎勇。知此三者，則知所以修身；知所以修身，則知所以治人；知所以治人，則知所以治天下國家矣。凡爲天下國家有九經：一曰修身。』又曰：「君子篤恭而天下平。修身者，治天下之大本也。故君子之所守，修其身而天下平。君子所以自任者必重，求於人者必輕，責己者必以厚，責人者必以薄。孔子曰：『躬自厚而薄責於人。』顏子曰：『舜何人也？予何人也？』孟子曰：『舜人也，我亦人也。』揚雄曰：『治己以仲尼。』此自任者重也。表記曰：『聖人之制行也，不制以己，使人有所勸勉愧恥，以行其言。』此求於人者輕也。成湯急於己而緩於人。書曰『與人不求備』，此責於人者薄也。『檢身若不及』，此責於己者厚也。君子以堯舜之道勉己，故日進於德；以中人之道望人，故人樂爲善。若不治己而治人，若不責己而責人，猶農夫舍己之田而治人之田也。」

楊曰：「作文字要只説目前話，令自然分明，不驚怛人不能得，然後知孟子所謂言近，非聖賢不能也。」

尹曰：「正心誠意以至於平天下，理一而已。君子得其本，故曰：『不下帶而道存焉。』芸人之田者，不求諸己者也。」

「孟子曰堯舜性者也」章

明道曰：「湯武反之、身之者，學而復者也。」又曰：「湯武反之也，湯武身之也。身，踐履也。反，復也。復則至聖人之地。」又曰：「聖人無過。湯武反之也，其始未必無過，所謂如日月之食，乃君子之過。」又曰：「經德不回，乃教上等人；禍福之說，使中人以下知所畏懼修省，亦自然之理耳。若釋氏怖死以學道，則立心不正矣。」又曰：「動容周旋中禮者，盛德之至。君子行法以俟命，朝聞道夕死之意也。」又曰：「堯與舜更無優劣，及至湯武便別。孟子言性之、反之，自古無人如此說，只是孟子分別出來，便知得堯舜是生而知之，湯武是學而能之。文王之德則似堯舜，禹之德則似湯武，要之皆是聖人。」

呂侍講曰：「性者，由仁義行也。反者，反身而誠也。中庸曰：『誠者天之道，誠之者人之道也。』誠者，不勉而中，不思而得，從容中道，聖人也，堯舜是也。誠之者，擇善而固執之者也，湯武是也。中庸曰：『或生而知之，或學而知之，及其知之，一也。或安而行之，或利而行之，及其成功，一也。』生而知之，安而行之，堯舜也。學而知之〔六〕，利而行之，湯武也。君子內有其德，則外有其容，禮樂交錯於中，發形於外，故動容周旋中禮者，盛德之至也。論語鄉黨篇記孔子之容止，皆盛德之至也。經，常也。回，邪也。干，求也。君子常一其德，不爲回邪，不欺鬼神，不愧屋漏，所以誠意正心，非求福禄也。哭死者，或以德，或以親，哭之以哀，非爲生者，爲禮也。顔淵死，子哭之慟，從者曰：『子慟矣！』曰：『有慟乎？』哀發乎誠心，是以動而不自知，此非爲生者也。言語必信，所以存誠。不欲欺人，非以正行爲名也。仁義禮智，君子之法也，法在己，命在天，君子修其在己者，聽其在天者。故曰：『行法以俟命而已矣。』君子之道必法堯舜，故此章先言堯舜湯武，性之者上也，反之者次也。君子正心修身，本于至誠爲善而已，無求于外，則可以爲湯武，可以爲堯舜也。」

吕曰：「無意而安行，性也。有意而利行，非性也。有意利行，蘄至于無意，復性者也。堯舜不失其性，湯武善反其性，及其成性則一也〔七〕。故四聖人者皆爲盛德，由仁義行而周旋中禮也。爲生而哀，非真哀也。干禄而不回，非真德也。正行而信，非真信也。仁義，德也。禮，德之法也。真哀真德真信，則德出于性矣；德出于性，則法行于己者安；法行于己者安，則得乎天者盡。如是，則天命之至，我何與哉？亦順受之而已。」又曰：「法由此立，命由此出，聖人也。行法以俟命，君子也。聖人性之，君子所以復其性。」

謝曰：「仁者天之理，非杜撰也。故哭死而哀，非爲生也；經德不回，非干禄也；言語必信，非正行也，天理當然而已矣。當然而爲之，是爲天之所爲也。聖門學者，大要以克己爲本。克己復禮，無私心焉，則天矣。」

楊曰：「到盛德田地，便只是行法俟命而已，任它生死可也。若未到其地，安能行法？哭死而哀，至非以正行者，言如惡惡臭，如好好色，出於誠心之自然，非人爲也。只此便是行法。」

尹曰：「反之者，修爲而復性也。反之而至於動容周旋中禮，則至矣。行法者在己，命則聽之而已，不以繫乎己也，惟能反之者爲然。」

「孟子曰説大人則藐之」章

伊川曰：「孟子書中門人記録，時錯一兩字，如説大人則藐之。夫君子毋不敬，如有心去藐他人，便不是也。」

吕侍講曰：「大人，謂當時之尊貴也，所爲多非先王之制，以道觀之，不足畏也。故曰：『説大人則藐之，勿視其巍巍然。』富貴之勢，則氣舒意展，言語得盡。八尺曰仞。爾雅云：『桷謂之榱。』題，頭也。大人堂高數仞，榱題數尺，此宫室過侈，非先王之制，我得志弗爲也。食前方丈，侍妾數百人，此食色過數，非先王之制，我得志弗爲也。般樂飲酒，驅騁田獵，後車千乘，此酣酒嗜音，外作禽荒，非先王之制，我得志弗爲也。在彼者居處過制，奉養非度，動靜失禮，皆我所不爲也。在我所行者，居之以仁，由之以義，節之以禮，和之以樂，皆古聖人所制之法也，我心何爲畏彼人乎哉？孟子之意，所言在我者道耳，在彼者勢矣，道與勢孰重，藐之所以伸道。然則孔子曰畏大人，何謂也？大人有道，則不嚴而尊，不動而威，此孔子之所畏也。若夫無道在上，以富貴自驕，大其聲色，拒人於千里之外，晏然自以爲如日之在天，殊不念人心將離，而富貴之勢將去矣。君子有憂世之心，欲援天下之溺，乃定心定氣，條陳性命之理，道德之要，古今成敗之機，國家安危之策，以說其大人，庶幾感悟格其非心，此孟子所謂藐之也。藐之，所以欽之也。故曰：『我非堯舜之道，不敢陳于王前，故齊人莫如我敬王也。』」

謝曰：「孔子曰：『事君盡禮，人以爲諂也。』時諸國君相，怎生當得它聖人恁地禮數。是它只管行禮，又不與你計較長短，與上大夫言，便誾誾如也，與下大夫言，使侃侃如也，冕者瞽者，見之便作，過之便趨。蓋其德全盛，自然到此，不是勉强做出來氣象，與孟子渾別。孟子『說大人則藐之，勿視其巍巍然』，猶自參較彼我，未有合一底氣象。」

楊曰：「孟子言說大人則藐之，至于以己之長方人之短，猶有此等氣象。若在孔子，則無此也。觀鄉黨一篇，與上大夫言，誾誾如也，與下大夫言，侃侃如也，以至見冕者與瞽者，雖褻必以貌，如此何暇藐人。禮曰：『貴貴，爲其近於君也。敬長，謂其近於兄也。』故孔子謂君子畏大人。」

尹曰：「内重則外輕。」問：「孔子畏大人，孟子説大人則藐之，如何？」曰：「孟子方其陳説君前，不直則道不見，故藐之。若其平居，則其胸中亦未嘗不畏且敬也。」

「孟子曰養心莫善於寡欲」章

伊川曰：「養心者且須是教它寡欲，又差有功。」又曰：「養心莫善於寡欲，不欲則不惑，所欲不必沉溺，只有所向便是欲。」又曰：「養心莫善於寡欲，欲皆自外來〔八〕，公，欲亦寡矣。」又曰：「孟子言養心莫善於寡欲，欲寡則心自誠。荀子言養心莫善於誠，既誠矣，又何養？此已不識誠，又不知所以養。」又曰：「學莫大於致知，養心莫大於義理。古人所養處多，若聲音以養其耳，采色以養其目，舞蹈以養其血脉，威儀以養其四體。今之人都無此，只有箇義理以養心，又不知求。」

吕侍講曰：「養者，治也。寡者，少也。欲者，感物而動也。治心之道，莫善於少欲，少欲，則耳目之官不蔽於物，而心常寧矣。心常寧，則定而不亂，明而不暗，道之所自生，德之所自成也。不存焉者，梏亡之謂也。寡欲之人，操其心而存之，無有梏亡之患，故雖有不存焉者寡矣。其爲人也多欲，則妄動而無節，妄作而失常，善端所由喪，而天理虧焉，故雖有存焉寡矣。是故心者，性之用也，可以成性，可以失性。得其養則道進而德長，所以成性；失其養則反道敗德，所以失性。善養心者，正其思而已矣。目欲紛麗之色，視思明，則色欲寡矣；耳欲鄭衛之聲，聽思聰，則聲欲寡矣；口欲天下之美味，思夏禹之菲飲食，則口欲寡矣；身欲天下之文繡，思文王之卑服，則身欲寡矣。寡欲如此，而心不治者，未之有也。臣竊聞孔子曰：『操則存，舍則亡，出入無時，莫知其鄉，惟心之謂與？』甚哉天下之難持者莫如心，天下之易染者莫如欲。伯益戒舜曰：『罔游於逸，罔淫於樂。』召公戒武王曰：『玩人喪德，玩物喪志。』舜與武王猶且戒之以廣聖德。臣願陛下留神孟子寡欲之法言，則聖心清明，可以通性命之理，可以達道德之奥，治天下之操術，未有不由此也。」

尹曰：「臣聞之師曰：『不欲則不惑。所欲不待沉溺也，有所向者，即謂之欲。』」

「曾晳嗜羊棗」章

吕侍講曰：「孝子之於親，生則致其養，終則致其哀，思其居處，思其笑語，思其志意，思其所樂，思其所嗜。曾晳嗜羊棗，而曾子忍食之乎？夫膾炙非不美也，天下之所同嗜也；羊棗非天下之所共美也，曾晳獨嗜者也。以曾子之孝，豈不能忘口腹之欲而孜孜膾炙哉？思其平生所獨嗜者，故食膾炙而不食羊棗也。猶諱名不諱姓，諱其所獨而不諱其所同也。」

尹曰：「誠孝之至然也。公孫丑之言陋矣。」

「萬章問曰孔子在陳」章

明道曰：「過猶不及，如琴張曾皙之狂，皆過也。然而行不掩焉，是無實也。」又曰：「孔子與點，蓋與聖人之志同，便見堯舜氣象。特行有不掩焉耳，此所謂狂也。」

伊川曰：「中者只是不偏，偏則不是中；庸只是常。猶言中者是大中也，庸者是定理也。定理者，天下不易之理也，是經也。孟子只言反經，中在其間。」

横渠曰：「鄉原狥欲而畏人，其心穿窬之心也。苟狥欲而不畏人，乃明盜耳。遁辭，乃鄉原之辭也，無執守，故其辭妄。」又曰：「踽踽，猶區區也。凉凉，猶棲棲也。」

吕侍講曰：「夫曾皙志不欲仕，可謂切於爲己者也，仲尼與之，而孟子以爲狂，何也？曰：狂者，非猖狂妄行之謂也。其志大，其言高，不合於中道，故謂之狂。子貢問師與商也孰賢？子曰：『師也過，商也不及。』以子張所爲過中道，故亦謂之狂也。牧皮之事雖不可見，其行與二子同也。狷者雖有所不爲，而知不足以知聖人，故次於狂也。若荷蕢荷蓧之徒，能不仕於亂世，而知不足以知聖人，故謂之獧也。非若憤世嫉邪者，或自沉於河，或抱木而死，故聖人取之也。夫聖人之道猶日之中，不及則未，過則昃。賢人非不欲中也，仁有所不盡，而知有所不及故也。子曰：『聖人吾不得而見之矣，得見君子者斯可矣。善人吾不得而見之矣，得見有常者斯可矣。』有常者聖人尚欲見之，況狂者狷者又非有常之所能及，安得不取之哉？子曰：『不得中行而與之，必也狂狷乎？』又曰：『南人有言曰，人而無恒，不可以作巫醫。善夫！不恒其德，或承之羞〔九〕。』考其言之次第而推其意，則有常之不及狂狷也必矣，蓋二者於道各有所立故也。孟子之書，至此將終，痛先王之道不行，而邪説異行害正，故下文云：『惡似是而非。』似是而非者，鄉原是也，衆人之所難辨，而聖人之所深惡，故尤取於狂狷也。人道以往來爲禮，則過我門而不入我室，雖聖賢不能無恨也，不以爲恨者，惟鄉原爾。原，善也。能使一鄉皆以爲善人者，以其外假飾以聖人之道，而内潛希世之志，衆人不能辨也，惟孔孟爲能辨之。其不入我室，蓋亦宜然，故不以人道望之，以其不足責也，乃以爲德中之賊也。曰何以是嘐嘐，非斥狂者之語也。彼狂者何爲如是嘐嘐然志大，其言行不相顧，前所謂行不掩其言也。蓋狂者進取而志在於善〔十〕，鄉原惟欲人謂己爲善，故以狂者爲非是而斥之也。則曰古之人古之人，行何爲踽踽涼涼，此鄉原之人非斥古人之語也。踽踽，説詩者以爲無所親。涼涼，左傳注云薄也。曰彼古人之制行，何空自踽踽涼涼然無所親厚？蓋古人義之與比，而鄉原惟欲自媚於世，故以古人爲非是而斥之也。生斯世也，爲斯世也，善斯可矣，此鄉原自道也。既不取狂者言行不相顧，又不取古人獨行於其世，意以爲但能使一世之人以爲善則可矣，闇然媚於世者，是鄉原也，此孟子道鄉原之情狀也。闇者居幽暗而伺察者也。夫直道而行，豈能使人皆以爲善，惟潛萌姦心以求媚於世者，則能於世皆以爲善也。孟子之弟子，惟公孫丑、萬章善問，能發孟子之藴，故問一鄉之人皆稱以爲善，不惟一鄉也，如是而之於天下，無所往而不見稱者，而獨孔子以爲德之賊何也？孟子於是爲之極論鄉原之行，欲求其非而舉之，無可舉之非；欲求其惡而刺之，無可刺之惡。流俗者，王道不行，風俗頹靡，如水之順流而俱下。若獨以爲不然，獨以爲不善，則必見非於流俗，而鄉原乃與之同。汙世者，王道不明，而人所見者汙下。若衆人皆濁而己獨清，則必得罪於汙世，而鄉原乃與之合。非忠信而似忠信，故非之無可舉之非；非廉潔而似廉潔，故刺之無可刺之惡。但浮沉俯仰，以同流俗合汙世而已，故汙世流俗之衆人皆悦之也。自以爲是者，既不取狂者，又非古之人，求自媚於世而得其所欲，故自以爲是也。堯舜之道，仁義而已矣，而鄉原者，同心非出於仁義也〔十一〕。太山之於丘垤，河海之於行潦，非難辨也，惟似是而非者，人之所難辨也，故曰德之賊也。鄉原之亂德，聖人之所惡也。孔子孟子道不行於世，故辭而闢之。使孔子孟子得志中國，静言庸違，象恭滔天，如驩兜共工者，將即四罪之罰，然後天下咸服。況乎教化已明，習俗已成，則雖鄉原不能亂也。」

呂曰：「君子反經而已矣，經正則庶民興。所謂經者，百世不易之常道。大經者，親親、長長、貴貴、尊賢而已。正經之道，必如舜盡事親之道而瞽瞍底豫，然后親親之經正；必如王者父事三老，兄事五更，然后長長之經正；必如國君臣諸父兄弟，大夫降其兄弟之服，然后貴貴之經正；必如堯饗舜迭爲賓主，湯於伊尹學焉而后臣之，然后尊賢之經正也。」

尹曰：「君子之取於狂狷者，蓋以狂者志大而可與進道，狷者有所不爲而可與有爲也。所惡於鄉原者，爲其似是而非也。似是而非，所以非之無舉，刺之無刺，則其惑人也滋矣，故曰德之賊焉。君子則必反經而已。非萬章反復辨問，后世何以明之？」

「孟子曰由堯舜至於湯」章

尹曰：「見而知之，見而知此道也。聞而知之，聞而知此道也。孟子自謂聞孔子之道，而卒不得行焉。故曰：『無有乎爾，則亦無有乎爾。』雖嘆而不怨，豈能已也哉？傷時而已。以是終篇，門人蓋亦有識之者與？」

校勘記

〔一〕不可以力取之也　「力」原作「示」，據四庫本改。

〔二〕盆成括仕於齊孟子曰死矣盆成括章　原文漏末「章」字。

〔三〕知其所以言語動其心故也　「所」當作「可」。

〔四〕如商鞅知秦孝公　「鞅」原誤作「映」。

〔五〕抵攕伺隙　「攕」當作「巇」字。

〔六〕學而知之　「知」原作「行」，據明抄本改。

〔七〕及其成性則一也　「性」當爲「功」字。

〔八〕欲皆自外來　「外」疑爲「私」之誤。

〔九〕南人有言曰六句　原文兩「恆」字均作「常」。

〔十〕蓋狂者進取而志在於善　「進取」原作「取進」，據四庫本改。

〔十一〕而鄉原者同心非出於仁義也　「同」當爲「用」。

附録　歷代著録

直齋書録解題卷三

［宋］陳振孫

語孟集義三十四卷

朱熹撰。集二程、張氏及范祖禹、吕希哲、吕大臨、謝良佐、游酢、楊時、侯仲良、周孚先凡十二家（案：原文漏記尹焞，實録十一家姓氏。），初名精義，後刻於豫章郡學，始名集義。其所言「外自託於程氏，而竊其近似之言，以文異端之説者」，蓋指張無垢也。無垢與僧宗杲游，故云爾。

浙江採集遺書總録丙集

［清］沈初

論語集義十卷　通考作三十四卷　寫本

右朱子撰。淳熙庚午（案：庚午，似爲「庚子」之誤。）自叙謂以二程、横渠爲宗，附以二吕、范、謝、游、楊、尹、侯、周九家之説。陳振孫曰：初名精義，後刻於豫章郡學，始名集義。其序所稱爲自託於程氏，而竊其近似之言，以文異端之説，蓋指張無垢也。無垢與宗杲游，故云。

四庫全書總目卷三十五　經部　四書類一

論孟精義三十四卷　江蘇巡撫採進本

宋朱子撰。初，朱子於隆興元年輯諸家説論語者爲要義，其本不傳。後九年爲乾道壬辰，因復取二程、張子及范祖禹、吕希哲、吕大臨、謝良佐、游酢、楊時、侯仲良、尹焞、周孚先等十二家之説，薈萃條疏，名之曰論孟精義，而自爲之序，時朱子年四十三。後刻版於豫章郡，又更其名曰要義。晦菴集中有書論語孟子要義序後曰：「熹頃年編次此書，鋟版建陽，學者傳之久矣。後細考之，程、張諸先生説尚或時有所遺脱，既加補塞，又得毘陵周氏説四篇有半於建陽陳焞明仲，復以附於本章。豫章郡文學南康黄某商伯既以刻於其學，又慮夫讀者疑於詳略之不同也，屬熹書於前序之左，且更定其故號『精義』者曰『要義』云云」。是其事也。後又改其名曰集義，見於年譜。今世刊本仍稱精義，蓋從朱子原序名之也。凡論語二十卷，孟子十四卷，又各有綱領一篇，不入卷數。朱子初集是書，蓋本程氏之學以發揮經旨，其後採擷菁華，撰成集注；中間異同疑似，當加剖析者，又别著之於或問，似此書乃已棄之糟粕。然考諸語録，乃謂讀論語須將精義看，又謂語孟集義中所載諸先生語，須是熟讀，一一記於心下，時時將來玩味，久久自然理會得。又似不以集注廢此書者。故今亦仍録存之焉。

皕宋樓藏書志卷十

［清］陸心源

論語集義二十卷　舊鈔本

宋朱子撰。

朱子序，乾道壬辰。

朱子跋，淳熙庚子。

善本書室藏書志卷四

［清］丁　丙

國朝諸老先生論語精義二十卷　孟子精義十四卷　明鈔本

朱子於乾道壬辰取二程、張子及范祖禹、吕希哲、吕大臨、謝良佐、游酢、楊時、侯仲良、尹焞、周孚先諸老先生之説，薈萃條疏，名曰精義，自爲之序，各有綱領一篇列於前。白紙朱絲闌，十行寫本，字畫精工，當爲明人手筆。

抱經樓藏書志卷七

［清］沈德壽

論語集義二十卷　鈔本

宋朱子撰。

朱子序，乾道壬辰。

朱子跋，淳熙庚子。

四庫全書總目提要補正

［民國］胡玉縉

論孟精義三十四卷

後又改其名曰集義，見於年譜。今世刊本，仍稱精義，蓋從朱子原序名之也。

陸氏藏書志有舊鈔本論語集義二十卷，有乾道壬辰自序及淳熙庚子自跋。

增訂四庫簡明目録標注

［清］邵懿辰　［民國］邵章

論孟精義三十四卷

宋朱熹撰。輯二程、張子、范祖禹、吕希哲、吕大臨、謝良佐、游酢、楊時、侯仲良、尹焞、周孚先十二家解釋論語孟子之語，初名精義，後改名要義，又改名集義。

朱子遺書本。［續録］明鈔本。公善堂刊本。清初刊本。

王燕均　王光照　校點

和　溪　修訂

家禮

校點説明

一

家禮一書，可以説是朱熹在禮學方面影響範圍最廣、接受人群最多的著作。元人黄瑞節在編輯朱子成書時指出：「家禮以宗法爲主。所謂非嫡長子不敢祭其父，皆是意也。至于冠昏喪祭，莫不以宗法行其間云。」可見，朱熹撰述家禮是以封建的宗法理念爲核心的，而其禮儀形式，也正是爲貫徹和推行宗法制度服務的。朱熹站在理學家的立場，標榜這種制度的建立乃「天理之自然」，因此，它在社會家庭間的運行是非人力所能改變的，同時也是每個家庭成員所必須無條件服從和遵守的。以此來統一每個封建家庭和家族的操作標準和行爲準則，就可以進而統馭整個國家的社會秩序，使其全部納入「天理」的軌道。

顯然，朱熹此處的「家禮」，與他在儀禮經傳通解中所闡釋的「家禮」是有所不同的，它不是那種傳統意義上專用的「貴族之禮」，而是通用于整個社會的、更多地考慮到社會普通家庭的「庶民之禮」。其實這種普及型禮儀讀本的出現，恰是歷史發展的一種必然結果。這是因爲，唐五代以後，世俗民風多爲釋道二教所浸淫，儒學在民間的地位不免因之而削弱。儒者要想改變這種狀況，就不得不放棄「禮不下庶人」（禮記・曲禮）的古制，將原屬上層社會的儒家禮儀世俗化和平民化，推廣至民間。前此，司馬光即撰有書儀一書，爲家禮的世俗化開了先河。然而司馬氏之書對古禮的删削却頗爲有限，故難以通行至閭里。朱熹有感于此，便以其書爲底本，復加删削，成家禮一書。家禮較之書儀，文字更趨簡潔，節次也更爲分明。如冠禮僅存告于祠堂、戒賓、宿賓、陳冠服、三加、醮、字冠者、見尊長、禮賓等大節目；昏禮，則將六禮削去其三，僅存納采、納幣和親迎三項；喪禮，則將書儀的卅七節削至廿一節。可以説，經過此次筆削而成之家禮，已徹底改變了原來儒家禮經文義古奥、儀節繁縟的貴族面孔，成爲當時最爲簡明適用的一部「庶民之禮」。

由此可見，家禮一書的出現，正順應了當時的儒者意在振興古禮以求自强的時代潮流。同時，又由于其書所定禮儀皆于古有徵且簡約易行，故很快便在社會上廣泛傳布，以至宋元以降，成爲一般家庭和宗族公認的治家禮範和行爲準則。尤其值得一提的是，此書在問世後不久，很快便傳到了東亞儒教文化圈的朝鮮半島和日本，並産生了很大的影響。

特别是朝鲜，據韓國儒學史所述，高麗恭愍王二年(一三五三年)，侍中鄭夢周嘗「請令士庶倣朱子家禮，立家廟，作神主，以奉先祀」。隨後著名儒者文益漸、鄭習仁、全五倫等還身體力行，居父母之喪，全依朱子家禮而行。據高麗史，恭讓王二年(一三九〇年)，有「行禮儀式，一依朱文公家禮隨宜損益」的記載。可見朱子家禮一書早在高麗朝末葉，即與性理學一起傳入，並在當地得以普及，成爲自政府以至大夫、庶人的標準禮式。李朝初期，太祖、世宗極力倡行朱子家禮，俾成士庶通行的禮範。此後，由于政府持續不斷的奬勵和偶爾的强制措施，李朝中葉以後，朱子家禮已廣泛擴散至朝鮮的一般庶民之家。可以這樣説，朱子家禮在朝鮮歷史上所産生的影響，在許多方面甚至還要超過此書的誕生之地中國，這確是家禮傳播史上的一段佳話。

二

家禮一書不但是朱熹的一部頗有影響的禮學著作，同時也是他最具爭議的著作之一。這主要表現在有關此書的真僞之辨上。

其實，此書是朱熹的著作，在最初并無人置疑。朱熹的諸多弟子及其季子朱在都有朱熹親撰此書的説法。如李方子在朱子年譜中説：「乾道五年九月，先生丁母祝令人憂，居喪盡禮，參酌古今，因成喪、葬、祭禮，又推之于冠、昏，共爲一編，命曰家禮。」黄榦説：「先生既成家禮，爲一行童竊以逃。先生易簀，其書始出，今行于世。然其間有與先生晚歲之論不合者，故未嘗爲學者道也。」（見家禮附録）陳淳説：「嘉定辛未歲過温陵，先生季子敬之倅郡，出示家禮一編，云此往年僧寺所亡本也。有士人録得，會先生葬日携來，因得之。」（見家禮附録）家禮附録作者楊復也説：「家禮始成而失之，不及再加考訂。先生既没，而書始出。愚嘗竊取先生後來之考訂議論，以與朋友共參考云。」朱熹弟子兼女婿黄榦、弟子潘時舉和廖德明等還曾爲家禮一書撰寫了序跋。此外，自稱朱子後學的李性傳在嘉熙二年（一二三八年）所撰的饒州刊朱子語續録後序中亦云：「先生家禮成于乾道庚寅。」而方大琮家禮附注後序則云：「文公先生家禮，今士大夫家有之。初，乾道己丑，成于寒泉精舍。雖門人未之見。越三十有二年，唐石會葬，乃有持出者。」綜合上述材料可知：一、包括朱熹季子朱在、弟子兼女婿黄榦及其他弟子在内的南宋諸家皆于傳世家禮爲朱熹所撰一事無異議。而對其成書時間，則李方子、方大琮記爲乾道五年（一一六九年），李性傳記爲其後一年（一一七〇年）。二、根據黄榦、陳淳、楊復和方大琮等人的記述，家禮成書後不久便告遺失，朱子既殁，其書始出。陳、方二人更明確記述其書復出于會葬之年。以上記載均出自與朱熹關係密切的家族成員及門弟子和私淑弟子，故可信度較高，某些記述在細節或時間上略存差異，傳聞異辭，不足爲怪，不影響對總的事實的認定。

然而，到了元至正間，却有武林應氏作家禮辨，疑家禮非朱子所作，從而挑起了有關家禮一書的真僞之爭。明儒邱濬作家禮儀節，在書中對應氏之説作了反駁，故有明一代，僞書之説並未産生多大影響。可是到了清代，疑古之風漸盛，王懋宏在撰朱子年譜的同時，又推廣應氏之説，作家禮考，更明確否定家禮爲朱子之書。此説後來又受到四庫館臣的贊同，稱之爲「考證最明」，「精覈有據」，「是書之不出朱子，可灼然無疑」。由于四庫提要在當時的權威性，故經此裁斷，家禮之僞遂幾成鐵案。今重讀王氏家禮考、家禮後考、家禮考誤等文，發現王氏主要是從内容的角度來否定家禮爲朱熹所作的。如指出家禮與儀禮、書儀等舊典及朱熹晚年的一些觀點有所不合，並從此疑竇推出僞書之説。對此，我們認爲，這種推論忽視了家禮一書的特殊性。因爲朱熹于禮學，實志在構築一個大而全的體係，他不但注意對傳統的「貴族之禮」加以整理闡釋，撰有儀禮經傳通解一書；還關注于普及性的「庶民之禮」的制定和推行，爲此而撰寫了家禮。由于其側重點的不同，家禮與一些舊禮在内容上偶有不合，應是不足爲怪的。至于家禮與朱熹本人晚年的觀點也有所不合，自亦可從這一角度加以解釋。因爲，同是朱熹本人的禮學體系，由于側重點的不同，此處之「家禮」與儀禮經傳通解中之「家禮」，不可能没有差異。矛盾的出現未必是真僞的表徵。此外，王氏還從文獻記載的角度提出了一些疑點，如説除了文集中的家禮序以外，家禮的編撰在朱熹的著述中從未提及等等。其實，這種情況在其他著作家身上也曾出現。况且家禮一書又曾遭竊，終朱子之身未嘗送還，有關文字也有可能亡于水火，故此書不見及于文集其他篇目及語類全書並非不可理解。

總之，王氏否定家禮，並未提出真正的力證。然而經四庫提要的裁斷，不免成爲舉世公認的「僞作」。其實，王氏之説在清代雖附和者衆，却鮮見有人能提出進一步的證據。故近代以後，隨着學術研究的深入，此説遂開始走向式微。近代，特别是當代，已有許多學者撰寫專文對此事加以澄清，如錢穆、上山春平、陳來、束景南、張國風等。應該説，家禮撰于朱子這一事實，在無一足以動摇其基礎的確證的情況下，僅據王氏的一家之言，是無法推翻的。

三

由于家禮是一部流傳極廣、影響甚大的儒家禮儀讀本，故而後世及東亞各國刊刻者甚衆。直齋書録解題卷六、宋史藝文志三等著録家禮一卷。又據方大琮家禮附注後序所載，南宋嘉定四年（一二一一年），朱熹門人廖德明于廣州所刊家禮，是已知的最早版本。此本僅有正文。其後楊復爲此書作附注，淳祐元年（一二四一年）刊于廣州。此外，家禮的早期版本還有閩本，爲陳淳刻于臨漳者。此三本現已不傳。

現知家禮版本比較明確的分卷系統主要有五卷本、十卷本、不分卷本和七卷本等。這里分述如次：

一、五卷本系統。已知最早的家禮五卷本即所謂南宋嘉定九年杭州本。黄榦書晦庵先生家禮後云：「趙君師恕之宰餘杭也，乃取是書鋟諸木，以廣其傳。」五卷依次爲通禮、冠禮、昏禮、喪禮、四時祭。另外，見諸載籍的南宋五卷本還有萍鄉本。讀書附志著録此本云：「家禮五卷。右朱文公所定而趙崇思刻之萍鄉者。」然此本與杭州本現均已不傳。現存最早的家禮五卷本乃是刻于淳祐五年（一二四五年）的楊注附録本。此本是將原來分散于家禮正文下的楊復注文集中附于書末，作爲附録一卷。此本書末有淳祐五年二月上饒周復跋云：「右文公門人三山楊復所附注于逐條之下者，可謂有功于家禮矣。復別出之以附于書之後，恐其間斷文公本書也。」目前，僅國家圖書館存一宋刻鈔配本（其中卷一至卷三配清影宋鈔本，細審似是影刻）。此本在有清一代，曾爲黄丕烈百宋一廛書録、汪士鐘藝芸書舍宋元本書目及楊紹和楹書偶録著録，説明其迭經黄、汪、楊三大藏書家之手。近代以後，傅增湘曾于天津鹽業銀行庫房内見過此本，並著録于藏園群書經眼録。五卷本系統中，現存的主要版本還有：明仿宋刊楊注附録本（行款同宋本，藏國家圖書館、上海圖書館、中國科學院圖書館）、清雍正十年（一七三二年）拙修齋刊本、四庫全書本、同治四年（一八六五年）望三益齋刊本、光緒六年（一八八〇年）洪氏據宋本景刻洪氏公善堂叢書本、光緒十七年（一八九一年）西京清麓叢書外編本、光緒十七年思賢講舍刊本、日本須原屋茂兵衛等刊本。

二、十卷本系統。現存家禮十卷本以元刻文公家禮集注本爲最早。國家圖書館藏有一足本，上有查慎行親筆墨書跋文。十卷本較之五卷本主要有三點不同：首先在分卷上，十卷本將五卷本第四卷析爲五卷，第五卷析爲兩卷，遂使卷目變爲通禮一卷、冠禮一卷、昏禮一卷、喪禮五卷、祭禮二卷。再者，十卷本較之五卷本還增入了劉垓孫之增注，故卷端題「門人秦溪楊復附注，後學復軒劉垓孫增注」。第三，十卷本的插圖較之五卷本爲多。總之，十卷本系統的出現顯晚于五卷本系統。

三、不分卷本系統。現存最早的家禮不分卷本是編刻于元至正元年（一三四一年）的朱子成書本。朱子成書爲元代學者黄瑞節取朱熹所注書于四書之外者，凡太極圖、通書、西銘、正蒙、易學啓蒙、家禮、律吕新書、皇極經世指要、周易參同契、陰符經等十種彙成。書各爲集，不分卷目。現存朱子成書的主要版本尚有明景泰元年（一四五〇年）敬書堂刻本。

四、七卷本系統。現存最早的文公先生家禮七卷本是藏于國家圖書館的明刻本。正文保持了五卷本的基本分卷格局，只是將通禮中的深衣制度一節單獨抽出，另爲深衣考一卷置于書末。同時，又增入家禮圖一卷。

此外，家禮的版本系統尚有四卷本、八卷本、十二卷本、十四卷本、十八卷本等等，均是對家禮各卷分合不一所致，兹不再詳論。

此次點校，以國家圖書館所藏五卷本系統中的宋刻鈔配本爲底本，對校以該館所藏元刻文公家禮集注十卷本（簡稱集注本）及元刻朱子成書本（簡稱成書本）。底本中的清人鈔配部分，再參校以明仿宋刊五卷楊注附録本。書後附録所載序跋提要，皆取自一些重要的家禮版本及書目著作，僅供讀者參考。

一九九九年六月　王燕均　王光照

目録

家禮序

凡禮，有本有文。自其施於家者言之，則名分之守、愛敬之實者，其本也；冠婚喪祭儀章度數者，其文也。其本者，有家日用之常禮，固不可以一日而不修。其文又皆所以紀綱人道之始終，雖其行之有時，施之有所，然非講之素明，習之素熟，則其臨事之際，亦無以合宜而應節，是亦不可以一日而不講且習焉者也。三代之際，禮經備矣。然其存於今者，宮廬器服之制、出入起居之節，皆已不宜於世。世之君子，雖或酌以古今之變，更爲一時之法，然亦或詳或略，無所折衷，至或遺其本而務其末，緩於實而急於文。自有志好禮之士，猶或不能舉其要〔一〕，而用於貧寠者〔二〕，尤患其終不能有以及於禮也。熹之愚，蓋兩病焉。是以嘗獨究觀古今之籍，因其大體之不可變者而少加損益於其間，以爲一家之書。大抵謹名分、崇敬愛以爲之本，至其施行之際，則又略浮文、務本實，以竊自附於孔子從先進之遺意。誠願得與同志之士熟講而勉行之，庶幾古人所以修身齊家之道、謹終追遠之心，猶可以復見，而於國家所以崇化導民之意，亦或有小補云。

校勘記

〔一〕猶或不能舉其要　「要」原作「契」，據文集改。

〔二〕而用於貧窶者　「用」原作「困」，據集注本改。

家禮卷第一

通禮

此篇所著，皆所謂有家日用之常禮，不可一日而不修者。

祠堂

此章本合在祭禮篇。今以報本反始之心，尊祖敬宗之意，實有家名分之守，所以開業傳世之本也，故特著此，冠於篇端，使覽者知所以先立乎其大者。而凡後篇所以周旋升降、出入向背之曲折，亦有所據以考焉。然古之廟制不見於經，且今士庶人之賤亦有所不得爲者。故特以祠堂名之，而其制度亦多用俗禮云。

君子將營宮室，先立祠堂於正寢之東。祠堂之制三間，外爲中門，中門外爲兩階，皆三級，東曰阼階，西曰西階。階下隨地廣狹以屋覆之，令可容家衆叙立。又爲遺書、衣物、祭器庫及神厨於其東。繚以周垣，别爲外門，常加扃閉。若家貧地狹，則止爲一間，不立厨庫，而東西壁下置立兩櫃，西藏遺書、衣物，東藏祭器亦可。正寢，謂前堂也。地狹，則於廳事之東亦可。凡祠堂所在之宅，宗子世守之，不得分析。凡屋之制，不問何向背，但以前爲南，後爲北，左爲東，右爲西，後皆放此。爲四龕以奉先世神主。祠堂之内，以近北一架爲四龕，每龕内置一卓。大宗及繼高祖之小宗，則高祖居西，曾祖次之，祖次之，父次之。繼曾祖之小宗，則不敢祭高祖，而虚其西龕一。繼祖之小宗，則不敢祭曾祖，而虚其西龕二。繼禰之小宗，則不敢祭祖，而虚其西龕三。若大宗世數未滿，則亦虚其西龕，如小宗之制。神主皆藏於櫝中，置於卓上，南向。龕外各垂小簾，簾外設香卓於堂中，置香爐、香合於其上。兩階之間，又設香卓，亦如之。非嫡長子，則不敢祭其父。若與嫡長同居，則死而後其子孫爲立祠堂於私室，且隨所繼世數爲龕，俟其出而異居，乃備其制。若生而異居，則預於其地立齋以居如祠堂之制，死則因以爲祠堂。主式見喪禮治葬章。旁親之無後者，以其班祔。伯叔祖父、母，祔於高祖。伯叔父、母，祔於曾祖。妻若兄弟，若兄弟之妻，祔於祖。子姪祔於父。皆西向。主櫝並如正位。姪之父自立祠堂，則遷而從之。程子曰：「無服之殤不祭。下殤之祭，終父母之身。中殤之祭，終兄弟之身。長殤之祭，終兄弟之子之身。成人而無後者，其祭終兄弟之孫之身。此皆以義起者也。」

置祭田。初立祠堂，則計見田，每龕取其二十之一，以爲祭田。親盡則以爲墓田。後凡正位祔者〔一〕，皆放此。宗子主之，以給祭用。上世初未置田，則合墓下子孫之田，計數而割之，皆立約聞官，不得典賣。具祭器。牀、席、倚、卓、盥盆、火爐、酒食之器，隨其合用之數，皆具貯於庫中而封鎖之，不得它用。無庫，則貯於櫃中。不可貯者，列於外門之内。主人晨謁於大門之内，主人，謂宗子，主此堂之祭者。晨謁，深衣，焚香再拜。出入必告。主人、主婦，近出，則入大門瞻禮而行，歸亦如之。經宿而歸，則焚香再拜。遠出經旬以上，則再拜焚香，告云：「某將適某所，敢告。」又再拜而行。歸亦如之，但告云：「某今日歸自某所，敢見。」經月而歸，則開中門，立於階下，再拜，升自阼階，焚香，告畢，再拜，降，復位，再拜。餘人亦然，但不開中門。凡主婦，謂主人之妻。凡升降，惟主人由阼階，主婦及餘人，雖尊長亦由西階。凡拜，男子再拜，則婦人四拜，謂之俠拜，其男女相答拜亦然。正至、朔望則參，正至、朔望，前一日，灑掃齊宿。厥明夙興，開門，軸簾。每龕設新果一大盤於卓上，每位茶盞托、酒盞盤各一，於神主櫝前。設束茅、聚沙於香卓前，別設一卓於阼階上，置酒注、盞盤一於其上，酒一瓶於其西。盥盆、帨巾各二，於阼階下東南。有臺架者在西，爲主人親屬所盥；無者在東，爲執事者所盥。巾皆在北。主人以下，盛服入門就位。主人北面於阼階下，主婦北面於西階下。主人有母，則特位於主婦之前。主人有諸父諸兄，則特位於主人之右少前，重行西上。有諸母、姑、嫂、姊，則特位於主婦之左少前，重行東上。諸弟在主人之右少退。子孫、外執事者在主人之後，重行西上。主人弟之妻及諸妹在主婦之左，少退。子孫婦女、内執事者在主婦之後，重行東上。立定，主人盥帨，升，搢笏〔二〕，啓櫝，奉諸考神主，置於櫝前。主婦盥帨，升，奉諸妣神主，置於考東。次出祔主，亦如之。命長子、長婦或長女，盥帨，升，分出諸祔主之卑者，亦如之。皆畢，主婦以下先降，復位。主人詣香卓前，降神，搢笏〔三〕，焚香，再拜，少退，立〔四〕。執事者盥帨，升，開瓶，實酒於注。一人奉注，詣主人之右，一人執盞盤，詣主人之左。主人跪，執事者皆跪。主人受注，斟酒，反注，取盞盤奉之。左執盤，右執盞，酹於茅上。以盞盤授執事者。出笏〔五〕，俛伏，興，少退，再拜，降，復位。與在位者皆再拜，參神。主人升，搢笏〔六〕，執注斟酒，先正位，次祔位，次命長子斟諸祔位之卑者。主婦升，執茶筅，執事者執湯瓶隨之，點茶如前。命長婦或長女，亦如之。子婦、執事者先降，復位。主人出笏，與主婦分立於香卓之前〔七〕東西，再拜，降，復位。與在位者皆再拜，辭神而退。冬至，則祭始祖畢，行禮如上儀。望日不設酒，不出主。主人點茶，長子佐之，先降。主人立於香卓之南，再拜乃降。餘如上儀。準禮，舅没則姑老不預於祭。又曰：「支子不祭」。故今專以世嫡宗子夫婦爲主人、主婦，其有母及諸父母兄嫂者，則設特位於前如此。凡言盛服者，有官則幞頭、公服、帶、靴、笏；進士則幞頭、襴衫、帶；處士則幞頭、皂衫、帶；無官者通用帽子、衫、帶，又不能具，則或深衣或凉衫；有官者亦通服帽子以下，但不爲盛服。婦人則假髻、大衣、長裙。女在室者冠子、背子。衆妾假髻、背子。俗節則獻以時食，節如清明、寒食、重午、中元、重陽之類。凡鄉俗所尚者，食如角黍；凡其節之所尚者，薦以大盤，間以蔬果。禮如正至、朔日之儀。有事則告。如正至、朔日之儀。但獻茶酒，再拜，訖，主婦先降，復位。主人立於香卓之南，祝執版立於主人之左，跪讀之，畢，興。主人再拜，降，復位。餘並同。告授官祝版云：「維年歲月朔日，子孝某某官某，敢昭告於皇某親某官封謚府君，皇某親某封某氏某，以某月某日，蒙恩授某官，奉承先訓，獲霑禄位，餘慶所及，不勝感慕，謹以酒果，用伸虔告，謹告。」貶降則言「貶某官，荒墜先訓，皇恐無地」。「謹以」，後同。若弟子則言「某之某某」，餘同。告追贈，則止告所贈之龕。别設香卓於龕前，又設一卓於其東，置淨水、粉盞、刷子、硯、墨、筆於其上，餘並同。但祝版云「奉某月某日制書，贈皇某親某官，皇某親某封某，奉承先訓，竊位於朝，祗奉恩慶，有此褒贈，禄不及養，摧咽難勝」。「謹以」，後同。若因事特贈，則别爲文以叙其意。告畢，再拜，主人進，奉主置卓上。執事者洗去舊字，别塗以粉，俟乾，命善書者改題所贈官封，陷中不改，洗水以灑祠堂之四壁。主人奉主置故處，乃降，復位。後同。主人生嫡長子，則滿月而見，如上儀。但不用祝。主人立於香卓之前，告曰：「某之婦某氏，以某月某日生子，名某，敢見。」告畢，立於香卓東南，西向。主婦抱子進，立於兩階之間，再拜，主人乃降，復位。後同。冠婚别見本篇。凡言祝版者，用版長一尺，高五寸，以紙書文，黏於其上，畢則揭而焚之。其首尾皆如前。但於皇高祖考、皇高祖妣，自稱「孝元孫」；於皇曾祖考、皇曾祖妣，自稱「孝曾孫」；於皇祖考、皇祖妣，自稱「孝孫」；於皇考、皇妣，自稱「孝子」。有官封謚則皆稱之；無則以生時行第稱號，加於「府君」之上，妣曰「某氏夫人」。凡自稱，非宗子不言「孝」。告事之祝，四龕共爲一版，自稱以其最尊者爲主，止告正位，不告祔位，茶酒則並設之。或有水火盜賊，則先救祠堂，遷神主、遺書，次及祭器，然後及家財。易世則改題主而遞遷之。改題遞遷，禮見喪禮大祥章。大宗之家，始祖親盡則藏其主於墓所，而大宗猶主其墓田，以奉其墓祭，歲率宗人一祭之，百世不改。其第二世以下祖親盡，及小宗之家高祖親盡，則遷其主而埋之，其墓田則諸位迭掌，而歲率其子孫一祭之，亦百世不改也。

深衣制度

此章本在冠禮之後，今以前章已有其文，又平日之常服，故次前章。

裁用白細布，度用指尺。中指中節爲寸。衣全四幅，其長過脅，下屬於裳。用布二幅，中屈下垂，前後共爲四幅，如今之直領衫，但不裁破腋下。其下過脅而屬於裳處，約圍七尺二寸，每幅屬裳三幅。裳交解十二幅，上屬於衣，其長及踝。用布六幅，每幅裁爲二幅，一頭廣，一頭狹，狹頭當廣頭之半。以狹頭向上而聯其縫，以屬於衣，其屬衣處約圍七尺二寸，每三幅屬衣一幅。其下邊及踝處約圍丈四尺四寸。圓袂。用布二幅，各中屈之，如衣之長，屬於衣之左右而縫合其下以爲袂。其本之廣如衣之長，而漸圓殺之以至袂口，則其徑一尺二寸。方領。兩襟相掩，衽在腋下，則兩領之會自方。曲裾。用布一幅，如裳之長，交解裁之，如裳之制。但以廣頭向上，布邊向外，左掩其右，交映垂之，如燕尾狀。又稍裁其内旁太半之下，令漸如魚腹，而末爲鳥喙，内向綴於裳之右旁。黑緣。緣用黑繒，領表裏各二寸，袂口裳邊表裏各一寸半，袂口，布外別此緣之廣。大帶。帶用白繒，廣四寸，夾縫之。其長圍腰而結於前，再繚之爲兩耳乃垂其餘爲紳，下與裳齊。以黑繒飾其紳，復以五采條廣三分，約其相結之處，長與紳齊。緇冠。糊紙爲之，武高寸許，廣三寸，袤四寸。上爲五梁，廣如武之袤而長八寸，跨頂前後，下著於武。屈其兩端各半寸，自外向内而黑漆之。武之兩旁半寸之上竅以受笄，笄用齒、骨凡白物。幅巾。用黑繒六尺許，中屈之。右邊就屈處爲横㡌，左邊反屈之，自㡌左四五寸間斜縫向左，圓曲而下，遂循左邊至於兩末，復反所縫餘繒，使之向裏。以㡌當額前裹之，至兩耳旁〔八〕，各綴一帶，廣二寸，長二尺，自巾外過頂後，相結而垂之。黑履。白約繶純綦。

司馬氏居家雜儀此章本在昏禮之後，今按此乃家居平日之事，所以正倫理，篤恩愛者，其本皆在於此。必能行此，然後其儀章度數有可觀焉。不然，則節文雖具，而本實無取，君子所不貴也，故亦列於首篇，使覽者知所先焉。

凡爲家長，必謹守禮法，以御群子弟及家衆，分之以職，謂使之掌倉廩、廐庫、庖厨、舍業、田園之類。授之以事，謂朝夕所幹及非常之事。而責其成功。制財用之節，量入以爲出，稱家之有無以給上下之衣食及吉凶之費，皆有品節而莫不均壹。裁省冗費，禁止奢華，常須稍存羸餘，以備不虞。

凡諸卑幼，事無大小，毋得專行，必咨稟於家長。易曰：「家人有嚴君焉，父母之謂也。」安有嚴君在上，而其下敢直行自恣不顧者乎？雖非父母，當時爲家長者亦當咨稟而行之，則號令出於一人，家政始可得而治矣。

凡爲子，爲婦者，毋得蓄私財，俸禄及田宅所入，盡歸之父母、舅姑。當用則請而用之，不敢私假，不敢私與。内則曰：「子婦無私貨，無私蓄，無私器，不敢私假，不敢私與。婦或賜之飲食、衣服、布帛、佩帨、茝蘭，則受而獻諸舅姑。舅姑受之，則喜，如新受賜。若反賜之，則辭。不得命，如更受賜，藏之以待乏。」鄭康成曰：「待舅姑之乏也。不得命者，不見許也。」又曰：「婦若有私親兄弟，將與之，則必復請其故，賜而後與之。」夫人子之身，父母之身也。身且不敢自有，況敢有私財乎？若父子異財，互相假借，則是有子富而父母貧者，父母饑而子飽者。賈誼所謂：「借父耰鉏，慮有德色。母取箕箒，立而誶語。」不孝不義，孰甚於此。茝，昌改切。耰，音憂。誶，音碎。

凡子事父母，孫事祖父母同。婦事舅姑，孫婦亦同。天欲明，咸起，盥，音管，洗手也。漱，櫛，阻瑟切，梳頭也。總，所以束髮，今之頭繴。具冠帶。丈夫，帽子、衫、帶；婦人，冠子、背子。昧爽，謂天明暗相交之際。適父母、舅姑之所，省問。丈夫唱喏，婦人道萬福。仍問侍者：夜來安否何如？侍者曰安，乃退；其或不安節，則侍者以告。此即禮之晨省也。父母、舅姑起，子供藥物，藥物，乃關身之切務，人子當親自檢數、調煮、供進，不可但委婢僕，脱若有誤，即其禍不測。婦具晨羞。俗謂點心。易曰：「在中饋」。詩云：「惟酒食是議。」凡烹調飲膳，婦人之職也。近年婦女驕倨，皆不肯入庖廚，今縱不親執刀匕，亦當檢校監視，務令精潔。供具畢，乃退，各從其事。將食，婦請所欲於家長，謂父母、舅姑，或當時家長也。卑幼，各不得恣所欲。退具而共之。尊長舉筯，子婦乃各退就食。丈夫婦人各設食於他所，依長幼而坐，其飲食，必均壹。幼子又食於他所，亦依長幼席地而坐，男坐於左，女坐於右，及夕食亦如之。既夜，父母、舅姑將寢，則安置而退。丈夫唱喏，婦女道安置。此即禮之昏定也。居閒無事，則侍於父母、舅姑之所。容貌必恭，執事必謹。言語應對，必下氣怡聲。出入起居，必謹扶衛之。不敢涕唾、喧呼於父母、舅姑之側。父母、舅姑不命之坐，不敢坐；不命之退，不敢退。

凡子受父母之命，必籍記而佩之，時省而速行之，事畢則返命焉。或所命有不可行者，則和色柔聲，具是非利害而白之，待父母之許，然後改之。若不許，苟於事無大害者，亦當曲從。若以父母之命爲非，而直行己志，雖所執皆是，猶爲不順之子，況未必是乎？

凡父母有過，下氣怡色，柔聲以諫。諫若不入，起敬起孝，説則復諫；不説，與其得罪於鄉黨州閭，寧孰諫。父母怒，不説，而撻之流血，不敢疾怨，起敬起孝。

凡爲人子弟者，不敢以貴富加於父兄宗族。加，謂恃其富貴，不率卑幼之禮。

凡爲人子者，出必告，反必面。有賓客，不敢坐於正廳。有賓客，坐於書院。無書院，則坐於廳之旁側。升降，不敢由東階。上下馬，不敢當廳。凡事不敢自擬於其文。

凡父母、舅姑有疾，子婦無故不離側，親調嘗藥餌而供之。父母有疾，子色不滿容，不戲笑，不宴遊，舍置餘事，專以迎醫、檢方、合藥爲務。疾已，復初。顔氏家訓曰：「父母有疾，子拜醫以求藥。」蓋以醫者親之存亡所繫，豈可傲忽也。

凡子事父母，父母所愛，亦當愛之。所敬，亦當敬之。至於犬馬盡然，而況於人乎？

凡子事父母，樂其心，不違其志，樂其耳目，安其寢處，以其飲食，忠養之。幼事長，賤事貴，皆倣此。

凡子婦未敬未孝，不可遽有憎疾，姑教之。若不可教，然後怒之。若不可怒，然後笞之。屢笞而終不改，子放婦出，然亦不明言其犯禮也。子甚宜其妻，父母不悦，出。子不宜其妻，父母曰：「是善事我」，子行夫婦之禮焉，没身不衰。

凡爲宫室，必辨内外，深宫固門。内外不共井，不共浴室，不共厠。男治外事，女治内事。男子晝無故不處私室，婦人無故不窺中門。男子夜行以燭，婦人有故出中門，必擁蔽其面。如蓋頭、面帽之類。男僕非有繕修及有大故，謂水火盗賊之類。不入中門，入中門，婦人必避之，不可避，亦謂如水火盗賊之類。亦必以袖遮其面。女僕無故不出中門，有故出中門，亦必擁蔽其面。雖小婢，亦然。鈴下蒼頭，但主通内外之言，傳致内外之物，毋得輒升堂室，入庖厨。

凡卑幼於尊長，晨亦省問，夜亦安置。丈夫唱喏，婦人道萬福、安置。坐而尊長過之則起，出遇尊長於塗則下馬。不見尊長經再宿以上，則再拜，五宿以上，則四拜。賀冬至、正旦，六拜；朔望，四拜。凡拜數，或尊長臨時減而止之，則從尊長之命。吾家同居宗族衆多，冬至、朔望，聚於堂上。此假設南面之堂，若宅舍異制，臨時從宜。丈夫處左，西上；婦人處右，東上。左右，謂家長之左右。皆北向，共爲一列，各以長幼爲序。婦以夫之長幼爲序，不以身之長幼爲序。共拜家長畢，長兄立於門之左，長姊立於門之右，皆南向。諸弟妹以次拜訖，各就列。丈夫西上，婦人東上，共受卑幼拜。以宗族多，若人人致拜，則不勝煩勞，故同列共受之。受拜訖，先退。後輩立受拜於門東西，如前輩之儀。若卑幼自遠方至，見尊長，遇尊長三人以上同處者，先共再拜，叙寒暄，問起居訖，又三再拜而止。晨夜唱喏、萬福、安置。若尊長三人以上同處，亦三而止，皆所以避煩也。

凡受女婿及外甥拜，立而扶之。扶，謂搊策。外孫，則立而受之可也。

凡節序及非時家宴，上壽於家長，卑幼盛服序立，如朔望之儀。先再拜，子弟之最長者一人，進立於家長之前，幼者一人搢笏執酒盞，立於其左，一人搢笏執酒注，立於其右。長者搢笏，跪斟酒，祝曰：「伏願某官備膺五福，保族宜家。」尊長飲畢，授幼者盞注，反其故處。長者出笏，俛伏，興，退。與卑幼皆再拜。家長命諸卑幼坐，皆再拜而坐。家長命侍者徧酢諸卑幼，諸卑幼皆起，序立如前，俱再拜，就坐，飲訖，家長命易服，皆退易便服，還復就坐。

凡子始生，若爲之求乳母，必擇良家婦人稍温謹者。乳母不良，非惟敗亂家法，兼令所飼之子性行亦類之。子能食，飼之，教以右手。子能言，教之自名及唱喏、萬福、安置。稍有知，則教之以恭敬尊長；有不識尊卑長幼者，則嚴訶禁之。古有胎教，況於已生？子始生未有知，固舉以禮，況於已有知？孔子曰：「幼成若天性，習慣如自然。」顔氏家訓曰：「教婦初來，教子嬰孩。」故於其始，有知不可不使之知尊卑長幼之禮。若侮詈父母，毆擊兄姊，父母不加訶禁，反笑而獎之，彼既未辨好惡，謂禮當然，及其既長，習已成性，乃怒而禁之，不可復制，於是父疾其子，子怒其父，殘忍悖逆，無所不至。蓋父母無深識遠慮，不能防微杜漸，溺於小慈，養成其惡，故也。六歲，教之數謂一、十、百、千、萬。與方名。謂東西南北。男子始習書字；女始習女工之小者。七歲，男女不同席，不共食。始誦孝經、論語，雖女子亦宜誦之。自七歲以下，謂之孺子，早寢晏起，食無時。八歲，出入門户及即席飲食，必後長者。始教之以廉讓。男子誦尚書，女子不出中門。九歲，男子誦春秋及諸史，始爲之講解，使曉義理；女子亦爲之講解論語、孝經及列女傳、女戒之類，略曉大意。古之賢女，無不觀圖史以自鑒，如曹大家之徒，皆精通經術，議論明正。今人或教女子以作歌詩，執俗樂，殊非所宜也。十歲，男子出就外傳，居宿於外。誦詩、禮、傳，爲之講解，使知仁義禮知信。自是以往，可以讀孟、荀、楊子，博觀群書。凡所讀書，必擇其精要者而讀之。如禮記、學記、大學、中庸、樂記之類，它書倣此。其異端非聖賢之書傳，宜禁之，勿使妄觀，以惑亂其志。觀書皆通，始可學文辭。女子則教以婉娩，婉，音晚。婉娩，柔順貌。聽從，及女工之大者。女工，謂蠶桑、織績、裁縫及爲飲膳。不惟正是婦人之職，兼欲使之知衣食所來之艱難，不敢恣爲奢麗。至於纂組華巧之物，亦不必習也。未冠笄者，質明而起，總角、靧面，靧，音悔，洗面也。以見尊長，佐長者供養。祭祀則佐執酒食。若既冠笄，則皆責以成人之禮，不得復言童幼矣。

凡内外僕妾，鷄初鳴，咸起，櫛、總、盥漱、衣服。男僕灑掃廳事及庭，鈴下蒼頭灑掃中庭，女僕灑掃堂室，設倚卓，陳盥、漱、櫛、靧之具。主父、主母既起，則拂牀襞襞，音壁，疊衣也。衾，侍立左右，以備使令。退而具飲食，得間，則浣濯、紉縫，先公後私。及夜，則復拂牀展衾。當晝，內外僕妾，惟主人之命各從其事，以供百役。

凡女僕，同輩謂兄弟所使。謂長者爲姊，後輩謂諸子舍所使。謂前輩爲姨，內則云：「雖婢妾，衣服飲食，必後長者。」鄭康成曰：「人，貴賤不可以無禮。」故使之序長幼。務相雍睦，其有鬬爭者，主父主母聞之，即訶禁之。不止，即杖之。理曲者杖多。一止，一不止，獨杖不止者。

凡男僕，有忠信可任者重其禄，能幹家事次之。其專務欺詐，背公徇私，屢爲盜竊，弄權犯上者，逐之。

凡女僕，年滿不願留者，縱之。勤奮少過者，資而嫁之。其兩面二舌，飾虚造讒，離間骨肉者，逐之。屢爲盜竊者，逐之。放蕩不謹者，逐之。有離叛之志者，逐之。

校勘記

〔一〕後凡正位祔者　「者」，集注本作「位」。

〔二〕搢笏　此二字原脱，據集注本補。

〔三〕搢笏　此二字原脱，據集注本補。

〔四〕少退立　此三字原脱，據集注本補。

〔五〕以盞盤授執事者出笏　此九字原無，據集注本補。

〔六〕搢笏　此二字原脱，據集注本補。

〔七〕主人出笏與主婦分立於香卓之前東西　「出笏與」三字原脱，據集注本補。

〔八〕至兩耳旁　「耳」原作「髻」，據集注本改。

家禮卷第二

冠禮

冠

男子年十五至二十，皆可冠。司馬公曰：「古者二十而冠，所以責成人之禮，蓋將責爲人子，爲人弟，爲人臣，爲人少者之行於其人，故其禮不可以不重也。近世以來，人情輕薄，過十歲而總角者，少矣。彼責以四者之行，豈知之哉？往往自幼至長，愚騃若一，由不知成人之道故也。今雖未能遽革，且自十五以上俟其能通孝經、論語，粗知禮義然後冠之，其亦可也。」必父母無期以上喪，始可行之。大功未葬，亦不可行。

前期三日，主人告於祠堂。古禮筮日，今不能然，但正月内擇一日可也。主人，謂冠者之祖父，自爲繼高祖之宗子者。若非宗子，則必繼高祖之宗子主之，有故則命其次宗子。若其父自主之，告禮見祠堂章。祝版前同，但云「某之子某，若某之某親之子某，年漸長成，將以某月某日加冠於其首」。「謹以」後同。若族人以宗子之命自冠其子，其祝版亦以宗子爲主，曰：「使介子某。」若宗子已孤而自冠，則亦自爲主人，祝版前同，但云「某將以某月某日，加冠於首」。「謹以」後同。戒賓。古禮筮賓，今不能然，但擇朋友賢而有禮者一人可也。是日，主人深衣，詣其門，所戒者出見，如常儀。啜茶畢，戒者起言曰：「某有子某，若某之某親有子某，將加冠於其首，願吾子之教之也。」對曰：「某不敏，恐不能供其事，以病吾子，敢辭。」戒者曰：「願吾子之終教之也。」對曰：「吾子重有命，某敢不從。」地遠，則書初請之辭爲書，遣子弟致之。所戒者辭，使者固請乃許，而復書曰：「吾子有命，某敢不從。」若宗子自冠，則戒辭但曰「某將加冠於首」，後同。

前一日，宿賓。遣子弟以書致辭曰：「來日，某將加冠於子某，若某親某子某之首，吾子將涖之，敢宿。某上某人。」答書曰：「某敢不夙興。某上某人。」若宗子自冠，則辭之所改如其戒賓。陳設。設盥帨於廳事，如祠堂之儀。以帟幕爲房於廳事東北〔一〕。或廳事無兩階〔二〕，則以堊畫而分之，後放此。

厥明夙興〔三〕，陳冠服。有官者公服、帶、靴、笏，無官者襴衫、帶、靴，通用皁衫、深衣、大帶、履、櫛、纚、掠，皆以卓子陳於房中，東領北上。酒注、盞盤亦以卓子陳於服北。幞頭、帽子、冠並巾，各以一盤盛之，蒙以帕，以卓子陳於西階下。執事者一人守之。長子，則布席於阼階上之東少北，西向。衆子，則少西，南向。宗子自冠，則如長子之席少南。主人以下序立。主人以下，盛服就位。主人阼階下，少東，西向。子弟、親戚、童僕在其後，重行西向，北上。擇子弟、親戚習禮者一人爲儐，立於門外，西向。

將冠者雙紒，四襂衫，勒帛，采屐，在房中南向。若非宗子之子，則其父立於主人之右，尊則少進，卑則少退。宗子自冠，則服如將冠者，而就主人之位。賓至，主人迎入〔四〕，升堂。賓自擇其子弟、親戚習禮者爲贊。冠者俱盛服至門外，東面立，贊者在右少退。儐者入告主人，主人出門左，西向再拜，賓答拜。主人揖贊者，贊者報揖。主人遂揖而行，賓、贊從之。入門，分庭而行，揖讓而至階，又揖讓而升。主人由阼階先升，少東西向。賓由西階繼升，少西東向。贊者盥帨，由西階升，立於房中，西向。擯者筵於東序，少北，西面。將冠者出房，南面。若非宗子之子，則其父從出，迎賓，入從主人後賓而升，立於主人之右，如前。賓揖。將冠者就席，爲加冠巾。冠者適房，服深衣，納履，出。賓揖。將冠者出房，立於席右，向席。贊者取櫛、纚、掠，置於席左，興，立於將冠者之左。賓揖。將冠者即席西向跪〔五〕。贊者即席，如其向跪。進爲之櫛，合紒，施掠。賓乃降〔六〕，主人亦降。賓盥畢，主人揖，升，復位。執事者以冠巾盤進，賓降一等，受冠笄執之，正容徐詣將冠者前，向之祝曰：「吉月令日，始加元服。棄爾幼志，順爾成德。壽考維祺，以介景福。」乃跪加之。贊者以巾跪進，賓受加之，興，復位，揖。冠者適房，釋四襂衫，服深衣，加大帶，納履，出房，正容南向，立良久。若宗子自冠，則賓揖之，就席，賓降盥畢，主人不降，餘並同。再加帽子，服皂衫，革帶，繫鞋。賓揖。冠者即席跪。執事者以帽子盤進，賓降二等受之，執以詣冠者前，祝之曰：「吉月令辰，乃申爾服。謹爾威儀，淑順爾德。眉壽永年，享受胡福〔七〕。」乃跪加之。興，復位，揖。冠者適房，釋深衣，服皂衫，革帶，繫鞋，出房立。三加幞頭，公服，革帶，納靴，執笏。若襴衫，納靴。禮如再加，惟執事者以幞頭盤進，賓降沒階受之，祝辭曰：「以歲之正，以月之令，咸加爾服。兄弟具在，以成厥德。黄耇無疆，受天之慶。」贊者徹帽，賓乃加幞頭，執事者受帽徹櫛，入於房，餘並同。乃醮。長子則儐者改席於堂中間少西，南向。衆子，則仍故席。贊者酌酒於房中，出房立於冠者之左。賓揖冠者，就席右，南向，乃取酒詣席前，北向，祝之曰：「旨酒既清，嘉薦令芳。拜受祭之，以定爾祥。承天之休，壽考不忘。」冠者再拜，升席，南向受盞。賓復位，東向答拜。冠者進席前，跪，祭酒，興，就席末，跪，啐酒，興，降席，受贊者盞，南向再拜。賓東向答拜。冠者遂拜贊者。贊者賓左東向，少退答拜。賓字冠者。賓降階，東向。主人降階，西向。冠者降自西階，少東，南向。賓字之曰：「禮儀既備，令月吉日，昭告爾字。爰字孔嘉，髦士攸宜。宜之於嘏，永受保之，曰伯某父。」仲、叔、季，唯所當。冠者對曰：「某雖不敏，敢不夙夜祇奉。」賓或別作辭，命以字之之意亦可。出就次。賓請退，主人請禮賓。賓出就次。主人以冠者見於祠堂。如祠堂章内生子而見之儀。但改告辭曰：「某之子某，若某親某之子某，今日冠畢，敢見。」冠者進立於兩階間，再拜，餘並同。若宗子自冠，則改辭曰：「某今日冠畢，敢見。」遂再拜，降復位，餘並同。若冠者私室有曾祖、祖以下祠堂，則各因其宗子而見，自爲繼曾祖以下之宗，則自見。冠者見於尊長。父母堂中南面坐。諸叔父兄在東序，諸叔父南向，諸兄西向。諸婦女在西序，諸叔母姑南向，諸姊嫂東向。冠者北向拜父母，父母爲之起。同居有尊長，則父母以冠者詣其室拜之，尊長爲之起。還就東西序，每列再拜，應答拜者答拜。若非宗子之子，則先見宗子及諸尊於父者於堂，乃就私室見於父母及餘親。若宗子自冠，有母則見於母如儀。族人宗之者，皆來見於堂上。宗子西向拜其尊長，每列再拜，受卑幼者拜。乃禮賓。主人以酒饌延賓及儐贊者，酬之以幣而拜謝之。幣多少隨宜，賓贊有差。冠者遂出，見於鄉先生及父之執友。冠者拜，先生、執友皆答拜。若有誨之，則對如對賓之辭，且拜之。先生、執友不答拜。

笄

女子許嫁，笄，年十五，雖未許嫁，亦笄。母爲主。宗子主婦，則於中堂。非宗子，而與宗子同居，則於私室。與宗子不同居，則如上儀。

前期三日，戒賓。一日宿賓，賓，亦擇親姻婦女之賢而有禮者爲之。以牋紙書其辭，使人致之。辭如冠禮，但「子」作「女」，「冠」作「笄」，「吾子」作「某親」或「某封」。凡婦人自稱於己之尊長則曰「兒」，卑幼則以屬。於夫黨，尊長則曰「新婦」，卑幼則曰「老婦」，非親戚而往來者各以其黨爲稱。後放此。陳設。如冠禮，但於中堂布席，如衆子之位。

厥明，陳服。如冠禮，但用背子、冠笄。序立。主婦如主人之位。將笄者雙紒，衫子，房中南面。

賓至，主婦迎入，升堂。如冠禮，但不用贊者，主婦升自阼階。賓爲將笄者加冠笄。適房，服背子。略如冠禮，但祝用始加之辭，不能則者。乃醮。如冠禮，辭亦同。乃字。如冠禮，但改祝辭「髦士」爲「女士」。乃禮賓，皆如冠儀。

校勘記

〔一〕以帟幕爲房於廳事東北　「東」原作「南」，據成書本、集注本改。

〔二〕或廳事無兩階　「兩」原作「西」，據成書本、集注本改。

〔三〕厥明夙興　「夙」原作「宿」，據集注本改。

〔四〕主人迎入　「入」，集注本作「立」。

〔五〕將冠者即席西向跪　「跪」字原脱，據成書本、集注本補。

〔六〕賓乃降　「賓」字原脱，據成書本、集注本補。

〔七〕享受胡福　「胡」，集注本作「斯」。

家禮卷第三

昏禮

議昏

男子年十六至三十，女子年十四至二十，司馬公曰：「古者，男三十而娶，女二十而嫁。今令文〔一〕，男年十五，女年十三以上，並聽昏嫁。今爲此説，所以參古今之道，酌禮令之中，順天地之理，合人情之宜也。」身及主昏者，無期以上喪，乃可成昏。大功未葬，亦不可主昏。凡主昏，如冠禮主人之法，但宗子自昏，則以族人之長爲主。

必先使媒氏往來通言，俟女氏許之，然後納采。司馬公曰：「凡議昏姻，當先察其婿與婦之性行及家法何如，勿苟慕其富貴。婿苟賢矣，今雖貧賤，安知異時不富貴乎？苟爲不肖，今雖富盛，安知異時不貧賤乎？婦者，家之所由盛衰也。苟慕其一時之富貴而娶之，彼挾其富貴，鮮有不輕其夫而傲其舅姑，養成驕妬之性，異日爲患，庸有極乎？借使因婦財以致富，依婦勢以取貴，苟有丈夫之志氣者，能無愧乎？又世俗好於襁褓童幼之時輕許爲昏，亦有指腹爲昏者，及其既長，或不肖無賴，或身有惡疾，或家貧凍餒，或喪服相仍，或從宦遠方，遂至棄信負約，速獄至訟者多矣。是以先祖太尉嘗曰：吾家男女，必俟既長，然後議昏。既通書，不數月必成昏。故終身無此悔，乃子孫所當法也。」

納采 納其采擇之禮，即今世俗所謂言定也。

主人具書，主人即主昏者。書用牋紙，如世俗之禮。若族人之子，則其父具書，告於宗子。夙興，奉以告於祠堂。如告冠儀。其祝版前同，但云「某之子某，若某之某親之子某，年已長成，未有伉儷，已議娶某官某郡姓名之女，今日納采，不勝感愴」。「謹以」後同。若宗子自昏，則自告。乃使子弟爲使者如女氏，女氏主人出見使者，使者盛服如女氏，女氏亦宗子爲主人，盛服出見使者。非宗子之女，則其父位於主人之右，尊則少進，卑則少退。啜茶畢，使者起致辭曰：「吾子有惠，貺室某也。某之某親某官有先人之禮，使某請納采。」從者以書進，使者以書授主人，主人對曰：「某之子若姊、姪、孫蠢愚，又弗能教，吾子命之，某不敢辭。」北向再拜，使者避，不答拜。使者請退俟命，出就次。若許嫁者於主人爲姑姊，則不云「蠢愚，又弗能教」，餘辭並同。遂奉書以告於祠堂。如壻家之儀。祝版前同，但云「某之第幾女，若某親某之第幾女，年漸長成，已許嫁某官某郡姓名之子，若某親某，今日納采，不勝感愴」。「謹以」後同。出以復書授使者，遂禮之。主人出，延使者升堂，授以復書，使者受之，請退。

主人請禮賓，乃以酒饌禮使者。使者至是始與主人交拜揖，如常日賓客之禮，其從者亦禮之别室，皆酬以幣。使者復命婿氏，主人復以告於祠堂。不用祝。

納幣古禮有問名、納吉，今不能盡用，止用納采、納幣，以從簡便。

納幣幣用色繒。貧富隨宜，少不過兩，多不踰十。今人更用釵釧、羊酒、果實之屬，亦可。具書，遣使如女氏，女氏受書，復書，禮賓，使者復命，並同納采之儀。禮如納采，但不告廟。使者致辭，改「采」爲「幣」。從者以書幣進。使者以書授主人，主人對曰：「吾子順先典，貺某重禮，某不敢辭，敢不承命？」乃受書。執事者受幣，主人再拜，使者避之，復進請命，主人授以復書。餘並同。

親迎

前期一日，女氏使人張陳其婿之室。世俗謂之鋪房。然所張陳者，但氈褥帳幔帷幙應用之物，其衣服鏁之篋笥，不必陳也。司馬公曰：「文中子曰：『昏娶而論財，夷虜之道也。』夫昏姻者，所以合二姓之好，上以事宗廟，下以繼後世也。今世俗之貪鄙者，將娶婦，先問資裝之厚薄；將嫁女，先問聘財之多少。至於立契約云『某物若干，某物若干』，以求售其女者，亦有既嫁而復欺紿負約者，是乃駔儈賣婢鬻奴之法，豈得謂之士大夫昏姻哉？其舅姑既被欺紿，則殘虐其婦，以攄其忿，由是愛其女者，務厚其資裝，以悦其舅姑者，殊不知彼貪鄙之人，不可盈厭，資裝既竭，則安用汝女哉？於是質其女以責貨於女氏，貨有盡而責無窮，故昏姻之家往往終爲仇讎矣。是以世俗生男則喜，生女則戚，至有不舉其女者，用此故也。然則議昏姻有及於財者，皆勿與爲昏姻可也。」

厥明，婿家設位於室中，設倚、卓子兩位，東西相向。蔬果、盤盞、匕筯如賓客之禮，酒壺在東位之後。又以卓子置合卺一於其南，又南北設二盥盆勺於室東隅，又設酒壺盞注於室外或別室，以飲從者。卺音謹，以小匏一判而兩之。女家設次於外。初昏，婿盛服。世俗新婿帶花勝以擁蔽其面，殊失丈夫之容體，勿用可也。主人告於祠堂，如納采儀。祝版前同，但云：「某之子某，若某親之子某，將以今日親迎於某官某郡某氏，不勝感愴」。「謹以」後同。若宗子自昏，則自告。遂醮其子，而命之迎。先以卓子設酒注盤盞於堂上。主人盛服，坐於堂之東序，西向。設婿席於其西北，南向。婿升自西階，立於席西，南向。贊者取盞斟酒，執之詣婿席前。婿再拜，升席，南向受盞，跪，祭酒，興，就席末，跪，啐酒，興，降，西授贊者盞，又再拜，進詣父坐前，東向跪。父命之曰：「往迎爾相，承我宗事，勉率以敬，若則有常。」婿曰：「諾，惟恐不堪，不敢忘命。」俛伏，興，出。非宗子之子，則宗子告於祠堂，而其父醮於私室如儀。但改「宗事」爲「家事」。若宗子已孤而自昏，則不用此禮。婿出，乘馬以二燭前導。至女家，俟於次。婿下馬於大門外，入俟於次。女家主人告於祠堂，如納采儀。祝版前同，但云「某之第幾女，若某親某之第幾女，將以今日歸於某官某郡姓名，不勝感愴」。「謹以」後同。遂醮其女而命之。女盛飾，姆相之，立於室外南向。父坐東序，西向，母坐西序，東向。設女席於母之東北，南向。贊者醮以酒，如婿禮。姆導女出於母左，父起命之曰：「敬之，戒之，夙夜無違爾舅姑之命。」母送至西階上，爲之整冠斂帔，命之曰：「勉之，敬之，夙夜無違爾閨門之禮。」諸母姑嫂姊送至於中門之内，爲之整裙衫，申以父母之命曰：「謹聽爾父母之言，夙夜無愆。」非宗子之女，則宗子告於祠堂，而其父醮於私室如儀。

主人出迎，婿入奠鴈。主人迎婿於門外，揖讓以入，婿執鴈以從，至於廳事。主人升自阼階，立，西向，婿升自西階，北向跪，置鴈於地，主人侍者受之。婿俛伏，興，再拜，主人不答拜。若族人之女，則其父從主人出迎，立於其右，尊則少進，卑則少退。凡贄用生鴈，左首以生色繒交絡之。無則刻木爲之。取其順陰陽往來之義。程子曰：「取其不再偶也。」姆奉女出，登車，姆奉女出中門，婿揖之，降自西階。主人不降。婿遂出，女從之。婿舉轎簾以俟，姆辭曰：「未教，不足與爲禮也。」女乃登車。婿乘馬先婦車。婦車亦以二燭前導。

至其家，導婦以入，婿至家，立於廳事，俟婦下車，揖之，導以入。婿婦交拜，婦從者布婿席於東方，婿從者布婦席於西方。婿盥於南，婦從者沃之，進帨；婦盥於北，婿從者沃之，進帨。婿揖，婦就席。婦拜，婿答拜。就坐，飲食，畢，婿出。婿揖，婦就坐，婿東婦西。從者斟酒，設饌。婿婦祭酒，舉殽。又斟酒，婿揖，婦舉飲，不祭，無殽。又取巹分置婿婦之前，斟酒，婿揖，婦舉飲，不祭，無殽。婿出，就他室，姆與婦留室中。徹饌，置室外設席。婿從者餕婦之餘，婦從者餕婿之餘。

復入，脱服，燭出。婿脱服，婦從者受之；婦脱服，婿從者受之。司馬公曰：「古詩云『結髮爲夫婦』，言自少年束髮即爲夫婦，猶李廣言『結髮與匈奴戰也』。今世俗昏姻，乃有結髮之禮，謬誤可笑，勿用可也。」

主人禮賓。男賓於外廳，女賓於中堂。

婦見舅姑

明日夙興，婦見於舅姑，婦夙興，盛服俟見。舅姑坐於堂上，東西相向。各置卓子於前。家人男女少於舅姑者立於兩序，如冠禮之敘。婦進立於阼階下，北面拜舅，升，奠贄幣於卓子上，舅撫之〔一〕，侍者以入。婦降，又拜，畢，詣西階下，北面拜姑，升，奠贄幣，姑舉以授侍者，婦降，又拜。若非宗子之子，而與宗子同居，則先行此禮於舅姑之私室，與宗子不同居，則如上儀。舅姑禮之。如父母醮女之儀。婦見於諸尊長。婦既受禮，降自西階，同居有尊於舅姑者，則舅姑以婦見於其室，如見舅姑之禮。還，拜諸尊長於兩序，如冠禮，無贄。小郎、小姑，皆相拜。非宗子之子而與宗子同居，則既受禮，詣其堂上拜之，如舅姑禮。而還見於兩序。其宗子及尊長不同居，則廟見而後往。若冢婦，則饋於舅姑，是日食時，婦家具盛饌、酒壺，婦從者設蔬果卓子於堂上舅姑之前，設盥盤於阼階東南，帨架在東。舅姑就坐，婦盥，升自西階，洗盞斟酒，置舅卓子上，降，俟舅飲畢，又拜，遂獻姑進酒，姑受，飲畢，婦降，拜。遂執饌升，薦於舅姑之前，侍立姑後，以俟卒食，徹飯。侍者徹餘饌，分置別室，婦就餕姑之餘，婦從者餕舅之餘，婿從者又餕婦之餘。非宗子之子，則於私室如儀。舅姑饗之。如禮婦之儀。禮畢，舅姑先降自西階，婦降自阼階。

廟見

三日，主人以婦見於祠堂。古者三月而廟見，今以其太遠，改用三日。如子冠而見之儀，但告辭曰：「子某之婦某氏，敢見。」餘並同。

壻見婦之父母

明日，壻往見婦之父母，婦父迎送揖讓，如客禮。拜，既跪而扶之。入見婦母，婦母闔門左扉，立於門内，壻拜於門外。皆有幣。婦父非宗子，即先見宗子夫婦，不用幣，如上儀。然後見婦之父母。次見婦黨諸親，不用幣。婦女相見如上儀。婦家禮壻，如常儀。親迎之夕，不當見婦母及諸親及設酒饌，以婦未見舅姑故也。

校勘記

〔一〕今令文　「文」原作「丈」，據成書本、集注本改。

〔二〕舅撫之　「撫」原作「授」，據成書本、集注本改。

家禮卷第四

喪禮

初終

疾病，遷居正寢。凡疾病，遷居正寢，内外安静，以俟氣絶。男子不絶於婦人之手，婦人不絶於男子之手。既絶乃哭。復。侍者一人，以死者之上服嘗經衣者，左執領，右執要，升屋中霤，北面招以衣，三呼曰：「某人復。」畢，卷衣，降，覆尸上。男女哭擗無數。上服，謂有官則公服，無官則襴衫、皂衫、深衣；婦人大袖、背子。呼某人者，從生時之號。立喪主，凡主人謂長子；無，則長孫承重，以奉饋奠。其與賓客爲禮，則同居之親且尊者主之。主婦，謂亡者之妻；無，則主喪者之妻。護喪，以子弟知禮能幹者爲之，凡喪事皆禀之。司書，司貨，以子弟或吏僕爲之。乃易服不食。妻、子、婦、妾皆去冠及上服，被髮。男子扱上衽，徒跣。餘有服者皆去華飾。爲人後者爲本生父母及女子已嫁者，皆不被髮、徒跣。諸子三日不食。期九月之喪，三不食；五月三月之喪，再不食。親戚鄰里，爲糜粥以食之；尊長，强之少食可也。扱上衽，謂插衣前襟之帶。華飾，謂錦繡、紅紫、金玉、珠翠之類。治棺。護喪，命匠擇木爲棺，油杉爲上，柏次之，土杉爲下。其制方直，頭大足小，僅取容身，勿令高大及爲虚簷高足。内外皆用灰漆。内仍用瀝清溶瀉，厚半寸以上。煉熟秫米灰鋪其底，厚四寸許。加七星版。底四隅各釘大鐵環，動則以大索貫而舉之。司馬公曰：「棺欲厚，然太厚則重而難以致遠，又不必高大，占地使壙中寬，易致摧毁，宜深戒之。椁雖聖人所制，自古用之，然板木歲久終歸腐爛，徒使壙中寬大，不能牢固，不若不用之爲愈也。孔子葬鯉，有棺而無椁，又許貧者還葬而無椁，今不欲用，非爲貧也，乃欲保安亡者耳。」程子曰：「雜書有松脂入地千年爲伏苓，萬年爲琥珀之説。蓋物莫久於此，故以塗棺。古人已有用之者。」訃告於親戚僚友。護喪、司書爲之發書，若無，則主人自訃親戚，不訃僚友。自餘書問悉停，以書來弔者並須卒哭，後答之。

沐浴　襲　奠　爲位　飯含

執事者設幃及牀，遷尸，掘坎。執事者以幃幛卧内，侍者設牀於尸牀前縱置之，施簀去薦，設席枕，遷尸其上，南首，覆以衾，掘坎於屏處潔地。陳襲衣，以卓子陳於堂前東壁下，西領南上。幅巾一。充耳二，用白纊，如棗核大，所以塞耳者也。幎目，帛方尺二寸，所以覆面者也。握手，用帛，長尺二寸，廣五寸，所以裹手者也。深衣一。大帶一。履二。袍、襖、汗衫、袴、襪、勒帛、裹肚之類，隨所用之多少。沐浴、飯含之具。以卓子陳於堂前西壁下，南上。錢三，實於小箱。米二升，以新水淅令精，實於盌。

櫛一。沐巾一。浴巾二，上下體各用其一也。乃沐浴，侍者以湯入，主人以下皆出帷外，北面。侍者沐髮，櫛之，晞以巾，撮爲髻；抗衾而浴，拭以巾；剪爪，并沐浴餘水、巾櫛棄於坎而埋之。襲。侍者設襲牀於幃外，施薦、席、褥、枕，先置大帶、深衣、袍、襖、汗衫、袴、韈、勒帛、裹肚之類於其上，遂舉以入，置浴牀之西。遷尸其上，悉去病時衣及復衣，易以新衣，但未着幅巾、深衣、履。徙尸牀，置堂中間。卑幼，則各於室中間，餘言堂者放此。乃設奠。執事者以卓子置脯醢，升自阼階。祝盥手，洗盞，斟酒，奠於尸東，當肩，巾之。祝以親戚爲之。主人以下爲位而哭。主人坐於牀東奠北，衆男應服三年者坐其下，皆藉以稾。同姓期、功以下，各以服次坐於其後，皆西面南上。尊行以長幼坐於牀東北壁下，南向西上，藉以席薦。主婦、衆婦女坐於牀西，藉以稾。同姓婦女以服爲次，坐於其後，皆東向南上。尊行以長幼坐於牀西北壁下，南向東上，藉以席薦。妾婢立於婦女之後。别設幃以障内外。異姓之親，丈夫坐於帷外之東，北向西上；婦人坐於帷外之西，北向東上。皆藉以席，以服爲行，無服在後。若内喪，則同姓丈夫尊卑坐於帷外之東，北向西上；異姓丈夫坐於帷外之西，北向東上。三年之喪，夜則寢於尸旁，藉稾枕塊，病羸者，藉以草薦可也。期以下，寢於側近，男女異室，外親歸家可也。乃飯含。主人哭盡哀，左袒，自前扱於腰之右，盥手，執箱以入。侍者一人，插匙於米盌，執以從，置於尸西，以幎巾入，徹枕，覆面。主人就尸東，由足而西，牀上坐，東面舉巾，以匙抄米，實於尸口之右，并實一錢，又於左、於中，亦如之。主人襲所袒衣，復位。侍者卒襲，覆以衾。加幅巾，充耳，設幎目，納履，乃襲深衣，結大帶，設握手，乃覆以衾。

靈座　魂帛　銘旌

置靈座，設魂帛，設椸於尸南，覆以帊，置倚卓其前。結白絹爲魂帛，置倚上。設香爐、香合、玟杯，注酒果於卓子上。侍者朝夕設櫛頮，奉養之具皆如平生。司馬公曰：「古者鑿木爲重，以主其神，今令式亦有之，然士民之家，未嘗識也。故用束帛依神謂之魂帛，亦古禮之遺意也。世俗皆畫影，置於魂帛之後，男子生時有畫像，用之，猶無所謂，至於婦人，生時深居閨門，出則乘輜軿，擁蔽其面，既死，豈可使畫工直入深室，揭掩面之帛，執筆訾相，畫其容貌，此殊爲非禮。又世俗或用冠帽衣履裝飾如人狀，此尤鄙俚不可從也。」立銘旌，以絳帛爲銘旌，廣終幅，三品以上，九尺；五品以下，八尺；六品以下，七尺。書曰：「某官某公之柩。」無官即隨其生時所稱，以竹爲杠，如其長，倚於靈座之右。不作佛事，司馬公曰：「世俗信浮屠誑誘，於始死，及七七日，百日，期年，再期，除喪，飯僧，設道場，或作水陸大會，寫經造像，修建塔廟，云爲此者滅彌天罪惡，必生天堂，受種種快樂，不爲者必入地獄，剉燒舂磨，受無邊波吒之苦。殊不知人生含氣血，知痛癢，或剪爪剃髮從而燒斫之，已不知苦，況於死者，形神相離，形則入於黃壤，朽腐消滅，與石木等，神則飄若風火，不知何之，借使剉燒舂磨，豈復知之？且浮屠所謂天堂地獄者，計亦以勸善而懲惡也，茍不以至公行之，雖鬼何得而治乎？是以唐廬州刺史李丹與妹書曰：『天堂無則已，有則君子登。地獄無則已，有則小人入。』世人親死而禱浮屠，是不以其親爲君子，而爲積惡有罪之小人也。何待其親之不厚哉，就使其親實積惡有罪，豈賂浮屠所能免乎？此則中智所共知，而舉世滔滔信奉之，何其易惑而難曉也。甚者至有傾家破産然後已，與其如此，曷若早賣田營墓而葬之乎？彼天堂地獄，若果有之，當與天地俱生，自佛法未入中國之前，人死而復生者，亦有之矣，何故無一人誤入地獄，見閻羅等十王者耶？不學者固不足言，讀書知古者亦可以少悟矣。」執友親厚之人，至是入哭可也。主人未成服而來哭者，當服深衣，臨尸哭盡哀，出，拜靈座，上香，再拜，遂弔。主人相向哭盡哀〔一〕。主人以哭對無辭。

小斂　袒　括髮　免　髽　奠　代哭

厥明，謂死之明日。執事者陳小斂衣衾，以卓陳於堂東北壁下，據死者所有之衣，隨宜用之，若多，則不必盡用也〔二〕。衾用複者。絞，橫者三，縱者一，皆以細布或綵一幅而析其兩端爲三，橫者取足以周身相結，縱者取足以掩首至足而結於身中。設奠，設卓子於阼階東南，置奠饌及盃、注於其上，巾之。設盥盆、帨巾各二於饌東，其東有臺者，祝所盥也，其西無臺者，執事者所盥也。別以卓子設潔滌盆、新拭巾於其東，所以洗盃拭盃也。此一節至遣並同〔三〕。具括髮麻、免布、髽麻，括髮，謂麻繩撮髻，又以布爲頭須也。免，謂裂布或縫絹廣寸，自項向前交於額上，卻遶髻如著掠頭也。髽，亦用麻繩撮髻，竹木爲簪也。設之皆於別室。設小斂牀、布絞、衾、衣，設小斂牀，施薦席褥於西階之西，鋪絞、衾、衣舉之，升自西階，置於尸南，先布絞之橫者三於下，以備周身相結，乃布縱者一於上，以備掩首及足也。衣或顛或倒，但取方正，唯上衣不倒。乃遷襲奠，執事者遷置靈座西南，俟設新奠，乃去之。後凡奠皆放此。遂小斂。侍者盥手舉尸，男女共扶助之，遷於小斂牀上。先去枕而舒絹，疊衣以藉其首，仍卷兩端以補兩肩空處。又卷衣夾其兩脛，取其正方，然後以餘衣掩尸，左衽不紐裹之以衾，而未結以絞，未掩其面，蓋孝子猶俟其復生欲時見其面故也。斂畢，則覆以衾。主人主婦憑尸哭擗，主人西向憑尸哭擗，主婦東向亦如之。凡子於父母，憑之；父母於子、夫於妻，執之。婦於舅姑奉之；舅於婦撫之，於昆弟執之。凡憑尸，父母先，妻子後。袒、括髮、免、髽於別室。男子斬衰者，袒、括髮；齊衰以下至同五世祖者，皆袒、免於別室。婦人髽於別室。還遷尸牀於堂中，執事者徹襲牀，遷尸其處。哭者復位。尊長坐，卑幼立。乃奠。祝帥執事者，盥手，舉饌，升自阼階。至靈座前，祝焚香，洗盞，斟酒，奠之。卑幼者皆再拜。侍者巾之。主人以下哭盡哀，乃代哭不絕聲。

大斂

厥明，小斂之明日，死之第三日也。司馬公曰：「禮曰：三日而斂者，俟其復生也，三日而不生，則亦不生矣，故以三日爲之禮也。今貧者喪具或未辦，或漆棺未乾，雖過三日，亦無傷也。世俗以陰陽拘忌，擇日而斂，盛暑之際，至有汁出蟲流，豈不悖哉！」執事者陳大斂衣衾，以卓子陳於堂東壁下，衣無常數，衾用有綿者。設奠具，如小斂之儀。舉棺入置於堂中少西，執事者先遷靈座及小斂奠於旁側，役者舉棺以入，置於牀西，承以兩凳。若卑幼，則於別室。役者出。侍者先置衾於棺中，垂其裔於四外。司馬公曰：「周人殯於西階之上，今堂室異制，或狹小，故但於堂中少西而已。今世俗多殯於僧舍，無人守視，往往以年月未利，踰數十年不葬，或爲盜賊所發，或爲僧所棄，不孝之罪，孰大於此。」乃大歛。侍者與子孫、婦女俱盥手，掩首結絞，共舉尸納於棺中，實生時所落髮、齒及所剪爪於棺角，又揣其空缺處，卷衣塞之，務令充實，不可搖動，謹勿以金玉珍玩置棺中，啓盗賊心。收，衾先掩足，次掩首，次掩左，次掩右，令棺中平滿。主人、主婦憑哭盡哀。婦人退入幕中。乃召匠加蓋，下釘，徹牀，覆柩以衣。祝取銘旌，設跗於柩東，復設靈座於故處，留婦人兩人守之。司馬公曰：「凡動尸舉柩，哭擗無筭，然歛殯之際，亦當輟哭臨視，務令安固，不可但哭而已。」按古者大歛而殯，既大歛則累墼塗之，今或漆棺未乾，又南方土多螻蟻，不可塗殯，故從其便。設靈牀於柩東，牀、帳、薦、席、屏、枕、衣、被之屬，皆如平生時。乃設奠。如小歛之儀。主人以下各歸喪次，中門之外，擇樸陋之室，爲丈夫喪次。斬衰，寢苫枕塊，不脱絰帶，不與人坐焉，非時見乎母也，不及中門。齊衰，寢席。大功以下，異居者既殯而歸，居宿於外，三月而復寢。婦人次於中門之内别室，或居殯側，去帷帳衾褥之華麗者，不得輒至男子喪次。止代哭者。

成服

厥明，大歛之明日，死之第四日也。五服之人，各服其服，入就位，然後朝哭，相弔如儀。

其服之制，一曰斬衰三年，斬，不緝也。衣裳皆用極麤生布，旁及下際皆不緝也。裳，前三幅，後四幅，縫内向，前後不連。每幅作三㡇。㡇，謂屈其兩邊相著而空其中也。衣長過腰，足以掩裳上際，縫外向。背有負版，用布方尺八寸，綴於領下垂之，前當心有衰，用布長六寸，廣四寸，綴於左衿之前。左右有辟領，各用布方八寸，屈其兩頭相著爲廣四寸，綴於領下。在負版兩旁，各攙負版一寸。兩腋下有衽，各用布三尺五寸，上下各留一尺，正方一尺之外，上於左旁裁入六寸，下於右旁裁入六寸，便於盡處相望斜裁。却以兩方左右相沓，綴於衣兩旁，垂之向下，狀如燕尾，以掩裳旁際也。冠，比衣裳用布稍細，紙糊爲材，廣三寸，長足跨頂，前後裹以布，爲三輒，皆向右，縱縫之。用麻繩一條，從額上約之，至頂後交過前，各至耳，結之以爲武，屈冠兩頭入武内，向外反屈之，縫於武，武之餘繩垂下爲纓，結於頤下。首絰，以有子麻爲之，其圍九寸，麻本在左，從額前向右圍之，從頂過後，以其末加於本上，又以繩爲纓以固之，如冠之制。腰絰，大七寸有餘，兩股相交，兩頭結之，各存麻本，散垂三尺，其交結處兩旁各綴細繩繫之。絞帶，用有子麻繩一條，大半腰絰，中屈之爲兩股，各一尺餘，乃合之。其大如絰，圍腰從左過後至前，乃以其右端穿兩股間而反插於右，在絰之下。苴杖，用竹，高齊心，本在下。屨亦粗麻爲之。婦人則用極麤生布爲大袖、長裙、蓋頭，皆不緝，布頭帤，竹釵、麻屨。衆妾則以背子代大袖。凡婦人皆不杖。其正服，則子爲父也。其加服，則嫡孫父卒，爲祖若曾、高祖承重者也。父爲嫡子，當爲後者也。其義服，則婦爲舅也；夫承重，則從服也；爲人後者，爲所後父也；爲所後祖承重也；夫爲人後，則妻從服也；妻爲夫也；妾爲君也。

二曰齊衰三年、齊，緝也。其衣裳冠制，並如斬衰，但用次等麤生布，緝其旁及下際。冠以布爲武及纓。首絰，以無子麻爲之，大七寸餘，本在右，末繫本下，布纓。腰絰，大五寸餘。絞帶，以布爲之[四]，而屈其右端尺餘。杖，以桐爲之，上圓下方。婦人服同斬衰，但布用次等爲異。後皆放此。其正服，則子爲母也。士之庶子爲其母同，而爲父後，則降也。其加服，則嫡孫父卒，爲祖母若曾、高祖母承重者也。母爲嫡子當爲後者也。其義服，則婦爲姑也；夫承重則從服也；爲繼母也；

爲慈母，謂庶子無母而父命他妾之無子者慈已也；繼母爲長子也；妾爲君之長子也。杖期、服制同上，但又用次等生布。其正服，則嫡孫父卒祖在，爲祖母也。其服降，則爲嫁母、出母也。其義服，則爲父卒繼母嫁而已從之者也；夫爲妻也。子爲父後，則爲出母、嫁母無服。繼母出則無服也。不杖期、服制同上，但不杖，又用次等生布。其正服，則爲祖父母。女雖適人，不降也。庶子之子爲父之母，而爲祖後則不服也。爲伯叔父也。爲兄弟也。爲衆子男女也。爲兄弟之子也。爲姑姊妹女在室及適人而無夫與子者也。婦人無夫與子者，爲其兄弟姊妹及兄弟之子也。妾爲其子也。其加服，則爲嫡孫若曾元孫當爲後者也；女適人者爲兄弟之爲父後者也。其降服，則嫁母、出母爲其子，子雖爲父後，猶服也。妾爲其父母也。其義服，則繼母、嫁母爲前夫之子從已者也；爲伯叔母也；爲夫兄弟之子也；繼父同居，父子皆無大功之親者也；妾爲女君也；妾爲君之衆子也；舅姑爲嫡婦也。五月、服制同上。其正服，則爲曾祖父母。女適人者不降也。三月，服制同上。其正服，則爲高祖父母。女適人者不降也。其義服，則繼父不同居者，謂先同今異，或雖同居而繼父有子，已有大功以上親者也。其元不同居者則不服。三曰大功九月，服制同上，但用稍粗熟布，無負版、衰、辟領。首絰五寸餘，腰絰四寸餘。其正服，則爲從父兄弟姊妹，謂伯叔父之子也；爲衆孫男女也。其義服，則爲衆子婦也；爲兄弟子之婦也；爲夫之祖父母、伯叔父母、兄弟子之婦也；夫爲人後者，其妻爲本生舅姑也。四曰小功五月，服制同上，但用稍熟細布，冠左縫。首絰四寸餘，腰絰三寸餘。其正服，則爲從祖祖父、從祖祖姑，謂祖之兄弟姊妹也；爲兄弟之孫；爲從祖父、從祖姑，謂從祖祖父之子，父之從父兄弟姊妹也〔五〕；爲從父兄弟之子也；爲從祖兄弟姊妹，謂從祖父之子，所謂再從兄弟姊妹者也；爲外祖父母，謂母之父母也；爲舅，謂母之兄弟也；爲甥也；爲從母，謂母之姊妹也；爲姊妹之子也；爲同母異父之兄弟姊妹也；其義服，則爲從祖祖母也；爲夫兄弟之孫也；爲從祖母也；爲夫從兄弟之子也；爲夫之姑姊妹，適人者不降也；女爲兄弟姪之妻，已適人亦不降也；爲娣姒婦，謂兄弟之妻相名，長婦謂次婦曰娣婦，娣婦謂長婦曰姒婦也；庶子爲嫡母之父母、兄弟、姊妹，嫡母死則不服也；母出則爲繼母之父母、兄弟、姊妹也；爲庶母慈已者，謂庶母之乳養已者也；爲嫡孫若曾元孫之當爲後者之婦，其姑在則否也；爲兄弟之妻也；爲夫之兄弟也。五曰緦麻三月。服制同上，但用極細熟布。首絰三寸，腰絰二寸，並用熟麻，纓亦如之。其正服，則爲族曾祖父、族曾祖姑，謂曾祖之兄弟姊妹也；爲兄弟之曾孫也；爲族祖父、族祖姑，謂族曾祖父之子也；爲從父兄弟之孫也；爲族父、族姑，謂族祖父之子也；爲從祖兄弟之子也；爲族兄弟姊妹，謂族父之子，所謂三從兄弟姊妹也；爲曾孫元孫也；爲外孫也；爲從母兄弟姊妹，謂從母之子也；爲外兄弟，謂姑之子也；爲内兄弟，謂舅之子也。其降服，則庶子爲父後者爲其母，而爲其母之父母、兄弟、姊妹則無服也。其義服，則爲族曾祖母也；爲夫兄弟之曾孫也；爲族祖母也；爲夫從兄弟之孫也；爲族母也；爲夫從祖兄弟之子也；爲庶孫之婦也；士爲庶母，謂父妾之有子者也；爲乳母也；爲婿也；爲妻之父母，妻亡而別娶亦同，即妻之親母雖嫁出，猶服也；爲夫之曾祖、高祖也；爲夫之從祖祖父母也；爲兄弟孫之婦也；爲夫兄弟孫之婦也；爲夫之從祖父母也；爲從父兄弟子之婦也；爲夫從兄弟子之婦也；爲夫從父兄弟之妻也；爲夫之從父姊妹，適人者不降也；爲夫之外祖父母也；爲夫之從母及舅也；爲外孫婦也；女爲姊妹之子婦也；爲甥婦也。

凡爲殤服，以次降一等，凡年十九至十六爲長殤，十五至十二爲中殤，十一至八歲爲下殤。應服期者，長殤降服大功九月，中殤七月，下殤小功五月。應服大功以下，以次降等。不滿八歲，爲無服之殤，哭之以日易月。生未三月，則不哭也。男子已娶，女子許嫁，皆不爲殤。凡男爲人後，女適人者，爲其私親皆降一等，私親之爲之也亦然。女適人者，降服未滿被出，則服其本服。已除，則不復服也。凡婦服夫黨，當喪而出則除之。凡妾爲其私親，則如衆人。成服之日，主人及兄弟始食粥。諸子食粥。妻妾及期九月，疏食水飲，不食菜菓；五月三月者，飲酒食肉，不與宴樂。自是無故不出，若以喪事不得已而出入，則乘樸馬、布鞍、素轎、布簾。凡重喪未除而遭輕喪，則制其服而哭之，月朔設位，服其服而哭之。既畢，返重服。其除之也，亦服輕服。若除重喪，而輕服未除，則服輕服以終其餘日。

朝夕哭奠　上食

朝奠，每日晨起，主人以下皆服其服，入就位。尊長坐哭，卑者立哭。侍者設盥櫛之具於靈牀側，奉魂帛出就靈座，然後朝奠。執事者設蔬果脯醢。祝盥手焚香斟酒。主人以下再拜，哭盡哀。食時上食；如朝奠儀。夕奠，如朝奠儀。畢，主人以下奉魂帛入就靈牀，哭盡哀。哭無時。朝夕之間，哀至則哭於喪次。朔日，則於朝奠設饌。饌用肉魚麪米食羹飯各一器，禮如朝奠之儀。有新物則薦之。如上食儀。

弔 奠 賻

凡弔，皆素服。幞頭、衫、帶皆以白生絹爲之。奠用香、茶、燭、酒、果，有狀，或用食物即別爲文。賻用錢帛。有狀，惟親友分厚者有之。具刺通名，賓主皆有官，則具門狀，否則名紙題其陰面，先使人通之，與禮物俱入。既通名，喪家炷火燃燭布席，皆哭以俟。護喪出迎賓，賓入至廳事，進揖曰：「竊聞某人傾背，不勝驚怛，敢請入酹，并伸慰禮。」護喪引賓入，至靈座前，哭盡哀，再拜，焚香，跪酹茶酒，俛伏興。護喪止哭者。祝跪，讀祭文奠賻狀於賓之右。畢，興。賓主皆哭盡哀。賓再拜。主人哭出，西向，稽顙再拜。賓亦哭，東向答拜，進曰：「不意凶變，某親某官，奄忽傾背，伏惟哀慕，何以堪處。」主人對曰：「某罪逆深重，禍延某親，伏蒙奠酹，并賜臨慰，不勝哀感。」又再拜，賓答拜，又相向哭盡哀。賓先止，寬譬主人曰：「修短有數，病毒奈何，願抑孝思，俯從禮制。」乃揖而出。主人哭而入。護喪送至廳事，茶湯而退。主人以下止哭。若亡者官尊即云「薨逝」，稍尊即云「捐館」；生者官尊，則云「奄棄榮養」；存亡俱無官，即云「色養」。若尊長拜賓，禮亦同此。惟其辭各如啓狀之式，見卷末。

聞喪 奔喪〔六〕

始聞親喪，哭，親，謂父母也。以哭答使者，又哭盡哀，問故。易服，裂布爲四脚白布衫，繩帶麻屨。遂行。日行百里，不以夜行，雖哀戚，猶辟害也。道中哀至則哭，哭避市邑喧繁之處。司馬公曰：「今人奔喪及從柩行者，遇城邑則哭，過則止，是飾詐之道也。」望其州境、其縣境、其城、其家、皆哭。家不在城，則望其鄉哭。入門，詣柩前再拜，再變服，就位哭。初變服如初喪，柩東西面坐，哭盡哀。又變服如小斂，大斂〔七〕亦如之。後四日成服。與家人相弔，賓至拜之如初。若未得行，則爲位不奠。設椅子一枚，以代尸柩，左右前後設位哭如儀，但不設奠。若喪側無子孫，則此中設奠如儀。變服，亦以聞後之第四日。在道至家，皆如上儀。若喪側無子孫，則在道朝夕爲位設奠至家，但不變服，其相弔、拜賓如儀。若既葬，則先之墓哭拜。之墓者，望墓哭，至墓哭拜，如在家之儀。未成服者，變服於墓，歸家詣靈座前哭拜，四日成服如儀。已成服者亦然，但不變服。齊衰以下聞喪，爲位而哭。尊長於正堂，卑幼於別室。司馬公曰：「今人皆擇日舉哀。凡悲哀之至，在初聞喪即當哭之，何暇擇日？但法令有不得於州縣公廨舉哀之文，則在官者，當哭於僧舍，其它皆哭於本家可也。」若奔喪，則至家成服；奔喪者，釋去華盛之服，裝辦即行。既至，齊衰望鄉而哭，大功望門而哭，小功以下至門而哭。入門詣柩前哭，再拜，成服，就位，哭弔如儀。若不奔喪，則四日成服。不奔喪者，齊衰，三日中朝夕爲位會哭，四日之朝成服亦如之；大功以下，始聞喪，爲位會哭，四日成服亦如之。皆每月朔爲位會哭，月數既滿，次月之朔乃爲位會哭而除之，其間哀至則哭可也。

治葬

三月而葬，前期擇地之可葬者。司馬公曰：「古者，天子七月，諸侯五月，大夫三月，士踰月而葬。今五服年月，敕王公以下，皆三月而葬。然世俗信葬師之説，既擇年月日時，又擇山水形勢，以爲子孫貧富貴賤，賢愚壽夭，盡繫於此，而其爲術又多不同，爭論紛紜，無時可決，至有終身不葬，或累世不葬，或子孫衰替，忘失處所，遂棄捐不葬者，正使殯葬實能致人禍福，爲子孫者亦豈忍使其親臭腐暴露而自求其利耶？悖禮傷義，無過於此。然孝子之心，慮患深遠，恐淺則爲人所抇，深則濕潤速朽，故必求土厚水深之地而葬之，所以不可不擇也。」或曰：「家貧鄉遠，不能歸葬，則如之何？」公曰：「子游問喪具，夫子曰：『稱家之有亡。』子游曰：『有亡烏乎齊？』夫子曰：『有亡過禮，苟亡矣。斂手足形，還葬懸棺而窆，人豈有非之者哉？』昔廉范千里負喪，郭原平自責營墓，豈待豐富然後葬其親哉？在禮，未葬不變服，食粥，居廬，寢苫，枕塊，蓋閔親之未有所歸，故寢食不安，奈何舍之出遊，食稻衣錦，不知其何以爲心哉。世人又有遊宦没於遠方，子孫火焚其柩，收燼歸葬者。夫孝子愛親之肌體，故斂而藏之。殘毁它人之尸，在律猶嚴，況子孫乃悖謬如此。其始蓋出於羌胡之俗，浸染中華，行之既久，習以爲常，見者恬然曾莫之怪，豈不哀哉！延陵季子適齊，其子死，葬於嬴博之間。孔子以爲合禮。必也不能歸葬，葬於其地可也，豈不猶愈於焚之哉！」抇音骨。惡音烏。齊，子細切。窆，彼斂切。程子曰：「卜其宅兆，卜其地之美惡也，非陰陽家所謂禍福者也。地之美，則其神靈安，其子孫盛。若培擁其根而枝葉茂，理固然美。地之惡者則反是。然則曷謂地之美者？土色之光潤，草木之茂盛，乃其驗也。父祖子孫同氣，彼安則此安，彼危則此危，亦其理也。而拘忌者惑以擇地之方位，決日之吉凶，不亦泥乎？甚者不以奉先爲計，而專以利後爲慮，尤非孝子安厝之用心也。惟五患者不得不謹，須使它日不爲道路，不爲城郭，不爲溝池，不爲貴勢所奪，不爲耕犁所及也。」一本云「所謂五患者，溝渠，道路，避村落，遠井窖」。愚按，古者葬地葬日皆決於卜筮，今人不曉占法，且從俗擇之可也。**擇日，開塋域，祠后土。**主人既朝哭，帥執事者於所得地掘兆，四隅外其壤，掘中南其壤，各立一標，當南門立兩標。擇遠親，或賓客一人，告后土氏。祝帥執事者設位於中標之左，南向，設盞注、酒果、脯醢於其前，又設盥盆帨巾二於其東南，其東有臺架，告者所盥，其西無者，執事者所盥也。告者吉服，入，立於神位之前，北向，執事者在其後，東上，皆再拜。告者與執事者皆盥帨。執事者一人取酒注西向跪，一人取盞東向跪。告者斟酒，反注，取盞，酹於神位前，俛伏興，少退立。祝執版立於告者之左，東向跪，讀之曰：「維某年歲月朔日子，某官姓名，敢告於后土氏之神。今爲某官姓名，營建宅兆，神其保佑，俾無後艱，謹以清酌脯醢，祇薦於神，尚饗！」訖，復位。告者再拜。祝及執事者皆再拜。徹，出。主人若歸，則靈座前哭，再拜。後放此。**遂穿壙，**司馬公曰：「今人葬有二法：有穿地直下爲壙，而懸棺以窆者；有鑿隧道旁，穿土室而攛柩於其中者。按，古者唯天子得爲隧道，其它皆直下爲壙，而懸棺以窆，今當以此爲法。其穿地宜狹而深，狹則不崩損，深則盜難近也。」**作灰隔，**穿壙既畢，先布炭末於壙底，築實，厚二三寸，然後布石灰、細沙、黄土拌匀者於其上，灰三分，二者各一可也，築實，厚二三尺。别用薄板爲灰隔，如椁之狀，内以瀝清塗之，厚三寸許，中取容棺。墻高於棺四寸許，置於灰上。乃於四旁旋下四物，亦以薄板隔之，炭末居外，三物居内，如底之厚，築之既實，則旋抽其板，近上復下炭灰等而築之，及墻之平而止。蓋既不用椁，則無以容瀝清，故爲此制。又炭禦木根，辟水蟻，石灰得沙而實，得土而黏，歲久結爲全石，螻蟻盜賊皆不能進也。程子曰：「古人之葬，欲比化不使土親膚。今奇玩之物，尚保藏固密，以防損污，況親之遺骨當如何哉？世俗淺識，惟欲不見而已。又有求速化之説者。是豈知必誠必信之義？且非欲求其不化也，未化之間，保藏當如是耳。」**刻誌石**，用石二片，其一爲蓋，刻云「有宋某官某公之墓」，無官則書其字曰「某君某甫」。其一爲底，刻云：「有宋某官某公諱某字某，某州某縣人，考諱某某官，母氏某封某，某年月日生，叙歷官遷次，某年月日終，某年月日葬於某鄉某里某處，娶某氏某人之女，子男某，某官，女適某官某人。」婦人，夫在，則蓋云「有宋某官姓名某封某氏之墓」，無封則云「妻」，夫無官則書夫之姓名；夫亡，則云「某官某公某封某氏」，夫無官則云「某君某甫妻某氏」。其底叙年若干適某氏，因夫子致封號，無則否。葬之日，以二石字面相向，而以鐵束束之，埋之壙前近地面三四尺間。蓋慮異時陵谷變遷，或誤爲人所動，而此石先見，則人有知其姓名者，庶能爲掩之也。**造明器**，刻木爲車馬、僕從、侍女，各執奉養之物，象平生而小。準令，五品六品，三十事；七品八品，二十事；非陞朝官，十五事。**下帳**，謂牀帳、茵席、倚卓之類，亦象平生而小。**苞**，竹掩一，以盛遣奠餘脯。**筲**，竹器五，以盛五穀。**甖**，甆器三，以盛酒脯醢。司馬公曰：「自明器以下，俟實土及半，乃於其旁，穿便房以貯之。」愚按，此雖古人不忍死其親之意，然實非有用之物，且脯肉腐敗，生蟲聚蟻，尤爲非便，雖不用可也。**大轝**，古者柳車制度甚詳，今不能然，但從俗爲之，取其牢固平穩而已。其法用兩長杠，杠上加伏兔，附杠處爲圓鑿。別作小方牀以載柩，足高二寸，旁立兩柱，柱外施圓枘，令入鑿中，長出其外，枘鑿之間須極圓滑，以膏塗之，使其上下之際柩常適平。兩柱近上更爲方鑿，加橫扃，扃兩頭出柱外者，更加小扃。杠兩頭施橫杠，橫杠上施短杠，短杠上或更加小杠。仍多作新麻大索以備札縛，此皆切要實用不可闕者。但如此制而以衣覆棺，亦足以少華道路。或更欲加飾，則以竹爲之格，以綵結之，上如撮蕉亭，施帷幔，四角垂流蘇而已。然亦不可太高，恐多罣礙。不須太華，徒爲觀美。若道路遠，決不可爲此虚飾，但多用油單裹柩，以防雨水而已。翣，以木爲筐，如扇而方，兩角高，廣二尺，高二尺四寸；衣以白布。柄長五尺。黼翣，畫黼；黻翣，畫黻；畫翣，畫雲氣。其緣皆爲雲氣，皆畫以紫準格。作主。程子曰：「作主用栗。趺方四寸，厚寸二分，鑿之洞底，以受主身。身高尺二寸，博三寸，厚寸二分，剡上五分爲圓首，寸之下勒前爲頷而判之，四分居前，八分居後。頷下陷中，長六寸，廣一寸，深四分。合之植於趺，下齊。竅其旁以通中，圓徑四分，居三寸六分之下，下距趺面七寸二分，以粉塗其前面。」司馬公曰：「府君、夫人，共爲一櫝。」愚按，古者虞主用桑，將練而後易之以栗。今於此便作栗主，以從簡便。或無栗，止用木之堅者。櫝用黑漆，且容一主，夫婦俱入祠堂，乃如司馬氏之制。

遷柩　朝祖　奠　賻　陳器　祖奠

發引前一日，因朝奠以遷柩告。設饌如朝奠。祝斟酒訖，北面跪，告曰：「今以吉辰遷柩，敢告。」俛伏興。主人以下哭盡哀，再拜。蓋古有啓殯之奠，今既不塗殯，則其禮無所施，然又不可全無節文，故爲此禮也。奉柩朝於祖，將遷柩，役者入，婦人退避。主人及衆主人輯杖立視。祝以箱奉魂帛前行，詣祠堂前。執事者奉奠及倚卓次之，銘旌次之，役者舉柩次之。主人以下從哭。男子由右，婦人由左，重服在前，輕服在後，服各爲叙。侍者在末。無服之親，男居男右，女居女左，皆次主人主婦之後。

婦人皆蓋頭。至祠堂前，執事者先布席，役者致柩於其上，北首而出。婦人去蓋頭。祝帥執事者設靈座及奠於柩西，東向。主人以下就位，立哭，盡哀，止。此禮蓋象平生將出，必辭尊者也。遂遷於廳事，執事者設帷於廳事。役者入，婦人退避。祝奉魂帛，導柩右旋，主人以下男女哭從如前。詣廳事，執事者布席，役者置柩於席上，南首而出。祝設靈座及奠於柩前，南向。主人以下就位坐哭，藉以薦席。乃代哭。如未殯之前，以至發引。親賓致奠賻。如初喪儀。陳器。方相在前，狂夫爲之，冠服如道士，執戈揚盾。四品以上，四目爲方相；以下，兩目爲魌頭。次明器、下帳、苞、筲、甖，以牀舁之；次銘旌，去跗執之；次靈車，以奉魂帛、香火；次大轝，轝旁有翣，使之執之。日晡時，設祖奠。饌如朝奠。祝斟酒訖，北向跪，告曰：「永遷之禮，靈辰不留，今奉柩車，式遵祖道。」俛伏興。餘如朝夕奠儀。司馬公曰：「若柩自宅所歸葬，則行日但設朝奠，哭而行，至葬乃備此及下遣奠禮。」

遣奠

厥明，遷柩就轝。轝夫納大轝於中庭，脱柱上横扃。執事者徹祖奠。祝北向跪，告曰：「今遷柩就轝，敢告。」遂遷靈座置旁側，婦人退避。召役夫遷柩就轝〔八〕，乃施扃加楔〔九〕，以索維之，令極牢實。男子從柩哭降視載〔一〇〕，婦人哭於帷中。載畢，祝帥執事者遷靈座於柩前，南向。乃設遣奠，饌如朝奠。有脯。惟婦人不在。奠畢，執事者徹脯納苞中，置舁牀上，遂徹奠。祝奉魂帛升車，焚香。别以箱盛主置帛後。至是，婦人乃蓋頭出帷，降階立哭。守舍者哭辭盡哀，再拜而歸。尊長則不拜。

發引

柩行，方相等前導，如陳器之敘。主人以下男女哭步從，如朝祖之敘。出門則以白幕夾障之。親尊長次之，無服之親又次之，賓客又次之。皆乘車馬。親賓或先待於墓所，或出郭哭拜、辭歸。親賓設幄於郭外道旁，駐柩而奠，如在家之儀。塗中遇哀則哭。若墓遠，則每舍設靈座於柩前，朝夕哭奠。食時上食。夜則主人兄弟皆宿柩旁，親戚共守衛之。

及墓　下棺　祠后土　題木主　成墳

未至，執事者先設靈幄，在墓道西，南向，有倚卓。親賓次，在靈幄前十數步，男東女西，女次北與靈幄相直，皆南向。婦人幄。在靈幄後壙西。方相至，以戈擊壙四隅。明器等至，陳於壙東南，北上。靈車至，祝奉魂帛就幄座，主箱亦置帛後。遂設奠而退。酒菓脯醢。柩至，執事者先布席於壙南，柩至，脱載置席上，北首。執事者取銘旌，去杠，置其上。主人男女各就位哭，主人、諸丈夫立於壙東，西向；主婦、諸婦女立於壙西幄内，東向。皆北上。如在塗之儀。賓客拜辭而歸。主人拜之，賓答拜。乃窆。先用木杠横於灰隔之上，乃用索四條穿柩底鐶，不結而下之，至杠上，則抽索去之。別摺細布若生絹兜柩底而下之，更不抽出，但裁其餘棄之。若柩無鐶，即用索兜柩底兩頭放下，至杠上乃去索，用布如前。大凡下柩最須詳審用力，不可誤有傾墜動摇，主人兄弟宜輟哭，親臨視之。已下，再整柩衣、銘旌，令平正。主人贈。玄六，纁四，各長丈八尺。主人奉置柩旁，再拜稽顙。在位者皆哭盡哀。家貧或不能具此數，則玄、纁各一可也。其餘金玉寶玩並不得入壙，以爲亡者之累。加灰隔内外蓋〔一一〕，先度灰隔大小，制薄板一片，旁距四墻，取令脗合，至是加於柩上，更以油灰彌之，然後旋旋少灌瀝清於其上，令其速凝，即不透板，約已厚三寸許，乃加外蓋。實以灰，三物拌匀者居下，炭末居上，各倍於底及四旁之厚，以酒灑而躡實之。恐震柩中，故未敢築，但多用之，以俟其實爾。乃實土而漸築之。下土每尺許，即輕手築之，勿令震動柩中。祠后土於墓左。如前儀。祝版前同，但云「今爲某官封謚，窆兹幽宅」。神其後同。藏明器等，實土及半，乃藏明器、下帳、苞、筲、甖於便房，以版塞其門。下誌石，墓在平地，則於壙内近南先布磚一重。置石其上，又以磚四圍之，而覆其上。若墓在山側峻處，則於壙南數尺間掘地深四五尺，依此法埋之。復實以土而堅築之。下土亦以尺許爲準，但須密杵堅築。題主，執事者設卓子於靈座東南，西向，置硯筆墨，對卓置盥盆帨巾如前。主人立於其前，北向。祝盥手出主，卧置卓上。使善書者盥手，西向立，先題陷中，父則曰「宋故某官某公諱某字某第幾神主」，粉面曰「皇考某官封謚府君神主」，其下左旁曰「孝子某奉祀」；母則曰「宋故某封某氏諱某字某第幾神主」，粉面曰「皇妣某封某氏神主」，旁亦如之。無官封則以生時所稱爲號。題畢，祝奉置靈座，而藏魂帛於箱中，以置其後，炷香斟酒，執板出於主人之右，跪讀之。日子同前，但云：「孤子某，敢昭告於皇考某官封謚府君。形歸窀穸，神返室堂，神主既成，伏惟尊靈，舍舊從新，是憑是依。」畢，懷之，興，復位。主人再拜，哭盡哀，止。母喪，稱哀子，後放此。凡有封謚皆稱之，後皆放此。祝奉神主升車，魂帛箱在其後。執事者徹靈座，遂行。主人以下哭從，如來儀。至墓門，尊長乘車馬，去墓百步許，卑幼亦乘車馬，但留子弟一人，監視實土以至成墳。墳高四尺，立小石碑於其前，亦高四尺，趺高尺許。司馬公曰：「按令式，墳碑石獸大小多寡，雖各有品數，然葬者當爲無窮之規。後世見此等物，安知其中不多藏金玉邪〔一二〕？是皆無益於亡者，而反有害。故令式又有貴得同賤，賤不得同貴之文，然則不若不用之爲愈也。」今按，孔子防墓之封，其崇四尺，故取以爲法。用司馬公説，别立小碑，但石須闊尺以上，其厚居三之二，圭首而刻其面，如誌之蓋，乃略述其世系名字行實而刻於其左，轉及後右而周焉。婦人則俟夫葬乃立，面如夫之誌蓋之刻云。

反哭

主人以下，奉靈車，在塗徐行哭。其反，如疑爲親在彼，哀至則哭。至家，哭。望門即哭。祝奉神主入，置於靈座，執事者先設靈座於故處。祝奉神主入，就位櫝之，并魂帛箱置主後。主人以下，哭於廳事，主人以下及門哭，入，升自西階，哭於廳事。婦人先入，哭於堂。遂詣靈座前，哭。盡哀，止。有弔者，拜之如初，謂賓客之親密者，既歸，待反哭而復弔。檀弓曰：「反哭之弔也，哀之至也。反而亡焉，失之矣！於是爲甚。」期九月之喪者，飲酒食肉，不與宴樂，小功以下，大功異居者，可以歸。

虞祭葬之日，日中而虞。或墓遠，則但不出是日可也。若去家經宿以上，則初虞於所館行之。

鄭氏曰：「骨肉歸於土，魂氣則無所不之，孝子爲其彷徨，三祭以安之。」

主人以下皆沐浴，或已晚不暇，即略自澡潔可也。執事者陳器、具饌。盥盆、帨巾各二，於西階西，東南上，東盆有臺，巾有架，西者無之。凡喪禮皆放此。酒瓶并架一於靈座東南，置卓子於其東，設注子及盤盞於其上。火爐、湯瓶於靈座西南，置卓子於其西，設祝版於其上。設蔬果盤盞於靈座前卓上，匕筯居内當中，酒盞在其西，醋楪居其東，果居外，蔬居果内，實酒於瓶。設香案於堂中，炷火於香爐，束茅聚沙於香案前。具饌如朝奠，陳於堂門外之東。祝出神主於座，主人以下皆入哭，主人及兄弟倚杖於室外，及與祭者皆入，哭於靈座前。其位皆北面，以服爲列，重者居前，輕者居後。尊長坐，卑幼立。丈夫處東，西上；婦人處西，東上。逐行各以長幼爲序，侍者在後。降神，祝止哭者。主人降自西階，盥手，帨手，詣靈座前，焚香，再拜。執事者皆盥帨，一人開酒，實於注，西面跪，以注授主人，主人跪受；一人奉卓上盤盞，東面跪於主人之左。主人斟酒於盞，以注授執事者，左手取盤盞，右手執盞，酹之茅上，以盤盞授執事者，俛伏興，少退，再拜，復位。祝進饌，執事者佐之。其設之叙如朝奠。初獻，主人進詣注子卓前，執注北向立。執事者一人取靈座前盤盞，立於主人之左。主人斟酒，反注於卓上，與執事者俱詣靈座前，北向立。主人跪，執事者亦跪，進盤盞，主人受盞，三祭於茅束上，俛伏興。執事者受盞奉詣靈座前，奠於故處。祝執版，出於主人之右，西向跪，讀之，前同，但云：「日月不居，奄及初虞，夙興夜處，哀慕不寧，謹以潔牲柔毛、粢盛醴齊，哀薦祫事，尚饗！」祝興。主人哭，再拜，復位，止。牲用豕，則曰「剛鬣」；不用牲，則曰「清酌庶羞」。祫，合也，欲其合於先祖也。亞獻，主婦爲之，禮如初。但不讀祝，四拜。終獻，親賓一人，或男或女爲之，禮如亞獻。侑食。執事者執注，就添盞中酒。主人以下皆出，祝闔門。主人立於門東，西向，卑幼丈夫在其後，重行北上。主婦立於門西，東向，卑幼婦女亦如之。尊長休於它所，如食間。祝啓門，主人以下入哭，辭神。祝進，當門北向噫歆，告啓門三，乃啓門。主人以下入就位。執事者點茶。祝立於主人之右，西向，告利成，斂主匣之，置故處。主人以下，哭再拜，盡哀，止，出就次。執事者徹。祝埋魂帛。祝取魂帛，帥執事者埋於屏處潔地。罷朝夕奠。朝夕哭。哀至，哭如初。

遇柔日，再虞。乙丁己辛癸爲柔日，其禮如初虞。惟前期一日陳器具饌，厥明夙興，設蔬果酒饌，質明行事，祝出神主於座，祝辭改「初虞」爲「再虞」，「祫事」爲「虞事」爲異。若墓遠，途中遇柔日，則亦於所館行之。遇剛日三虞。甲丙戊庚壬爲剛日，其禮如再虞。惟改「再虞」爲「三虞」，「虞事」爲「成事」。若墓遠，亦途中遇剛日，且闕之，須至家乃可行此祭。

卒哭檀弓曰：「卒哭曰『成事』。是日也，以吉祭易喪祭。」故此祭漸用吉禮。

三虞後遇剛日卒哭。

前期一日，陳器，具饌。並同虞祭。惟更設玄酒瓶一於酒瓶之西。

厥明夙興，設蔬果酒饌。並同虞祭。惟更取井花水充玄酒。質明，祝出主，同再虞。主人以下皆入哭〔一三〕，降神，並同虞祭。主人主婦進饌，主人奉魚肉，主婦盥帨，奉麪米食，主人奉羹，主婦奉飯以進，如虞祭之設。初獻，並同虞祭。惟祝執版出於主人之左，東向跪讀爲異。詞並同虞祭。但改「三虞」爲「卒哭」，「哀薦成事」下云：「來日隮祔於祖考某官府君，尚饗！」按此云祖考謂亡者之祖考也。亞獻，終獻，侑食，闔門，啓門，辭神，並同虞祭。唯祝西階上東面，告利成。自是朝夕之間，哀至不哭，猶朝夕哭。主人兄弟，蔬食水飲，不食菜菓，寢席枕木。

祔檀弓曰：「商既練而祔，周卒哭而祔。孔子善商。」注曰：「期而神之，人情。」然商禮既亡，其本末不可考。今三虞卒哭皆用周禮次第，則此不得獨從商禮。

卒哭明日而祔。卒哭之祭既徹，即陳器，具饌。器如卒哭。唯陳之於祠堂。堂狹，即於廳事，隨便。設亡者祖考妣位於中〔一四〕，南向西上，設亡者位於其東南，西向。母喪，則不設祖考位。酒瓶、玄酒瓶於阼階上；火爐湯瓶於西階上。具饌如卒哭而三分，母喪則兩分。祖妣二人以上，則以親者。雜記曰：「男子祔於王父則配，女子祔於王母則不配。」注云：「有事於尊者，可以及卑；有事於卑者，不敢援尊也。」

厥明夙興，設蔬果酒饌。並同卒哭。質明，主人以下哭於靈前，主人兄弟皆倚杖於階下，入哭，盡哀，止。按，此謂繼祖宗子之喪，其世嫡當爲後者主喪，乃用此禮。若喪主非宗子，則皆以亡者繼祖之宗主此祔祭。禮注云：「祔於祖廟，宜使尊者主之。」詣祠堂，奉神主出，置於座。祝軸簾，啓櫝，奉所祔祖考之主置於座内。執事者奉祖妣之主置於座，西上。若在它所，則置於西階上卓子上，然後啓櫝。若喪主非宗子而與繼祖之宗異居，則宗子爲告於祖，而設虚位以祭。祭訖，除之。還，奉新主入祠堂，置於座。主人以下還詣靈座所，哭。祝奉主櫝，詣祠堂西階上卓子上。主人以下哭從，如從柩之叙，至門，止哭。祝啓櫝，出主如前儀。若喪主非宗子，則唯喪主主婦以下還迎。叙立，若宗子自爲喪主，則叙立如虞祭之儀。若喪主非宗子，則宗子主婦分立兩階之下，喪主在宗子之右，喪主婦在宗子婦之左，長則居前，少則居後，餘亦如虞祭之儀。參神〔一五〕，在位者皆再拜，參祖考妣。降神。若宗子自爲喪主，則喪主行之；若喪主非宗子，則宗子行之。並同卒哭。祝進饌，並同虞祭。初獻，若宗子自爲喪主，則喪主行之；若喪主非宗子，則宗子行之。並同卒哭。但酌獻先詣祖考妣前，日子前同卒哭，祝版但云：「孝子某，謹以潔牲柔毛、粢盛醴齊，適於皇某考某官府君，隮祔孫某官，尚饗！」皆不哭；内喪則云：「皇某妣某封某氏隮祔孫婦某封某氏。」次詣亡者前，若宗子自爲喪主，則祝版同前，但云：「薦祔事於先考某官府君，適於皇某考某官府君，尚饗！」若喪主非宗子，則隨宗子所稱。若亡者於宗子爲卑幼，則宗子不拜。亞獻，終獻，若宗子自爲喪主，則主婦爲亞獻，親賓爲終獻；若喪主非宗子，則喪主爲亞獻，主婦爲終獻。並同卒哭及初獻儀，惟不讀祝。侑食，闔門，啓門，辭神，並同卒哭，但不哭。祝奉主各還故處。祝先納祖考妣神主於龕中匣之，次納亡者神主西階卓子上匣之，奉之反於靈座，出門。主人以下哭從，如來儀，盡哀止。若喪主非宗子，則哭而先行，宗子亦哭送之，盡哀止。若祭於它所，則祖考妣之主亦如新主納之。

小祥鄭氏云：「祥，吉也。」

期而小祥。自喪至此，不計閏，凡十三月。古者卜日而祭。今止用初忌，以從簡易。大祥放此。

前期一日，主人以下沐浴，陳器，具饌，主人帥衆丈夫灑掃滌濯，主婦帥衆婦女滌釜鼎，具祭饌。它皆如卒哭之禮。設次陳練服。丈夫、婦人各設次於别所，置練服於其中。男子以練服爲冠，去首絰、負版、辟領、衰；婦人截長裙，不令曳地。應服期者改吉服。然猶盡其月，不服金珠、錦繡、紅紫。唯爲妻者猶服禫，盡十五月而除。

厥明夙興，設蔬果酒饌。並同卒哭。質明，祝出主，主人以下入哭。皆如卒哭。但主人倚杖於門外，與期親各服其服而入。若已除服者來預祭，亦釋去華盛之服，皆哭盡哀止。乃出，就次，易服，復入哭，祝止之。降神，如卒哭。三獻，如卒哭之儀。祝版同前，但云：「日月不居，奄及小祥。夙興夜處，小心畏忌。不惰其身，哀慕不寧。敢用潔牲柔毛、粢盛醴齊，薦此常事，尚饗！」侑食，闔門，啓門，辭神，皆如卒哭之儀。止朝夕哭，惟朔望，未除服者會哭。其遭喪以來，親戚之未嘗相見者相見。雖已除服，猶哭盡哀，然後叙拜。始食菜果。

大祥

再期而大祥。自喪至此，不計閏，凡二十五月，亦止用第二忌日祭。

前期一日，沐浴，陳器，具饌，皆如小祥。設次，陳禫服，司馬公曰：「丈夫垂脚黲紗幞頭，黲布衫，布裹角帶，未大祥間假以出謁者。婦人冠梳假髻，以鵝黃青碧皂白爲衣履，其金珠紅繡，皆不可用。」告遷於祠堂。以酒果告，如朔望之儀。無親盡之祖，則祝版云云，使其主祭告訖，改題神主，如加贈之儀。遞遷而西，虛東一龕，以俟新主。若有親盡之祖，而其別子也，則祝版云云，告畢，而遷於墓所不埋。其支子也，而族人有親未盡者，則祝版云云，告畢，遷於最長之房，使主其祭。其餘改題遞遷如前。若親皆已盡，則祝版云云，告畢，埋於兩階之間，其餘改題遞遷如前。

厥明行事，皆如小祥之儀。惟祝版改「小祥」曰「大祥」，「常事」曰「祥事」。畢，祝奉神主入於祠堂，主人以下，哭從如祔之敘。至祠堂前哭止。徹靈座，斷杖，棄之屏處，奉遷主埋於墓側。始飲酒食肉而復寢。

禫鄭氏曰：「澹澹然，平安之意。」

大祥之後，中月而禫。間一月也。自喪至此，不計閏，凡二十七月。

前一月下旬，卜日。下旬之首，擇來月三旬各一日，或丁或亥，設卓子於祠堂門外，置香爐、香合、环珓、盤子於其上，西向。主人禫服，西向；衆主人次之，少退，北上；子孫在其後，重行北上；執事者北向東上。主人炷香熏珓，命以上旬之日，曰：「某將以來月某日，祗薦禫事於先考某官府君，尚饗！」即以珓擲於盤。以一俯一仰爲吉。不吉，更命中旬之日。又不吉，則用下旬之日。主人乃入祠堂本龕前，再拜，在位者皆再拜。主人焚香，祝執辭立於主人之左，跪告曰：「孝子某，將以來月某日，祗薦禫事於先考某官府君，卜既得吉，敢告。」主人再拜，降，與在位者皆再拜。祝闔門，退。若不得吉，則不用「卜既得吉」一句。

前期一日，沐浴，設位，陳器，具饌。設神位於靈座故處，它如大祥之儀。

厥明行事，皆如大祥之儀。但主人以下詣祠堂。祝奉主櫝置於西階卓子上，出主置於座。主人以下皆哭盡哀。三獻，不哭。改祝版「大祥」爲「禫祭」，「祥事」爲「禫事」。至辭神，乃哭盡哀。送神主至祠堂，不哭。

居喪雜儀

檀弓曰：「始死，充充如有窮。既殯，瞿瞿如有求而弗得。既葬，皇皇如有望而弗至。練而慨然，祥而廓然。」「顔丁善居喪，始死，皇皇如有求而弗得；及殯，望望焉如有從而弗及；既葬，慨焉如不及其反而息。」雜記：「孔子曰：少連、大連善居喪，三日不怠，三月不解，期悲哀，三年憂。」喪服四制曰：「仁者可以觀其愛焉，知者可以觀其禮焉，彊者可以觀其志焉。禮以治之，義以正之。孝子，悌弟，貞婦，皆可得而察焉。」曲禮曰：「居喪未葬，讀喪禮。既葬，讀祭禮。喪復常，讀樂章。」檀弓曰：「大功廢業。或曰：大功，誦可也。」今居喪但勿讀樂章可也。

雜記：「三年之喪，言而不語，對而不問。」言，言己事也。爲人説爲語。

喪大記：父母之喪，非喪事不言。既葬，與人立，君言王事，不言國事；大夫、士言公事，不言家事。檀弓：「高子皐執親之喪，未嘗見齒。」言笑之微。雜記：「疏衰之喪，既葬，人請見之則見，不請見人。小功，請見人可也。」又：「凡喪，小功以上，非虞、祔、練、祥，無沐浴。」曲禮：「頭有創則沐，身有瘍則浴。」喪服四制：「百官備，百物具，不言而事行者，杖而起；言而後事行者，杖而起；身自執事而後行者，面垢而已。」凡此皆古禮。今之賢孝君子，必有能盡之者，自餘相時量力而行之，可也。

致賻奠狀

具位姓某。

某物若干。

右謹專送上某人靈筵，聊備賻儀，香茶酒食，云「奠儀」。伏惟歆納。謹狀。年月日，具位姓某狀。降等，不用「年」。

封皮：狀上某官靈筵。具位姓某謹封。降等，即用面簽，云「某人靈筵。具位姓某狀，謹封」。

謝狀三年之喪，未卒哭，只令子姪發謝書。

某郡姓名。

某物若干。

右伏蒙尊慈，降等，云「仁私」。以某某親違世，大官，云「薨没」。特賜平交，云「貺」。賻儀，奠，即云「奠」。下誠平交，不用此二字。不任哀感之至，謹具平交，作「奉」。狀上平交，云「陳」。謝。謹狀。餘並同前，但封皮不用「靈筵」字。

慰人父母亡疏慰嫡孫承重者同。

某頓首再拜言：降等，云「頓首」。不意凶變，亡者官尊，即云「邦國不幸」。後皆放此。先某位無官，即云「先府君」。有契，即加「幾丈」於「某位府君」之上。母，云「先某封」；無封，即云「先夫人」。承重，則云「尊祖考某位」、「尊祖妣某封」。餘並同。奄棄榮養。亡者官尊，即云「奄捐館舍」，或云「奄忽薨逝」。母封至夫人者，亦云「薨逝」。若生者無官，即云「奄違色養」。承訃驚怛，不能已已。伏惟平交，云「恭惟」，降等云「緬惟」。孝心純至，思慕號絶，何可堪居？日月流邁，遽踰旬朔，經時，即云「已忽經時」。已葬，即云「遽經襄奉」。卒哭、小祥、大祥、禫除，各隨其時。哀痛奈何，罔極奈何，不審自罹荼毒，父在母亡，即云「憂苦」。氣力何如？伏乞平交，云「伏願」。降等，云「惟冀」。强加餐粥，已葬，則云「疏食」。俯從禮制。某役事所縻，在官，即云「職業有守」。末由奔慰，其於憂戀，無任下誠。平交已下，但云「某末由奉慰，悲係增深」。謹奉疏，平交，云「狀」。伏惟鑒察。平交以下，去此四字。不備，謹疏。平交，云「不宣，謹狀」。月日，具位降等，用「郡望」。姓名疏上平交云「狀」。某官大孝。苫前。母亡，即云「至孝」。平交以下，云「苫次」。

封皮：疏上某官大孝。苫前。具位姓某謹封。降等，即用面簽，云「某官大孝苫次。郡望姓名狀謹封」。若慰人母亡，即云「至孝」。重封：疏上平交，云「狀」。某官。具位姓某謹封。

父母亡答人疏 嫡孫承重者同。

某稽顙再拜言：降等，「叩首」〔一六〕。某罪逆深重，不自死滅，禍延先考。母，云「先妣」。承重則祖父，云「先祖考」；祖母，云「先祖妣」。攀號擗踊，五内分崩，叩地叫天，無所逮及。日月不居，奄踰旬朔，隨時。同前。酷罰罪苦，父在母亡，即云「偏罰罪深」。祖父母亦如之。無望生全。即日蒙恩，平交以下，去此四字。祗奉几筵，苟存視息。伏蒙尊慈，俯賜慰問，哀感之至，無任下誠。平交，云「仰承尊慈〔一七〕，俯垂慰問，某爲哀感，但切下懷」。降等，云「特承慰問，哀感良深」。司馬公曰：「凡遭父母喪，知舊不以書來弔問，是無相恤之心，於禮不當先發書。不得已，須至先發，即删此四句。」末由號訴，不勝隕絶。謹奉疏，降等，云「狀」。荒迷不次。謹疏。降等，云「狀」。月日，孤子母喪，稱「哀子」；俱亡，即稱「孤哀子」。承重者稱「孤孫」、「哀孫」、「孤哀孫」。姓名疏上某位。座前謹空。平交以下，去此二字。

封皮、重封並同前。

慰人祖父母亡啓狀 謂非承重者。伯叔父母、姑、兄姊弟妹、妻、子、姪、孫同。

某啓：不意凶變，子、孫，不用此句。尊祖考某位奄忽違世。祖母，曰「尊祖妣某封」。無官封，有契，已見上。伯叔父母、姑，即加「尊」字。兄、姊、弟、妹，加「令」字。降等，皆加「賢」字。若彼一等之親有數人，即加行第，云「幾某位」，無官云「幾府君」。有契，即加「幾丈」、「幾兄」於「某位府君」之上。姑、姊、妹，則稱以夫姓，云「某宅尊姑令姊妹」。妻，則云「賢閤某封」；無封，則但云「賢閤」。子，即云「伏承，令子幾某位」。姪、孫並同。降等，則曰「賢」。無官者，稱「秀才」。承訃驚怛，不能已已。妻，改「怛」爲「愕」。子、孫，但云「不勝驚怛」。伏惟「恭緬」見前。孝心純至，哀慟摧裂，何可勝任？伯叔父母、姑，云「親愛加隆，哀慟沉痛，何可堪勝」。兄、姊、弟、妹，則云「友愛加隆」。妻，則云「伉儷義重，悲悼沉痛」。子、姪、孫，則云「慈愛隆深，悲慟沉痛」。餘與伯叔父母、姑同。孟春猶寒，隨時。不審尊體何似？降等，云「所履」。伏乞平交以下，如前。深自寬抑，以慰慈念。其人無父母，即但云「遠誠」，連書不上平。某事役所縻，在官如前。末由趨慰，其於憂想，無任下誠。平交以下，如前。謹奉狀，伏惟鑒察。平交，如前。不備。平交，如前。謹狀。月日，具位姓名狀上某位服前。平交，云「服次」。

封皮、重封同前。

祖父母亡答人啓狀

謂非承重者。伯叔父母、姑、兄、姊、弟、妹、妻、子、姪、孫同。

某啓：家門凶禍，伯叔父母、姑、兄、姊、弟、妹，云「家門不幸」。妻，云「私家不幸」。子、姪、孫，云「私門不幸」。先祖考祖母，云「先祖妣」。伯叔父母，云「幾伯叔父母」。姑，云「幾家姑」。兄、姊，云

「幾家兄」、「幾家姊」。弟、妹，云「幾舍弟」、「幾舍妹」。妻，云「室人」。子，云「小子某」。姪，云「從子某」。孫，曰「幼孫某」。奄忽棄背〔一八〕，兄、弟以下，云「喪逝」。子、姪、孫，云「遽爾夭折」。痛苦摧裂，不自勝堪。伯叔父母、姑、兄、姊、弟、妹，云「摧痛酸苦，不自堪忍」。妻，改「摧痛」爲「悲悼」。子、姪、孫，改「悲悼」爲「悲念」。伏蒙尊慈，特賜慰問，哀感之至，不任下誠。平交、降等，如前。孟春猶寒，隨時。伏惟「恭緬」如前。某位尊體，起居萬福。平交，不云「起居」。降等，但云「動止萬福」。某即日侍奉，無父母即不用此句。幸免他苦，末由面訴，徒增哽塞。謹奉狀上平交，云「陳」。謝。不備。平交，如前。謹狀。月日，某郡姓名狀上某位。座前謹空。平交，如前。

封皮、重封如前。

校勘記

〔一〕主人相向哭盡哀　「向」原作「持」，據成書本改。

〔二〕則不必盡用也　「盡」字原脱，據成書本、集注本補。

〔三〕此一節至遺並同　「一」字，集注本無。

〔四〕絞帶以布爲之　「絞」字原脱，據成書本、集注本補。

〔五〕謂從祖祖父之子父之從父兄弟姊妹也　「姊妹」二字原脱，據成書本、集注本補。

〔六〕聞喪奔喪　此標題成書本作「聞喪奔喪治葬」。即將此節與下一節合併題之也。

〔七〕又變服如小斂大斂　「大斂」二字原脱，據集注本補。

〔八〕召役夫遷柩就轝　「召」字原脱，據集注本補。

〔九〕乃施扃加楔　集注本「乃」下有「載」字。

〔一〇〕男子從柩哭降視載　「男子」，集注本作「主人」。

〔一一〕加灰隔内外蓋　「内」原作「納」，據集注本改。

〔一二〕安知其中不多藏金玉邪　「邪」原作「即」，據集注本改。

〔一三〕主人以下皆入哭　「下皆入哭」四字原脱，據集注本補。

〔一四〕即於廳事隨便設亡者祖考妣位於中　「事」原作「堂」，據集注本改。

〔一五〕參神　「參神」原在「降神」之後，據集注本改。

〔一六〕叩首　此句集注本作「去『言』字，云『叩首』。」

〔一七〕仰承尊慈　此句集注本作「仰承仁恩」。

〔一八〕奄忽棄背　「奄」原作「姊」，據集注本改。

家禮卷第五

祭禮

四時祭

時祭用仲月。前旬卜日。孟春下旬之首，擇仲月三旬各一日，或丁或亥，主人盛服，立於祠堂中門外，西向。兄弟立於主人之南，少退，北上。子孫立於主人之後，重行，西向，北上。置卓子於主人之前，設香爐、香合、珓珓及盤於其上。主人搢笏，焚香薰珓，而命以上旬之日，曰：「某將以來月某日，諏此歲事，適其祖考，尚饗。」即以珓擲於盤，以一俯一仰爲吉。不吉更卜中旬之日。又不吉，則不復卜，而直用下旬之日。既得日，祝開中門，主人以下北向立，如朔望之位，皆再拜。主人升，焚香，再拜。祝執辭，跪於主人之左，讀曰：「孝孫某，將以來月某日，祗薦歲事於祖考，卜既得吉，敢告。」用下旬日，則不言「卜既得吉」。主人再拜，降，復位，與在位者皆再拜。祝闔門。主人以下復西向位。執事者立於門西，皆東面，北上。祝立於主人之右，命執事者曰：「孝孫某將以來月某日，祗薦歲事於祖考，有司具修。」執事者應曰：「諾。」乃退。

前期三日，齋戒。前期三日，主人帥衆丈夫致齋於外，主婦帥衆婦女致齋於內。沐浴，更衣。飲酒不得至亂；食肉不得茹葷。不弔喪，不聽樂。凡凶穢之事，皆不得預。

前一日，設位陳器，主人帥衆丈夫，深衣，及執事灑掃正寢，洗拭倚卓，務令蠲潔。設高祖考妣位於堂西北壁下，南向。考西妣東，各用一倚一卓而合之。曾祖考妣、祖考妣、考妣以次而東，皆如高祖之位。世各爲位，不屬祔位，皆於東序，西向，北上，或西序相向，其尊者居西。妻以下則於階下。設香案於堂中，置香爐、香合於其上，束茅聚沙於香案前及逐位前地上。設酒架於東階上，別置卓子於其東，設酒注一、酹酒盞一、盤一、受胙盤一、匕一、巾一、茶合、茶筅、茶盞托、鹽碟、醋瓶於其上。火爐、湯瓶、香匙、火筯於西階上，別置卓子於其西，設祝版於其上，設盥盆帨巾各二，於阼階下之東，其西者有臺架，又設陳饌大牀於其東。**省牲，滌器，具饌。**主人帥衆丈夫，深衣，省牲，涖殺，主婦帥衆婦女，背子，滌濯祭器，潔釜鼎，具祭饌。每位果六品，菜蔬及脯醢各三品，肉、魚、饅頭、糕各一盤，羹、飯各一椀，肝各一串，肉各二串，務令精潔，未祭之前，勿令人先食及爲猫犬蟲鼠所污。

厥明夙興，設蔬果酒饌。主人以下深衣，及執事者俱詣祭所，盥手，設果楪於逐位卓子南端，蔬菜、脯醢相間次之。設盞盤醋楪於北端，盞西楪東，匙筯居中。設玄酒及酒各一瓶於架上。玄酒，其日取井花水充，在酒之西。熾炭於爐，實水於瓶。主婦背子，炊煖祭饌，皆令極熱，以合盛出置東階下大牀上。質明，奉主就位，主人以下各盛服，盥手，帨手，詣祠堂前。衆丈夫叙立，如告日之儀。主婦西階下北向立。主人有母則特位於主婦之前，諸伯叔母諸姑繼之。嫂及弟婦姊妹在主婦之左，其長於主母主婦者，皆少進，子孫婦女、内執事者，在主婦之後重行，皆北向，東上。立定，主人升自阼階，搢笏，焚香，出笏，告曰：「孝孫者，今以仲春之月，有事於皇高祖考某官府君，皇高祖妣某封某氏，皇曾祖考某官府君，皇曾祖妣某封某氏，皇祖考某官府君，皇祖妣某封某氏，皇考某官府君，皇妣某封某氏，以某親某官府君，某親某封某氏祔食，敢請神主出就正寢，恭伸奠獻。」告辭，仲夏秋冬各隨其時。祖考有無官爵封謚，皆如題主之文。祔食，謂旁親無後者及卑幼先亡者，無即不言。告訖，搢笏，斂櫝。正位、祔位各置一笥，各以執事者一人捧之。主人出笏前導，主婦從後，卑幼在後，至正寢，置於西階卓子上〔一〕。主人搢笏，啓櫝，奉諸考神主出就位。主婦盥帨升，奉諸妣神主亦如之。其祔位則子弟一人奉之。既畢，主人以下皆降，復位。參神，主人以下叙立，如祠堂之儀。立定，再拜。若尊長老疾者，休於它所。降神，主人升，搢笏，焚香，出笏〔二〕，少退立。執事者一人開酒，取巾拭瓶口，實酒於注。一人取東階卓上盤盞，立於主人之左，一人執注立於主人之右。主人搢笏，跪。奉盤盞者亦跪，進盤盞，主人受之。執注者亦跪，斟酒於盞，主人左手受盤盞〔三〕，右手執盞，灌於茅上。以盤盞授執事者，出笏，俛伏，興，再拜，降，復位。進饌，主人升，主婦從之。執事者一人以盤奉魚肉，一人以盤奉米麪食，一人以盤奉羹飯，從升。至高祖位前，主人搢笏，奉肉，奠於盤盞之南；主婦奉麪食，奠於肉西。主人奉魚，奠於醋楪之南；主婦奉米食，奠於魚東。主人奉羹，奠於醋楪之東；主婦奉飯，奠於盤盞之西。主人出笏，以次設諸正位，使諸子弟婦女各設祔位。皆畢，主人以下皆降，復位。初獻，主人升，詣高祖位前。執事者一人，執酒注立於其右，冬月即先煖之。主人搢笏，捧高祖考盤盞，位前東向立。執事者西向，斟酒於盞，主人奉之，奠於故處。次奉高祖妣盤盞，亦如之。出笏，位前北向立。執事者二人奉高祖考妣盤盞，立於主人之左右。主人搢笏，跪，執事者亦跪。主人受高祖考盤盞，右手取盞，祭之茅上。以盤盞授執事者，反之故處，受高祖妣盤盞，亦如之。出笏，俛伏，興，少退立。執事者炙肝於爐，以碟盛之，兄弟之長一人奉之，奠於高祖考妣前，匙筯之南。祝取版立於主人之左〔四〕，跪讀曰：「維年歲月朔日子，孝元孫某官某，敢昭告於皇高祖考某官府君，皇高祖妣某封某氏，氣序流易，時維仲春，追感歲時，不勝永慕，敢以潔牲柔毛、粢盛醴齊，祗薦歲事，以某親某官府君，某親某封某氏祔食，尚饗。」畢，興。曾祖前稱「孝曾孫」，祖前稱「孝孫」。考前稱「孝子」，改「不勝永慕」爲「昊天罔極」。凡祔者，伯叔祖父祔於高祖，伯叔父祔於曾祖，兄弟祔於祖，子孫祔於考〔五〕，餘皆放此。如本位無，即不言「以某親祔食」。祖考無官及改夏秋冬字，皆已見上。主人再拜，退詣諸位，獻祝如初。每逐位讀祝，畢，即兄弟衆男之不爲亞終獻者，以次分詣本位所祔之位，酌獻如儀，但不讀祝。獻畢，皆降復位。執事者以它器徹酒及肝，置盞故處。亞獻，主婦爲之。諸婦女奉炙肉及分獻如初獻之儀，但不讀祝。終獻，兄弟之長或長男或親賓爲之。衆子弟奉炙肉及分獻如亞獻之儀。侑食，主人升，搢笏，執注就斟諸位之酒，皆滿，立於香案之東南。主婦升，扱匙飯中西柄，正筯，立於香案之西南。皆北向。再拜，降，復位。闔門，主人以下皆出。祝闔門。無門處即降簾可也。主人立於門東，西向，衆丈夫在其後。主婦立於門西，東向，衆婦女在其後。如有尊長，則少休於它所，此所謂厭也。啓門，祝聲三噫歆，乃啓門。主人以下皆入。其尊長先休於它所者，亦入就位。主人主婦奉茶，分進於考妣之前。祔位，使諸子弟、婦女進之。受胙，執事者設席於香案前，主人就席，北面。祝詣高祖考前，舉酒盤盞，詣主人之右。主人跪，祝亦跪。主人搢笏，受盤盞，祭酒，啐酒。祝取匙并盤，抄取諸位之飯各少許，奉以詣主人之左，嘏於主人曰：「祖考命工祝，承致多福於汝孝孫，使汝受禄於天，宜稼於田，眉壽永年，勿替引之。」主人置酒於席前，出笏，俛伏，興，再拜，搢笏，跪受飯嘗之，實於左袂，掛袂於季指，取酒卒飲。執事者受盞，自右置注旁。受飯自左亦如之。主人執笏，俛伏，興，立於東階上，西向。祝立於西階上，東向〔六〕。告利成，降復位，與在位者皆再拜。主人不拜，降復位。辭神，主人以下皆再拜。納主，主人、主婦皆升，各奉主納於櫝。主人以笥斂櫝，奉歸祠堂如來儀。徹，主婦還監，徹酒之在盞注它器中者，皆入於瓶，緘封之，所謂福酒。果蔬、肉食並傳於燕器，主婦監滌祭器而藏之。餕。是日，主人監分祭胙品，取少許置於合，并酒皆封之，遣僕執書歸胙於親友。遂設席，男女異處，尊行自爲一列，南面，自堂中東西分首。若止一人，則當中而坐，其餘以次相對，分東西向。尊者一人先就坐，衆男叙立，世爲一行，以東爲上，皆再拜。子弟之長者一人少進立，執事者一人執注立於其右，一人執盤盞立於其左。獻者搢笏，跪。弟獻則尊者起立，子姪則坐。受注，斟酒，反注，受盞。祝曰：「祀事既成，祖考嘉饗，伏願某親，備膺五福，保族宜家。」授執盞者，置於尊者之前。長者出笏，尊者舉酒。畢，長者俛伏，興，退復位，與衆男皆再拜。尊者命取注及長者之盞置於前，自斟之。祝曰：「祀事既成，五福之慶，與汝曹共之。」命執事者以次就位，斟酒皆徧。長者進，跪，受，飲畢，俛伏，興，退立。衆男進揖，退立飲。長者與衆男皆再拜。諸婦女獻女尊長於內，如衆男之儀，但不跪。既畢，乃就坐，薦肉食。諸婦女詣堂前，獻男尊長壽，男尊長酢之如儀。衆男詣中堂，獻女尊長壽，女尊長酢之如儀。乃就坐，薦麪食。內外執事者，各獻內外尊長壽如儀而不酢。遂就斟在坐者徧，俟皆舉，乃再拜，退。遂薦米食，然後泛行酒，間以祭饌。酒饌不足，則以它酒它饌益之。將罷，主人頒胙於外僕，主婦頒胙於內執事者，徧及微賤。其日皆盡，受者皆再拜，乃徹席。

凡祭，主於盡愛敬之誠而已。貧則稱家之有無，疾則量筋力而行之。財力可及者，自當如儀。

初祖 惟繼始祖之宗得祭。

冬至祭始祖。程子曰：「此厥初生民之祖也。」冬至一陽之始，故象其類而祭之。

前期三日，齋戒。如時祭之儀。

前期一日，設位，主人、衆丈夫，深衣，帥執事者灑掃祠堂，滌濯器具，設神位於堂中間北壁下，設屏風於其後，食牀於其前。陳器，設火爐於堂中，設炊烹之具於東階下，盥東，炙具在其南，束茅以下，並同時祭。主婦、衆婦女，背子，帥執事者滌濯祭器，潔釜鼎，具果楪六、盤三、杅六、小盤三、盞盤匙筯各二、脂盤一、酒注酹酒盤盞一、受胙盤匙一。按，此本合用古祭器，今恐私家或不能辦，且用今器以從簡便。神位用蒲薦，加草席，皆有緣，或用紫褥，皆長五尺，闊二尺有半。屏風如枕屏之制，足以圍席三面。

食牀，以版爲面，長五尺，闊三尺餘，四圍亦以版，高一尺二寸，二寸以下乃施版，面皆黑漆。具饌。晡時殺牲，主人親割毛血爲一盤，首、心、肝、肺爲一盤，脂雜以蒿爲一盤，皆腥之。左胖不用，右胖前足爲三段，脊爲三段，脅爲三條，後足爲三段，去近竅一節不用，凡十一體。飯米一杅，置於一盤，蔬果各六品，切肝一小盤，切肉一小盤。

厥明夙興，設蔬果酒饌。主人深衣，帥執事者設玄酒瓶及酒瓶於架上，酒注、酹酒盤盞、受胙盤盞各一〔七〕，於東階卓子上，祝版及脂盤於西階卓子上，匙、筯各一於食牀北端之東西，相去二尺五寸，盤盞各一於筯西。果子在食牀南端，蔬在其北。毛血腥盤切肝肉皆陳於階下饌牀上，米實階下炊具中，十一體實烹具中〔八〕，以火爨而熟之。盤一杅六，置饌牀上。質明，盛服就位，如時祭儀。降神，參神，主人盥，升，奉詣盤詣堂中爐前，跪，告曰：「孝孫某，今以冬至有事於皇始祖考、皇始祖妣，敢請尊靈降居神位，恭伸奠獻。」遂燎脂於爐炭上，俛伏，興，少退立，再拜。執事者開酒，主人跪，酹，如時祭之儀。進饌，主人升，詣神位前。執事者奉毛血腥肉以進，主人受，設之於蔬北，西上。執事者出熟肉，置於盤，奉以進，主人受，設之腥盤之東。執事者以杅二盛飯，杅二盛肉湆不和者，又以杅二盛肉湆以菜者，奉以進，主人受，設之，飯在盞西，大羹在盞東，鉶羹在大羹東。皆降，復位。初獻，如時祭之儀，但主人既俛伏興，兄弟炙肝加鹽，實於小盤以從。祝辭曰：「維年歲月朔日子，孝孫姓名，敢昭告於皇初祖考、皇初祖妣，今以中冬陽至之始，追惟報本，禮不敢忘，謹以潔牲柔毛，粢盛醴齊，祗薦歲事，尚饗！」亞獻，如時祭之儀，但衆婦炙肉加鹽以從。終獻，如時祭及上儀。侑食，闔門，啓門，受胙，辭神，徹，餕。並如時祭之儀。

先祖繼始祖、高祖之宗得祭。繼始祖之宗，則自初祖而下；繼高祖之宗，則自先祖而下。

立春祭先祖。程子曰：「初祖以下，高祖以上之祖也。」立春生物之始，故象其類而祭之。

前三日，齋戒。如祭初祖之儀。

前一日，設位陳器，如祭初祖之儀，但設祖考神位於堂中之西，祖妣神位於堂中之東。蔬果楪各十二、大盤六、小盤六。餘並同。具饌。如祭初祖之儀，但毛血爲一盤，首、心爲一盤，肝、肺爲一盤，脂膋爲一盤，切肝兩小盤，切肉四小盤。餘並同。

厥明夙興，設蔬果酒饌。如祭初祖之儀，但每位匙筯各一，盤盞各二，置階下饌牀上。餘並同。

質明，盛服就位，降神，參神，如祭初祖之儀，但告辭改「始」爲「先」。餘並同。進饌，如祭初祖之儀，但先詣祖考位，奉毛血、首、心、前足上二節、脊三節、後足上一節。次詣祖妣位，奉肝、肺、前足一節、脅三節、後足下一節。餘並同。初獻，如祭初祖之儀，但獻兩位，各俛伏，興，當中少立，兄弟炙肝兩小盤以從。祝詞改「初」爲「先」，「中冬陽至」爲「立春生物」。餘並同。亞獻，終獻，如祭初祖之儀，但從炙肉各二小盤。侑食，闔門，啓門，受胙，辭神，徹餕。並如祭初祖儀。

禰繼禰之宗以上皆得祭，惟支子不祭。

季秋祭禰。程子曰：「季秋，成物之始。」亦象其類而祭之。

前一月下旬，卜日。如時祭之儀，惟告辭改「孝孫」爲「孝子」，又改「祖考妣」爲「考妣」。若母在，則止云「皇考」，告於本龕之前。餘並同。

前三日，齋戒。

前一日，設位陳器，如時祭之儀，但止於正寢，合設兩位於堂中，西上。香案以下並同。具饌。如時祭之儀，二分。

厥明夙興，設蔬果酒饌。如時祭之儀。質明，盛服，詣祠堂，奉神主出就正寢，如時祭於正寢之儀，但告辭云：「孝子某，今以季秋成物之始，有事於皇考某官府君、皇妣某封某氏。」參神，降神，進饌，初獻，如時祭之儀，但祝辭曰：「孝子某官某，敢昭告於皇考某官府君、皇妣某封某氏，今以季秋成物之始，感時追慕，昊天罔極。」餘並同〔九〕。亞獻，終獻，侑食，闔門，啓門，受胙，辭神，納主，徹餕。並如時祭之儀。

忌日

前一日，齋戒，如祭禰之儀。設位，如祭禰之儀，但止設一位。陳器，如祭禰之儀。具饌。如祭禰之儀，一分。

厥明夙興，設蔬果酒饌。如祭禰之儀。質明，主人以下變服，禰則主人兄弟黲紗幞頭，黲布衫，布裹角帶。祖以下則黲紗衫〔一〇〕。旁親則皂紗衫。主婦特髻，去飾，白大衣，淡黃帔。餘人皆去華盛之服。詣祠堂，奉神主出就正寢，如祭禰之儀，但告辭云：「今以某親某官府君遠諱之辰，敢請神主出就正寢，恭伸追慕。」餘並同。參神，降神，進饌，初獻，如祭禰之儀，但祝辭云：「歲序流易，諱日復臨，追遠感時，不勝永慕。」考妣改「不勝永慕」爲「昊天罔極」。旁親云：「諱日復臨，不勝感愴。」若考妣，則祝興，主人以下哭盡哀。餘並同。亞獻，終獻，侑食，闔門，啓門，並如祭禰之儀；但不受胙。辭神，納主，徹。並如祭禰之儀，但不餕。是日不飲酒，不食肉，不聽樂，黲巾、素服、素帶以居，夕寢於外。

墓祭

三月上旬擇日。

前一日，齋戒，如家祭之儀。具饌。墓上每分如時祭之品，更設魚肉麵食各一大盤，以祀后土。

厥明灑掃，主人深衣，帥執事者詣墓所，再拜。奉行塋域内外，環繞哀省三周，其有草棘，即用刀斧鉏斬芟夷。灑掃訖，復位，再拜。又除地於墓左，以祭后土。布席，陳饌，用新潔席陳於墓前，設饌，如家祭之儀。參神，降神，初獻，如家祭之儀，但祝辭云：「某親某官府君之墓，氣序流易，雨露既濡，瞻掃封塋，不勝感慕。」餘並同。亞獻，終獻，並以子弟親賓爲之。辭神，乃徹。遂祭后土，布席，陳饌，四盤於席南端，設盤盞匙筯於其北。餘並同上。降神，參神，三獻，同上，但祝辭云：「某官姓名，敢昭告於后土氏之神，某恭修歲事，於某親某官府君之墓，惟時保佑，實賴神休，敢以酒饌敬伸奠獻，尚饗。」辭神，乃徹而退。

校勘記

〔一〕至正寢置於西階卓子上　「子」字原脱，據集注本補。

〔二〕出笏　「出笏」二字原脱，據集注本補。

〔三〕主人左手受盤盞　「受盤盞」，集注本作「執盤」。

〔四〕祝取版立於主人之左　「之」字原脱，據集注本補。

〔五〕子孫祔於考　「孫」原作「行」，據集注本改。

〔六〕東向　「東向」二字原脱，據集注本補。

〔七〕受胙盤盞各一　「盞」字原脱，據集注本補。

〔八〕十一體實烹具中　「一」，集注本作「二」。

〔九〕如時祭之儀但祝辭曰孝子某官某敢昭告於皇考某官府君皇妣某封某氏今以季秋成物之始感時追慕昊天罔極餘並同　此段原脱，據集注本補。

〔一〇〕祖以下則黲紗衫　「下」原作「上」，據集注本改。

附録

家禮附録（節録）

［宋］楊　復

李方子曰：「乾道五年九月，先生丁母祝令人憂，居喪盡禮，參酌古今，因成喪、葬、祭禮，又推之於冠、昏，共爲一編，命曰家禮。」

年譜：黄榦云：「先生既成家禮，爲一行童竊以逃。先生易簀，其書始出，今行於世。然其間有與先生晚歲之論不合者，故未嘗爲學者道也。」陳淳云：「嘉定辛未歲過温陵，先生季子敬之倅郡，出示家禮一編，云此往年僧寺所亡本也，有士人録得，會先生葬日攜來，因得之。」

楊復云：「家禮始成而失之，不及再加考訂。先生既没，而書始出。愚嘗竊取先生後來之考訂議論，以與朋友共參考云。」

家禮附録跋

[宋]周　復

右文公門人三山楊復所附注於逐條之下者，可謂有功於家禮矣。復别出之，以附於書之後，恐其間斷文公本書也。抑文公此書欲簡便而易行，故與儀禮或有不同，如婦人用今之衰裳，弔喪者徇俗而答拜之類。其所同者又不能無詳略之異，如昏禮之六禮，喪禮襲斂用衣多少之類。楊氏往往多不滿之意。復竊謂儀禮存乎古，家禮通於今，儀禮備其詳，家禮居其要，蓋並行不相悖也。故文公雖著家禮，而尤拳拳於編集儀禮之書，遺命治喪，必令參酌儀禮、書儀而行之，其意蓋可見矣。好古而欲盡禮者，固有儀禮在。楊氏之説有不得而盡録云。淳祐五年乙巳歲二月既望，上饒周復謹書。

家禮附注後序

[宋]方大琮

文公先生家禮，今士大夫家有之。初，乾道己丑，成於寒泉精舍，雖門人未之見。越三十有二年，唐石會葬，迺有持出者。又十年，廖槎溪守廣，刊之學，視諸本爲最早。又二十年，楊信齋附注出，而當時損益折衷之意始見。日用常行無非禮，講則明，差則俚。司馬、程、張、高氏，皆有功於冠昏喪祭者。合其善而爲家禮，先生其大成也。非一家之書，天下之書也。既成矣，逸之，久而後出。既出矣，輔以注而益詳，況有文而近乎古，去俚而沿乎情。先生嘗有「省徑何苦不行」之語，則知此書傳於世之艱，用於世之易，何幸有所據依，遵而行之，當自士大夫始。其首載司馬氏居家雜儀，以崇愛敬爲實，必體之身，行之家，以儀其鄉而化其俗，則先生綱維世教之本意云。後槎溪三十年，廣人以舊板既漫告，遂出附注本，刊而授之。淳祐壬寅仲春朔日，後學莆田方大琮德潤父敬書於郡之平堂。

書晦庵先生家禮後

［宋］黄　榦

昔者聞諸先師曰：禮者，天理之節文，人事之儀則也。蓋自天高而地下，萬物散殊，禮之制已存乎其中矣。於五行則爲火，於四序則爲夏，於四德則爲亨，莫非天理之自然而不可易。人稟五常之性以生，則禮之體始具於有生之初。形而爲恭敬辭遜，著而爲威儀度數，則又皆人事之當然而不容已也。聖人因人情而制禮，既本於天理之正。隆古之世，習俗醇厚，亦安行於是理之中。世降俗末，人心邪僻，天理堙晦，於是始以禮爲强世之具矣。先儒取其施於家者，著爲一家之書，爲斯世慮至切也。晦庵朱先生以其本末詳略猶有可疑，斟酌損益，更爲家禮。務從本實，以惠後學。蓋以天理不可一日而不存，則是禮亦不可一日而或缺也。先生教人，自格物、致知、誠意、正心以修其身，皆所以正人心復天理也。則禮其可緩與？迨其晚年，討論家、鄉、侯、國、王朝之禮，以復三代之墮典，未及脱藁而先生殁矣，此百世之遺恨也。則是書已就，而切於人倫日用之常，學者其可不盡心與？趙君師恕之宰餘杭也，迺取是書鋟諸木，以廣其傳，蓋有意乎武城弦歌之遺事。學者得是書而習之，又於先生所以教人者深致意焉，然後知是書之作，無非天理之自然，人事之當然，而不可一日缺也。見之明，信之篤，守之固，禮教之行，庶乎有望矣。嘉定丙子夏至，門人黄榦敬書。（勉齋先生黄文肅公文集卷二十。）

郡齋讀書志附志卷上

［宋］趙希弁

家禮五卷

右朱文公所定而趙崇思刻之萍鄉者。潘時舉、李道傳、黄榦、廖德明、陳光祖序跋附焉。

四庫全書總目卷二二經部禮類四

［清］紀　昀

家禮五卷附録一卷　少詹事陸費墀家藏本

舊本題宋朱子撰。案王懋竑白田雜著有家禮考，曰：「家禮非朱子之書也。家禮載於行狀，其序載於文集，其成書之歲月載於年譜，其書亡而復得之由，載於家禮附録。自宋以來，遵而用之，其爲朱子之書，幾無可疑者。乃今反覆考之，而知決非朱子之書也。李公晦叙年譜，家禮成於庚寅居祝孺人喪時。文集序不記年月，而序中絶不及居喪事。家禮附録陳安卿述朱敬之語，以爲『此往年僧寺所亡本，有士人録得，會先生葬日攜來，因得之』。其録得攜來，不言其何人，亦不言其得之何所也。黄勉齋作行狀，但云『所輯家禮，世所遵用，其後有損益，未及更定』。既不言成於居母喪時，亦不言其亡而復得，其書家禮後亦然。敬之，朱子季子，公晦、勉齋、安卿，皆朱子高第弟子，而其言參錯，不可考據如此。按文集，朱子答汪尚書書、與張敬夫書、吕伯恭書，其論祭儀、祭説往復甚詳。汪、吕書在壬辰、癸巳，張書不詳其年，計亦在其前後也。壬辰、癸巳，距庚寅僅二三年，家禮既有成書，何爲絶不之及，而僅以祭儀、祭説爲言耶？陳安卿録云：向作祭儀、祭説，甚簡而易曉，今已亡之矣。則是所亡者乃祭儀、祭説，而非家禮也明矣。文集、語録，自家禮序外，無一語及家禮者，惟與蔡季通書有「已取家禮四卷納一哥」之語，此儀禮經傳通解中家禮六卷之四，而非今所傳之家禮也。甲寅八月跋三家禮範後云：『嘗欲因司馬氏之書，參考諸家，裁訂增損，舉綱張目，以附其後。顧以衰病，不能及已。後之君子，必有以成吾志也。』甲寅距庚寅二十年，庚寅已有成書，朱子雖耄老，豈盡忘之，至是而乃爲是語耶！竊嘗推求其故，此必有因三家禮範跋語而依仿以成之者。蓋自附於『後之君子』而傳者，遂以託之朱子所自作。其序文亦依仿禮範跋語，而於家禮反有不合。家禮重宗法，此程、張、司馬氏所未及，而序中絶不言之，以跋語所未有也。其年譜所云居母喪時所作，則或者以意附益之爾。敬之但據所傳，不加深考，此如司馬季思刻温公書之比。公晦從遊在戊申後，其於早年固所不詳，祇叙所聞以爲譜。而勉齋行狀之作，在朱子没後二十餘年。其時家禮已盛行，又爲敬之所傳録，故不欲公言其非。但其詞略而不盡，其書家禮後謂經傳通解未成爲百世之遺恨，則其微意亦可見矣。後之人徒以朱子季子所傳，又見行狀、年譜所載，廖子晦、陳安卿皆爲刊刻，三山楊氏、上饒周氏，復爲之考訂，尊而用之，不敢少致其疑。然雖云尊用其書，實未有能行者，故於其中謬誤，亦不及察，徒口相傳，以熟文公家禮云爾。惟元應氏作家禮辨，其文亦不傳，僅見於明邱仲深濬所刻家禮中。其辨專據三家禮範跋語，多疏略，未有以解世人之惑，仲深亦不然之。故余今偏考年譜、行狀及朱子文集、語録所載，俱附於後而一一詳證之。其應氏、邱氏語，亦並附焉。其他所載謬誤，亦數十條，庶來者有以知家禮決非朱子之書，而余亦得免於鑿空妄言之罪」云云。其考證最明。又有家禮後考十七條，引諸説以相印證，家禮考誤四十六條，引古禮以相辨難，其説並精覈有據。懋竑之學，篤信朱子，獨於易本義九圖及是書斷斷辨論，不肯附會。則是書之不出朱子，可灼然無疑。然自元、明以來，流俗沿用，故仍録而存之，亦記所謂「禮從宜，使從俗」也。

百宋一廛書録　［清］黄丕烈

家禮

朱子書宋刻者，余所見極多，皆疏行大字，字形方板。此家禮一至三爲鈔補，四、五卷、附録則皆宋刻本也。閱鈔補之序云：「趙君師恕之宰餘杭也，乃取是書鋟諸木，以廣其傳。」是今所存者當是餘杭本。刻本上有「竹東草堂書畫印」，未知誰何？

鄭堂讀書記卷六經部三之四禮類四

[清]周中孚

家禮五卷附録一卷　明仿宋刊本

舊題宋朱子撰。名熹，字元晦，一字仲考，婺源人。紹興十八年進士，特贈寶謨閣學士。謚曰文。四庫全書著録，書録解題不載，通考儀注所載無卷數，宋志儀注類所載止作一卷，俱次於四家禮範五卷之後。陳氏亦載四家禮範，稱張栻、朱熹所集司馬、程、張、吕氏諸書，而建安劉珙刻於金陵。據此知各爲一書，不相干涉。宋志作一卷者，殆因其書不分卷數而致誤歟？此本蓋以楊信齋附注本作五卷而因之也。信齋謂家禮一書，今之士大夫家冠婚喪祭多所遵用，然此書始成，輒復失之，先生未嘗再加審訂，則世或未之知也。又謂惜其書既亡，至先生既没而後出，先生不及再修爲一定之威儀以幸萬世，而反爲未成之闕典。見通考引。觀此數語，已未見灼然知其爲朱子手筆矣。近王與中白田雜著有家禮考一篇，偏考年譜、行狀及文集、語録所載而一一詳證之，以决其非朱子之書，其考證最明。又有家禮後考十七條，引諸説以相印證，家禮考誤四十六條，引古禮以相辨難，其説並精核有據。合之信齋所云，益知與中非好爲議論者矣。此書當亦如通鑑綱目，蓋朱子之意而門人記之也。前有序文，不題年月名氏，惟序中有云「熹之愚蓋兩病焉」，顯然依託之辭，而後之編大全集者誤收之爾。卷首有祠堂圖，圖後引程子之説，而繫以嘉定癸酉臨海劉仲舉時舉識語。首爲通禮，卷二以下以冠昏喪祭分卷。其附録一卷，爲信齋所附注於逐條之下者，上饒周復恐其間斷朱子本書，爲别出之，以附於書之後。然以附注本核之，此不過擇其三之一耳，非全本也。據其淳祐乙巳書後云云，尚不知此書之不出於朱子，然猶屬宋人依託之書。故自元明以來，流俗沿用，俱與司馬氏書儀並稱也。此本係明仿宋刊，殊非邱濬竄亂之本可比也。

纂圖集證文公家禮十卷　元刊本

宋楊復附注，劉垓孫增注，劉璋補注。復，字茂方，號信齋，福州人。鄉貢進士。鄭逢辰進其所續儀禮經傳通解於朝，贈文林郎。垓孫與璋大約宋末人，里貫俱未詳。錢氏讀書敏求記、述古堂書目俱載之，但敏求記止詳垓孫之增注，而不及璋之補注，考張氏愛日精廬藏書志所載影宋抄本亦云然。或錢、張兩家據宋本而言，此爲元人所刊，復增入璋之補注耳。信齋以家禮一書始成復失之，至朱子既殁而復出，朱子不及再修爲一定之威儀，而反爲未成之闕典，於是取朱子平日去取折衷之言，有以發明家禮之意者，有後來議論始定，不必守家禮之舊儀者，有超然獨得於心，不用疏家穿鑿之説，而默與鄭注本義契合者，有用先儒舊義，與經傳不同，未見於後來之考證議論者，諸如此類，悉附於逐條之下，以待朋友共相考證，庶幾有以見朱子之意云。今以周復所輯家禮附録核之，僅摭取此書附注三之一，而間有删節不全之條，不若此書之完備也。垓孫既爲之增注，其有未盡者，璋又爲之補注，大都與楊注相次而備。卷首冠以原序及圖式二十八，中有引朱子語，當出於楊氏所增入，故亦間有垓孫之增注，相其版式，尚屬元刊。

鐵琴銅劍樓藏書目録卷四經部四禮類

［清］瞿　鏞

纂圖集注文公家禮十卷　宋刊本

題門人秦溪楊復附注，後學復軒劉垓孫增注。前有朱子自序，凡通禮一卷、冠禮一卷、昏禮一卷、喪禮五卷、祭禮二卷，其圖散見各門中。元刻本重編卷數，抽出深衣制度，另爲深衣考一卷，并抽出各圖另立一卷，失其舊矣。其附注、增注俱以陰文標明，明刻混而一之，遂致莫辨。每半葉七行，行十四字，注雙行，行二十一字。字體古雅，板刻清朗。序文尚是朱子手書，與本集所載多不合處，如「用于貧窶」，集訛作「困于」，明刻本亦訛「困」。「究觀古今」，集少「究」字，「務本實」，集作「敦本」是也。白田王氏以此序爲依仿禮範跋語者，由未見是本故耳。卷首有「得樹樓藏書」、「南書房史官」、「查慎行，字夏重，又曰悔餘」諸朱記。

文公先生家禮七卷　元刊本

題門人楊復附注，劉垓孫增注，劉璋補注。凡通禮一卷、冠禮一卷、昏禮一卷、喪禮一卷、祭禮一卷，凡五卷。首有家禮圖一卷，末有深衣考一卷。前列朱子自序，後有淳祐壬寅莆田方大琮後序。其楊復跋語則冠以「長溪楊氏復曰」六字，則是本已非出楊氏手定矣。

家禮五卷附録一卷　明刊本

朱子原書五卷，附録一卷。迺淳祐間周氏復采信州楊氏所注各條下者别出之也。是本與元刊本卷第同，而去其家禮圖一卷，深衣考一卷，故爲五卷。卷首載木主式，與元刊本小異。主式後有嘉定癸酉潘時舉跋，蓋明嘉靖間以舊本重刻者。

楹書隅録卷一經部

［清］楊紹和

宋本家禮五卷附録一卷三册一函

每半葉七行，行十六字。卷一至卷三，影宋精鈔補。附録後有淳祐五年上饒周復跋云：「文公門人三山楊復所附注於逐條之下者，可謂有功家禮。復别出之，以附於書之後，恐其間斷文公本書也。」卷中避宋諸諱，「廓」字闕筆，當是上饒原刻。瓊山所稱南雝舊本與此俱合，未知爲明時重雕，抑即此本舊帙弆之監中者耶？有「竹東草堂書畫印」。

錢遵王讀書敏求記校證卷一經部禮類

［清］管庭芬原輯　章鈺補輯

文公家禮十卷案：直齋云：「朱氏家禮一卷。古今家祭禮二十卷。○題詞本有。○述古目作楊復集注朱文公家禮十卷，注元板二字。［補］勞權云：「恬裕目有宋本」。鈺案：瞿目宋本纂圖集注文公家禮十卷，卷前有自序，尚係手書。結一目亦有此本，云宋麻沙坊刻。又案：四庫著録家禮五卷附録一卷，提要采王懋竑白田雜著家禮考定爲非朱子之書。

文公居母喪盡哀，自初死［補］胡校本作「喪」。以至祥、禫，參酌古今之宜，成喪、葬、祭禮，又推之於冠、婚，刊本、阮本作「昏」。共成一編，名曰「家禮。」書初成，失之，至殁後始出。鈺案：朱子門人黄㽦云：「其書始定，爲一行童竊以逃。先生殁，其書始出。今行於世。」遵王説本此。楊復惜其未當，刊本、阮本作「嘗」。今從錢校。［補］宗源瀚云：「嘗」字非句，不是「當」字。再加審定，鈺案：「未嘗再加審訂」一語，即出楊復，本文見鄭堂讀書記。因採諸家議論有以發明家禮之意者，附注逐條下，并載諸圖。鈺案：瞿目有元刊七卷本，云「楊復跋語中冠以長溪楊氏復曰」云云，已非楊氏手定本之書。而劉垓孫刊本缺「孫」字，陳簡莊據汲古閣書目補。［補］題詞本、阮本均有「孫」字。又增注之，覽者得詳考焉。［補］黄丕烈云：「讀書附志云：家禮五卷，朱文公所定，趙崇思刻之萍鄉者。潘時舉、李道傳、黄榦、廖德明、陳光祖序跋附焉。」又云：「家禮附志五卷，陳雷刻於温州學宮，凡九十九條。」〇吴騫云：「文公家禮，敬業老人查悔餘有跋，見文集。」

文禄堂訪書記

王文進

文公家禮十卷

宋楊復注，劉垓孫增注。宋建刻本，存卷五。半葉七行，行十四字，注雙行低格二十字。線口有「毛晉」、「子晉」、「毛扆」、「斧季」印。

藏園羣書經眼録卷一經部一禮類

傅增湘

家禮五卷題宋朱熹撰附録一卷缺卷一至三，影宋精寫補完。

宋刊本，半葉七行，行十六字，白口，左右雙闌，版心記刊工姓名。字大悦目。鈔配三卷鈐有汪士鐘藏印（海源閣遺書，辛未二月十二日觀於天津鹽業銀行庫房）。

文公家禮集注十卷宋楊復、劉垓孫撰，存三卷

元刊本，七行十四字，注雙行二十一字，附注低大字一格，約十九字。附注中所引各家説，其書名、姓氏均以白文别之。黑口，四周單闌。鈐有「毛晉之印」、「子晉」、「毛扆之印」、「斧季」、「汲古主人」各朱文印。（乙丑十一月朔維古山房送閲）